公司治理研究文丛

徐向艺 主编

上市公司竞争力评价与培育研究

SHANGSHI GONGSI JINGZHENGLI PINGJIA YU PEIYU YANJIU

谢永珍 王维祝 等著

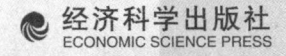

经济科学出版社
ECONOMIC SCIENCE PRESS

责任编辑：吕　萍　于海汛
责任校对：徐领弟　刘　昕
版式设计：代小卫
技术编辑：邱　天

图书在版编目（CIP）数据

上市公司竞争力评价与培育研究/谢永珍等著．—北京：经济科学出版社，2010.6
（公司治理研究文丛）
ISBN 978 - 7 - 5058 - 9237 - 8

Ⅰ．①上…　Ⅱ．①谢…　Ⅲ．①上市公司 - 市场竞争 - 研究　Ⅳ．①F276.6

中国版本图书馆 CIP 数据核字（2010）第 060425 号

上市公司竞争力评价与培育研究
谢永珍　王维祝　等著
经济科学出版社出版、发行　新华书店经销
社址：北京市海淀区阜成路甲 28 号　邮编：100142
总编部电话：88191217　发行部电话：88191540
网址：www.esp.com.cn
电子邮件：esp@esp.com.cn
汉德鼎印刷厂印刷
永胜装订厂装订
787×1092　16 开　31.75 印张　530000 字
2010 年 6 月第 1 版　2010 年 6 月第 1 次印刷
ISBN 978 - 7 - 5058 - 9237 - 8　定价：48.00 元
（图书出现印装问题，本社负责调换）
（版权所有　翻印必究）

《公司治理研究文丛》主编

主　编：徐向艺
副主编：陈志军　谢永珍　钟耕深

《公司治理研究文丛》学术委员会委员

李维安　南开大学商学院院长、教授、博士生导师
郑海航　首都经贸大学副校长、教授、博士生导师
徐向艺　山东大学管理学院院长、教授、博士生导师
武常歧　北京大学光华管理学院副院长、教授、博士生导师
何顺文　香港浸会大学工商管理学院院长、教授、博士生导师
李海舰　中国社会科学院《中国工业经济》杂志社社长、教授、博士生导师
李新春　中山大学管理学院院长、教授、博士生导师
高　闯　辽宁大学工商管理学院院长、教授、博士生导师
卢昌崇　东北财经大学工商管理学院院长、教授、博士生导师
刘俊海　中国人民大学法学院教授、博士生导师

总　　序

公司治理是公司价值的源泉，是企业组织基业长青的基石，也是资本市场健康发展的保障。亚洲金融风暴、美国安然事件后，越来越多的人注意到一些公司由于财务信息披露不及时、不充分，使得股东权益受损的现象不断出现，促使投资大众的注意焦点转向公司的治理水平。良好的公司治理能够给公司及股东带来长期收益预期已经成为共识。20多年来，公司治理已经成为各国公司制度改革的一项重要内容，无论是在国内还是国外、理论界还是实务界都给予了公司治理以极大的关注。近年来各国公司治理实务的发展，使得投资者、政府监管部门及上市公司自身都对公司治理产生了浓厚的兴趣。为了满足公司治理实践的需要，我国公司治理理论工作者对公司治理进行了系统而卓有成效的研究，取得了丰富的研究成果。为了展示已经或未来取得的理论成果，我们组织出版了这套《公司治理研究文丛》。

一、公司治理的主要研究成果

国内外关于公司治理的研究成果主要体现在以下几个方面：

一是关于公司治理的基本理论研究。这方面的研究探索，主要围绕公司治理为什么会产生、公司治理是什么、公司治理的目的是什么等问题而展开。国外的学者在公司治理理论研究方面进行了开创性的研究，如科斯（R. H. Coase，1937）、詹森和麦克林（Jensen and Meckling，1972）、伯利和米恩斯（Berle and Means，1968）、约翰·库宾和丹尼斯·里奇（John Cubbin and Dennis Leech, 1983)、哈罗德·德姆塞茨和肯尼斯 (Harold Demsetz and Kenneth, 1985)、奥利弗·哈特 (Oliver Hart, 1995)、法玛和詹森 (Fama and Jensen, 1983) 等对所有权与控制权进行了系统研究；詹森 (Jensen, 1976)、麦克林 (Meckling, 1976)、法玛 (Fama, 1980)、威廉姆森 (Williamson, 1996) 等对代理成本进行了长期的研究。国内方面，李维安、钱颖一、吴敬琏、张维迎等学者对公司治理的涵义及研究对象进行了系统研究与阐述。尤其李维安对于公司治理的理论研究打破了传统的以监督与控制为目的的窠白，提出了公司治理的核心是建立一套科学的决策机制，制衡只是为了保证决策的有效执行，并指出公司治理要维护利益相关者的利益，而并非仅仅是维护股东利益的新颖观点。

二是关于公司治理模式的研究。围绕这一主题的研究主要是探索何种治理模式更加有效，全球范围内公司治理模式是趋同还是存异等问题。在全球经济一体化的今天，贸易壁垒被打破，公司的竞争力及其业绩更容易按照国际标准衡量，那些具有良好公司治理的国家和公司更容易在全球范围内获得更多的资源与竞争优势，其治理模式容易被效仿，如英美模式与日德模式等。而如果一个国家的公司治理体制不利于本国公司在全球资本市场以及产品市场获取更多的竞争优势，则应该改变其治理体制。公司治理绝非仅仅是公司精英关注的问题，国家决策者也应该给予公司治理以极大的关注，因为国家间或者公司间的竞争也是治理模式的竞争。由于各种治理模式与其治理环境、治理文化、股权结构的高度相关性以及经济改革的路径依赖而存续，但因全球经济一体化的发展，全球治理模式在一定程度上有趋同的趋势。大卫·沙尔尼 (David Charny, 1997)、卢西恩·别布丘克和马克·罗伊 (Bebchuk, Lucian A and Mark. J. Roe, 1999)、罗纳德·吉尔森 (Ronald. J. Gilson, 2001)、莱因哈特·施密特和斯宾德勒 (Schmidt, Reinhard H and Gerald Spindler, 2002) 等学者在公司治理模式的研究方面提出了创新性的观点。

三是关于公司治理的应用研究。围绕这一主题，学者们对公司治理的操作层面如股权结构的选择、机构投资者与公司治理、董事会的结构与运作、跨国公司的治理以及公司治理原则等相关问题进行了系统的研究。如德姆塞茨（Demsetz，1983）、萨登（Thadden，1998）、帕加诺和瑞尔（Pagano and Rell，1998）、班尼德森和沃芬森（Bennedsen and Wolfenzon，2000）、戈麦斯和诺瓦斯（Gomes and Novaes，2005）等对于股权结构与股权制衡的研究；阿尔钦和德姆塞茨（Armen A. Alchina and Harold Demsetz，1972）、霍斯基森·希尔和金（Robert E. Hoskisson and Charles W. L. Hill and Hicheon Kim，1993）等对公司内部治理的研究；法玛（Fama，1980）、杰里米（Jeremy，1993）、扎杰克和维斯特弗（Edward J. Zajac and James D. Westphal，1996）；里迪克和塞斯（Kwnneth J. Rediker and Anju Seth，1995）等对董事会的内部结构及其运作的研究；杜明（John H. Dumming，1988）、提斯（David J. Teece，1986）以及巴克利和卡森（Peter J. Buckly and Mark Casson，1991）等对跨国公司治理进行了较为系统的研究；约翰·庞德（John Pound，1988）、鲍罗斯（Stephen D. Prowse，1990）、辉（John C. Coffee，Jr.，1991）、卡特（Hagman T. Carter，1992）、波森（Pozen Robert C，1994）以及肖特和卡罗吉斯（Helen Short and Kevin Keasey，1997）等研究了机构投资者在公司治理中的作用等。在国内方面，李维安对跨国公司治理、网络治理以及企业集团治理进行了系统研究，并制定了第一个中国公司治理原则，为公司治理实务的研究提供了指引；席酉民对集团治理进行了卓有成效的研究，其成果对我国企业集团治理的改善发挥了重要作用。

四是关于公司治理的实证研究。这一方面的研究旨在探索公司治理结构以及公司治理机制与公司绩效间的关系，如股权结构与绩效、治理结构与信息披露以及公司绩效的关系等。詹森和麦克森（Jensen and Meckling, 1976）对内部股东比例与公司价值关系的研究；拉波塔（La Porta, 1999, 2000, 2002）、克拉森斯（Claessens, 2000, 2002）、雷蒙和林斯（Lemmon and Lins, 2003）等对控制权与现金流权分离对公司价值的影响的研究；德姆塞茨（Demsetz, 1983）、康奈尔和塞维斯（McConnell and Servaes, 1990）、徐向艺（2004）等对公司治理结构与公司绩效间关系的研究；菲弗（Pfeffer, 1972）、詹森和法玛（Jensen and Fama, 1983）、詹森（Michael C. Jensen, 1990）、特里科（Tricker, 1995）、巴加特和布莱克（Bhagat and Black, 1999）、尼克斯（Nikos, 1999）、戈亚尔和帕克（Goyal and Park, 2001）、于东智（2001）、沈艺峰（2002）、基尔和尼克森（Geoffrey C. Kiel, Gavin J. Nicholson, 2003）、李维安和李建标（2003）、兰道和简森（Trond Randoy and Jan Inge Jenssen, 2004）等对董事会特征与公司绩效关系的研究；本森（George J. Benson, 1982）、惠廷顿（Geoffrey Whittington, 1993）、福克（John J. Forker, 1992）等对公司治理与信息披露关系的实证研究等。这些研究成果对我国公司治理优化的宏观政策与微观对策的制定具有重要现实意义。

五是公司治理评价的研究。这一领域的研究是基于投资者、政府监管部门以及上市公司对公司治理状况进行评价的客观要求而进行的。20世纪90年代后期至今很多学者以及研究机构将公司治理的研究集中于公司治理的评价。如1998年标准普尔的公司治理服务系统；1999年欧洲戴米诺的公司治理评价系统；2000年里昂证券的公司治理评价系统；此外还有俄罗斯的布朗斯威克（Brunswick Warburg）评价系统；世界银行公司评价系统；泰国公司治理评价系统、韩国公司治理评价系统以及日本公司治理评价系统等。国内南开大学公司治理研究中心李维安等开发的公司治理评价系统是国内在这方面取得的代表性成果。不同的公司治理评价系统，分别基于不同治理环境的需要，设置评价与诊断公司治理状况的指标与方法，为降低投资者的信息不对称、监管部门的有效监管以及上市公司提升公司治理效率等提供了有价值的参考。

二、当前公司治理的热点问题

目前关于上述公司治理五个方面的研究，已经形成了较为完整的体系，并对我国公司治理实践起着重要的指导作用。然而公司治理的研究是无止境的，对于我国上市公司而言，公司治理实践中还存在着诸多问题，如究竟怎样的股权结构是合理的？提升董事会的独立性是否有助于上市公司监督效率的提高，也有助于决策效率的改善？如何衡量上市公司的治理风险并有效规避？为什么上市公司要履行社会责任，我国上市公司社会责任的履行状况如何？中小股东的利益应给予怎样的保护等均为我国公司治理实践中迫切需要解决的问题。

基于目前我国公司治理实践的需要，我们组织出版的这套《公司治理研究文丛》将对公司治理中存在的十大热点问题（不限于）进行系统研究与探索：

1. 信息不对称条件下的委托代理问题的研究。公司委托代理关系是公司治理的核心问题之一，没有委托代理关系，也就没有公司治理问题。公司存在委托代理关系，就必然产生代理成本。对代理成本的研究应全方位展开，要关注代理成本的衡量、代理成本的控制、资本结构对于代理成本的影响、股权制衡对代理成本的影响、董事会特征对于代理成本的影响等。本文丛对于代理成本的研究，则更关注于监事会特征对于代理成本的影响，并发现作为一种监督董事和高层管理人员机构，我国上市公司提高监事会的运作效率、完善监事的激励以及变更监事会主席对于降低代理成本具有显著的作用。因此，我国应关注于监事会这一内部监督机构的完善，短期内不能简单依赖于外部的监督。

2. 对于公司治理中的股东权益尤其是后股权分置改革时代中小股东的权益保护机制的探索。股东利益保护是公司治理的目的之一，对中小股东利益的有效保护更是公司制度公平与效率的前提。对中小股东权益保护制度的建设是衡量一国上市公司治理状况优劣、资本市场完善程度乃至国家竞争优势的标志。关注于中小股东权益保护问题的研究对于提高公司价值、维护资本市场的稳定、有效发挥资本市场资源配置的功能以及提升国家竞争力都具有重要意义。后股权分置时期，随着市场机制的强化和市场运行规则的改变，上市公司原有制衡机制将面临调整，股东之间的主要矛盾将由股权流动性冲突转变为股份优势、资金优势和信息优势冲突，这些变化必然给中小股东权益保护带来新的挑战。如由于全流通后，分类表决制等保护性规则的失效、控股股东由恶意"圈钱"和直接占用等自利行为到利用其控制权便利，从事内幕交易和市场操纵行为，可能会进一步加剧对中小股东利益的侵害、股权激励制度在增强管理层积极性和归属感的同时，也可能出现通过盈余管理、选择性信息披露、内幕交易等手段侵占小股东利益，资本控制权市场的日趋活跃可能出现的虚假或者恶意收购行为对中小股东权益的损害等问题。

3. 母子公司治理、控制与协调问题研究。在企业集团研究中，母子公司治理是理论界和企业界普遍关注、探寻的重要内容。海外母子型企业集团发展史长于中国，但海外学者对其研究时间并不长。国内学者对此研究始于20世纪90年代，总体上看，对母子公司治理与控制理论研究还不深入，实践总结尚不全面。中国企业集团的快速发展迫切需要研究母子公司治理与管理控制理论。对中国母子公司治理模式、治理手段、治理绩效系统研究并探讨对策，从理论上建立起母子公司治理的研究框架，在实践上对母子公司提升治理绩效提供指导建议。

4. 上市公司控制权安排研究。公司控制权是一种依附于公司的独立人格而派生的具有利益内容的经济性权利，公司控制权安排是公司治理制度安排的关键环节。如何合理配置上市公司控制权并有效促使控制权转移是提高公司绩效、保护投资者利益的重要问题。特别是在中国上市公司中，行政干预、内部人控制的现象十分严重，因此控制权安排这一问题就显得更为重要。中国上市公司控制权安排的研究主要集中在以下三个方面，即：控制权初始配置、控制权私有收益和控制权市场转移。中国上市公司控制权安排的变迁是一个由竞争性利益集团推动的周期演变过程，不同利益集团的不同行为方式形成了不同的控制权配置和转移方式。可以说，中国上市公司控制权安排存在的一系列问题，归根到底都是制度问题。对于构建上市公司控制权安排的优化模型而言，恰当的制度体系可以降低复杂系统中绝大多数个体的信息成本和组织的协调成本，抑制机会主义行为。

5. 上市公司关联交易及其治理问题研究。无论在西方国家还是我国，上市公司关联方之间通过资产交易、资金融通、接受或者提供担保以及赊销等方式进行交易引起的利益冲突问题日益严重。如何解决关联交易问题已经成为上市公司、参与投资各方、证券监管机构以及会计规范制定部门不容回避的重要课题。但目前无论是规范关联交易的相关制度还是法律监管均有待完善，如何将关联交易限制在其所涉利益主体之间均衡状态的范围之内成为一个很现实的问题。我们认为，对关联交易的研究应采用规范研究与实证研究的方法，旨在探索如何通过良好的外部法律制度建设以及内部治理结构与治理机制的完善规避由于大股东与上市公司的非公允关联交易而对公司利益相关者造成的利益侵害。

6. 公司治理中的独立董事制度的研究。建立独立董事制度是我国完善法人治理结构、保护中小投资者利益的重大制度创新。各国对于独立董事治理效果的研究由于样本不同、研究方法的不同形成了不同的结论。我们认为，应采用我国上市公司面板数据，从独立董事职能出发，关注于独立董事监督效果的实证研究；采用规范研究方法从独立董事选聘、独立董事激励、独立董事决策与监督、信息保障以及独立董事责任与风险控制等视角探讨独立董事的运作机制。

7. 董事会治理效率与业绩评价机制研究。董事会作为公司治理机制的重要组成部分，对公司的运作负有最终责任，其治理效率直接关系到公司业绩和利益相关者的利益。目前关于董事会的研究大多集中于董事会特征与公司绩效关系的实证研究，本论文集对于董事会部分的研究将深入到决定董事会治理质量因素的研究、董事会治理效率的研究以及董事会治理绩效的评价等方面。

8. 上市公司信息披露及其监管问题由于上市公司的所有权与经营权相分离，公司内部经理人员与其他利益相关者之间存在信息不对称。为了减少信息不对称及其对利益相关性者的损害，各国都要求上市公司向其他利益相关者和观众披露公司信息。但是由于一些公司信息披露不及时、不全面、不真实导致公司治理失效。我们应比较分析不同国家信息披露的监管模式，提出建立健全我国上市公司信息披露有效监管机制的对策。

9. 公司治理风险的预警与监控问题研究。目前国内外大量公司治理风险事件的发生或则使得公司破产倒闭，如美国安然、世通以及帕玛拉特等；或则使得投资者的利益严重受损，如国内的原科龙系、德龙系、三九集团等。因此，在公司治理实践中迫切需要建立公司治理风险预警系统，以便对公司治理的风险进行即时的预警与监控，规避风险事件的发生，确保上市公司的稳定发展以及投资者的利益。目前国外已有部分学者或者机构对公司治理的风险进行了研究，如布朗斯威克（Brunswick）、澳洲个人健康保险管理委员会（PHIAC）等，我国大陆学者对风险的研究多数集中于管理风险如财务风险、营销风险等，而没有针对公司治理建立风险预警指标体系与预警模型。应此，极有必要基于公司治理实践的需要，结合我国上市公司的治理环境，采用规范分析与实证分析的方法，建立公司治理风险预警的理论指标体系，促进上市公司通过治理结构以及治理机制的建设与完善规避治理风险。

10. 上市公司社会责任研究。20世纪80年代末以来，掀起了一场广泛的、涉及公司法基本原理的公司管制的大讨论，其主要焦点围绕着公司股东、董事、监事、职工、债权人以及其他利益相关者的利益关系，涉及如何重新认识股东的法律地位、公司经营决策与执行、公司的社会责任等基本问题。目前公司应履行社会责任已经成为共识。对于社会责任的研究包括社会责任的内容、履行社会责任对公司绩效的影响以及企业社会责任评价等，通过这方面的研究，以期引导上市公司有效履行社会责任。

三、《公司治理研究文丛》的组编出发点

《公司治理研究文丛》是由山东省人文社科研究基地——山东大学公司治理研究中心组编，国家985哲学社会科学研究基金项目支持。山东大学公司治理研究始于20世纪90年代初，在国内较早开展现代公司治理与组织管理研究并获得一批在学术界引人注目的成果。山东大学公司治理研究中心2006年被批准为山东省人文社科强化研究基地。中心现已与美国辛辛那提大学管理学院、加拿大阿尔伯塔大学商学院、荷兰阿姆斯特丹大学、芬兰瓦萨大学等开展国际合作研究。近三年来，山东大学公司治理研究中心成员承担国家自然科学基金、国家社会科学基金项目6项、省部级项目21项，承担国际合作项目4项。中心曾为海信集团、山东高速集团、将军集团等十余家大型股份公司或企业集团进行公司治理方案设计。《公司治理研究文丛》组编的首批著作均是该中心成员的研究成果。当然，该文丛是开放式理论研究平台，我们将遴选国内外学者研究公司治理最新成果，反映公司治理理论研究、政策研究的最新成就。一方面我们适应国际经济一体化的潮流，逐步实现现代公司治理研究范式的规范化、国际化；另一方面直面我国改革开放的丰富实践，推动公司治理理论的广泛应用，促进我国公司治理的优化。这就是我们组编这套文丛的出发点。

徐向艺
2008年6月17日

序（一）

对上市公司竞争力的评价是投资者规避投资风险以及上市公司培育竞争优势的重要依据，因此运用合理的评价体系及科学的方法对上市公司竞争力进行评价已成为学术界急需解决的问题。随着实务界的关注，理论界涌现了大量的关于竞争力的研究成果，其中的竞争力理论是建立竞争力评价指标体系和进行竞争力评价的重要依据。而在由众多企业理论为基础构成的企业竞争力理论中，交易成本理论体现了治理亦是决定企业竞争力的思想。关于竞争力评价指标体系方面，早期学者的观点多集中于技术的视角，随着管理在企业发展中作用的突出，人们又将管理纳入到竞争力的决定要素之中。20世纪80年代之后企业文化以及公司治理的兴起，使得人们进一步认识到制度与文化对于企业获得可持续发展优势所扮演的重要角色，公司治理以及企业文化也被认为是决定企业竞争优势的关键因素。在已有的竞争力评价文献中国外已有学者将公司治理作为竞争力要素纳入到竞争力评价中；国内学者对上市公司的竞争力进行评价，则更多只是采用传统的财务指标。从世界各国的实践特别是金融危机背景下的发展趋势来看，国际竞争力的一个最重要的基础软件就是有效的公司治理。

由谢永珍等编写的这本著作针对以往研究的不足，打破了以往竞争力评价的局限性，系统考虑文化、制度、技术与管理对上市公司竞争力的影响，并根据各要素之间的相互作用机理以及评价的现实性，建立了基于治理竞争力与财务实力相结合的评价指标体系，并根据评价指标之间的逻辑关系，采用了几何平均法构建了上市公司竞争力评价指数模型。并基于面板数据对中国上市公司以及不同类型上市公司竞争力进行了系统的评价和比较，提出了培育上市公司竞争力的具体措施。本书在国内首次对不同控股股东控制的上市公司、不同交易状态的上市公司以及不同交易板块上市公司的整体竞争力、治理竞争力以及财务实力进行了系统的比较与研究。

上市公司竞争力评价系统是上市公司治理指数的深化，它将公司治理指标与财务实力相结合，丰富了公司治理以及竞争力评价的理论研究成果。其应用价值在于引导投资者利用指数信号并根据投资偏好，考虑长期竞争优势或者短期竞争优势进行投资，以有效规避投资风险；同时也为上市公司进行竞争力的自我诊断，引导上市公司从治理与管理协调发展的视角培育竞争优势提供参考。

本书在以下方面具有与以往研究不同的特点：

1. 上市公司竞争力是文化、制度、管理以及技术等要素系统作用的结果，文化与技术最终通过治理与管理而得以体现。上市公司竞争力的评价与培育不仅要关注短期的财务实力，更要关注长期潜在的公司治理，良好的治理结构与治理机制是上市公司可持续发展的根本保障。

2. 由于外部监管压力以及上市公司自身发展的需要，各上市公司普遍重视治理结构的建设，公司治理竞争力的逐步提高，更多的是外部制度约束的结果；上市公司的治理只有由外部强制的合规走向内部自主的治理阶段，其竞争优势才能得到根本性的提升。但不同控股股东治理行为对财务绩效改善的贡献不同，国有控股上市公司的财务绩效随着治理竞争力的提升，而呈现上升趋势；但民营控股上市公司治理结构的完善并没使公司财务绩效有较大改善。

3. 正常交易上市公司整体竞争力指数、治理竞争力指数以及财务实力指数均显著高于 ST 股上市公司。与正常交易上市公司相比，ST 与 PT 股上市公司虽形成了理论上相对合理的股权结构，但由于控制权的频繁争夺，导致了财务状况的恶化。ST、PT股上市公司董事会治理状况相对较差，尤其是董事的激励严重不足，董事会治理的失败一定程度上也导致了上市公司被ST、PT。

4. 中小企业板块上市公司竞争力指数和公司治理竞争力指数明显高于主板上市公司。中小企业板块上市公司形成了股权适度集中，大股东之间具有较强制衡的理论上较为合理的股权结构；股东大会规范性、董事会治理竞争力以及监事会治理竞争力显著高于主板上市公司。但财务实力并未随治理结构的改善而得以显著改善反倒出现了一定的业绩变脸现象。

上述研究结论从长期竞争力优势的培育上证实了"国退民进"战略选择的正确性，但理论界所强调的适度集中、相互制衡的股权结构并非适合任何类型的上市公司，民营控股上市公司频繁的控制权争夺导致了财务绩效的恶化。投资者要培育理性的投资意识和战略联盟意识，上市公司只有由合规转向自主性的制度建设，才能从根本上提升其长期竞争优势。

该书是作者在多年公司治理研究基础上推出的系列研究成果。纵观全书，观点新颖，逻辑结构合理，研究结论对于引导上市公司有效培育竞争优势以及投资者规避投资风险具有重要参考价值。

李维安

2009年10月28日于南开

序（二）

上市公司竞争力关系到资本市场的稳定、国家的经济实力和国际竞争力。我国上市公司经过近20年的发展，已逐步走向成熟，与此同时，上市公司的竞争力状况已成为资本市场、学者及政府监管部门等关注的重点，对上市公司竞争力的评价已成为实践中需要解决的重要问题。虽然竞争力的研究由来已久，但仅有少数学者将公司治理作为竞争力的要素而纳入到竞争力的评价，这使得上市公司竞争力的评价不能准确反映公司治理这一关键要素对上市公司长期竞争优势的贡献。从理论和实践经验来看，忽视治理的公司必定无法建立起长期竞争优势，甚至破产倒闭，如安然、帕马拉特等。

谢永珍等同志的这本书针对以往研究的不足，打破了传统竞争力评价仅仅主要关注于财务指标的局限性，系统考虑了文化、制度、管理以及技术等因素，基于长期竞争优势——公司治理以及短期竞争优势——财务实力相匹配的视角，确定上市公司竞争力评价指标体系，并依据指标之间的逻辑关系，采用几何模型构建上市公司竞争力指数。这一竞争力评价指数特别强调了公司治理在决定上市公司长期竞争优势中的作用。

作者一直秉承着严谨、求实的研究作风，在多年研究积累的基础上推出了本书。该书视角新颖、结构合理、方法科学、数据翔实、观点鲜明，在上市公司竞争力评价领域是一部全新的著作。该书具有以下几个突出的特点：

一是基于长期竞争优势与短期竞争实力相结合的视角，将公司治理竞争力与财务实力相结合，全面、系统地评价上市公司的竞争力。它丰富了公司治理以及竞争力评价的理论研究成果，同时对于引导投资者根据投资偏好正确选择投资对象，规避投资风险以及为上市公司进行竞争力的自我诊断，引导上市公司从治理与管理协调发展的视角培育竞争优势提供了有价值的参考。

二是研究方法科学合理。在评价模型的构建上充分考虑了公司治理与财务实力之间的逻辑关系，并采用科学的方法确定评价指标的标准以及重要性系数，最后采用加权几何法构建了上市公司竞争力评价的理论模型，弥补了以往多数采用算数加权构建模型的缺陷。

三是在国内首次利用面板数据对不同控股股东控制的上市公司、不同交易板块的上市公司以及不同交易状态的上市公司的总体竞争力、治理竞争力以及财务实力进行了系统的实证比较与研究。书中采用了大量而翔实的数据对比，分析了不同类型上市公司竞争力的共性与个性。

四是得出了很多有价值的实证研究结论。如上市公司治理结构的建设仍然处于合规性阶段，治理结构的改善主要是外部制度约束的结果；民营控股上市公司较国有控股上市公司具有较为良好的治理结构，但由于频繁的控制权争夺导致了财务状况的恶化；治理结构的不合理尤其是董事会治理的低效率以及大股东之间控制权的争夺导致了上市公司被ST与PT；中小企业板上市公司相对主板上市公司具有较强的整体竞争实力和公司治理竞争力等。这些结论丰富了公司治理实证研究的成果，并且对于政策制定部门、投资者以及上市公司均具有重要的参考价值。

总之，该书的出版丰富了我国公司治理理论研究成果，其中确定上市公司竞争力评价指标体系，并依据指标之间的逻辑关系，构建上市公司竞争力指数，这对于上市公司规范运作和持续发展具有重要指导意义。我期望，该书的出版能够引起理论界同仁对我国公司治理理论与实践的进一步关注，从而推动我国上市公司治理结构的完善和长期竞争优势的提升。

最后,作为山东大学管理学院谢永珍同志的朋友与同事,我衷心祝愿这部著作能够顺利出版。

徐向艺
2009年10月26日于泉城

前　　言

对上市公司竞争力进行科学的评价已成为学术界与实务界共同关注的话题。对于竞争力的研究由来已久，理论和实践取得了丰硕的成果，但主要关注于技术、财务、管理与文化等视角。国外仅有少数学者将公司治理作为竞争力要素纳入到评价系统中；国内也只有少数学者尝试对上市公司的竞争力进行评价，但只采用了传统的财务指标，而忽视了制度、文化等"软"因素的影响，不能引导投资者规避投资风险以及指导企业培育并获得持久竞争优势。从世界各国的实践以及发展趋势来看，国际竞争力的一个最重要的基础软件就是有效的公司治理。

本书历时两年多的时间，在对相关研究文献进行大量观察与分析的基础上，针对前人研究的不足，打破了以往对竞争力评价的局限性，系统考虑文化、制度、技术与管理对上市公司竞争力的影响，并根据各要素之间的相互作用机理以及评价的现实性与可操作性，从公司治理竞争力与财务实力两个维度，确定上市公司竞争力的评价指标体系，并根据指标之间的逻辑关系，采用几何加权构建上市公司竞争力评价模型，并基于面板数据对中国上市公司以及不同类型上市公司竞争力进行了系统的评价与比较，提出了培育上市公司竞争力的具体措施。建立这一系统的理论意义在于，丰富了公司治理以及竞争力评价的理论研究成果；其应用价值在于引导投资者利用指数信号，根据其投资偏好，权衡长期竞争优势与短期竞争优势予以投资，以有效规避投资风险；同时也为上市公司进行竞争力的自我诊断，引导上市公司从治理与管理协调发展的视角培育竞争优势提供参考。

本书主要围绕以下内容展开：一是上市公司竞争力评价的相关研究进展。通过对上市公司竞争理论、上市公司竞争力驱动因素、上市公司竞争力评价指标体系以及上市公司竞争力评价方法的文献分析，明确上市公司竞争力的本质，界定上市公司竞争力的定义，为本书的研究奠定理论基础。二是上市公司竞争力评价指标体系的确定。充分考虑文化、制度、管理以及技术四个要素，将结果因素与驱动因素相结合从治理与管理匹配的视角，确定上市公司竞争力评价指标体系。三是上市公司竞争力评价模型的构建。根据评价指标特性，考虑不同评价指标属性特征，采用不同方法确定评价指标的标准与重要性系数，并根据公司治理竞争力与财务实力之间的关系，采用几何平均方法构建上市公司竞争力评价模型。四是上市公司竞争力指数模型的运用。将评价模型应用于中国上市公司，采用2003～2006年面板数据，对我国上市公司包括不同控制性股东、不同交易状态以及不同交易板块上市公司竞争力及其影响因素进行评价与分析。五是从公司治理以及财务实力两个维度提出培育上市公司竞争力的措施。

具体按以下内容展开：

第1章主要介绍选题背景、选题意义、研究内容、技术路线、研究特色与可能创新而展开论述。

第2章梳理上市公司竞争力的相关研究成果。通过对企业竞争力理论及其驱动因素相关研究的分析发现，企业竞争力是一个发展的概念，随着经济发展、竞争环境以及对企业理论认识的改变，决定企业竞争力的因素也在不断发展、扩充和深化。本章认为在影响上市公司竞争力的驱动因素中，公司治理及文化因素分别从制度保障及精神动力等层面作用于上市公司竞争力，更多的是与上市公司的长期竞争力相关；管理及技术因素与公司的运行效率相关，影响并决定上市公司的短期竞争力。

第3章对上市公司竞争力驱动因素之间的关系进行了分析，认为技术因素能够使企业积累战略性竞争资源，提高企业效率；同时又促进管理创新以满足技术创新的需要；文化因素通过价值观影响企业的制度与管理行为以及技术手段的应用；治理是一套制度框架，关注的是公司的战略层面；管理侧重通过具体的实施手段来达成组织的目标，关注的是战术层面。只有两者进行有效结合，才能够保证科学决策，最大化企业资源转化与增资的效率，提升企业竞争力。在理清各驱动因素间关系的基础上，本章采用几何平均法构建了上市公司竞争力指数的理论模型。

第4章根据样本数据对我国上市公司的整体竞争力及其变动进行了实证分析。本章研究发现，由于外部监管压力以及上市公司自身发展的需要，各上市公司普遍重视治理结构的建设，公司治理竞争力逐步提高。决定治理竞争力的四个要素指数中，股权分置改革使得股权结构合理性的改善效果明显；股东大会虚化的成分依然存在，股东大会规范性在公司治理竞争力要素指数中表现最差；董事会在提升上市公司治理竞争力方面起着至关重要的作用，受到了各上市公司的普遍重视，但仍处于合规性建设阶段，董事激励不足成为制约提升董事会治理效力的关键因素；监事会仍然不受重视，监事履行职能的权力不足以及不合理的监事激励制度是导致监事会监督效率低下的主要原因。本章的研究还发现与公司治理的变动趋势不同，样本年度内上市公司的财务实力并没有随治理结构的完善而得以改进。偿债能力与运营能力较好，增长能力与盈利能力较差；运营能力与盈利能力呈现逐步改善趋势，偿债能力与增长能力呈下降趋势。

第5章比较了不同控制性股东控制的上市公司总体竞争力、治理竞争力以及财务实力差异。研究发现：上市公司普遍较为重视短期财务绩效的改善，各类控股股东控股的上市公司的财务实力指数均高于治理竞争力指数。但由于制度约束以及上市公司自发性要求，各类控股股东控制的上市公司均普遍重视潜在竞争优势的培育，其治理竞争力在样本年度内均有一定改善，尤其是国有控股与民营控股上市公司改进最为显著。民营控股具有理论上较为合理的股权结构，而导致了较强的潜在的竞争优势，其治理竞争力显著高于国有、集体、社团以及职工持股会控股上市公司。但不同控股股东治理行为对于财务绩效改善的贡献不同，国有控股上市公司的财务绩效随着治理竞争力的提升，而呈现上升趋势；而民营控股上市公司治理结构的完善并没使公司财务绩效有较大改善，财务实力指数出现了下降趋势；国有控股上市公司财务状况普遍好于民营控股，可能是由于频繁的控制权的争夺导致了民营控股上市公司财务绩效的下滑。

第6章对不同交易状态的上市公司的竞争力进行了比较，研究发现：正常交易上市公司整体竞争力指数、治理竞争力指数以及财务实力指数均显著高于ST股上市公司，财务实力指数显著高于PT股上市公司；ST股与PT股上市公司的治理状况较差。主要得益于外部制度监管强化下公司治理状况的改善，正常交易以及ST股上市公司整体竞争力、公司治理竞争力有显著改善，财务实力指数却没有呈现同步的变化趋势，甚至出现个别年份的下降；PT股上市公司财务实力明显很差。与正常交易上市公司相比，ST股与PT股上市公司形成了理论上的相对合理的股权结构，但由于控制权的频繁争夺，导致了财务状况的恶化。ST股、PT股上市公司董事会治理状况相对较差，因此董事会治理的失败一定程度上也导致了上市公司被ST、PT。

第7章对不同交易板块的上市公司的竞争力进行了比较，研究发现：中小企业板上市公司治理竞争力指数明显高于主板上市公司，形成了股权适度集中，大股东之间具有较强制衡的理论上较为合理的股权结构；股东大会规范性也显著好于主板上市公司；设置了轻巧型的董事会，上市公司董事长效激励好于主板上市公司；由于监事激励状况较好，监事会治理竞争力显著高于主板上市公司。主板上市公司的财务实力在样本期间变化不大；中小企业板财务实力却出现了一定的业绩变脸现象。治理竞争力与财务实力综合作用的结果，使得中小企业板块上市公司竞争力指数和公司治理竞争力指数明显高于主板上市公司。

第 8 章从优化股权结构、完善股东大会制度建设、提升董事会治理效率、强化监事会治理、强化上市公司社会责任、强化信息披露、完善政府的角色定位、完善资本控制权市场以及经理人市场建设等治理视角以及优化财务结构、加强财务控制、完善资本营运管理等财务视角提出了培育上市公司竞争力的具体途径。

本书是集体劳动的结晶。我提出了本书的框架体系以及写作思路，运行了本书实证研究的数据。在作者完成初稿的基础上，由主编对全书各章内容进行修改定稿。参加本书编写的作者为：谢永珍、王维祝、卞慧丽、徐业坤、洪杰、赵洁，研究生徐业坤在最后的定稿过程中，协助我做了大量的工作，付出了辛勤的劳动。

在本书的研究过程中，参阅了大量的国内外公司治理、竞争力以及公司财务等研究文献，特向作者表示诚挚的感谢！在本书的出版工作中，得到了经济科学出版社吕萍的大力支持与帮助，在此一并表示感谢！

我一直秉承着学术研究的终极目的在于指导实践的理念，本着严谨、求实、负责的态度，面对学术研究。希望本书能对上市公司提升竞争力尤其是从完善治理结构这一驱动因素入手从根本上培育上市公司的长期竞争优势以及投资者理性投资，规避仅依据财务指标有可能出现的风险提供有价值的参考。

本研究受到国家自然科学基金（70672098、70532001）以及教育部课题（07JJD630002）的资助。由于本书涉及面比较广，外加作者学识所限，书中缺陷与纰漏在所难免，恳请理论界以及实务界的同行批评斧正。

谢永珍

2009 年 10 月 28 日于泉城

目 录

第1章 导论 ·· 1

    1.1 选题背景与选题意义 ································ 1

    1.2 研究内容 ·· 3

    1.3 技术路线 ·· 4

    1.4 研究特色与可能创新 ································ 5

第2章 企业竞争力评价相关研究进展 ···················· 7

    2.1 企业竞争力理论相关研究 ···························· 7

    2.2 企业竞争力驱动因素相关研究 ······················ 10

    2.3 企业竞争力评价指标体系相关研究 ················ 20

    2.4 企业竞争力评价方法相关研究 ······················ 23

    本章小结 ·· 28

第3章 上市公司竞争力指数模型 ························ 29

    3.1 上市公司竞争力指数形成流程 ······················ 29

    3.2 上市公司竞争力评价指标体系 ······················ 29

    3.3 上市公司竞争力评价方法与模型 ··················· 35

    本章小结 ·· 40

第4章 我国上市公司竞争力及其变动分析 ·············· 41

    4.1 上市公司总体竞争力及其要素变动分析 ············ 41

    4.2 公司治理竞争力及其要素变动分析 ················ 45

4.3　财务实力及其要素变动分析 …………………………………… 73
　　本章小结 ……………………………………………………………… 85

第5章　不同控制性股东上市公司竞争力比较 …………………………… 88
　　5.1　不同控制性股东上市公司总体竞争力比较 …………………… 88
　　5.2　不同控制性股东上市公司治理竞争力比较 …………………… 101
　　5.3　不同控制性股东上市公司财务实力比较 ……………………… 224
　　本章小结 ……………………………………………………………… 264

第6章　不同交易状态上市公司竞争力比较 ……………………………… 266
　　6.1　不同交易状态上市公司竞争力差异比较 ……………………… 267
　　6.2　不同交易状态上市公司治理竞争力比较 ……………………… 273
　　6.3　不同交易状态上市公司财务实力差异比较 …………………… 338
　　本章小结 ……………………………………………………………… 361

第7章　不同板块上市公司竞争力比较 …………………………………… 364
　　7.1　中小企业板的设立及其演变 …………………………………… 364
　　7.2　不同板块上市公司竞争力差异及其变动比较 ………………… 368
　　7.3　不同板块上市公司治理竞争力比较 …………………………… 373
　　7.4　不同板块上市公司财务实力差异比较 ………………………… 425
　　本章小结 ……………………………………………………………… 440

第8章　培育上市公司竞争力途径 ………………………………………… 443
　　8.1　提升公司治理竞争力 …………………………………………… 444
　　8.2　提高管理竞争力 ………………………………………………… 463

参考文献 …………………………………………………………………… 470

第 1 章
导　论

1.1　选题背景与选题意义

1.1.1　选题背景

上市公司作为国民经济的基础，其竞争力直接关系到国家的经济实力和国际竞争力，上市公司的持续、稳定发展是国民经济健康发展的保障。中国加入 WTO 后对产业和企业的挑战，从根本上说，是产业和企业竞争力的问题（斯道延·坦尼夫等，2002）。资本市场吸引外国投资的重要途径就是上市公司，而国外机构投资者是否投资于我国上市公司以及投资于哪一家上市公司取决于上市公司的竞争力，理论研究应该开发这样的系统，为投资者提供其决策的信息。我国上市公司经过近 20 年的发展，已逐步走向成熟，与此同时，上市公司真实的竞争力状况已成为资本市场、学者及政府监管部门等关注的重点，对上市公司竞争力进行合理的评价已成为实践中需要解决的重要问题。

竞争力的研究由来已久，理论和实践取得了丰硕的成果。实践中，目前国际上较为权威的竞争力评价系统如由世界经济论坛（2001）及瑞士洛桑国际管理开发学院（2001）开发的竞争力评价系统等主要侧重于对国家竞争力的评估。国外仅有少数学者将公司治理作为竞争力要素纳入到竞争力评价中，如何志权（Chi-Kun Ho, 2005）针对以往研究中大多从绩效角度研究竞争力的不足，将企业竞争力划分为竞争潜力（competitive potential）、管理程序（management process）与绩效（performance）三个维度，首次将治理因素纳入到竞争力评价中，并且认为跨国公司遵循公司治理行为的程度越高，企业竞争力就越强，但该系统没有考虑文化以及技术因素对竞争力的影响。国内有少数学者尝试对上市公司的竞争力进行了评价，但只是采用了传统的财务指标，而没有将决定上市公司竞争优势的关键因素公司治理纳入到评价系统中。

总体而言，目前国内外专门对上市公司竞争力评价的研究较少。中国上市公司面临新兴加转型的经济环境，且上市公司的制度变迁过程带有明显的路径依赖特征，国外的评价系统并不适用；国内虽然已有部分针对上市公司的竞争力评价系统，但只是采用了传统的评价要素，没有或者很少将决定长期竞争优势的治理与文化等因素纳入到评价体系中。从世界各国的实践以及发展趋势来看，国际竞争力的一个最重要的基础软件就是有效的公司治理（斯道延·坦尼夫等，2002），忽视治理的企业不仅会导致自身面临较大的财务、经营管理风险，而且可能引致更为严重的金融危机、经济危机。就竞争力研究的发展趋势来看，传统的只注重短期财务指标的竞争力评价体系，忽视了制度、文化、技术等"软"因素的影响，不利于企业获得并维持其竞争优势。

1.1.2 选题意义

本选题针对以往研究的不足，打破了传统竞争力评价的局限，充分考虑制度、管理、文化及技术等因素，基于公司治理与管理匹配的视角，建立上市公司竞争力评价指标体系，并依此构建上市公司竞争力指数。该指数既涵盖财务绩效这一结果因素，又包括驱动因素如公司治理，从而使被评价对象既能够了解决定其竞争力的结果——财务实力，又能把握决定上市公司竞争力的驱动因素，便于从驱动因素入手，从根本上提升上市公司的竞争力。

理论意义：探索上市公司竞争力评价的科学问题，丰富上市公司竞争力评价研究的理论成果。

实践价值：
（1）利用指数信号显示机制引导投资者科学投资，规避投资风险；
（2）引导上市公司从治理与管理协调发展的视角培育竞争优势。

1.2 研究内容

本课题将在进一步整合现有研究成果的基础上，以系统理论作为研究的指导思想，以提升上市竞争力为目标，充分考虑制度、文化、技术以及管理等要素的相互作用对上市公司竞争力的影响，以竞争力理论以及公司治理理论等作为理论依据，以多目标规划以及多元统计分析等作为方法论基础，密切结合中国上市公司治理环境，充分考虑上市公司竞争力各要素的相互作用，建立上市公司竞争力评价指标体系；采用多目标规划以及多元统计分析等方法，根据评价指标的内在逻辑关系，构建上市公司竞争力评价指数模型。并以2003~2006年上市公司数据为依据，对上市公司竞争力进行评价，寻找影响上市公司竞争力的因素和提升上市公司竞争力的关键要素，并提出提升上市公司竞争力的具体措施。具体研究内容为：

（1）上市公司竞争力评价的相关研究进展。通过对上市公司竞争理论、上市公司竞争力驱动因素、上市公司竞争力评价指标体系以及上市公司竞争力评价方法的文献分析，明确上市公司竞争力的本质，界定上市公司竞争力的定义，为本书的研究奠定理论基础。

（2）上市公司竞争力评价指标体系的确定。充分考虑制度、管理、文化以及技术四个要素，将结果因素与驱动因素相结合从治理与管理匹配的视角，确定上市公司竞争力评价指标体系。这一评价指标体系，既可以掌握上市公司竞争力达成的状况，又能了解结果达成的状况。

（3）上市公司竞争力评价标准与评价方法选取以及评价模型确定。根据评价指标特性，考虑不同评价指标属性特征，采用不同方法确定评价指标的标准与评价指标重要性系数，最后根据公司治理竞争力指数与财务实力指数之间的关系，采用几何平均方法构建上市公司竞争力评价模型。

（4）上市公司竞争力指数模型的运用。将评价模型应用于中国上市公司，采用2003~2006年的面板数据，对我国上市公司包括不同控制性股东、交易状态以及不同交易板块上市公司竞争力及其影响因素进行评价与分析。

(5) 从公司治理以及财务实力两个方面提出培育上市公司竞争力的措施。

1.3　技　术　路　线

本课题的主要思路是：选题背景与选题意义→上市公司竞争力评价相关研究进展→上市公司竞争力评价指数模型的构建→上市公司竞争力评价指数的应用→培育上市公司竞争力的途径，如图1-1所示。

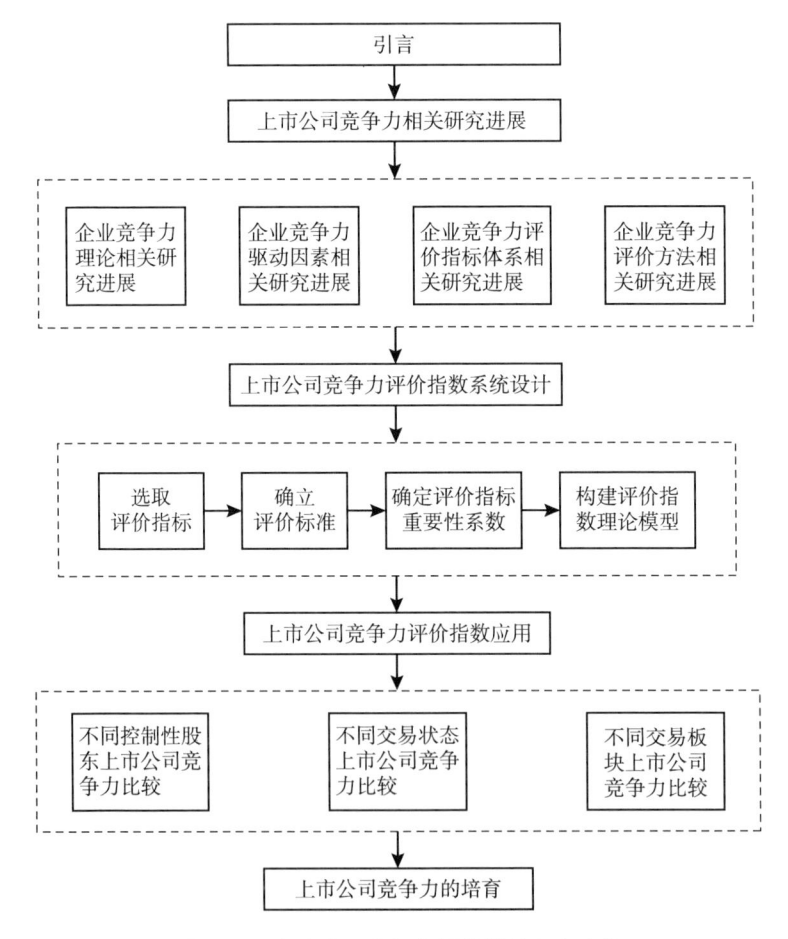

图1-1　上市公司竞争力评价指数研究路线

1.4 研究特色与可能创新

1.4.1 研究特色

本研究的主要特色体现在充分考虑制度、管理、文化以及技术等要素对上市公司竞争力的影响，从治理与管理匹配的视角，确定上市公司竞争力评价指标体系（见图 1-2）。评价指标体系既含有结果因素又有驱动因素，既有短期竞争力指标又有长期竞争优势指标。根据这一评价系统既可以掌握上市公司竞争力结果达成的状况，又能了解达成这一结果的驱动因素，特别强调公司治理在决定上市公司长期竞争优势中的作用。

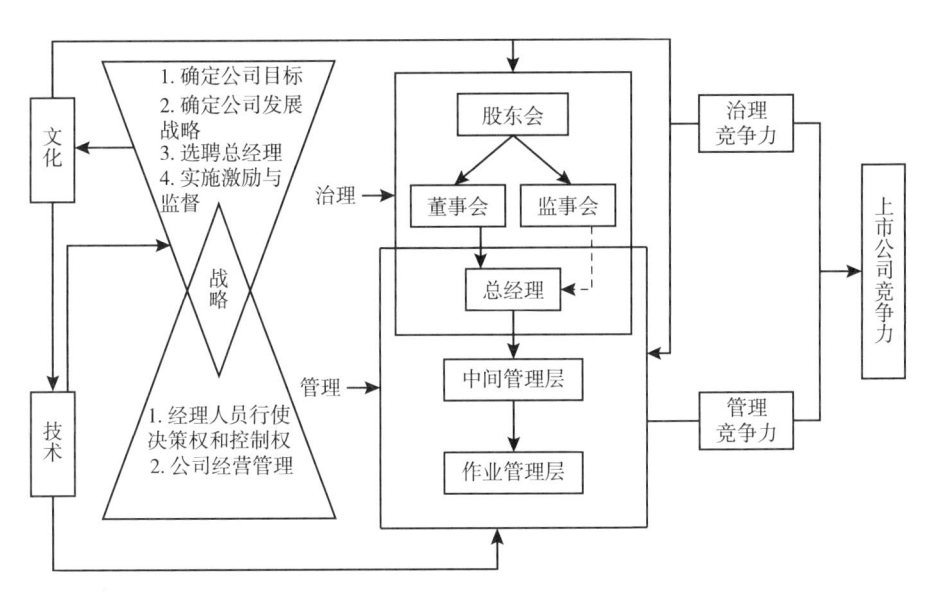

图 1-2 基于管理与治理匹配的上市公司竞争力框图

根据竞争力指数，投资者在投资时可以根据投资偏好，考虑长期竞争优势或者短期竞争优势进行投资，以有效规避投资风险；上市公司可以对自身的竞争力进行诊断，找出竞争力存在的薄弱环节，并从驱动因素入手，从根本上提升其竞争力。

1.4.2 可能创新

打破以往对竞争力评价仅仅局限于技术或者管理的视角，全面反映决定上市公司竞争力的制度、文化、技术以及管理等驱动要素与结果要素，建立基于公司治理与管理相匹配的上市公司竞争力评价指标体系与评价模型，并基于面板数据对中国上市公司以及不同类型上市公司竞争力进行系统评价和比较，提出培育上市公司竞争力的具体措施。

第 2 章
企业竞争力评价相关研究进展

2.1 企业竞争力理论相关研究

1776年亚当·斯密在其"劳动分工"论中就提出了竞争力的思想。随着经济学和管理学的完善以及学者们研究的深入,竞争力理论不断完善,目前出现了包括交易成本理论、企业能力理论、企业资源理论等竞争力理论。这些理论为我们进一步研究企业竞争力奠定了基础。表2-1介绍了主要的竞争力理论及其观点。

表2-1　　　　　　　　主要竞争力理论

竞争力理论	代表人物及代表作	主要观点
早期经济学的竞争力思想	亚当·斯密;《国民财富的性质和原因的研究》	"劳动分工"理论:从内部看,企业的效率源于内部的分工,企业的能力源于分工基础上的知识增加和时间节约;从外部看,企业是社会分工的结果,企业从事不同工作并拥有差异的能力。
	李嘉图(Ricardo David)	国际贸易是建立在不同国家的相对优势之上的。不同国家生产同一种商品所需劳动是有差异的,这使不同的国家具有不同的相对优势。

续表

竞争力理论	代表人物及代表作	主要观点
交易成本理论	科斯、威廉姆森、詹森（Jensen）、迈克林（Meckling）、法玛（Fama）等；《企业的性质》、《企业行为理论》等	企业竞争力的提高关键在于构建有效的制度结构，理顺生产过程中各个经济主体的经济利益矛盾，为企业运营建立有效的利益激励机制，降低交易费用。
企业资源理论	沃纳菲尔特（Wernerfelt）、巴尼（Barney）等；《企业资源基础论》等	企业竞争力来源于资源的异质性，指出了资源的特性是可变的，一般性资源决定一般竞争力，战略性资源决定持续竞争力。
环境理论	波特（Michael Porter）等；《竞争战略》、《竞争优势》	市场结构对企业竞争优势的建立起重要作用；行业吸引力是企业盈利的主要决定因素；进入障碍决定企业是否拥有持久竞争优势；企业要在现有市场结构和自身条件下选择进入市场的产品战略，而不主要关注企业内部的资源与能力。
企业管理理论	德鲁克（P. F. Drucker）、费根堡姆（A. V. Feigenbaum）、迈克尔·哈默（M. Hammer）和詹姆斯·钱皮（J. Champy）等；《管理实践》、《再造企业——管理革命的宣言书》等	主要研究如何通过计划、组织、控制、指挥、协调等职能，充分调动和利用组织的各种资源，从而以尽量少的投入提高效率、获取利润，实现企业目标。这一切都与培育企业的竞争力相关。
企业创新论	熊彼特；《经济发展理论》	"创新"对企业竞争力具有决定性作用，当竞争对手无法或没有迅速察觉新的竞争趋势，最先发明创新的企业可能因此改写彼此的竞争态势。也就是说，不断创新的企业会具有强大的竞争力。
能力理论	普拉哈拉德、哈默等；《公司核心能力》等	企业核心能力最终决定着企业的持续竞争优势和经营绩效。持续的优势来源于组织内部价值链中各个环节的集体式学习，这样才有可能培育出核心能力，而有了核心能力才能发展核心产品，有了核心产品才能够创造出一系列更为宽广的最终产品，掌握核心能力才是企业持续成长的关键。
	尼尔森和温特（Nelson & Winter, 1982）、潘罗斯（Penrose），《企业成长论》、《经济变迁中的演化理论》	企业是一个能力体系；积累、保持和运用能力开拓产品和市场是企业长期竞争优势的决定性因素；企业能力储备决定企业的经营范围，尤其是多元化经营的广度和深度；能力的差异是企业持久竞争优势的源泉。

续表

竞争力理论	代表人物及代表作	主要观点
	提斯等（Teece et al., 1997）；《动态能力与战略管理》	用动态能力（dynamic capabilities）来解释企业如何获取持续竞争优势，动态能力包括三个方面的内容：（1）组织和管理过程（organizational and managerial processes），即企业处理事情的方式和惯例、当前实践和学习的模式，具体包括3个方面的内容，一是协调与整合；二是重构和转变；三是组织学习。（2）位势（position），即企业当前所拥有的技术、智力产权方面的禀赋、客户基数、与上游和供应商关系等。（3）路径（paths），即有利于企业的战略选择和未来发展机会的吸引力。
	贺小刚（2006）；《动态能力的测量与功效——基于中国经验的实证研究》	在经济转型期我国企业的动态能力对企业绩效具有一定的解释力，但是不同的能力因子所发挥的具体作用是存在差异性的，其中最具有解释力的是企业的市场潜力，其次是企业员工的变革能力和创新意识等。
企业文化理论	拉法（Raffa）和佐罗（Zollo）等，查希尔·伊拉尼等（Zahir Irani et al., 1997），恩斯特（Ernst, 2001）	企业竞争力不仅存在于企业的操作系统中，而且存在于企业的文化子系统中，在知识密集的现代企业中，竞争力根植于复杂的人与人、以及人与环境的关系中。
企业知识理论	哈耶克（F. A. Hayek）等	企业的核心是知识，企业的异质性决定于企业知识的差异；企业竞争力源于企业的知识；培育竞争力必须在企业内部构建一个能够有效地吸收、保持、共享和转移知识活动的微观机理。

资料来源：根据相关资料整理。

竞争力理论文献的回顾表明，企业竞争力是一个发展的概念，其内涵与外延随市场竞争环境不断变化，并随着人们对企业理论认识的加深而发展、完善。近二十年来，公司治理理论的兴起及其在实践中发挥的巨大作用引起了人们对竞争力的进一步思考，如何将公司治理纳入到企业竞争力评价系统并从完善公司治理这一制度视角提升竞争力已经成为全球学者们日益关注的一个课题。

2.2 企业竞争力驱动因素相关研究

国内外学者关于企业竞争力决定要素的研究集中于以下四个维度：技术、管理、文化与治理。早期学者的观点多集中于技术的视角，随着管理在企业发展中作用的突出，人们又将管理纳入到竞争力的决定要素之中。20世纪80年代之后企业文化以及公司治理的兴起，使得人们进一步认识到制度与文化对于企业获得可持续发展优势所扮演的重要角色，公司治理以及企业文化被认为是决定企业竞争优势的关键因素。

2.2.1 技术与竞争力相关研究进展

技术因素对公司竞争力的影响长期以来受到国内外学者的关注。国外学者自20世纪80年代末的研究主要采用两种视角：主流的R&D溢出（spillover）方法和演化经济学观点，对技术与企业竞争力的关系进行了系统丰富的研究。[1] 罗斯（Ross, S.C., 1991）认为企业战略决定创新类型，根据创新类型来规划研发投入，有利于增长企业竞争力。[2] 帕特克·古斯塔夫森等（Patrik Gustavsson et al., 1999）从技术、资源投入、要素价格以及经济规模对经济合作与发展组织（OECD）国家国际竞争力的影响进行的评价结果显示企业的知识资本储量是通过累积的研发成本获得的，研发对中高科技含量产业的影响大于对低科技含量产业的影响。[3] 爱丽丝·凯拉亚尼斯等（Elias G. Carayannis et al., 2000）构建了技术创新的本质、结构以及动力的概念性框架，该框架包含技术创新的速度与加速度以及技术生产者与使用者之间的线性、非线性相互关系两个主要组成部分，作者认为技术创新的速度及加速度与企业长期的竞争力是成比例

---

[1] Fulvio Castellacci, Innovation and the Competitiveness of Industries: Comparing the Mainstream and the Evolutionary Approaches. *Technological Forecasting & Social Change*, 2008, 75 (7), pp. 984–1006.

[2] Ross, S.C., Targeting Growth through Technological Innovation. *Technology Management: the New International Language*, 1991, pp. 656–659.

[3] Patrik Gustavsson, Par Hansson, Lars Lundberg, Technology, Resource Endowments and International Competitiveness. *European Economic Review*, 1999, 43 (8), pp. 1501–1530.

的。[①] 班维特等（D. K. Banwet et al., 2003）利用100家软件企业作为样本，分析了技术在资产—流程—绩效框架中发挥的作用，因素分析结果显示技术流程是比技术资产更好的绩效预测性指标，技术变量与绩效变量具有显著统计正相关关系。[②] 科科尼特（Coconete, D. E., 2003）认为技术创新是公司竞争力最重要的因素之一，技术与市场的动态变化要求公司注重创造性与创新以支持技术发展、保持竞争优势。[③] 鲍等（Bao, G. M. et al., 2004）认为技术创新是增强企业或产业竞争力的工具，利用160家企业的数据研究了影响技术创新能力的因素。[④] 官建成等（Jiancheng Guan et al., 2005）的实证研究认为技术创新、组织创新以及产品竞争力相互之间具有显著正相关关系，高新技术的采用与产品竞争力具有显著正相关关系，单纯的设备投资并不能导致产品竞争力，技术与组织的整体创新是产品竞争力改善的根本原因。[⑤] 科斯腾·拉布思科和约亨·克诺伯劳（Kirsten Labuske and Jochen Streb, 2008）利用第一次世界大战前德国机械工程产业的数据证实了技术创新能力极大地促进了德意志帝国的国际竞争力。[⑥]

国内学者也充分认识到了技术创新对提升企业竞争力的重要作用。赵愚等（2001）认为企业竞争力的实质是企业有效利用资源的能力，大力发展高科技产业及利用高技术革新传统产业是提高企业核心竞争力和国际竞争力的最主要途径，技术创新对提高我国企业竞争力具有自催化、低成本扩散与收益放大以及增强企业整体实力三种效应。[⑦] 戴强（2003）认为

[①] Elias G. Carayannis, Robie I. Samanta Roy, Davids vs Goliaths in the Small Satellite Industry: The Role of Technological Innovation Dynamics in Firm Competitiveness. *Technovation*, 2000, 20 (6), pp. 287 – 297.

[②] Banwet, D. K., Kirankumar Momaya, Himanshu Kumar Shee, Competitiveness through Technology Management: An Empirical Study of the Indian Software Industry. *International Journal of Services Technology and Management*, 2003, 4 (2), pp. 131 – 155.

[③] Coconete, D. E., Moguilnaia, N. A., Cross, R. B. M., De Souza, P. E., Sankara Narayanan, E. M., Creativity-A Catalyst for Technological Innovation. *Engineering Management Conference*, 2003, pp. 291 – 295.

[④] Bao, G. M., Yang, J., Dynamic Competences and Technological Innovation in Chinese Enterprises. *Engineering Management Conference*, 2004, (1), pp. 454 – 458.

[⑤] Jiancheng Guan, Jianyan Liu, Product Competitiveness and Integrated Innovation between Technology and Organization: Some Evidences in China. *Portland International Conference on Management of Engineering and Technology* (PICMET' 05), 2005, pp. 228 – 236.

[⑥] Kirsten Labuske, Jochen Streb, Technological Creativity and Cheap Labor? Explaining the Growing International Competitiveness of German Mechanical Engineering before World War I. *German Economic Review*, 2008, 9 (1), pp. 65 – 86.

[⑦] 赵愚、蔡剑英、罗荣桂：《技术创新与我国企业核心竞争力的构建模式》，载《中国软科学》2001年第1期，第94~97页。

关键技能和技术是企业核心竞争力赖以生成的重要因素，是企业生存和发展的根本保证，企业应通过不断的技术创新逐渐培育企业自身的核心竞争力。[①] 尹继东等（2004）指出通过技术创新满足消费者的产品（服务）需求，是企业核心竞争力形成的基本前提，通过技术创新获取知识产权，是企业核心竞争力形成的重要手段。通过技术创新不断增强资源互补性，是企业核心竞争力形成的关键环节，技术创新的低成本扩散与收益放大效应，是提升企业核心竞争力的重要方式。[②] 马俊如（2005）认为核心技术是企业核心竞争力中的极重要部分，只有拥有自主知识产权，拥有强大的科技创新能力，才能提高我国的国际竞争力。[③] 刘元芳（2006）在研究技术创新及企业文化与企业核心竞争力的关系时认为，企业核心竞争力是企业技术创新和企业文化的耦合，即核心竞争力是技术创新和企业文化相互作用、相互依存的结果。[④] 郭庆然（2006）建立了技术创新提升企业竞争力的微观经济模型，并认为技术创新是企业应用外部技术、自有技术或调整内部生产要素关系，使企业能创造出更多商业利润的特定经济技术活动，是铸就企业核心竞争力的关键，同时更是更新企业核心竞争力的基石。[⑤] 此外，王成军等（2002）从国际竞争力的角度对我国技术创新的现状进行了分析并指出国际竞争力的核心是科技竞争力。[⑥] 陈继勇等（2006）以实证的方法系统地分析了美国目前的贸易竞争力状况，得出了美国具有较强贸易竞争力的产业是技术创新能力较强的行业的结论。[⑦] 马得林（2007）采用比较研究的方法分析认为在经济的全球化、信息化、高技术化的过程中，中国企业通过竞争而形成对核心技术的垄断是企业创造大品牌，形成国际竞争力的必然途径。[⑧]

[①] 戴强：《强化技术创新，提升企业核心竞争力》，载《财贸研究》2003年第2期，第95~99页。
[②] 尹继东、魏欣：《技术创新与企业核心竞争力》，载《南昌大学学报（人社版）》2004年第2期，第81~84页。
[③] 马俊如：《核心技术与核心竞争力——探讨企业为核心的产学研结合》，载《中国软科学》2005年第7期，第4~6页。
[④] 刘元芳：《核心竞争力：技术创新与企业文化的耦合》，载《科学学与科学技术管理》2006年第4期，第169~170页。
[⑤] 郭庆然：《技术创新是提升企业竞争力的不竭动力》，载《商业研究》2006年第19期，第67~69页。
[⑥] 王成军等：《基于国际竞争力提升环境下的技术创新特性研究》，载《中国软科学》2002年第10期，第70~74页。
[⑦] 陈继勇、胡艺：《美国的技术创新与贸易竞争力之关系——一项基于实证的研究》，载《经济管理》2006年第15期，第84~89页。
[⑧] 马得林：《从技术垄断到企业的核心竞争力》，载《西北大学学报（哲学社会科学版）》2007年第5期，第168~170页。

通过分析可以看到，国内外学者对技术因素与企业竞争力的关系进行了大量的理论与实证探讨，对技术因素在哪个环节以及如何影响企业竞争力进行了深入分析，尽管研究角度与分析思路各异，但研究结果都证明了技术因素是形成企业竞争力的驱动因素之一。

2.2.2 管理与竞争力相关研究进展

管理竞争力的研究由来已久。对企业竞争力的传统研究多基于管理的视角，如著名战略大师波特认为，企业竞争力主要指企业设计生产和销售产品、劳务的能力，及其产品和劳务的价格和非价格的质量、性能在市场环境中相对于竞争对手所具有的市场吸引力、谋求并保持最大收益的能力。哈默也认为，企业核心竞争力真正来源于管理能力，管理可以将技术和生产技能转变为企业快速适应变化的能力，企业核心竞争能力的强化，离不开管理创新。前世界经济论坛常务理事葛瑞里教授认为，竞争力就是企业和企业家设计、生产和销售产品与劳务的能力，其产品和劳务的价格和非价格的质量等特性比竞争对手具有更广大的市场吸引力。刘爱国和赵胜仁（Liu Aiguo and Zhao Shengren，1997）认为企业管理理论是人们对生产、技术及经济发展规律的认识，它包含一系列概念，并随着科学、技术和经济环境的变化而变化。如果管理者不能及时进行管理变革，将不可避免地偏离市场经济轨道，在市场竞争中处于不利地位。[1] 黄媛媛和李娜（Huang Yuanyuan and Li Na，2005）认为知识经济时代，企业和组织应突出管理创新，包括人力资本管理、教育观念创新等等，管理创新有利于增强企业的国际竞争力。[2] 李苏红等（Suhong Li et al.，2006）采用结构方程模型，对196个企业的供应链进行的研究表明，供应链管理实践（战略供应商关系、客户关系、信息共享水平、信息共享质量和延迟）水平越高越有助于企业获得竞争优势，提高企业绩效。[3] 杨善星（2003）认为管理能力是企业竞争力的转换要素，主要包括信息能力、决策能力和迅速

---

[1] Liu Aiguo, Zhao Shengren, Management Innovation-The Cradinal Way of Enterprise Development. *The International Symposium on Steel Industry Development and Management (ISIDM'97)*, 1997, pp. 259–263.

[2] Huang Yuanyuan, Li Na, The Management Innovation in the Era of Knowledge Economy. *International Conference on Innovation & Management*, 2005, pp. 301–303.

[3] Suhong Li, Bhanu Ragu-Nathan, T. S., Ragu-Nathan, S., Subba Rao, The Impact of Supply Chain Management Practices on Competitive Advantage and Organizational Performance. *Omega*, 2006, (34), pp. 107–124.

执行决策的能力等。① 齐二石等（2004）从8个方面即经营能力、市场控制能力、技术创新能力、信息化水平、组织管理、企业文化、管理能力和环境协调能力，构建了包括35个指标的企业管理竞争力评价体系。② 王维才等（2004）认为企业核心竞争力的生命在于创新（技术创新、制度创新、管理创新、产品创新、文化创新等），提升核心竞争力更要不断地创新。③ 张立辉等（2005）将企业综合竞争力分解为外部环境竞争力、资源基础竞争力、经营过程竞争力和业绩表现竞争力四个环节，其中经营过程处于核心和能动地位。④ 游达明等（2006）提出知识管理是提高企业核心竞争力的关键因素，知识管理的出发点是把知识视为最重要的资源，把最大限度地掌握和利用知识作为提高企业竞争力的关键。⑤ 吴少华（2007）认为企业生存和持续发展靠的是企业的核心能力，而人力资源却是这种核心能力的核心。管理是企业运行的外化，企业竞争力的提高需要管理来实现。管理也是生产力，人力资源管理是生产力的最基本的表现形式，人力资源管理效能如何直接关系到企业竞争力。⑥ 刘平（2007）认为企业竞争力的作用因素可分为影响性因素和决定性因素两大类，分别来自环境、资源、管理以及核心能力四个方面，管理因素处于企业竞争力影响和决定因素层次结构中的较内层，与核心能力因素共同构成了企业竞争力的内在决定性因素。⑦

管理是组织复杂的活动，国内外学者的研究表明管理因素在整个企业系统运作的过程中发挥着关键的作用，是提升企业运行效率的重要驱动力，管理竞争力是构成企业竞争力系统的核心要素之一。

2.2.3 文化与竞争力相关研究进展

企业文化是一个企业在长期的发展过程中，全体员工所形成的共有观

---

① 杨善星：《如何打造企业的核心竞争力》，载《管理现代化》2003年第6期，第17~20页。
② 齐二石等：《企业管理竞争力及其评价体系研究》，载《天津大学学报（社会科学版）》2004年第1期，第33~36页。
③ 王维才、邓晖：《中国企业如何构建核心竞争力》，载《商业研究》2005年第3期，第18~20页。
④ 张立辉、顾蓉、伍业锋：《企业竞争力分析模型及在发电企业中的应用》，载《工业技术经济》2005年第5期，第105~107页。
⑤ 游达明、颜建军：《知识管理与企业核心竞争力的形成》，载《统计与决策》2006年第10期，第155~156页。
⑥ 吴少华：《现代人力资源管理与企业竞争力的互动关系》，载《中南财经政法大学学报》2006年第6期，第106~110页。
⑦ 刘平：《企业竞争力的影响因素与决定因素》，载《科学学与科学技术管理》2007年第5期，第134~139页。

念、价值取向和行为规范等的表现形式。大量的调查研究发现，那些能够长期维持竞争优势的企业，都有一个鲜明的经营理念与企业文化。哈佛商学院研究海尔案例的佩恩教授说："之所以选中海尔作为哈佛案例，正是因为我看到了海尔不仅学习了西方的先进管理经验，更重要的是创造了适合中国国情的企业文化，海尔能意识到这点并运用成功，是让我感兴趣的原因。"《财富》杂志公布的2002年全球500强企业中，美国有197家企业，居世界之首，进一步分析发现，凡业绩辉煌的企业，企业文化的作用都十分突出。

国内外众多学者对企业文化与竞争力的关系进行了研究。美国著名管理学家沙恩通过大量案例证明，在企业发展的不同阶段，企业文化再造是推动企业前进的源动力，企业文化是企业的核心竞争力。美国兰德公司、麦肯锡公司、国际惯例咨询公司的专家通过对全球优秀企业的研究发现世界500强胜于其他公司的根本原因，就在于这些公司善于给他们的企业文化注入活力。查希尔·伊拉尼等（Zahir Irani et al., 1997）利用案例研究的方法，分析了企业文化在逆境企业生存并得到发展的过程中所发挥的作用。[1] 恩斯特（Ernst, H., 2001）将企业文化划分为四种类型，并利用43家公司作为样本对不同企业文化类型与企业绩效的关系进行了实证分析，结果表明，不同企业文化类型对企业绩效具有显著影响。[2] 吴伟熊（Wai Hung Ng, 2002）指出企业的繁荣并不是取决于严格的管理程序与工具，而是由企业特色的企业文化决定的。任何企业，不论规模大小，要获得生存和发展都要形成他们自身的信仰、价值观与职业道德。他还结合SAE 8C企业文化模型对增强企业竞争力的作用与机理进行了分析。[3] 扎彼得·阿普杜尔·拉希德等（Zabid Abdul Rashid et al., 2003）选取了202家上市公司作为样本，对企业文化与企业责任对企业绩效影响进行的实证研究显示企业文化与企业责任具有显著相关关系，两者对企业财务绩效都具有显著影响。[4] 海拉斯等（S. K. Herath et al., 2006）利用案例研究

---

[1] Zahir Irani, John M. Sharp, Mike Kagioglou, Improving Business Performance through Developing A Corporate Culture. *The TQM Magazine*, 1997, 9 (3), pp. 206–216.
[2] Ernst, H., Corporate Culture and Innovative Performance of the Firm. *Management of Engineering and Technology*, 2001, pp. 532–535.
[3] Wai Hung Ng, SAE 8C Corporate Culture Model for Business Competitiveness. *Integrated Manufacturing Systems*, 2002, 13 (6), pp. 375–385.
[4] Zabid Abdul Rashid, Murali Sambasivan, Juliana Johari, The Influence of Corporate Culture and Organizational Commitment on Performance. *The Journal of Management Development*, 2003, 22 (7/8), pp. 708–728.

的方法对发展中国家的家族式企业的文化进行了深入分析，研究结论认为企业的价值观及其实践有利于培养企业在全球市场上获得成功的能力。[1]

近几年来国内很多学者热衷于企业文化与企业竞争力关系的研究，集中于研究企业文化与企业核心竞争力之间的关系。肖艳芳（2003）认为企业文化是核心竞争力形成的基础，也是核心竞争力的主要组成部分。[2]丁永波等（2005）将企业的核心竞争力分解为学习力、文化力及创新力，认为企业文化力是核心竞争力的起源，核心竞争力是通过企业文化力以及在企业文化力作用下产生的学习力和创新力三者的有机结合表现出来的。[3] 秦嗣毅（2006）认为企业核心竞争力的决定因素主要包括企业文化、人力资源、创新能力、组织管理能力、市场营销能力、战略管理能力、生产和服务能力，其中企业文化应该是决定企业核心竞争力的核心因素，其他因素为外围因素；企业文化与外围因素构成六大基本路径，企业核心竞争力会在这六大基本路径培植与和谐运行中得到提升。[4] 李光丽等（2007）认为要称得上是核心竞争力的要素首先应该是关于核心资源方面的，并且是变化较慢、对其他要素的影响较大的慢变量，根据协同学的支配原理，企业文化的特点与核心竞争力的提出者普拉哈拉德和哈默的有关界定相吻合，企业文化才是真正的核心竞争力。[5]

通过对国内外学者研究的分析，可以发现，无论是从企业文化的作用机理来讲，还是从企业文化的作用效果来说，学者们普遍认为企业文化是形成企业竞争力甚至核心竞争力的重要源泉之一；而且，随着新鲜元素的不断注入，企业文化将成为企业的一种长期竞争力。

2.2.4 公司治理与竞争力相关研究进展

20世纪80年代后期公司治理的兴起，引发了学者们从公司治理角度

---

[1] S. K. Herath, Anushaka Herath, Athambawa Abdul Azeez, Family Firms and Corporate Culture: A Case Study from A Less Developed Country (LDC). *International Journal of Management and Enterprise Development*, 2006, 3 (3), pp. 227 – 243.

[2] 肖艳芳：《企业文化与核心竞争力培育之关系研究》，载《现代财经》2003年第23卷第10期，第60~62页。

[3] 丁永波：《试论企业创新与企业核心竞争力》，载《工业技术经济》2005年第24卷第9期，第10~12页。

[4] 秦嗣毅：《企业文化提升企业核心竞争力路径的钻石模型研究》，载《生产力研究》2006年第12期，第226~229页。

[5] 李光丽、卫林英、段兴民：《文化是真正的企业核心竞争力——来自协同学的解说》，载《生产力研究》2007年第15期，第5~6页。

探讨企业竞争力的研究热情。早期的学者们多从间接的角度（比如治理的局部因素与绩效）探讨公司治理与企业竞争力的关系，大量的实证研究表明这些治理因素和企业竞争力有关。如少特和柯西（Short and Keasey，1997）、埃里克·莱曼（Erik Lehmann，2000）研究了机构投资者持股对公司绩效的积极影响；汉布里克和杰克森（Hambrik and Jackson，2000）认为外部董事持股和企业未来绩效正相关，埃里克·莱曼（Erik Lehmann，2000）研究表明股权集中度与公司利润显著负相关。[1] 于东智（2003）认为董事会规模与净资产收益率以及主营业务利润率呈现倒 U 型的曲线关系，其变化的区间是当董事会人数不超过 9 人时，董事会规模与公司绩效呈现正相关，而当董事会规模增大时，由于董事会工作的无效率使公司绩效下降等。[2]

由于公司治理各要素之间的交互作用，单纯从治理系统的某一要素或某局部系统对企业竞争力进行研究，很有可能会造成一定的偏颇。近期不少学者开始从系统角度对公司治理与企业竞争力的关系进行研究，国外学者的研究多采用实证研究的方法，而国内则主要采用规范研究方法。国外学者的实证研究表明公司治理对竞争力有着显著的影响，如斯里克等（Silke et al.，2002）使用 1986～1994 年近 500 家公司面板数据研究了产品市场竞争和公司治理对德国制造业生产力增长（productivity growth）的影响，发现当市场竞争比较激烈时，企业具有较高的生产力增长。相似地，生产力增长在具有最终所有者的企业中会更高。研究还显示，竞争力和紧密的控制是互补的：在具有强势最终所有者的情况下，竞争的影响会明显的提高。[3] 何志权（Chi-Kun Ho，2005）针对以往研究中大多从绩效角度研究竞争力的不足，将企业竞争力划分为竞争潜力（competitive potential）、管理程序（management process）与绩效（performance）三个维度，从治理角度对竞争力进行了系统的研究，研究发现跨国公司遵循公司治理行为的程度越高，企业的竞争力就越强。[4] 安德鲁斯·查理图等

---

[1] Erik Lehmann, Jürgen Weigand, Does the Governed Corporation Perform Better? Governance Structures and Corporate Performance in Germany. *European Finance Review*, 2000, 4 (2), pp. 157 – 195.

[2] 于东智：《董事会、公司治理与绩效——对中国上市公司的经验分析》，载《中国社会科学》2003 年第 3 期，第 29～41 页。

[3] Silke I. Januszewski, Jens Köke, Joachim K. Winter, Product Market Competition, Corporate Governance and Firm Performance: An Empirical Analysis for Germany. *Research in Economics*, 2002, 56 (3).

[4] Chi-Kun Ho, Corporate Governance and Corporate Competitiveness: An International Analysis. *Corporate Governance*, 2005, 13 (2).

(Andreas Charitou et al.，2007）通过对161家纽约证交所退市公司的实证分析，认为拥有更好公司治理的公司退市的可能性更小，董事会及股权结构是决定上市公司生存能力的一个重要因素。[①]

相对国外学者，国内学者们的研究多采用规范研究的方法，对公司治理与企业竞争力的关系进行了初步的探讨，提出了治理是企业竞争力（蔡厚清，2000；徐霞，2002；孙班军，2003；刘元元，2004；张维功，2005）甚至是核心竞争力（邹国庆、徐庆仑，2005；熊波、陈柳，2005）的来源之一或重要组成部分或者是企业竞争力的制度保障的观点（王小平，2006）。还有学者认为，企业竞争优势来自于企业战略管理规划与完善的公司治理制度和内部控制制度进行协调与配合（王桂莲，2004），来自公司治理与战略的互动（朱廷柏、李宁，2005）。近几年国内学者在实证研究方面也取得了丰硕的成果，杨蓉（2007）认为公司治理与企业竞争力之间具有明显的正相关关系，这种相关关系并不是两个外部事物之间的联系，而是企业竞争力根源内在的逻辑联系，公司治理作为企业竞争力的内生变量，与系统内外的其他变量互相联系、互相作用，从而形成、改变和发展了企业的竞争力；从实践的角度看，要形成强大的竞争力，应该从建立和完善公司治理制度开始。[②] 一些学者证实了运作合理的公司治理机制对公司绩效的正面作用，如胡一帆等（2005）对竞争、产权及公司治理与企业绩效的关系的经验研究表明当分别对各单个因素进行考察时，各因素都对样本公司绩效有积极影响，然而当对这些因素进行综合考察时，产权结构与公司治理作用相对重要，而竞争效应则不甚显著，管理决策、股东大会、董事会及透明度4个机制构建的公司治理综合指数，始终对公司生产率具有正向效应。[③] 白重恩等（2005）也通过实证分析证实了公司治理水平高的企业其市场价值也高；投资者愿为治理良好的公司付出相当可观的溢价。[④] 李维安等（2006）通过对民营上市公司的实证分析提出当公司第一大股东绝对控股时，其持股比例越高公司绩效越好，第一大股东持股比例

[①] Andreas Charitou, Christodoulos Louca, Nikos Vafeas, Boards, Ownership Structure, and Involuntary Delisting from the New York Stock Exchange. *Journal of Accounting and Public Policy*, 2007, 26 (2), pp. 249 – 262.

[②] 杨蓉：《公司治理与企业竞争力的关系研究》，载《华东师范大学学报（哲社版）》2007年第1期，第88~94页。

[③] 胡一帆、宋敏、张俊喜：《竞争、产权、公司治理三大理论的相对重要性及交互关系》，载《经济研究》2005年第9期，第44~57页。

[④] 白重恩、刘俏、陆洲、宋敏、张俊喜：《中国上市公司治理结构的实证研究》，载《经济研究》2005年第2期，第81~91页。

在 20%～40%之间时，持股比例与绩效呈现倒 U 型曲线关系，第二至第十大股东持股之和越高，公司绩效越好。[1] 南开大学公司治理研究中心公司治理评价课题组（2006）对上市公司治理指数与公司绩效的实证分析表明上市公司治理指数与主营业务利润率、总资产收益率、每股净资产、加权每股收益、每股经营性现金流量、总资产周转率、总资产年度增长率均显著正相关，和资产负债率显著负相关，这表明良好的公司治理机制可能有助于提升公司的盈利能力、股本扩张能力、运营效率、成长能力。[2] 另有一些学者从不同的视角证实了公司治理机制对公司的影响，如张翼等（2005）通过实证分析发现公司最终控制人的类型、第一大股东的持股水平、董事会主席的持股比例、监事会中领取报酬的监事比例等公司治理特征与公司制造丑闻的概率有关，公司治理在规避公司丑闻方面起到重要的作用。[3] 陈晓等（2005）对关联交易与股权结构之间关系的实证分析表明关联交易的发生规模与股权集中度显著正相关，持股比例超过 10%的控股股东数目的增加会降低关联交易的发生金额和概率。[4] 蔡吉甫（2007）通过实证分析发现公司治理结构与审计费用存在显著的相关关系——有效率的公司治理结构不仅能够控制公司的代理问题，而且还可以减少会计师事务所收取的审计费用。[5] 刘伟等（2007）通过实证分析表明公司治理机制能够影响企业信息技术的投入行为。[6] 张宗益（2007）用实证的方法证明了公司治理对 R&D 投资行为有显著的影响，良好的创新环境对企业的 R&D 投资有促进作用。[7] 黄海波等（2007）通过实证分析表明公司治理因素对公司多元化经营具有显著影响。[8] 叶勇等（2007）通过实证分析表

---

[1] 李维安、李汉军：《股权结构、高管持股与公司绩效——来自民营上市公司的证据》，载《南开管理评论》2006 年第 5 期，第 4～10 页。

[2] 南开大学公司治理研究中心公司治理评价课题组：《中国上市公司治理指数与公司绩效的实证分析——基于中国 1149 家上市公司的研究》，载《管理世界》2006 年第 3 期，第 104～113 页。

[3] 张翼、马光：《法律、公司治理与公司丑闻》，载《管理世界》2005 年第 10 期，第 113～122 页。

[4] 陈晓、王琨：《关联交易、公司治理与国有股改革——来自我国资本市场的实证证据》，载《经济研究》2005 年第 4 期，第 77～86 页。

[5] 蔡吉甫：《公司治理、审计风险与审计费用关系研究》，载《审计研究》2007 年第 3 期，第 65～71 页。

[6] 刘伟、刘星：《公司治理机制对信息技术投入的影响研究》，载《科技进步与对策》2007 年第 2 期，第 93～95 页。

[7] 张宗益：《关于高新技术企业公司治理与 R&D 投资行为的实证研究》，载《科学学与科学技术管理》2007 年第 5 期，第 23～26 页。

[8] 黄海波、李树苗：《公司治理与多元化经营——基于我国上市公司的实证研究》，载《经济与管理研究》2007 年第 6 期，第 70～76 页。

明我国上市公司普遍存在隐性终极控制股东，并通过金字塔结构等方式使其终极控制权与现金流量权产生偏离，且偏离幅度与上市公司的市场价值负相关，不同类型的终极控制股东控制的公司有显著差异。[①] 与上述研究相反，有学者对公司治理泛化与企业竞争力衰退提出了不同的见解，如傅贤治（2006）认为经典公司治理模式作为一种企业制度对企业永续经营起到一定的基础性作用，上市公司由于涉及众多中小股东的权益，严格的公司制衡制度是非常重要的，同时还必须引入创新机制，以实现企业的永续经营。[②]

国内外学者的研究表明，公司治理及其要素通过制度设计与实施影响企业经营运作的各个环节并最终作用于企业绩效及企业长远发展，公司治理是形成企业长期竞争力的核心要素，是企业竞争力的驱动因素之一。

经过文献梳理，本书认为公司治理是决定企业竞争力的重要因素，上市公司竞争力是公司治理、文化、管理以及技术等多种因素综合作用的结果。

2.3 企业竞争力评价指标体系相关研究

早在1980年世界经济论坛（WEF）组织的达沃斯年会上，世界经济论坛就企业的竞争力乃至企业的国际竞争力进行了讨论。随后国内外机构、学者分别构建了大量竞争力评价指标体系（见表2-2）。

表2-2　　　　　　　　　主要竞争力评价指标体系

作者	文章名称	指标体系	
		一级指标	二级指标
世界经济论坛（WEF）（2001*）	全球竞争力报告（The Global Competitiveness Report, GCR）	经济绩效、政府效率、商业效率、基础设施	国内经济、国际贸易、国际投资、就业、价格；公共开支、财政政策、制度框架、商业环境、教育；生产率、劳动力市场、金融市场、管理效率、全球化的影响；基本基础设施、技术基础设施、科研基础设施、卫生与环境、价值系统

---

① 叶勇、刘波、黄雷：《终极控制权、现金流量权与企业价值——基于隐性终极控制论的中国上市公司治理实证研究》，载《管理科学学报》2007年第2期，第66~79页。
② 傅贤治：《公司治理泛化与企业竞争力衰退》，载《管理世界》2006年第4期，第154~155页。

续表

作者	文章名称	指标体系	
^	^	一级指标	二级指标
瑞士洛桑国际管理开发学院（IMD）（2001**）	世界竞争力年鉴（The World Competitiveness Yearbook，WCY）	经济成长竞争力、当前竞争力	技术水平、制度环境、宏观经济环境；要素投入的质量、基础设施的效率、制度的有效性、政府的政策等
胡大立（2001）	企业竞争力论	营运能力、经营安全能力、获利能力、市场控制力、信息技术水平、技术创新能力、组织结构、人力资本、企业文化、资本运营能力、知识管理能力、外界环境管理水平	存货周转率、产权比率、销售利润率、市场占有率、信息技术拥有率、技术开发人员比率、组织结构的合理性、员工平均受教育程度、聚合力、固定资产使用率、知识运用能力指数、社会贡献率等70个指标
王建华等（2002）	企业竞争力评价的指标体系研究	经营环境、产品市场竞争力、战略能力、生产能力、市场能力、技术能力、营运能力、财务能力、可持续发展能力	产品市场占有、资产贡献率、劳动生产率、新产品增长率、存货周转率、投资收益率、社会贡献率等多项指标
赵瑞红（2002）	我国商业银行竞争力评价指标的评析与构建	银行核心竞争力、银行基础竞争力、银行环境竞争力	经济实力、管理竞争力、科技竞争力、基础设施竞争力、员工素质竞争力、国际化竞争力、政府管理竞争力、本国企业的财务状况和信用状况、本国金融教育
刘叶云（2003）	我国国际竞争力评价指标体系建构及测度方法研究	外部运行环境、内部整合能力	5个二级指标：政治环境、经济环境、公共环境、财务评价指标、非财务评价指标；47个三级指标
尚红兵（2004）	油田上市公司核心竞争力评价	经济规模、盈利能力、技术创新能力、发展能力、管理效率	油气产量、探明储量、净资产报酬率、成本费用利率、技术进步贡献率、科技投入强度、销售收入增长率、人均利润率等
高晓红等（2004）	基于模糊综合评判的企业竞争力评价模型	技术创新能力、营销创新能力、管理创新能力、知识创新能力	研发能力、产品能力、盈利能力、持续学习的能力等
陈佳贵、吴俊（2004）	中国地区中小企业竞争力评价	区域影响力、经营运作力、成长发展力	地区中小企业销售收入，地区中小企业平均销售利润率，地区中小企业人均销售额；地区中小企业销售收入增长率，地区中小企业净资产增长率等6个指标

续表

作者	文章名称	指标体系	
		一级指标	二级指标
薛珑等（2004）	商业连锁上市公司竞争力评价体系	盈利能力、资产运营能力、偿债能力、发展能力	主营业务利润率、总资产利润率、成本费用利润率、总资产周转率、流动资产周转率、资产负债表、流动比率、主营业务收入增长率、总资产增长率
林汉川、管鸿禧（2005）	中国不同行业中小企业竞争力评价比较研究	外部环境竞争力、企业内在竞争力	短期生存实力、中期成长能力、长期发展潜力等63项评价指标
赵彦云、张明倩（2005）	中国制造业产业竞争力评价分析	制造业竞争实力、成长竞争力、市场竞争力、成本竞争力、创新竞争力、投资竞争力、管理竞争力	49个分级指标
胡旺盛（2006）	我国家电行业上市公司竞争力的分析	企业活力能力指标、偿债能力指标、资产管理能力指标、企业成长能力指标、企业投资扩张能力指标、企业现金保障能力指标	主营业务利润率、净资产收益率、资产负债率、总资产周转率、存货周转率、总资产增长率、每股净资产、主营业务现金比率等
杨华峰（2006）	基于循环经济的企业竞争力评价指标体系	资源竞争力、技术竞争力、管理竞争力、经济竞争力、环境竞争力、责任竞争力	人才资源、物质资源、研究开发能力、技术创新能力、战略管理能力、组织管理能力、管理执行能力、产品竞争力能力、企业盈利能力等26个指标
赵冬梅、周荣征（2007）	企业竞争力评价指标体系的设计方法研究	显性竞争力指标和潜在竞争力指标	规模性指标、效益性指标、成长性指标；企业资源、营运能力、经营安全能力、科技创新能力
梦然（2007）	民营企业核心竞争力评价指标体系研究	价值性、独特性、领先性和整合性指标	人均业务收入、盈利现金流、存货周转率、应收账款周转率、经济附加值、每股收益、ROA、科研人员占比、生产设备更新率、行业领先程度、现金流协调系数

* 这里采用世界经济论坛2001年《全球竞争力报告》中采用的指标体系。见国务院体改办经济体制与管理研究所《中国国际竞争力研究小组》：《2001年中国的国际竞争力：来自IMD和WEF的报告》，载《统计研究》2002年第4期，第14~19页。

** 这里采用IMD2001年《世界竞争力年鉴》中采用的指标体系。见国务院体改办经济体制与管理研究所《中国国际竞争力研究小组》：《2001年中国的国际竞争力：来自IMD和WEF的报告》，载《统计研究》2002年第4期，第14~19页。

国内外的竞争力评价文献显示,目前我国胡旺盛、薛珑、尚红兵、梦然等学者专门对上市公司的竞争力进行了评价,但均采用技术、管理等传统指标,而没有将制度与文化等关键因素纳入到评价体系中。而从理论和实践经验来看,忽视治理的公司必定无法建立起长期竞争优势,其竞争力必然严重受损。本书试图打破传统竞争力评价的缺陷,将公司治理这一关键要素纳入到评价系统中,基于治理与管理匹配的视角对上市公司竞争力进行评价,构建上市公司竞争力指数。

2.4 企业竞争力评价方法相关研究

对企业竞争力的评价方法有多种不同的分类。按照评价指标的多少,企业竞争力评价方法分为单项指标评价法和综合指标体系评价法。单项指标评价法是直接用某企业单项指标的报告期数值与基准数值对比,或用两个不同企业的同一指标实际数值对比得出相应的结论。综合指标体系评价法是构建指标体系,并进行综合评价以得出相应的结论。考虑到企业竞争力的复杂性,单个指标显然并不能反映企业竞争力的情况,因此通常是根据综合指标体系进行评价。企业竞争力评价方法至少在20种以上。下面是国内学者在进行企业竞争力评价研究中经常用到的方法。

2.4.1 主成分分析及因子分析

在企业竞争力问题研究中,为了全面、系统地分析企业竞争力问题,人们往往考虑众多对企业竞争力有影响的指标。较多的指标不仅会带来分析问题的复杂性,而且这些指标彼此之间常常存在着一定的、有时甚至是相当高的相关性,这就使所得到的统计数据在一定程度上反映的信息有所重叠。因此,人们自然希望能找到较少的几个彼此又不相关的综合指标来尽可能多的反映原来指标所提供的信息量。主成分分析及因子分析方法就是实现这一目的的有效途径之一。该方法的基本思想是根据原指标间的相关性,通过降维的技术把原来的多个指标约化为几个综合指标,该方法具有全面性、可比性、客观合理性的优点;但同时,因子负荷符号交替使得函数意义不明确,也需要大量的统计数据,有时并没有反映客观发展水平。

在企业竞争力评价中，国内学者对该方法的典型应用有：尹子民等（2002）利用因子分析法通过对锦州市10个工业企业竞争力的实证分析建立了企业竞争力模型。[①] 师萍等（2004）引入多元统计分析中的主成分分析法对某大型石油集团11个石油工程技术企业的竞争力状况进行了实证分析。[②] 朱顺泉（2005）构建了我国各省市区中小企业竞争力状况的因子分析模型，并应用该模型对我国各省市区中小企业竞争力进行了合理的评价。[③] 陶正等（2005）利用因子分析方法，从一系列与科技竞争力相关的指标中提取出影响科技竞争力水平的主要因素。克服了仅从企业自身能力单个角度分析科技竞争力的不足。[④] 李强等（2006）运用因子分析法对我国酿酒食品行业上市公司竞争力进行了初步测评。[⑤] 等等。

2.4.2 DEA 方法

数据包络分析（Data Envelopment Analysis，DEA）是由著名运筹学家查尼斯、库珀和罗德斯（A. Charnes，W. W. Cooper，E. Rhodes）等学者于1978年在"相对效率评价"的基础上发展起来的一种新的系统分析方法。DEA方法是运筹学、管理科学、数量经济学交叉研究的一个新领域，它主要采用数学规划方法，以相对效率概念为基础，利用观察到的样本数据资料，把每个被评价单位作为一个决策单元（Decision Making Units，DMU）再由众多DMU构成被评价群体，通过对投入和产出比率的综合分析，以DMU的各个投入和产出指标的权重为变量进行评价运算，确定有效生产前沿面，并根据各DMU与有效生产前沿面的距离状况，确定各DMU是否DEA有效，同时还用投影方法指出非DEA有效或弱DEA有效的原因及应改进的方向和程度。由于DEA不必预先估计参数和确定输入与输出之间关系的隐式或显式表达式，因此，DEA方法排除了很多主观的因素，具有很强的客观性。DEA方法可以评价多输入、多输出的大系

[①] 尹子民、刘文昌：《因子分析在企业竞争力评价中的应用》，载《数理统计与管理》2004年第3期，第29~32页。

[②] 师萍、刘小康：《企业竞争力评价的指标体系法》，载《西北大学学报（哲社版）》2004年第2期，第108~111页。

[③] 朱顺泉：《我国各省市区中小企业竞争力评价与分析研究》，载《生产力研究》2006年第9期，第256~257页。

[④] 陶正、华中生：《企业科技竞争力的因子分析模型及其应用》，载《科学学与科学技术管理》2006年第5期，第121~125页。

[⑤] 李强、蔡根女：《企业竞争力测评的多元统计分析》，载《统计与决策》2006年第6期，第146~148页。

统，并可用"窗口"技术找出单元薄弱环节加以改进；但是评价结果只表明评价单元的相对发展指标，无法表示出实际发展水平。

在企业竞争力评价中，国内学者的典型应用有：王晓莉和仲维清（2004）通过实例介绍了 DEA 方法在评价企业供应链竞争力中的应用。[①] 胡同泽和黄利军（2007）利用 DEA 方法对我国各省市区大中型工业企业科技竞争力进行了评价研究。[②] 等等。

2.4.3 层次分析法

层次分析法（AHP）是由美国学者萨阿蒂（T. L. Saaty）在 1977 年提出的。AHP 法的基本思想是把复杂事情分成若干有序层次，建立起一个描述系统功能或特征的内部独立的递阶层次结构，然后根据对某一客观事物的判断，就每一层次的相对重要性做出定量表示，即构造"比较判断矩阵"，以这个矩阵的最大特征值及其相应的特征向量，在通过一致性检验的前提下，确定每一层次中各元素的相对重要性次序的权重；通过对各层次的分析，进而导出对整个问题的分析，即总排序权重。AHP 方法把人的思维过程层次化、数量化，并用数学手段为分析、决策提供定量的依据，所以，AHP 方法是一种将定性和定量相结合的决策分析方法。

层次分析法是一种系统结构分析方法，也是一种科学决策方法。该法把定性问题转化为定量分析，把定性分析和定量分析结合起来，解决了用定性分析和定量分析单独不能解决的问题。作为一种科学的决策分析方法，它通过分析复杂系统所包含的因素及其相互关系，将问题分解为不同的要素，再将这些要素按性质分为不同的层次，对各要素之间的定性关系进行两两比较，使之定量化，从而把定性问题转化为定量分析。在应用多准则多指标对科研成果进行综合评价时，层次分析法显示出比较明显的优越性。层次分析法具有可靠度比较高、误差小的优点，但评价对象的因素不能太多，一般不能超过 9 个，不太适用于过于复杂系统的评价。

该方法在企业竞争力评价研究中的应用有：邵一明等（2003）利用

[①] 王晓莉、仲维清：《DEA 方法在企业供应链竞争力评价中的应用》，载《科技进步与对策》2004 年第 12 期，第 139～140 页。

[②] 胡同泽、黄利军：《基于超效率 DEA 方法的大中型工业企业科技竞争力度量》，载《科技进步与对策》2007 年第 5 期，第 56～58 页。

该方法构建了零售企业综合竞争力评价模型。① 林汉川等（2004）运用层次分析法对我国江苏、浙江、广东、湖北、辽宁、云南等六省市中小企业竞争力的状况进行了分析研究。② 谭伟（2006）利用 AHP 方法建立了房地产企业核心竞争力评价模型。黎薇等（2006）对 AHP 方法在企业专利竞争力评价中的应用进行了研究。③ 此外，侯渡舟等（2007）应用 AHP 方法对工程咨询企业的竞争力状况进行了评价研究。④ 等等。

2.4.4 模糊综合评价

模糊综合评价法是美国控制论专家艾登（Eden）于 1965 年创立的。该方法既有严格的定量刻画，也有对难以定量分析的模糊现象进行主观上的定性描述，把定性描述和定量分析紧密地结合起来，而企业竞争力评价具有模糊性，因而，模糊综合评价法是一种比较适合企业竞争力评价的方法，并且近年来发展较快，应用较广。典型应用有：陈蔓生等（1998）考虑到企业竞争力的影响因素具有模糊性的特点，采用模糊数学的方法构建了企业竞争力的模糊评价数学模型。⑤ 孔玉生（2003）对模糊综合评价方法在评价中小企业核心竞争力中的应用进行了分析论述。马纯杰等（2003）研究了模糊数学理论在住宅开发企业竞争力评估中的应用。⑥ 徐娟（2004）利用模糊综合评价方法构建了供应商企业核心竞争力综合评价模型。陆杉等（2006）研究了模糊综合评价方法在评价虚拟企业核心竞争力中的应用。章雁等（2006）利用模糊综合评价方法对国际航运企业的竞争力状况进行了实证分析，取得了良好效果。张颖等（2007）利用模糊综合评价方法对陕西企业核心竞争力状况进行了分析研究。等等。

模糊综合评价法可克服传统数学方法中"唯一解"的弊端，根据不

---

① 邵一明、钱敏：《零售企业竞争力指标与评价模型》，载《统计与决策》2003 年第 6 期，第 17~18 页。
② 林汉川、管鸿禧：《我国东中西部中小企业竞争力实证比较研究》，载《经济研究》2004 年第 12 期，第 45~54 页。
③ 黎薇、金泳锋、陈媛：《层次分析法在评价企业专利竞争力中的应用》，载《科技进步与对策》2007 年第 2 期，第 103~105 页。
④ 侯渡舟、周景阳、王永刚：《工程咨询企业竞争力评价研究》，载《西安建筑科技大学学报（自然科学版）》2007 年第 4 期，第 551~557 页。
⑤ 陈蔓生、张正堂：《企业竞争力的模糊综合评价探析》，载《数量经济技术经济研究》1999 年第 1 期，第 56~58 页。
⑥ 马纯杰、林德添、周志成：《模糊数学理论在住宅开发企业竞争力评估中的应用》，载《科技进步与对策》2004 年第 2 期，第 112~114 页。

同可能性得出多个层次的问题题解，具备可扩展性，符合现代管理中"柔性管理"的思想。缺点是该方法不能解决评价指标间相关造成的信息重复问题。另外，隶属函数、模糊相关矩阵等的确定方法有待进一步的研究与探讨。

2.4.5 其他方法

鉴于企业竞争力评价的复杂性，国内学者除了利用以上常用方法对企业竞争力进行评价研究外，还不断尝试引用其他评价方法来对企业竞争力进行研究。学者对其他评价方法的研究有：胡大立（2002）基于灰色关联分析的基本理论与方法，构建了企业竞争力多层次灰色评价模型。[①] 吴晓伟等（2004）初步探讨了基于神经网络的企业竞争力综合评价方法，并用 BP 神经网络方法对酿酒企业竞争力进行了实证分析。[②] 吕洁华（2005）对人工神经网络在高新技术企业竞争力评价中的应用进行了分析研究。邓蓉晖等（2005）对神经网络方法在建筑企业竞争力评价中的应用进行了分析，并对中国上市建筑企业的竞争力状况进行了实证分析。[③] 赵金楼等（2006）利用全息雷达图的基本思想构建了船舶制造企业的核心竞争力评价模型。[④] 陈玉和等（2007）将物元方法引入企业竞争力评价中。肖惠和包钢（2005）将层次分析法、灰色关联分析法和理想点法结合起来，为科学评析增强企业核心竞争力的诸多选择方案构建了一个AHP-GRAP-PPM 数量模型，分析评价企业核心竞争力。[⑤] 等等。

从上面的分析可以看到，各种综合评价方法都有其自身的特点及适用范围，为使企业竞争力评价结果更加科学与客观，本书在充分考虑上市公司竞争力驱动因素指标数据特征的基础上，确定了标识变异系数的客观权重与 AHP 的主观权重相结合的综合评价方法，既充分利用统计数据提供的信息，又能更加合理地反映各因素对形成上市公司竞争力的贡献。

[①] 胡大立：《应用灰色系统理论评价企业竞争力》，载《科技进步与对策》2003 年第 1 期，第 159~161 页。

[②] 吴晓伟、吴伟超、徐福缘：《基于神经网络的企业竞争力综合评价方法》，载《工业技术经济》2004 年第 2 期，第 62~65 页。

[③] 邓蓉晖、王要武：《基于神经网络的建筑企业竞争力评估方法研究》，载《哈尔滨工业大学学报》2006 年第 3 期，第 489~494 页。

[④] 赵金楼、邓忆瑞：《我国船舶制造企业核心竞争力评价模型研究》，载《科技管理研究》2007 年第 9 期，第 205~207 页。

[⑤] 肖惠、包钢：《企业核心竞争力的 AHP-GRAP-PPM 评价》，载《科技进步与对策》2005 年第 3 期，第 124~126 页。

本 章 小 结

本章对上市公司竞争力的相关研究进行了仔细梳理。通过对企业竞争力理论及其驱动因素相关研究的分析发现，企业竞争力是一个发展的概念，随着经济发展、竞争环境以及对企业理论认识的改变，决定企业竞争力的因素也在不断发展、扩充和深化。自从学者开始关注并对企业竞争力进行研究以来，技术、管理、文化及公司治理等因素相继受到学者的关注并用于解释企业竞争力，本章在对上市公司竞争力相关研究进行分析的基础上，对上市公司竞争力的本质进行了深刻剖析，认为在影响上市公司竞争力的驱动因素中，管理及技术因素与公司的运行效率相关，影响并决定上市公司的短期竞争力，而公司治理及文化因素则分别从制度保障及精神动力等层面作用于上市公司竞争力，更多的是与上市公司的长期竞争力相关，上市公司竞争力是由技术、管理、文化及公司治理等因素相互影响、相互转化共同形成的。除此以外，本章对学者们用于进行企业竞争力评价的方法进行了仔细分析，发现在众多的综合评价方法中，被用于进行企业竞争力评价的方法已多达几十种，本章经过对不同方法优缺点及适用范围的分析，确定本书将采用基于标志变异系数的客观权重法及基于 AHP 的主管权重法相结合的综合评价方法来对我国上市公司的竞争力状况进行实证研究。

第 3 章

上市公司竞争力指数模型

3.1 上市公司竞争力指数形成流程

为了构建上市公司竞争力指数，本书首先对有关企业竞争力研究的文献进行了详细梳理，从中识别出企业竞争力的驱动因素，然后结合上市公司与一般企业竞争力的差异，理清上市公司竞争力驱动因素；然后在文献研究的基础上，建立上市公司竞争力评价指标体系；接下来，收集并整理数据库，确定样本数据；然后根据数据特征分别进行指标评分；再接下来，采用标志变异系数法形成小类指数；然后，基于 AHP 主观权重法形成上市公司竞争力中类指数；最后，基于专家打分法形成上市公司竞争力综合指数（详见图 3-1）。

3.2 上市公司竞争力评价指标体系

目前国内已有的上市公司竞争力评价体系，仅仅考虑了传统财务指标，而财务指标是管理的效果，表明由于组织过去采取的行动，现在达成的绩效如何，即说明目前企业的财务实力，而无法反映企业现在的行动对未来的影响。因此传统财务指标评价企业的竞争力只是反映了短期企业的实力，而企业竞争力的核心应该是其可持续发展的能力，制度、文化是关键。除了制度、文化与管理之外，技术是确保竞争优势的手段。

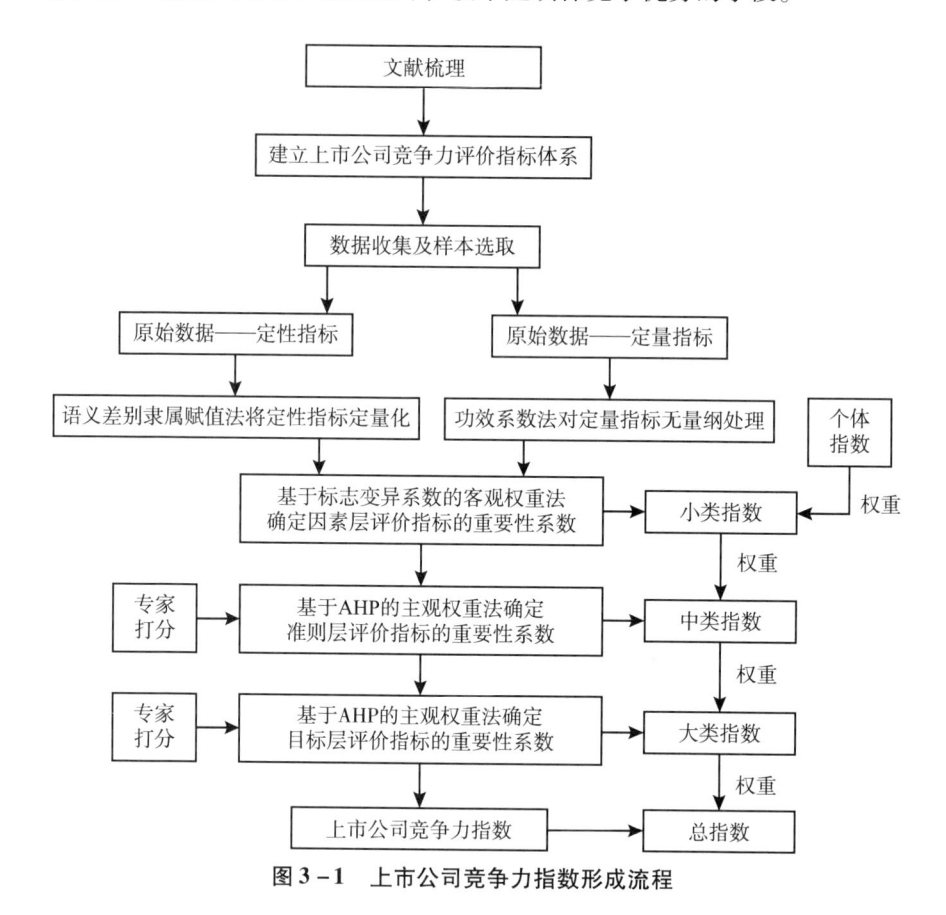

```
                        ┌──────────┐
                        │ 文献梳理 │
                        └────┬─────┘
                             ↓
                ┌────────────────────────┐
                │建立上市公司竞争力评价指标体系│
                └────────────┬───────────┘
                             ↓
                  ┌────────────────────┐
                  │ 数据收集及样本选取 │
                  └─────────┬──────────┘
                  ↙                    ↘
    ┌──────────────────┐      ┌──────────────────┐
    │原始数据——定性指标│      │原始数据——定量指标│
    └─────────┬────────┘      └─────────┬────────┘
              ↓                          ↓
    ┌──────────────────────┐  ┌──────────────────────┐  ┌──────┐
    │语义差别隶属赋值法将   │  │功效系数法对定量指标   │  │ 个体 │
    │定性指标定量化        │  │无量纲处理            │  │ 指数 │
    └─────────┬────────────┘  └──────────┬───────────┘  └──┬───┘
              ↓                           ↓  ┌──────────┐  │权重
    ┌───────────────────────────────┐     →→→│ 小类指数 │←─┘
    │基于标志变异系数的客观权重法    │        └────┬─────┘
    │确定因素层评价指标的重要性系数  │             │权重
    └────────────┬──────────────────┘             ↓
  ┌──────┐   ┌──────────────────────┐      ┌──────────┐
  │专家  │   │基于AHP的主观权重法确定│     │ 中类指数 │
  │打分  │──→│准则层评价指标的重要性 │     └────┬─────┘
  └──────┘   │系数                   │          │权重
             └────────────┬──────────┘          ↓
  ┌──────┐   ┌──────────────────────┐     ┌──────────┐
  │专家  │   │基于AHP的主观权重法确定│     │ 大类指数 │
  │打分  │──→│目标层评价指标的重要性 │     └────┬─────┘
  └──────┘   │系数                   │          │权重
             └────────────┬──────────┘          ↓
                ┌─────────────────────┐    ┌──────────┐
                │上市公司竞争力指数   │→→→│  总指数  │
                └─────────────────────┘    └──────────┘
```

图 3-1 上市公司竞争力指数形成流程

技术、文化、治理、管理四种关键要素相互影响、相互转化，共同形成了企业的竞争力系统。增强企业技术创新能力，开发企业技术类无形资产，提升企业信息化水平不仅能够使企业积累战略性竞争资源，还能减少管理层级，提高企业效率，同时企业的技术资源反过来又要求企业改进管理方式以促进技术创新，保护创新成果；企业文化既可以通过对企业价值观、企业精神的培育为技术创新主体提供强大的精神动力，又可以推动管理机制的发展与完善。制度和管理是一个硬币的两面，谁也不能脱离谁而存在[1]，治理是通过一套制度框架，而管理则侧重通过具体的实施手段来达

---

[1] K. N. Dayton, Corporate Governance: the Other Side of the Coin, *Harvard Bussiness Review*, 1984, (1).

到企业目标的实现。只有两者进行有效结合，才能够保证科学决策，最大化企业资源转化与增资的效率，提升企业竞争力。无疑，上市公司竞争力与当期的管理效果——财务实力有关，但更重要的是"管理是运营公司，治理是确保这种运营属于正确的轨道之上"，[①] 若没有合理的治理机制以确保上市公司运营于正确的轨道之上，上市公司的竞争力便无从谈起。图3-2阐释了治理、管理、技术及文化因素如何相互作用形成了上市公司竞争力。

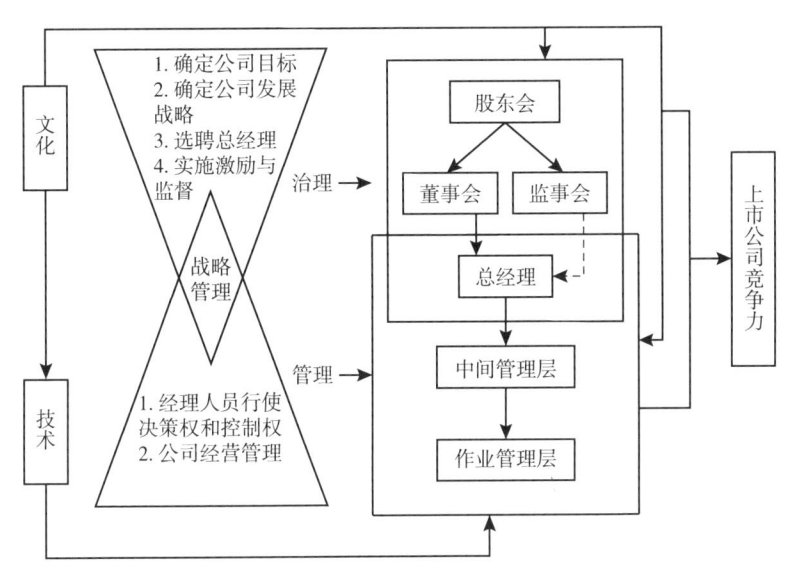

图3-2 基于公司治理与管理相匹配的上市公司竞争力理论模型

1. 治理竞争力。

上市公司的治理结构主要体现在股东会、董事会、监事会以及总经理为代表的高层管理人员之间的相互制衡关系。在存在委托—代理关系情况下，代理人在经营过程中存在损害股东利益，偏离企业价值最大化目标的行为动机，而由于股东的分散化、信息不对称以及监督成本过高，使股东难以直接对企业进行监督管理，这导致投资者与经营者之间会产生潜在利益冲突。随着现代职业经理人阶层的兴起，这种冲突更加明显。在这种情况下，公司治理通过一套制度安排来解决公司内的委托—代理问题，达到

[①] R. I. Tricker, Corporate Governance, The Corporate Policy Group, Oxford, 转引自李建伟：《公司制度、公司治理与公司管理——法律在公司管理中的地位与作用》，人民法院出版社2005年版，第84页。

对经理人的有效监督和确保公司能够科学决策，从而降低经理人因败德行为和因缺少监督导致的盲目决策等而导致的企业动荡或破产的几率，确保企业竞争力的持续提升。

南开大学公司治理研究中心2004年在国内率先推出中国上市公司评价系统和南开公司治理指数（CCGI^{NK}）。它以国际公认的公司治理原则、准则为基础，结合中国的相关法律和文件设计评价指标体系并建立相应的评价标准，从股东大会与股东权利、董事会、监事会、经理层、信息披露以及利益相关者等六个方面对中国上市公司治理情况进行评价，并推出了公司治理总指数和上述六个分指数。本书参考这一在国内具有代表性的成果作为反映上市公司治理竞争力的指标。具体指标如表3-1所示。

2. 管理竞争力。

上市公司的管理机制主要包括管理的计划、组织、指挥、控制、协调五大功能以及战略、人事、财务、生产、营销、广告、公关等专项职能的有机整体，各种要素功能之间形成一个相互交叉、相辅相成的网络，从而保证调动和利用组织的各种资源，以尽量少的投入提高效率、获取利润，增强企业的财务实力。管理能力体现为上市公司的增长能力、偿债能力、运营能力以及盈利能力。

知识经济条件下，知识对于企业的可持续发展扮演着至关重要的角色，是上市公司竞争力优势的重要体现。为此，我们的管理竞争力涵盖了知识管理能力的相关指标（见表3-1）。

3. 文化竞争力。

企业文化是企业在运行过程中形成的并为企业全体成员所接受和奉行的理念、价值观和行为规范的总和。企业文化主要由三个不同层次的部分组成，包括价值观、信念及行为准则等企业精神的核心层，包括员工工作方式等企业作风的中间层以及包括产品设计、厂容、厂貌等企业形象的外围层。与企业相适宜的企业文化能够降低交易成本，降低单位价值创造的转换成本，促进企业创新，对企业的生产、管理、营销提供支持，增强企业的竞争力。

4. 技术竞争力。

在我们的上市公司竞争力概念中，与竞争力相关的技术要素是一个相对广义的概念。它所涉及的范围可以包括：（1）企业所处行业的技术类型特征以及企业在所处行业中拥有的技术领先程度。企业所处的行业属于技术密集型行业，还是劳动密集型行业对企业竞争力具有一定的影响。例如，在国际竞争中，属于劳动密集型的公司相对具有竞争优势，而技术密集型的公司则相对不具有竞争优势。(2) 企业的信息化水平。企业的信息化水平反映了企业在应用信息技术以提高企业信息水平以及改善经营管理方式上的能力。(3) 企业技术创新能力。企业的创新能力对企业竞争力具有决定性作用，当竞争对手无法或没有迅速察觉新的竞争趋势，最先发明创新的企业可能因此改写彼此的竞争态势。(4) 技术类无形资产。无形资产具有价值性、稀缺性、不可模仿性等特点，特别是技术秘密更是属于企业战略性资源之列，对企业持续竞争力具有决定性的作用。

表 3-1　　　　　　　　　上市公司竞争力评价指标体系

一级指标	二级指标	次级指标	
治理竞争力	股权结构	股权集中度	前五大股东持股比例之和
		股权制衡	第一大股东与第二到第五大股东持股比例和之比
			国家股比例
			法人股比例
			流通股比例
			高管持股比例
	股东大会	股东大会会议次数	
		股东大会出席率	
	董事会	董事会规模	
		董事会独立性	独立董事比例
			董事长与总经理两职设置
		董事会运作	审计委员会
			战略委员会
			提名委员会
			薪酬与考核委员会
			四会设置
			董事会会议次数
		董事激励	董事会持股比例
			领取报酬的董事比例
			持股董事比例
			董事长持股比例
			金额最高的前三名董事的报酬总额
	监事会	监事会规模合理性	监事会规模
		监事激励	领取报酬监事比例
			监事会持股比例
		监事会运作	监事会会议次数

续表

一级指标	二级指标	次级指标	
管理竞争力	财务实力	增长能力	主营业务收入增长率
			利润增长率
			总资产增长率
		偿债能力	资产负债率
			流动比率
			速动比率
			现金流动负债比率
		运营能力	存货周转率
			应收账款周转率
			总资产周转率
			无形资产比率*
		盈利能力	资产收益率
			每股收益
			净资产收益率
			无形资产收益率**
技术竞争力	投入与研发	技术创新人员比重	
		R&D占销售收入比例	
		专利申请数	
	新产品	新产品开发成功率	
		创新产品销售收入比重	
文化竞争力	企业文化建设投资	企业文化建设投资率	
		企业文化适应性	
		企业文化培训	
	企业文化凝聚力	组织持续学习	
		团队观念	

注：* 无形资产比率 = 无形资产/总资产
　　** 无形资产收益率 = 净利润/无形资产

上述四要素中，制度与文化是基础保障因素，最终通过技术与管理得以体现，管理的最终表现是各项财务绩效。因此，我们在实证分析时仅仅从公司治理竞争力与财务实力两个方面设置上市公司竞争力评价指标。

3.3 上市公司竞争力评价方法与模型

3.3.1 评价指标处理方法

1. 定性指标的定量化处理。

在上市公司竞争力评价指数的形成过程中，对于定性指标我们采用了语义差别隶属赋值法对定性指标进行定量化处理。根据评价指标体系的定性评价指标，对于多项选择题我们采用了等级赋值方法，用1，2，3，4，5等表示不同的等级。等级的确定取决于评价专家对某一问题的重要性程度的认识。若某一问题有五个被选答案，则用1，2，3，4，5表示5个不同的等级。5表示评价人员认为的最理想状态，4次之，以此类推。选定好等级后，根据各上市公司回答的情况，采用加权平均方法确定被评价对象某一评价项目的得分。其公式为：

$$I_{个} = \frac{\sum_{f_{是}=1}^{n} f_{是}}{\sum_{e=1}^{n} f}$$

式中：f 表示等级的赋值，e 表示等级的数量，若备选答案分为4级，则 $e=4$；$f_{是}$ 表示被测评上市公司所属等级的赋值。若某上市公司所属等级为2与4，则该上市公司该评价指标的个体指数为：

$$I_{个} = \frac{2+4}{1+2+3+4} \times 100\% = 80\%$$

对于单项选择问卷，我们直接根据评价的标准，确定其单项指标的个体评价指数，其值介于0与100%之间。

对于是非标志的问卷，我们采用了0，1赋值的方法。若某上市公司在该项指标的表现为"是"，则其个体指数为100%；若某上市公司在该项指标的表现为"非"，则其个体指数为0。

上市公司领导权结构的评价较为特殊，我们采用阶段指数法。首先我们认为两职分离更有利于董事会监督效率的提高，因此，两职完全分离上市公司的个体指数为100%；而两职完全合一的上市公司该项的个体指数为0；两职部分合一，如董事长兼任党委书记、总经理兼任副董事长的上市公司的个体指数为50%。这一点与目前较为普遍采用的两职设置的赋值方法有很大差异。①

2. 定量指标的处理。

(1) 极端值的控制。由于上市公司所处的具体环境不同，使某些董事会治理指标出现极端值，并造成某些上市公司治理指数出现不规则的变动。因而在正式对董事会治理状况进行评价之前，需要对极端变量值进行控制与处理。多数社会经济现象都服从于正态分布。在正态分布条件下，我们采用 3σ 界限进行控制②，则上限为：$u+3\sigma$；下限定为：$u-3\sigma$。为书写方便，假设剔除指标极端值影响后的数据矩阵仍为 $(x_{ij})_{n\times m}$。消除极端变量值后，我们采用功效系数法确定各定量指标的评价指数。

对于非正态分布的变量，尽管根据中心极限定理，在大样本条件下，其样本平均数的分布渐进于分布为 $N(u,\sigma/n)$ 的正态分布。但是根据我们对上市公司董事会治理状况中定量指标的观察，即使在大样本的条件下，仍难以达到正态分布的状态。对于这些非正态分布的变量，采用一般的数据处理方式显然不合适，为此我们采用各指标的最大似然比稳健估计量以替代平均值或中位数。由于最大似然比稳健估计量对于不同的数据给予了不同的权重，极端值较中心部位的数值给予较小的权重值，因此它们受奇异值的影响较小，能够较好地替代平均值或中位数。Huber's M-Estimator（a）方法对于近似正态分布的数据估计效果较好，这里我们采用 Hampel's M-Estimator（c）估计量。

(2) 确定因素指数。在对极端数值处理之后，我们采用改进的功效系数法确定定量指标的个体指数，其式为：

$$I=\frac{X_i-X_{\min}}{X_{\max}-X_{\min}}\times 100\%$$

式中：X_i 为被评价对象的实际值；$X_{\min}$ 为某一定量评价指标中的最小值；$X_{\max}$ 表示该评价指标中的最大值。一般来说上述各评价指标数值越

---

① 对于两职状态的研究，国外学者们通常将两职状态分为两种：其一，董事长与 CEO 合一，赋值为1；其二，董事长与 CEO 分离，赋值为0。我们对两职设置的研究与国外有所不同。一是观察的对象不同。由于我国上市公司设置 CEO 的很少，在2002年的全部上市公司中，设置 CEO 职位的只有16家。我们对两职设置的研究主要是针对首席执行官与董事长（或副董事长）的分设状态，而不仅仅是看董事长与 CEO 的分离状况。因此具体的两职状态有三种：第一，两职完全分离；第二，两职完全合一；第三，两职部分合一。二是对于两职状态的定量化赋值方法不同。我们对两职状态的赋值是：两职完全分离设为3；两职完全合一设为1；两职部分合一设为2。

② 正态分布条件下，采用 3σ 原则，正确判断的把握程度为99.73%，而误判的可能性只有0.27%，因此人们一般选择 3σ 作为控制范围。

大，评价值越高。对于正态分布来讲，一般采用最大值作为其理想的状态值；而对于非正态分布，由于存在着极端变量值，显然不能采用其最大值作为评价的标准，我们采用 $\overline{M}$ 代替 $X_{\max}$。其式为：

$$\overline{M} = \frac{\sum_{j=1}^{n} X_j}{n}$$

式中：$\overline{M}$ 为某一评价指标中大于 M 估计量的平均值；X_j 为某一评价指标中大于 M 估计量的变量值；n 为大于 M 估计量的变量值的个数。

采用 $\overline{M}$ 替代 $X_{\max}$ 隐含的意义是以高于 M 估计量的变量值的平均数作为评价的标准值。这一数值是当前该评价指标的理想状态，根据权变理论，这一标准将会随着各上市公司该项指标值的实际表现，在不同的时期有不同的标准，当所有上市公司该项指标的数值提高时，其评价指标也应有所提高。

3.3.2 评价指标重要性系数的确定方法

上市公司竞争力评价中指标的重要性系数体现了各要素对综合评价的影响程度，对评价结论起着举足轻重的作用。本书根据多层次评价指标体系的特点，采用分层处理的方法，并将主观赋值与客观赋值相结合，确定评价指标的重要性系数。一般的原则是对于因素层的指标采用基于标志变异系数法的客观权重赋值，但对于不规则分布的指标，仅仅采用客观赋值不太合理，我们综合了主观与客观赋值相结合的办法；对于准则层以及目标层我们采用了主观赋值法。具体主观赋值与客观赋值的过程如下：

1. 主观赋值。

主观赋值是根据评价者或评价领域专家的经验判断确定，与评价指标的实际观察值无关。主要有德尔菲法以及层次分析法等，层次分析法更适合于多目标决策问题。层次分析法（AHP）的关键是建立一个群判断标度系统，以作为确定指标重要性程度的依据。目前广泛采用的两两比较的评分标度是由 Satty 教授首次提出的 1~9 标度。但这一标度与评价者的定性认识的吻合性较差。国内外许多学者对层次分析法判断矩阵的标度进行了研究，结果证实分数标度较之其他标度能较为客观、合理地反映人们的判断（见表3-2）。① 故我们采用分数标度确定判断矩阵。在构造判断矩阵的基础上我们确定各评价指标的重要性系数。

表3-2　　　　　　　　　　判断矩阵标度

重要性程度	Satty1~9标度	指数标度	分数标度
同样重要	1	1	1
稍微重要	3	$9^{1/9}$	9/7
明显重要	5	$9^{3/9}$	9/5
非常重要	7	$9^{5/9}$	9/3
绝对重要	9	$9^{7/9}$	9/1
2，4，6，8	对应上述程度中间的标度		

2. 客观赋值。

客观赋值根据评价指标的实际观察值确定其重要性系数，不受主观意识的影响，较为客观。目前客观赋值主要有标志变异系数法、熵权系数法、加权平方和法等。我国目前上市公司的治理环境适合采用标志变异系数法。该方法将评价指标的重要性系数与指标值的变动相结合，对于变动幅度较大的指标赋予较大的权重。原因在于变动幅度大的指标，意味着评价对象在该项指标的表现上差异较大，其稳定性在当前较差，也即被评价对象要达到该指标平均水平的难度较大，因而给予较大的权重，以反映评价对象在该项指标表现上的差异。而变动幅度较小的指标，其稳定较好，也即被评价对象要达到该指标的平均值较为容易，评价对象在该指标上的表现差异较小，因而在对评价对象进行排序时，给予较小的权重系数。变异系数法根据指标体系的内容以及指标数值的变化赋予不同的数值，体现了指标权重的动态性。在我国目前上市公司发展历史较短，许多方面又有较大的不稳定的状态下，由该方法确定的评价指标的重要性系数更有利于反映评价指标间的差异。其基本过程为：

（1）确定评价指标的差异，其式为：

$$S_j = \sqrt{\frac{\sum (X_{ij} - \overline{X_j})^2}{n}} \quad (i=1, 2, \cdots, n; n \text{ 为参与评价的企业数})$$

式中：S_j 为第 j 个评价指标的样本标准差；$\overline{X_j}$ 为第 j 个评价指标的样

---

① 张绮、西村昂：《提高层次分析法评价精度的几种方法》，载《系统工程理论与实践》1997年第11期，第64~66页。

本平均数。

$$\overline{x_j} = \frac{\sum_{i=1}^{n} x_{ij} \times f_{ij}}{\sum_{i=1}^{n} f_{ij}}, (j = 1, 2, \cdots, m; m \text{ 为评价指标数})$$

式中：f_{ij} 为 x_{ij} 的权数，主要用于解决相对指标求平均时，由于各项对指标的母数不同而引起的不可比性问题。

（2）确定评价指标的标志变异系数，其式为：

$$V_j = \frac{S_j}{\overline{x_{ij}}}$$

式中：v_j 为第 j 个指标的标志变异系数。

（3）确定各评价指标的重要性系数，其式为：

$$A_j = \frac{v_j}{\sum_{i=1}^{m} v_{ij}}$$

式中：A_j 即为第 j 个评价指标的重要性系数。

根据系统理论与权变理论，上市公司竞争力评价系统中的各项要素随时间的变化而变化，因而判断矩阵的要素以及各指标的实际值也在变化，则根据主观赋值或者客观赋值确定的评价指标的重要性系数也处于不断变化之中。

3.3.3 上市公司竞争力指数模型

根据上述方法与上市公司竞争力评价指标体系的内容，本书采用综合指数法确定的上市公司竞争力指数的模型为：

$$LCI = \sqrt[\alpha+\beta]{\prod CGI^{\alpha} FPI^{\beta}}$$

式中：CGI、FPI 分别代表公司治理竞争力与财务实力两个一级评价指标的评价指数；α 与 β 分别代表上述两个要素指数的重要性系数，采用基于分数标度的 AHP 方法确定。

其中：

$$CGI = \sum_{i=1}^{m} \alpha_i CGI_i \quad (i = 1, 2, 3, \cdots, m)$$

式中：α_i 与 CGI_i 分别表示决定公司治理竞争力指数的各因素指数的重要性系数与类指数；m 为公司治理竞争力评价指数所含的评价指标的个

数。各类指数是根据该类下一级所属的评价指标的个体指数的基础上，采用加权算术平均方法确定的。

$$FPI = \sum_{j=1}^{n} \alpha_j FPI_j \quad (j=1, 2, 3, \cdots, n)$$

式中：α_j 与 FPI_j 分别表示决定财务实力指数的各因素指数的重要性系数与类指数；n 为财务实力评价指数所含的评价指标的个数。各类指数是根据该类下一级所属的评价指标的个体指数的基础上，采用加权算术平均方法确定的。

本 章 小 结

本章对上市公司竞争力驱动因素相互之间的关系进行了分析，认为技术因素一方面能够使企业积累战略性竞争资源，减少管理层级，提高企业效率，同时反过来还能促进管理创新以满足技术创新的需要。企业文化因素既可以通过对企业价值观、企业精神的培育为技术创新主体提供强大的精神动力，又可以推动管理机制的发展与完善，文化又影响与决定着企业的制度与管理行为。制度和管理是一个硬币的两面，制度是一套制度框架，关注的是企业的战略层面；而管理则侧重通过具体的实施手段来达到企业目标的实现，关注的是战术层面。只有两者有效结合，才能够保证科学决策，最大化企业资源转化与增资的效率，提升企业竞争力。在理清各驱动因素关系的基础上，确定了上市公司竞争力评价指标体系；最后，根据指标之间的逻辑关系，构建了上市公司竞争力指数模型。

第 4 章
我国上市公司竞争力及其变动分析

4.1 上市公司总体竞争力及其要素变动分析

4.1.1 样本选取

本书以 2003~2006 年中国上市公司数据为依据，选择了 3590 家上市公司作为研究样本。样本选择原则：信息准、全。数据来源于色诺芬、国泰安资本市场数据库以及上市公司公开信息。其中，2003 年 837 家，2004 年 903 家，2005 年 917 家，2006 年 933 家。样本构成方面，从控股股东性质看，国有控股上市公司 2517 个样本，民营控股 939 个样本，合计占样本总数的 96%，其他类型占 4%，包括外资控股 20 个样本，集体控股 61 个样本，社团控股 29 个样本，职工持股会控股 24 个样本；从交易状态上看，正常交易上市公司 3242 个样本，占样本总数的 90%，ST 上市公司 333 个样本，占 9%，PT 上市公司 15 个样本；从板块构成看，主板上市公司 3513 个样本，占样本总数的 98%，中小企业板上市公司 77 个样本。

4.1.2 上市公司总体竞争力及各要素变动

世界范围内的公司治理理论研究经历了三个阶段：20世纪90年代之前，以美国为主，探讨治理结构与治理机制的治理理论研究阶段；90年代中前期，关注主体是英、美、日、德等主要发达国家，探讨治理模式与治理原则的治理实务研究阶段；90年代末期至今，探索的主体扩展到转轨和新兴市场国家，内容主要是治理评价研究（李维安，2006）。与此同时，公司治理的经验研究在20世纪90年代后呈现蓬勃发展的态势，90年代的经验研究集中于公司治理机制与公司绩效关系的检验，近年来有关公司治理机制与投融资、制度与公司绩效关系、公司治理评价与公司治理风险预警等方面的研究逐渐成为热点。

上市公司作为国民经济的基础，其竞争力直接关系到国家的经济实力和国际竞争力，对上市公司的竞争力进行评价有助于了解上市公司的经营状况，把握上市公司在潜在竞争力优势与财务实力等方面的现状，并发现其可能存在的问题，为引导上市公司通过完善治理结构提升长期竞争力以及改善管理水平提高财务实力等提供经验证据。传统上市公司竞争力评价多关注于财务状况，自20世纪80年代以来，国内外理论界与实务界对公司治理的关注，使得人们逐步开始关注公司治理这一制度因素对组织竞争力的影响。在中国当前趋向经济型治理的转型时期，市场与投资者双重制衡强化了公司管理与治理机制设计中顾客和股东"两个上帝"的核心理念。财务评价关注的是公司的经营业绩，公司治理评价关注公司治理机制的完善；财务评价主要反映过去，公司治理评价则面向未来；财务业绩评价易受市场价格、所处行业、国家政策导向等外界因素的影响，公司治理则相对稳定；财务评价主要反映能用货币计量的事项，公司治理评价将无法量化的事项通过指数进行量化测评。[1] 由麦肯锡公司（McKinsey and Company, 2002）在全球所做的一项调查显示，61%的投资者认为公司治理信息与其财务数据同样重要，21%的投资者认为公司治理信息更重要。大量的公司治理研究也表明，公司治理结构如股权结构、董事会结构等对公司财务绩效具有显著的影响。因此，将公司治理评价和财务评价结合起来才能相得益彰，客观、真实地反映上市公司的竞争力情况。我们将制度

---

[1] 李维安：《公司治理与财富创造》，载《南开管理评论》2005年第3期，主编寄语。

层面的公司治理以及管理层面的财务实力两个维度结合起来进行分析,对于全面了解上市公司竞争力及其驱动要素状况具有重要意义。

表4-1、表4-2以及图4-1、图4-2显示了样本期间上市公司竞争力指数变动情况。由于外部治理环境以及内部治理机制的建设与逐步完善,样本上市公司的竞争力在2003~2005年稳中有升,2006年较前三年明显改善。从公司治理竞争力和财务实力分指数看,样本期间,上市公司财务实力指数为61.22,公司治理竞争力指数为51.34。上市公司竞争力水平主要受到公司治理水平的制约,提高上市公司竞争力的重点在于改善上市公司的治理状况。财务实力较高的原因可能是,一方面,一直以来企业重视在资本市场上的财务表现;另一方面,样本期间国民经济的快速、稳定发展为上市公司提高财务实力提供了良好的外部宏观经济环境。上市公司治理竞争力指数不理想的主要原因是我国企业正处在公司治理由"行政型治理"向"经济型治理"转型阶段,在此过程中,长期面临着内部人控制、畸形股权结构以及治理机制建设方面的问题,束缚了治理水平的提升。

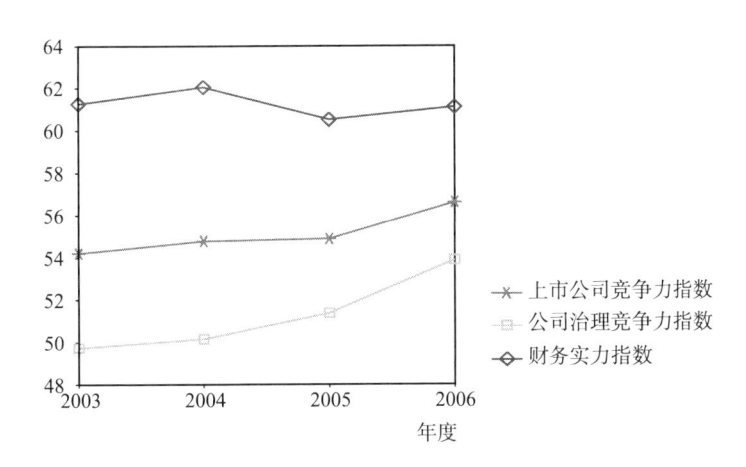

图4-1 上市公司竞争力指数及各要素指数变动

分指数变动方面,上市公司财务实力指数各年差异不大,2004年表现最好,2005年后有所下降;样本期间上市公司治理状况呈现逐年好转的迹象,尤其是2006年改善明显,较以前年份指数分别提高了4.17个、3.75个、2.55个百分点。两要素指数的比较表明,目前我国上市公司竞争力不强的主要原因在于公司治理水平的滞后,改善公司治理状况是提升上市公司竞争力的关键。在当前的公司治理形势下应变被动的合规为主动的改善,加强治理机制和制度建设,努力促进公司治理由"行政型治理"向"经济型治理"转变。

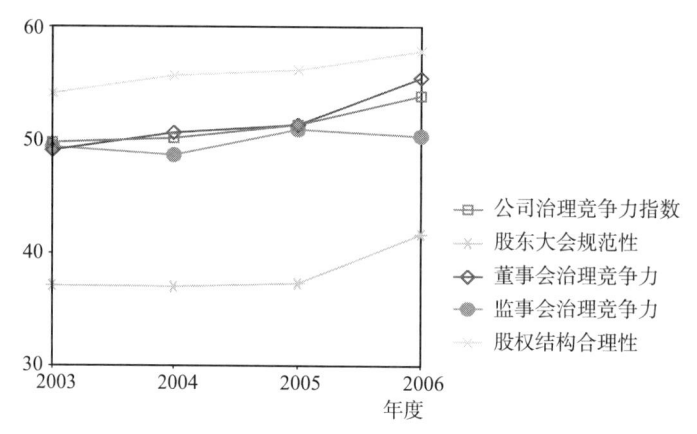

图4-2 上市公司治理竞争力及各要素变动

表4-1 上市公司竞争力指数及各要素指数变动

指标	年度	样本数	均值	标准差	最小值	最大值	显著性水平
公司治理竞争力指数	2003	837	49.74	6.79	31.31	70.11	0.00
	2004	903	50.16	6.91	31.65	68.29	
	2005	917	51.36	6.58	34.66	71.05	
	2006	933	53.91	6.91	35.77	69.45	
	合计*	3590	51.34	6.99	31.31	71.05	
财务实力指数	2003	837	61.24	9.42	23.35	81.90	0.01
	2004	903	62.05	9.34	25.39	82.14	
	2005	917	60.51	9.71	23.15	82.99	
	2006	933	61.12	9.46	22.54	81.35	
	合计	3590	61.22	9.50	22.54	82.99	
上市公司竞争力指数	2003	837	54.22	5.80	32.17	70.22	0.00
	2004	903	54.78	5.78	33.09	68.74	
	2005	917	54.92	5.70	36.07	69.42	
	2006	933	56.65	5.82	35.84	71.01	
	合计	3590	55.17	5.84	32.17	71.01	

注:*此处的"合计"仅是"Total"的直译,除样本数量一列外,并不指对应列数值的加总,而是反映在该分类该数据特征下样本的情况,如非特殊说明,本书余下部分表格中出现的"合计"均为此意。

表4-2　　　　　上市公司竞争力及各要素指数变动多重比较*

指标	(I) 年度	(J) 年度	均值差 (I) - (J)	显著性水平
公司治理竞争力指数[a]**	2005	2003	1.62	0.00
		2004	1.20	0.00
	2006	2003	4.17	0.00
		2004	3.75	0.00
		2005	2.55	0.00
财务实力指数[a]	2005	2004	-1.54	0.00
	2006	2004	-0.93	0.04
上市公司竞争力指数[a]	2004	2003	0.56	0.05
	2005	2003	0.70	0.01
	2006	2003	2.43	0.00
		2004	1.87	0.00
		2005	1.73	0.00

注：* 说明，本表中计算出的结果为软件运行多重比较的结果直接取两位有效数字，因此可能与描述性统计中平均值保留两位有效数字后再计算出的差值存在微小差异，但不影响本书的主要结论。如非特殊说明，本书余下部分出现的多重比较表与描述性统计差值之间的差异均为此原因，不再赘述。

** 这里 a 表示方差齐次时采用 LSD 统计量进行比较；b 表示方差非齐次时采用 Tamhane 统计量进行比较。如非特殊说明，本书余下部分表格中出现的 a、b 均为此意。

4.2　公司治理竞争力及其要素变动分析

4.2.1　治理竞争力及其要素变动分析

表4-3、表4-4显示了样本期间治理竞争力指数变动情况。公司治理竞争力指数2003~2006年呈逐年上升的趋势，2005年以及2006年较以前年度均有显著改善。其中，样本上市公司股东大会规范性2003~2005年度内无明显变化，2006年股东大会规范性较以前年份明显改善，分别提高了4.57个、4.61个、4.32个百分点。股东大会规范性状况的改善主要得益于证监会等监管部门对上市公司监管的强化；2003~2006年，样本上市公司股权结构逐步走向合理，2006年较2003年和2004年分别提高了3.74个、2.16个百分点，股权结构的改善与近年来监管部门相继出台的针对上市公司股权结构问题的一系列监管措施以及股权分置改革的进行密不可分；各上市公司均重视董事会制度的建设，在三会中期竞争力指

数为最高,并且在样本年度内其治理状况也逐年好转,尤其是2006年董事会治理状况明显改善,较以前年份分别提高了6.45个、4.84个、4.14个百分点,董事会治理水平的提升与外部制度约束以及上市公司自身对董事会制度建设的重视有关;与其他四个要素指数相比,样本期间监事会治理的状况仍然较差,并且各上市公司普遍较低。2005年表现较好,2006年较2005年有所降低,监事会治理状况的变化与外部约束以及各上市公司中是否能够真正有效发挥监事会的职能有关。

表4-3　　　　　　　　上市公司治理竞争力及各要素变动

指标	年度	样本数	均值	标准差	最小值	最大值	显著性水平
公司治理竞争力指数	2003	837	49.74	6.79	31.31	70.11	0.00
	2004	903	50.16	6.91	31.65	68.29	
	2005	917	51.36	6.58	34.66	71.05	
	2006	933	53.91	6.91	35.77	69.45	
	合计	3590	51.34	6.99	31.31	71.05	
股东大会规范性	2003	837	37.09	10.02	11.88	88.77	0.00
	2004	903	37.05	10.33	10.58	75.82	
	2005	917	37.33	10.31	14.36	91.41	
	2006	933	41.66	10.98	13.00	82.79	
	合计	3590	38.33	10.61	10.58	91.41	
股权结构合理性	2003	837	54.10	27.61	19.91	98.09	0.04
	2004	903	55.68	27.55	19.96	98.28	
	2005	917	56.18	27.30	19.00	97.19	
	2006	933	57.84	26.89	18.82	98.31	
	合计	3590	56.00	27.35	18.82	98.31	
董事会治理竞争力	2003	837	49.05	12.73	28.47	80.53	0.00
	2004	903	50.66	12.79	29.36	86.64	
	2005	917	51.36	12.84	27.78	87.75	
	2006	933	55.50	13.49	29.81	85.92	
	合计	3590	51.72	13.19	27.78	87.75	
监事会治理竞争力	2003	837	49.31	7.71	24.57	86.35	0.00
	2004	903	48.63	8.51	19.81	92.87	
	2005	917	50.90	7.19	25.74	82.83	
	2006	933	50.36	7.34	25.40	61.90	
	合计	3590	49.82	7.75	19.81	92.87	

表4-4　　　　上市公司治理竞争力及各要素变动多重比较

指标	（I）年度	（J）年度	均值差（I）-（J）	显著性水平
公司治理竞争力指数[a]	2005	2003	1.62	0.00
		2004	1.20	0.00
	2006	2003	4.17	0.00
		2004	3.75	0.00
		2005	2.55	0.00
股东大会规范性[a]	2006	2003	4.57	0.00
		2004	4.61	0.00
		2005	4.32	0.00
股权结构合理性[b]	2006	2003	3.74	0.00
		2004	2.16	0.09
董事会治理竞争力[b]	2004	2003	1.61	0.01
	2005	2003	2.31	0.00
	2006	2003	6.45	0.00
		2004	4.84	0.00
		2005	4.14	0.00
监事会治理竞争力[b]	2004	2003	-0.67	0.07
	2005	2003	1.60	0.00
		2004	2.27	0.00
	2006	2003	1.06	0.00
		2004	1.73	0.00

总之，由于制度约束以及上市公司自发性要求，在样本年度内上市公司在股权结构合理性、股东大会规范性、董事会以及监事会治理均有显著改善，从而促使上市公司治理竞争力显著提高。董事会作为公司治理的核心受到上市公司的普遍重视，由于股东的搭便车，股东大会规范性相对较低；股权结构合理性改善最为显著，公司法虽然赋予监事会以较多的职权，但由于其尴尬的地位，监事会治理的状况仍然较差。

4.2.2 股权结构及其要素变动分析

股权结构作为公司治理的基础一直以来都是政府、学界以及投资者关注的热点和重点。股权结构特征直接影响到股东大会、董事会以及监事会、经理层的治理情况，进而影响到公司治理竞争力和公司绩效。股权结构是决定公司治理机制有效性的最重要因素（吴敬琏，2001），因此，分析股权结构理应成为研究公司治理问题的起点。

2003~2006年我国上市公司股权结构呈现逐步优化的态势，由于股权集中程度有所下降，大股东之间的制衡程度有所增强，样本年度内上市公司的股权结构合理性有显著改善，2006年较2003年和2004年分别提高了3.74个、2.16个百分点（见表4-5、表4-6以及图4-3、图4-4）。股权分置的改革，使得上市公司改变了以往股权集中度过高，大股东控制力过强的局面，股权结构逐步走向适度集中和相互制衡；但仍然存在大股东绝对控股的状况，大股东控制力较强。具体地，2006年股权集中程度较前三年明显提高，分别提高了3.33个、4.20个、2.98个百分点；2006年股权制衡状况也有所好转，其合理性较2003年提高了3.79个百分点。此外，由于股权结构选择的路径依赖，各上市公司之间股权集中度以及股权制衡度存在较大差异。

表4-5　　　　　　　　上市公司股权结构及各要素变动

指标	年度	样本数	均值	标准差	显著性水平
股权结构合理性	2003	837	54.10	27.61	0.04
	2004	903	55.68	27.55	
	2005	917	56.18	27.30	
	2006	933	57.84	26.89	
	合计	3590	56.00	27.35	
股权集中合理性	2003	837	70.70	18.62	0.00
	2004	903	69.84	19.16	
	2005	917	71.05	18.62	
	2006	933	74.04	19.15	
	合计	3590	71.44	18.96	
股权制衡合理性	2003	837	52.25	30.48	0.07
	2004	903	54.11	30.40	
	2005	917	54.53	30.21	
	2006	933	56.04	29.83	
	合计	3590	54.28	30.24	

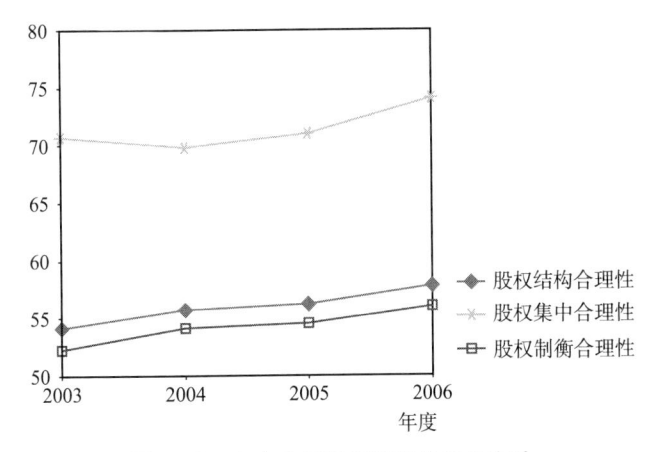

图 4-3　上市公司股权结构合理性变动

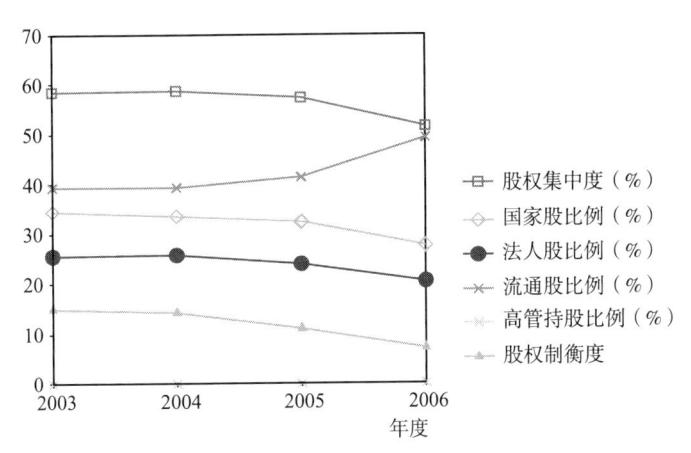

图 4-4　上市公司股权结构特征变动

表 4-6　　　　　　　上市公司股权结构及各要素变动多重比较

指标	(I) 年度	(J) 年度	均值差 (I)-(J)	显著性水平
股权结构合理性[b]	2005	2003	2.08	0.11
	2006	2003	3.74	0.00
		2004	2.16	0.09
股权集中合理性[a]	2006	2003	3.33	0.00
		2004	4.20	0.00
		2005	2.98	0.00
股权制衡合理性[a]	2006	2003	3.79	0.01

从各项股权结构特征指标来看，股权分置改革及其配套措施的影响，2003~2006年样本上市公司股权结构渐趋合理，尤其是2006年前五大股东持股比例之和显著下降，较前三年分别降低了6.84个、7.01个、5.78个百分点，股权分置改革一定程度上改善了上市公司股权高度集中的畸形结构；而第一大股东持股比例与第二到第五大股东持股比例和之比显著降低，2005年和2006年与以前年度相比均有所下降，尤其2006年较以前年份分别降低了7.97个、7.31个、3.98个百分点，上市公司股权制衡状况大有改观，大股东超强控制的局面略有缓解。股权构成方面，国家股比例2003~2005年逐年小幅下降，2006年下降明显，样本上市公司国家股比例仅为27.57%，较以前年份分别降低了6.86个、6.10个、4.92个百分点；在国有股比例下降的同时，法人股比例也呈现下降趋势，2005年和2006年较2003年和2004年降幅较大，2006年较以前年份分别降低了5.10个、5.23个、3.39个百分点；流通股比例大幅上升，2006年达到了49.34%，较以前年份分别提高了9.99个、9.93个、7.81个百分点（见表4-7、表4-8）。

表4-7　　　　　　上市公司股权结构特征变动

指标	年度	样本数	均值	标准差	最小值	最大值	显著性水平
股权集中度（%）	2003	837	58.48	13.14	12.13	94.33	0.00
	2004	903	58.65	13.56	10.57	95.98	
	2005	917	57.42	13.52	9.70	95.98	
	2006	933	51.64	13.90	12.47	94.10	
	合计	3590	56.48	13.85	9.70	95.98	
股权制衡度	2003	837	15.00	34.23	0.26	293.81	0.00
	2004	903	14.35	36.14	0.30	341.70	
	2005	917	11.02	25.90	0.30	267.57	
	2006	933	7.04	14.82	0.35	173.87	
	合计	3590	11.75	28.97	0.26	341.70	
国家股比例（%）	2003	837	34.43	26.12	0	84.99	0.00
	2004	903	33.67	26.24	0	84.99	
	2005	917	32.48	25.60	0	84.99	
	2006	933	27.57	23.40	0	83.75	
	合计	3590	31.96	25.47	0	84.99	

续表

指标	年度	样本数	均值	标准差	最小值	最大值	显著性水平
法人股比例（%）	2003	837	25.61	25.42	0	84.97	0.00
	2004	903	25.75	25.62	0	84.97	
	2005	917	23.90	24.24	0	84.97	
	2006	933	20.51	22.24	0	80.14	
	合计	3590	23.89	24.46	0	84.97	
流通股比例（%）	2003	837	39.35	11.86	8.68	100	0.00
	2004	903	39.42	11.88	4.15	100	
	2005	917	41.53	12.25	4.15	100	
	2006	933	49.34	13.43	9.85	100	
	合计	3590	42.52	13.06	4.15	100	
高管持股比例（%）	2003	837	0.0026	0.0197	0.0000	0.3293	0.22
	2004	903	0.0748	2.1393	0.0000	64.2857	
	2005	917	0.0047	0.0281	0.0000	0.5562	
	2006	933	0.1001	1.1665	0.0000	27.2508	
	合计	3590	0.0466	1.2271	0.0000	64.2857	

表4-8　　　　　　　上市公司股权结构变动多重比较

指标	（I）年度	（J）年度	均值差（I）-（J）	显著性水平
股权集中度（%）[a]	2005	2003	-1.06	0.10
		2004	-1.23	0.05
	2006	2003	-6.84	0.00
		2004	-7.01	0.00
		2005	-5.78	0.00
股权制衡度[b]	2005	2003	-3.99	0.00
		2004	-3.33	0.01
	2006	2003	-7.97	0.00
		2004	-7.31	0.00
		2005	-3.98	0.00
国家股比例（%）[b]	2005	2003	-1.95	0.11
	2006	2003	-6.86	0.00
		2004	-6.10	0.00
		2005	-4.92	0.00

续表

指标	（I）年度	（J）年度	均值差（I）-（J）	显著性水平
法人股比例（%）b	2006	2003	-5.10	0.00
		2004	-5.23	0.00
		2005	-3.39	0.00
流通股比例（%）b	2005	2003	2.18	0.00
		2004	2.12	0.00
	2006	2003	9.99	0.00
		2004	9.93	0.00
		2005	7.81	0.00
高管持股比例（%）b	2006	2003	0.10	0.10
		2005	0.10	0.09

总之，股权结构的变化表明，股权分置改革实施成效显著，股权集中度下降，股权制衡度增强，国有股一股独大的局面有所缓解，由此我国上市公司股权结构逐步走向理论上的合理。

4.2.3 股东大会规范性及其要素变动分析

国内外公司治理研究中，涉及股东大会的较少。股东大会作为法律意义上的最高权力机构，在实际运作过程中并没有引起足够的重视，其治理情况远不如股权结构、董事会及监事会治理状况，对上市公司治理竞争力贡献不足，这也反映了当今公司治理由"股东会中心主义"向"董事会中心主义"、"经理人中心主义"转变的趋势。

样本数据显示：上市公司股东大会规范性情况普遍较差，由于制度约束2006年股东大会规范性总体上呈现好转局面。由于股权分置改革引起的上市公司流通股比例增加等原因使得2006年上市公司股东大会会议出席率较以前有所降低，股东大会会议次数总体上呈现增加的趋势。① 股东

---

① 2006年3月16日《上市公司股东大会规则》规定：上市公司全体董事应当勤勉尽责，确保股东大会正常召开和依法行使职权；年度股东大会每年召开一次，应当于上一会计年度结束后的6个月内举行；临时股东大会不定期召开，出现《公司法》第一百零一条规定的应当召开临时股东大会的情形时，临时股东大会应当在2个月内召开；上市公司召开股东大会，全体董事、监事和董事会秘书应当出席会议，经理和其他高级管理人员应当列席会议。

大会规范性在样本年度内变化不大，主要与股权分布、股东大会表决机制以及股东大会治理形式化、空壳化有关。[①] 2004年12月7日，作为一种过渡性措施，中国证监会发布了《关于加强社会公众股股东权益保护的若干规定》要求上市公司积极采取措施，提高社会公众股股东参加股东大会的比例，2006年3月16日中国证监会发布了《上市公司股东大会规则》，从股东大会的召集、提案与通知、召开以及监管措施等方面对上市公司股东大会运作做出了明确规定，同一天，中国证监会发布了《上市公司章程指引（2006）》也对股东大会运作进行了规定，上市公司股东大会治理状况得以改进，但上市公司依然存在强董事会弱股东大会的现象。表4-9、表4-10以及图4-5、图4-6显示，2006年样本上市公司股东大会治理情况较以前年份明显改善，主要得益于新《公司法》等法律、法规颁布实施后，股东大会在公司治理中的作用得以加强，股东大会会议次数大幅增加。但总体来看股东大会治理状况依然不够理想，主要是由股东大会会议出席率较低所致。2004～2006年上市公司股东大会会议出席率逐年下降，2006年样本上市公司股东大会平均出席率仅为51.61%，较以前年份分别降低了6.67个、7.19个、5.76个百分点，原因可能是股权分置改革后，上市公司股权较以前更加分散，众多的中小投资者出于参会成本、表决机制等的考虑，参会动力和积极性不足。股东大会会议次数方面，2006年较以前年份明显增多，平均次数为2.89次，较以前年份分别增加了0.86次、0.89次、0.79次。当前上市公司股东大会会议次数对股东大会治理的改善起到了一定的作用，但较低的股东大会会议出席率依然是制约股东大会治理状况改善的重要因素。因此，寻求更为合理的投票、表决程序和机制是提高股东大会会议出席率，保护股东权益，规范股东大会的重要途径。

总之，与其他治理要素相比，股东大会运作更多的是制度监管的结果，也即上市公司尤其是大股东自身改善股东大会治理水平的积极性不足，中小股东利用股东大会维护自身利益的意识和积极性不足，上市公司股东大会弱化的现象依然存在。股东大会会议出席率依然得不到保证，并

---

① 上证联合研究计划第十五期课题报告从法律视角详细探讨了上市公司股东大会制度缺陷，文章参阅：武汉大学法学院课题组：《上市公司股东大会制度缺陷的法律问题研究》，载《上证联合研究计划第十五期课题报告》，2006年10月。另一篇上证联合研究计划第十五期课题报告对股东大会形式化和对董事会治理积极作用丧失的原因进行了研究，文章见：第一证券有限公司课题组：《上市公司董事会制度和立法对策研究——董事会治理视角》，载《上证联合研究计划第十五期课题报告》，2006年10月，第20～21页。

大多呈现下降的趋势，因此通过完善股东大会参会途径、表决程序、投票制度等来增加股东大会会议出席率是当前提高上市公司股东大会运作质量的关键。

表4-9　　　　　上市公司股东大会规范性及各要素变动

指标	年度	样本数	均值	标准差	最小值	最大值	显著性水平
股东大会规范性	2003	837	37.09	10.02	11.88	88.77	0.00
	2004	903	37.05	10.33	10.58	75.82	
	2005	917	37.33	10.31	14.36	91.41	
	2006	933	41.66	10.98	13.00	82.79	
	合计	3590	38.33	10.61	10.58	91.41	
股东大会会议出席率（%）	2003	837	58.27	15.91	10.76	100	0.00
	2004	903	58.79	16.19	7.09	100	
	2005	917	57.37	14.25	17.75	100	
	2006	933	51.61	14.78	1.45	100	
	合计	3590	56.44	15.55	1.45	100	
股东大会会议次数（次）	2003	837	2.03	1.01	1	8	0.00
	2004	903	2.01	1.02	1	6	
	2005	917	2.10	1.04	1	8	
	2006	933	2.89	1.24	1	7	
	合计	3590	2.27	1.14	1	8	

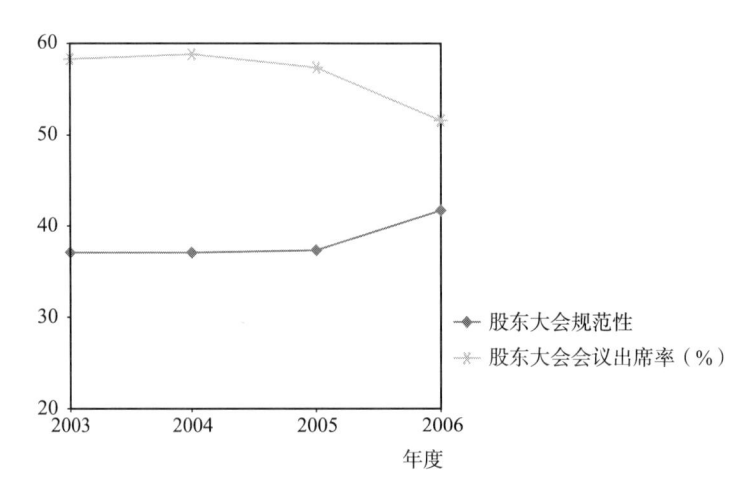

图4-5　上市公司股东大会会议出席率变动

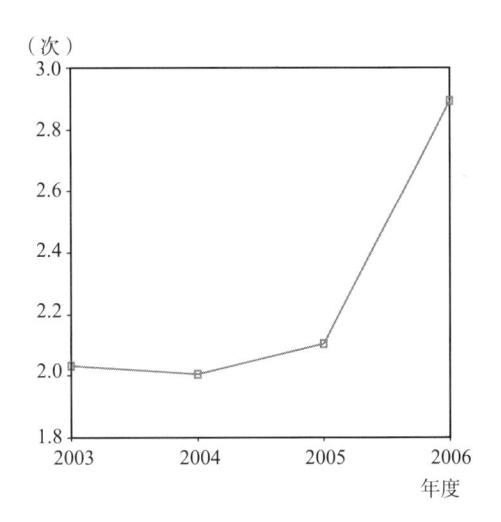

图 4-6　上市公司股东大会会议次数变动

表 4-10　　　上市公司股东大会规范性及各要素变动多重比较

指标	(I) 年度	(J) 年度	均值差 (I)-(J)	显著性水平
股东大会规范性[a]	2006	2003	4.57	0.00
		2004	4.61	0.00
		2005	4.32	0.00
股东大会会议出席率（%）[a]	2005	2004	-1.42	0.05
	2006	2003	-6.67	0.00
		2004	-7.19	0.00
		2005	-5.76	0.00
股东大会会议次数（次）[b]	2005	2004	0.10	0.05
	2006	2003	0.86	0.00
		2004	0.89	0.00
		2005	0.79	0.00

4.2.4　董事会治理竞争力及其要素变动分析

董事会作为公司治理的核心，是连接股东大会和经理层的桥梁，处于公司控制系统的顶层，因而董事会治理评价是公司治理评价的关键内容。董事会治理的持续改善是上市公司实现可持续发展的重要保证，其水平将会成为公司治理溢价的重要来源（李维安和孙文，2007）。董事会治理是董事会治理各属性综合作用的结果（Strenger，2004），对董事会的治理情况进行评价是一项复杂的系统工作，国外全美公司董事协会（NACD）、标准普尔（Standard and Poor）、美国《商业周刊》、欧洲戴米诺（Deminor）、亚洲里昂证券（CLSA）等权威机构都对其进行过评价，国内南开大学公司治理研究中心构建的董事会治理评价指标体系主要包括董事权利与义务、董事会运作效率、董事会组织结构、董事薪酬以及独立董事制度等六个方面。股权结构影响董事会治理，政治学理论认为在存在自由裁量空间并且外部惩戒体系不完善的情况下，公司董事首先需要考虑的是推举他的股东、股份控制人的意志（段盛华，2004），控股股东的股权性质会对董事会的治理产生重要影响（于东智，2005；李维安和张耀伟，2005）。从控制性股东性质角度对董事会治理情况进行评价具有现实意义，在有关董事会的研究文献中，我们发现直接关注不同控股股东类型下董事会治理状况的还不多。作为一种尝试，本书主要从董事会规模、董事会独立性、董事激励、董事会运作四个方面14个子维度对上市公司董事会治理竞争力进行评价与实证分析。

数据显示，各类上市公司普遍重视董事会建设，董事会治理竞争力总体呈上升趋势，[①] 2003~2006年样本上市公司董事会治理状况逐年好转，但董事会治理竞争力普遍不高，还有很大改善空间，如表4-11、表4-12以及图4-7、图4-8所示。其主要原因在于董事激励的不足及董事会运作质量较差，还可能与我国上市公司高度集中的股权结构下大股东控制董事会有关。与众多的研究不同，本书的数据表明我国上市公司董事会能够保持一定程度的独立性。各治理要素中，董事会规模、独立性远好于董事会运作和董事激励状况，说明目前董事会运作和董事激励是制约我国上市公司董事会竞争力提高的重要因素。

各要素指数中，董事激励合理性最差并且在样本年度内基本没有变化，上市公司普遍存在对董事激励不足的问题；董事会规模以及董事会独立性基本满足了监管的要求。样本期间上市公司董事会独立性没有发生明显的变化。这可能是由于上市公司独立董事建设出现了"天花板"现象，上市公司在满足监管的要求后，不再有动力提升董事会独立性建

[①] 上交所发布的2003年《中国公司治理报告——董事会有效性与独立性》指出，在中国公司董事会制度建设的推进过程中，企业体制改革的要求与相关法律的规范起着至关重要的作用。

设；样本期间上市公司董事会运作呈现逐年改善的趋势，尤其是2006年董事会运作状况较以前年份明显改善，较前三年分别提高了18.94个、14.71个、12.41个百分点，但各上市公司之间的差异相对较大（见表4-12）。董事会运作质量的改善与近年来监管部门加强对上市公司的监管力度、公司治理环境的改善以及上市公司自身对董事会治理重视程度的强化有关。

表4-11　　　　上市公司董事会治理竞争力及各要素变动

指标	年度	样本数	均值	标准差	显著性水平
董事会治理竞争力	2003	837	49.05	12.73	0.00
	2004	903	50.66	12.79	
	2005	917	51.36	12.84	
	2006	933	55.50	13.49	
	合计	3590	51.72	13.19	
董事会规模合理性	2003	837	98.76	2.44	0.00
	2004	903	98.69	2.62	
	2005	917	98.48	2.71	
	2006	933	98.16	3.04	
	合计	3590	98.51	2.73	
董事会独立性	2003	837	73.91	14.35	0.99
	2004	903	73.96	14.43	
	2005	917	74.10	14.49	
	2006	933	74.10	14.90	
	合计	3590	74.02	14.54	
董事激励合理性	2003	837	13.26	7.55	0.50
	2004	903	13.86	9.31	
	2005	917	13.54	8.39	
	2006	933	13.41	8.59	
	合计	3590	13.52	8.50	
董事会运作	2003	837	41.23	35.03	0.00
	2004	903	45.47	35.46	
	2005	917	47.77	35.22	
	2006	933	60.18	37.08	
	合计	3590	48.89	36.41	

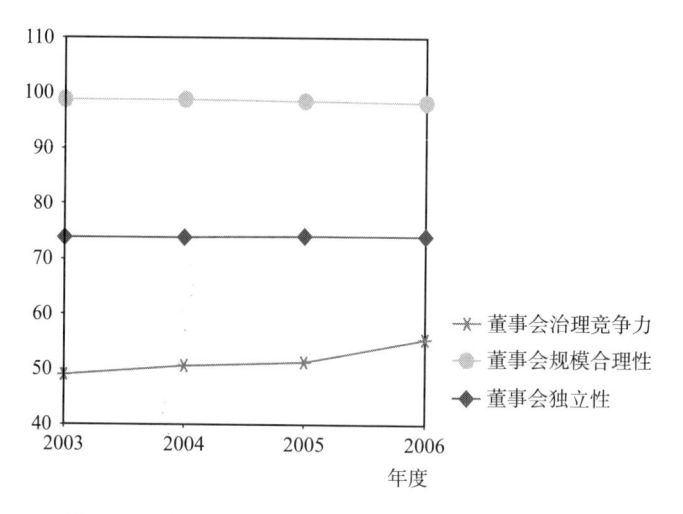

图 4-7　上市公司董事会治理竞争力及要素变动（1）

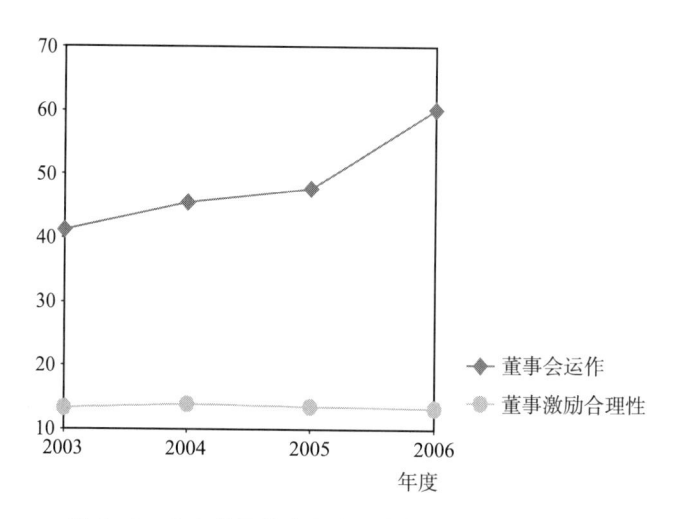

图 4-8　上市公司董事会治理竞争力及要素变动（2）

　　董事会治理竞争力及各要素的变动表明，我国上市公司董事会独立性的建设更多的是制度约束的结果，外部约束以及自发性要求使得董事会的运作质量有显著改善，而当前制约上市公司董事会治理竞争力提高的主要因素在于董事激励的不合理。

表 4 – 12　　　　　上市公司董事会治理竞争力及各要素变动多重比较

指标	(I) 年度	(J) 年度	均值差 (I) – (J)	显著性水平
董事会治理竞争力[b]	2004	2003	1.61	0.01
	2005	2003	2.31	0.00
	2006	2003	6.45	0.00
		2004	4.84	0.00
		2005	4.14	0.00
董事会规模合理性[b]	2005	2003	-0.27	0.04
	2006	2003	-0.60	0.00
		2004	-0.53	0.00
		2005	-0.33	0.01
董事会运作[b]	2004	2003	4.24	0.01
	2005	2003	6.54	0.00
	2006	2003	18.94	0.00
		2004	14.71	0.00
		2005	12.41	0.00

由表 4 – 13、表 4 – 14 以及图 4 – 9、图 4 – 10、图 4 – 11、图 4 – 12 可知，董事会治理竞争力的各项要素及其变动表明，与国内外的经验研究一致，样本年度内上市公司董事会规模呈缩小的趋势，2006 年样本上市公司董事会平均规模为 9.58 人，较以前年份明显缩小，分别减少了 0.48 人、0.31 人、0.17 人。董事会规模的缩小一方面有助于决策效率的提高，另一方面可能导致决策科学性的下降以及治理风险的发生。个别上市公司仍然存在董事会规模不合理的现象，要么规模太小，要么规模过大，有的甚至董事会规模为偶数。独立董事比例各年维持在 32% ~35% 左右，2005 年和 2006 年较 2003 年和 2004 年略有增加，2006 年上市公司董事会中独立董事比例为 34.80%，仅略高于监管部门 1/3 的强制性要求。独立董事占比是衡量董事会独立性的重要指标，目前我国上市公司的独立董事比例与国外相比很低，因此可能会影响独立董事群体效应的发挥。在 2006 年样本上市公司中，部分上市公司董事会成员中并没有独立董事，独立董事比例最高的也仅为 75%。上市公司倾向于将董事长与总经理两职分设，样本年度内上市公司领导权结构没有明显变化，维持在 2.4 左右[①]，与国内

---

① 本书对于董事长与总经理两职设置的赋值为：两职完全分设为 3，两职完全合一为 1，两职部分合一为 2。

外相关法律、法规、准则等基本一致。

表4-13　　　　　　　上市公司董事会治理特征变动

指标	年度	样本数	均值	标准差	最小值	最大值	显著性水平
董事会规模（人）	2003	837	10.05	2.18	5	19	0.00
	2004	903	9.88	2.18	4	19	
	2005	917	9.75	2.09	5	19	
	2006	933	9.58	2.25	4	23	
	合计	3590	9.81	2.18	4	23	
独立董事比例（%）	2003	837	32.14	6.52	0	50	0.00
	2004	903	33.69	5.69	0	60	
	2005	917	34.48	5.39	0	60	
	2006	933	34.80	7.49	0	75	
	合计	3590	33.82	6.41	0	75	
董事长与总经理两职设置（分）	2003	837	2.46	0.75	1	3	0.67
	2004	903	2.44	0.76	1	3	
	2005	917	2.43	0.77	1	3	
	2006	933	2.42	0.78	1	3	
	合计	3590	2.43	0.76	1	3	
董事会持股比例（%）	2003	837	0.55	4.75	0	74.81	0.24
	2004	903	1.09	6.48	0	74.81	
	2005	917	0.93	5.47	0	63.30	
	2006	933	0.92	5.71	0	60.80	
	合计	3590	0.88	5.65	0	74.81	
持有本公司股份董事比例（%）	2003	837	19.07	21.44	0	100	0.00
	2004	903	17.77	20.80	0	100	
	2005	917	16.31	19.50	0	77.78	
	2006	933	14.98	18.68	0	100	
	合计	3590	16.97	20.15	0	100	
领取报酬董事比例（%）	2003	837	68.46	22.04	0	100	0.09
	2004	903	70.00	21.40	0	100	
	2005	917	70.57	24.10	0	100	
	2006	933	71.14	23.90	0	100	
	合计	3590	70.08	22.93	0	100	

续表

指标	年度	样本数	均值	标准差	最小值	最大值	显著性水平
董事长持股比例（%）	2003	837	0.0021	0.02	0	0.29	0.19
	2004	903	0.0046	0.03	0	0.45	
	2005	917	0.0047	0.03	0	0.41	
	2006	933	0.0047	0.03	0	0.41	
	合计	3590	0.0041	0.03	0	0.45	
金额最高的前三名董事报酬总额（元）	2003	837	455537	529843	15000	9600000	0.00
	2004	903	557862	658373	14160	10201920	
	2005	917	604946	613657	7200	7150000	
	2006	933	383502	12415	17100	480000	
	合计	3590	500718	527377	7200	10201920	
董事会会议次数（次）	2003	837	7.61	3.15	2	32	0.00
	2004	903	7.41	3.02	2	29	
	2005	917	7.42	3.03	2	32	
	2006	933	8.03	3.23	2	25	
	合计	3590	7.62	3.12	2	32	
四会设置（%）	2003	837	34.98	40.36	0	100	0.00
	2004	903	39.73	40.80	0	100	
	2005	917	42.37	40.49	0	100	
	2006	933	57.02	42.65	0	100	
	合计	3590	43.79	41.91	0	100	
审计委员会设置（%）	2003	837	39.43	48.90	0	100	0.00
	2004	903	45.18	49.79	0	100	
	2005	917	48.31	50.00	0	100	
	2006	933	61.63	48.65	0	100	
	合计	3590	48.91	50.00	0	100	
薪酬与考核委员会设置（%）	2003	837	41.70	49.34	0	100	0.00
	2004	903	46.51	49.91	0	100	
	2005	917	50.49	50.02	0	100	
	2006	933	63.77	48.09	0	100	
	合计	3590	50.89	50.00	0	100	
战略委员会设置（%）	2003	837	28.55	45.19	0	100	0.00
	2004	903	32.56	46.89	0	100	
	2005	917	34.02	47.40	0	100	
	2006	933	53.91	49.87	0	100	
	合计	3590	37.55	48.43	0	100	

续表

指标	年度	样本数	均值	标准差	最小值	最大值	显著性水平
提名委员会设置（%）	2003	837	30.23	45.95	0	100	0.00
	2004	903	34.66	47.62	0	100	
	2005	917	36.64	48.21	0	100	
	2006	933	48.77	50.01	0	100	
	合计	3590	37.80	48.50	0	100	

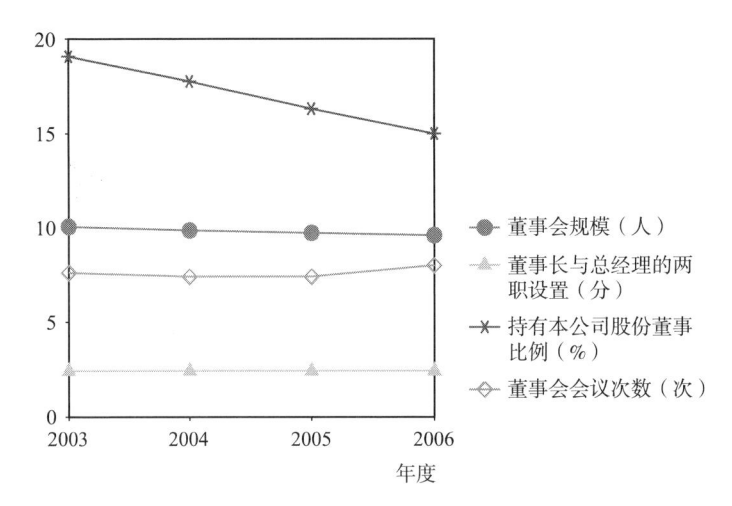

图4-9 上市公司董事会治理特征变动（1）

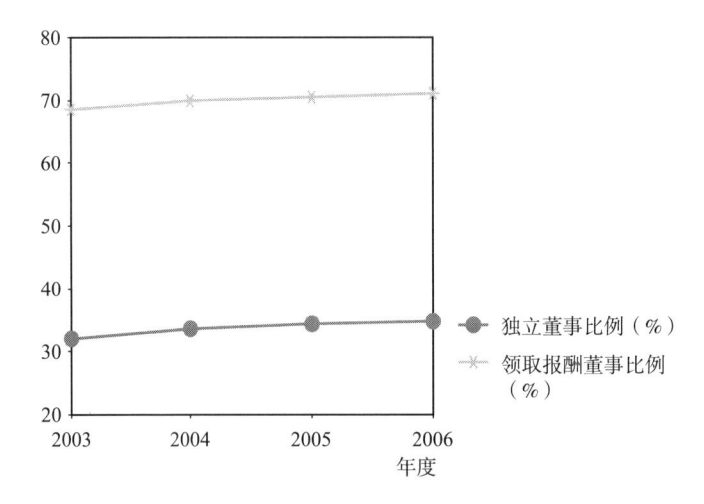

图4-10 上市公司董事会治理特征变动（2）

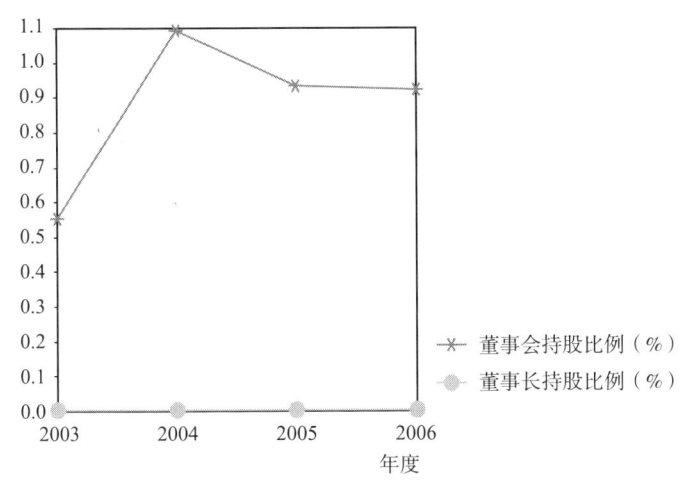

图 4-11　上市公司董事会治理特征变动（3）

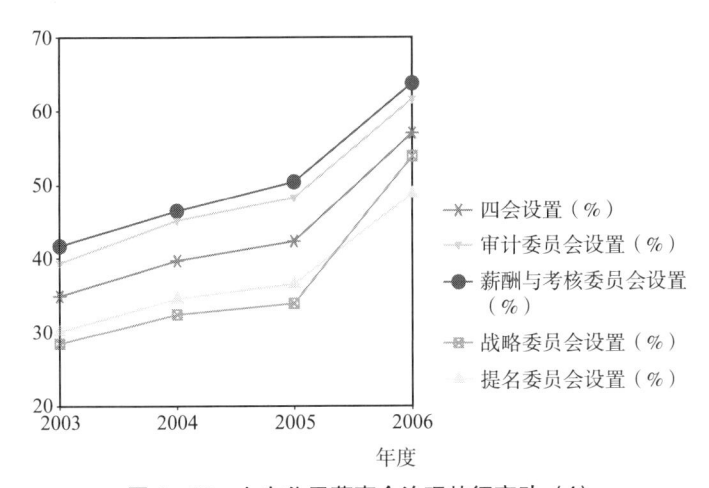

图 4-12　上市公司董事会治理特征变动（4）

董事激励方面，上市公司董事会持股比例普遍较低并且样本年度内董事会持股比例总体呈现下降趋势；与之相对应，2003～2006 年样本上市公司持有本公司股份董事比例也呈逐年下降的趋势，2006 年仅为 14.98%，较 2003 年和 2004 年分别降低了 4.09 个、2.79 个百分点；与持有本公司股份董事比例下降的趋势相反，领取报酬的董事比例、董事长持股比例 2003～2006 年则呈增长的趋势，2006 年样本上市公司中平均有 71.14% 的董事从上市公司领取报酬；董事长虽呈现上升趋势，但持股比例普遍很低，维持在 0.0021% 到 0.0047% 之间；金额最高前三名董事报酬总额方面，样本年度内平均为 50 万元，但不同年份之间差异较大，2003～2005 年呈增长的趋势，2006 年较以前三年明显下降。2006 年最低为 38 万元，2005 年最高为 60 万元。不同上市公司之间的差异很大，最高上市公司为 102 万元，而最低上市公司仅为 0.72 万元。

表 4-14　　　上市公司董事会治理特征变动多重比较

指标	（I）年度	（J）年度	均值差（I）-（J）	显著性水平
董事会规模（人）[a]	2005	2003	-0.30	0.00
	2006	2003	-0.47	0.00
		2004	-0.30	0.00
		2005	-0.17	0.08
独立董事比例（%）[b]	2004	2003	1.55	0.00
	2005	2003	2.34	0.00
		2004	0.79	0.01
	2006	2003	2.66	0.00
		2004	1.11	0.00
持有本公司股份董事比例（%）[b]	2005	2003	-2.76	0.00
	2006	2003	-4.09	0.00
		2004	-2.79	0.00
领取报酬董事比例（%）[b]	2005	2003	2.11	0.05
	2006	2003	2.68	0.01
董事长持股比例（%）[b]	2005	2003	0.0026	0.06
	2006	2003	0.0026	0.07
金额最高的前三名董事报酬总额（%）[b]	2004	2003	102325	0.00
	2005	2003	149409	0.00
	2006	2003	-72035	0.00
		2004	-174360	0.00
		2005	-221444	0.00
董事会会议次数（次）[a]	2006	2003	0.42	0.00
		2004	0.62	0.00
		2005	0.61	0.00
四会设置（%）[b]	2004	2003	4.75	0.09
	2005	2003	7.39	0.00
	2006	2003	22.04	0.00
		2004	17.29	0.00
		2005	14.65	0.00

续表

指标	（I）年度	（J）年度	均值差（I）-（J）	显著性水平
审计委员会设置（%）[b]	2004	2003	5.75	0.09
	2005	2003	8.88	0.00
	2006	2003	22.20	0.00
		2004	16.45	0.00
		2005	13.32	0.00
薪酬与考核委员会设置（%）[b]	2005	2003	8.79	0.00
	2006	2003	22.07	0.00
		2004	17.26	0.00
		2005	13.28	0.00
战略委员会设置（%）[b]	2005	2003	5.47	0.08
	2006	2003	25.36	0.00
		2004	21.35	0.00
		2005	19.89	0.00
提名委员会设置（%）[b]	2005	2003	6.41	0.03
	2006	2003	18.54	0.00
		2004	14.11	0.00
		2005	12.13	0.00

董事会会议次数方面，2003～2005年样本上市公司董事会会议次数变化不大，2006年明显增加。原因可能在于，一方面，股权分置改革中涉及公司重大利益事项的决策较多，董事会不得不通过会议的方式来处理相关事务；另一方面，董事会会议次数的增多也可能是在复杂的公司治理环境、经营环境中应对公司不利局面的"灭火装置"。委员会设置方面，上市公司越来越重视董事会次级委员会制度的建设，其中，报酬委员会的设置程度最高，其次是审计委员会，而战略委员会以及提名委员会的设置程度则较低。从变化趋势来看，审计委员会、薪酬与考核委员会、战略委员会以及提名委员会设置比率逐年提升，2006年有61.63%、63.77%、53.91%、48.77%的上市公司分别设置了上述各委员会，较2003～2005年委员会设置比率均有明显提升。其中审计委员会较以前年份设置比率分别提高了22.20个、16.45个、13.32个百分点；薪酬与考核委员会分别提高了22.07个、17.26个、13.28个百分点；战略委员会分别提高了25.36个、21.35个、19.89个百分点；提名委员会分别提高了18.54个、14.11个、12.13个百分点。

总之，在董事会规模、独立性、董事会运作等的共同作用下，样本年度董事会治理状况有所好转，上市公司董事会治理情况好于股东大会规范性和监事会治理状况。尽管如此，董事会在公司治理中的重要地位依然没有得到明显体现，董事会治理对提升上市公司治理竞争力的关键作用尚未得以充分发挥。董事会各治理要素方面，上市公司董事会建设已满足合规性的需要，独立董事比例基本上达到了监管部门的要求，但表现出明显的迎合政策性监管要求的色彩，上市公司自身增加独立董事比例的积极性不足，导致上市公司治理中独立董事不能有效发挥作用。但应当指出的是：独立董事作用是有限度的（郭强和蒋东生，2003；鲁桐，2002；Jensen，1993），独立董事对投资者利益的保护和独立董事在董事会中的比例正相关（Borokhovich，Parrino and Trapani，1996；Renneboog，2000），而且如果企业中持有过多股份的大股东存在将会减少独立董事在董事会中的比例（Arthur，2001；Mark and Li，2001），从而最终削弱独立董事对投资者利益的保护。我国上市公司的控股股东在很大程度上影响了独立董事的提名、选择和任命，进而影响到独立董事的独立性（娄芳和原红旗，2002；高旭军，2003），而且控股股东在很大程度上影响了独立董事在任职过程中的独立性和公正性，使之不能有效地保护投资者利益。邵少敏等（2004）的研究表明独立董事能够减少内部人控制问题，但我国上市公司控股股东持有太高的股权份额是制约独立董事发挥作用的关键因素。制度建设的缺失和滞后必然导致独立董事不能有效地保护投资者的利益，要加强独立董事对内部人的监督和保护投资者利益，加强对声誉市场的建设是迫切的（鲁桐，2002），在此过程中，一个原则是能够通过这个声誉市场对投资者保护不力、甚至损害投资者利益的独立董事实施足够严厉的惩罚。此外，针对现存的股权结构现状，降低控股股东的持股份额，增加大股东的数量，将有利于公司治理状况的改善，有利于充分发挥独立董事的监督作用和保护投资者利益。在目前的董事会结构中引入占优比例的独立董事（超过50%）可能是独立董事抵消控股股东负面影响的一条可行的途径。

样本上市公司董事会运作和董事激励水平依然较低，尤其是董事激励状况表现得最为糟糕，因此上市公司董事会治理未来需要重点关注董事会运作质量和董事激励的改善。[①] 除此之外，董事会次级委员会设置比率的

[①] 李维安和孙文（2007）认为董事会治理对公司绩效改善的影响主要来源于董事会组织结构建设和董事薪酬激励的作用。

增加客观上需要这些委员会中吸收更多的独立董事以方便其职责的有效履行，但目前上市公司独立董事比例还远没有达到这一要求，因此要实现董事会治理机制的良性互动，还需要继续选聘那些有着专业背景和经验、真正独立的董事进入董事会。

4.2.5 监事会治理竞争力及其要素变动分析

我国的监事制度最早可追溯到 1904 年 1 月清政府颁布的《公司律》，[①] 随后监事、监事会制度经过了不断的变化。证券市场建立后，上市公司继承了监事会制度，并逐步规范了监事会运作，2006 年新《公司法》进一步强化了监事会的监督职能。

监事会是我国独特的"二元"公司治理模式的产物，是加强对董事会和经理层监督的一种机构。目前国内外对于监事会治理评价问题的研究基本上处于空白，李维安和郝臣（2006）认为原因在于：主流的英美为代表的"一元模式"下不设立监事会；我国的上市公司独特的治理状况又使得"二元模式"国家的公司治理评价的参考价值极为有限。因此，国内学者将研究的焦点更多地放在了监事会是否应该存在，如何才能发挥监督作用等理论问题上。实证研究的匮乏，对监事会治理评价的空白无助于我们认清监事会治理的现实状况，无助于充分发挥监事会在公司治理中的重要作用。

表 4-15、表 4-16 以及图 4-13 的数据显示，监事会治理竞争力波动相对较大，2005 年和 2006 年略好于 2003 年和 2004 年，2005 年表现最好，较 2003 年、2004 年、2006 年分别高出 1.60 个、2.27 个、0.54 个百分点。与董事会治理竞争力变化类似，监事会治理竞争力的变化主要受监事会运作的影响，2005 年监事会运作水平在四年中表现最好，较 2003 年、2004 年、2006 年分别高出 4.50 个、6.46 个、1.34 个百分点。三个要素指数中，监事激励水平较差，成为制约监事会治理竞争力提升的主要因素。样本年度内样本上市公司监事会规模合理性逐年下降，2006 年较 2003 年和 2004 年分别降低了 1.82 个、1.01 个百分点；监事激励状况略有改善，但仍然较低，离理想水平相差很远。

[①] 有关我国监事、监事会制度的发展历史可参阅王世权、刘金岩：《控制权市场、独立董事制度与监事会治理——基于比较制度分析的视角》，载《山西财经大学学报》2007 年第 4 期，第 71~77 页。

表 4-15　　上市公司监事会治理竞争力及各要素变动

指标	年度	样本数	均值	标准差	最小值	最大值	显著性水平
监事会治理竞争力	2003	837	49.31	7.71	24.57	86.35	0.00
	2004	903	48.63	8.51	19.81	92.87	
	2005	917	50.90	7.19	25.74	82.83	
	2006	933	50.36	7.34	25.40	61.90	
	合计	3590	49.82	7.75	19.81	92.87	
监事会规模合理性	2003	837	89.59	9.83	60	100	0.00
	2004	903	88.79	10.27	50	100	
	2005	917	88.27	10.12	60	100	
	2006	933	87.78	10.55	50	100	
	合计	3590	88.58	10.22	50	100	
监事激励合理性	2003	837	11.95	5.20	0.01	90.00	0.02
	2004	903	12.31	5.67	0.01	99.71	
	2005	917	12.54	4.49	0.01	62.67	
	2006	933	12.59	3.85	0.01	37.67	
	合计	3590	12.36	4.84	0.01	99.71	
监事会运作	2003	837	76.54	20.47	0	100	0.00
	2004	903	74.57	22.49	0	100	
	2005	917	81.03	18.73	30	100	
	2006	933	79.69	19.28	30	100	
	合计	3590	78.01	20.43	0	100	

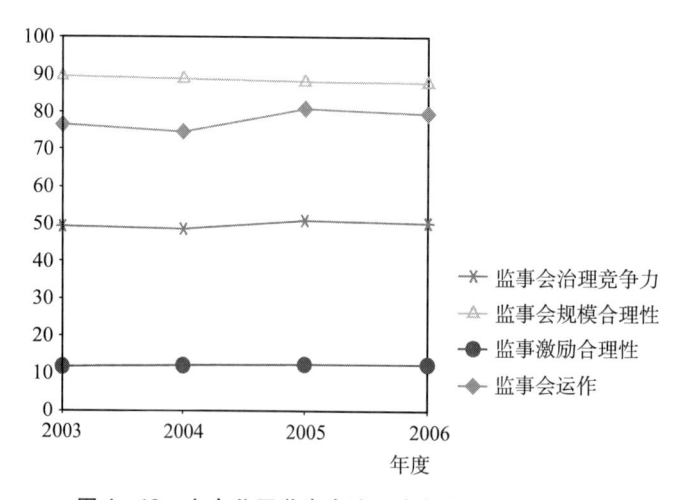

图 4-13　上市公司监事会治理竞争力及各要素变动

表 4-16　　　　上市公司监事会治理竞争力及各要素变动多重比较

指标	(I) 年度	(J) 年度	均值差 (I)-(J)	显著性水平
监事会治理竞争力[b]	2004	2003	-0.67	0.07
	2005	2003	1.60	0.00
		2004	2.27	0.00
	2006	2003	1.06	0.00
		2004	1.73	0.00
监事会规模合理性[a]	2005	2003	-1.33	0.01
	2006	2003	-1.82	0.00
		2004	-1.01	0.03
监事激励合理性[b]	2005	2003	0.60	0.01
	2006	2003	0.65	0.00
监事会运作[b]	2004	2003	-1.97	0.04
	2005	2003	4.50	0.00
		2004	6.46	0.00
	2006	2003	3.15	0.00
		2004	5.12	0.00

监事会治理一直是我国公司治理的薄弱环节，一些学者认为监事会的弱化很大程度上由于监事会的职能与董事会中的独立董事职责存在交叉，监事会往往成为董事会事实上的下属机构，监事无法很好地行使自身的监督职能。我们认为除了上述原因之外，尴尬的地位以及糟糕的激励也是导致监事不能有所作为的重要原因。

从表4-17、表4-18以及图4-14、图4-15显示的决定监事会治理的各要素来看，2003~2006年样本上市公司监事会规模呈缩小趋势，各年监事会人数均不到5人，个别上市公司还出现监事会规模仅为1人或者2人的现象，过少的监事会人数，无法确保监事会职能的有效发挥，但也有些上市公司监事会规模过大，最高达14人，这将导致监事会治理成本的增加和治理效率的下降。监事激励方面，2004~2006年样本上市公司领取报酬监事比例呈下降趋势，2006年领取报酬的监事比例平均为17.25%，这与上市公司优化监事会成员结构，引入外部监事有关，这将有助于改善监事会的独立性，提高其监督效果；监事会持股比例为0.0239%，并且在样本年度内也呈现下降趋势，低于同年度董事会持股比例。说明我国上市公司中监事会激励状况与董事会相比表现更差，大部分上市公司并没有通过有效的激励来刺激监事充分发挥在公司治理中的重要作用，这也是导致监事会制度在我国收效甚微的重要原因。① 监事会会议次数2003~2005年呈减少趋势，而2006年明显增加，为4.06次，较以前三年分别增加了0.55次、0.81次、0.91次。尽管监事会会议次数有所增加，但由于滞后的监事激励水平，使得由会议次数增加可能带来的监事会治理竞争力提升的正面效果大为削弱。

表4-17　　　　　　　　上市公司监事会治理特征变动

指标	年度	样本数	均值	标准差	最小值	最大值	显著性水平
监事会规模（人）	2003	837	4.33	1.48	2	12	0.05
	2004	903	4.25	1.49	1	13	
	2005	917	4.24	1.55	2	14	
	2006	933	4.14	1.50	1	12	
	合计	3590	4.24	1.51	1	14	
领取报酬监事比例（%）	2003	837	22.23	28.13	0	100	0.00
	2004	903	21.00	27.20	0	100	
	2005	917	18.59	26.11	0	100	
	2006	933	17.25	25.49	0	100	
	合计	3590	19.70	26.77	0	100	
监事会持股比例（%）	2003	837	0.0371	0.46	0	11.14	0.30
	2004	903	0.0608	0.57	0	11.66	
	2005	917	0.0438	0.38	0	7.03	
	2006	933	0.0239	0.19	0	3.63	
	合计	3590	0.0413	0.42	0	11.66	
监事会会议次数（次）	2003	837	3.51	1.79	0	14	0.00
	2004	903	3.25	1.59	1	11	
	2005	917	3.14	1.65	0	16	
	2006	933	4.06	1.57	0	13	
	合计	3590	3.49	1.68	0	16	

---

① 尽管部分研究认为，监事持股可能会影响其独立性进而影响其监督效果，但过低的持股比例无法激励监事们为股东利益而尽职尽责。

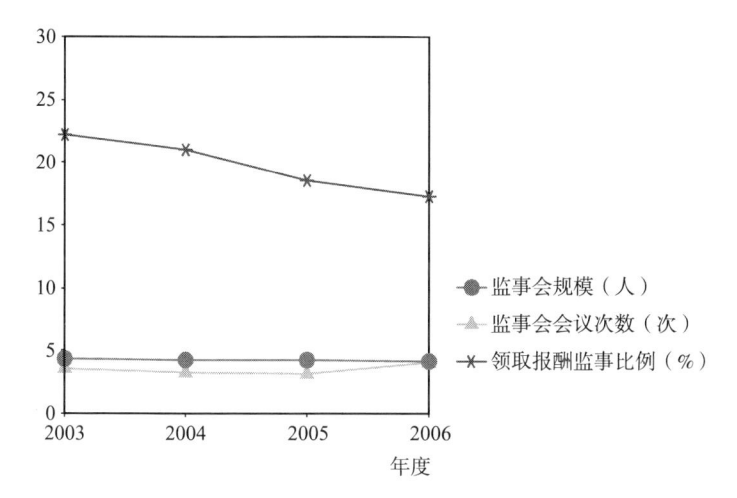

图 4-14 上市公司监事会治理特征变动

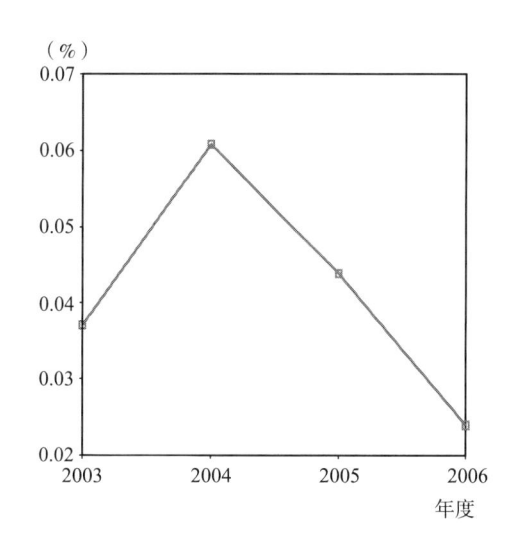

图 4-15 上市公司监事会持股比例变动

表 4-18　　上市公司监事会治理特征变动多重比较

指标	(I) 年度	(J) 年度	均值差 (I) - (J)	显著性水平
监事会规模（人）[a]	2006	2003	-0.20	0.01
		2004	-0.12	0.10
		2005	-0.10	0.15

续表

指标	（I）年度	（J）年度	均值差（I）-（J）	显著性水平
领取报酬监事比例（%）[b]	2005	2003	-3.64	0.00
		2004	-2.40	0.06
	2006	2003	-4.98	0.00
		2004	-3.74	0.00
监事会会议次数（次）[b]	2004	2003	-0.26	0.00
	2005	2003	-0.37	0.00
	2006	2003	0.55	0.00
		2004	0.81	0.00
		2005	0.91	0.00

总之，由于中国证监会进一步提高了对上市公司的监管力度[①]，外部治理环境得以较大改善，上市公司治理结构合规性更强。上市公司治理竞争力的提升与企业内外部治理环境的改善有着重要的联系。股权分置改革以前，我国大部分上市公司的股权结构表现出"一股独大"的高度集中的封闭式特征，这种畸形的股权结构导致了上市公司中股东之间的制约程度较低，股东大会运作弱化、监事会虚化，董事会治理受控制性大股东的影响，公司治理水平较低，上市公司由于治理不规范导致了诸多问题，如大股东随意"掏空"、占用上市公司资金，控制董事会和股东大会，股东间控制权恶意竞争等。股权分置改革的基本完成，一定程度上解决了上市公司的"痼疾"，为上市公司治理水平的提高提供了契机，股权分置改革

[①] 2004年2月1日，《国务院关于推进资本市场改革开放和稳定发展的若干意见》（简称"国九条"）明确提出"积极稳妥解决股权分置问题"。为配合2005年4月29日开始的股权分置改革，国家有关部门发布了《关于上市公司股权分置改革试点有关问题的通知》、《关于上市公司股权分置改革的指导意见》、《上市公司股权分置改革管理办法》、《财政部 国家税务总局关于股权分置试点改革有关税收政策问题的通知》等规范性意见。2005年10月27日十届全国人大常委会第十八次会议通过、2006年1月1日生效的《公司法》和《证券法》，第一次在法律层面上对关于上市公司实际控制人的有关内容进行了规定。2005年为配合新《公司法》、《证券法》等，中国证监会加大了对上市公司治理制度建设的要求，相继发布了《上市公司投资关系工作指引》，修改并完善《上市公司股权激励规范意见》、《独立董事制度指导意见》、《上市公司股东大会规范意见》、《上市公司累计投票制》等。2006年中国证监会发布实施《上市公司章程指引（2006）》、《上市公司股东大会规则》，引导上市公司提高治理水平。此外，中国证监会等发布了《关于加强社会公众股股东权益保护的若干规定》、《国务院批转证监会关于提高上市公司质量的通知》、《关于规范上市公司对外担保行为的通知》等。

促进了公司治理水平的提高。[①] 为应对日益激烈的市场竞争，上市公司也在积极通过自身的建设改善公司治理状况，国内外众多学者对我国上市公司的研究也证实了这一点。

外部制度约束使得上市公司的股权结构得到优化，并逐步形成理论上合理的股权结构，但股东大会治理并没有取得实质性的进展，突出表现为股东大会会议出席率依然较低，无法发挥股东"用手投票"参与公司治理的作用，因此探索多元化的投票表决方式、表决机制对于股东大会治理水平的提升大有裨益；董事会治理状况改善的过程中还存在一些问题，突出表现为董事激励水平、董事会独立性不足，上市公司董事会治理需要从单纯的"合规"转向"自主"治理阶段，进一步健全董事会治理机制的制度安排；监事会治理特征的变化表明，上市公司监事会有沦为"摆设"的倾向，因此在适当增加监事会规模的同时需要重点加强对监事的激励，以鼓励监事充分发挥在公司治理中的重要作用。总之，提升公司治理竞争力是一项系统工程，在完善股权结构的基础上，还要通过相关制度的建设提升股东大会、董事会以及监事会的治理效率。

4.3 财务实力及其要素变动分析

4.3.1 上市公司财务实力及其要素变动

表4-19、表4-20以及图4-16显示，样本期间财务实力指数小有波动，2004年为四年中最好，显著高于2003年、2005年、2006年。上市公司之间的财务实力存在较大差异，尤其是运营能力与偿债能力在不同年度不同上市公司均呈现较大差异，这可能与上市公司面临的经营环境以及自身经营管理活动效果不同有关。要素指数中，偿债能力最强，盈利能力最弱，

[①] 吴林祥（2007）认为对于存在控股股东的上市公司，股份全流通彻底改变了控股股东的利益构成，上市公司价值最大化成为其目标，根本性地改变了原先股份非流通导致的"掏空"上市公司的策略，对公司治理结构产生了重要影响。深交所股权分置改革研究小组（2006）认为股权分置改革从根本上解决了我国资本市场股权分置、股价分置、利益分置问题，奠定了公司治理共同的利益基础，夯实了我国资本市场发展的基石。文章见：吴林祥：《股份全流通后上市公司高管行为变化及监管》，载《深圳证券交易所综合研究所研究报告》，2007年11月12日。股权分置改革研究小组：《股权分置改革的回顾与总结》，载《深圳证券交易所综合研究所第0147号》，2006年12月20日。

与学界和公众的认识基本一致。2003~2006 年样本上市公司盈利能力指数稳中有升,2006 年较 2003 年和 2004 年分别提高了 1.40 个、0.74 个百分点。近年来国内经济的持续、快速发展为上市公司提供了良好的盈利空间,但上市公司依然普遍呈现盈利能力不佳的局面;运营能力 2006 年表现最好,显著高于 2003 与 2005 两个年度;偿债能力样本年度内呈下降的趋势,2006 年较以前三年分别降低了 4.72 个、3.61 个、1.17 个百分点,但仍然维持在安全的警戒线之内;增长能力 2004 年表现最好,2005 年表现最差,2006 年略有改善。

表 4-19　　　　　　　　上市公司财务实力及各要素变动

指标	年度	样本数	均值	标准差	显著性水平
财务实力指数	2003	837	61.24	9.42	0.01
	2004	903	62.05	9.34	
	2005	917	60.51	9.71	
	2006	933	61.12	9.46	
	合计	3590	61.22	9.50	
盈利能力	2003	837	51.28	6.74	0.00
	2004	903	51.95	7.53	
	2005	917	52.36	6.92	
	2006	933	52.69	7.02	
	合计	3590	52.09	7.08	
运营能力	2003	837	63.09	20.70	0.01
	2004	903	65.75	20.04	
	2005	917	64.51	20.22	
	2006	933	66.01	19.67	
	合计	3590	64.88	20.17	
偿债能力	2003	837	70.01	16.93	0.00
	2004	903	68.91	17.02	
	2005	917	66.46	16.98	
	2006	933	65.29	17.30	
	合计	3590	67.60	17.16	
增长能力	2003	837	58.79	10.35	0.00
	2004	903	58.87	11.08	
	2005	917	56.08	10.54	
	2006	933	57.30	10.57	
	合计	3590	57.73	10.70	

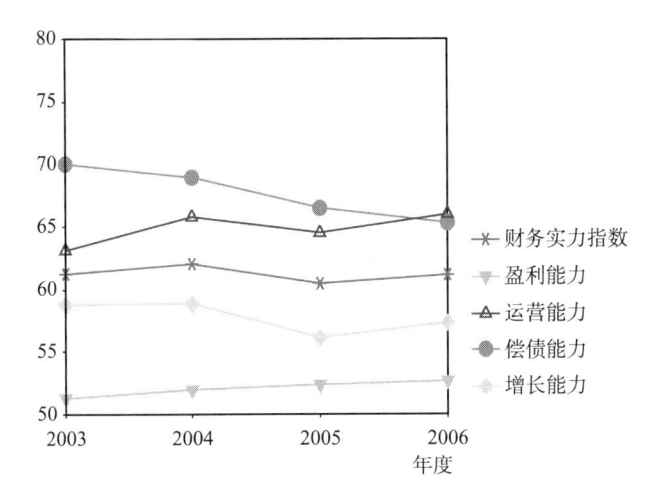

图 4-16　上市公司财务实力及各要素变动

表 4-20　　　　　　　上市公司财务实力及各要素变动多重比较

指标	（I）年度	（J）年度	均值差（I）-（J）	显著性水平
财务实力指数[a]	2004	2003	0.81	0.08
	2005	2004	-1.54	0.00
	2006	2004	-0.93	0.04
盈利能力[a]	2004	2003	0.66	0.05
	2005	2003	1.07	0.00
	2006	2003	1.40	0.00
		2004	0.74	0.02
运营能力[a]	2004	2003	2.66	0.01
	2006	2003	2.93	0.00
偿债能力[a]	2005	2003	-3.55	0.00
		2004	-2.45	0.00
	2006	2003	-4.72	0.00
		2004	-3.61	0.00
增长能力[a]	2005	2003	-2.71	0.00
		2004	-2.79	0.00
	2006	2003	-1.49	0.00
		2004	-1.56	0.00
		2005	1.22	0.01

综合来看，上市公司财务实力的改善主要受制于盈利能力和增长能力，而这两类指标是事关公司未来可持续发展的重中之重，是企业发展的后劲，上市公司创造利润能力的低下也是导致我国上市公司竞争力不强的重要原因。

4.3.2 上市公司增长能力及其要素变动

表4-21、表4-22以及图4-17显示，样本公司2003~2006年增长能力略有下降，受税后利润增长率下降以及总资产增长率下降的影响，2005年和2006年样本上市公司增长能力明显低于2003年和2004年。各要素中，上市公司主营业务收入呈现增加的迹象，2006年表现最好；税后利润增长率为负，2006年为四年中最好，较2004年和2005年分别提高了1.18个、1.19个百分点；总资产增长率2003~2005年呈下降的趋势，2006年略有回升。样本期间上市公司增长后劲不足，收入的增长并未带来收益的增加。上市公司需要在努力增加主营业务收入的同时强化成本、费用管理；合理、有效地利用资产，以使得投入的项目能够产生正的利润，维持企业的增长势头。

表4-21　　　　　　　上市公司增长能力及各要素变动

指标	年度	样本数	均值	标准差	显著性水平
增长能力	2003	837	58.79	10.35	0.00
	2004	903	58.87	11.08	
	2005	917	56.08	10.54	
	2006	933	57.30	10.57	
	合计	3590	57.73	10.70	
主营业务收入增长率（％）	2003	837	0.26	0.93	0.46
	2004	903	0.78	13.39	
	2005	917	0.19	1.55	
	2006	933	4.41	123.86	
	合计	3590	1.45	63.51	
税后利润增长率（％）	2003	837	-1.14	11.40	0.09
	2004	903	-1.98	15.04	
	2005	917	-1.99	12.70	
	2006	933	-0.80	9.16	
	合计	3590	-1.48	12.26	

第4章 我国上市公司竞争力及其变动分析

续表

指标	年度	样本数	均值	标准差	显著性水平
总资产增长率（%）	2003	837	0.14	0.34	0.00
	2004	903	0.12	0.30	
	2005	917	0.07	0.28	
	2006	933	0.10	0.36	
	合计	3590	0.11	0.32	

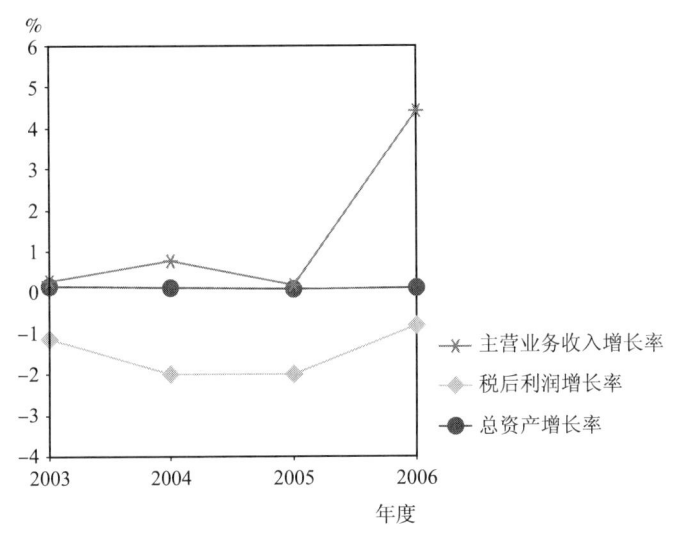

图4-17 上市公司增长能力及各要素变动

表4-22　　　　上市公司增长能力及各要素变动多重比较

指标	（I）年度	（J）年度	均值差（I）-（J）	显著性水平
增长能力[a]	2005	2003	-2.71	0.00
		2004	-2.79	0.00
	2006	2003	-1.49	0.00
		2004	-1.56	0.00
		2005	1.22	0.01
税后利润增长率（%）[b]	2006	2004	1.18	0.04
		2005	1.19	0.04
总资产增长率（%）[a]	2004	2003	-0.02	0.11
	2005	2003	-0.07	0.00
		2004	-0.04	0.00
	2006	2003	-0.04	0.01
		2005	0.03	0.04

4.3.3 上市公司偿债能力及其要素变动

企业的资本来源主要来自于股权和债权融资,德沃特里庞和梯若尔(Dewatripont and Tirole,1994)等认为,在公司治理作用上,债务是对股权投资者的一种有效补充。公司负债具有一种自动约束机制的作用,能够对大股东的侵占行为和私人收益产生重要影响,负债之所以能够发挥自动约束作用,根本原因在于大股东的防御效应和破产导致的控制权散失风险(罗进辉等,2008)。

表4-23、表4-24以及图4-18、图4-19的数据显示,我国上市公司的股权融资降低了上市公司的债务风险,尽管偿债能力在2003~2006年间呈下降趋势,但样本上市公司保持了相对较强的偿债能力。样本期间上市公司短期偿债能力较好,流动比率、速动比率虽然呈现下降趋势,但依然维持在1以上,处于相对安全的区域;现金流动负债比各年维持在1.7~2之间,表明样本公司具有较为充分的现金流用于偿还短期债务;2003~2006年样本上市公司资产负债率逐年提升,但均维持在50%~60%左右,处于较为安全的财务风险中。个别公司资产负债率畸高,具有很大的财务风险。

表4-23　　　　　　　　上市公司偿债能力及各要素变动

指标	年度	样本数	均值	标准差	显著性水平
偿债能力	2003	837	70.01	16.93	0.00
	2004	903	68.91	17.02	
	2005	917	66.46	16.98	
	2006	933	65.29	17.30	
	合计	3590	67.60	17.16	
流动比率	2003	837	1.66	1.66	0.04
	2004	903	1.58	1.75	
	2005	917	1.44	1.48	
	2006	933	1.46	2.38	
	合计	3590	1.53	1.86	
速动比率	2003	837	1.26	1.50	0.01
	2004	903	1.18	1.59	
	2005	917	1.03	1.35	
	2006	933	1.04	2.13	
	合计	3590	1.13	1.67	

续表

指标	年度	样本数	均值	标准差	显著性水平
现金流动负债比率	2003	837	1.73	1.55	0.20
	2004	903	1.94	2.56	
	2005	917	1.85	1.99	
	2006	933	1.96	3.20	
	合计	3590	1.87	2.43	
资产负债率（%）	2003	837	54.38	95.51	0.33
	2004	903	57.68	98.09	
	2005	917	59.99	76.57	
	2006	933	61.45	67.16	
	合计	3590	58.48	84.95	

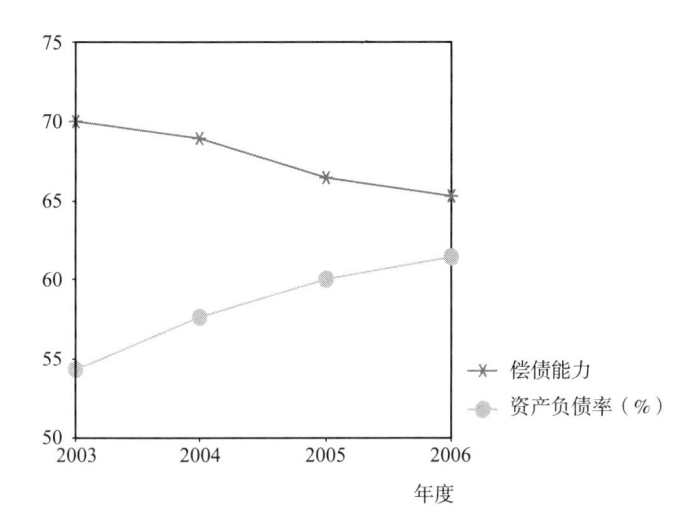

图 4-18　上市公司偿债能力及各要素变动（1）

表 4-24　　　　上市公司偿债能力及各要素变动多重比较

指标	（I）年度	（J）年度	均值差（I）-（J）	显著性水平
偿债能力[a]	2005	2003	-3.55	0.00
		2004	-2.45	0.00
	2006	2003	-4.72	0.00
		2004	-3.61	0.00
		2005	-1.17	0.14

续表

指标	(I) 年度	(J) 年度	均值差 (I)-(J)	显著性水平
流动比率[a]	2005	2003	-0.23	0.01
		2004	-0.14	0.10
	2006	2003	-0.20	0.03
速动比率[a]	2005	2003	-0.23	0.00
		2004	-0.15	0.05
	2006	2003	-0.22	0.01
		2004	-0.14	0.07
现金流动负债比率[a]	2004	2003	0.21	0.07
	2006	2003	0.22	0.06

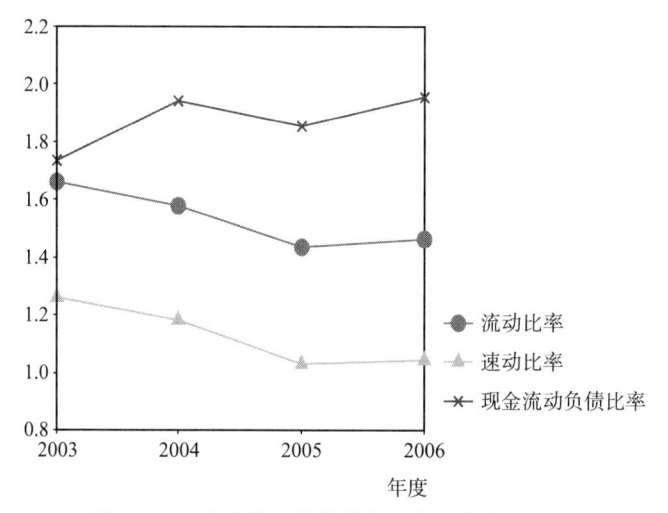

图4-19 上市公司偿债能力及各要素变动（2）

4.3.4 上市公司运营能力及其要素变动

表4-25、表4-26以及图4-20、图4-21的运营能力变动数据显示，2004年和2006年要好于2003年和2005年，但各上市公司之间差异较大，个别公司不到10%。要素指数中，样本公司在存货周转、应收账款回收方面表现较好，但无形资产比率过低。存货周转率2005年和2006年高于2003年和2004年，表明上市公司流动性、变现能力增强；应收账款周转率逐年大幅提升，2006年最高，上市公司回收应收账款的速度加快，但各上市公司之间的应收账款周转率差异有所扩大；资产周转率各年

相差不大，2006年略好，较2003年和2005年分别高出0.09次、0.04次，上市公司利用资产产生收入的能力有所提高；无形资产比率方面，上市公司普遍存在无形资产比重不高的现象，并且各年差异不大，2006年样本上市公司无形资产比率仅为0.0394%，意味着上市公司对于能够创造持久利润的如品牌、核心技术、专利等的欠缺，因此，提高上市公司运营能力的关键在于增强研发能力、打造品牌形象、搞好技术创新，通过提高无形资产比例以及无形资产利用率，提升上市公司的长期竞争优势。

表4-25　　　　　　　　上市公司运营能力及各要素变动

指标	年度	样本数	均值	标准差	显著性水平
运营能力	2003	837	63.09	20.70	0.01
	2004	903	65.75	20.04	
	2005	917	64.51	20.22	
	2006	933	66.01	19.67	
	合计	3590	64.88	20.17	
存货周转率（次）	2003	837	9.70	37.77	0.58
	2004	903	9.55	31.59	
	2005	917	17.24	225.45	
	2006	933	14.70	156.88	
	合计	3590	12.89	141.27	
应收账款周转率（次）	2003	837	82.14	1338.77	0.49
	2004	903	180.29	4434.69	
	2005	917	326.90	6070.38	
	2006	933	474.97	8264.17	
	合计	3590	271.44	5702.85	
资产周转率（次）	2003	837	0.65	0.57	0.02
	2004	903	0.73	0.62	
	2005	917	0.70	0.64	
	2006	933	0.74	0.68	
	合计	3590	0.71	0.63	
无形资产比率（%）	2003	837	0.0361	0.05	0.58
	2004	903	0.0371	0.06	
	2005	917	0.0363	0.05	
	2006	933	0.0394	0.06	
	合计	3590	0.0373	0.06	

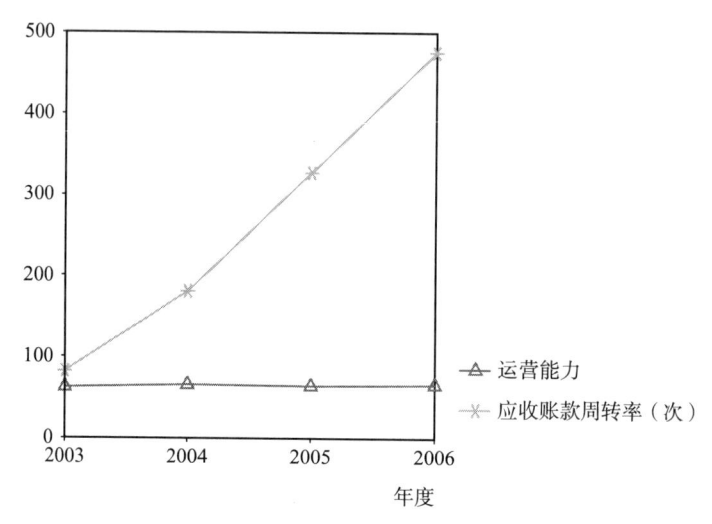

图 4-20　上市公司运营能力及各要素变动（1）

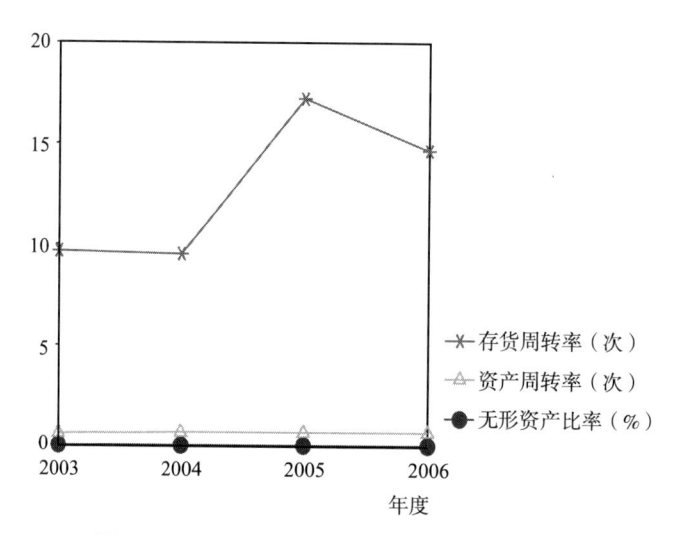

图 4-21　上市公司运营能力及各要素变动（2）

表 4-26　　　　上市公司运营能力及各要素变动多重比较

指标	（I）年度	（J）年度	均值差（I）-（J）	显著性水平
运营能力[a]	2004	2003	2.66	0.01
	2006	2003	2.93	0.00
		2005	1.50	0.11

续表

指标	(I) 年度	(J) 年度	均值差 (I)-(J)	显著性水平
资产周转率（%）[a]	2004	2003	0.08	0.01
	2005	2003	0.05	0.11
	2006	2003	0.09	0.00
		2005	0.04	0.15

4.3.5 上市公司盈利能力及其要素变动

表4-27、表4-28以及图4-22显示，样本年度内上市公司盈利能力稳中略有上升。上市公司无形资产收益率变化比较大，无形资产收益率的变化与上市公司收益的变化基本一致，2006年达到了最高；上市公司利用股东投入资本创造收益的能力有所增强，2006年净资产收益率为四年中最高，且各上市公司之间差异相对较小；每股收益2003~2005年呈下降趋势，2006年大幅回升，为0.1443元，较2004年和2005年分别提高了0.07元、0.11元，每股创造的税后利润大幅增加；2003~2006年上市公司每股经营现金流呈上升趋势，2006年为0.3896元，较2003年和2004年分别提高了0.13元、0.05元，说明上市公司在维持期初现金流量情况下，有能力发给股东的最高现金股利金额增加，经营发展前景有潜力。总体来看，上市公司盈利能力有所提高，样本期间国民经济健康、快速发展，为企业的发展创造了良好的外部环境。

表4-27　　　　　　　　上市公司盈利能力及各要素变动

指标	年度	样本数	均值	标准差	最小值	最大值	显著性水平
盈利能力	2003	837	51.28	6.74	25.19	78.93	0.00
	2004	903	51.95	7.53	19.81	78.62	
	2005	917	52.36	6.92	26.40	78.63	
	2006	933	52.69	7.02	26.47	80.99	
	合计	3590	52.09	7.08	19.81	80.99	
无形资产收益率（%）	2003	837	1.80189E+13	2.50303E+14	-3.2793E+14	6.97572E+15	0.75
	2004	903	2.48052E+13	3.41536E+14	-6.3457E+14	9.39523E+15	
	2005	917	1.24143E+13	1.7904E+14	-6.8124E+14	4.82489E+15	
	2006	933	1.62993E+13	1.74834E+14	-7.9444E+14	3.89701E+15	
	合计	3590	1.78474E+13	2.45049E+14	-7.9444E+14	9.39523E+15	

续表

指标	年度	样本数	均值	标准差	最小值	最大值	显著性水平
净资产收益率（%）	2003	837	0.0085	3.43	-81.41	55.53	0.27
	2004	903	-0.1473	4.53	-134.79	4.22	
	2005	917	0.0576	1.87	-12.43	49.07	
	2006	933	0.1503	2.77	-16.77	75.69	
	合计	3590	0.0187	3.29	-134.79	75.69	
每股收益（元/股）	2003	837	0.1235	0.44	-3.69	2.41	0.00
	2004	903	0.0742	0.84	-14.08	2.37	
	2005	917	0.0391	0.67	-7.07	2.01	
	2006	933	0.1443	0.52	-5.69	5.32	
	合计	3590	0.0949	0.64	-14.08	5.32	
每股经营现金流（元）	2003	837	0.2613	0.80	-8.18	10.13	0.00
	2004	903	0.3364	0.85	-5.89	11.54	
	2005	917	0.3782	0.77	-4.90	10.17	
	2006	933	0.3896	0.77	-5.35	8.96	
	合计	3590	0.3434	0.80	-8.18	11.54	

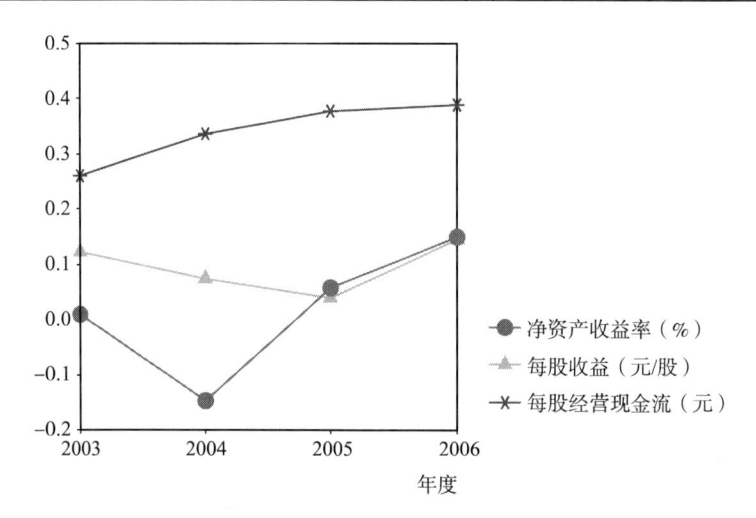

图 4-22 上市公司盈利能力及各要素变动

总之，2003～2006 年，我国国民经济的良好势头为上市公司财务实力的改善提供了有利的契机。盈利能力指数在四类指数中变化较为平稳，大部分上市公司在盈利能力指数上呈现上升趋势，主要原因在于当前我国证券市场弱式有效以及公司治理中存在的许多问题使得投资者难以了解公司的真实经营状况,因而在投资决策时主要关注上市公司的盈利能力状况,这迫使上市公司不得不注意改善公司在盈利能力上的表现,甚至不惜通过盈余管理、粉饰或操纵财务报表、指标等行为来达到提高账面盈利的目的。此外,样本期间国家经济的快速、稳定发展也为上市公司财务实力的提高提供了良好的外部环境。值得注意的是,部分上市公司无形资产收益率和净资产收益率为负值,说明一些上市公司利用资产盈利能力较差。此外,上市公司的盈利能力及其变化还与上市公司所处行业有关。

表4-28　　　　上市公司盈利能力及各要素变动多重比较

指标	(I)年度	(J)年度	均值差(I)-(J)	显著性水平
盈利能力[a]	2004	2003	0.66	0.05
	2005	2003	1.07	0.00
	2006	2003	1.40	0.00
		2004	0.74	0.02
每股收益(摊薄净利润)(元/股)[b]	2004	2003	-0.05	0.11
	2005	2003	-0.08	0.01
	2006	2004	0.07	0.02
		2005	0.11	0.00
每股经营现金流(元)[a]	2004	2003	0.08	0.05
	2005	2003	0.12	0.00
	2006	2003	0.13	0.00
		2004	0.05	0.15

本 章 小 结

通过本章研究发现,由于外部监管压力以及上市公司自身发展的需要,各上市公司普遍重视治理结构与治理机制的完善,公司治理竞争力逐步提高。2006年与以往各年相比,公司治理竞争力均有显著提高。四个要素指数中,由于相关制度的约束,上市公司股权结构不断优化,股权集中度显著下降、大股东间制衡程度增强,股权分置改革效果明显。2006年前五大股东持股比例之和、大股东制衡程度、第一大股东持股比例、国家股比例以及法人股比例均显著低于2003年、2004年及2005年。股权分置改革以及全流通制度的逐步实施，使得上市公司流通股比例显著提高。但我们进一步对不同交易状态上市公司股权结构的比较发现，ST股上市公司的股权结构相对正常交易而言，股权集中和股权制衡状况要好，这说明目前适度集中相互制衡的股权结构非但没有制约大股东的行为，反而使得大股东争夺控制权的行为频繁发生，使得上市公司业绩下滑。

尽管股东大会是上市公司的最高权力机构，但股东大会虚化的成分依然存在，使得股东大会规范性在公司治理竞争力要素指数中表现最差。新《公司法》的实施以及上市公司股东大会规范的实施，上市公司对于股东大会给予高度重视，股东大会会议次数显著增加，但由于股权集中度的降低，上市公司股权结构趋于分散，导致了股东大会参会比例显著降低。

处于公司治理核心地位的董事会治理在提升上市公司治理竞争力方面起着至关重要的作用，受到了各上市公司的普遍重视。董事会人数呈现小规模趋势；董事会独立性更多的是制度约束的结果。各年独立董事比例没有显著变化，维持在33%左右。大部分上市公司实现了董事长与总经理的两职分设，董事会与经理层之间的制衡逐步形成；董事激励普遍不足，成为制约董事会治理竞争力的关键因素；董事会运作效率显著提高，各上市公司普遍重视专业委员会的设置，董事会会议次数也显著增加。这说明董事会已经由摆设而逐步转向实质性的运作，董事会成为上市公司利益相关者维护利益的主要途径。

作为上市公司主要监督主体的监事会仍然不受重视，监事会治理竞争力仅仅高于股东大会，但新《公司法》对于监事会赋予的更多的监督职权使得监事会治理竞争力有显著改善，但监事激励制度很不完善，这是导致监事会监督效率低下的主要原因。

与公司治理的变动趋势不同，样本年度内上市公司的财务实力并没有随治理结构的完善而得以改进。有两个可能原因：一是相对公司治理而言，财务实力的改善空间较小；二是我国股权分置改革形成的股权相对集中与相互制衡的股权结构非但没有产生良好业绩，反倒由于控制权的频繁争夺而导致了上市公司财务业绩的下滑。决定财务实力的四个要素中，偿债能力与运营能力较好，并且运营能力呈现逐步改善趋势；而增长能力与盈利能力较差，但盈利能力呈现增长趋势；偿债能力与增长能力呈下降趋势。上市公司创造利润的能力低下，主营业务收入的增长并未带来利润的增加，利用无形资产增加收益，没有受到上市公司的普遍重视。

总之，目前我国上市公司的治理状况离理想要求相差较远，上市公司更加关注短期财务绩效的改善，财务实力指数显著高于公司治理竞争力指数。这与我国资本市场的制度变迁有关，由于资本市场价值无法真实反映企业经营状况，因而投资者主要依据上市公司在证券市场的财务业绩表现做出投资决策。随着资本市场、经理人市场、产品竞争市场等的发展和法律、制度建设的逐步完善，上市公司治理问题越来越成为学者和实务界关注的焦点，未来公司治理竞争力将是公司溢价水平的主要来源，对公司竞争力的提高起到至关重要的作用，并将成为投资决策的重要依据。股权分置改革，虽然优化了股权结构，但由于控制权的争夺使得上市公司业绩下滑，主要是大股东之间控制权争夺的结果。因此，培育大股东的合作与联盟意识以及股东的理性投资意识，是确保上市公司优化股权机构，改善公司业绩，从而从根本上提升上市公司的竞争优势。

第 5 章

不同控制性股东上市公司竞争力比较

5.1 不同控制性股东上市公司总体竞争力比较

股权结构影响公司治理已成为不争的事实,控制性股东的存在是股权结构问题的重要组成部分,是世界范围内现代公司普遍存在的现象(La Porta et al., 1999; Claessens et al., 2000; Faccio and Lang, 2002)。拥有控制性股东的上市公司存在着两类代理问题,其中更为重要的大股东与中小股东的委托代理问题已越来越成为学者们研究的热点,[1] 并且在投资者保护法律水平较弱的国家大股东与小股东的代理冲突更为突出。[2] 我国上市公司独特的制度变迁过程与制度法律环境形成了独具中国特色的国有股

---

[1] 张光荣等(2007)对大股东治理及股东间的代理问题的现有研究做了评述,文章见张光荣、曾勇、邓建平:《大股东治理及股东之间的代理问题研究综述》,载《管理学报》2007年第3期,第363~372页。

[2] 吴林祥(2007)认为我国的上市公司中,委托代理关系主要表现为控股股东与中小股东之间的关系,即控股股东侵害中小股东利益。深交所股权分置改革研究小组(2006)在分析股权分置改革后我国资本市场发展面临的新问题时指出,大股东行为的变化可能引发一些新问题,如股权流通性质的改变并没有从根本上解决上市公司股权治理结构中普遍存在的"一股独大"问题,大股东的意志仍然凌驾于中小股东之上,中小股东的合法权益的有效保护问题依旧存在。国内学者的研究还包括唐宗明、蒋位(2002),李增泉等(2003),刘峰等(2004)等,国外学者的研究包括施莱弗和威施尼(Shleifer and Vishny, 1997),拉波塔等(La Porta et al., 1998, 1999, 2000),迪克和津加莱斯(Dyck and Zingales, 2004)等。

"一股独大"以及封闭式的股权结构特征与控制人类型。2005年之后的股权分置改革对于上市公司优化股权结构起到了一定的约束作用，上市公司股权结构逐步形成了适度集中与相互制衡的股权结构。

上市公司治理水平因为控制性股东类型的不同而存在差异，陈信元等（2004）认为研究不同性质的控股股东在行为方式上的差异及其对公司治理与公司业绩的影响，构成了中国上市公司股权结构研究的重点内容，CCGI^{NK}的研究证实了第一大股东的性质对公司治理产生一定的影响。不同类型的股东在监督管理层上的不同激励和能力对公司治理与企业价值的影响是不同的（Kang and Sorensen，1999），由于控制性股东的动机不同决定了他们对上市公司施加控制权的方式不同，进而对董事会、经理层及监事会治理等产生影响并进一步影响上市公司竞争力。[①] 本章着重研究控股股东性质对上市公司竞争力产生的不同影响。采用南开治理指数[②]的分类方法，本书将控制性股东[③]分为国有控股、民营控股、外资控股、集体控股、社团控股和职工持股会控股等六大类，通过对该六类上市公司治理竞争力和财务实力进行评价，对2003～2006年我国上市公司竞争力状况做出评价，以探究影响上市公司竞争力的驱动因素。

5.1.1 不同控制性股东上市公司总体竞争力及其变动比较

表5-1及图5-1显示，样本上市公司竞争力普遍较低，与公众的

[①] 徐莉萍等（2006），陈工孟等（Gongmen Chen, Michael Firth and Liping Xu, 2008）。

[②] 不同学者对控股股东类型的划分不同，迈赫兰（Mehran, 1995）、拉波塔（La Porta et al., 1999）、克莱森斯等（Claessens et al., 2000）、法乔和朗（Faccio and Lang, 2002）等，我国的刘芍佳（2003）、蔡吉甫、陈敏（2005）、刘星、刘伟（2007）、李学伟、马忠（2007），南开课题组（2006，2007，2008）等在研究相关问题时也对控股股东类型给出了自己的分类。

[③] 我国新《公司法》第217条规定，"控股股东，是指其出资额占有限责任公司资本总额50%以上或者其持有的股份占股份有限公司股本总额50%以上的股东；出资额或者持有股份的比例虽然不足50%，但依其出资额或者持有的股份所享有的表决权已足以对股东会、股东大会的决议产生重大影响的股东"。《上市公司章程指引》第41条规定，"控股股东"是指具备下列条件之一的股东：此人单独或者与他人一致行动时，可以选出半数以上的董事；此人单独或者与他人一致行动时，行使公司30%以上的表决权或者可以控制公司30%以上表决权的行使；此人单独或者与他人一致行动时，持有公司30%以上的股份；此人单独或者与他人一致行动时，可以以其他方式在事实上控制。美国联邦证券法将持有20%以上股份的股东视为控股股东，而美国公司治理准则（ALI）认为拥有股份比例超过25%的股东就是控股股东。1989年英国公司法第736条规定，如果股东（1）拥有多数的表决权，或（2）有权任命或解任公司董事会的多数董事，或（3）根据股东协议的约定，单独控制多数的表决权，或（4）如果通过子公司控制了子公司的子公司，那么该股东就被认为是控股公司或控股股东。新加坡《公司法》规定，"控股股东是指直接或间接持有上市公司15%以上投票权的股东，或者是上市公司的实际掌控人"。本注释对不同国家控股股东定义以及对我国控股股东的理解主要引用的文章为：徐洪涛：《控股股东诚信义务研究》，载《深圳证券交易所综合研究所第0126号》，2006年3月16日。

普遍认识较为接近，主要原因在于上市公司发展历程较为短暂，资本市场发展不健全，公司治理机制得不到足够的重视。此外，由于我国特殊的制度环境以及产品市场、经理人市场、控制权市场、制度性约束、法律环境等相关机制长期处于不健全的状态，这些也在一定程度上阻碍了上市公司竞争力的提高。各类上市公司竞争力差异不大，其中，具有代表性的国有和民营控股上市公司竞争力略高于其他四类上市公司，与国家长期以来的监管和投资者的关注密不可分。民营控股上市公司竞争力指数略高于国有控股上市公司，主要得益于其公司治理状况相对较好，职工持股会控股上市公司竞争力最差，并且该类上市公司的竞争力指数普遍较低。

表5-1　不同控制性股东上市公司竞争力差异比较

指标	实际控制人类别	样本数	均值	标准差	最小值	最大值	显著性水平
上市公司竞争力指数	国有控股	2517	55.2251	5.80	32.17	70.23	0.13
	民营控股	939	55.2325	5.99	35.20	71.01	
	外资控股	20	53.73	5.78	44.16	63.72	
	集体控股	61	53.58	4.85	40.38	67.95	
	社团控股	29	54.08	7.22	37.34	69.37	
	职工持股会控股	24	53.72	5.14	46.48	65.45	
	合计	3590	55.17	5.84	32.17	71.01	
公司治理竞争力指数	国有控股	2517	51.30	6.95	31.31	67.47	0.00
	民营控股	939	51.76	7.02	34.55	71.05	
	外资控股	20	50.43	6.47	39.57	60.45	
	集体控股	61	49.36	6.90	34.14	62.74	
	社团控股	29	49.61	8.85	31.65	65.36	
	职工持股会控股	24	47.28	6.02	38.52	60.31	
	合计	3590	51.34	6.99	31.31	71.05	
财务实力指数	国有控股	2517	62.15	8.95	23.35	82.99	0.00
	民营控股	939	58.82	10.52	22.54	81.84	
	外资控股	20	59.19	10.66	32.58	72.00	
	集体控股	61	62.29	7.33	33.72	75.96	
	社团控股	29	57.35	10.42	34.32	75.14	
	职工持股会控股	24	62.16	9.37	41.33	75.79	
	合计	3590	61.22	9.50	22.54	82.99	

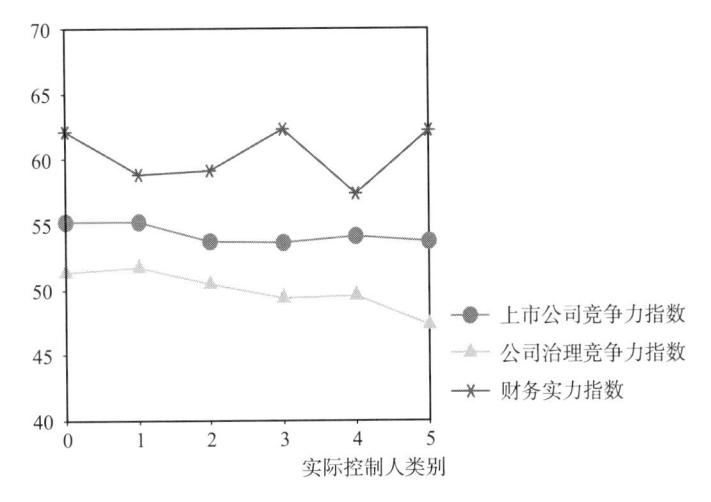

注：图中数字0代表国有控股上市公司，1代表民营控股上市公司，2代表外资控股上市公司，3代表集体控股上市公司，4代表社团控股上市公司，5代表职工持股会控股上市公司。如非特殊说明，本章余下部分图中的数字均为此意。

图 5-1　不同控制性股东上市公司竞争力比较

公司治理竞争力指数方面，各类上市公司之间普遍较低，民营控股上市公司略高于样本平均水平，其他五类上市公司均低于样本平均水平，职工持股会上市公司治理指数以及总体竞争力指数为六类上市公司中最低，职工持股会控股上市公司大多为企业改制后形成的上市公司。职工持股会作为职工股东群体的代理人控制上市公司有其特殊性：首先，这种委托代理关系背后可能会隐含着内部人控制以及大股东利用职工持股会侵害上市公司利益的行为；其次，职工持股会作为代理人，其履行投资决策以及相关事务的能力有限；再次，职工持股会角色存在混乱，表现为职工持股会兼具资方（股东）和劳方（职工）的双重角色，在具体的履职过程中，可能会出现权利不清、职责混乱现象。此外，职工持股会是否具有法律主体地位还存在分歧。这些都是导致职工持股会控股上市公司竞争力、治理竞争力低下的重要原因。

财务实力指数方面，样本上市公司财务实力指数为61.22，明显高于公司治理竞争力指数。六类上市公司相差较大，国有、集体和职工持股会控股上市公司财务实力指数相差不大，高于其他上市公司，可能是这三类上市公司主要脱胎于国有企业，经营环境相对较好所致。而社团控股上市公司财务状况最差。样本期间上市公司之间的财务状况差异较大，财务实力最好的上市公司指数为 82.99，最差的仅为 22.54。此外，各类控股股东控股上市公司内部各上市公司之间财务实力表现的差异远大于公司治理竞争力指数和竞争力指数方面的差异，上市公司之间财务状况更显得良莠不齐。

不同控制性股东上市公司治理竞争力指数及财务实力指数存在显著差异。受较强公司治理竞争力的影响，国有、民营控股上市公司竞争力指数比集体控股上市公司分别高出 1.64 个、1.65 个百分点；民营控股上市公司治理竞争力指数较国有控股上市公司高出 0.46 个百分点，国有控股上市公司治理竞争力指数较集体、职工持股会控股上市公司分别高出 1.95 个、4.02 个百分点，民营控股上市公司较集体、社团和职工持股会控股上市公司分别高出 2.40 个、2.15 个、4.48 个百分点；国有、集体控股上市公司财务实力指数较民营控股上市公司分别高出 3.32 个、3.47 个百分点，如表 5－2 所示。

表 5－2　　　　　　　不同控制性股东上市公司竞争力多重比较

指标	(I) 实际控制人类别	(J) 实际控制人类别	均值差 (I)－(J)	显著性水平
上市公司竞争力指数[a]	国有控股	集体控股	1.64	0.03
	民营控股	集体控股	1.65	0.03
公司治理竞争力指数[a]	国有控股	民营控股	－0.46	0.09
		集体控股	1.95	0.03
		职工持股会控股	4.02	0.00
	民营控股	集体控股	2.40	0.01
		社团控股	2.15	0.10
		职工持股会控股	4.48	0.00
财务实力指数[b]	国有控股	民营控股	3.32	0.00
	民营控股	集体控股	－3.47	0.01

民营控股上市公司治理竞争力指数略高于国有控股的主要原因在于：首先，由于该类上市公司具有相对较为合理的股权结构，而股权结构作为公司治理的基础，影响甚至决定了其他治理要素竞争力；其次，相对于国有控股上市公司，民营控股上市公司治理中的"一股绝对独大"、内部人控制、所有者缺位、目标扭曲、政府过度干预等问题相对较少；再次，严格的上市审批机制客观上要求上市民营企业需具备良好的公司治理水平。财务实力较弱的主要原因在于民营控股上市公司受预算硬约束、融资等资

源限制以及环境不确定性等的约束较大，相对而言公司发展受到更多限制，同时也可能是民营控股上市公司频繁的控制权争夺导致了财务状况的恶化。

国有控股上市公司财务实力较强可能与部分国有控股上市公司处于垄断性行业，受政府的政策性优惠、扶持较多，拥有的社会关系资源丰富有关。社团控股上市公司治理竞争力指数较高而财务实力指数为六类上市公司中最低，职工持股会控股上市公司财务实力指数较高而治理竞争力指数最低。这些都说明了目前我国上市公司更为重视的依然是公司的财务表现，良好的公司治理水平对公司财务绩效的改善作用并不明显。公司治理对上市公司竞争力的贡献普遍不足。此外，本章的研究表明，民营控股上市公司财务业绩差于国有控股上市公司，而治理竞争力指数好于国有控股上市公司，因此国有与私有孰优孰劣并不是一个简单的问题。[①]

上市公司之间财务实力差异较公司治理水平大。尽管长期以来上市公司普遍重视财务指标而且上市公司直接面向投资者，但由于上市公司终极控制人性质不同导致企业面临制度环境的差异以及所处行业竞争状况的不同使得各上市公司之间财务实力差异较大。公司治理竞争力差异相对较小的原因在于：一方面，上市公司治理水平普遍不高；另一方面，近年来外部监管的加强使得上市公司治理结构逐渐趋向"合规"。由于财务评价主要反映过去，公司治理评价面向未来，是对公司潜在实力的评价，好的公司治理能够提升上市公司的价值，带给投资者丰厚的回报（李维安，2005，2006；郝臣，2008），未来上市公司治理水平将成为投资者进行投资的重要参考。上市公司在提高竞争力的过程中不仅需要改善当前的财务业绩，更需要关注决定长期竞争力优势的公司

---

① 认为私有企业的绩效优于国有企业的研究包括博德曼与咏（Boardman and Ving，1989）、孙永祥（2001）、徐晓东和陈小悦（2003）、白重恩等（2006）等。认为国有企业民营化之后变得更有效率的研究有麦金森和内特（Megginson and Netter，2001）、迪扬可夫和穆雷（Djankov and Murrell，2002）、刘小玄和李利英（2005）、宋立刚和姚洋（2005）、胡一帆等（2006）等。麦金森（2005）和埃斯特林等（Estrin et al.，2007）等总结了有关私有化的理论和经验研究成果，黄再胜和张存禄（2006）评价了国有企业私有化动因的研究。而上交所2003年《民营上市公司的经营绩效和治理结构研究》（张俊喜等）发现平均而言民营企业在运营状况、盈利、资本结构和市场评价四大绩效方面的表现都优于非民营企业，2005年的《中国公司治理报告（2005）：民营上市公司治理》研究报告的实证研究则显示2002~2004年我国民营上市公司绩效大大低于非民营上市公司。陈工孟等（Gonmeng Chen, M. Firth and Liping Xu，2008）的研究也认为中央政府下属上市公司经营效率最高，而国有资产管理部门控制上市公司和私人控股上市公司经营效率最差。公有（或国有）和私有的争论是一个长期性的难题。

治理。

从图5-2~图5-7变动趋势来看，2003~2006年上市公司竞争力稳中有升，公司治理竞争力逐步改善，财务实力变化不大。公司竞争力指数方面，国有、民营、集体、职工持股会控股上市公司竞争力指数总体上呈现递增趋势，上市公司竞争力的提升主要得益于公司治理状况的改善。受样本期间资本市场的发展情况以及外部制度性约束的影响，外资控股上市公司竞争力指数波动较大；社团控股上市公司竞争力指数2003~2005年变化不大，2006年有所上升。公司治理竞争力指数方面，国有、民营、集体控股上市公司治理竞争力指数总体上呈上升趋势；社团控股上市公司治理竞争力2003~2005年有所下降，2006年大幅回升；外资控股上市公司2004年后治理竞争力有所下降；职工持股会控股上市公司2004~2006年变化不大，均高于2003年竞争力水平。财务实力指数方面，国有控股上市公司波动较小，2004年、2006年略高于2003年、2005年；民营控股、外资控股上市公司2004年后财务实力出现下滑；集体控股上市公司前三年呈递增趋势，2006年有所下滑；社团控股上市公司财务实力呈现逐年下滑的趋势；职工持股会控股上市公司财务实力指数前三年呈递减趋势，2006年略有回升。

5.1.2 各类控制性股东上市公司竞争力变动比较

表5-3及图5-2显示，受治理竞争力以及财务实力的影响，国有控股上市公司在样本年度内竞争力指数显著改善，2006年竞争力指数较以前各年分别显著提高2.40个、2.08个、1.90个百分点。国有控股上市公司竞争力指数的变化主要受到公司治理竞争力变化的影响，而公司治理状况的变化主要受外部治理环境以及制度性约束的影响，表现最为明显的是股权分置改革以及一系列相关政策的出台，大大提升了国有控股上市公司的治理水平。得益于2005年开始的股权分置改革，使得国有控股上市公司的治理状况明显改善。受股权结构、董事会治理以及股东大会运作明显改善的综合作用的影响，2006年公司治理竞争力指数较以前年份明显提高，分别较2003年、2004年、2005年提高4.42个、4.08个、2.88个百分点。由于国有控股上市公司长期以来形成的经营环境使得国有上市公司财务实力变化相对较为平稳。样本年度内财务实力指数小幅波动，总体呈现上升趋势。受增长能力和偿债能力等下滑的影响，2005年财务实力指

数较2004年有所下降。2005年财务实力显著低于2004年1.05个百分点。但2006年国有控股上市公司增长能力指数、运营能力指数以及盈利能力指数出现回升趋势，2006年较2005年财务实力指数显著增加1.01个百分点。

表5-3　　　　　不同控制性股东上市公司竞争力变动比较

年度	实际控制人类别		上市公司竞争力指数	公司治理竞争力指数	财务实力指数
2003	国有控股（N=621）	均值	54.44	49.75	61.71
		标准差	5.62	6.73	8.98
	民营控股（N=177）	均值	53.68	49.90	59.74
		标准差	6.08	6.70	10.52
	外资控股（N=7）	均值	54.15	51.92	58.02
		标准差	7.61	8.21	11.33
	集体控股（N=21）	均值	53.37	49.06	60.22
		标准差	6.68	8.41	9.30
	社团控股（N=6）	均值	53.53	49.51	59.98
		标准差	10.56	9.56	15.55
	职工持股会控股（N=5）	均值	52.01	42.88	66.77
		标准差	4.62	3.56	8.99
	合计（N=837）	均值	54.22	49.74	61.24
		标准差	5.80	6.79	9.42
2004	国有控股（N=638）	均值	54.76	50.09	62.67
		标准差	5.77	6.84	9.21
	民营控股（N=220）	均值	55.01	50.56	60.31
		标准差	5.87	6.96	9.82
	外资控股（N=6）	均值	55.49	52.86	63.27
		标准差	4.67	5.78	7.30
	集体控股（N=19）	均值	53.70	48.36	62.85
		标准差	3.43	6.14	6.55
	社团控股（N=15）	均值	53.84	48.83	59.19
		标准差	7.48	9.94	8.90
	职工持股会控股（N=5）	均值	52.99	48.78	63.98
		标准差	7.31	7.10	7.73
	合计（N=903）	均值	54.78	50.16	62.05
		标准差	5.78	6.91	9.34

续表

年度	实际控制人类别		上市公司竞争力指数	公司治理竞争力指数	财务实力指数
2005	国有控股 (N=653)	均值	54.94	51.30	61.61
		标准差	5.66	6.55	9.02
	民营控股 (N=238)	均值	55.06	51.82	57.42
		标准差	5.92	6.79	10.87
	外资控股 (N=4)	均值	53.31	48.29	55.91
		标准差	5.46	3.20	16.88
	集体控股 (N=12)	均值	53.11	49.76	65.04
		标准差	5.02	5.72	5.19
	社团控股 (N=4)	均值	53.20	47.09	57.63
		标准差	3.80	2.66	6.37
	职工持股会控股 (N=6)	均值	53.62	48.18	58.23
		标准差	4.84	5.28	10.97
	合计（N=917）	均值	54.92	51.36	60.51
		标准差	5.70	6.58	9.71
2006	国有控股 (N=605)	均值	56.84	54.17	62.62
		标准差	5.85	6.85	8.51
	民营控股 (N=304)	均值	56.43	53.67	58.31
		标准差	5.87	6.97	10.59
	外资控股 (N=3)	均值	49.78	44.98	58.11
		标准差	3.22	4.12	7.52
	集体控股 (N=9)	均值	54.46	51.59	62.31
		标准差	1.49	6.51	5.51
	社团控股 (N=4)	均值	56.64	55.19	46.18
		标准差	3.79	7.59	1.78
	职工持股会控股 (N=8)	均值	55.31	48.41	61.10
		标准差	4.68	6.75	9.49
	合计（N=933）	均值	56.65	53.91	61.12
		标准差	5.82	6.91	9.46

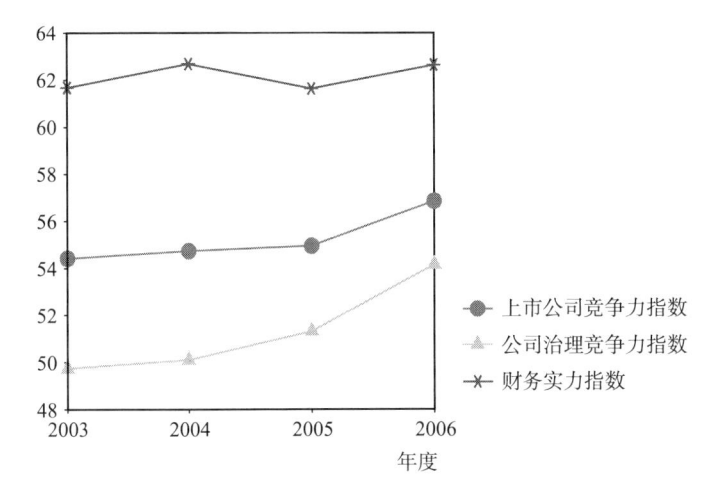

图5-2 国有控股上市公司竞争力变动

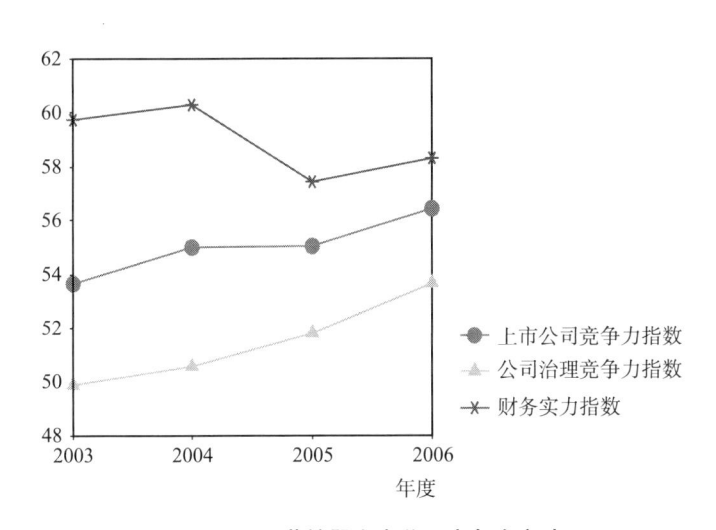

图5-3 民营控股上市公司竞争力变动

民营控股上市公司竞争力呈逐年提高的趋势，2006年较以前各年分别显著提高2.75个、1.42个、1.37个百分点。与国有控股上市公司不同，民营控股上市公司具有较为良好的治理结构，公司治理竞争力指数整体呈上升趋势，各年公司治理竞争力指数具有显著差异，得益于股东大会规范性以及董事会治理状况的明显改善，2006年较以前各年分别明显提高3.77个、3.11个、1.85个百分点。但财务实力整体呈下降趋势，并且各年间波动较大，2005年、2006年增长能力、偿债能力以及运营能力指数较2004年均大幅下滑，2005 年财务实力指数较 2003 年显著下降 2.31 个百分点，而 2006 年较 2004 年也出现了下降，如表 5-3 及图 5-3 所示。其原因一是在于民营控股上市公司发展受经营状况、财务业绩等的制约较大；二是适度集中相互制衡的股权结构导致了上市公司之间频繁的控制权争夺，因而使得财务状况下滑。此外，与国有控股上市公司相比，民营控股上市公司治理竞争力指数和财务实力指数之间的差距相对较小。

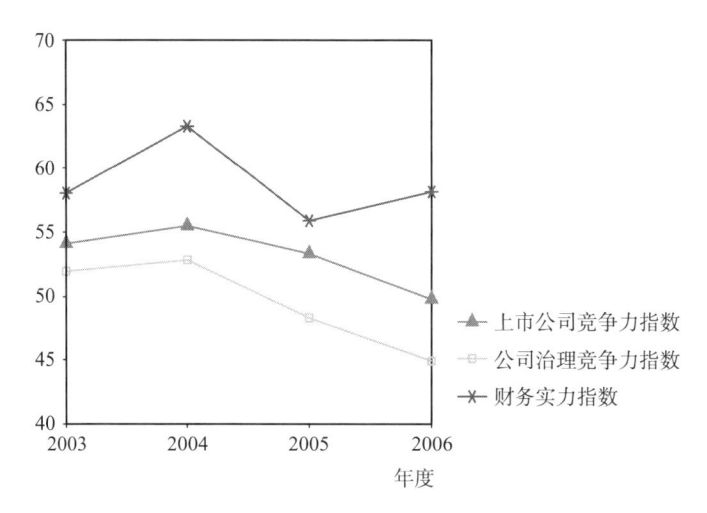

图 5-4　外资控股上市公司竞争力变动

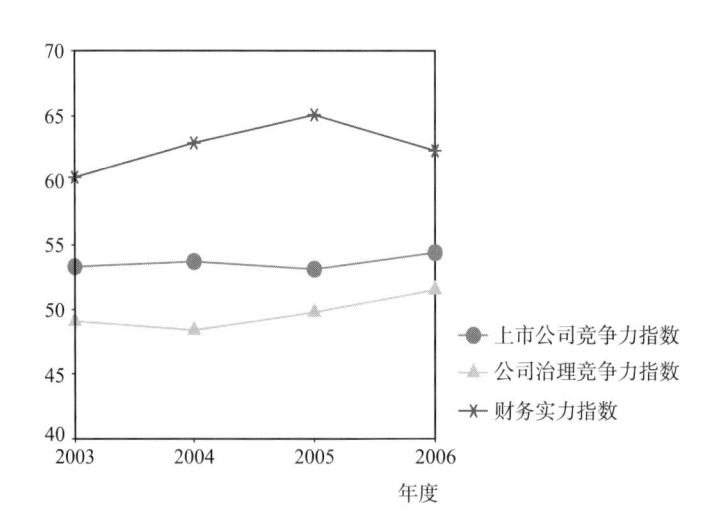

图 5-5　集体控股上市公司竞争力变动

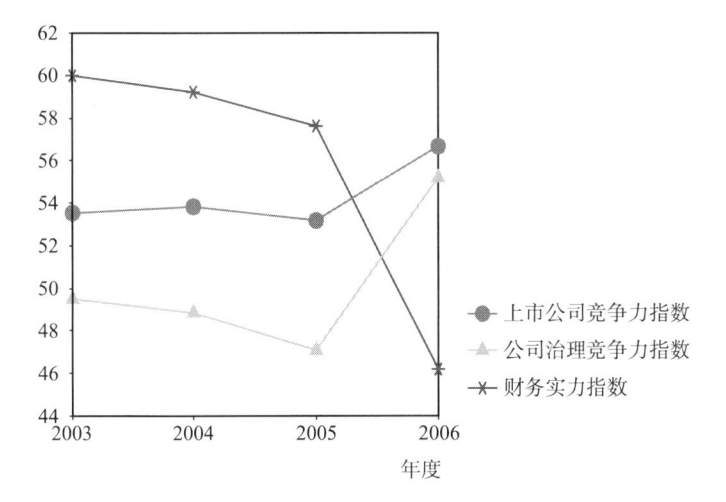

图 5-6　社团控股上市公司竞争力变动

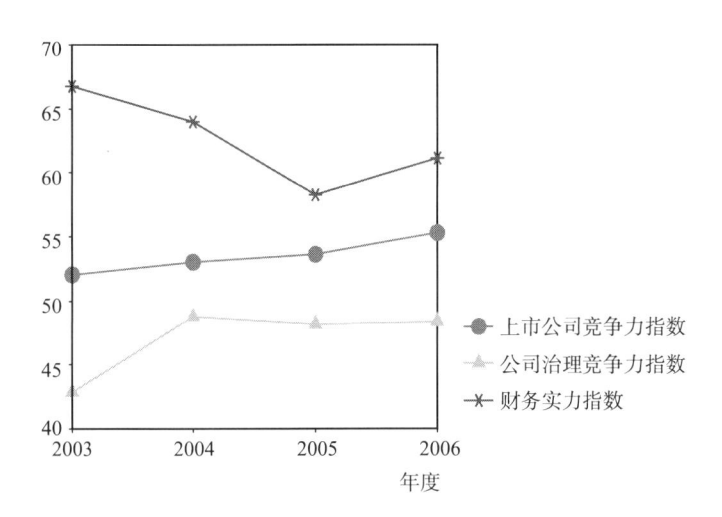

图 5-7　职工持股会控股上市公司竞争力变动

表 5-3 及图 5-4 显示，外资控股上市公司竞争力指数和公司治理竞争力指数四年间总体呈下降趋势。上市公司竞争力指数方面，2004 年最高，2006 年最低；公司治理竞争力指数方面，2005 年、2006 年董事会治理水平的下降；财务实力指数表现出较大的波动，2005 年除盈利能力指数较 2004 年有所上升外，增长能力指数、偿债能力指数以及运营能力指数均大幅下降，2006 年较 2005 年偿债能力指数和运营能力指数又有所提高，表现出波动状态。但受样本数量的限制，结论需要谨慎对待。

表5-2及图5-5显示，集体控股上市公司治理竞争力、财务实力总体上均有所提高，在两者的共同作用下，上市公司竞争力表现出增强的趋势。上市公司竞争力指数方面，2006年达到最高；由于股权结构合理性、股东大会规范性以及监事会治理改善的影响，上市公司治理竞争力指数总体上呈上升趋势；财务实力指数方面，主要受运营能力指数和盈利能力指数较高的影响，上市公司财务实力指数呈现增长趋势，2005年达到最高。与其他控股股东控制的上市公司相比，集体控股上市公司财务实力指数远高于公司治理竞争力指数，一方面，上市公司过于重视当期财务业绩表现，存在短视行为，忽视了改善公司治理状况的重要性；另一方面，经历了市场的优胜劣汰之后得以生存下来的集体企业财务实力相对较强。

社团控股上市公司样本年度内竞争力总体呈现上升趋势，受公司治理水平改善的影响，2006年上市公司竞争力有所提高，但变化并不显著；公司治理竞争力指数方面，由于受董事会和监事会治理改善的影响，2006年上市公司治理竞争力好于以前年份；由于增长能力、偿债能力、运营能力以及盈利能力的综合作用，上市公司财务实力指数四年间呈下降趋势，如表5-2及图5-6所示。由于公司治理竞争力和财务实力均不很理想，提高社团控股上市公司竞争力需要同时兼顾。

表5-2及图5-7显示，职工持股会控股上市公司竞争力指数样本年度内呈上升趋势，但变化并不明显。公司治理竞争力指数2004～2006年变化不大。外部治理环境的改善以及制度约束的增强并没有带来职工持股会控股上市公司治理状况的明显变化。财务实力指数方面，前三年呈下降趋势，受运营能力和盈利能力指数大幅回升的影响，2006年财务实力指数略有回升。与集体控股上市公司类似，职工持股会控股上市公司财务实力指数也远高于公司治理竞争力指数，上市公司过于关注当期的财务表现。

总之，上市公司竞争力指数是公司治理水平、财务实力以及外部治理环境等多种因素共同作用的结果。控股股东性质对上市公司的治理以及管理行为产生着直接的影响。得益于公司治理竞争力相对较强，民营控股上市公司竞争力指数略高于国有控股上市公司，但没有显著差异。由于复杂的关系以及尴尬的法律地位，职工持股会控股上市公司竞争力最差；国有、集体和职工持股会控股上市公司财务实力指数较高；国有、民营、集体、职工持股会控股上市公司治理竞争力以及总体竞争力指数总体上呈现递增趋势。

5.2 不同控制性股东上市公司治理竞争力比较

目前学术界尚没有就控股股东对上市公司治理行为的影响进行系统的分析，本节通过研究中国 2003～2006 年四年间不同控制性股东控股上市公司的治理竞争力发现，控股股东性质对上市公司治理行为的影响不同，因而使得不同类型上市公司治理竞争力存在显著差异。

5.2.1 各类控制性股东上市公司治理竞争力及要素比较

表 5-4 及图 5-8 显示，不同控制性股东上市公司治理竞争力表现各异。民营控股上市公司治理竞争力指数高于样本平均水平，而国有、外资、集体、社团控股以及职工持股会控股上市公司治理竞争力指数低于全部样本平均水平。[1] 在六类上市公司中，民营控股上市公司治理竞争力指数最高，职工持股会控股上市公司治理竞争力指数最低。

民营控股上市公司治理竞争力显著高于国有、集体、社团以及职工持股会控股上市公司（见表 5-5），主要是由于该类上市公司具有较为合理的股权结构，而股权结构作为公司治理的基础，影响甚至决定了其他治理要素竞争力。这与我国政策层面曾主张的"国退民进"相吻合并与 2005 年深交所研究报告结论有一定相似性，[2] 因而本书的研究结论从公司治理视角为国有公司民营化的行为提供了经验支持。

---

[1] 南开大学公司治理评价课题组以 2003 年和 2004 年的数据为样本的研究显示，第一大股东为国有股的上市公司，其平均治理水平略高于全部样本上市公司的治理指数，而第一大股东为民营股的上市公司，其平均治理水平明显低于样本上市公司的平均治理水平。以 2006 年 1249 家上市公司为样本的研究发现国有控股上市公司治理指数（56.58）高于平均水平（56.08），而民营控股上市公司治理指数（54.70）明显低于平均水平。该课题组最新的以 2007 年 1162 家上市公司为样本的研究发现类似的结论：国有控股上市公司治理指数最高（57.35），民营控股（55.83）低于样本平均水平（56.85）。我们分析与课题组结论不同的原因可能在于我们采用的是 2003～2006 年的大样本面板数据并且竞争力指数中包括了股权结构这一因素，而南开指数中并未包含这一项。三篇文章分别发表于《管理世界》2006 年第 3 期，第 104～113 页；《管理世界》2007 年第 5 期，第 104～114 页；《管理世界》2008 年第 1 期，第 145～151 页。

[2] 深交所孔翔和陈炜在《中国上市公司应该选择什么样的股权结构》一文中从财务绩效的角度指出竞争型领域民营控股哑变量与公司经营业绩呈现正向关系。

表 5-4　不同控制性股东上市公司治理竞争力差异比较

指标	实际控制人类别	样本数	均值	标准差	最小值	最大值	显著性水平
公司治理竞争力指数	国有控股	2517	51.30	6.95	31.31	67.47	0.00
	民营控股	939	51.76	7.02	34.55	71.05	
	外资控股	20	50.43	6.47	39.57	60.45	
	集体控股	61	49.36	6.90	34.14	62.74	
	社团控股	29	49.61	8.85	31.65	65.36	
	职工持股会控股	24	47.28	6.02	38.52	60.31	
	合计	3590	51.34	6.99	31.31	71.05	
股权结构合理性	国有控股	2517	50.60	26.76	18.82	98.09	0.00
	民营控股	939	70.28	23.60	19.86	98.31	
	外资控股	20	64.58	28.09	23.18	91.67	
	集体控股	61	52.11	25.43	21.72	94.15	
	社团控股	29	70.19	24.02	24.29	98.28	
	职工持股会控股	24	48.82	26.31	21.23	85.12	
	合计	3590	56.00	27.35	18.82	98.31	
股东大会规范性	国有控股	2517	38.12	10.18	11.88	88.77	0.00
	民营控股	939	39.16	11.50	10.58	91.41	
	外资控股	20	38.87	11.65	23.85	59.70	
	集体控股	61	38.93	11.88	16.41	80.06	
	社团控股	29	34.40	10.97	16.33	59.70	
	职工持股会控股	24	29.82	8.80	13.00	53.59	
	合计	3590	38.33	10.61	10.58	91.41	
董事会治理竞争力	国有控股	2517	51.99	13.01	27.78	75.48	0.12
	民营控股	939	51.43	13.58	28.00	87.75	
	外资控股	20	48.49	11.75	32.42	65.85	
	集体控股	61	49.43	13.15	30.14	74.41	
	社团控股	29	49.26	14.82	29.66	73.77	
	职工持股会控股	24	46.92	14.10	32.42	74.72	
	合计	3590	51.72	13.19	27.78	87.75	
监事会治理竞争力	国有控股	2517	49.95	7.64	19.81	92.87	0.00
	民营控股	939	49.76	7.97	24.57	86.35	
	外资控股	20	51.72	5.34	40.80	58.98	
	集体控股	61	46.32	8.13	25.75	60.90	
	社团控股	29	48.71	8.45	30.30	60.90	
	职工持股会控股	24	47.40	7.62	30.30	57.10	
	合计	3590	49.82	7.75	19.81	92.87	

第5章 不同控制性股东上市公司竞争力比较

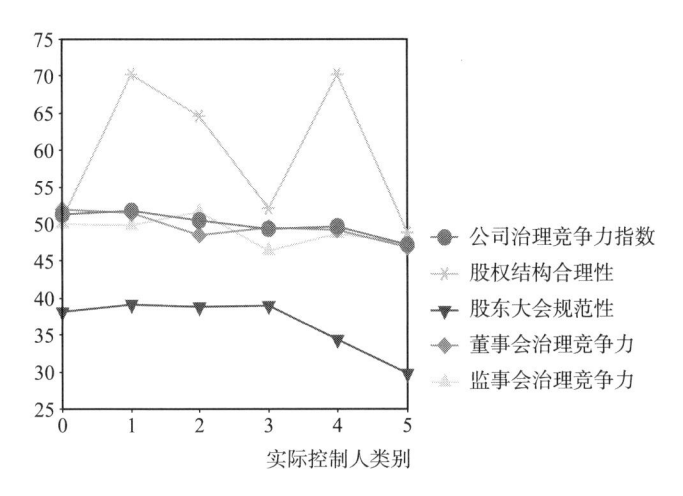

图 5-8 不同控制性股东上市公司治理竞争力比较

表 5-5 不同控制性股东上市公司治理竞争力差异多重比较

指标	(I) 实际控制人类别	(J) 实际控制人类别	均值差 (I)-(J)	显著性水平
公司治理 竞争力指数[a]	国有控股	民营控股	-0.46	0.09
		集体控股	1.95	0.03
		职工持股会控股	4.02	0.00
	民营控股	集体控股	2.40	0.01
		社团控股	2.15	0.10
		职工持股会控股	4.48	0.00
股权结构 合理性[a]	国有控股	民营控股	-19.68	0.00
		社团控股	-19.59	0.00
	民营控股	集体控股	18.17	0.00
		职工持股会控股	21.45	0.01
	集体控股	社团控股	-18.09	0.03
	社团控股	职工持股会控股	21.37	0.05
股东大会 规范性[b]	国有控股	职工持股会控股	8.31	0.00
	民营控股	职工持股会控股	9.34	0.00
	集体控股	职工持股会控股	9.12	0.00
董事会治理 竞争力[a]	国有控股	职工持股会控股	5.07	0.06
	民营控股	职工持股会控股	4.51	0.10
监事会治理 竞争力[a]	国有控股	集体控股	3.63	0.00
	民营控股	集体控股	3.45	0.00
	外资控股	集体控股	5.41	0.01
		职工持股会控股	4.32	0.06

表5-6各年变动数据显示：国有、民营及外资控股上市公司治理竞争力指数总体呈上升趋势，与赵莹等（2007）的众多研究一致；外资、集体、社团以及职工持股会控股上市公司治理竞争力指数在上升过程中呈现小幅波动；集体控股上市公司2004年治理竞争力下降，而社团以及职工持股会控股上市公司治理竞争力指数2005年出现下滑。图5-9～图5-14描述了不同控股股东控制的上市公司治理竞争力及各要素指数的变化情况。制度约束对于上市公司治理结构的完善扮演着重要的角色，实证数据表明，由于股权分置改革，上市公司股权结构逐步走向理论上的合理，民营、外资以及社团控股三类上市公司的股权结构合理性高于股东大会、董事会以及监事会的治理状况。

表5-6　　不同控制性股东上市公司治理竞争力总体变动

年度	实际控制人类别		公司治理竞争力指数	股权结构合理性	股东大会规范性	董事会治理竞争力	监事会治理竞争力
2003	国有控股（N=621）	均值	49.75	49.19	37.11	49.35	49.43
		标准差	6.73	26.70	9.79	12.62	7.39
	民营控股（N=177）	均值	49.90	71.31	37.17	48.27	49.25
		标准差	6.70	23.63	10.38	12.85	8.63
	外资控股（N=7）	均值	51.92	59.65	38.03	52.37	50.38
		标准差	8.21	31.85	10.51	13.91	5.92
	集体控股（N=21）	均值	49.06	50.02	37.28	49.31	45.92
		标准差	8.41	27.68	12.39	14.84	8.49
	社团控股（N=6）	均值	49.51	67.00	38.33	43.31	54.25
		标准差	9.56	27.19	14.65	15.57	5.82
	职工持股控股（N=5）	均值	42.88	47.74	27.35	40.52	42.92
		标准差	3.56	27.40	7.48	4.69	8.05
	合计（N=837）	均值	49.74	54.10	37.09	49.05	49.31
		标准差	6.79	27.61	10.02	12.73	7.71
2004	国有控股（N=638）	均值	50.09	49.85	36.52	50.98	48.70
		标准差	6.84	26.80	9.80	12.70	8.49
	民营控股（N=220）	均值	50.56	71.45	38.78	49.97	48.81
		标准差	6.96	23.14	11.54	13.08	8.54
	外资控股（N=6）	均值	52.86	73.97	46.28	50.35	53.90
		标准差	5.78	24.42	13.22	11.28	5.26

续表

年度	实际控制人类别		公司治理竞争力指数	股权结构合理性	股东大会规范性	董事会治理竞争力	监事会治理竞争力
2004	集体控股（N=19）	均值	48.36	49.41	36.21	49.11	44.78
		标准差	6.14	24.75	9.63	11.95	8.54
	社团控股（N=15）	均值	48.83	75.92	34.27	50.47	45.10
		标准差	9.94	22.04	10.31	14.31	8.90
	职工持股会控股（N=5）	均值	48.78	46.29	28.15	47.40	50.72
		标准差	7.10	28.73	5.39	15.89	7.14
	合计（N=903）	均值	50.16	55.68	37.05	50.66	48.63
		标准差	6.91	27.55	10.33	12.79	8.51
2005	国有控股（N=653）	均值	51.30	51.00	37.26	51.74	50.87
		标准差	6.55	26.83	9.93	12.80	7.20
	民营控股（N=238）	均值	51.82	70.79	37.81	50.72	51.28
		标准差	6.79	23.22	11.29	13.01	7.22
	外资控股（N=4）	均值	48.29	59.78	28.56	45.60	52.36
		标准差	3.20	29.24	3.29	10.44	3.86
	集体控股（N=12）	均值	49.76	51.82	39.77	49.80	46.88
		标准差	5.72	25.09	9.98	11.92	5.70
	社团控股（N=4）	均值	47.09	63.28	29.54	45.14	49.26
		标准差	2.66	28.43	10.23	13.36	6.02
	职工持股会控股（N=6）	均值	48.18	42.55	32.30	46.87	47.18
		标准差	5.28	26.48	11.28	14.96	7.46
	合计（N=917）	均值	51.36	56.18	37.33	51.36	50.90
		标准差	6.58	27.30	10.31	12.84	7.19
2006	国有控股（N=605）	均值	54.17	52.42	41.79	56.03	50.79
		标准差	6.85	26.67	10.37	13.04	7.17
	民营控股（N=304）	均值	53.67	68.44	41.64	54.87	49.56
		标准差	6.97	24.21	11.88	14.13	7.58
	外资控股（N=3）	均值	44.98	63.69	39.75	39.59	49.63
		标准差	4.12	35.80	11.18	7.22	6.76
	集体控股（N=9）	均值	51.59	63.04	47.42	49.90	49.73
		标准差	6.51	22.95	14.92	15.10	9.37
	社团控股（N=4）	均值	55.19	60.43	33.82	57.73	53.40
		标准差	7.59	26.46	10.12	17.76	6.88
	职工持股会控股（N=8）	均值	48.41	55.79	30.55	50.65	48.28
		标准差	6.75	27.90	10.14	17.06	7.85
	合计（N=933）	均值	53.91	57.84	41.66	55.50	50.36
		标准差	6.91	26.89	10.98	13.49	7.34

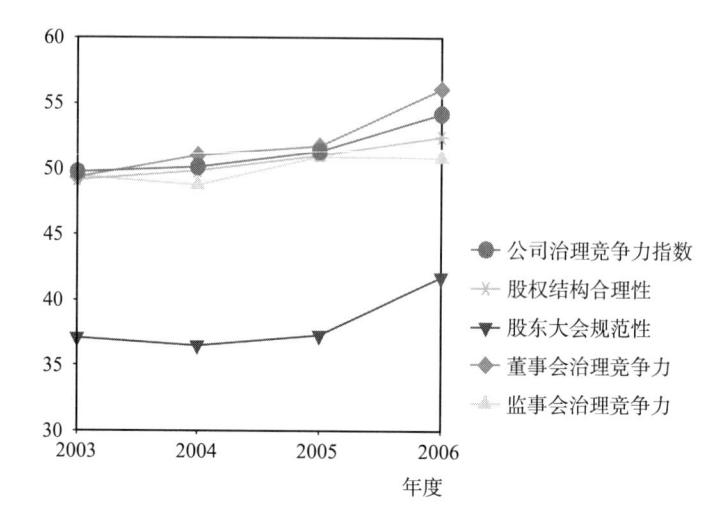

图 5-9　国有控股上市公司治理竞争力变动

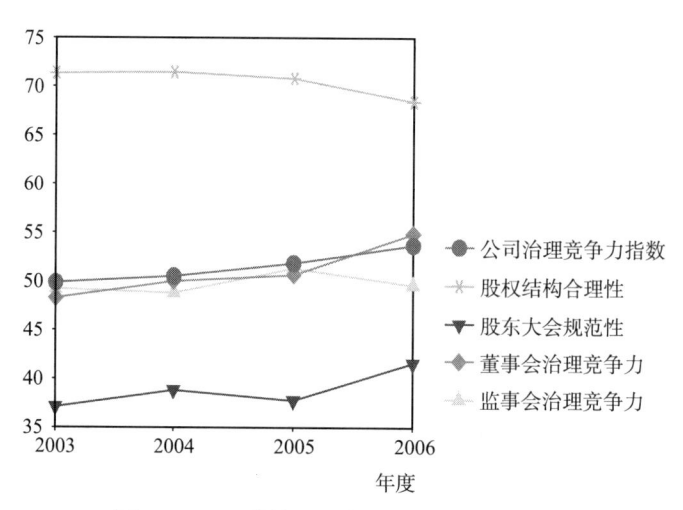

图 5-10　民营控股上市公司治理竞争力变动

由于法律、制度约束①以及上市公司自身基于提升公司治理竞争力的

---

① 针对国有控股上市公司股权分置改革问题，2005年6月17日，国资委发布《关于国有控股上市公司股权分置改革的指导意见》，要求国有股股东研究确定在所控股上市公司中的最低持股比例。2005年9月8日，国资委发布《关于上市公司股权分置改革中国有股权管理有关问题的通知》，9月17日，国资委发布《关于上市公司股权分置改革中国有股股权管理审核程序有关事项的通知》为国有上市公司股改扫除了最后的政策阻碍。由于股权分置改革，非流通股转为流通股在一定程度上解决了国有股的痼疾，国有控股上市公司经历这次改革的洗礼后，公司治理水平有了明显的提高。

自发性要求，国有控股上市公司治理竞争力有显著提高，尤其是制度约束的效果更加明显。表5-7及图5-9显示，国有控股上市公司治理竞争力指数自2003年逐年提高，尤其是2006年与以往各年相比公司治理竞争力有显著改善，较2003年、2004年及2005年分别提高了4.42个、4.08个、2.88个百分点。2006年除监事会治理要素外，受到外部治理环境因

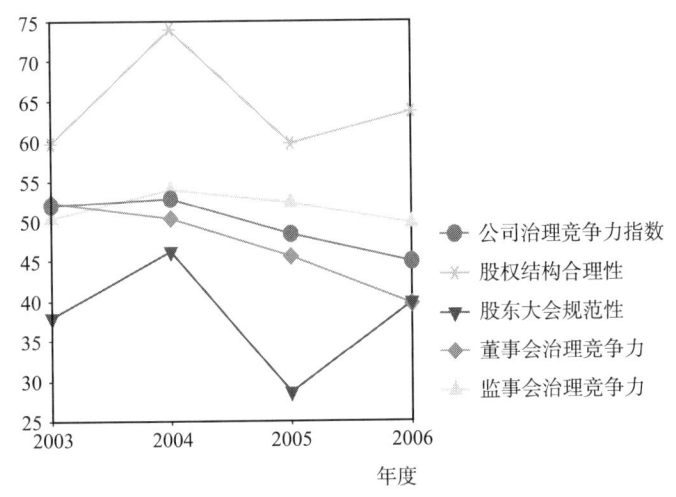

图5-11 外资控股上市公司治理竞争力变动

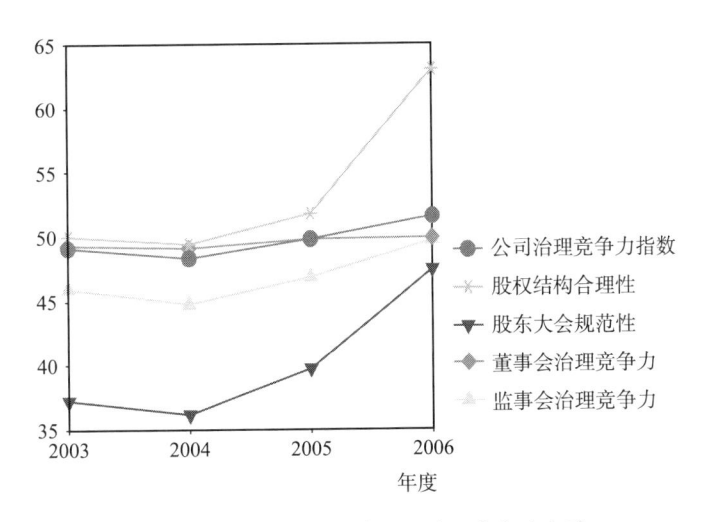

图5-12 集体控股上市公司治理竞争力变动

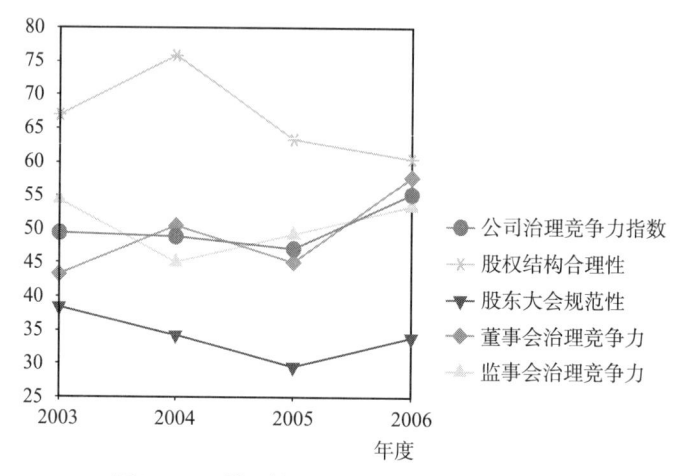

图 5-13　社团控股上市公司治理竞争力变动

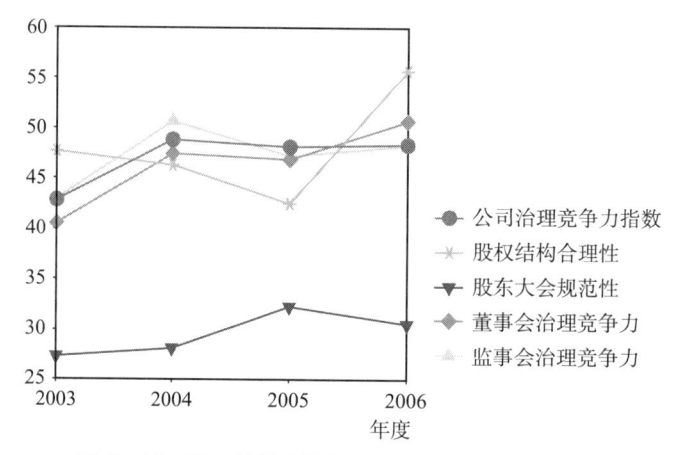

图 5-14　职工持股会控股上市公司治理竞争力变动

素的影响其他三个治理要素竞争力均明显提高，股权集中度的降低和股权制衡度的提高使得股权结构更为合理，股东大会规范性的改善主要得益于股东大会会议次数的增加，而董事会治理竞争力的提高主要受董事会运作更加规范的影响。各治理要素竞争力方面，股权分置改革对优化国有控股上市公司股权结构产生很大影响，"一股独大"的股权结构逐步得以改善，上市公司股权集中度逐步降低，而股权制衡程度逐步增强，国有控股上市公司的股权结构逐步趋向合理。2006 年较 2003 年及 2004 年相比分别提高了 3.22 个和 2.57 个百分点。由于参会比例低，国有控股上市公司股东大会规范性在四个要素指数中表现最差，尽管 2006 年中国证监会颁布《上市公司股东大会规则》① 使得 2006 年股东大会运作较以往各年均有显著的改善,但股东大会由大股东控制甚至变成大股东会的局面仍然难以发生实质性改变。国有控股上市公司董事会治理竞争力在各要素指数中表现最好,2006 年与 2003 年、2004 年、2005 年相比分别提高了 6.68 个、5.05 个、4.29 个百分点,并且董事会治理指数高于其他几类上市公司(2006 年略低于社团控股,但差异并不显著),表明国有控股上市公司更加重视董事会制度的建设,董事会合规性较好。监事会治理状况相对较差,除好于股东大会规范性之外,均低于其他要素指数。由于新《公司法》对监事会职能的强化,监事会治理状况有显著改善。但由于强化职能的同时,没有给予监事会履行职能充分的保障,国有控股上市公司监事会治理状况难以有效改善,但强化公司治理中的监督职能,对处于转型时期的国有上市公司尤为重要。②

表5-7　国有以及民营控股上市公司治理竞争力变动的显著性比较

控股股东	指标	(I)年度	(J)年度	均值差(I)-(J)	显著性水平
国有控股上市公司	公司治理竞争力指数[a]	2006	2003	4.42	0.00
			2004	4.08	0.00
			2005	2.88	0.00
	股权结构合理性[a]	2006	2003	3.23	0.03
			2004	2.57	0.09
	股东大会规范性[a]	2006	2003	4.67	0.00
			2004	5.26	0.00
			2005	4.53	0.00
	董事会治理竞争力[a]	2006	2003	6.68	0.00
			2004	5.05	0.00
			2005	4.29	0.00
	监事会治理竞争力[b]	2005	2003	1.45	0.00
			2004	2.17	0.00
		2006	2003	1.36	0.01
			2004	2.08	0.00

---

① 中国证监会 2006 年 3 月 16 日发布的《上市公司股东大会规则》对股东大会的召集、股东大会提案与通知、股东大会的召开、股东大会监管措施等均给予了明确的规定。

② 郑海航(2008)教授认为,国有企业监事会制度在监管国有企业、确保国有资产保值增值方面发挥了巨大作用,取得了重大效果,国有企业监事会在国有资产监管体制中现在和将来仍然会发挥重要作用,而且随着监事会制度的完善,国有企业监事会制度在监管国有企业确保国有资产保值增值方面所起的作用在相当长的时期内将是不可替代的。文章见郑海航:《内外主体平衡论——国有独资公司治理理论探讨》,载《中国工业经济》2008 年第 7 期,第 5~15 页。

续表

控股股东	指标	(I) 年度	(J) 年度	均值差 (I) - (J)	显著性水平
民营控股上市公司	公司治理竞争力指数[a]	2006	2003	3.77	0.00
			2004	3.11	0.00
			2005	1.85	0.00
	股东大会规范性[a]	2006	2003	4.47	0.00
			2004	2.86	0.00
			2005	3.82	0.00
	董事会治理竞争力[b]	2006	2003	6.60	0.00
			2004	4.90	0.00
			2005	4.15	0.00
	监事会治理竞争力[b]	2005	2003	2.03	0.07
			2004	2.46	0.01
		2006	2005	-1.72	0.04

民营控股上市公司治理竞争力自 2003 年逐年提高，但各年提高幅度不大，民营上市公司受外部监管的影响较小，治理竞争力的提高更多的是自发性要求。2006 年上市公司治理情况明显好于以前年份，指数较 2003 年、2004 年、2005 年分别提高了 3.77 个、3.11 个、1.85 个百分点。由于民营控股股东多为自然人或者控制性家族，公司的发展受资本等因素的影响需要在证券市场获得投资者的资金，因而股权相对较为分散，股权制衡状况也较好。民营控股上市公司股权结构总体上好于其他要素指数，也好于其他五类上市公司，这可能与民营上市公司出于融资等的需要，在股权分布上比较分散有关。2005 年股权分置改革的实施使得民营上市公司股权集中度有所降低，但由于股权制衡程度不升反降，上市公司的股权结构合理性下降。受出席会议比率低的影响民营控股上市公司股东大会规范性在四个要素指数中表现最差，《上市公司股东大会规则》等的颁布实施使得 2006 年股东大会规范性较以往各年均有显著的改善，较以往各年有显著提高（见表 5-7 及图 5-10），但股东大会由大股东或者控制性家族控制甚至变成大股东会的局面同样仍然难以改变。新《公司法》、新《证券法》的颁布实施以及自身董事会建设的影响使得董事会运作状况有极大好转，董事会治理竞争力呈逐年上升的趋势，尤其 2006 年董事会治理状况有显著改善。监事会治理竞争力略高于股东大会规范性。外部监管的短暂效应体现在 2005 年由于新《公司法》对监事会监督职能的强化，监事会治

理状况有显著改善，2005年出现好转，但2006年又有所下降。监事激励的问题没有解决，民营控股上市公司监事会治理状况难以有效改善。

外资控股上市公司治理竞争力指数表现出与其他五类上市公司不同的特征，即在2004年上升之后直线下降（见表5-6及图5-11），一方面，样本数量的限制在一定程度上影响了结论；另一方面，可能是股权分置改革的进行以及国家有关部门颁布的一些政策性规定所致；此外，安然、世通等世界巨人的倒塌，使得国际上加强了对上市公司风险的控制，尤以萨班斯法案为代表，该类上市公司受到这些监管措施的影响更为直接。受到发达国家上市公司治理经验的影响以及股权的内生性因素，外资控股上市公司股权结构状况好于其他治理要素；受有关部门对外资管理规定的影响，该类上市公司股东大会规范性在2005年经历短暂下滑后2006年出现回升；[①] 有别于国有、民营、集体以及社团控股上市公司，外资控股上市公司董事会治理竞争力较低，主要是由于该类上市公司的重大问题决策受制于东道国，外资企业更多的是履行东道国的决策，因而导致了其董事会治理竞争力的低下，董事会运作的弱化以及董事会独立性的下降使得董事会治理竞争力自2003年呈直线下降趋势；但该类上市公司更加重视内部监控机制的建设，其监事会治理好于股东大会和董事会，并且监事会治理在六类上市公司中表现最好。

集体控股上市公司多由集体企业改制而来，与国有上市公司治理结构存在诸多相似之处，其治理竞争力低于除职工持股会控股上市公司外的其他四类上市公司。近年来随着产权的进一步明晰、公司治理结构的逐步完善，该类上市公司治理竞争力、股权结构状况、股东大会规范性以及监事会治理状况均呈现转好趋势。但董事会治理状况停滞不前，该类上市公司在董事会建设过程中需要克服可能存在的"天花板"现象。样本公司在2003～2006年内公司治理竞争力总指数总体呈上升趋势，在2004年出现"拐点"后开始逐年提高，其中由于股权制衡状况的好转使得股权结构表现好于其他三个治理要素。股权分置改革对集体控股上市公司治理竞争力也表现出促进作用。各治理要素方面，股权结构合理性表现最好，尽管如此，该类上市公司的股权结构除略好于国有控股外与其他四类上市公司相比差距明显，主要受集体控股上市公司发展经历的影响其股权制衡度较差。股权结构状况在2004年出现波动后开始好转，受股权制衡状况明显

---

① 如2005年《关于上市公司股权分置改革涉及外资管理有关问题的通知》，《外国投资者对上市公司战略投资管理办法》，2006年《关于外国投资者并购境内企业的规定》等。

改善（见表5-6及图5-12）的影响，2006年较2005年指数明显提高，幅度达11.22个百分点。股东大会规范性在2004年出现短暂下滑后，股东大会会议次数的明显增加（见表5-6）。样本期间集体控股上市公司董事会治理状况未发生明显变化。受外部监管的影响，监事会规模、监事激励以及监事会运作的改善使得监事会治理状况自2005年起开始略有好转。

受股权结构状况、股东大会规范性以及董事会治理的影响，社团控股上市公司治理竞争力2005年出现较大波动，较2004年下降（见表5-6及图5-13），2006年在股东大会规范性、董事会、监事会治理改善的影响下又大幅回升，较2005年提高了8.1个百分点（见表5-6）。各治理要素竞争力方面，股权结构状况在各治理要素中表现最好，股权制衡合理性程度较高是主要原因；同其他类型上市公司类似，股东大会规范性依然表现最差，2006年较2005年转好的重要原因是国家相关法律、政策、规章等的颁布实施，而流通股比例的大幅增加所导致的股东大会会议出席率的下降是股东大会规范性下降的重要原因。董事会运作的改善使得该类上市公司董事会治理状况有显著改善，2006年表现最好；受监事会运作改善的影响，监事会治理状况2004年后有所好转，2006年较以前年份有一定改善，但监事会作为监督主体的重要地位并没有充分显现。

职工持股会控股上市公司股份主要集中在公司职工手中，因而公司职工既是公司的所有者又是公司利益的主要实现者，这种所有权和控制权一定程度上的对称并没有使该类上市公司表现出较高的公司治理水平，相反，大部分治理要素在六类上市公司中表现最差，原因可能是股东并不具备充分的行使股权的能力或者无法寻找到合适的股权代理人代替其行使权力。法律地位的不明确，使得我国职工持股会控股上市公司没有形成良好的治理状况。该类上市公司治理竞争力指数及各治理要素竞争力指数在2003～2006年呈现波动上升的局面（见表5-6及图5-14）。股权结构、董事会治理以及监事会治理竞争力相近，均表现较差，股权结构合理性更是在六类上市公司中最差，尽管前五大股东持股比例之和尚不足50%，不属于适度集中的范围，但控股股东处于控股地位导致股权制衡度的降低是导致股权结构合理性较差的主要原因。得益于外部监管的加强，股东大会规范性2005年和2006年较前两年有所改善。董事会治理竞争力2006年明显好转，但治理水平依然较低。监事会治理状况好于董事会治理以及股东大会规范性，主要由于监事会运作状况要好于另外"两会"的运作，但监事会激励水平的降低以及监事会会议次数的减少，导致监事会治理竞争力的下降（见表 5-6），监事会治理状况并未因外部监管的加强得以扭转。

总之，控股股东性质对上市公司治理竞争力产生着不同的影响。民营控股上市公司治理竞争力指数最高，职工持股会控股上市公司治理竞争力指数最低。就治理竞争力变动而言，国有和民营控股上市公司，竞争力均有不同程度的提升。要素指数方面，民营控股上市公司具有相对合理的股权结构且股东大会规范性较好；职工持股会控股上市公司股权集中度相对较低，但第一大股东的超强控制力，使得股权制衡状况较差，因而该类上市公司股权结构相对较差，并且该类上市公司股东大会规范性程度以及董事会治理竞争力较低；国有控股上市公司董事会治理状况较好，而外资控股监事会运作水平相对较高。

5.2.2 不同控制性股东上市公司股权结构及要素比较

已有的经验证据表明，股权结构与公司绩效之间的关系受制于大股东的股权性质或股权持有者的身份（Denis and McConnell，2003），然而现有的关注股权结构与公司绩效关系的研究更多的是将控制性股东的性质作为控制变量或者研究股东类型[1]与公司绩效之间的关系[2]，少有直接研究不同控制性股东性质下股权结构特征的比较。本节重点关注不同控制性股东性质与股权结构的关系。本节通过实证分析，探讨了六类控股股东上市公司股权集中度、股权制衡度以及股权构成状况的特征及其差异，进而为分析上市公司治理竞争力与控股股东类型关系提供依据，同时对现有股权结构研究文献给予修正和补充。

1. 股权结构合理性标准及其总体变动比较。

上市公司股权制衡度直接关系到股权结构的质量，多个大股东之间的相互牵制有助于约束控制性大股东的"掘隧"、"掏空"行为，适度集中、相互制衡的股权结构有助于提高公司治理的效率，同时多个大股东形成的股权制衡状态的出现是对法制保护不足的替代（La Porta et al.，1999），尤其是在我国目前外部法律制度、治理机制尚不健全的状态下，上市公司

---

[1] 通常从国家股、法人股、流通股或者国有股、非国有股等角度予以界定。
[2] 如施莱弗和维施尼（Shleifer and Vishny，1986）；法乔和朗（Faccio and Lang，2000）；迪扬可夫和穆雷（Djankov and Murrell，2002）；孙和童（Sun and Tong，2003）；刘芍佳等（2003）；魏等（Wei et al.，2005）；徐莉萍等（2006）；王鹏、秦宛顺（2006）；王化成等（2007）；田利辉和埃斯特林（Lihui Tian and Saul Estrin，2008）等。

内部形成相互制衡的股权结构理论上应能够对大股东行为真正产生制约的力量（张光荣和曾勇，2006），有助于公司治理竞争力的提升。尽管我国公司治理实践中不乏有些上市公司虽然形成了相互制衡的股权结构，但并未表现出良好的财务业绩，[①] 部分学者的研究似乎"股权集中度与企业价值（绩效）正相关"[②]，但由于国有股的一股独大以及所有者的缺位，使得国有股具有较高的负面治理功能（谢军，2006；李亚静等，2006），[③] 大股东的掏空对中小股东利益的侵害也是比较普遍的[④]。因而本节认为，由于大股东的长期博弈与联盟意识的形成因而有助于公司治理竞争力的改善，[⑤] 适度集中[⑥]并且相互制衡的股权结构[⑦]是合理股权结构的标准。

表5-8以及图5-15的样本数据表明，各类控股股东控制的上市公司形成了较为适度集中的股权结构，股权集中度较好与近年来持续进行的

[①] 孔翔、陈炜：《中国上市公司应该选择什么样的股权结构——上市公司股权结构与经营绩效关系研究》，载《深圳证券交易所综合研究所报告第0116号》，2005年10月13日。和朱红军、汪辉：《股权制衡可以改善公司治理吗?》，载《管理世界》2004年第10期。刘星和刘伟（2007）认为股权制衡能否发挥作用，其核心取决于大股东之间相互博弈后究竟倾向于监督抑或共谋。朱滔（2008）认为股权制衡的作用取决于控制股东的最终所有权状态，在现金流权和控制权高度分离的公司中，股权制衡能起到约束大股东剥削行为的作用，但在分离程度较低的公司中，股权制衡却会降低公司绩效。由此可见，股权制衡作用的发挥受诸多因素的影响。

[②] 如于东智（2001）；苏武康（2003）；徐炜等（2006）；徐莉萍等（2006）等。

[③] 国有股对公司绩效负面影响的研究还包括古纳塞卡拉里等（Gunasekarage et al.，2007），白等（Bai et al.，2000），博德曼和维宁（Boardman and Vining，1989），霍维和诺顿（Hovey and Naughton，2007），霍维（Hovey，2005），孙和童（Sun and Tong，2003），魏和瓦雷拉（Wei and Varela，2003）等。

[④] 施莱弗和维施尼（1997）认为，当大股东股权比例超过某一点、基本上能够充分控制公司决策时，大股东可能更倾向获取外部少数股东不能分享的私人利益。拉波塔等（La Porta et al.，1998）认为在大公司中，核心的代理问题在于如何限制控制性股东对中小股东利益的侵占。因此公司治理的核心在于保护外部投资者，特别是小股东的利益。

[⑤] 古纳塞卡拉里等（Gunasekarage et al.，2007）以2000~2004年中国1034家上市公司为样本的研究发现国有股对公司业绩有负面的影响，而且这种负面影响只在国有股比例较高时（高于36%）表现出显著性，作者发现一个平衡的股权结构对公司绩效是有益的。Gunasekarage, Hess, Hu, The Influence of the Degree of State Ownership and the Ownership Concentration on the Performance of Listed Chinese Companies. *Research in International Business and Finance*, 2007, 21 (3), pp. 379-395. 古铁雷斯和庞博（Gutierrez and Pombo，2008）对哥伦比亚1996~2004年233家公司的研究也发现在大股东之间形成分散一种较为平等的股权分布对公司价值产生正面的影响。Gutierrez, Pombo, Corporate Ownership and Contestability in Emerging Markets: The Case of Colombia. *Journal of Economics and Business*. jeconbus, 2008, 01, 002, pp. 1-28.

[⑥] 格罗斯曼和哈特（Grossman and Hart，1980）的研究表明，所有权的适当集中有利于企业价值的提升，因为大股东有足够的能力和动力去收集信息并监督管理层，甚至亲自参与经营管理，从而能够避免在股权分散情况下的"搭便车"问题，缓解外部股东与管理层之间的信息不对称。宋力和韩亮亮（2005）认为所有权的适当集中有助于降低代理成本；黄志忠（2006）认为所有权的适度集中有助于减少侵占资源的可能性。

[⑦] 中国证监会与国家经贸委2002年发布的《上市公司治理准则》第十五条规定，控股股东对拟上市公司改制重组时应遵循先改制、后上市的原则，并注重建立合理制衡的股权结构。

股权分置改革有关，但股权制衡度状况相对较差，这表明我国上市公司依然存在大股东控制的现象。由于股权集中度和股权制衡度的不同，不同控制性股东上市公司股权结构存在显著差异。由控股股东类型引致的所有权性质偏好是股权集中度和股权制衡度的一个决定因素，[1] 而且不同的所有权性质会影响到股东间的监督或者共谋决策，进而影响到股权制衡的效果。[2]

表 5-8　　　　不同控制性股东上市公司股权结构合理性

指标	实际控制人类别	样本数	均值	标准差	显著性水平
股权结构合理性	国有控股	2517	50.60	26.76	0.00
	民营控股	939	70.28	23.60	
	外资控股	20	64.58	28.09	
	集体控股	61	52.11	25.43	
	社团控股	29	70.19	24.02	
	职工持股会控股	24	48.82	26.31	
	合计	3590	56.00	27.35	
股权集中合理性	国有控股	2517	69.69	19.59	0.00
	民营控股	939	76.05	16.44	
	外资控股	20	70.10	16.07	
	集体控股	61	72.30	16.68	
	社团控股	29	73.82	20.02	
	职工持股会控股	24	71.21	20.40	
	合计	3590	71.44	18.96	
股权制衡合理性	国有控股	2517	48.48	29.71	0.00
	民营控股	939	69.64	26.10	
	外资控股	20	63.97	31.88	
	集体控股	61	49.86	27.85	
	社团控股	29	69.79	26.38	
	职工持股会控股	24	46.34	29.04	
	合计	3590	54.28	30.24	

---

[1] 有关股权集中度决定因素的综述可参阅邓德军、周仁俊：《公司最终所有权结构与绩效关系研究综述》，载《外国经济与管理》2007年第4期，第20~21页；刘志远、毛淑珍：《我国上市公司股权集中度影响因素分析》，载《证券市场导报》2007年第11期，第42~48页。

[2] 刘星和刘伟（2007）利用LLSV模型研究发现在不同股东性质的公司中，股权制衡的效果存在明显差异。然而，他们主要考虑的是国有和非国有的性质，未能对股权性质作进一步的区分。李学伟和马忠（2007）通过研究金字塔结构下多个控制性大股东的制衡效应也得出相似的结论，不过他们将股权性质分为国有产权、私有产权、外资、金融机构、政府和高校的做法值得商榷。

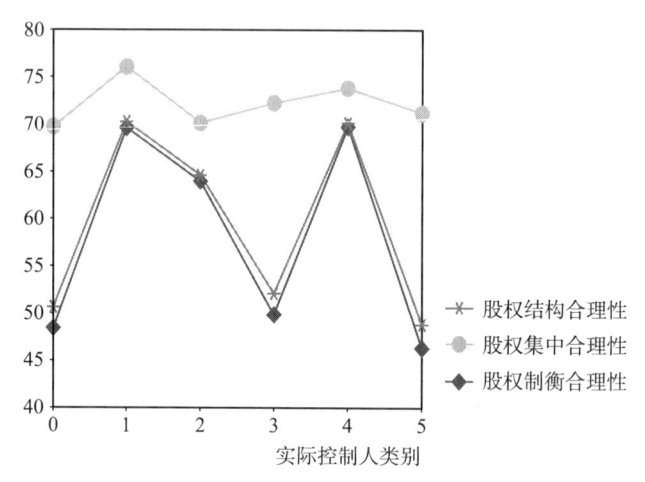

图 5-15 不同控制性股东上市公司股权结构差异比较

表 5-9 显示，民营控股上市公司的股权结构明显优于国有、集体及职工持股会控股上市公司，在防止机会主义方面具有明显的制度优势（苏卫东和黄晓艳，2004）；国有上市公司股权结构合理性不如民营、外资、社团以及集体控股上市公司，主要原因在于国有控股上市公司长期以来"一股独大"，国家或者国有法人股占据绝对的支配地位，股权集中度高，股权制衡度较低；社团控股上市公司股权结构也显著优于国有及集体控股上市公司。主要原因在于社团控股上市公司中大股东之间形成了相互制约的关系，该类上市公司股权制衡程度也远远好于国有、集体控股上市公司。职工持股会控股上市公司股权集中度较低，前五大股东持股比例和为 42.01%，属于适度集中的范围，但股权制衡状况较差，第一大股东控制力较强。

总之，样本上市公司股权结构变化受外部环境的影响较为明显，表 5-10 以及图 5-16～图 5-21 显示，样本期间，大部分上市公司股权集中状况有所缓解，大股东之间相互制衡程度有所增强，控股股东的控制力略有下降，2006 年股权结构表现较好，不同类型上市公司间的差异也有所缩小。国有、集体控股上市公司股权结构总体表现出改善的趋势，民营控股上市公司股权结构合理性表现出下滑的趋势，外资控股上市公司波动较大，2004 年和 2006 年略好于 2003 年和 2005 年，社团控股上市公司 2004 年股权结构合理性相对较好，但其他三年呈下滑的趋势，职工持股会控股上市公司 2003～2005 年股权结构合理性呈下降的趋势，2006年略有回升；股权集中程度方面，国有、民营控股上市公司总体上股权集中程度呈增加的趋势，外资控股上市公司股权集中程度2003年和2005年略高于2004年和2006年，集体控股上市公司股权集中程度呈逐年降低的趋势，社团控股上市公司2003年和2006年股权集中程度略高，职工持股会控股上市公司2003~2005年呈增加趋势，2006年略有下降；股权制衡状况方面，国有、集体控股上市公司股权制衡状况逐年改善，民营控股上市公司总体呈下降趋势，外资控股上市公司波动较大，2004年和2006年好于2003年和2005年，社团控股上市公司2004~2006年呈下降趋势，而职工持股会控股上市公司2003~2005年呈下降趋势。

表5-9 不同控制性股东上市公司股权结构合理性差异多重比较

指标	(I) 实际控制人类别	(J) 实际控制人类别	均值差 (I)-(J)	显著性水平
股权结构合理性[a]	国有控股	民营控股	-19.68	0.00
		社团控股	-19.59	0.00
	民营控股	集体控股	18.17	0.00
		职工持股会控股	21.45	0.01
	集体控股	社团控股	-18.09	0.03
	社团控股	职工持股会控股	21.37	0.05
股权集中合理性[a]	国有控股	民营控股	-6.36	0.00
股权制衡合理性[a]	国有控股	民营控股	-21.16	0.00
		社团控股	-21.31	0.00
	民营控股	外资控股	19.78	0.00
		职工持股会控股	23.30	0.01
	集体控股	社团控股	-19.93	0.03
	社团控股	职工持股会控股	23.45	0.05

表 5-10　　　　不同控制性股东上市公司股权结构变动比较

年度	实际控制人类别		股权结构合理性	股权集中合理性	股权制衡合理性
2003	国有控股 (N=621)	均值	49.19	69.04	46.99
		标准差	26.70	18.89	29.61
	民营控股 (N=177)	均值	71.31	75.87	70.80
		标准差	23.63	16.87	26.01
	外资控股 (N=7)	均值	59.65	72.85	58.19
		标准差	31.85	18.33	36.49
	集体控股 (N=21)	均值	50.02	73.32	47.43
		标准差	27.68	17.44	29.84
	社团控股 (N=6)	均值	67.00	76.75	65.91
		标准差	27.19	19.26	28.98
	职工持股会控股 (N=5)	均值	47.74	73.52	44.87
		标准差	27.40	19.70	29.65
	合计 (N=837)	均值	54.10	70.70	52.25
		标准差	27.61	18.62	30.48
2004	国有控股 (N=638)	均值	49.85	68.19	47.81
		标准差	26.80	19.75	29.67
	民营控股 (N=220)	均值	71.45	74.12	71.15
		标准差	23.14	16.86	25.51
	外资控股 (N=6)	均值	73.97	69.41	74.48
		标准差	24.42	15.73	28.13
	集体控股 (N=19)	均值	49.41	72.29	46.87
		标准差	24.75	16.48	27.45
	社团控股 (N=15)	均值	75.92	72.27	76.32
		标准差	22.04	21.88	24.34
	职工持股会控股 (N=5)	均值	46.29	75.61	43.03
		标准差	28.73	19.38	31.06
	合计 (N=903)	均值	55.68	69.84	54.11
		标准差	27.55	19.16	30.40

续表

年度	实际控制人类别		股权结构合理性	股权集中合理性	股权制衡合理性
2005	国有控股（N=653）	均值	51.00	68.91	49.01
		标准差	26.83	19.28	29.79
	民营控股（N=238）	均值	70.79	76.69	70.13
		标准差	23.22	15.66	25.82
	外资控股（N=4）	均值	59.78	73.01	58.31
		标准差	29.24	10.98	32.86
	集体控股（N=12）	均值	51.82	71.78	49.60
		标准差	25.09	15.34	27.75
	社团控股（N=4）	均值	63.28	71.77	62.34
		标准差	28.43	23.84	31.71
	职工持股会控股（N=6）	均值	42.55	77.90	38.62
		标准差	26.48	18.01	29.40
	合计（N=917）	均值	56.18	71.05	54.53
		标准差	27.30	18.62	30.21
2006	国有控股（N=605）	均值	52.42	72.78	50.16
		标准差	26.67	20.17	29.72
	民营控股（N=304）	均值	68.44	77.04	67.48
		标准差	24.21	16.44	26.77
	外资控股（N=3）	均值	63.69	61.19	63.97
		标准差	35.80	21.95	39.41
	集体控股（N=9）	均值	63.04	70.62	62.20
		标准差	22.95	19.64	25.06
	社团控股（N=4）	均值	60.43	77.29	58.56
		标准差	26.46	16.45	28.96
	职工持股会控股（N=8）	均值	55.79	62.00	55.10
		标准差	27.90	23.38	30.84
	合计（N=933）	均值	57.84	74.04	56.04
		标准差	26.89	19.15	29.83

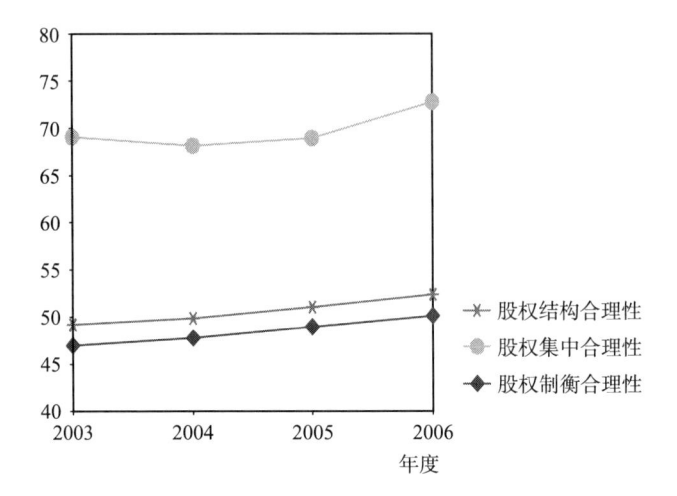

图 5-16　国有控股上市公司股权结构变动

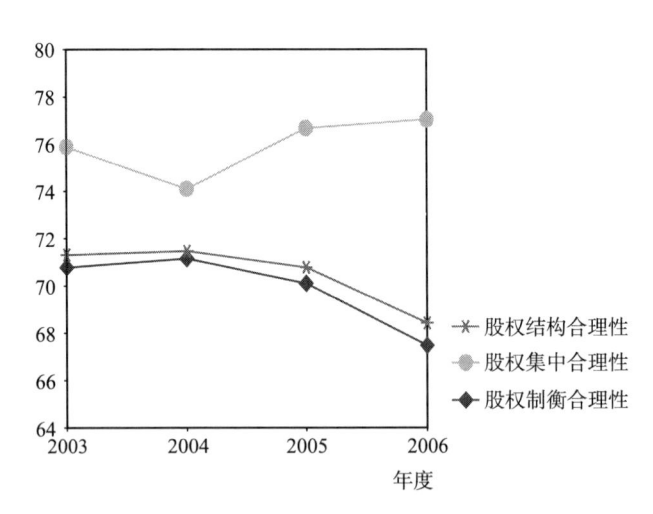

图 5-17　民营控股上市公司股权结构变动

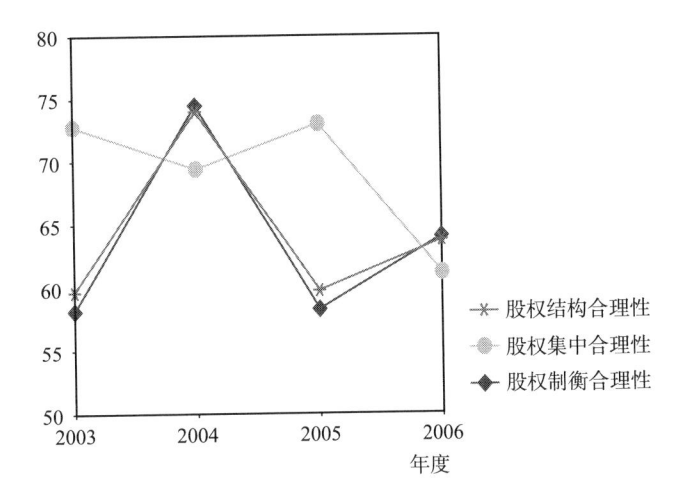

图 5-18 外资控股上市公司股权结构变动

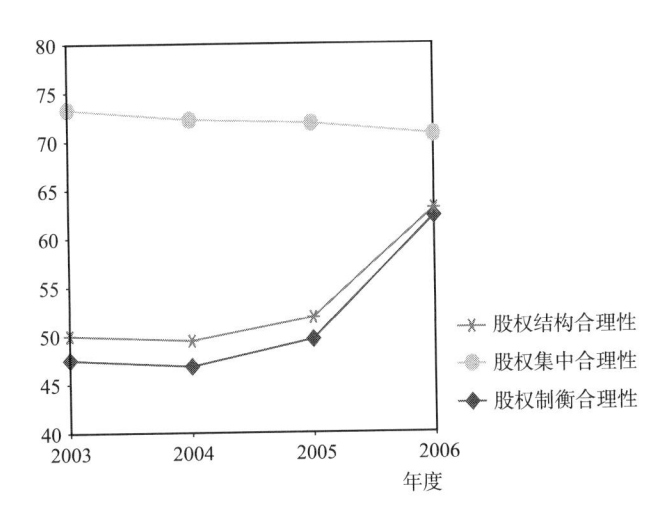

图 5-19 集体控股上市公司股权结构变动

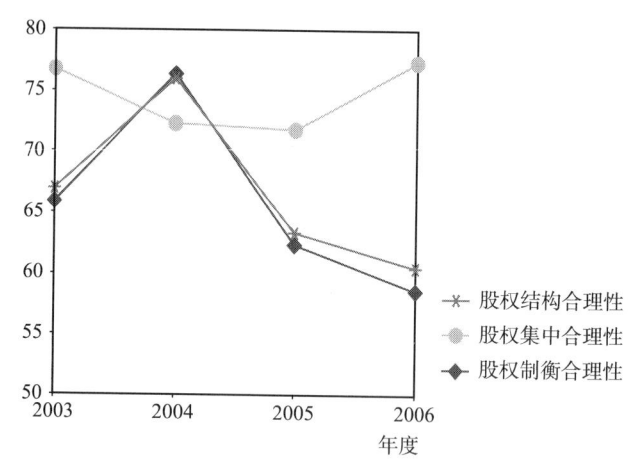

图 5-20　社团控股上市公司股权结构变动

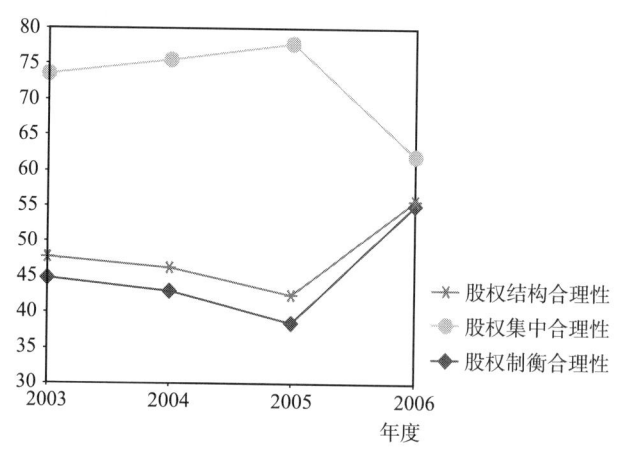

图 5-21　职工持股会控股上市公司股权结构变动

2. 各类控股股东股权结构合理性变动分析。

表 5-11、表 5-12 以及图 5-22、图 5-23 显示，股权分置改革对国有控股上市公司优化股权结构产生了积极的影响，前五大股东持股比例之和有所下降，国有股、法人股比重减少，流通比例增加，国有控股上市公司股权集中程度有所下降，国有股一股绝对独大面貌略有改观，但依然处于绝对的强势地位，股权结构状况依然不够合理。国有控股上市公司 2003~2006 年股权结构逐年好转，尤其是 2005 年和 2006 年，股权分置改革对国有控股上市公司股权结构的影响效果初步显现，2006 年较以前年度股权结构合理性显著提高，2006 年与 2003 年相比，股权结构合理性显

著提高 3.23 个百分点①，这一改变主要是由于股权集中度降低所致，2006年与 2003 年相比，股权集中度合理性显著提高了 3.74 个百分点（见表 5-10）。2006 年较以前有所好转，股权更为分散，前五大股东持股比例之和自 2005 年明显减少，2005 年为 58.83%，2006 年减少到 52.54%。由于长期以来国有股处于"一股独大"的局面，股权的分散稀释了原有国有股的绝对控制权，因而更利于适度集中股权结构的形成，股权集中情况有所改善。股权制衡度在 2005 年和 2006 年也出现好转，大股东的控制力有所下降，但国有控股上市公司依然表现出国有控股股东的强势局面，因此在股权适度集中的基础上，形成大股东之间制衡的股权结构将是国有控股上市公司面临的重要问题。但上市公司第一大股东与第二到第五大股东持股比例之和之比存在较大差异，这可能与不同国有控股上市公司自身特征及经营、治理环境有关。股权构成中，国家股、法人股比例有所降低而流通股比例有所增加，国家股"一股独大"、绝对控股的局面得以初步缓解，高管持股比例各年均较低，2004 年和 2006 年略高于 2003 年和 2005 年。

表 5-11　　不同年份不同控股股东股权结构特征

年度	实际控制人类别		股权集中度（%）	股权制衡度	国家股比例（%）	法人股比例（%）	流通股比例（%）	高管持股比例（%）
2003	国有控股（N=621）	均值	59.59	18.59	35.32	25.18	39.07	0.0030
		标准差	13.28	38.23	26.46	25.65	11.95	0.02
	民营控股（N=177）	均值	55.61	4.55	32.65	25.81	40.32	0.0018
		标准差	11.91	15.25	24.00	23.98	11.97	0.01
	外资控股（N=7）	均值	58.16	3.41	27.72	31.72	37.53	0.0000
		标准差	12.85	3.26	29.25	31.31	7.51	0
	集体控股（N=21）	均值	54.98	7.19	29.89	30.30	39.81	0.0000
		标准差	13.34	7.88	30.50	29.06	10.22	0
	社团控股（N=6）	均值	47.13	2.90	35.72	30.48	33.81	0.0000
		标准差	12.99	3.58	32.23	30.24	7.83	0
	职工持股会控股（N=5）	均值	50.18	3.53	14.10	38.54	47.36	0.0000
		标准差	15.65	2.31	22.99	20.28	9.39	0.00
	合计（N=837）	均值	58.48	15.00	34.43	25.61	39.35	0.0026
		标准差	13.14	34.23	26.12	25.42	11.86	0.02

---

① 为节省篇幅，在此不列示方差分析表。

续表

年度	实际控制人类别		股权集中度（%）	股权制衡度	国家股比例（%）	法人股比例（%）	流通股比例（%）	高管持股比例（%）
2004	国有控股（N=638）	均值	59.92	18.98	34.59	25.55	39.12	0.1052
		标准差	13.70	41.95	26.74	25.98	11.97	2.55
	民营控股（N=220）	均值	55.99	3.06	31.39	26.32	39.74	0.0014
		标准差	12.44	6.36	24.81	24.86	11.88	0.01
	外资控股（N=6）	均值	59.34	1.75	27.29	29.50	43.21	0.0035
		标准差	13.21	1.93	32.78	33.20	16.15	0.01
	集体控股（N=19）	均值	57.05	5.48	33.69	24.78	41.36	0.0000
		标准差	12.84	5.65	28.53	25.47	9.78	0.00
	社团控股（N=15）	均值	51.58	2.54	33.69	24.51	40.71	0.0035
		标准差	15.31	4.83	20.69	22.84	9.45	0.01
	职工持股会控股（N=5）	均值	40.60	4.67	24.30	28.86	46.84	0.0075
		标准差	8.46	3.57	26.27	20.72	9.80	0.02
	合计（N=903）	均值	58.65	14.35	33.67	25.75	39.42	0.0748
		标准差	13.56	36.14	26.24	25.62	11.88	2.14
2005	国有控股（N=653）	均值	58.83	13.78	33.53	23.66	41.30	0.0049
		标准差	13.90	29.30	25.94	24.69	12.45	0.02
	民营控股（N=238）	均值	54.13	4.10	29.78	24.20	42.25	0.0042
		标准差	11.67	12.45	24.42	23.12	11.99	0.04
	外资控股（N=4）	均值	53.04	3.67	26.01	33.31	40.68	0.0001
		标准差	14.11	4.10	32.16	33.22	11.94	0.00
	集体控股（N=12）	均值	56.85	5.95	35.88	22.65	39.12	0.0022
		标准差	13.10	8.05	28.53	25.77	6.45	0.01
	社团控股（N=4）	均值	49.89	2.40	31.60	30.26	38.15	0.0000
		标准差	17.55	2.08	29.19	20.23	15.05	0.00
	职工持股会控股（N=6）	均值	44.15	5.83	23.33	30.49	46.17	0.0088
		标准差	10.53	3.99	22.17	17.83	7.02	0.02
	合计（N=917）	均值	57.42	11.02	32.48	23.90	41.53	0.0047
		标准差	13.52	25.90	25.60	24.24	12.25	0.03

续表

年度	实际控制人类别		股权集中度（%）	股权制衡度	国家股比例（%）	法人股比例（%）	流通股比例（%）	高管持股比例（%）
2006	国有控股 （N=605）	均值	52.54	8.77	30.88	18.57	48.42	0.0154
		标准差	14.57	17.14	23.44	21.81	13.15	0.18
	民营控股 （N=304）	均值	50.65	3.89	20.93	24.46	51.01	0.2732
		标准差	12.15	8.47	21.95	22.86	13.81	2.02
	外资控股 （N=3）	均值	38.30	3.09	42.83	18.03	39.11	0.0074
		标准差	15.65	3.74	13.52	20.21	7.21	0.01
	集体控股 （N=9）	均值	45.80	2.39	37.95	16.66	44.13	0.0747
		标准差	14.63	1.85	23.35	24.37	9.15	0.22
	社团控股 （N=4）	均值	45.55	3.20	19.72	19.35	60.91	0.0187
		标准差	11.70	3.13	22.54	13.34	15.18	0.04
	职工持股会控股（N=8）	均值	36.16	3.92	15.85	23.29	59.29	0.0352
		标准差	11.81	4.42	21.58	16.75	12.25	0.08
	合计 （N=933）	均值	51.64	7.04	27.57	20.51	49.34	0.1001
		标准差	13.90	14.82	23.40	22.24	13.43	1.17

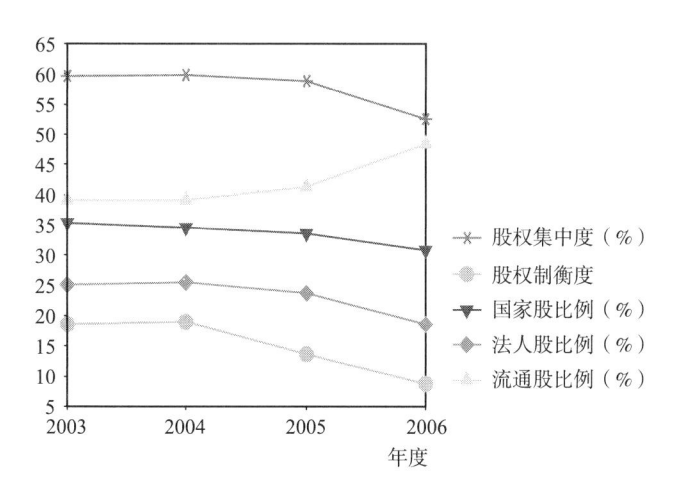

图 5-22 国有控股上市公司股权结构特征变动

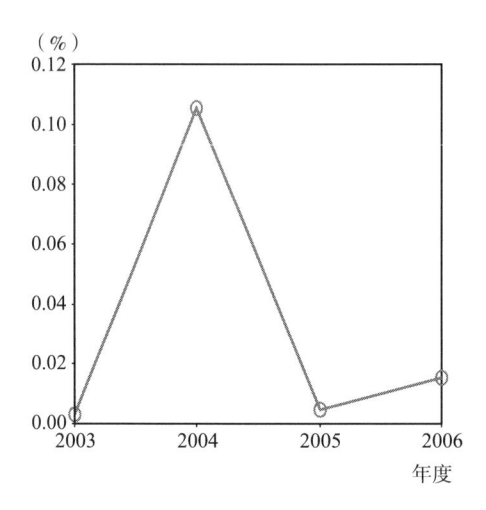

图 5-23 国有控股上市公司高管持股比例变动

表 5-12　　国有控股以及民营控股上市公司股权结构特征变动多重比较

控股股东	指标	(I) 年度	(J) 年度	均值差 (I)-(J)	显著性水平
国有控股上市公司	股权集中度（%）[a]	2006	2003	-7.05	0.00
			2004	-7.38	0.00
			2005	-6.28	0.00
	股权制衡度[b]	2005	2003	-4.81	0.07
			2004	-5.20	0.06
		2006	2003	-9.82	0.00
			2004	-10.21	0.00
			2005	-5.01	0.00
	国家股比例（%）[b]	2006	2003	-4.44	0.01
			2004	-3.71	0.05
	法人股比例（%）[b]	2006	2003	-6.61	0.00
			2004	-6.98	0.00
			2005	-5.10	0.00
	流通股比例（%）[b]	2005	2003	2.23	0.01
			2004	2.18	0.01
		2006	2003	9.36	0.00
			2004	9.30	0.00
			2005	7.13	0.00

续表

控股股东	指标	(I) 年度	(J) 年度	均值差 (I) - (J)	显著性水平
民营控股上市公司	股权集中度 (%)[a]	2005	2004	-1.86	0.10
		2006	2003	-4.97	0.00
			2004	-5.34	0.00
			2005	-3.49	0.00
	国家股比例 (%)[a]	2006	2003	-11.72	0.00
			2004	-10.47	0.00
			2005	-8.85	0.00
	流通股比例 (%)[b]	2006	2003	10.69	0.00
			2004	11.28	0.00
			2005	8.76	0.00
	高管持股比例 (%)[b]	2006	2003	0.2714	0.1126
			2004	0.2718	0.1116
			2005	0.2689	0.1188

民营控股上市公司的股权结构与其他六类上市公司比较相对较为合理，形成了适度集中的股权分布；股东制衡状况与其他几类上市公司相比也较好，大股东之间形成了较好的相互制约关系（见表5-10）。大股东之间的制衡，有助于规避大股东的掠夺行为和强化经理层的监督，但另一方面也可能导致大股东争夺控制权或者大股东之间的串谋行为，损害上市公司和中小股东利益。民营企业所有权结构的演进主要是由"内在需求"驱动的，而控制权的选择和配置是一个与企业的经营业务特征紧密联系的精细化复杂过程。[①] 外部制度环境的约束对于优化民营上市公司股权结构没有产生显著影响。表5-10显示，民营控股上市公司股权结构合理性在样本年度内总体上呈下滑趋势，尤其是2005年和2006年，较2004年分别减少了0.66个、3.01个百分点，股权分置改革并未对民营上市公司股权结构产生明显的效应：一方面，由于民营控股上市公司最终控股股东多为控制性家族或者自然人，企业上市更多地出于融资和规范公司运作的动机，为保持家族的控制权，家族控股股东主观上不愿建立制衡的股权结构，表现为样本期间该类上市公司第一大股东持股比例并没有发生明显的变化；另一方面，股权分置改革便利了控股股东通过资本市场实现股权运

[①] 黄速建、王钦、贺俊：《制度约束、需求驱动和适应性选择——中国民营企业治理演进的分析》，载《中国工业经济》2008年第6期，第5~16页。

作。股权构成中,国家股比例下降而流通股比例增加,控股股东可以通过增持由原来的非流通股转换的流通股股份增强自身的控制权,因而股权制衡状况出现下降趋势,控股股东的控制权得到进一步的加强。表5－11、表5－12以及图5－24、图5－25数据显示,股权集中度方面,前五大股东持股比例之和股权集中状况自2004年逐年好转,2006年较以前各年明显减少。2006年前五大股东持股比例之和较2003年、2004年、2005年分别降低了4.97%、5.34%、3.49%。股权制衡状况则自2004年起呈现逐年下降的趋势。此外,各上市公司之间股权制衡状况的差异比股权集中状况的差异要大。① 股权构成方面,国家股比例2006年明显降低,流通股明显增加,法人股比例没有发生明显变化,高管持股比例2006年明显增加,高于同年度其他五类上市公司。民营上市公司流通股比例远高于国家股比例,这与民营控股上市公司主要通过家族或者自然人的自有资本及通过证券市场获得公司生存、发展所需要的资本有关,民营控股上市公司股权激励相对较好。

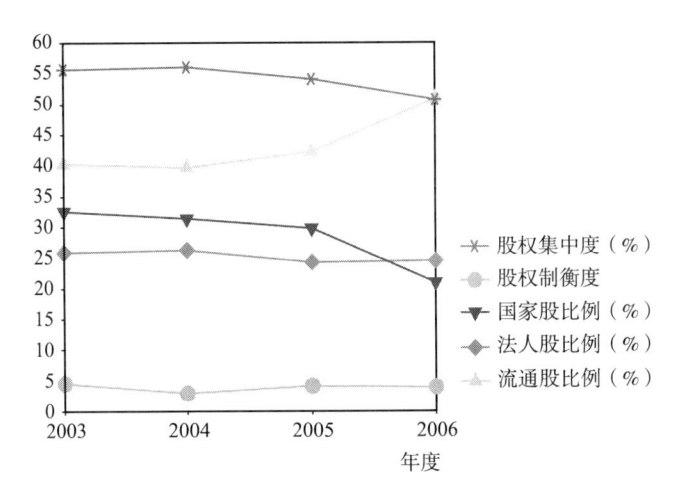

图5－24　民营控股上市公司股权结构特征变动

---

① 上交所2005年发布的《中国公司治理报告2005——民营上市公司治理》中指出,民营上市公司所有权和控制权分离现象较为严重,方便了造"系"运动,90.19%的民营上市公司采用金字塔式的股权结构,这种控股方式所有权和控制权分离比较普遍,随着控制链的伸长,控股股东可以通过较少的股份实现对上市公司的控制,因而民营上市公司股权结构与控制权、公司治理关系需要进一步的分析。

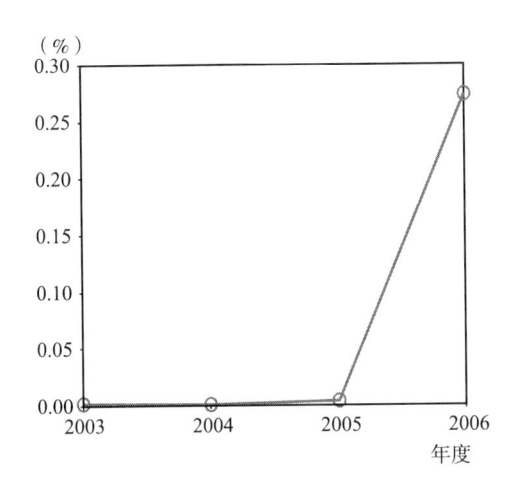

图 5-25　民营控股上市公司高管持股比例变动

外资控股上市公司股权结构较为合理，但股权结构在六类上市公司中波动最大，2004 年和 2006 年股权结构较 2003 年和 2005 年更为合理，尤其是 2004 年达到 73.97（见表 5-10）。表 5-11 以及图 5-26、图 5-27 数据显示，股权集中度方面，前五大股东持股比例之和自 2004 年开始降低，尤其是 2006 年较以前各年降低明显，前五大股东持股比例之和为 38.30%，较以前年份分别降低了 19.86%、21.04%、14.74%，股权更加分散。大股东之间为了保持自身对上市公司的控制权，倾向于形成相互制约的股权结构，因而股权制衡状况较好，第一大股东和第二到第五大股东持股比例之和之比为 1.75，大股东之间形成了制衡的局面。股权构成方面，与其他五类上市公司不同，2006 年该类上市公司国家股比例大幅增加；法人股比例大幅降低；流通股比例波动不太明显。

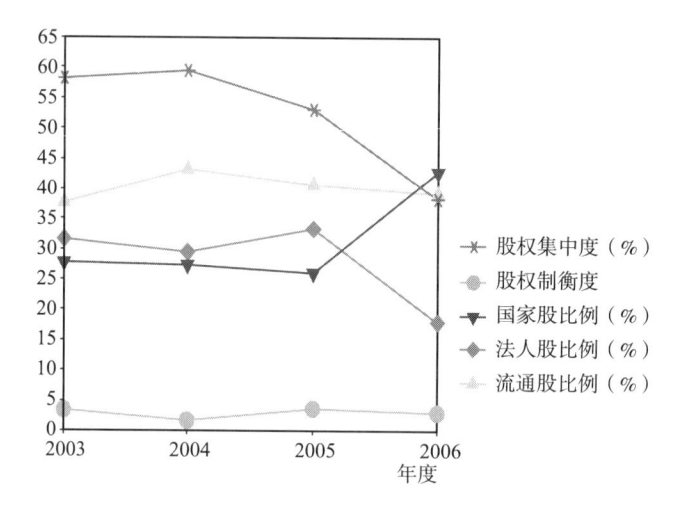

图 5-26 外资控股上市公司股权结构特征变动

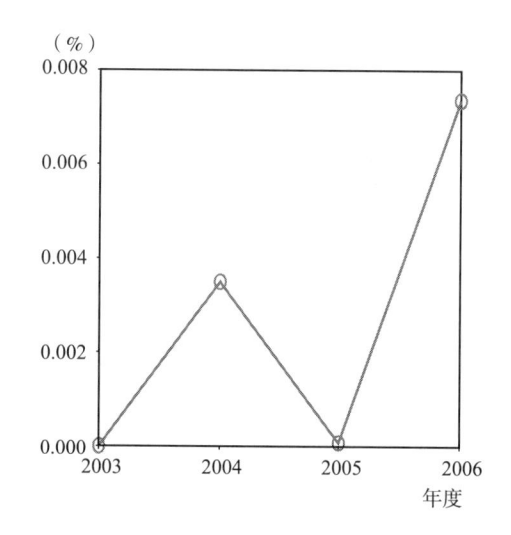

图 5-27 外资控股上市公司高管持股比例变动

集体控股上市公司多由集体企业改制而来,在六大类上市公司中仅略好于国有和职工持股会控股上市公司,其中 2006 年股权结构较 2005 年有较大改善(见表 5-10)。表 5-11 以及图 5-28、图 5-29 数据显示,股权集中度方面,股权集中合理性较强,得分维持在 70 左右,前五大股东持股比例之和自 2004 年出现降低趋势,尤其是

2006年前五大股东持股比例之和在六类上市公司中最低为45.80%，较2003年、2004年、2005年分别降低了9.18%、11.25%、11.05%，股权更加分散。股权制衡方面，该类上市公司相对较差，但受股权分置改革的影响，第一大股东持股比例下降，第二到第五大股东持股比例的增加，使得控股股东的控制权有所削弱，2006年股权制衡度降至2.39，第一大股东的控制力有所削弱。然而股权制衡状况较差的局面始终存在，但由于集体控股上市公司多脱胎于集体企业，并少有国有控股上市公司国有股一股绝对独大的现象，因而股权较为集中。集体控股上市公司股权结构优化的过程中，需要注意克服股东之间"搭便车"行为，以真正形成股东之间的制衡局面。股权构成方面，该类上市公司国家股比例依然呈现出逐年递增的趋势，法人股比例则呈逐年减少的趋势，尤其是2006年较2005年平均减少了约6%。流通股比例前3年变化不大，2006年较2005年平均增加了5.01%。集体控股上市公司高管持股比例也呈增加的趋势，上市公司逐渐重视对高管的长期激励。

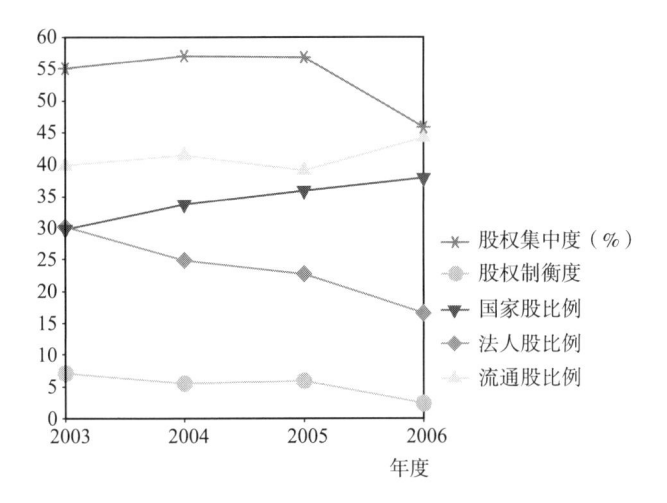

图5-28 集体控股上市公司股权结构特征变动

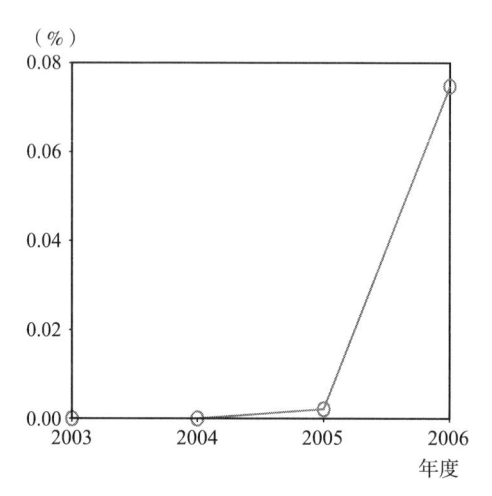

图 5-29　集体控股上市公司高管持股比例变动

　　社团控股上市公司股权结构较为合理，但近年来有下滑趋势，2004年在四年中表现最好，2005年明显下滑，股权结构合理性得分降幅达12.64（见表5-10）。表5-11以及图5-30、图5-31数据显示，股权集中程度方面，前五大股东持股比例之和明显减少，股权集中情况较以前年份改善明显，自2004年后逐年下降，2006年减少至45.55%。股权制衡方面，第一大股东与第二到第五大股东持股比例之和之比在前三年逐年降低之后2006年出现上升，股权制衡度为3.20，股权的分散并没有明显削弱第一大股东的控制权，股东之间制衡的局面依然难以形成，可能的原因是流通股比例的大量增加以及之前五大股东持股比例之和的下降使得控股股东取得对企业的控制权变得更为容易。股权构成方面，受国家政策的影响，2006年，国家股、法人股比例明显降低同时流通股比例大幅增加。2006年国家股比例降幅明显较2003年、2004年、2005年分别减少16%、13.97%、11.88%。法人股比例2004年、2006年出现下降，尤其是2006年较2005年平均减少10.91%。与国家股和法人股比例变化相对应，流通股比例较以前年份明显增加，2006年增至60.91%。高管持股比例各年均比较低。

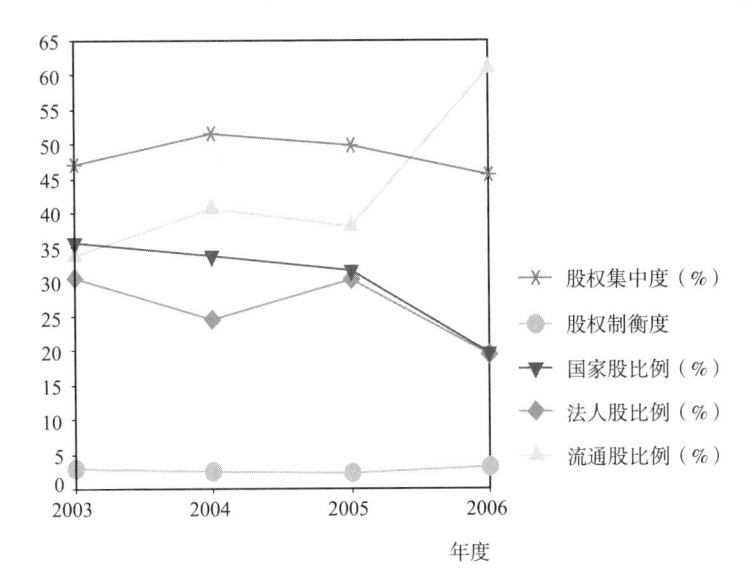

图 5-30 社团控股上市公司股权结构特征变动

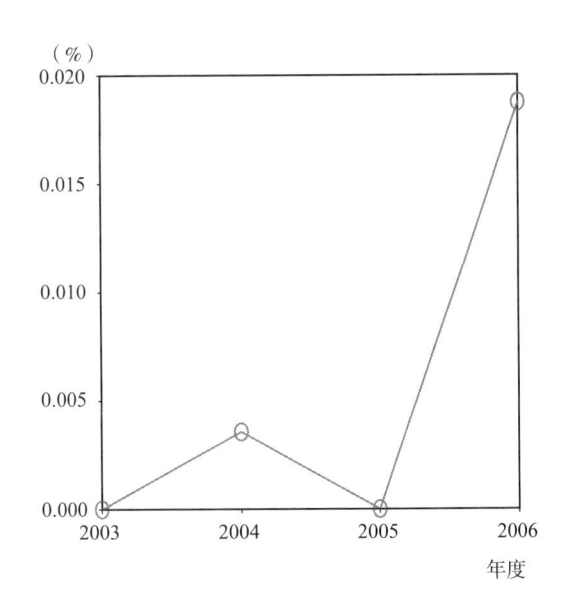

图 5-31 社团控股上市公司高管持股比例变动

表 5-10 数据显示，职工持股会控股上市公司股权结构合理性 2003～2005 年维持在 40～50 之间，2006 年得益于股权分置改革，股权集中度

下降以及股权制衡增强，股权结构较以前年份得以较大改观，较 2005 年合理性得分提高幅度达 13.24。表 5-11 以及图 5-32、图 5-33 表明，该类上市公司在六类上市公司中股权较为分散，前五大股东持股比例之和除 2003 年外始终低于 50%，处于适度集中的范围。2006 年第一大股东持股比例急剧降低，使得股权结构变得较为分散，前五大股东持股比例之和仅为 36.16%。股权制衡方面，由于股权趋于分散，控股股东控制力的下降，2006 年第一大股东与第二到第五大股东持股比例之和之比较 2004 年和 2005 年明显下降。股权构成方面，国家股比例甚至低于法人股比例，自 2004 年逐年降低，2006 年为 15.85%；法人股比例、流通股比例前三年波动不大，2006 年法人股比例出现大幅降低，较 2005 年降低了 7.2%，流通股比例 2006 年则大幅增加，较 2003 年、2004 年、2005 年分别增加了 11.93%、12.45%、13.12%，主要原因是 2005 年股权分置改革的进行方便了国有股和法人股等非流通股转为流通股。职工持股会控股上市公司高管激励近年来也有所改善，高管持股比例在六类上市公司中相对较高。

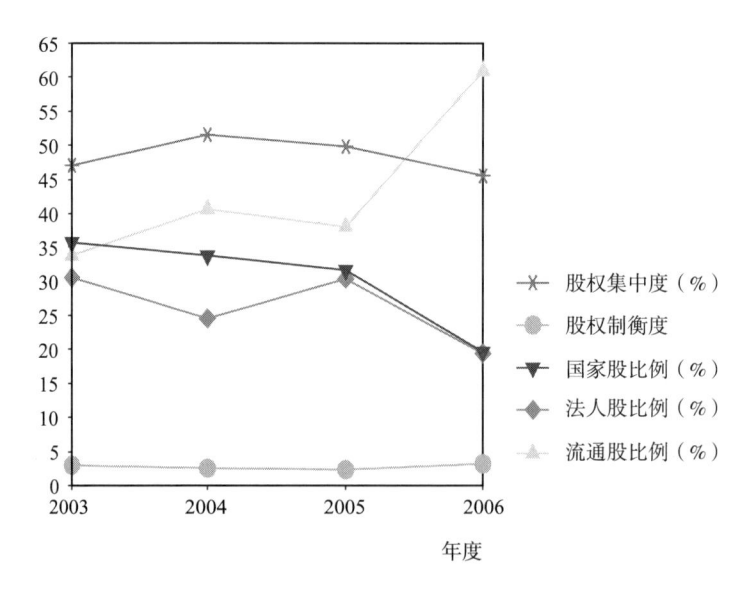

图 5-32　职工持股会控股上市公司股权结构特征变动

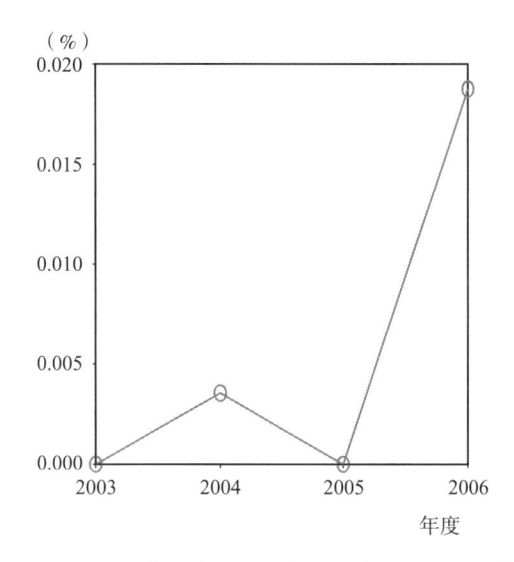

图 5-33 职工持股会控股上市公司高管持股比例变动

5.2.3 不同控制性股东上市公司股东大会规范性比较

1. 不同控股股东控制上市公司股东大会规范性总体比较。

目前我国上市公司股东大会运作更多的是制度监管的结果，表 5-13 及图 5-34 显示，六类上市公司股东大会规范性均不理想。表 5-14 的多重比较显示，国有、民营、外资以及集体控股上市公司股东大会治理情况好于职工持股会控股上市公司，主要原因在于这些上市公司股东大会会议出席率较高。受国家相关政策以及国有企业民主决策的影响，国有控股上市公司会议出席率要高于民营、社团和职工持股会控股上市公司。六类上市公司中，外资控股上市公司股东大会会议出席率最高，集体控股上市公司次之，职工持股会控股上市公司最低。职工持股会控股股权更为分散，股东数量众多且以中小投资者（公司职工）为主，导致了其股东大会会议出席率过低（只有 37.62% 的出席率），股东参加股东大会的积极性严重不足。而对于国有、民营以及集体控股上市公司，一方面，由于股权比较集中，国有股以及法人股比例高；另一方面，大股东参加股东大会的动力和积极性要远远高出中小股东。社团控股以及职工持股会控股上市公司股东大会治理不及国有、民营、外资以及集体控股上市公司，原因在于在社团控股上市公司股权比较分散，绝对控股的股东较少（前五大股东持股比例之和仅为 49.59%，第一大股东与第二到第五大股东持股比例和之比为 2.69%，为六大类中最低），从而多个大股东在股东大会上会因为争夺控制权而相互斗争，仅有的几次股东大会也会成为股东之间争斗的场所。

表 5-13　不同控制性股东上市公司股东大会规范性差异比较

指标	实际控制人类别	样本数	均值	标准差	最小值	最大值	显著性水平
股东大会规范性	国有控股	2517	38.12	10.18	11.88	88.77	0.00
	民营控股	939	39.16	11.50	10.58	91.41	
	外资控股	20	38.87	11.65	23.85	59.70	
	集体控股	61	38.93	11.88	16.41	80.06	
	社团控股	29	34.40	10.97	16.33	59.70	
	职工持股会控股	24	29.82	8.80	13.00	53.59	
	合计	3590	38.33	10.61	10.58	91.41	
股东大会会议出席率（%）	国有控股	2517	57.55	14.98	1.45	100.00	0.00
	民营控股	939	53.96	16.17	7.09	100.00	
	外资控股	20	58.37	17.32	32.46	100.00	
	集体控股	61	57.91	16.71	23.52	100.00	
	社团控股	29	51.45	20.49	13.26	100.00	
	职工持股会控股	24	37.62	15.71	2.06	76.01	
	合计	3590	56.44	15.55	1.45	100.00	
股东大会会议次数（次）	国有控股	2517	2.19	1.11	1.00	8.00	0.00
	民营控股	939	2.48	1.22	1.00	8.00	
	外资控股	20	2.25	1.02	1.00	4.00	
	集体控股	61	2.28	1.20	1.00	7.00	
	社团控股	29	2.00	0.93	1.00	4.00	
	职工持股会控股	24	2.04	1.00	1.00	4.00	
	合计	3590	2.27	1.14	1.00	8.00	

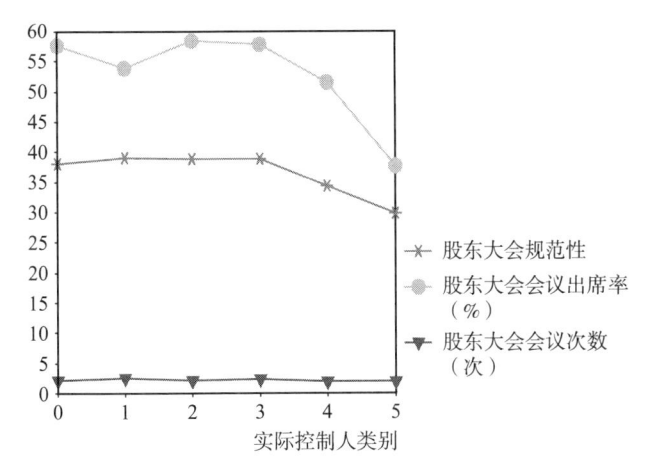

图 5-34 不同控制性股东上市公司股东大会规范性差异

表 5-14 不同控制性股东上市公司股东大会规范性差异多重比较

指标	(I) 实际控制人类别	(J) 实际控制人类别	均值差 (I)-(J)	显著性水平
股东大会 规范性[b]	国有控股	职工持股会控股	8.31	0.00
	民营控股	职工持股会控股	9.34	0.00
	外资控股	职工持股会控股	9.05	0.10
	集体控股	职工持股会控股	9.12	0.00
股东大会会议 出席率（%）[b]	国有控股	民营控股	3.60	0.00
		职工持股会控股	19.93	0.00
	民营控股	职工持股会控股	16.34	0.00
	外资控股	职工持股会控股	20.75	0.00
	集体控股	职工持股会控股	20.29	0.00
	社团控股	职工持股会控股	13.83	0.11
股东大会会议 次数（次）[b]	国有控股	民营控股	-0.29	0.00

股东大会会议次数方面，民营控股上市公司显著高于国有控股上市公司。股东大会会议次数为 2.27 次，基本符合新《公司法》的规定。但个别上市公司控制权争夺问题较为严重，频繁召开股东大会，会议次数高达 8 次。也有些上市公司股东大会基本成为摆设，一年只召开 1 次。民营控股上市公司股东大会会议次数略高，社团控股上市公司略低。此外，各上市公司之间股东大会规范性之间的差异较股权结构要小，主要原因是目前

我国上市公司股东大会运作更多的是制度监管的结果。

2. 各类控股股东控制上市公司股东大会规范性及其变动分析。

国有控股上市公司股东大会会议次数在样本年度内显著增加,但股东大会会议出席率却呈现下降趋势,股东大会治理依然不理想。《上市公司股东大会规则》等的颁布实施使得国有控股上市公司2006年股东大会规范性和股东大会会议次数均明显高于以前各年（见表5-15、表5-16以及图5-35）。而由于股权分置改革,国有控股上市公司的股权结构进一步分散化,2006年股东大会会议出席率则较以前年份明显降低（见表5-16）。不同上市公司出席率也存在较大差异,2006年最高出席率为100%,而最低仅有1.45%。股东大会会议出席率的下降使得股东大会决议难以真正反映最大多数股东的要求,股东大会会议的质量难以保证,股东尤其是中小股东的合法权益无法得到有效的保障。股东大会会议次数方面,总体各年呈增加的趋势,2006年为2.86次,最少为1次,最高达到7次,均满足了相关规定,上市公司希望通过股东大会的召开对重大问题进行决策。

表5-15　　不同控制性股东上市公司股东大会规范性变动比较

年度	实际控制人类别		股东大会规范性	股东大会会议出席率（%）	股东大会会议次数（次）
2003	国有控股（N=621）	均值	37.11	59.25	1.99
		标准差	9.79	15.30	0.99
	民营控股（N=177）	均值	37.17	55.28	2.18
		标准差	10.38	17.42	1.08
	外资控股（N=7）	均值	38.03	58.45	2.14
		标准差	10.51	14.69	0.90
	集体控股（N=21）	均值	37.28	56.33	2.14
		标准差	12.39	16.10	1.15
	社团控股（N=6）	均值	38.33	58.73	2.17
		标准差	14.65	23.53	1.17
	职工持股会控股（N=5）	均值	27.35	49.78	1.20
		标准差	7.48	16.79	0.45
	合计（N=837）	均值	37.09	58.27	2.03
		标准差	10.02	15.91	1.01

续表

年度	实际控制人类别		股东大会规范性	股东大会会议出席率（%）	股东大会会议次数（次）
2004	国有控股（N=638）	均值	36.52	59.64	1.90
		标准差	9.80	14.68	0.98
	民营控股（N=220）	均值	38.78	56.78	2.31
		标准差	11.54	18.95	1.10
	外资控股（N=6）	均值	46.28	65.99	2.83
		标准差	13.21	21.95	1.17
	集体控股（N=19）	均值	36.22	61.35	1.79
		标准差	9.63	19.31	0.71
	社团控股（N=15）	均值	34.27	52.62	1.93
		标准差	10.31	21.47	0.80
	职工持股会控股（N=5）	均值	28.15	38.39	1.80
		标准差	5.39	9.02	0.84
	合计（N=903）	均值	37.05	58.79	2.01
		标准差	10.33	16.19	1.02
2005	国有控股（N=653）	均值	37.26	58.40	2.05
		标准差	9.93	13.80	1.00
	民营控股（N=238）	均值	37.81	55.16	2.26
		标准差	11.29	14.89	1.14
	外资控股（N=4）	均值	28.56	52.03	1.25
		标准差	3.29	13.70	0.50
	集体控股（N=12）	均值	39.77	59.03	2.33
		标准差	9.98	13.85	1.07
	社团控股（N=4）	均值	29.54	43.46	1.75
		标准差	10.23	22.38	0.96
	职工持股会控股（N=6）	均值	32.30	41.76	2.17
		标准差	11.28	12.77	1.17
	合计（N=917）	均值	37.33	57.37	2.10
		标准差	10.31	14.25	1.04

续表

年度	实际控制人类别		股东大会规范性	股东大会会议出席率（%）	股东大会会议次数（次）
2006	国有控股（N=605）	均值	41.79	52.68	2.86
		标准差	10.37	15.13	1.20
	民营控股（N=304）	均值	41.64	50.19	2.95
		标准差	11.88	13.33	1.31
	外资控股（N=3）	均值	39.76	51.41	2.67
		标准差	11.18	19.74	0.58
	集体控股（N=9）	均值	47.42	52.82	3.56
		标准差	14.92	16.65	1.51
	社团控股（N=4）	均值	33.82	44.16	2.25
		标准差	10.12	8.63	1.26
	职工持股会控股（N=8）	均值	30.55	26.43	2.63
		标准差	10.14	14.95	0.92
	合计（N=933）	均值	41.66	51.61	2.89
		标准差	10.98	14.78	1.24

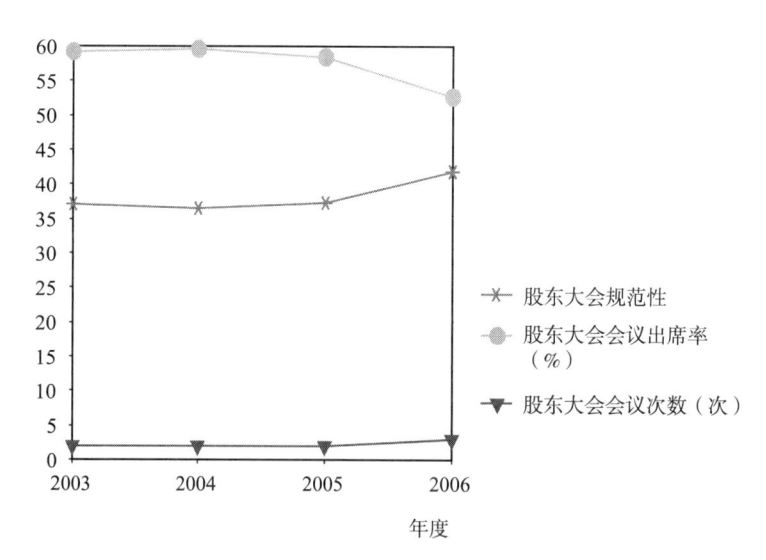

图 5-35 国有控股上市公司股东大会规范性变动

表5-16　各类控股股东控制上市公司股东大会规范性变动多重比较

控股股东	指标	(I)年度	(J)年度	均值差(I)-(J)	显著性水平
国有控股上市公司	股东大会规范性[a]	2006	2003	4.67	0.00
			2004	5.26	0.00
			2005	4.53	0.00
	股东大会会议出席率(%)[a]	2006	2003	-6.57	0.00
			2004	-6.96	0.00
			2005	-5.72	0.00
	股东大会会议次数(次)[b]	2005	2004	0.15	0.05
		2006	2003	0.87	0.00
			2004	0.96	0.00
			2005	0.81	0.00
民营控股上市公司	股东大会规范性[a]	2006	2003	4.47	0.00
			2004	2.86	0.01
			2005	3.83	0.00
	股东大会会议次数(次)[a]	2006	2003	0.77	0.00
			2004	0.64	0.00
			2005	0.69	0.00
	股东大会出席率(%)[b]	2006	2003	-5.09	0.01
			2004	-6.59	0.00
			2005	-4.97	0.00
职工持股会控股上市公司	股东大会会议出席率(%)[a]	2006	2003	-23.35	0.01
			2005	-15.33	0.05
	股东大会会议次数(次)[a]	2005	2003	0.97	0.09
		2006	2003	1.43	0.01
集体控股上市公司	股东大会规范性[a]	2006	2003	10.14	0.03
			2004	11.20	0.02
	股东大会会议次数(次)[a]	2006	2003	1.41	0.00
			2004	1.77	0.00
			2005	1.22	0.01

民营控股上市公司股东大会规范性变化不大，2006年股东大会规范

性较前三年明显改善（见表5-15、表5-16以及图5-36）。股东大会会议次数在六类上市公司中最高且总体呈增加趋势（见表5-15、表5-16），会议次数满足强制性要求。股东大会会议出席率自2004年后也呈下降趋势，2006年较2005年降低了4.97%，平均只有50.19%的股东出席股东大会，并且上市公司股东大会会议出席率普遍降低。民营上市公司控股股东多为控制性家族或者自然人，上市公司股东大会通常成为家族会议，中小投资者意识到自己在股东大会会议上的权力受限，加之参会成本较高，不出席可能是其较为理性的选择，因而股东大会会议出席率不高，股东大会治理状况的改善更多是满足上市公司的监管要求或者大股东决策的需要。

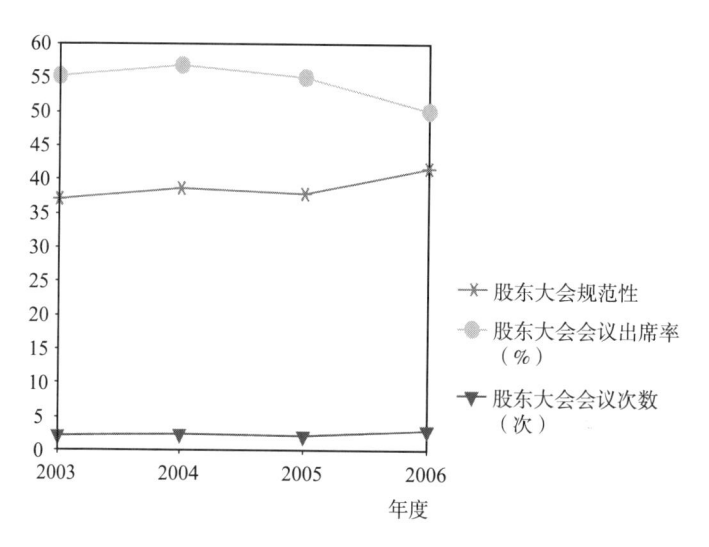

图5-36　民营控股上市公司股东大会规范性变动

表5-15及图5-37数据显示，外资控股上市公司股东大会规范性总体上较差，受股东大会会议出席率和会议次数的共同影响，2005年股东大会规范性在各年中表现最差。股东大会会议出席率在六类上市公司中最高，并且各上市公司普遍较高。但自2004年后出现逐年降低的趋势，尤其是2005年较2004年出席率减少了14%左右。股东大会会议次数方面，2005年开会次数最少为1.25次，2004年和2006年差异不大。

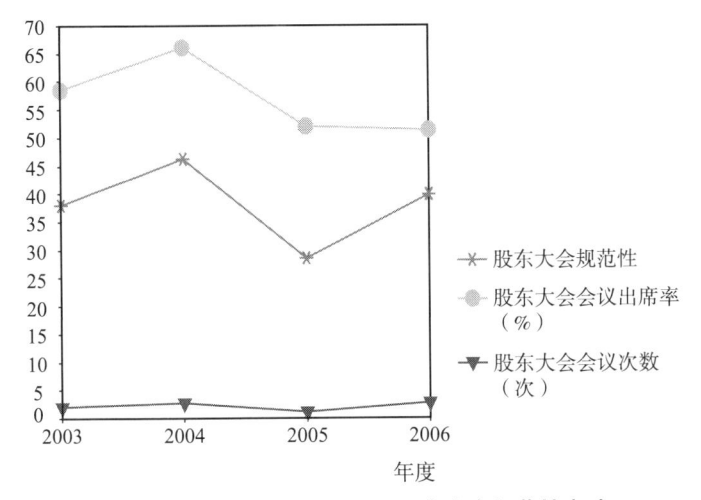

图 5-37　外资控股上市公司股东大会规范性变动

集体控股上市公司股东大会规范性自 2004 年后有所改善，尤其是 2006 年改善明显（见表 5-15、表 5-16 以及图 5-38），较 2005 年提高了 7.65 个百分点。股东大会会议出席率自 2004 年后开始下降，2006 年较 2005 年减少了 6.21%。股东大会会议次数自 2004 年起逐年增加，受《上市公司股东大会规则》等制度约束的影响，股东大会会议次数 2006 年增加明显（见表 5-16），较 2005 年增加了 1.23 次，会议次数最少的集体控股上市公司次数也达到 2 次，最高的则为 7 次。

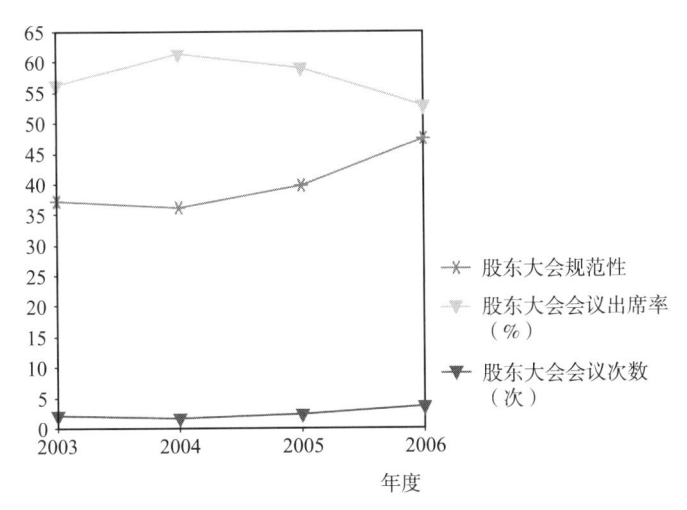

图 5-38　集体控股上市公司股东大会规范性变动

与其他几类上市公司一样，集体控股上市公司股东大会运作受制度性约束的影响较为明显、股东大会治理对上市公司治理竞争力的贡献不足，股东大会会议出席率的提高是增强上市公司股东大会治理竞争力的关键。

社团控股上市公司股东大会规范性情况普遍较差，在六类上市公司中仅略好于职工持股会控股上市公司。上市公司股东大会规范性前三年每况愈下，2006年得益于政策性约束加强及其他因素的影响，股东大会运作稍微有所好转。股东大会会议出席率前三年逐年下降，2006年较2005年略有回升（见表5-15及图5-39）。股东大会会议次数前三年也呈减少趋势，2006年略有提高，股东大会会议次数最高的上市公司为4次。

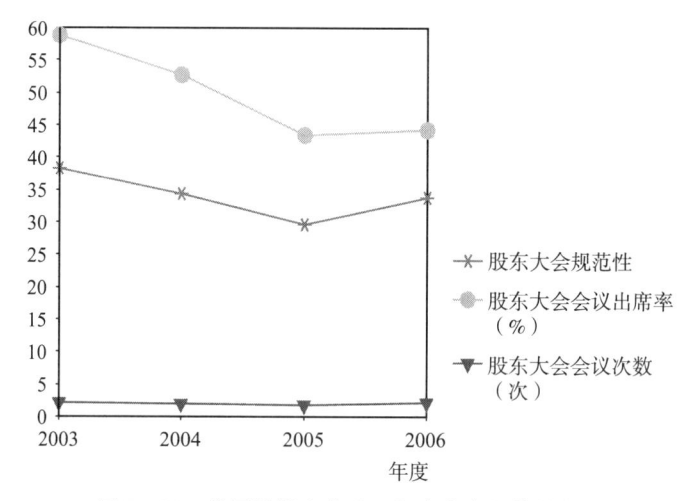

图5-39 社团控股上市公司股东大会规范性变动

职工持股会控股上市公司股东大会规范性在六类上市公司中最差，制度性约束并没有对上市公司起到明显的作用。上市公司自身建设股东大会的需要严重不足，突出表现为糟糕的股东大会会议出席率。2006年职工持股会控股上市公司股东大会运作并未因制度性约束的加强而得到改善，2006年股东大会会议出席率仅为26.43%，低于以往各年（见表5-15、表5-16及图5-40），该年出席率最高的为44.07%，最低的仅有2.06%的股东出席股东大会。股东大会会议次数呈逐年增加的趋势，2006年开会最多的为4次，最少的为1次。不同年份各上市公司股东大会规范性及股东大会会议出席率、会议次数参差不齐。

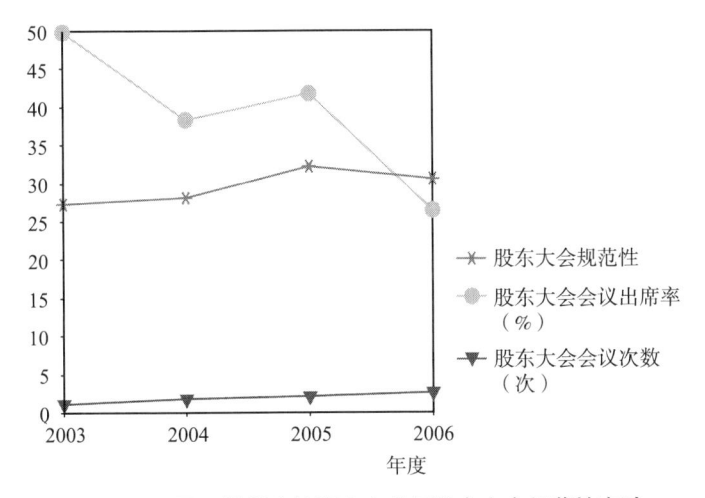

图 5－40　职工持股会控股上市公司股东大会规范性变动

总之，现有对股东大会进行的研究主要集中在法学方面，包括对股东大会决议程序、表决机制、中小股东保护法律条款等的研究，直接从公司治理角度对股东大会进行研究的较少。我国股东大会的运作表面上看基本符合《公司法》、《上市公司治理准则》以及《上市公司股东大会规则》等法律制度的规定，但上市公司存在的中小股东所有者缺位和资本多数表决原则的滥用等问题大大削弱了股东大会在公司治理中的股权约束作用（吴立光，2006），使得股东大会的存在更多的是法律上的意义。由于我国资本市场产生和发展的历史很短，加上流通股股东自身知识结构、素质的制约，市场上的众多中小投资者更关注的是短期"投机行为"，而不是公司长期的"投资发展"，因而在对待公司经营管理问题上更多选择的是"用脚投票"而非"用手投票"。这也就不难解释为什么在上市公司股东大会治理竞争力方面国有、民营、外资、集体控股上市公司股东大会规范性优于职工持股会控股的上市公司。首先，大股东有关注和参与公司经营管理、决策的积极性，以最大化自身的收益；其次，囿于能力、知识以及收集信息成本过于高昂等的限制，中小股东在对待公司经营管理问题上往往表现出一种"理性的冷漠"（rational apathy），更倾向于"搭便车"；最后，在与大股东形成的"智猪博弈"中，纳什均衡的结局理应是中小股东"搭便车"。

5.2.4 不同控制性股东上市公司董事会治理竞争力及要素比较

1. 不同控股股东控制上市公司董事会治理竞争力比较。

控股股东行为对股权结构的选择具有重要影响,而股权结构又影响董事会结构以及董事会治理行为。政治学理论认为,在存在自由裁量空间并且外部惩戒体系不完善的情况下,公司董事首先需要考虑的是推举他的股东、股份控制人的意志(段盛华,2004),控股股东的股权性质会对董事会的治理产生重要影响(于东智,2005;李维安和张耀伟,2005)。从控制性股东性质角度对董事会治理情况进行评价具有现实意义,在有关董事会的研究文献中,我们发现直接关注不同控股股东类型下董事会治理状况的还不多。作为一种尝试,本部分主要从董事会规模、董事会独立性、董事激励、董事会运作四个方面14个子维度对不同控制性股东上市公司董事会治理竞争力进行评价与比较。

实证数据表明,不同控制性股东上市公司董事会治理竞争力总体上差别不大,整体水平不高(见表5-17及图5-41)。[1] 国有控股上市公司略高(见表5-17),董事会的良好运作是该类上市公司董事会治理竞争力较好的主要原因;职工持股会控股上市公司的董事会治理状况最差,尽管其在董事激励方面表现最好,但在董事会运作及独立性方面与其他类型上市公司存在差距。[2] 值得注意的是,外资控股上市公司董事会治理竞争力并不如人们想象的那样高,主要原因可能在于外资机构由于一些客观地理、文化因素,而难以真正参与到公司治理中去(李维安和张耀伟,2005),再加上外资控股上市公司重大事项决策主要受东道国的影响,董事会变成了执行机构,其重大事项决策作用发挥不大。

---

[1] 上海证券交易所研究中心的一份报告认为在缺乏有效的职业经理人市场与控制权市场的情况下,控股股东有能力选取(实际上是委派)董事会中的多数董事甚至全部董事。在这种情况下,大股东利用控股地位几乎支配了公司董事会,在公司治理与运营中实现了"超强控制"。参阅,上海证券交易所研究中心:《中国公司治理报告:董事会独立性和有效性》,上海:复旦大学出版社,2004年,第149页。《2002年上市公司董事会治理蓝皮书》也证实我国上市公司董事会基本上由第一大股东控制,很难体现中小股东的参与意识。《中国公司治理报告(2004):董事会独立性和有效性》(上交所研究报告,2004,第158~178页)详细介绍了大股东控制董事会的模式、方式和后果。

[2] 李维安和张耀伟(2005)在《中国上市公司董事会治理评价实证研究》(载《当代经济科学》2005年第1期)一文中得出的结论与本结论不同,他们认为不同性质的控股股东其董事会治理指数平均值由高到低依次为民营企业,国有或国有控股企业,国有资产管理公司,政府、国有资产管理或其他政府部门,集体企业,外资企业,大专院校、科研机构及其他事业单位。

表 5-17　不同控制性股东上市公司董事会治理竞争力总体比较

指标	实际控制人类别	样本数	均值	标准差	显著性水平
董事会治理竞争力	国有控股	2517	51.99	13.01	0.12
	民营控股	939	51.43	13.58	
	外资控股	20	48.49	11.75	
	集体控股	61	49.43	13.15	
	社团控股	29	49.26	14.82	
	职工持股会控股	24	46.92	14.10	
	合计	3590	51.72	13.19	
董事会规模合理性	国有控股	2517	98.56	2.61	0.04
	民营控股	939	98.34	3.04	
	外资控股	20	99.50	1.54	
	集体控股	61	99.10	2.14	
	社团控股	29	98.79	2.18	
	职工持股会控股	24	97.92	3.88	
	合计	3590	98.51	2.73	
董事会独立性	国有控股	2517	74.46	14.21	0.01
	民营控股	939	72.71	15.37	
	外资控股	20	70.86	16.69	
	集体控股	61	77.88	11.86	
	社团控股	29	73.78	16.11	
	职工持股会控股	24	71.86	15.37	
	合计	3590	74.02	14.54	
董事激励合理性	国有控股	2517	12.53	5.25	0.00
	民营控股	939	16.05	13.74	
	外资控股	20	13.60	5.50	
	集体控股	61	14.83	4.91	
	社团控股	29	12.44	6.98	
	职工持股会控股	24	16.94	5.26	
	合计	3590	13.52	8.50	
董事会运作	国有控股	2517	50.15	36.16	0.00
	民营控股	939	46.97	36.91	
	外资控股	20	41.27	31.18	
	集体控股	61	38.02	37.29	
	社团控股	29	42.61	37.91	
	职工持股会控股	24	33.76	33.00	
	合计	3590	48.89	36.41	

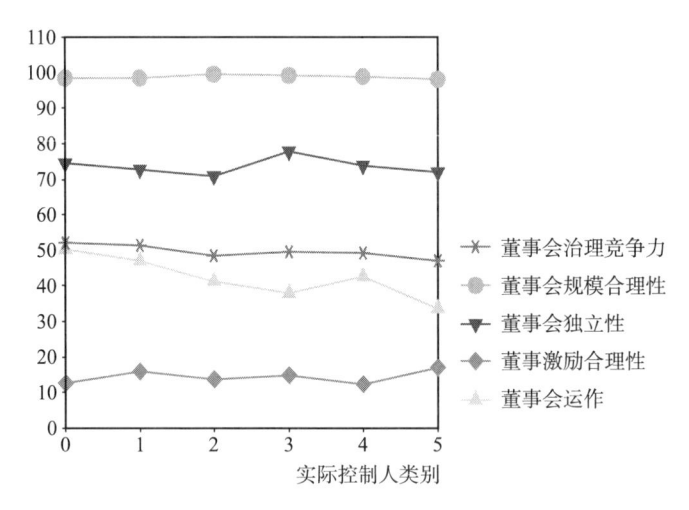

图 5-41　不同控制性股东上市公司董事会治理竞争力总体比较

不同控制性股东上市公司董事会规模合理性明显好于其他三个方面，且相互之间差别不大，这可能与董事会规模具有内生性的特征（谢军，2007；Dahya et al.，2008）有关；另一方面，众多的研究在董事会规模应保持适中（通常认为 9 人左右为宜）的观点上趋于一致也方便了实践中的操作。不同控股股东控制的上市公司董事会规模合理性具有显著差异，外资控股与集体控股上市公司显著好于民营控股（见表 5-18），本部分的研究也证实了谢军（2007）关于"董事会规模受第一大股东性质影响"的结论。

表 5-18　不同控制性股东上市公司董事会治理竞争力总体差异多重比较

指标	(I) 实际控制人类别	(J) 实际控制人类别	均值差 (I)-(J)	显著性水平
董事会治理竞争力[a]	国有控股	职工持股会控股	5.07	0.06
	民营控股	职工持股会控股	4.51	0.10
董事会规模合理性[b]	民营控股	外资控股	-1.16	0.05
		集体控股	-0.76	0.15
董事会独立性[b]	国有控股	民营控股	1.75	0.04
	民营控股	集体控股	-5.17	0.03
董事激励合理性[b]	国有控股	民营控股	-3.52	0.00
		集体控股	-2.30	0.01
		职工持股会控股	-4.41	0.01

作为衡量董事会独立性重要标准的独立董事比例和两职设置状况在不同控制性股东上市公司之间存在显著差异，不同控制性股东上市公司董事会独立性差别很大，集体控股上市公司董事会独立性好于国有控股上市公司，而国有控股上市公司显著高于民营控股上市公司（见表5-17与表5-18）。原因在于董事会成员很大程度上是由控股股东提名而且控股股东在董事会问题上处于强势地位，董事会更像是控股股东的董事会。早在1999年，谷书堂等[1]就指出，我国许多公司尚没有独立的外部董事，特别是首位大股东绝对控股的公司；南开大学公司治理研究中心的一份调查显示，2002年我国上市公司董事候选人的提名人中控股股东占78.09%，由控股股东推举提名的董事长为72.29%，任职或曾任职于控股股东的当选为董事长的占14.36%。金信证券研究所与上海上市公司董秘协会联合展开的一次调查研究显示，80%上市公司的独立董事是由大股东推荐给股东大会的，还有一些独立董事是往往与公司董事会成员或某高级管理者关系良好，[2] 据统计，截至2005年3月，我国上市公司董事会中70%以上的成员来自于股东单位的派遣，来自第一大股东的人数已经超过董事会人数的50%。谢永珍（2006）的研究也证实了我国上市公司董事长绝大部分是由控股股东提名的，[3] 董事会受制于控股股东的现象始终是上市公司面临的一个难题。[4] 民营控股上市公司相对于集体和国有控股上市公司更容易控制董事会，因而董事会独立性差，控制性家族或者自然人控制了董事会，很多民营企业的总经理是由企业创始人董事长一人担任。

样本公司董事激励水平普遍较低，由于个人效用与集体效用在一定程度上实现了一致，使得职工持股会控股上市公司在董事激励方面表现较好（见表5-17与表5-18），国有控股上市公司的"所有者缺位"导致激励的主体缺失加之国有控股上市公司长期以来的管理体制使得董事激励不足，这与人们的普遍认识相吻合，原因可能在于"行政型治理"模式下，

---

[1] 谷书堂、李维安、高明华：《中国上市公司内部治理的实证分析：中国上市公司内部治理问卷调查报告》，载《管理世界》1999年第6期，第144~151页。
[2] 上海上市公司董事会秘书协会、金信证券研究所：《69家上市公司独立董事调查——独董不能中看不中用》，载《上海证券报》，2003年8月7日。
[3] 谢永珍：《董事会治理评价研究》，高等教育出版社2006年版，第152页。
[4] 国外最近的研究发现，在投资者法律保护水平不足的国家，强有力的董事会（独立董事的比例作为主要衡量指标）在应对控股股东侵害公司价值方面更为重要，我国面临的董事会受制于大股东的问题急需解决，文章见 Dahya, Dimitrov, McConnell, Dominant Shareholders, Corporate Boards, and Corporate Value: A Cross-country Analysis. *Journal of Financial Economics*, 2008 (87), pp. 73-100.

国有控股上市公司的运作受到政府的更多干预，考评机制与其他上市公司存在差别，存在浓厚的行政色彩，更多的是通过行政职务激励董事等高管人员。

董事会运作方面，国有控股上市公司董事会运作质量最高（见表5-17），职工持股会控股上市公司董事会运作最差，主要是由相关的次级委员会设置情况以及董事会行为强度所致。此外，各上市公司之间董事会独立性及运作方面的差异远大于董事会规模和董事激励的差异，主要是因为上市公司董事会规模普遍较为合理而董事激励水平普遍较低。

总体而言，尽管上市公司董事会治理水平有所提高，但当前我国上市公司的董事会治理处在被动的合规阶段，董事会作为公司治理核心的作用依然未得到充分的发挥，在董事会运作、董事会独立性以及董事激励等方面存在较大的改进空间，董事会治理水平依旧是未来改善公司治理的重中之重。

2. 各类控股股东控制上市公司董事会治理竞争力变动分析。

（1）国有控股上市公司董事会治理竞争力及其变动分析。国有控股上市公司董事会治理竞争力呈逐年上升的趋势，主要得益于董事会运作的改善。在董事会治理竞争力各要素中，董事会规模、董事会独立性和董事激励变化不大。上市公司对董事会建设的重视以及外部监管的加强使得董事会治理2006年较以前年份得以明显改善，董事会治理竞争力较以前各年有显著提高（见表5-19、表5-20以及图5-42）；董事会规模四年间变化不大，2006年较2003年董事会规模降低明显，表明国有控股上市公司倾向于情形董事会；国有控股上市公司董事会独立性建设中可能出现了"天花板"现象，主要受外部制度约束，董事会独立性没有明显变化；得益于董事会行为强度以及委员会设置比率的增加，2006年董事会运作较以前年份明显好转，较以前年度有显著改善（见表5-19、表5-20）；董事激励合理性各年普遍较低，且呈现缓慢下滑的趋势，但年度间没有显著差异，上市公司董事激励可能面临着"地板"现象。

表 5-19　　　不同控制性股东上市公司董事会治理竞争力变动比较

年度	实际控制人类别		董事会治理竞争力	董事会规模合理性	董事会独立性	董事激励合理性	董事会运作
2003	国有控股 (N=621)	均值	49.35	98.73	74.36	12.71	42.25
		标准差	12.62	2.39	14.01	5.18	34.75
	民营控股 (N=177)	均值	48.27	98.79	72.12	14.78	39.00
		标准差	12.85	2.68	15.32	12.88	35.70
	外资控股 (N=7)	均值	52.37	99.29	73.98	12.97	50.98
		标准差	13.91	1.89	17.81	6.31	38.22
	集体控股 (N=21)	均值	49.31	99.29	77.51	15.59	37.25
		标准差	14.84	1.79	12.93	5.04	39.13
	社团控股 (N=6)	均值	43.31	97.50	72.33	13.79	25.55
		标准差	15.57	2.74	17.75	7.20	35.21
	职工持股会控股 (N=5)	均值	40.52	100.00	68.41	18.04	15.79
		标准差	4.69	0.00	16.29	3.67	9.90
	合计 (N=837)	均值	49.05	98.76	73.91	13.26	41.23
		标准差	12.73	2.44	14.35	7.55	35.03
2004	国有控股 (N=638)	均值	50.98	98.61	74.38	12.65	47.12
		标准差	12.70	2.66	14.09	5.13	35.46
	民营控股 (N=220)	均值	49.97	98.80	72.46	17.22	41.73
		标准差	13.08	2.62	15.34	16.01	35.37
	外资控股 (N=6)	均值	50.35	100.00	75.27	13.27	43.57
		标准差	11.28	0.00	15.77	6.65	30.34
	集体控股 (N=19)	均值	49.11	99.21	78.45	14.93	36.51
		标准差	11.95	1.87	11.35	5.47	35.24
	社团控股 (N=15)	均值	50.47	99.33	72.79	12.66	46.52
		标准差	14.31	1.76	16.51	7.88	37.54
	职工持股会控股 (N=5)	均值	47.40	99.00	70.25	19.65	33.71
		标准差	15.89	2.24	17.67	1.42	37.11
	合计 (N=903)	均值	50.66	98.69	73.96	13.86	45.47
		标准差	12.79	2.62	14.43	9.31	35.46

续表

年度	实际控制人类别		董事会治理竞争力	董事会规模合理性	董事会独立性	董事激励合理性	董事会运作
2005	国有控股（N=653）	均值	51.74	98.53	74.53	12.48	49.43
		标准差	12.80	2.59	14.28	5.64	35.34
	民营控股（N=238）	均值	50.72	98.32	72.75	16.28	44.69
		标准差	13.01	3.00	15.09	13.10	34.71
	外资控股（N=4）	均值	45.60	100.00	66.75	16.22	33.45
		标准差	10.44	0.00	21.07	4.30	25.14
	集体控股（N=12）	均值	49.80	99.58	78.36	15.02	38.40
		标准差	11.92	1.44	10.72	4.18	38.32
	社团控股（N=4）	均值	45.14	98.75	76.65	14.89	26.39
		标准差	13.36	2.50	17.17	1.88	32.92
	职工持股会控股（N=6）	均值	46.87	96.67	75.29	15.20	33.02
		标准差	14.96	5.16	13.42	6.84	34.65
	合计（N=917）	均值	51.36	98.48	74.10	13.54	47.77
		标准差	12.84	2.71	14.49	8.39	35.22
2006	国有控股（N=605）	均值	56.03	98.37	74.58	12.26	62.24
		标准差	13.04	2.78	14.48	5.01	36.24
	民营控股（N=304）	均值	54.87	97.76	73.20	15.76	57.20
		标准差	14.13	3.44	15.69	12.89	38.26
	外资控股（N=3）	均值	39.59	98.33	60.23	12.24	24.47
		标准差	7.22	2.89	10.59	3.40	26.65
	集体控股（N=9）	均值	49.90	97.78	76.89	12.59	42.47
		标准差	15.10	3.63	13.63	4.28	41.90
	社团控股（N=4）	均值	57.73	98.75	76.75	7.14	69.73
		标准差	17.76	2.50	17.24	5.04	41.23
	职工持股会控股（N=8）	均值	50.65	96.88	72.46	15.87	45.58
		标准差	17.06	4.58	17.23	6.23	38.56
	合计（N=933）	均值	55.50	98.16	74.10	13.41	60.18
		标准差	13.49	3.04	14.90	8.59	37.08

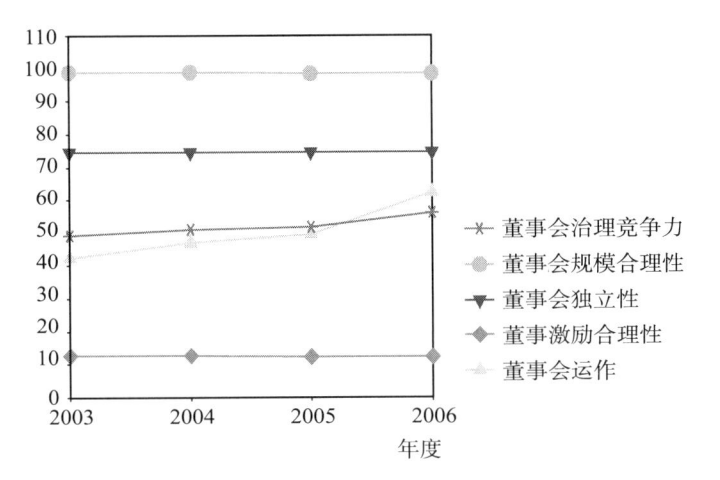

图 5-42 国有控股上市公司董事会治理竞争力变动

表 5-20 国有控股与民营控股上市公司董事会治理竞争力变动多重比较

控股股东	指标	(I) 年度	(J) 年度	均值差 (I)-(J)	显著性水平
国有控股上市公司	董事会治理竞争力[a]	2006	2003	6.68	0.00
			2004	5.05	0.00
			2005	4.29	0.00
	董事会规模合理性[b]	2006	2003	-0.36	0.02
	董事会运作[a]	2006	2003	19.99	0.00
			2004	15.13	0.00
			2005	12.82	0.00
民营控股上市公司	董事会治理竞争力[b]	2006	2003	6.60	0.00
			2004	4.90	0.00
			2005	4.15	0.00
	董事会规模合理性[b]	2006	2003	-1.02	0.00
			2004	-1.03	0.00
	董事会运作[b]	2006	2003	18.20	0.00
			2004	15.47	0.00
			2005	12.51	0.00

国有控股上市公司由于存在所有者缺位、内部人控制等问题，董事会在公司治理中的地位更为重要，董事会治理状况直接关系到公司治理的效果。目前国有控股上市公司董事会治理状况依然有较大的改进余地，尤其是如何加强对董事的激励和提高董事会运作。由于国有控股上市公司

"所有者缺位",因而董事激励的主体缺失,这也是长期以来国有控股上市公司董事激励水平较差的重要原因,因此改善国有控股上市公司的董事激励状况的关键是确定明确的主体,克服董事激励中可能存在的"瓶颈"。董事会运作主要受董事会下属委员会设置、董事会会议次数及董事会会议质量等的影响,上市公司需要从以上几个方面提高董事会运作效率。

(2)民营控股上市公司董事会治理竞争力及其变动分析。民营控股上市公司董事会治理竞争力四年间呈逐年上升趋势,董事会治理状况逐年好转,2006年较以前各年明显改善,但各上市公司之间的差距依然较大(见表5-19、表5-20以及图5-43)。各治理要素方面,2006年董事会规模较以前各年略有下降;董事会独立性各年间差异不大,但各上市公司之间差异有增大的趋势;董事会运作逐年改善,2006年较以前各年明显好转,较以前各年有显著提高(见表5-19、表5-20),董事会会议次数的增加以及董事会下属委员会设置比率的提高是导致董事会运作改善的主要原因,董事会运作的改善也是民营控股上市公司董事会治理竞争力提高的主要原因;董事激励合理性2004年后开始下降,但各年间差异不明显,在六类上市公司中,民营控股上市公司董事激励状况表现相对较好,但同样存在着董事激励不合理的问题。

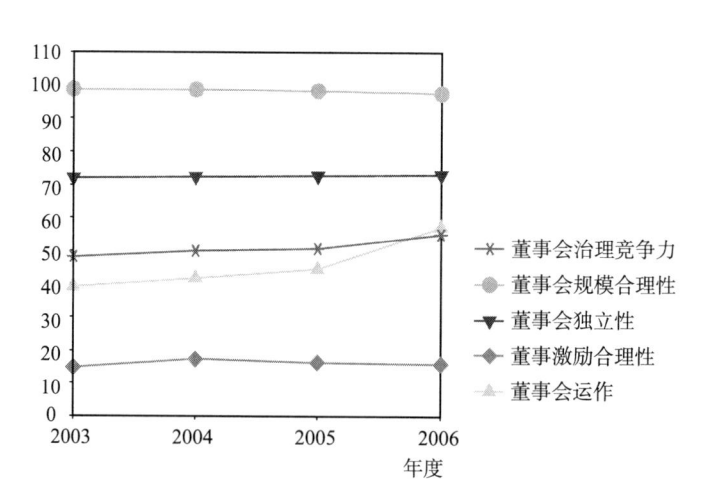

图5-43 民营控股上市公司董事会治理竞争力变动

总之,民营控股上市公司董事会治理竞争力的提高主要得益于董事会运作水平的提高。由于民营控股上市公司多为家族控制，股权结构分散，股东之间的制衡程度较好，董事会作为大股东实施控制权的场所，其重要性不言而喻，大股东之间的相互制约也使得董事会对公司重大问题的决策以及对经理的监督等能够发挥较大的作用，因而董事会运作水平较高。与其他五类上市公司类似，董事会运作和董事激励水平依然是制约董事会治理竞争力的关键因素。

（3）外资控股上市公司董事会治理竞争力及其变动分析。表5-19及图5-44显示，与其他几类上市公司不同，外资控股上市公司董事会治理竞争力呈逐年下降的趋势，但不同年份间差异并不显著。各治理要素方面，董事会规模不同年份间变化较小；自2004年后董事会独立性有所减弱，2005年董事会独立性较2004年降低了8.52个百分点，2006年较2004年降低了15.04个百分点；董事激励合理性程度也较低，各年差异不大，2005年略微转好；董事会运作四年间呈逐年下滑的趋势，且各年降幅较大，2004年、2005年、2006年较2003年分别降低了7.41个、17.53个、26.51个百分点，董事会会议次数的变化以及次级委员会设置的变化是导致这些现象的主要原因。

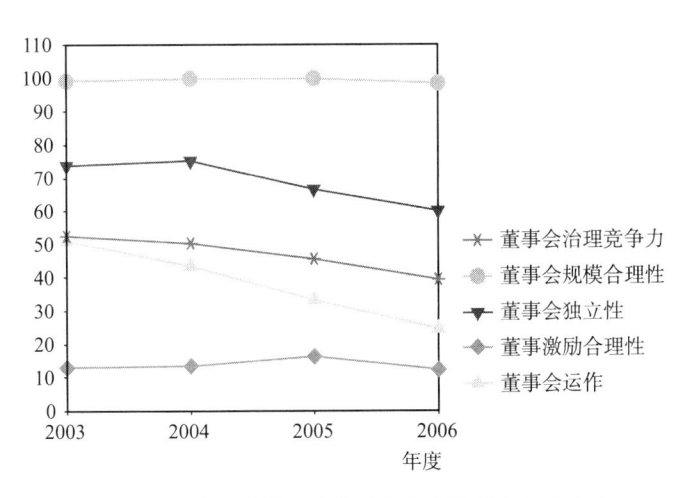

图5-44 外资控股上市公司董事会治理竞争力变动

（4）集体控股上市公司董事会治理竞争力及其变动分析。表5-19及图5-45显示，集体控股上市公司董事会治理竞争力及各治理要素情况四年间未发生明显的变化，上市公司的制度性约束没有对集体控股上市公司起到明显作用,且上市公司自身的董事会治理状况各年并没有表现出较大差异,说明上市公司对董事会治理重视不足。但是各上市公司之间在董事会治理竞争力、董事会独立性、董事会运作以及董事激励方面差距较大,尤其是在董事会运作方面。董事会运作水平要差于国有及民营控股上市公司;但董事会独立性好于同年度其他五类上市公司,可能受到该类上市公司倾向于将董事长与总经理两职分设的影响。

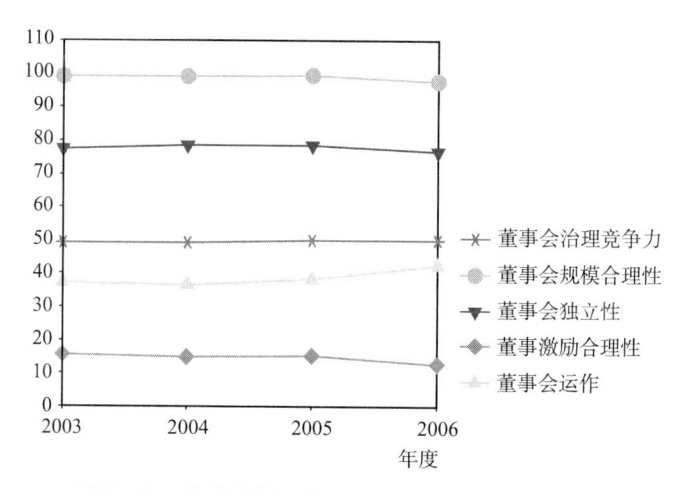

图 5-45 集体控股上市公司董事会治理竞争力变动

(5) 社团控股上市公司董事会治理竞争力及其变动分析。社团控股上市公司整体上治理竞争力有所提高,尤其是董事会运作水平大幅提升。各治理要素中,董事会规模没有发生明显变化;上市公司独立董事比例的增加以及两职分设程度的提高使得董事会独立性 2005 年、2006 年好于 2003 年和 2004 年;董事会运作各年差异较大,2004 年和 2006 年好于 2003 年和 2005 年,尤其是 2006 年董事会运作状况较以前各年有显著改善;董事会下属委员会设置比率的提高是主要原因;董事激励状况前三年差异不大,2006 年大幅下降 (见表 5-19 及图 5-46)。

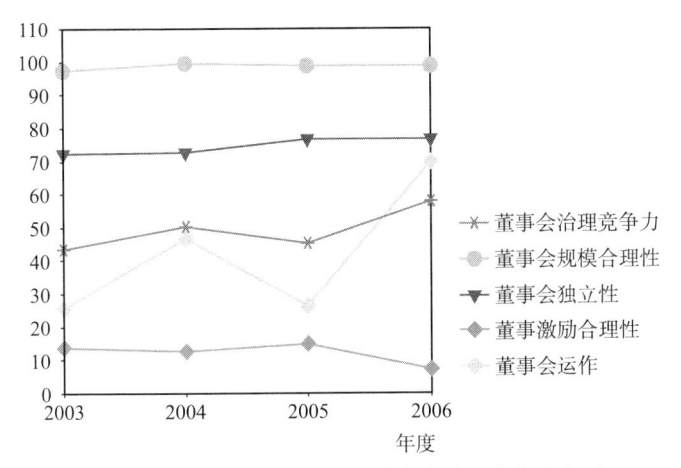

图 5-46 社团控股上市公司董事会治理竞争力变动

（6）职工持股会控股上市公司董事会治理竞争力及其变动分析。职工持股会控股上市公司董事会治理状况差于其他五类上市公司，但在样本年度内有所好转，董事会运作的改善是主要原因。各治理要素方面，与其他控制股东控制的上市公司相似，董事会规模合理性以及董事会独立性相对较高，但董事激励以及董事会运作状况相对较差。尽管各年董事会治理竞争力以及董事会治理要素竞争力不一，但各年差异并不显著（见表5-19及图5-47）。由于董事会成员多为持有公司股份的缘故，六类控股股东控制的上市公司中，职工持股会控股上市公司董事激励状况表现最好。

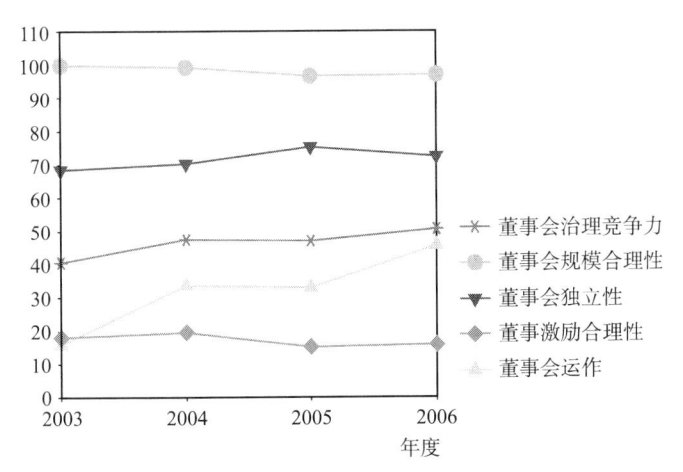

图 5-47 职工持股会控股上市公司董事会治理竞争力变动

总之，国有及民营控股上市公司董事会治理状况逐年好转，集体控股上市公司各年变化不大，外资控股上市公司董事会治理状况呈下滑的趋势，社团和职工持股会控股上市公司董事会治理状况波动较大，2004年和2006年好于2003年和2005年；上市公司董事会规模已满足监管要求，因而不同年份不同类上市公司董事会规模方面差异不大；上市公司董事会运作方面受到股权分置改革和制度性约束的影响较为明显，除外资控股上市公司外其他几类上市公司董事会运作在2006年均出现明显好转，外资控股上市公司董事会运作则呈逐年下滑趋势；董事会独立性方面，各类上市公司间差异不大，由于董事会中独立董事比例及董事长与总经理的两职设置状况变化的幅度不大，不同年份上市公司董事会独立性的差异并不明显，说明上市公司董事会建设更多出于满足监管的要求，而非自身的自发性需求；各类上市公司对董事的激励严重不足，不同年份并没有显著变化，对董事的激励依然主要集中在货币报酬上，股权激励并没有得到充分实施，上市公司对董事激励的重视程度亟须加强。

3. 不同控股股东控制上市公司董事会规模与独立性比较。

董事会职能的发挥主要受董事会结构的影响，林克等（J. S. Linck et al., 2008）将董事会规模、董事会独立性和董事会的领导权结构归为董事会结构，[1] 很多学者认为控制性股东上市公司董事会规模、独立董事比例、董事长与总经理的两职设置存在显著差异。[2] 本部分的研究得到了与相关学者一致的结论（见表5-21及图5-48）。

---

[1] 尽管与本书的控制性股东类型以及董事会结构划分存在较大差异，邹风（2006）的实证研究也证实股权性质和股权结构对董事会结构的影响最为显著。陈晓红等（2007）在对沪深中小上市公司的经验分析时发现，民营控股股权性质的中小上市公司与两权合一、董事持股比例和董事会会议次数分别在1%和5%的水平上显著正相关，民营上市公司有着天然的所有权和经营权"两权合一"的制度偏好。储一昀和谢香兵（2008）的研究发现股权性质和股东制衡能力是影响董事会构成的重要因素。此外，黄张凯等（2006）、曹廷求等（2007）的研究也发现控股股东性质影响到董事会结构。

[2] James S. Linck, Jeffry M., Netter, Tina Yang, The Determinants of Board Structure. *Journal of Financial Economics*, 2008 (87), pp. 308 – 328.

表 5-21　　　不同控制性股东上市公司董事会规模及其独立性差异比较

指标	实际控制人类别	样本数	均值	标准差	最小值	最大值	显著性水平
董事会规模（人）	国有控股	2517	10.02	2.18	4.00	21.00	0.00
	民营控股	939	9.27	2.10	4.00	23.00	
	外资控股	20	9.80	1.91	8.00	15.00	
	集体控股	61	9.46	1.68	6.00	14.00	
	社团控股	29	10.41	2.21	7.00	17.00	
	职工持股会控股	24	8.75	3.10	6.00	20.00	
	合计	3590	9.81	2.18	4.00	23.00	
独立董事比例（%）	国有控股	2517	33.45	6.52	0.00	61.54	0.00
	民营控股	939	34.70	6.20	0.00	75.00	
	外资控股	20	33.59	4.78	21.43	50.00	
	集体控股	61	34.16	4.74	25.00	50.00	
	社团控股	29	34.32	4.42	15.38	42.86	
	职工持股会控股	24	36.55	5.58	28.57	44.44	
	合计	3590	33.82	6.41	0.00	75.00	
董事长与总经理两职设置（分）	国有控股	2517	2.47	0.74	1.00	3.00	0.00
	民营控股	939	2.34	0.82	1.00	3.00	
	外资控股	20	2.25	0.91	1.00	3.00	
	集体控股	61	2.64	0.61	1.00	3.00	
	社团控股	29	2.38	0.90	1.00	3.00	
	职工持股会控股	24	2.29	0.75	1.00	3.00	
	合计	3590	2.43	0.76	1.00	3.00	

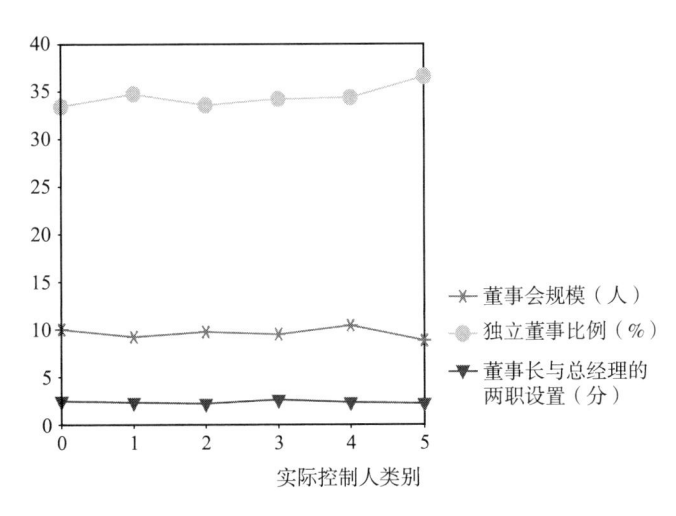

图 5-48　不同控制性股东上市公司董事会规模及其独立性差异比较

我国上市公司在董事会规模上与国外大致相同，[①] 董事会规模为9.81人，符合《公司法》建议的5~19人规定；最大为21人，最小仅有4人，未达到合规性要求（见表5-21）。董事会规模是不同性质的股东相互争夺董事会控制权的结果，不同控制性股东的行为选择不同、企业具有自身的特征以及企业面临的经营环境和治理环境存在差异，不同控股股东控制的上市公司董事会规模有一定差异。本部分的实证研究支持了相关学者关于控股股东的性质影响董事会规模的结论，[②] 社团控股上市公司董事会规模最大为10.41人，国有控股上市公司董事会规模为10.02人，显著高于民营控股（见表5-22）而低于其他类型上市公司。国有比民营控股上市公司董事会规模大，可能是由于国有公司存在着民主决策行为倾向以及出于责任分担的考虑。

表5-22　　不同控制性股东上市公司董事会规模及其独立性差异多重比较

指标	(I) 实际控制人类别	(J) 实际控制人类别	均值差 (I)-(J)	显著性水平
董事会规模（人）[b]	国有控股	民营控股	0.74	0.00
独立董事比例（%）[a]	国有控股	民营控股	-1.25	0.00
		职工持股会控股	-3.11	0.02
	集体控股	国有控股	0.71	0.39
		职工持股会控股	-2.39	0.12
董事长与总经理两职设置（分）[b]	国有控股	民营控股	0.13	0.00
	民营控股	集体控股	-0.30	0.01

表5-21的实证数据显示，独立董事数量在保持董事会的独立性方面并没有显示出明显的效果，[③] "花瓶效应"远大于"决策效应"等，独立

[①] 达亚等（Dahya, Dimitrov, McConnell, 2008）对全球24个国家（地区）782个拥有一个控股股东的公司的调查显示，这些公司的董事会平均规模为9.48人，其中德国最高，平均为14.8人，最低的芬兰只有6.6人，日本有的公司最高达30人。

[②] 王维祝（2007）在《中国上市公司董事会规模》（载《山东大学学报》2007年第5期）一文中得出类似的结论，与本部分不同的是，该文将第一大股东的性质分为外资、国有资产管理公司、国有或国有控股公司、高校与科研单位、政府、民营、集体、其他、非银行金融机构等9大类。曹廷求（2007）的研究也显示控股类型因素对董事会规模可能存在某种影响。谢永珍（2006）也认为第一大股东性质对董事会规模有一定影响。

[③] 赫尔马林和魏斯巴赫（Hermalin and Weisbach, 2003）认为仅凭独立董事所占比例来判断董事会独立性以及董事会监督质量的成效过于简单。我国的很多学者也认为独立董事制度在我国并未产生实质性的治理效果。而达亚等（Dahya et al., 2008）的研究显示，即使在存在控制性股东的公司，独立董事能够减少RPTs（related party transactions）发生的可能性，公司价值与董事会中独立董事的比例正相关，独立董事监督的积极性源于董事人力资本市场的约束、法律环境以及市场的压力。费尔南德斯（Fernandes, 2008）也认为独立董事要发挥作用，尤其要确保他们能够真正实现独立。施威达萨尼和耶麦克（Shivdasani and Yermack, 1999），希格斯（Higgs, 2003），圣泰拉等（Santella et al., 2006）等也对独立董事的独立性提出了质疑。

董事规模是上市公司制度约束的结果,而并非上市公司监督的自发性需要(谢永珍,2005,2007)。样本上市公司独立董事比例为 33.82%,满足了《公司法》关于独立董事比例高于 1/3 的规定,与国外相比差别较大。[①] 原因在于:第一,我国上市公司在独立董事制度建设上存在形式主义,独立董事大多是作为"装饰品"在董事会中出现;第二,控股股东出于控制董事会、抑制经理人等目的,在控制独立董事人数上显得谨慎,独立董事在董事会中处于弱势地位,是独立董事不能有效发挥群体作用的一个重要原因;[②] 第三,在中国上市公司中,独立董事的兼任现象非常普遍,他们很难保障有足够的时间去了解所任职公司的实际经营状况和对公司高管实施有效的监督(罗进辉和万迪昉,2008)。尽管独立董事比例的高低并不代表董事会独立性的实质,[③] 但在不同控制性股东上市公司中依然表现出了显著的差异,控股股东在对待选择公司独立董事问题上行为方式存在差异,独立董事的设立可能给那些侵害股东权益的控股股东一个貌似公正的理由来保护自己(于东智,2003)。本书研究发现,独立董事比例因控制股东类型的不同而存在明显差异,[④] 国有控股上市公司的独立董事比例显著低于民营控股与职工持股会控股上市公司(见表 5-22),[⑤] 这与黄张凯等(2006)"股权集中度对中国上市公司董事会中独立董事的比例具

---

① 尽管与本书对独立董事的划分依据不同,达亚等(Dahya et al.,2008)的调查显示,24 个国家(地区)独立董事平均比例为 46.62%(数据为笔者依照文中数据计算所得),远高于我国的独立董事比例,24 个国家(地区)中美国最高,平均值为 75.0%,最低的日本也达到了 38.0%,引文同上注释。

② 汤立斌(2007)在评述新《公司法》第 123 条时认为,只有独立董事的比重达到一定程度之后,才可以真正发挥独立作用,这恰恰是目前中国独立董事制度中非常关键的缺陷,或者说是首先要解决的缺陷,新《公司法》第 123 条的规定过于原则化,并没有解决独立董事制度中当前最为关键的缺陷。唐清泉(2005)也认为在面对聘请独立董事可能带来的风险与威慑的情况下,大股东不可能产生强烈的动机来聘请独立董事。达亚等(Dahya et al.,2008)也认为,对于控股股东来说,董事会的强度(独立性)是其权衡可能的私人收益的减少与股价增加的结果。国外独立董事能够发挥良好作用的一个重要原因在于独立董事比例较高,这可能从侧面反映出我国有关独立董事的规定需要进一步完善。

③ 王斌(2007)认为判断董事会独立性的程度,关键不在于形式上是否独立(独立董事占董事会比例高低并不代表董事会独立性的实质),而在于集体决策的价值取向和独立运作实质。参阅王斌:《论董事会独立性:对中国实践的思考》,载《会计研究》2006 年第 5 期,第 25~30 页。

④ 与谢永珍、王跃堂等的研究一致。谢永珍(2006)的研究显示,第一大股东性质不同的上市公司独立董事比例有较大差别,此外,王跃堂等(2006)在使用联立方程分析董事会独立性对公司绩效影响的过程中,发现我国上市公司第一大股东性质、公司规模与董事会独立性负相关。

⑤ 与黄张凯等人的研究基本一致。黄张凯、徐信忠、岳云霞(2007)认为国有股对独立董事比例有负面作用。参阅黄张凯、徐信忠、岳云霞:《中国上市公司董事会结构分析》,载《管理世界》2006 年第 11 期,第 128~134 页。

有负面作用"的结论基本一致。①

两职设置方面，尽管代理理论和管家理论各执一词，②但本书的研究发现，各类控股股东控制的上市公司均倾向于两职分设，并且国有控股分设程度高于民营控股（见表5-22）。与谢军（2007）的结论基本一致，③但与蔡志岳和吴世农（2007）的观点不一致。④民营控股两职兼任程度高的原因在于部分民营企业的总经理是公司的创始人董事长。

4. 各类控股股东上市公司董事会规模与独立性变动分析。

（1）国有控股上市公司董事会规模与独立性及其变动分析。国有控股上市公司董事会规模自2003年呈缩小的趋势，2006年较以前各年明显减少（见表5-23、表5-24以及图5-49），但董事会规模总体上要大于其他五类上市公司。上市公司之间呈现较大差异，2006年规模最大的董事会多达21人，规模最小的董事会仅有5人。大部分上市公司独立董事制度建设达到了合规性的要求，独立董事比例呈现增加趋势（见表5-23、表5-24），但独立董事的比例依然较少，不利于董事会下属委员会的运作，以及独立董事群体作用的发挥。董事长与总经理的任职情况更多的是受到政府行政行为的影响。国有控股上市公司存在三种形式的领导权结构，即董事长与总经理两职分任、董事长与总经理一人兼任、副董事长或者董事兼任总经理，尽管两职设置的比率有所下降，但与民营、外资、社团及职工持股会控股上市公司相比，董事长与总经理更倾向于两职

---

① 相似的研究还有王华、黄之骏（2006），他们的研究显示采用GLS法时，股权集中度对独立董事比例有负面作用，而采用2SGLS法时，股权集中度的影响就不显著了。

② 尤金康和阿斯加（Eugene Kang and Asghar Zardkoohi, 2005）对1978～2003年国际重要期刊的分析发现有近30多篇实证文章考察了双职与公司业绩的关系，指出研究呈现出矛盾的结论：一部分研究显示CEO两职合一与公司业绩没有显著联系；少部分研究结论认为二者存在负或正的相关性；多数研究显示的却是混合关系。据此，他指出两职合一与公司业绩的关系取决于公司内外部治理环境，并认为：1）双职是对CEO的奖励；2）双职是对资源稀缺、复杂多变的环境的一种解决方案；3）双职与制度上强制性相一致；4）双职是社会互惠交易的结果；5）双职是强有力的CEO强权的结果。Eugene Kang, Asghar Zardkooh, Board Leadership Structure and Firm Performance. *Corporate Governance: An International Review*, 2005, 13（6）, pp. 785－799.

③ 谢军（2007）将控制股东分为国家股、法人股和流通股，通过研究得出控股股东性质对董事长与CEO的两职合一没有显著影响的结论，详细论述参见谢军：《董事会制度、管理质量和公司价值：基于上市公司成长性的实证分析》，载《华南师范大学学报》2007年第5期，第36～41页。

④ 蔡志岳、吴世农（2007）的研究支持管家理论，认为董事长和总经理的两职合一可能是由中国的《公司法》规定董事长是公司法定代表人所导致的：董事长不任总经理，却又要承担公司经营风险的责任，责权利不一致；而总经理拥有公司的经营权，却不必承担法人代表的经营风险，董事长兼任总经理可以使得责权利一致，约束和规范公司经营行为。蔡志岳、吴世农：《董事会特征影响上市公司违规行为的实证研究》，载《南开管理评论》2007年第6期，第62～68页。

分设。

表5－23 不同控制性股东上市公司董事会规模及其独立性变动比较

年度	实际控制人类别		董事会规模（人）	独立董事比例（%）	董事长与总经理两职设置（分）
2003	国有控股（N=621）	均值	10.22	31.79	2.49
		标准差	2.20	6.81	0.72
	民营控股（N=177）	均值	9.49	33.18	2.34
		标准差	2.10	5.62	0.82
	外资控股（N=7）	均值	10.57	31.70	2.43
		标准差	2.15	4.81	0.98
	集体控股（N=21）	均值	9.52	33.76	2.62
		标准差	1.50	4.43	0.67
	社团控股（N=6）	均值	11.17	31.94	2.33
		标准差	2.32	8.28	1.03
	职工持股会控股（N=5）	均值	9.40	31.87	2.20
		标准差	2.19	2.15	0.84
	合计（N=837）	均值	10.05	32.14	2.46
		标准差	2.18	6.52	0.75
2004	国有控股（N=638）	均值	10.06	33.39	2.47
		标准差	2.22	5.92	0.73
	民营股控（N=220）	均值	9.45	34.46	2.33
		标准差	2.07	5.18	0.83
	外资控股（N=6）	均值	9.00	33.33	2.50
		标准差	0.00	0.00	0.84
	集体控股（N=19）	均值	9.68	33.29	2.68
		标准差	1.86	4.81	0.58
	社团控股（N=15）	均值	9.67	34.57	2.33
		标准差	1.40	2.61	0.90
	职工持股会控股（N=5）	均值	9.20	36.98	2.20
		标准差	2.86	6.63	0.84
	合计（N=903）	均值	9.88	33.69	2.44
		标准差	2.18	5.69	0.76

续表

年度	实际控制人类别		董事会规模（人）	独立董事比例（%）	董事长与总经理两职设置（分）
2005	国有控股（N=653）	均值	9.98	34.18	2.46
		标准差	2.09	5.33	0.75
	民营控股（N=238）	均值	9.14	35.19	2.34
		标准差	1.89	5.64	0.82
	外资控股（N=4）	均值	10.50	33.33	2.00
		标准差	3.00	0.00	1.15
	集体控股（N=12）	均值	9.08	35.17	2.67
		标准差	1.38	3.69	0.49
	社团控股（N=4）	均值	12.75	35.49	2.50
		标准差	3.86	3.15	1.00
	职工持股会控股（N=6）	均值	7.67	36.77	2.50
		标准差	1.51	5.35	0.55
	合计（N=917）	均值	9.75	34.48	2.43
		标准差	2.09	5.39	0.77
2006	国有控股（N=605）	均值	9.81	34.41	2.45
		标准差	2.19	7.58	0.75
	民营控股（N=304）	均值	9.13	35.37	2.35
		标准差	2.27	7.37	0.83
	外资控股（N=3）	均值	8.67	38.89	1.67
		标准差	0.58	9.62	0.58
	集体控股（N=9）	均值	9.33	35.59	2.56
		标准差	2.18	6.52	0.73
	社团控股（N=4）	均值	9.75	35.76	2.50
		标准差	0.96	3.17	1.00
	职工持股会控股（N=8）	均值	8.88	39.05	2.25
		标准差	4.58	5.59	0.89
	合计（N=933）	均值	9.58	34.80	2.42
		标准差	2.25	7.49	0.78

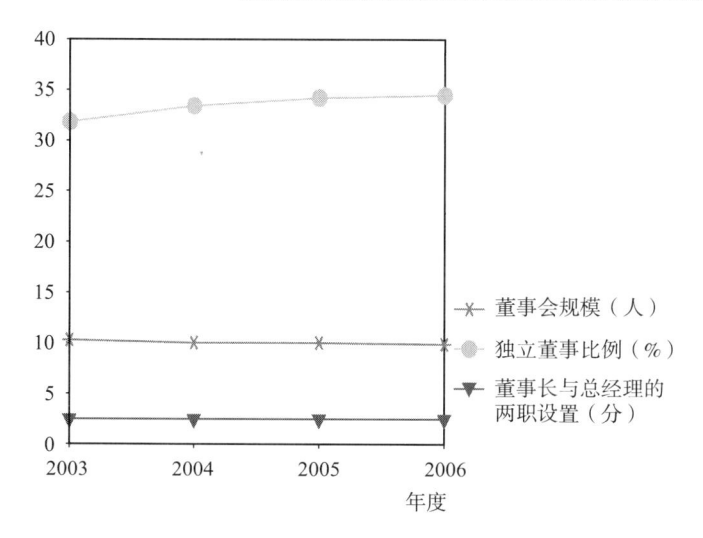

图 5-49　国有控股上市公司董事会规模与独立性变动

表 5-24　国有控股与民营控股上市公司董事会规模与独立性变动多重比较

控股股东	指标	(I) 年度	(J) 年度	均值差 (I)-(J)	显著性水平
国有控股上市公司	董事会规模（人）[a]	2005	2003	-0.24	0.05
		2006	2003	-0.41	0.01
			2004	-0.25	0.05
	独立董事比例（%）[b]	2004	2003	1.90	0
		2005	2003	2.40	0
			2004	0.80	0.07
		2006	2003	2.62	0
			2004	1.02	0.05
民营控股上市公司	董事会规模（人）[a]	2005	2003	-0.35	0.10
		2006	2003	-0.36	0.08
			2004	-0.32	0.09
	独立董事比例（%）[b]	2004	2003	1.28	0.11
		2005	2003	2.01	0.00
		2006	2003	2.19	0.00

（2）民营控股上市公司董事会规模与独立性及其变动分析。董事会规模呈现小规模化趋势（见表5-23、表5-24以及图5-50），上市公司董事会规模差异较大，2006年董事会规模最大的民营上市公司为23人，

董事会规模过于庞大容易导致决策效率的下降，最少的仅为 4 人，可能导致董事会决策可利用的董事资源缺乏。独立董事比例 2003 年后各年均有显著增加，但幅度不大（见表 5－23、表 5－24）。董事长与总经理的两职设置情况各年变化不大，董事长与总经理两职分任、副董事长或董事兼任总经理、董事长兼任总经理三种情况在民营上市公司均存在，但董事长与总经理两职分设程度低于国有控股上市公司。与国有控股上市公司相似，民营上市公司董事会中独立董事的有效性和独立性需要提高。

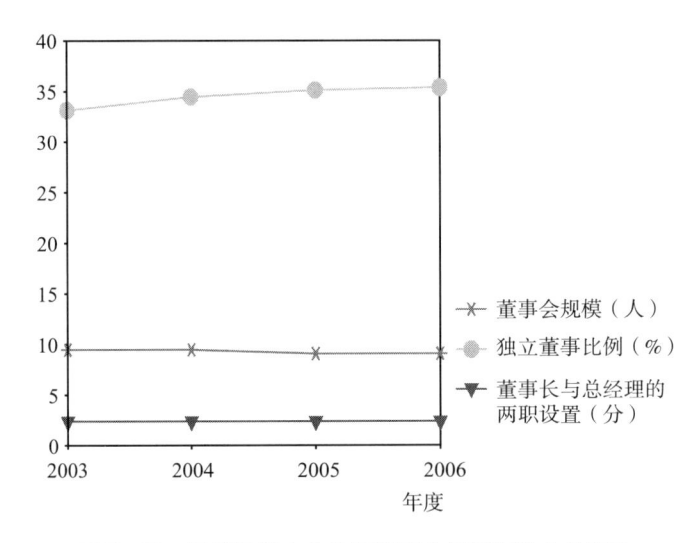

图 5－50　民营控股上市公司董事会规模与独立性变动

（3）外资控股上市公司董事会规模与独立性及其变动分析。表 5－23 及图 5－51 显示，外资控股上市公司董事会规模的建设区别于其他几类上市公司，董事会规模更接近于发达国家盛行的董事会规模。样本年度内董事会规模四年间波动较大，各上市公司之间差异较小，2006 年人数最多的为 9 人，最少的为 8 人。但董事会成员中独立董事比例明显区别于英美模式下的董事会构成，独立董事比例在董事会中的比重较低，说明外资控股上市公司在董事会的建设上也存在单纯的"合规"动机；董事长与总经理倾向于两职合一或部分合一，可能是为了避免可能发生的治理权和管理权争夺问题（如达能与娃哈哈之争）。

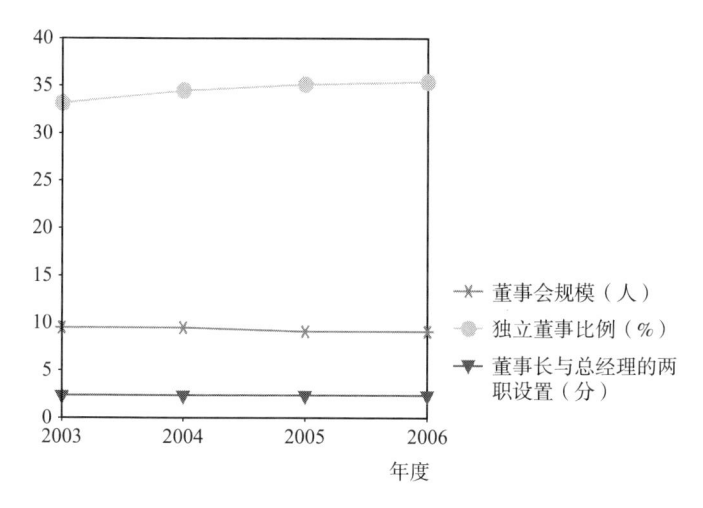

图 5-51　外资控股上市公司董事会规模与独立性变动

(4) 集体控股上市公司董事会规模与独立性及其变动分析。表 5-23 及图 5-52 显示，集体控股上市公司董事会规模较为合理，样本年度内变化不大，各上市公司差异相对较小，2006 年规模最大的董事会为 13 人，最小的为 6 人；独立董事比例略有增加，有部分上市公司依然未达到 1/3 的要求；大部分上市公司董事长与总经理两职分任，这种领导权结构可能是对集体行动经常存在的"搭便车"问题的一种反应。

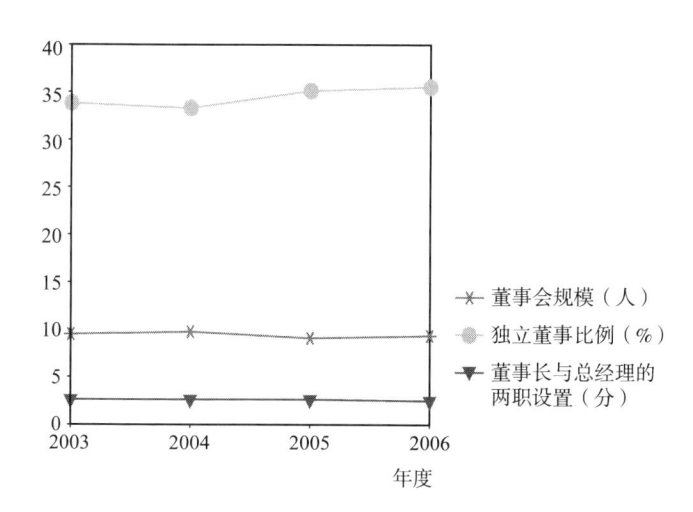

图 5-52　集体控股上市公司董事会规模与独立性变动

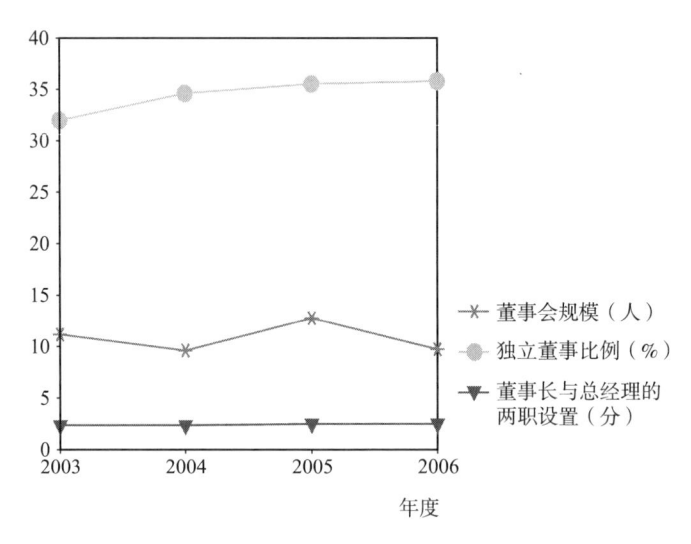

图 5-53 社团控股上市公司董事会规模与独立性变动

（5）社团控股上市公司董事会规模与独立性及其变动分析。各年各社团控股上市公司董事会规模、独立董事比例以及两职设置状况差异较小，尤其是独立董事比例（见表 5-23 及图 5-53）。2003 年和 2005 年董事会规模高于 2004 年和 2006 年，2006 年 4 个样本观测值中，规模最大的董事会为 11 人，最小的也为 9 人，董事会规模渐趋合理。上市公司独立董事比例 2004 年、2005 年、2006 年高于 2003 年，各上市公司差异不大，独立董事比例最低的上市公司亦能满足监管的要求。尽管存在不同的领导权结构，社团上市公司董事长与总经理呈现两职分任的趋势。

（6）职工持股会控股上市公司董事会规模与独立性及其变动分析。职工持股会控股上市公司董事会规模在六类上市公司中最小（见表 5-23 及图 5-54），2006 年仅为 8.88 人，规模最大的为 20 人，最小的仅为 6 人；职工持股会控股上市公司独立董事比例在六类上市公司中相对较高，但部分职工持股会控股上市公司独立董事比例依然未达到 1/3，2004 年、2005 年、2006 年独立董事比例均超过了 1/3，并呈增加的趋势；但该类上市公司董事长与总经理两职分离程度较低。

5. 不同控股股东控制上市公司董事激励比较。

董事激励、报酬制度的设计是广泛争论的话题（N. Fernandes, 2008; Linck et al., 2008; Bebchuk and Fried, 2003; Conyon and Murphy, 2000;

Hall and Liebman,1998)。正如前面已经指出的,我国上市公司对董事激励普遍严重不足,[①] 全部样本董事激励合理性评价值仅为 13.52,远远低于其他董事会治理特征指标。在目前董事声誉等外部机制不能形成有效制约的情况下,董事激励对董事的行为、努力等方面的作用更为重要,糟糕的董事激励状况制约了董事会治理竞争力的提升。

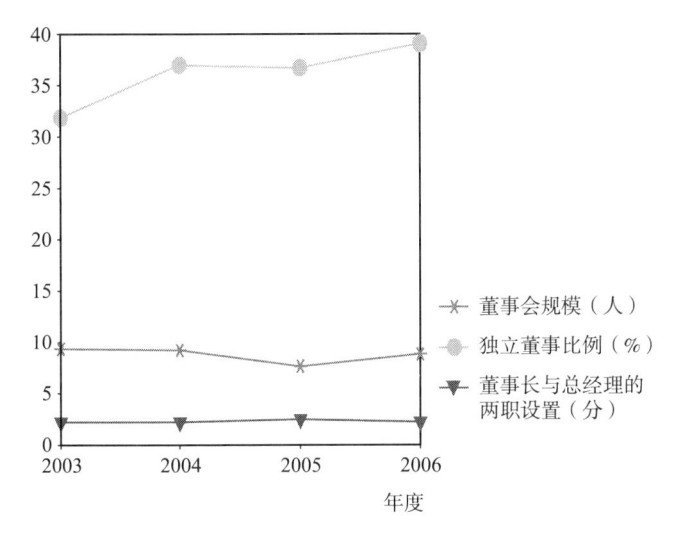

图 5—54 职工持股会控股上市公司董事会规模与独立性变动

不同类型上市公司持有本公司股份的董事比例差别较大,职工持股会控股上市公司持有本公司股份的董事比例显著高于国有、民营、集体及社团控股上市公司,原因在于职工持有公司大部分的股份,职工董事较多,自然持有股份董事的比例高。职工持股会控股上市公司董事持股比例为 34.07%,而民营控股上市公司其持有本公司股份的董事比例只有 14.21%(见表 5—25)。

从董事会持股方面看,上市公司董事会持有股份比例均较低,[②] 与美国高达 21% 的比例(Linck et al.,2008)相差甚远,只有民营控股上

[①] 当然,如果董事尤其是独立董事的报酬过高,也可能使得董事们在诸如监督经理层等相关问题上"睁一只眼闭一只眼",独立董事持股比例过大的话可能有悖于独立董事的独立性。
[②] 上交所(2004)的问卷调查发现,大多数公司认为制约股权激励作用的因素主要包括:法律法规不健全,缺乏操作性细则;董事选聘机制不健全;金融市场效率不高;控股股东改制不完全,等等。

市公司其董事会持股比例略高，不过也只有2.9719%（见表5-25、表5-26与图5-55、图5-56），但显著好于其他类型上市公司。说明民营控股上市公司一方面可能董事会中大股东董事多，另一方面这类公司更希望通过持有股份这种长期激励方式来激励高管为公司长期业绩努力，充分发挥董事会的决策、监督职能。国有上市公司与民营上市公司相比，尽管在持股董事比例上要高但董事会持股比例却低于民营控股上市公司，可能的解释是国有控股上市公司董事大部分是国有产权主体委派的代表，持有的股份大部分是增发或者认购的股份并且多作为福利制度而非激励制度的形式存在，而民营上市公司相对而言更多的是将持股作为激励董事发挥职能的一种激励措施，另外大股东董事可能相对更多。

表5-25　　　　　　　不同控制性股东上市公司董事激励比较

指标	实际控制人类别	样本数	均值	标准差	最小值	最大值	显著性水平
持有本公司股份董事比例（%）	国有控股	2517	17.78	20.53	0.00	100.00	0.00
	民营控股	939	14.21	18.73	0.00	100.00	
	外资控股	20	18.59	21.18	0.00	66.67	
	集体控股	61	19.61	20.11	0.00	66.67	
	社团控股	29	15.62	17.49	0.00	58.33	
	职工持股会控股	24	34.07	19.70	0.00	66.67	
	合计	3590	16.97	20.15	0.00	100.00	
董事会持股比例（%）	国有控股	2517	0.1356	1.5461	0.0000	51.2052	0.00
	民营控股	939	2.9719	10.4741	0.0000	74.8051	
	外资控股	20	0.2222	0.6462	0.0000	2.2631	
	集体控股	61	0.0224	0.0426	0.0000	0.2199	
	社团控股	29	0.9807	2.9874	0.0000	14.2861	
	职工持股会控股	24	0.0765	0.1152	0.0000	0.5146	
	合计	3590	0.8824	5.6545	0.0000	74.8051	
领取报酬董事比例（%）	国有控股	2517	67.85	22.69	0.00	100.00	0.00
	民营控股	939	75.07	22.23	0.00	100.00	
	外资控股	20	73.88	29.67	22.22	100.00	
	集体控股	61	82.94	20.40	22.22	100.00	
	社团控股	29	63.20	29.19	0.00	100.00	
	职工持股会控股	24	81.65	22.87	14.29	100.00	
	合计	3590	70.08	22.93	0.00	100.00	

续表

指标	实际控制人类别	样本数	均值	标准差	最小值	最大值	显著性水平
董事长持股比例（%）	国有控股	2517	0.0005	0.0094	0.0000	0.2536	0.00
	民营控股	939	0.0140	0.0560	0.0000	0.4497	
	外资控股	20	0.0017	0.0050	0.0000	0.0163	
	集体控股	61	0.0001	0.0001	0.0000	0.0007	
	社团控股	29	0.0013	0.0067	0.0000	0.0362	
	职工持股会控股	24	0.0004	0.0009	0.0000	0.0047	
	合计	3590	0.0041	0.0303	0.0000	0.4497	
金额最高前三名董事报酬总额（元）	国有控股	2517	492921	470375	7200	7150000	0.39
	民营控股	939	524649	672508	24084	10201920	
	外资控股	20	567433	470071	60000	1640000	
	集体控股	61	405622	320375	58800	2441500	
	社团控股	29	499140	326356	90000	1466700	
	职工持股会控股	24	570116	330306	129600	1300000	
	合计	3590	500718	527377	7200	10201920	

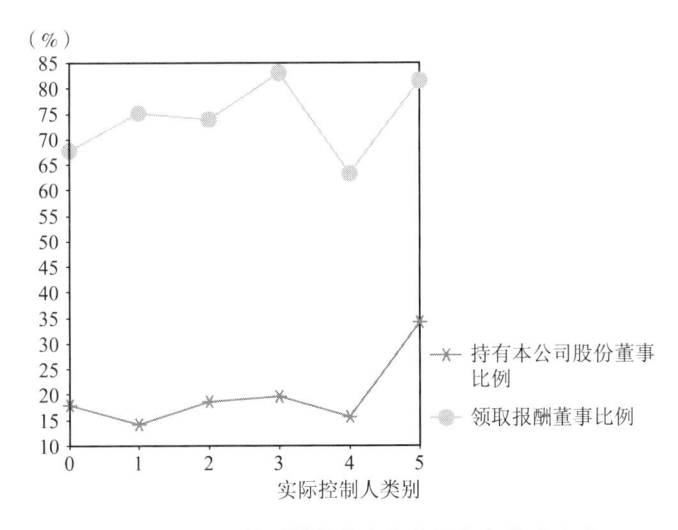

图 5-55 不同控制性股东上市公司董事激励（1）

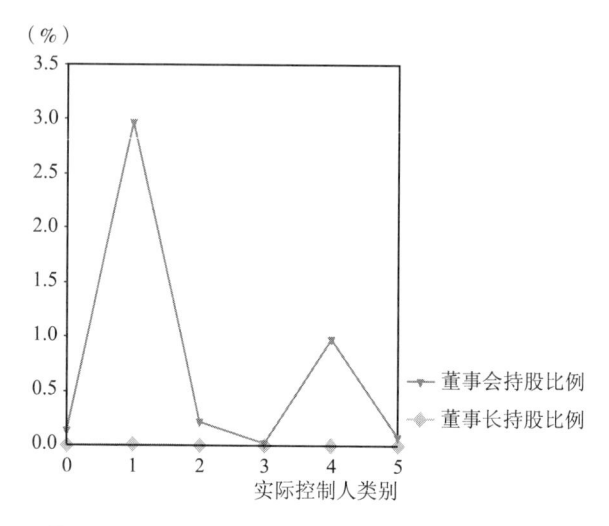

图 5-56　不同控制性股东上市公司董事激励（2）

表 5-26　　不同控制性股东控制上市公司董事激励差异多重比较

指标	(I) 实际控制人类别	(J) 实际控制人类别	均值差 (I)-(J)	显著性水平
持有本公司股份董事比例（%）[b]	国有控股	民营控股	3.56	0.00
		职工持股会控股	-16.29	0.01
	民营控股	职工持股会控股	-19.85	0.00
	集体控股	职工持股会控股	-14.46	0.06
	社团控股	职工持股会控股	-18.45	0.01
董事会持股比例（%）[b]	国有控股	民营控股	-2.8363	0.00
		集体控股	0.1132	0.00
	民营控股	外资控股	2.7497	0.00
		集体控股	2.9495	0.00
		社团控股	1.9912	0.05
		职工持股会控股	2.8954	0.00
领取报酬董事比例（%）[b]	国有控股	民营控股	-7.22	0.00
		集体控股	-15.09	0.00
		职工持股会控股	-13.80	0.10
	民营控股	集体控股	-7.87	0.07
	集体控股	社团控股	19.74	0.03

续表

指标	(I) 实际控制人类别	(J) 实际控制人类别	均值差 (I) - (J)	显著性水平
董事长持股比例 (%)[b]	国有控股	民营控股	-0.0134	0.00
		集体控股	0.0005	0.15
	民营控股	外资控股	0.0123	0.00
		集体控股	0.0139	0.00
		社团控股	0.0127	0.00
		职工持股会控股	0.0136	0.00

领取报酬董事比例方面，各类上市公司领取报酬的董事比例都很高，以集体控股上市公司领取报酬董事比例最高，达到了82.94%（见表5-25），国有控股上市公司处于较低水平，原因可能是公司董事大多由上级主管部门或者国有资产监督管理委员会等部门委任，报酬大部分采取事业单位工资的发放形式，并不直接从公司领取报酬。集体控股上市公司领取报酬董事比例较高的原因可能是希望通过领取报酬克服集体中最容易存在的"搭便车"行为。在当前持股激励不足的情况下货币收入等是激发董事动力和积极性的一种有效手段。但是，若独立董事在企业获得报酬也可能会影响到董事的行为选择。[①]

董事长持股比例方面，民营控股上市公司高于其他类型上市公司。董事长持股比例在各类上市公司均较低，由于民营控股上市公司的董事长可能更多的是由大股东自己或者家族成员来担任，因而其董事长持股比例略高，集体控股上市公司最低。

不同控制性股东上市公司金额最高前三名董事报酬均比较高，[②] 其中职工持股会控股上市公司金额最高的前三名董事的报酬总额最高达到570115.67元（见表5-25、图5-57），可能的原因是职工持股会控股上市公司更希望通过给予公司高管更高的报酬以克服因股权结构问题可能存在的"搭便车"现象，使其董事会能够更加负责。

总之，实证数据显示，控股股东性质不同其董事激励行为有较大差别。总体而言，目前各类上市公司领取报酬董事比例、持有本公司股份的

---

① 成思危（2009）认为独立董事报酬高容易被管理层收买，不给报酬没有积极性，http://finance.ifeng.com/stock/zjdp/20090412/532613.shtml。

② 与职工工资对比，可能差距很大，从世界范围来看，这一点相对于国外要低，Conyon & Murphy（2000）的研究表明英国执行董事报酬平均为291000英镑，美国为317000英镑，费尔南德斯（N. Fernandes, 2008）对里斯本证券交易所的2002～2004年部分上市公司的研究显示，所有董事报酬平均每年为267524欧元，执行董事为385882欧元，非执行董事为55894欧元。

董事比例以及金额最高的前三名董事报酬总额等均有较高表现,但董事会持股比例以及董事长持股比例却相当低。目前我国的上市公司对董事的激励还主要停留在货币等有形实物激励上,能够将个人利益和公司利益很好结合起来的股权激励尚未得以重视,董事持股比例的严重偏低不利于董事作用的有效发挥,也是导致代理问题的重要原因。

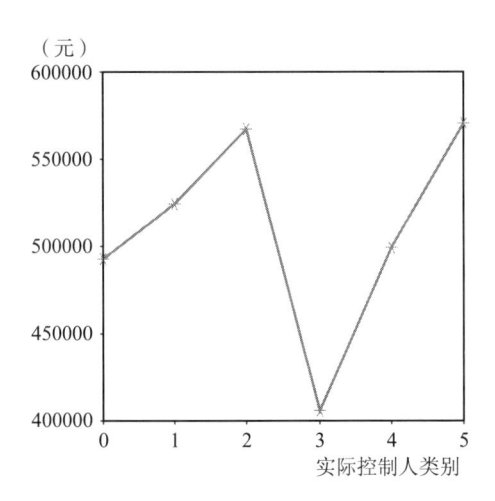

图 5 – 57　不同控制性股东上市公司金额最高的前三名董事报酬总额比较

6. 各类控股股东董事激励及其变动分析。

(1) 国有控股上市公司董事激励及其变动分析。国有控股上市公司持有公司股份的董事比例呈逐年下降的趋势,2005 年、2006 年较 2003 年下降明显(见表 5 – 27、表 5 – 28),并且各上市公司的差异较大,部分上市公司所有董事均持有公司股份,部分上市公司没有任何董事持有公司股份。持有公司股份董事比例的下降不利于将董事个人利益与公司利益挂钩,不利于其勤勉履职。董事会持股比例方面,各年持股比例均比较低,2006 年上市公司中持股比例最高的为 22.76%,最低的为零。领取报酬董事比例四年间变化不大,但各上市公司差异较大。上市公司董事长持股比例较低,2006 年样本中国有控股上市公司董事长持股比例平均为 0.0005%,最高的达 0.22%,部分上市公司董事长甚至不持有公司股份。金额最高前三名董事报酬总额呈现下降趋势,其中 2006 年报酬总额明显低于以前各年,平均较 2003 年、2004 年、2005 年分别降低了 53002.63 元、161361.70 元、214914.36 元(见表 5 – 28)。近年来国有企业高管高薪已引起了社会的广泛关注,降低国企高管薪酬已成为社会公众的强烈要求。

表 5-27　　　　　不同控制性股东上市公司董事激励变动

年度	实际控制人类别		持有本公司股份董事比例(%)	董事会持股比例(%)	领取报酬董事比例(%)	董事长持股比例(%)	金额最高的前三名董事报酬总额(元)
2003	国有控股(N=621)	均值	20.05	0.0909	67.02	0.0002	436189
		标准差	21.97	0.8823	22.12	0.0017	392263
	民营控股(N=177)	均值	14.31	2.2435	71.54	0.0088	513858
		标准差	18.91	10.0150	20.97	0.0413	861554
	外资控股(N=7)	均值	16.59	0.2933	71.08	0.0024	440470
		标准差	17.22	0.7296	30.20	0.0061	455312
	集体控股(N=21)	均值	24.60	0.0207	82.84	0.0001	415061
		标准差	21.32	0.0256	19.39	0.0002	486644
	社团控股(N=6)	均值	23.74	1.2421	61.90	0.0061	584465
		标准差	23.33	2.9429	21.73	0.0148	304093
	职工持股会控股(N=5)	均值	40.07	0.1577	82.22	0.0011	830381
		标准差	15.27	0.2089	20.18	0.0020	366782
	合计(N=837)	均值	19.07	0.5547	68.46	0.0021	455537
		标准差	21.44	4.7460	22.04	0.0194	529843
2004	国有控股(N=638)	均值	18.50	0.1532	67.82	0.0007	544548
		标准差	21.19	1.4203	21.13	0.0105	577184
	民营控股(N=220)	均值	14.99	3.9576	75.03	0.0167	616748
		标准差	19.41	12.4672	20.10	0.0620	888704
	外资控股(N=6)	均值	18.52	0.3887	70.37	0.0028	527933
		标准差	20.69	0.9184	32.71	0.0066	490326
	集体控股(N=19)	均值	21.37	0.0266	81.73	0.0000	376381
		标准差	21.84	0.0531	21.86	0.0001	195294
	社团控股(N=15)	均值	13.57	0.9627	67.10	0.0000	430159
		标准差	18.20	3.6859	29.68	0.0001	303224
	职工持股会控股(N=5)	均值	43.65	0.0561	90.48	0.0002	774387
		标准差	11.98	0.0681	9.59	0.0001	399652
	合计(N=903)	均值	17.77	1.0919	70.00	0.0046	557862
		标准差	20.80	6.4836	21.40	0.0325	658373

续表

年度	实际控制人类别		持有本公司股份董事比例（%）	董事会持股比例（%）	领取报酬董事比例（%）	董事长持股比例（%）	金额最高的前三名董事报酬总额（元）
2005	国有控股（N=653）	均值	16.81	0.1972	68.09	0.0008	598100
		标准差	19.63	2.3467	24.07	0.0125	594865
	民营控股（N=238）	均值	14.46	3.0362	75.96	0.0160	627055
		标准差	18.80	9.7233	23.36	0.0607	681971
	外资控股（N=4）	均值	27.78	0.0132	83.89	0.0000	986600
		标准差	33.33	0.0163	21.11	0.0001	524799
	集体控股（N=12）	均值	16.26	0.0298	87.87	0.0001	451775
		标准差	18.56	0.0610	16.07	0.0001	249992
	社团控股（N=4）	均值	16.39	0.9281	80.00	0.0001	745175
		标准差	14.50	1.7975	23.09	0.0002	523521
	职工持股会控股（N=6）	均值	27.51	0.0313	76.85	0.0002	431433
		标准差	25.86	0.0413	24.45	0.0003	279962
	合计（N=917）	均值	16.31	0.9331	70.57	0.0047	604946
		标准差	19.50	5.4724	24.10	0.0333	613657
2006	国有控股（N=605）	均值	15.73	0.0963	68.47	0.0005	383186
		标准差	18.98	1.0387	23.32	0.0092	14908
	民营控股（N=304）	均值	13.40	2.6323	76.46	0.0134	384108
		标准差	18.14	9.6920	23.36	0.0551	5518
	外资控股（N=3）	均值	11.11	0.0023	74.07	0.0000	383792
		标准差	19.25	0.0039	44.91	0.0000	0
	集体控股（N=9）	均值	8.73	0.0078	79.14	0.0000	383792
		标准差	11.32	0.0111	26.37	0.0000	0
	社团控股（N=4）	均值	10.33	0.7088	33.71	0.0000	383792
		标准差	0.98	1.4108	30.16	0.0000	0
	职工持股会控股（N=8）	均值	29.24	0.0723	79.37	0.0002	383792
		标准差	20.67	0.0896	30.41	0.0003	0
	合计（N=933）	均值	14.98	0.9239	71.14	0.0047	383502
		标准差	18.68	5.7147	23.90	0.0328	12415

表 5-28　　国有控股与民营控股上市公司董事激励变动多重比较

控股股东	指标	(I) 年度	(J) 年度	均值差 (I)-(J)	显著性水平
国有控股上市公司	持有本公司股份董事比例 (%)[b]	2005	2003	-3.24	0.03
		2006	2003	-4.32	0.00
			2004	-2.77	0.09
	金额最高前三名董事报酬总额 (元)[b]	2006	2003	-53002.63	0.01
			2004	-161361.70	0.00
			2005	-214914.36	0.00
民营控股上市公司	金额最高前三名董事报酬总额 (元)[b]	2006	2003	-129750.00	0.04
			2004	-232639.87	0.00
			2005	-242946.98	0.00

总之，国有控股上市公司近年来董事激励水平有所下降，持股比例降低，薪酬水平也在降低，但货币支付形式比重仍然较高，激励结构不合理（见图 5-58、图 5-59、图 5-60）。因此，探索合理的董事激励方式和结构成为国有控股上市公司董事会治理要解决的重要问题。

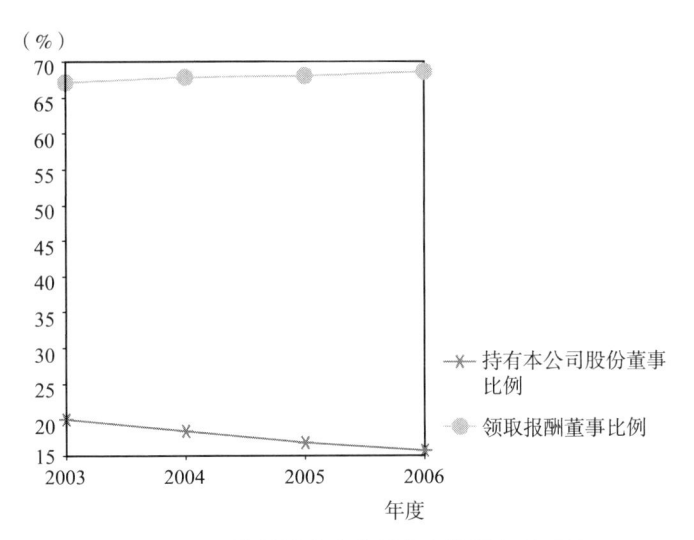

图 5-58　国有控股上市公司董事激励变动（1）

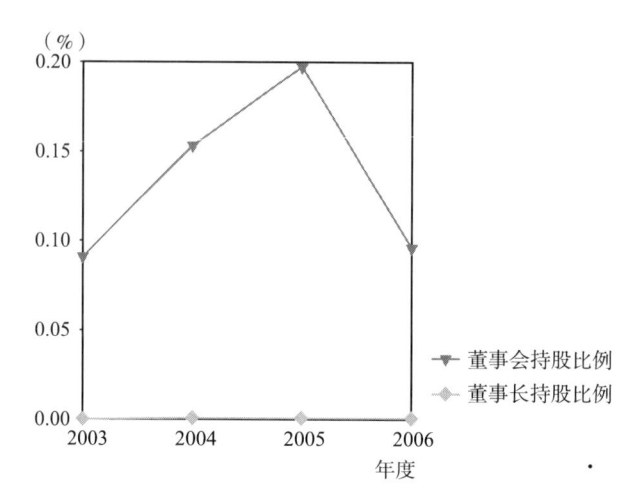

图 5-59　国有控股上市公司董事激励变动（2）

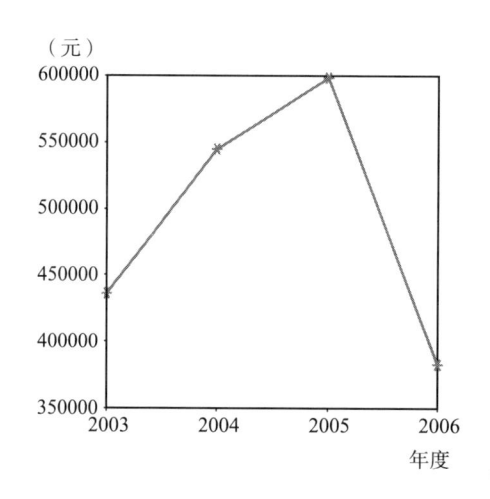

图 5-60　国有控股金额最高前三名董事报酬总额变动

（2）民营控股上市公司董事激励及其变动分析。民营控股上市公司对董事的激励水平与其他五类上市公司相比相对要好。一方面，可能上市公司董事会成员中大股东或者独立董事相对较多；另一方面，其他大股东和中小股东希望通过给予董事更为优厚的报酬刺激董事履行好自身的职责，维护投资者利益。与其他几类上市公司类似，民营上市公司仍需要继续完善对董事的股权激励。民营上市公司董事会持股比例各年在六类上市公司中最高。2005 年和 2006 年董事会持股比例较 2004 年有所下降，但相对于其他几类上市公司依然维持较高比例，民营上市公司更希望通过董事会持股来激励董事会的努力；上市公司领取报酬董事比例呈逐年增加的趋势，大部分董事在公司中领取报酬；董事长持股比例也好于其他几类上市公司，但各年间变化不大，2006年董事长持股比例最高的上市公司达0.41%；持有本公司股份的董事比例变化不大，各年均不高。金额最高的前三名董事报酬总额方面，各年之间差异明显，前三年呈增加趋势，2006年明显减少（见表5-27、表5-28以及图5-61、图5-62、图5-63）。

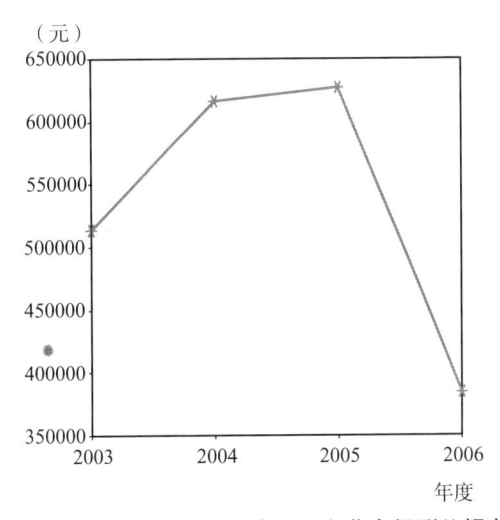

图5-61 民营控股金额最高前三名董事报酬总额变动

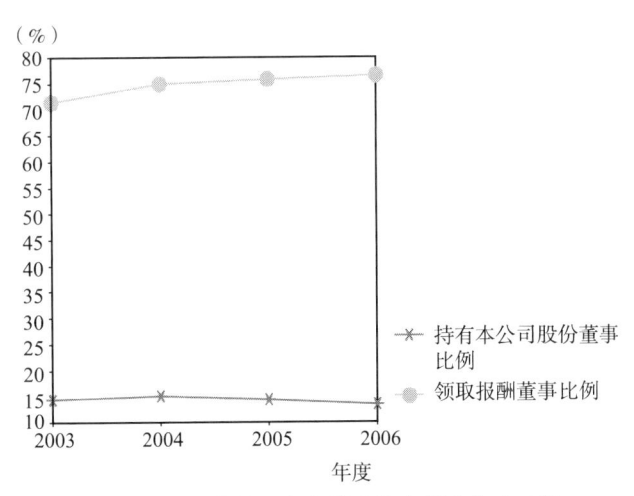

图5-62 民营控股上市公司董事激励变动（1）

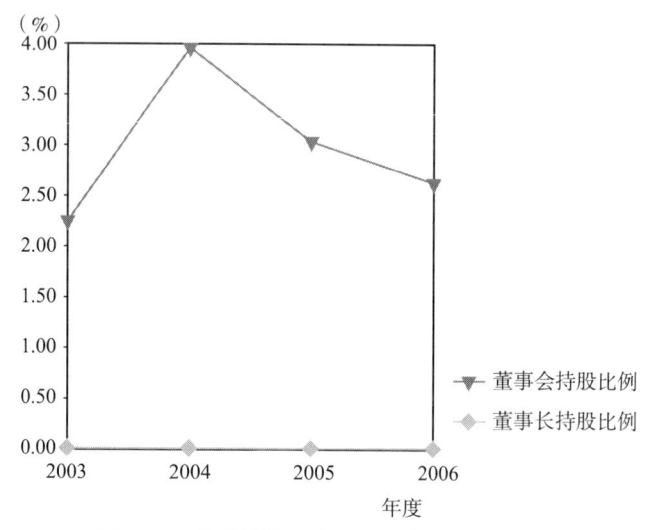

图 5-63　民营控股上市公司董事激励变动（2）

（3）外资控股上市公司董事激励及其变动分析。持有公司股份董事比例前三年呈增加趋势，2005 年较 2003 年、2004 年有所增加，2006 年较 2005 年急剧减少（见表 5-27 及图 5-64）。董事会持股比例呈下降趋势，2006 年 3 个样本观测值平均水平仅为 0.0023%（见表 5-27 及图 5-65）。领取报酬董事比例总体呈增加的趋势，所有样本上市公司均有董事

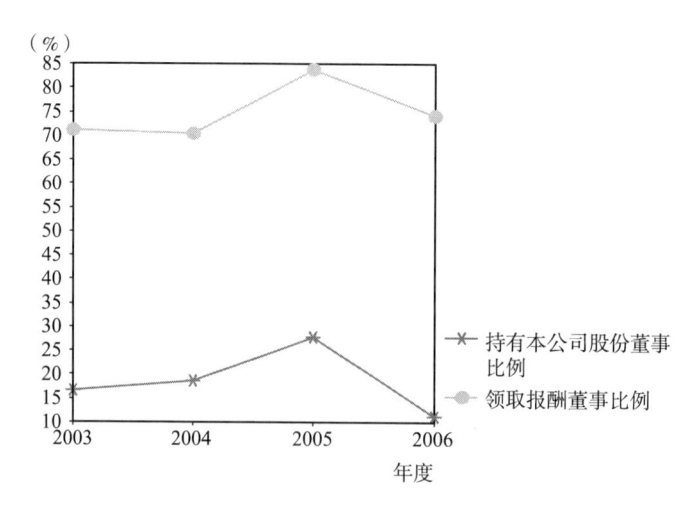

图 5-64　外资控股上市公司董事激励变动（1）

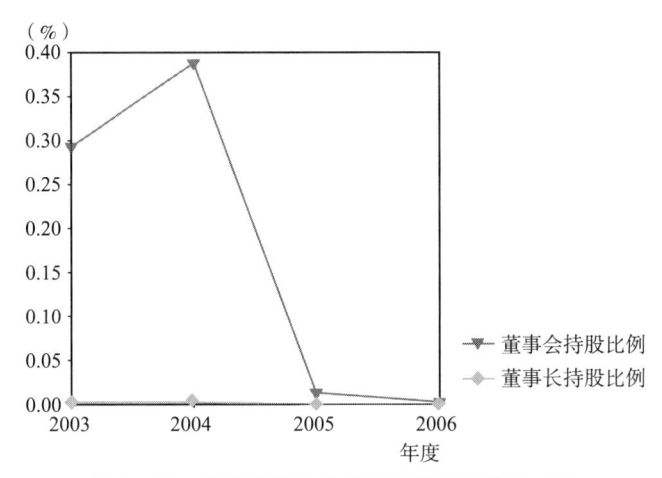

图 5-65　外资控股上市公司董事激励变动（2）

在公司领取报酬（见表 5-27 及图 5-64）。各年董事长持股比例均较低，2005 年和 2006 年甚至接近于零，部分上市公司董事长几乎不持有公司股份。金额最高前三名董事报酬总额前三年呈增加趋势，2005 年甚至高于 2003 年和 2004 年之和，2006 年较以前各年有所下降（见表 5-27 及图 5-66）。

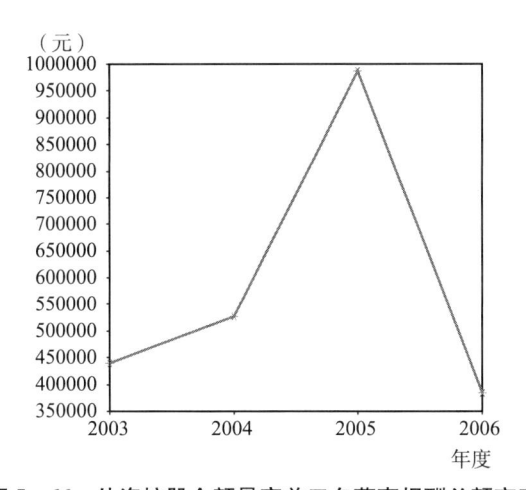

图 5-66　外资控股金额最高前三名董事报酬总额变动

（4）集体控股上市公司董事激励及其变动分析。集体控股上市公司持有本公司股份董事比例自 2003 年呈下降趋势，尤其是 2006 年较以前各年均有所下降（见表 5-27 及图 5-67），持有股份董事比例降低，不利于将董事的个人利益与公司利益挂钩。董事会持股比例前三年变化不大，

2006 年较以前年份有所下降，平均为 0.0078%，最高的为 0.0268%（见图 5-68）。集体控股上市公司各年领取报酬董事比例在六类上市公司中相对较高（见表 5-27），样本年度内有所下降，但没有显著差异。董事长持股比例各年间变化不大，均比较低。金额最高前三名董事报酬总额略有下降，并且不同上市公司间存在较大差异（见表 5-27 及图 5-69）。

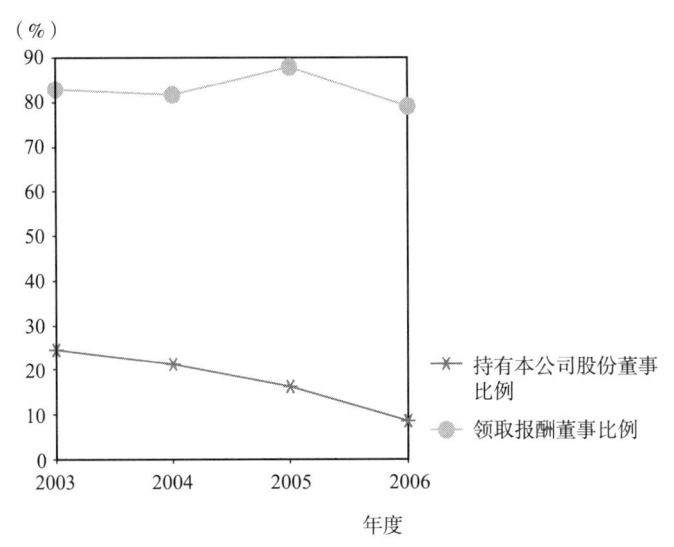

图 5-67　集体控股上市公司董事激励变动（1）

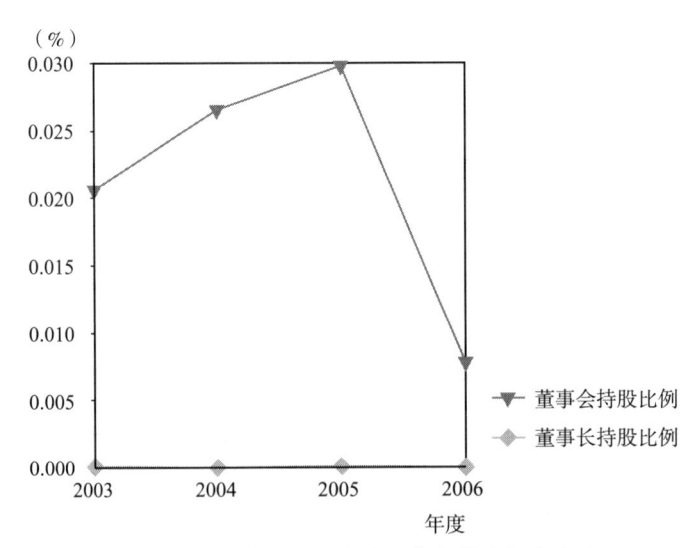

图 5-68　集体控股上市公司董事激励变动（2）

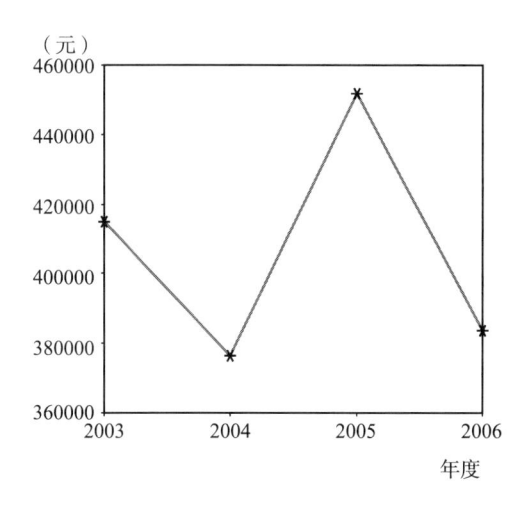

图 5－69　集体控股金额最高前三名董事报酬总额变动

（5）社团控股上市公司董事激励及其变动分析。社团控股上市公司董事激励水平在六类上市公司中相对较差，且样本期间董事激励水平总体呈下降的趋势。2003 年和 2005 年社团控股上市公司持有公司股份董事比例高于 2004 年和 2006 年，2006 年比例最高的为 11.11%，最低的为 9.09%（见表 5－27 及图 5－70）；各年董事会持股比例在六类上市公司中仅次于民营上市公司，但呈逐年降低趋势，2006 年持股比例最高的上市公司为 2.83%（见表 5－27 及图 5－71）。2006 年领取报酬董事比例比 2005 年相差 46.29%（见图 5－70），并且各上市公司差异较大。董事长持股比例各年相差不大，但有个别公司持股比例为零。2005 年金额最高的前三名董事报酬总额达到 74 万元，但 2006 年最低，仅为 38 万元（见表 5－27 及图 5－72）。

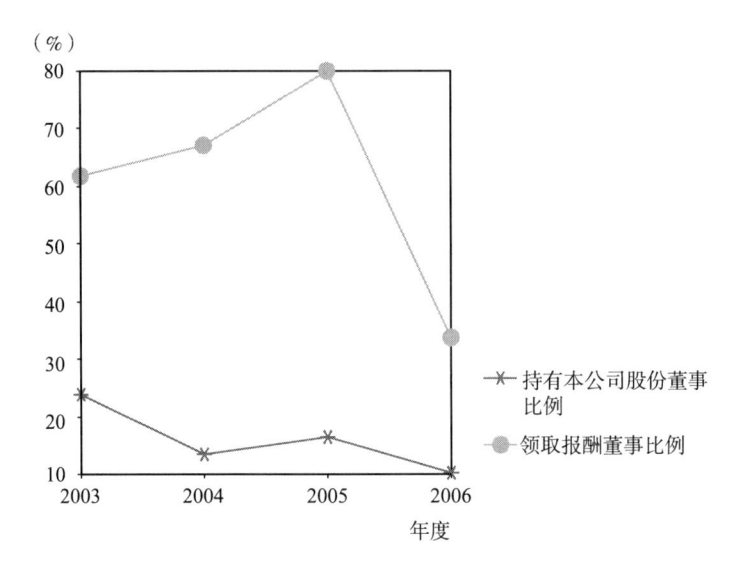

图 5-70 社团控股上市公司董事激励变动（1）

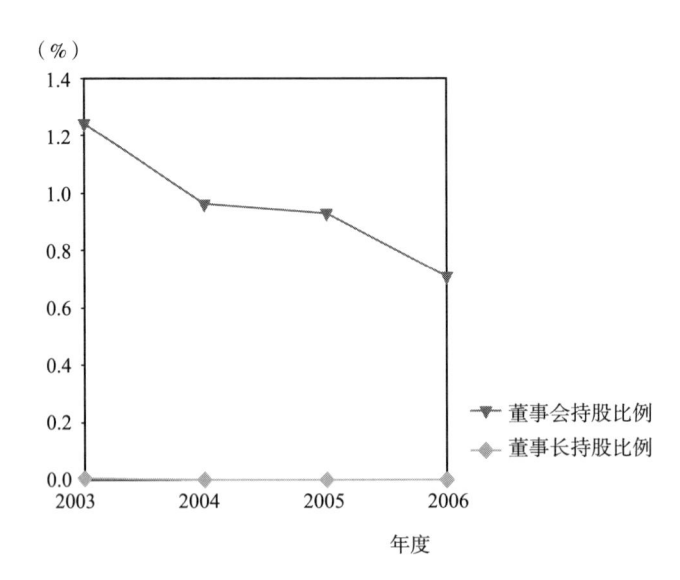

图 5-71 社团控股上市公司董事激励变动（2）

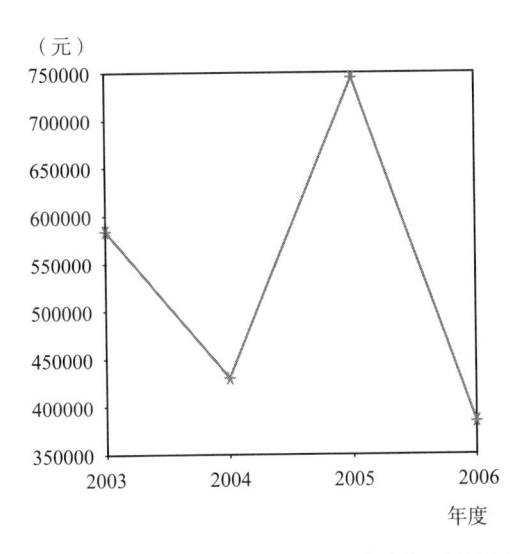

图 5-72 社团控股金额最高前三名董事报酬总额变动

（6）职工持股会控股上市公司董事激励及其变动分析。持有本公司股份董事比例呈下降趋势（见表 5-27 及图 5-73）。领取报酬的董事比例 2005 年、2006 年较以前各年下降，2006 年比例最高的上市公司所有董事均在公司领取报酬，最低的也达到了 14.29%。董事会持股比例也呈下降趋势，但没有显著差异，2003 年最高为 1.2421%，2006 年下降为 0.0723%，董事会持股比例最高的上市公司为 0.2234%。董事长持股比例除 2003 年最高外，其他各年相差不大，2006 年最高的仅为 0.00072%（见表 5-27 及图 5-74）。金额最高的前三名董事报酬总额呈逐年减少的趋势，其中 2005 年、2006 年减少明显（见表 5-27 及图 5-75）。

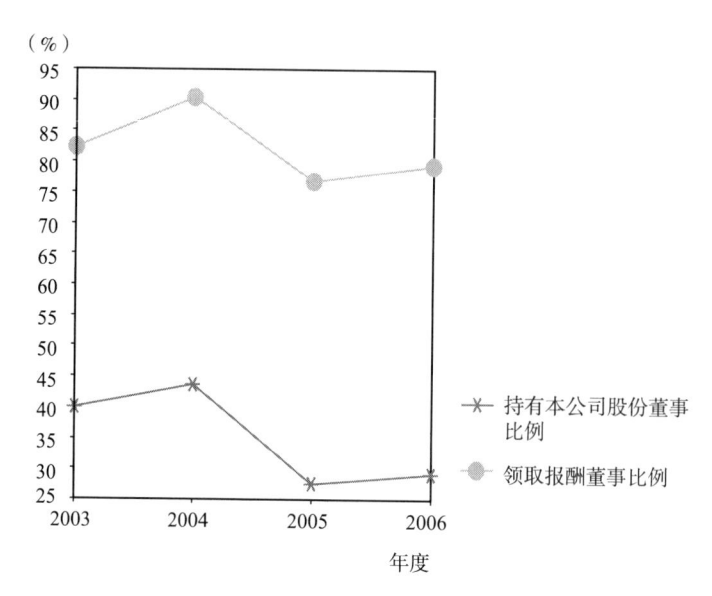

图 5-73　职工持股会控股上市公司董事激励变动（1）

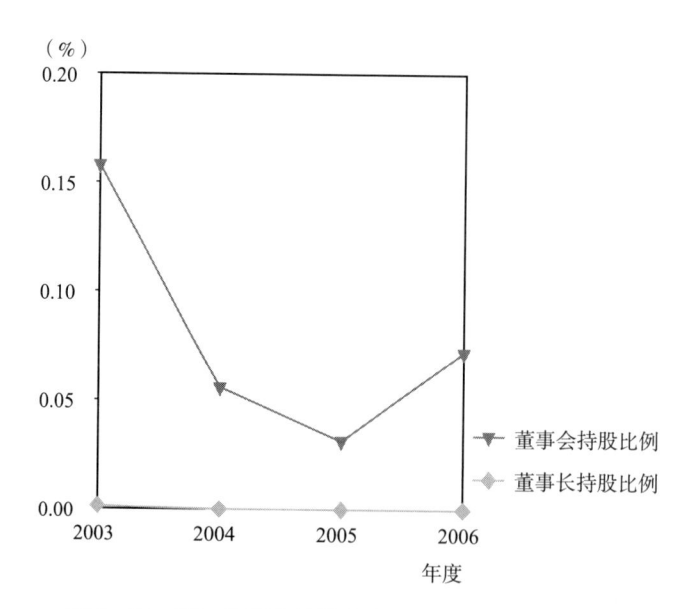

图 5-74　职工持股会控股上市公司董事激励变动（2）

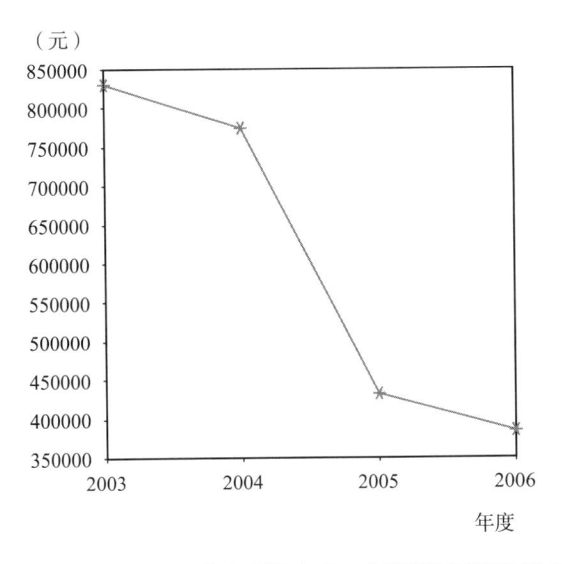

图 5-75　职工持股会金额最高前三名董事报酬总额变动

7. 不同控股股东控制上市公司董事会运作比较。

董事会决策的信息及对决策执行的考核等主要通过董事会的运作来实现，因而，董事会治理竞争力还取决于董事会的运作状况，董事会的有效运作一定程度上可以弥补董事会作为单纯会议机构的缺陷。董事会下属次级委员会的设置及其运作是董事会实现治理功能的重要保证。董事会专业委员会受到各个国家、地区的政府和企业的关注，如 OECD、英特尔公司、通用汽车公司、日本公司治理论坛、德国股东协会，等等。上海证监会董事会秘书协会也于 2002 年发布了《董事会专门委员会实施细则》，其中包括战略、审计、提名、薪酬与考核等四个委员会实施细则。中国《上市公司治理准则》第五十二条规定，上市公司董事会要按照股东大会的有关决议，设立战略、审计、提名、薪酬与考核等专门委员会；审计委员会、提名委员会、薪酬与考核委员会中独立董事应占多数并担任负责人，审计委员会中至少应有一名独立董事是会计专业人士。中国证券监督管理委员会《关于在上市公司建立独立董事制度的指导意见》规定，如果上市公司董事会下设薪酬、审计、提名等委员会，独立董事应当在委员会成员中占二分之一以上的比例。董事会会议次数是反映董事会参与公司治理的一个重要指标，研究中通常作为董事会行为强度的替代变量，尼科斯（Nikos，1999）认为，董事会的活动（通过董事会会议频率加以计量）是董事会参与公司治理的一个重要方面。[①]

表 5-29 以及图 5-76、图 5-77 显示，控股股东的性质直接影响到董事会下属委员会的设置情况，不同控制性股东上市公司审计、薪酬与考核委员会、四会设置及董事会会议次数存在显著差异。而战略委员会设置不显著，原因在于我国上市公司普遍存在本应属于战略委员会职能的公司战略决策被董事会、经理人员或者控股股东剥夺，导致战略委员会变成可有可无的摆设。提名委员会设置在 9% 的水平上显著，由于存在控股股东，他们更多的是按照自己的喜好来选择自己的代理人，而提名委员会的职能主要是制定 CEO、董事的选聘计划等，因而提名委员会在他们看来存在的意义不大，即使存在也名不副实。

表 5-29　　不同控制性股东上市公司董事会运作差异比较

指标	实际控制人类别	样本数	均值	标准差	最小值	最大值	显著性水平
董事会会议次数（次）	国有控股	2517	7.41	2.95	2.00	32.00	0.00
	民营控股	939	8.21	3.41	2.00	32.00	
	外资控股	20	7.35	2.08	4.00	12.00	
	集体控股	61	6.93	3.27	4.00	23.00	
	社团控股	29	9.03	5.12	4.00	29.00	
	职工持股会控股	24	6.92	2.39	4.00	12.00	
	合计	3590	7.62	3.12	2.00	32.00	
审计委员会设置（%）	国有控股	2517	50.14	50.01	1.00	0	0.00
	民营控股	939	47.71	49.97	1.63	0	
	外资控股	20	55.00	51.04	11.41	0	
	集体控股	61	32.79	47.33	6.06	0	
	社团控股	29	34.48	48.37	8.98	0	
	职工持股会控股	24	20.83	41.49	8.47	0	
	合计	3590	48.91	50.00	0.83	0	

[①] Nikos Vafeas, Board Meeting Frequency and Firm Performance. *Journal of Financial Economics*, 1999（53），pp. 113-142.

续表

指标	实际控制人类别	样本数	均值	标准差	最小值	最大值	显著性水平
薪酬与考核委员会设置（%）	国有控股	2517	53.20	49.91	0.99	0	0.00
	民营控股	939	46.86	49.93	1.63	0	
	外资控股	20	10.00	30.78	6.88	0	
	集体控股	61	36.07	48.42	6.20	0	
	社团控股	29	44.83	50.61	9.40	0	
	职工持股会控股	24	45.83	50.90	10.39	0	
	合计	3590	50.89	50.00	0.83	0	
战略委员会设置（%）	国有控股	2517	38.50	48.67	0.97	0	0.17
	民营控股	939	35.89	47.99	1.57	0	
	外资控股	20	45.00	51.04	11.41	0	
	集体控股	61	27.87	45.21	5.79	0	
	社团控股	29	37.93	49.38	9.17	0	
	职工持股会控股	24	20.83	41.49	8.47	0	
	合计	3590	37.55	48.43	0.81	0	
提名委员会设置（%）	国有控股	2517	38.62	48.70	0.97	0	0.08
	民营控股	939	37.27	48.38	1.58	0	
	外资控股	20	30.00	47.02	10.51	0	
	集体控股	61	26.23	44.35	5.68	0	
	社团控股	29	31.03	47.08	8.74	0	
	职工持股会控股	24	16.67	38.07	7.77	0	
	合计	3590	37.80	48.50	0.81	0	

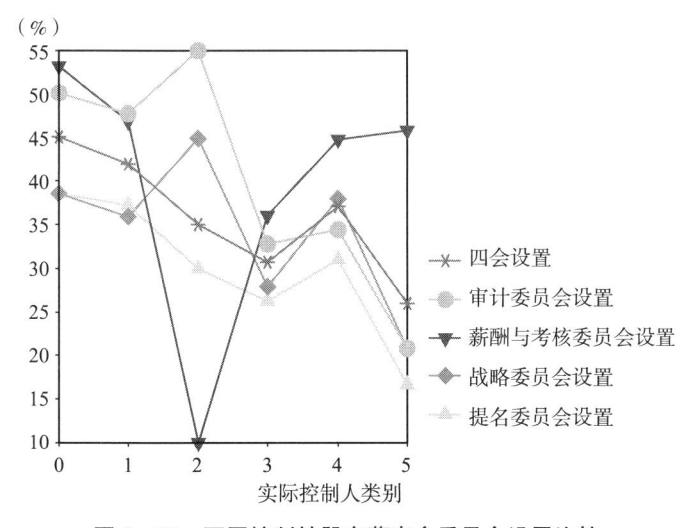

图 5-76 不同控制性股东董事会委员会设置比较

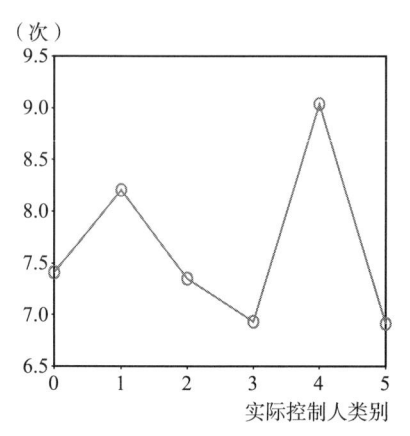

图 5-77 不同控制性股东董事会会议次数比较

总体而言，国有控股上市公司委员会设置"合规性"较好，四会设置较健全，而职工持股会控股上市公司与集体控股上市公司，"合规性"较差，四会设置较不健全。董事会会议次数方面，社团控股上市公司每年开会次数最多，职工持股会控股上市公司最少，但都远高于我国《公司法》上市公司董事会每年度至少召开 2 次会议的规定。多重比较表明，国有控股上市公司审计委员会的设置比率要比集体、职工持股会控股上市公司高（见表 5-29、表 5-30），原因可能与国家有关部分近年来加大对国有企业的审计力度有关。薪酬与考核委员会设置方面，国有控股上市公司比民营、外资、集体控股上市公司设置比率高，而民营比外资控股上市公司高。首先，相对于民营和外资控股上市公司可以很容易通过证券市场的价格信号衡量高管的业绩来说，国有控股上市公司在衡量、考核高管的业绩方面显得办法不多，因而薪酬与考核委员会是其弥补考核与薪酬方面信息不足的一个重要工具；其次，国有控股上市公司的考核主体为政府，信息的不对称及考核机制的不健全客观上需要企业内部设置相关的部门对高管进行考核。董事会的行为强度——董事会会议次数方面，民营控股上市公司高于国有控股上市公司，可能与民营控股上市公司股权结构优于国有控股上市公司有关，股权集中度相对较低、制衡状况较好使得民营控股上市公司的股东不得不更多依靠董事会来对公司的重大事项做出决策，因而对董事会控制权的争夺也比较激烈，而在国有控股上市公司中，由于国有股东存在的诸多问题及国有股的"一股独大"使得董事会会议更多地变成了股东大会、职工代表大会、党委会等。集体控股上市公司董事会会议次数高于民营控股上市公司，可能是该类上市公司中存在着集体行动的倾向。

表 5-30　　　不同控制性股东上市公司董事会运作多重比较

指标	(I) 上市公司实际控制人类别	(J) 上市公司实际控制人类别	均值差 (I) - (J)	显著性水平
董事会会议次数（次）[b]	国有控股	民营控股	-0.80	0.00
	民营控股	集体控股	1.27	0.06
审计委员会设置（%）[b]	国有控股	集体控股	17.35	0.09
		职工持股会控股	29.31	0.03
	民营控股	职工持股会控股	26.88	0.07
薪酬与考核委员会设置（%）[b]	国有控股	民营控股	6.34	0.01
		外资控股	43.20	0.00
		集体控股	17.13	0.12
	民营控股	外资控股	36.86	0.00
	外资控股	集体控股	-26.07	0.10
		社团控股	-34.83	0.06
		职工持股会控股	-35.83	0.09

总之，控股股东行为对上市公司董事会运作产生着直接的影响，2003～2006 年样本上市公司董事会下属次级委员会设置情况有所好转，上市公司对委员会的重视程度有所提高。其中，薪酬与考核委员会和审计委员会的重视程度在增强，战略委员会和提名委员会也开始受到关注，这些积极的表现有助于董事会运作效率的提高，也有利于规避上市公司治理风险。此外，董事会会议次数的提高反映了董事会行为强度的变化，说明董事会在公司中的重要性也在提高。

8. 各类控股股东控制上市公司董事会运作及其变动分析。

（1）国有控股上市公司董事会运作及其变动分析。由于制度性约束以及上市公司提高董事会治理竞争力的自发性需要，国有控股上市公司董事会运作在样本年度内具有显著变化。国有控股上市公司董事会会议次数在六类上市公司中较高（见表 5-30），"四会"设置整体上好于其他几类上市公司。董事会会议次数样本年度内呈现增加趋势（见表 5-31、表 5-32 及图 5-78），2006 年达到平均 7.89 次。部分上市公司董事会会议次数过高，多达 24 次，也有部分上市公司每年会议次数仅为 2 次。会议次数过少，表明董事会不作为，但会议次数过多，可能意味着董事会越权或者沦为"灭火器"。样本期间国有控股上市公司四会设置比率逐年提高，尤其是 2006 年较以前年份增加明显。审计委员会、薪酬与考核委员会、战略委员会、提名委员会的设置比率较以前各年均有显著增加（见表 5-31、表 5-32 及图 5-79）。

表 5-31　　不同控制性股东上市公司董事会运作变动比较

年度	实际控制人类别		董事会会议次数（次）	审计委员会设置（%）	薪酬与考核委员会设置（%）	战略委员会设置（%）	提名委员会设置（%）
2003	国有控股（N=621）	均值	7.46	40.26	44.12	29.31	30.60
		标准差	3.00	49.08	49.69	45.55	46.12
	民营控股（N=177）	均值	8.25	38.42	37.29	25.99	29.38
		标准差	3.53	48.78	48.49	43.98	45.68
	外资控股（N=7）	均值	7.71	57.14	14.29	57.14	57.14
		标准差	1.70	53.45	37.80	53.45	53.45
	集体控股（N=21）	均值	7.05	33.33	28.57	28.57	28.57
		标准差	4.32	48.30	46.29	46.29	46.29
	社团控股（N=6）	均值	7.00	16.67	16.67	16.67	16.67
		标准差	1.67	40.82	40.82	40.82	40.82
	职工持股会控股（N=5）	均值	6.40	0.00	20.00	0.00	0.00
		标准差	1.14	0.00	44.72	0.00	0.00
	合计（N=837）	均值	7.61	39.43	41.70	28.55	30.23
		标准差	3.15	48.90	49.34	45.19	45.95
2004	国有控股（N=638）	均值	7.06	46.55	49.37	33.86	35.89
		标准差	2.69	49.92	50.04	47.36	48.01
	民营控股（N=220）	均值	8.38	43.18	40.00	28.64	32.27
		标准差	3.35	49.65	49.10	45.31	46.86
	外资控股（N=6）	均值	7.17	66.67	0.00	50.00	33.33
		标准差	2.14	51.64	0.00	54.77	51.64
	集体控股（N=19）	均值	6.89	31.58	36.84	26.32	21.05
		标准差	3.25	47.76	49.56	45.24	41.89
	社团控股（N=15）	均值	9.53	33.33	53.33	40.00	40.00
		标准差	6.31	48.80	51.64	50.71	50.71
	职工持股会控股（N=5）	均值	5.60	20.00	40.00	20.00	20.00
		标准差	1.14	44.72	54.77	44.72	44.72
	合计（N=903）	均值	7.41	45.18	46.51	32.56	34.66
		标准差	3.02	49.79	49.91	46.89	47.62

续表

年度	实际控制人类别		董事会会议次数（次）	审计委员会设置（%）	薪酬与考核委员会设置（%）	战略委员会设置（%）	提名委员会设置（%）
2005	国有控股（N=653）	均值	7.27	49.62	53.45	35.68	37.98
		标准差	2.84	50.04	49.92	47.94	48.57
	民营控股（N=238）	均值	7.88	46.64	43.70	30.67	35.29
		标准差	3.50	49.99	49.71	46.21	47.89
	外资控股（N=4）	均值	6.00	50.00	25.00	25.00	0.00
		标准差	1.83	57.74	50.00	50.00	0.00
	集体控股（N=12）	均值	6.75	33.33	41.67	25.00	25.00
		标准差	2.45	49.24	51.49	45.23	45.23
	社团控股（N=4）	均值	9.25	25.00	25.00	25.00	25.00
		标准差	4.57	50.00	50.00	50.00	0.00
	职工持股会控股（N=6）	均值	6.67	16.67	50.00	16.67	16.67
		标准差	2.73	40.82	54.77	40.82	40.82
	合计（N=917）	均值	7.42	48.31	50.49	34.02	36.64
		标准差	3.03	50.00	50.02	47.40	48.21
2006	国有控股（N=605）	均值	7.89	64.63	66.28	55.87	50.41
		标准差	3.20	47.85	47.31	49.70	50.04
	民营控股（N=304）	均值	8.32	57.24	59.87	50.99	47.04
		标准差	3.30	49.56	49.10	50.07	49.99
	外资控股（N=3）	均值	8.67	33.33	0.00	33.33	0.00
		标准差	3.06	57.74	0.00	57.74	0.00
	集体控股（N=9）	均值	7.00	33.33	44.44	33.33	33.33
		标准差	1.12	50.00	52.70	50.00	50.00
	社团控股（N=4）	均值	10.00	75.00	75.00	75.00	50.00
		标准差	4.69	50.00	50.00	50.00	57.74
	职工持股会控股（N=8）	均值	8.25	37.50	62.50	37.50	25.00
		标准差	2.92	51.75	51.75	51.75	46.29
	合计（N=933）	均值	8.03	61.63	63.77	53.91	48.77
		标准差	3.23	48.65	48.09	49.87	50.01

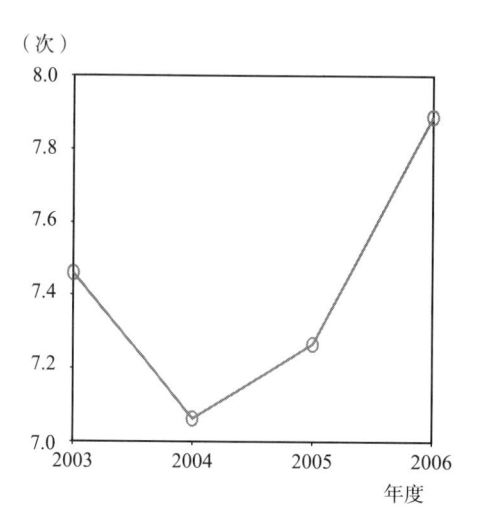

图 5-78　国有控股上市公司董事会会议次数变动

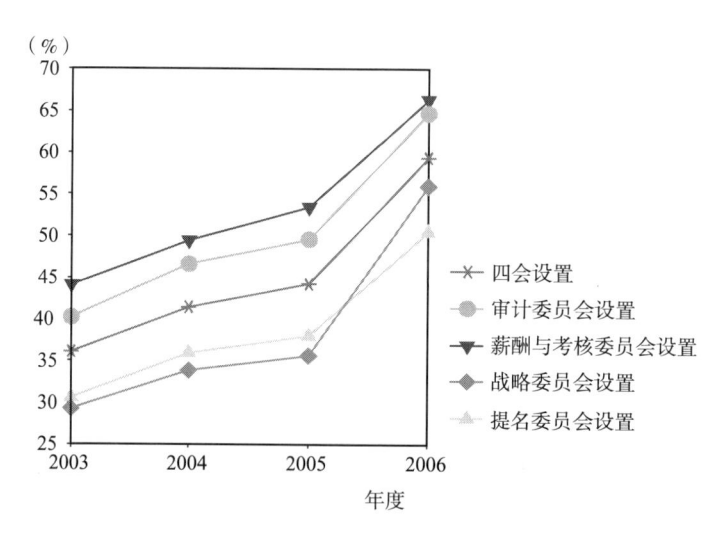

图 5-79　国有控股上市公司四会设置变动

表 5-32 国有与民营控股上市公司董事会运作变动多重比较

控股股东	指标	（I）年度	（J）年度	均值差（I）-（J）	显著性水平
国有控股上市公司	董事会会议次数（次）[b]	2006	2003	0.43	0.09
			2004	0.83	0.00
			2005	0.62	0.00
	审计委员会设置（%）[b]	2005	2003	9.36	0.00
		2006	2003	24.37	0.00
			2004	18.08	0.00
			2005	15.01	0.00
	薪酬与考核委员会设置（%）[b]	2005	2003	9.33	0.01
		2006	2003	22.16	0.00
			2004	16.91	0.00
			2005	12.83	0.00
	战略委员会设置（%）[b]	2005	2003	6.37	0.09
		2006	2003	26.56	0.00
			2004	22.01	0.00
			2005	20.19	0.00
	提名委员会设置（%）[b]	2005	2003	7.38	0.03
		2006	2003	19.81	0.00
			2004	14.52	0.00
			2005	12.43	0.00
民营控股上市公司	审计委员会设置（%）[b]	2006	2003	18.82	0.00
			2004	14.06	0.01
			2005	10.60	0.08
	薪酬与考核委员会设置（%）[a]	2006	2003	22.58	0.00
			2004	19.87	0.00
			2005	16.17	0.00
	战略委员会设置（%）[b]	2006	2003	25.00	0.00
			2004	22.35	0.00
			2005	20.32	0.00
	提名委员会设置（%）[b]	2006	2003	17.66	0.00
			2004	14.77	0.00
			2005	11.75	0.03

（2）民营控股上市公司董事会运作及其变动分析。民营控股上市公司董事会会议次数各年在六类上市公司中较高，除2005年会议次数为7.88次外，其他三年各年均在8次以上。各上市公司差异较大，2006年

一年最高的开会 25 次，最低的仅为 3 次。与国有、社团控股上市公司类似，民营控股上市公司 2006 年"四会"设置明显高于以前年份，审计委员会、薪酬与考核委员会、战略委员会、提名委员会的设置程度显著高于以往各年（见表 5 – 31、表 5 – 32 以及图 5 – 80、图 5 – 81）。

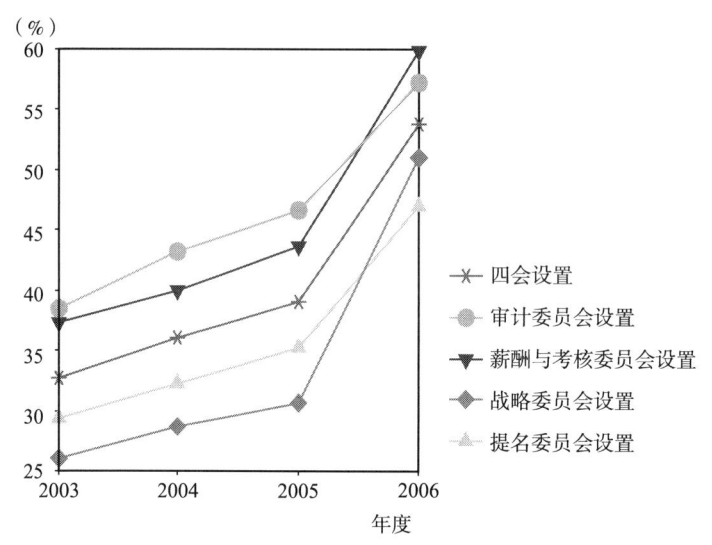

图 5 – 80　民营控股上市公司四会设置变动

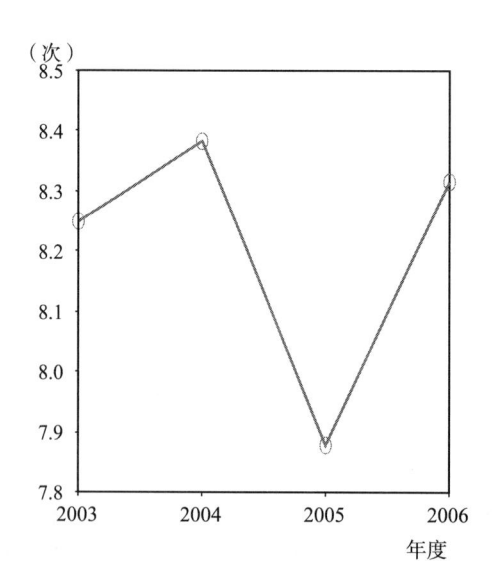

图 5 – 81　民营控股上市公司董事会会议次数变动

（3）外资控股上市公司董事会运作及其变动分析。董事会会议次数前三年呈递减趋势，2006年有所回升，年度内会议次数为8.67次，各上市公司董事会会议次数差异较小，2006年开会最多的为12次，最少的也

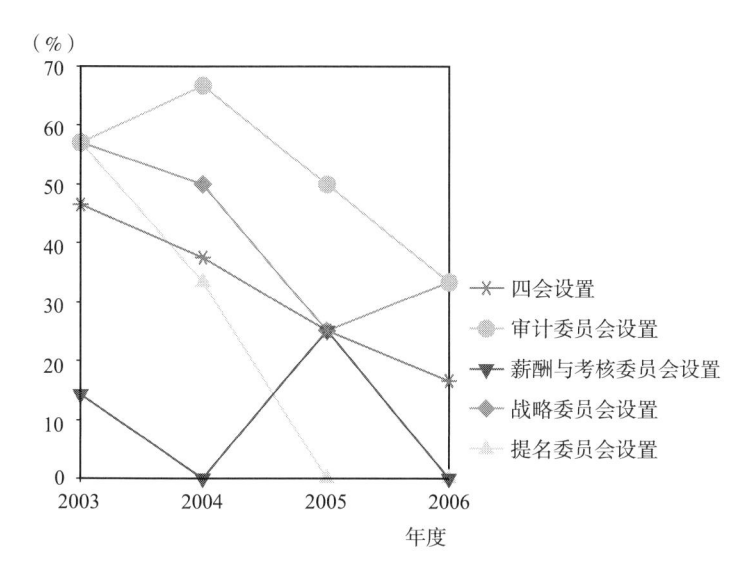

图 5-82　外资控股上市公司四会设置变动

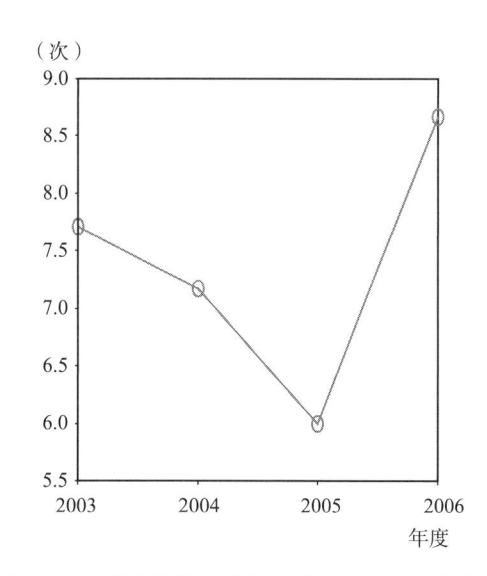

图 5-83　外资控股上市公司董事会会议次数变动

有6次。"四会"设置方面,除提名委员会设置比率呈逐年下降外,其他"三会"出现较大的波动性,但差异并不显著,部分上市公司样本年度内没有设立专业委员会。与其他几类上市公司不同,外资控股上市公司对审计委员会和战略委员会的重视程度强于薪酬与考核委员会和提名委员会,说明外资控股上市公司更加重视的是发挥董事会下属委员会的监督和战略决策职能(见表5-31及图5-82、图5-83)。

(4)集体控股上市公司董事会运作及其变动分析。集体控股上市公司年度董事会会议次数各年间变化不大,在六类上市公司中处于较低水平,各上市公司董事会会议次数差异有缩小的趋势,2006年董事会会议最多的为8次,最少的也达到了5次。四会设置比率总体上呈增加的趋势,2006年较以前年份略有提高,薪酬与考核委员会设置比率呈增加趋势,其他"三会"四年间均出现小幅波动,各上市公司存在差异(见表5-31及图5-84、图5-85)。

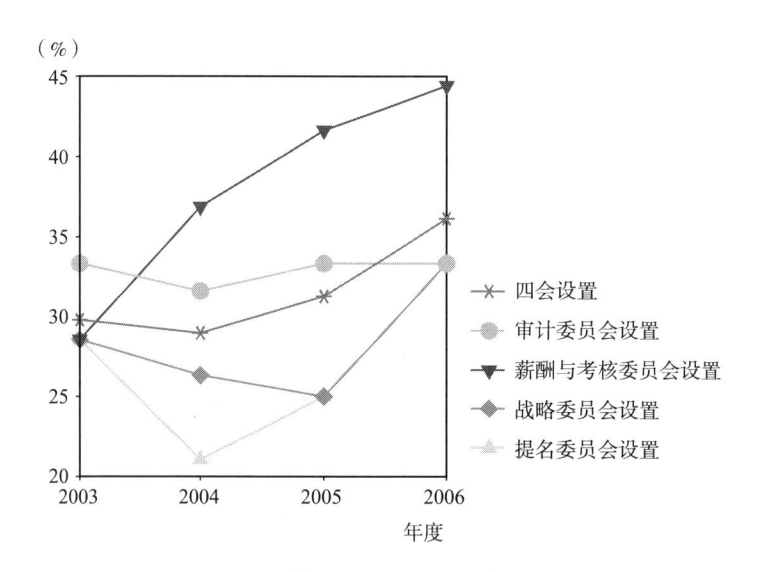

图5-84 集体控股上市公司四会设置变动

(5)社团控股上市公司董事会运作及其变动分析。社团控股上市公司"四会"设置状况和董事会会议次数2006年表现最好。董事会会议次数及"四会"的设置比率2004年较2003年有所增加,2005年则出现降低,2006年又大幅回升。社团控股上市公司董事会会议次数在六类上市

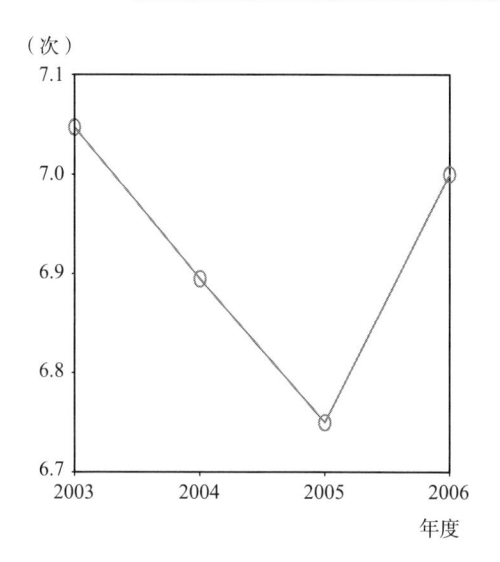

图 5-85　集体控股上市公司董事会会议次数变动

公司中最高，2006 年开会最多的次数达 17 次，最少的为 5 次（见表 5-31 及图 5-86、图 5-87）。

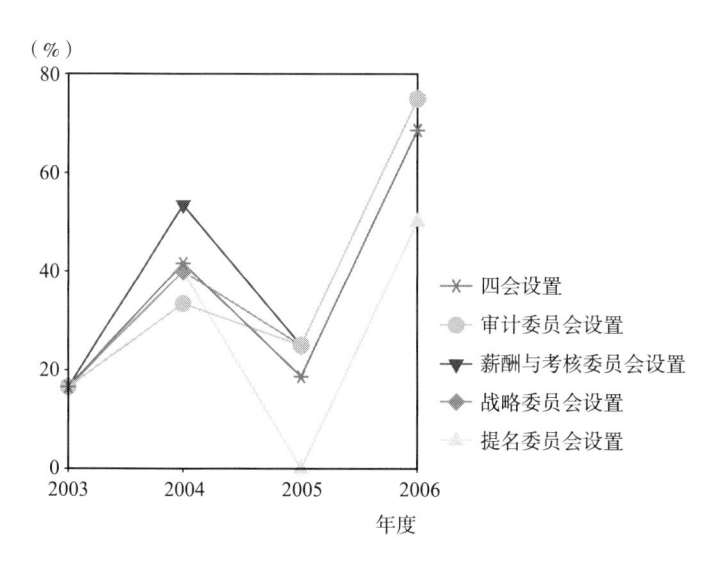

图 5-86　社团控股上市公司四会设置变动

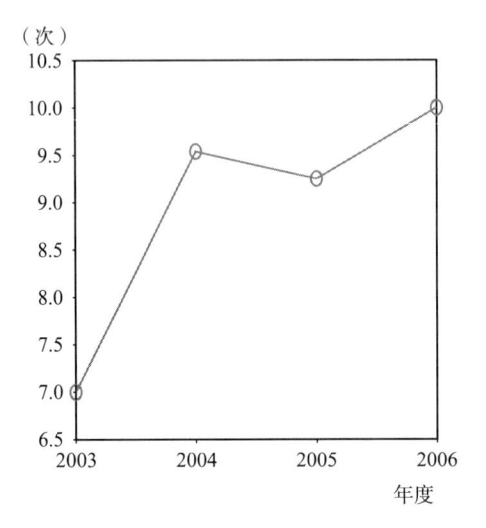

图 5-87　社团控股上市公司董事会会议次数变动

（6）职工持股会控股上市公司董事会运作变动比较。董事会会议次数前三年较低，2006年样本上市公司达到8.25次，开会最多的为12次，最少的为5次。"四会"设置比率较低，2006年略有增加，薪酬与考核委员会设置情况好于其他"三会"。除薪酬与考核委员会设置比率呈逐年上

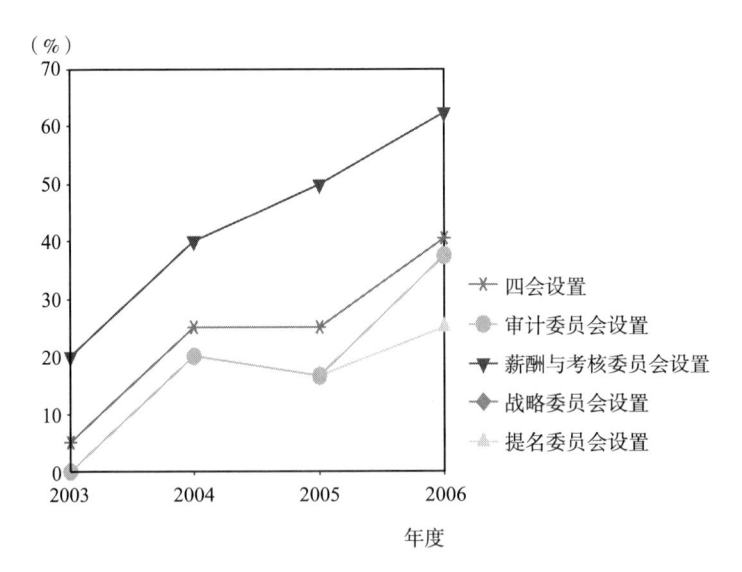

图 5-88　职工持股会控股上市公司四会设置变动

升外，其他"三会"2004年、2006年的设置情况好于2003年和2005年。与社团控股上市公司类似，2006年职工持股会控股上市公司董事会运作状况略有好转（见表5-31及图5-88、图5-89）。

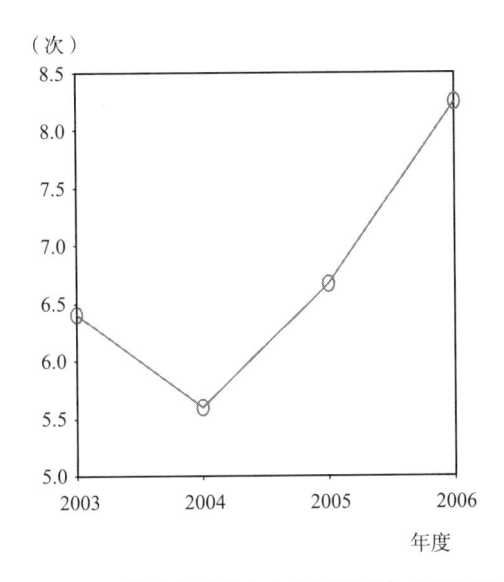

图5-89　职工持股会控股上市公司董事会会议次数变动

5.2.5　不同控制性股东上市公司监事会治理竞争力及要素比较

1. 不同控股股东控制上市公司监事会治理竞争力比较。

样本上市公司监事会整体治理水平较低，不同控股股东上市公司监事会治理竞争力、监事会规模合理性、监事会运作及监事激励存在显著差异。国有控股上市公司的监事会规模合理性、监事会运作以及监事激励明显好于集体控股上市公司，因而，国有控股上市公司总体上监事会治理状况较好。民营控股上市公司监事会运作及监事激励水平显著好于集体控股，监事会治理状况明显好于集体控股上市公司。外资控股上市公司较好地发挥了监事会监督、制约的治理功能，并且外资控股上市公司普遍监事会治理水平较高，上市公司之间差异较小（见表5-33、表5-34及图5-90）。集体控股上市公司监事会治理状况最差，主要原因在于监事会运作水平低下。国有与民营上市公司差别不大。①

表5-33　不同控制性股东上市公司监事会治理竞争力比较

指标	实际控制人类别	样本数	均值	标准差	最小值	最大值	显著性水平
监事会治理竞争力	国有控股	2517	49.95	7.64	19.81	92.87	0.00
	民营控股	939	49.76	7.97	24.57	86.35	
	外资控股	20	51.72	5.34	40.80	58.98	
	集体控股	61	46.32	8.13	25.75	60.90	
	社团控股	29	48.71	8.45	30.30	60.90	
	职工持股会控股	24	47.40	7.62	30.30	57.10	
	合计	3590	49.82	7.75	19.81	92.87	
监事会规模合理性	国有控股	2517	89.44	10.35	50.00	100.00	0.00
	民营控股	939	86.45	9.59	60.00	100.00	
	外资控股	20	88.25	9.36	80.00	100.00	
	集体控股	61	89.26	9.99	80.00	100.00	
	社团控股	29	88.62	9.90	80.00	100.00	
	职工持股会控股	24	80.42	6.06	60.00	100.00	
	合计	3590	88.58	10.22	50.00	100.00	
监事会运作	国有控股	2517	78.35	20.21	0.00	100.00	0.02
	民营控股	939	77.59	20.88	0.00	100.00	
	外资控股	20	83.75	15.46	60.00	100.00	
	集体控股	61	69.84	22.00	0.00	100.00	
	社团控股	29	74.66	22.60	30.00	100.00	
	职工持股会控股	24	78.54	18.74	30.00	100.00	
	合计	3590	78.01	20.43	0.00	100.00	
监事激励合理性	国有控股	2517	12.02	4.42	0.01	99.71	0.00
	民营控股	939	13.43	5.72	0.02	90.00	
	外资控股	20	12.26	2.71	5.22	15.00	
	集体控股	61	10.68	5.25	0.04	15.00	
	社团控股	29	12.48	2.97	6.16	15.00	
	职工持股会控股	24	10.06	5.33	0.04	15.00	
	合计	3590	12.36	4.84	0.01	99.71	

---

① 李维安和王世权（2005）、李维安和郝臣（2006）分别以2002年4月30日以前的数据和2003年数据为样本在国有控股与民营控股上市公司监事会治理水平孰高孰低问题上得出不同的结论，我们认为样本数据的选择是其结论不同的一个原因，本书的分析是基于2002～2006年五年的3590个大样本，此外我们对控股股东类型的划分与他们也有区别。

表 5-34　　　　　　　不同控制性股东上市公司监事会治理差异多重比较

指标	(I) 实际控制人类别	(J) 实际控制人类别	均值差 (I)-(J)	显著性水平
监事会治理竞争力[a]	国有控股	集体控股	3.63	0.00
		职工持股会控股	2.55	0.11
	民营控股	集体控股	3.45	0.00
		职工持股会控股	2.36	0.14
	外资控股	集体控股	5.41	0.01
		职工持股会控股	4.32	0.06
监事会规模合理性[b]	国有控股	民营控股	2.98	0.00
		职工持股会控股	9.02	0.00
	民营控股	职工持股会控股	6.04	0.00
	外资控股	职工持股会控股	7.83	0.04
	集体控股	职工持股会控股	8.85	0.00
	社团控股	职工持股会控股	8.20	0.01
监事会运作[a]	国有控股	集体控股	8.52	0.00
	民营控股	集体控股	7.75	0.00
	外资控股	集体控股	13.91	0.01
		社团控股	9.09	0.13
	集体控股	职工持股会控股	-8.71	0.08
监事激励合理性[b]	国有控股	民营控股	-1.41	0.00
	民营控股	集体控股	2.75	0.00
		职工持股会控股	3.37	0.08

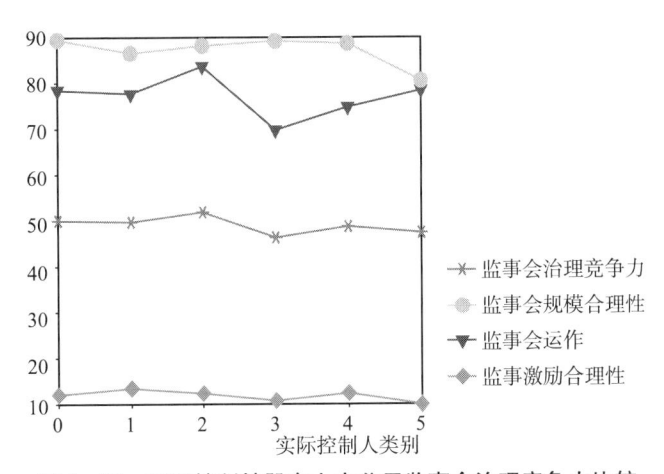

图 5-90　不同控制性股东上市公司监事会治理竞争力比较

监事会规模合理性方面，各类上市公司均基本达到了监管部门规定的规模，但个别上市公司还存在着监事会规模过小或者过大的问题。国有控股上市公司监事会合理性略好，而职工持股会控股上市公司监事会规模合理性略差。监事会运作方面，外资控股上市公司监事会运作状况最好，其次是职工持股会控股上市公司，集体控股上市公司监事会运作状况最差。监事激励方面，六类上市公司对监事的激励普遍重视不够，民营控股上市公司略好一些，职工持股会控股上市公司最差，监事激励机制的不健全使得监事没有动力去冒风险履行自己的职责，这是监事会形同虚设的一个重要原因。

从各年变化趋势看，各类上市公司监事会治理情况四年间变化不大，监事会治理要素中监事激励表现最差。国有、民营控股上市公司各年间变化不大，外资控股上市公司监事会治理状况略有下滑，集体控股上市公司2006年较以前年份有所改进，社团控股上市公司2006年监事会治理状况好于2004年和2005年，职工持股会控股上市公司2004～2006年监事会治理变化不大。

2. 各类控股股东监事会治理竞争力变动分析。

（1）国有控股上市公司监事会治理竞争力及其变动分析。由于外部对监事会治理监管的强化等制度约束，国有控股上市公司监事会治理竞争力2005年、2006年较前两年有显著提高（见表5-35、表5-36及图5-91）。上市公司基本能够按照相关法律、法规的要求构建监事会，监事会规模基本达到合规性要求，并且在样本年度内没有显著变化。样本年度内监事激励状况有显著改善，2005年、2006年较2003年分别提高了0.61、0.73。2005年、2006年监事会运作有显著改善（见表5-36）。以其他要素相比，监事会治理状况的改善不如股权结构和董事会治理状况改善明显，反映出上市公司对监事会治理状况的重视程度相对不足。

（2）民营控股上市公司监事会治理竞争力及其变动分析。样本期间内民营控股上市公司监事会治理状况变化不大，2003～2005年呈现上升趋势，但2006年下滑（见表5-35、表5-36及图5-92）。各治理要素方面，监事会规模合理性逐年略有下降，2006年较2003年、2004年显著降低（见表5-36）；监事会运作情况2005年、2006年好于2003年、2004年，各上市公司监事会运作水平差异明显；监事激励合理性较低，并且样本年度内没有显著改善。

表 5-35 不同控制性股东上市公司监事会治理竞争力及各要素变动比较

年度	实际控制人类别		监事会治理竞争力	监事会规模合理性	监事会运作	监事激励合理性
2003	国有控股（N=621）	均值	49.43	90.29	76.96	11.60
		标准差	7.39	9.88	20.02	4.25
	民营控股（N=177）	均值	49.25	87.60	75.45	13.47
		标准差	8.63	9.40	22.01	7.48
	外资控股（N=7）	均值	50.38	87.14	81.43	11.58
		标准差	5.92	9.51	16.76	3.68
	集体控股（N=21）	均值	45.92	87.86	70.48	9.91
		标准差	8.49	9.82	19.99	5.86
	社团控股（N=6）	均值	54.25	90.00	91.67	11.01
		标准差	5.82	10.95	16.02	4.46
	职工持股会控股（N=5）	均值	42.92	84.00	62.00	11.43
		标准差	8.05	8.94	20.49	4.14
	合计（N=837）	均值	49.31	89.59	76.54	11.95
		标准差	7.71	9.83	20.47	5.20
2004	国有控股（N=638）	均值	48.70	89.38	74.91	11.96
		标准差	8.49	10.49	22.29	5.42
	民营控股（N=220）	均值	48.81	87.36	74.20	13.57
		标准差	8.54	9.62	22.65	6.39
	外资控股（N=6）	均值	53.90	90.00	89.17	12.17
		标准差	5.26	10.95	16.25	2.33
	集体控股（N=19）	均值	44.78	88.42	67.11	9.77
		标准差	8.54	10.15	27.15	5.98
	社团控股（N=15）	均值	45.10	87.33	64.67	12.76
		标准差	8.90	9.61	22.64	2.29
	职工持股会控股（N=5）	均值	50.72	80.00	87.00	11.02
		标准差	7.14	0.00	17.18	4.16
	合计（N=903）	均值	48.63	88.79	74.57	12.31
		标准差	8.51	10.27	22.49	5.67

续表

年度	实际控制人类别		监事会治理竞争力	监事会规模合理性	监事会运作	监事激励合理性
2005	国有控股（N=653）	均值	50.87	89.04	80.98	12.21
		标准差	7.20	10.17	18.84	3.90
	民营控股（N=238）	均值	51.28	86.11	81.93	13.56
		标准差	7.22	9.53	18.57	5.73
	外资控股（N=4）	均值	52.36	91.25	82.50	13.35
		标准差	3.86	10.31	12.58	1.94
	集体控股（N=12）	均值	46.88	91.67	67.92	12.38
		标准差	5.70	10.30	15.88	3.46
	社团控股（N=4）	均值	49.26	95.00	72.50	12.67
		标准差	6.02	10.00	15.00	3.01
	职工持股会控股（N=6）	均值	47.18	76.67	81.67	8.77
		标准差	7.46	8.16	18.35	5.84
	合计（N=917）	均值	50.90	88.27	81.03	12.54
		标准差	7.19	10.12	18.73	4.49
2006	国有控股（N=605）	均值	50.79	89.05	80.56	12.33
		标准差	7.17	10.84	18.86	3.86
	民营控股（N=304）	均值	49.56	85.39	77.88	13.21
		标准差	7.58	9.65	20.05	3.68
	外资控股（N=3）	均值	49.63	83.33	80.00	12.59
		标准差	6.76	5.77	20.00	2.46
	集体控股（N=9）	均值	49.73	91.11	76.67	12.14
		标准差	9.37	10.54	23.45	3.69
	社团控股（N=4）	均值	53.40	85.00	88.75	13.45
		标准差	6.88	10.00	19.31	3.10
	职工持股会控股（N=8）	均值	48.28	81.25	81.25	9.58
		标准差	7.85	2.31	15.53	6.75
	合计（N=933）	均值	50.36	87.78	79.69	12.59
		标准差	7.34	10.55	19.28	3.85

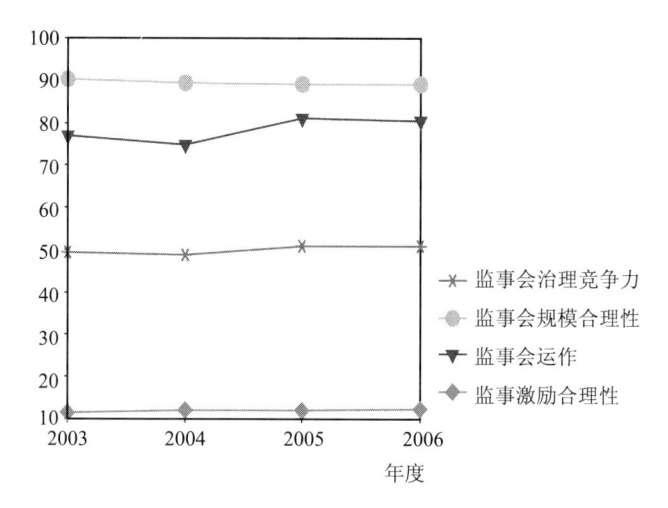

第5章 不同控制性股东上市公司竞争力比较

图 5-91 国有控股上市公司监事会治理竞争力变动

表 5-36 国有、民营及职工持股会控股上市公司监事会治理竞争力变动多重比较

控股股东	指标	（I）年度	（J）年度	均值差（I）-（J）	显著性水平
国有控股上市公司	监事会治理竞争力[b]	2005	2003	1.45	0.00
			2004	2.17	0.00
		2006	2003	1.36	0.01
			2004	2.08	0.00
	监事激励合理性[b]	2005	2003	0.61	0.05
		2006	2003	0.73	0.01
	监事会运作[b]	2005	2003	4.02	0.00
			2004	6.07	0.00
		2006	2003	3.60	0.01
			2004	5.65	0.00
民营控股上市公司	监事会治理竞争力[b]	2005	2003	2.03	0.07
			2004	2.46	0.00
		2006	2005	-1.72	0.04
	监事会规模合理性[a]	2006	2003	-2.20	0.02
			2004	-1.97	0.02
	监事会运作[b]	2005	2003	6.48	0.01
			2004	7.73	0.00
		2006	2005	-4.05	0.09
职工持股会控股上市公司	监事会运作[a]	2004	2003	25	0.04
		2005	2003	19.67	0.08
		2006	2003	19.25	0.07

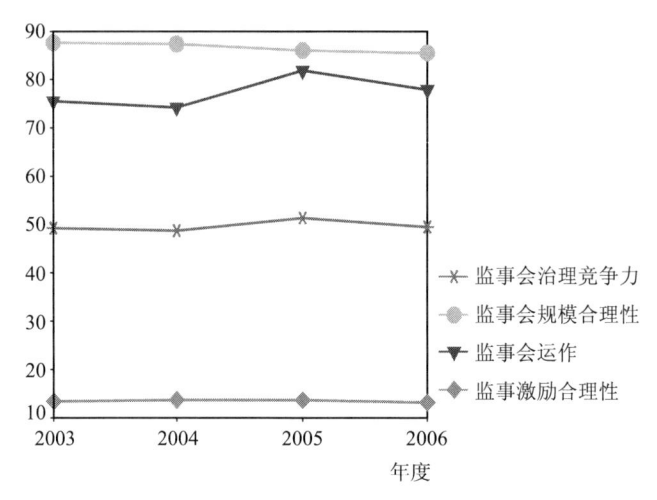

图 5-92　民营控股上市公司监事会治理竞争力变动

（3）外资控股上市公司监事会治理竞争力及其变动分析。外资控股上市公司监事会运作变化幅度较大，呈现下降趋势。监事会治理竞争力 2006 年低于以前年份（见表 5-35 及图 5-93），各上市公司间的差异在六类上市公司中较小。各治理要素方面，监事会规模合理性前三年逐年改善，2006 年略有回落，低于以前年份。监事激励方面，2003～2005 年小幅增加，2006 年略有回落。监事会运作方面，2004 年在四年中表现最好，2006 年表现最差（见表 5-35）。

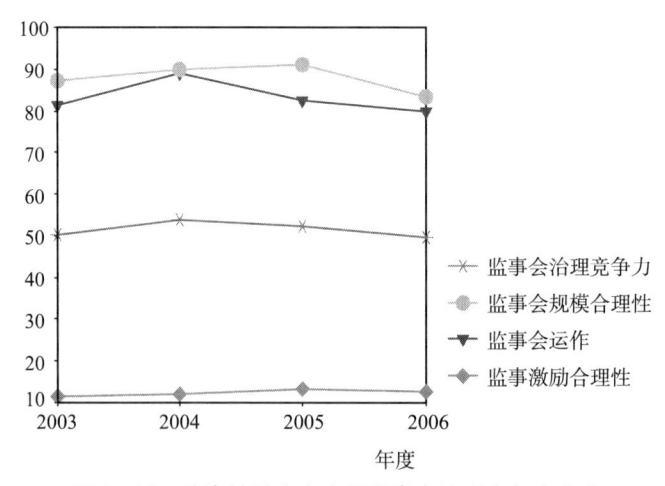

图 5-93　外资控股上市公司监事会治理竞争力变动

（4）集体控股上市公司监事会治理竞争力及其变动分析。表5-35及图5-94显示，集体控股上市公司监事会治理竞争力及各要素四年间变化不大。监事会治理竞争力2006年好于以往各年，但差异不显著。治理要素方面，监事会规模合理性、监事激励合理性2005年和2006年较2003年、2004年有所提高，并且上市公司间监事激励的差距有缩小的趋势。监事会运作2006年好于2004年和2005年，但上市公司之间不稳定。监事会运作水平的提高有助于充分发挥监事会的监督作用，有助于克服集体企业中可能存在的决策上"搭便车"导致的决策不合理、监督不到位等问题。

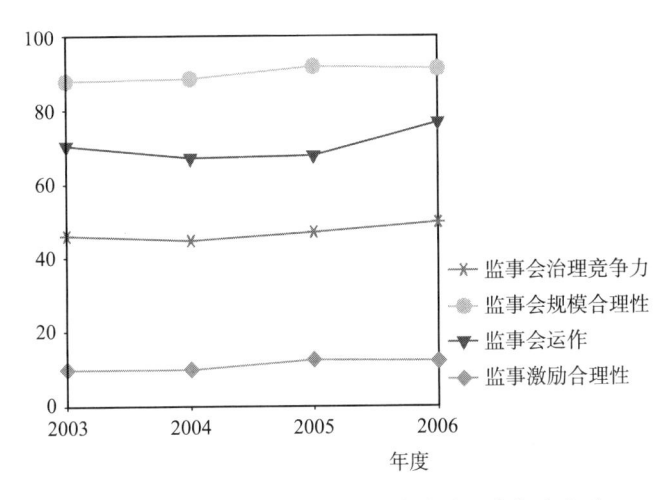

图5-94 集体控股上市公司监事会治理竞争力变动

（5）社团控股上市公司监事会治理竞争力及其变动分析。与前几类上市公司不同，社团控股上市公司监事会治理竞争力、监事会规模合理性及监事会运作在四年间发生了较大波动，但监事激励变化较为平稳。监事会治理竞争力2006年好于以往各年（见表5-35及图5-95）。治理要素方面，2006年监事会运作相对较好；各年各上市公司监事激励普遍比较低，并且在样本年度内没有显著变化；大部分上市公司监事会规模基本达到监管部门的要求。

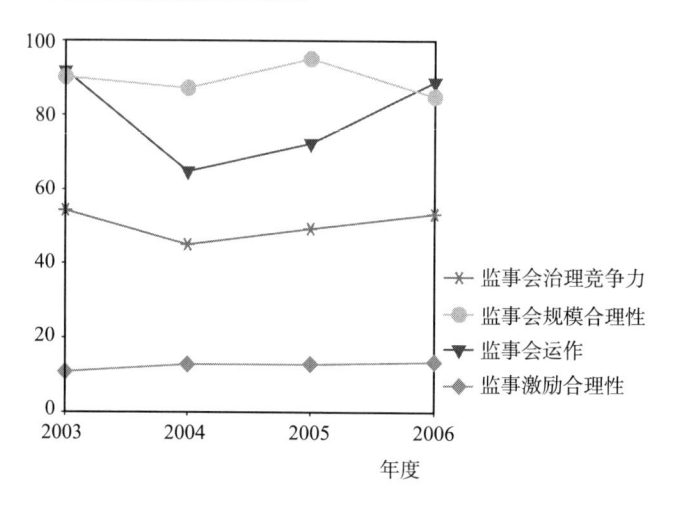

图5-95 社团控股上市公司监事会治理竞争力变动

(6) 职工持股会控股上市公司监事会治理竞争力及其变动分析。表5-35及图5-96显示，职工持股会控股上市公司监事会治理竞争力及各治理要素四年间变化较大，监事会治理竞争力2004年在各年中表现最好。治理要素方面，监事会规模合理性、监事激励合理性前三年均呈下滑趋势，2006年略有好转。其中，监事会规模合理性2006年较2004年、2005年分别增加了1.25、4.58；监事激励合理性普遍较低，2006年较2005年略微增加；监事会运作2005年、2006年略有回落。

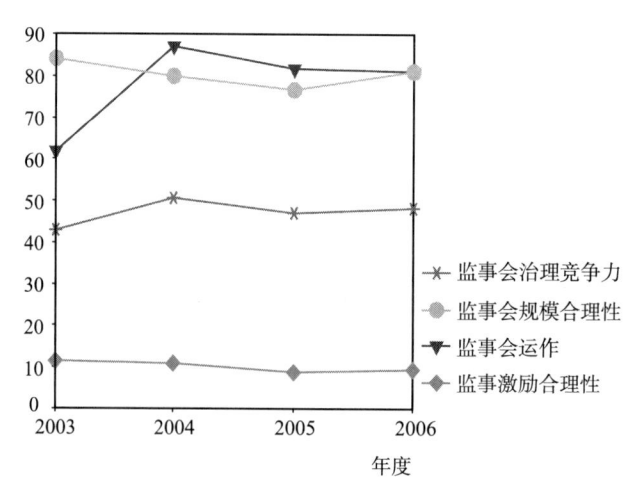

图5-96 职工持股会控股上市公司监事会治理竞争力变动

总之，上市公司监事会治理状况近年来略有改善，但上市公司监事会治理在整个公司治理中依然处于薄弱环节。监事会治理各要素中，上市公司监事会规模的合规性较强，但监事激励严重不足，监事会运作尚有较大的提升空间。控股股东性质影响着上市公司的监事会治理，国有控股、民营控股、外资控股上市公司的监事会治理状况好于集体控股上市公司。与其他控股股东相比，外资控股上市公司更加重视监事会职能的发挥。

3. 不同控股股东控制上市公司监事会特征比较分析。

我国现行《公司法》规定，有限责任公司设立监事会，其成员不得少于3人，股东人数较少或者规模较小的有限责任公司可以设立1~2名监事；股份有限公司设监事会，其成员不得少于3人。此外，还规定监事会应该包括股东代表和适当比例的公司职工代表，其中职工代表的比例不得低于1/3。

本书实证研究显示，不同控制性股东上市公司监事会规模、领取报酬监事比例以及监事会持股比例存在显著差异。样本上市公司平均水平为4.24人，国有控股上市公司的监事会规模最大，平均为4.43人，显著高于民营、集体及职工持股会控股上市公司。职工持股会控股上市公司监事会规模最小，平均为3.13人，显著低于其他五类上市公司（见表5-37及图5-97、图5-98），说明该类公司对监事会作用的发挥并不重视：一方面，合适的监事数量不足；另一方面，可能是由于该类上市公司本身与职工的利益息息相关，监事会的作用变得可有可无。

各类上市公司领取报酬的监事比例均比较低，样本平均水平为19.70%，不同类型上市公司间差异较大。由于职工持股会持有公司控制性股份，职工持股会控股上市公司领取报酬的监事比例最高，而民营控股上市公司领取报酬的监事比例最低，国有控股上市公司领取报酬监事比例显著高于民营控股上市公司（见表5-38）。与董事会领取报酬董事比例相比，上市公司领取报酬的监事比例较低，可能是因为国有控股上市公司的部分监事为外派所致；监事会持股比例方面，各类上市公司监事会持股比例普遍较低，仅为0.04%。相对其他控制性股东而言，民营控股上市公司监事会持股比例较高，显著高于其他类型上市公司，说明民营控股上市公司更希望通过保持个人利益与公司利益的一致性来激励监事履行监督职能，另一方面，也有可能是控制性股东为了让监事在有关问题上"闭

表 5-37　　　　不同控制性股东上市公司监事会特征比较

指标	实际控制人类别	样本数	均值	标准差	最小值	最大值	显著性水平
监事会规模（人）	国有控股	2517	4.43	1.61	1.00	14.00	0.00
	民营控股	939	3.76	1.09	2.00	10.00	
	外资控股	20	4.25	1.45	3.00	7.00	
	集体控股	61	3.97	1.06	3.00	7.00	
	社团控股	29	4.21	1.50	3.00	7.00	
	职工持股会控股	24	3.13	0.54	2.00	5.00	
	合计	3590	4.24	1.51	1.00	14.00	
领取报酬监事比例（%）	国有控股	2517	20.51	27.25	0.00	100.00	0.00
	民营控股	939	16.67	24.47	0.00	100.00	
	外资控股	20	18.61	18.37	0.00	66.67	
	集体控股	61	29.18	35.47	0.00	100.00	
	社团控股	29	17.08	20.19	0.00	60.00	
	职工持股会控股	24	33.13	35.76	0.00	100.00	
	合计	3590	19.70	26.77	0.00	100.00	
监事会持股比例（%）	国有控股	2517	0.0130	0.2459	0.0000	11.6642	0.00
	民营控股	939	0.1224	0.7096	0.0000	11.1394	
	外资控股	20	0.0070	0.0098	0.0000	0.0283	
	集体控股	61	0.0076	0.0135	0.0000	0.0830	
	社团控股	29	0.0056	0.0102	0.0000	0.0325	
	职工持股会控股	24	0.0043	0.0078	0.0000	0.0366	
	合计	3590	0.0413	0.4199	0.0000	11.6642	
监事会会议次数（次）	国有控股	2517	3.47	1.64	0.00	14.00	0.40
	民营控股	939	3.56	1.82	0.00	16.00	
	外资控股	20	3.25	1.89	1.00	9.00	
	集体控股	61	3.25	1.56	1.00	8.00	
	社团控股	29	3.31	1.44	1.00	6.00	
	职工持股会控股	24	3.88	1.30	2.00	6.00	
	合计	3590	3.49	1.68	0.00	16.00	

眼"；监事会会议次数方面，各类上市公司年监事会会议次数为 3.49 次，超过了规定的最低限度。部分上市公司过高，达到 14～16 次不等。监事会会议过高，可能意味着监事会越权；或者是监事会不作为，议而不决的

结果。此外，监事会会议次数高于股东大会会议次数但明显低于董事会 7.62 的平均次数，从侧面反映出在当前上市公司治理中董事会发挥着比监事会更为重要的作用。

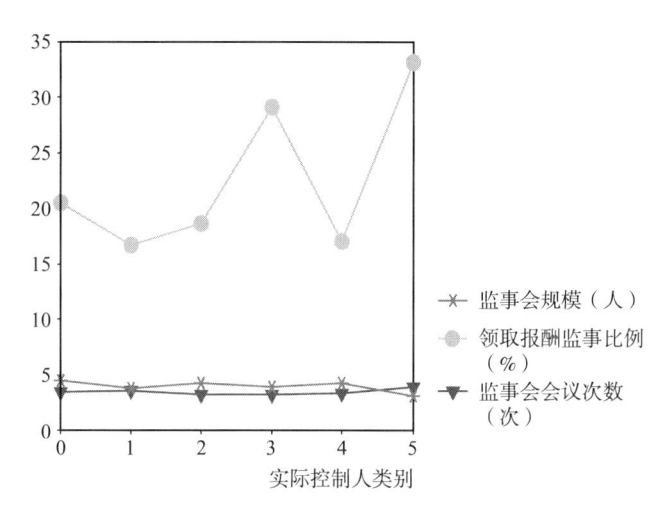

图 5-97 不同控制性股东上市公司监事会特征比较

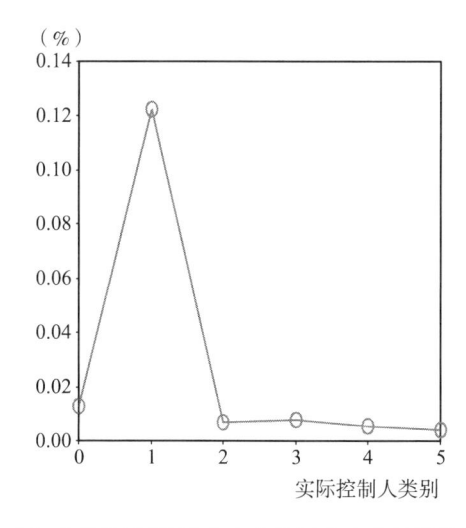

图 5-98 不同控制性股东上市公司监事会持股比例比较

表 5-38　　不同控制性股东上市公司监事会特征多重比较

指标	(I) 实际控制人类别	(J) 实际控制人类别	均值差 (I)-(J)	显著性水平
监事会规模（人）b	国有控股	民营控股	0.67	0.00
	国有控股	集体控股	0.46	0.02
	国有控股	职工持股会控股	1.31	0.00
	民营控股	职工持股会控股	0.64	0.00
	外资控股	职工持股会控股	1.13	0.05
	集体控股	职工持股会控股	0.84	0.00
	社团控股	职工持股会控股	1.08	0.01
领取报酬监事比例（%）b	国有控股	民营控股	3.84	0.00
监事会持股比例（%）b	国有控股	民营控股	-0.1094	0.0001
	民营控股	外资控股	0.1154	0.0000
	民营控股	集体控股	0.1148	0.0000
	民营控股	社团控股	0.1168	0.0000
	民营控股	职工持股会控股	0.1181	0.0000

4. 各类控股股东控制上市公司监事会特征变动分析。

（1）国有控股上市公司监事会特征及其变动分析。2004～2005 年国有控股上市公司监事会会议次数逐年略有减少，2006 年较以前年份明显增加（见表 5-39、表 5-40 以及图 5-99、图 5-100），2006 年开会次数最多的达 10 次，但部分上市公司年度内并没有召开过监事会会议，监事会完全成了摆设，也有可能是监事会和董事会、党委会等合开，变成"一会"。大部分上市公司监事会规模维持在合理的范围之内，但个别上市公司监事会规模过大（为 12 人）或者过小（仅有 1 人）。监事会规模过大会增加治理成本但规模过小，导致监督所需资源的不足。领取报酬监事比例方面，四年间呈逐年减少的趋势，2005 年、2006 年分别较 2003 年有所下降（见表 5-40），各上市公司差异较大，部分上市公司所有监事均领取报酬，部分上市公司没有一名监事从公司领取报酬。监事会持股比例 2004 年高于其他三年，2006 年样本上市公司监事会平均持股比例仅为 0.0068%。

表 5-39 不同控制性股东上市公司监事会特征变动比较

年度	实际控制人类别		监事会规模（人）	领取报酬监事比例（%）	监事会持股比例（%）	监事会会议次数（次）
2003	国有控股（N=621）	均值	4.48	23.11	0.0085	3.49
		标准差	1.56	28.49	0.0873	1.75
	民营控股（N=177）	均值	3.88	17.49	0.1437	3.58
		标准差	1.10	24.78	0.9843	1.87
	外资控股（N=7）	均值	4.29	23.13	0.0065	3.71
		标准差	1.70	24.96	0.0111	2.87
	集体控股（N=21）	均值	3.90	34.30	0.0074	3.33
		标准差	1.18	39.46	0.0096	1.91
	社团控股（N=6）	均值	4.33	27.14	0.0111	3.33
		标准差	1.63	30.39	0.0136	1.37
	职工持股会控股（N=5）	均值	3.40	24.00	0.0043	4.00
		标准差	0.89	27.73	0.0061	1.58
	合计（N=837）	均值	4.33	22.23	0.0371	3.51
		标准差	1.48	28.13	0.4612	1.79
2004	国有控股（N=638）	均值	4.43	21.69	0.0279	3.21
		标准差	1.59	27.86	0.4701	1.55
	民营控股（N=220）	均值	3.83	18.06	0.1675	3.40
		标准差	1.07	24.28	0.8154	1.71
	外资控股（N=6）	均值	4.33	19.21	0.0062	3.17
		标准差	1.63	15.65	0.0089	1.47
	集体控股（N=19）	均值	3.84	35.44	0.0106	2.84
		标准差	1.01	40.55	0.0201	1.26
	社团控股（N=15）	均值	4.00	15.11	0.0032	3.20
		标准差	1.36	15.42	0.0081	1.37
	职工持股会控股（N=5）	均值	3.00	26.67	0.0023	3.80
		标准差	0.00	27.89	0.0029	1.30
	合计（N=903）	均值	4.25	21.00	0.0608	3.25
		标准差	1.49	27.20	0.5667	1.59

续表

年度	实际控制人类别		监事会规模（人）	领取报酬监事比例（%）	监事会持股比例（%）	监事会会议次数（次）
2005	国有控股（N=653）	均值	4.44	19.05	0.0083	3.19
		标准差	1.67	26.19	0.0867	1.59
	民营控股（N=238）	均值	3.70	16.99	0.1454	3.00
		标准差	1.04	25.77	0.7159	1.81
	外资控股（N=4）	均值	4.25	11.25	0.0054	2.25
		标准差	0.96	13.15	0.0098	0.50
	集体控股（N=12）	均值	4.17	17.78	0.0062	3.33
		标准差	1.03	23.50	0.0108	1.61
	社团控股（N=4）	均值	5.00	15.71	0.0041	3.50
		标准差	1.63	20.40	0.0066	2.38
	职工持股会控股（N=6）	均值	2.83	41.67	0.0026	3.67
		标准差	0.41	39.09	0.0028	1.37
	合计（N=917）	均值	4.24	18.59	0.0438	3.14
		标准差	1.55	26.11	0.3763	1.65
2006	国有控股（N=605）	均值	4.37	18.18	0.0068	4.05
		标准差	1.62	26.16	0.0508	1.50
	民营控股（N=304）	均值	3.69	14.94	0.0594	4.10
		标准差	1.12	23.39	0.3294	1.73
	外资控股（N=3）	均值	4.00	16.67	0.0120	3.67
		标准差	1.73	16.67	0.0129	0.58
	集体控股（N=9）	均值	4.11	19.26	0.0037	3.78
		标准差	1.05	24.82	0.0052	1.09
	社团控股（N=4）	均值	4.00	10.71	0.0074	3.50
		标准差	2.00	21.43	0.0148	1.29
	职工持股会控股（N=8）	均值	3.25	36.46	0.0067	4.00
		标准差	0.46	45.41	0.0124	1.31
	合计（N=933）	均值	4.14	17.25	0.0239	4.06
		标准差	1.50	25.49	0.1938	1.57

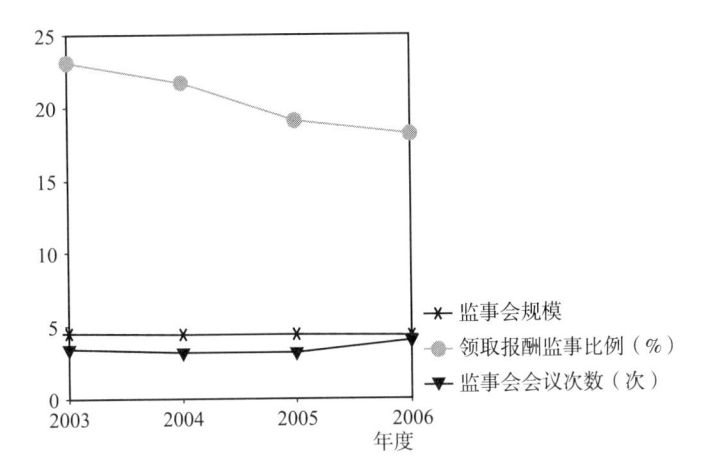

图 5-99　国有控股上市公司监事会特征变动

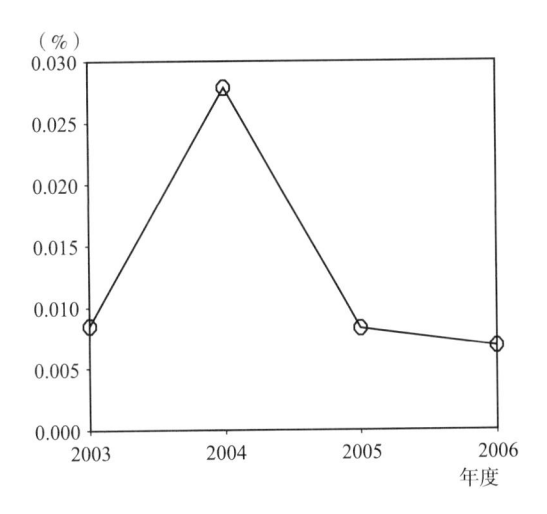

图 5-100　国有控股上市公司监事激励变动

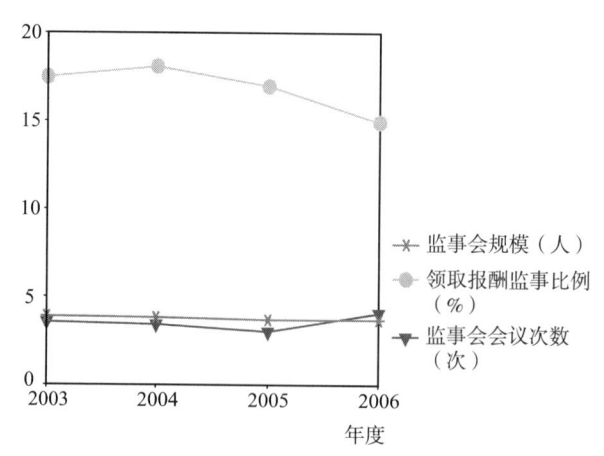

表 5 – 40　　　　　国有与民营控股上市公司监事会特征变动多重比较

控股股东	指标	(I) 年度	(J) 年度	均值差 (I) – (J)	显著性水平
国有控股上市公司	领取报酬监事比例 (%)[b]	2005	2003	–4.06	0.05
		2006	2003	–4.93	0.01
	监事会会议次数 (次)[b]	2004	2003	–0.28	0.01
		2005	2003	–0.30	0.01
		2006	2003	0.56	0.00
			2004	0.84	0.00
			2005	0.86	0.00
民营控股上市公司	监事会会议次数 (次)[a]	2005	2003	–0.58	0.00
			2004	–0.40	0.02
		2006	2003	0.52	0.00
			2004	0.7	0.00
			2005	1.1	0.00

(2) 民营控股上市公司监事会特征及其变动分析。与国有控股上市公司相似，大部分民营控股上市公司监事会规模维持在合理范围之内，并且四年间没有明显变化，个别公司监事会规模过大或者过小，2006 年民营控股上市公司监事会规模最大的为 10 人，最小的为 2 人；领取报酬监事比例 2004 年最高，2006 年最低，上市公司间的差异较大；监事会持股比例前三年变化不大，2006 年监事会持股比例较以前年度下降，2006 年持股比例最高的为 3.6267%，部分上市公司监事会并不持有公司股份。监事会会议次数各年间存在明显差异，前三年呈减少趋势，2006 年为各年中最高，个别上市公司监事会会议次数过多（最多为 13 次）或者过少（见表 5 – 39、表 5 – 40 以及图 5 – 101、图 5 – 102）。

图 5 – 101　民营控股上市公司监事会特征变动

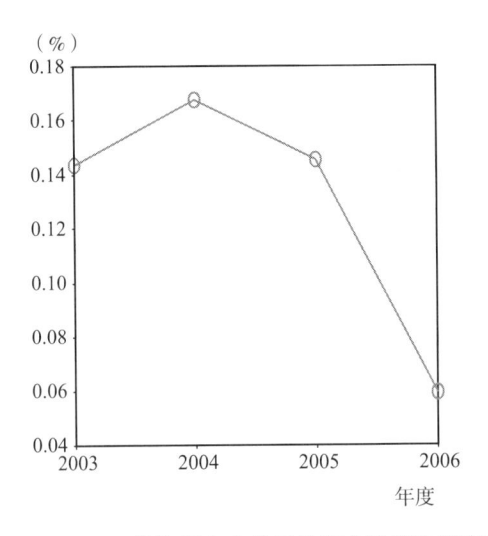

图 5-102　民营控股上市公司监事会持股比例变动

（3）外资控股上市公司监事会特征及其变动分析。外资控股上市公司监事会特征除监事会持股比例变化较小外，其他指标不同年份间变化相对较大。监事会规模方面，2004 年在各年中规模最大，2006 年最小，但各年之间相差不显著，各上市公司间的差异也较小，2006 年规模最大的为 6 人，最小的为 3 人。监事会会议次数前三年呈下降的态势，2005 年

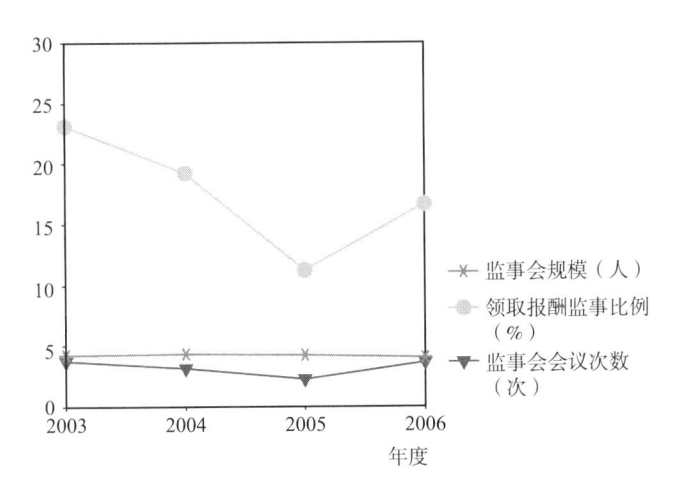

图 5-103　外资控股上市公司监事会特征变动

为四年中最低，2006年有所增加，平均次数为3.67次，2006年开会次数最多的为4次，最少的也为3次，这一定程度表明外资控股上市公司监事会整体治理水平较高。监事会持股比例普遍较低，并且样本期间变化不大。领取报酬的监事比例前三年逐年下滑，2006年略有回升，达到16.67%，各上市公司间的差异在六类上市公司中相对较小（见表5-39及图5-103、图5-104）。

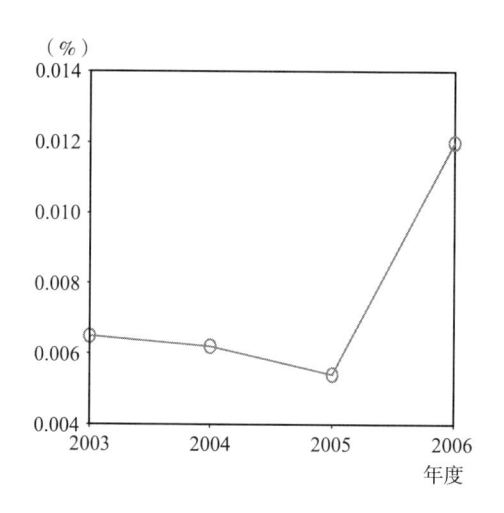

图5-104 外资控股上市公司监事会持股比例变动

（4）集体控股上市公司监事会特征及其变动分析。监事会规模维持在4人左右，都达到了监管部门的要求，并且各年之间差异不大。监事会会议次数2006年为四年中最高，达到了3.78次，开会最多的为5次，最少的为2次。领取报酬的监事比例2005年、2006年较2003年、2004年有所降低（见表5-39）。监事会持股比例2004年之后呈现下降趋势，2006年仅为0.0037%，各上市公司间监事会持股比例的差异在六类上市公司中处于较低水平（见表5-39及图5-105、图5-106）。

（5）社团控股上市公司监事会特征及其变动分析。大部分上市公司监事会规模维持在4~5人左右，规模最大的监事会为7人，最小的为3人。监事会会议次数基本达到了监管要求，但个别上市公司监事会基本不作为，每年只召开一次会议；监事会持股比例2004年之后呈现上升趋势，但普遍较低，个别上市公司监事会成员不持有公司股份；领取报酬的监事比例总体上呈下降趋势，个别上市公司没有一位监事在公司领取报酬，2006年最高也仅有43%，监事激励与监督效果似乎无关（见表5-39及图5-107、图5-108）。

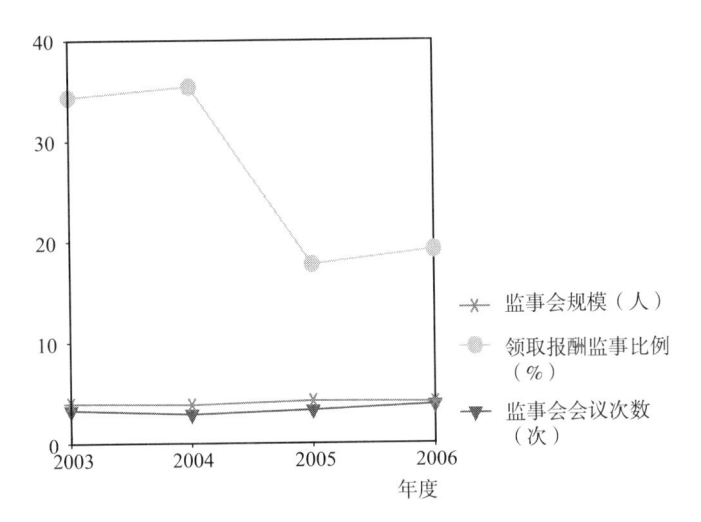

图5-105　集体控股上市公司监事会特征变动

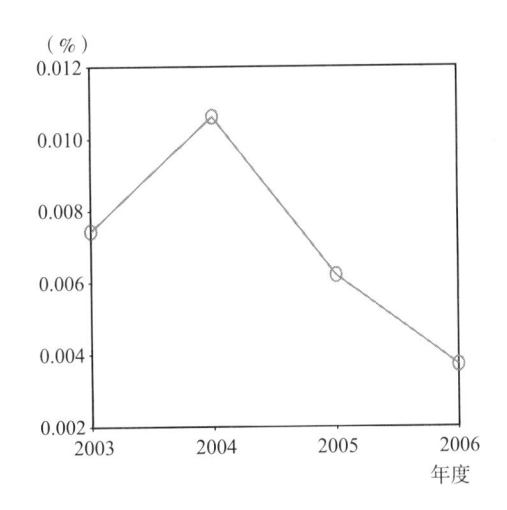

图5-106　集体控股上市公司监事会持股比例变动

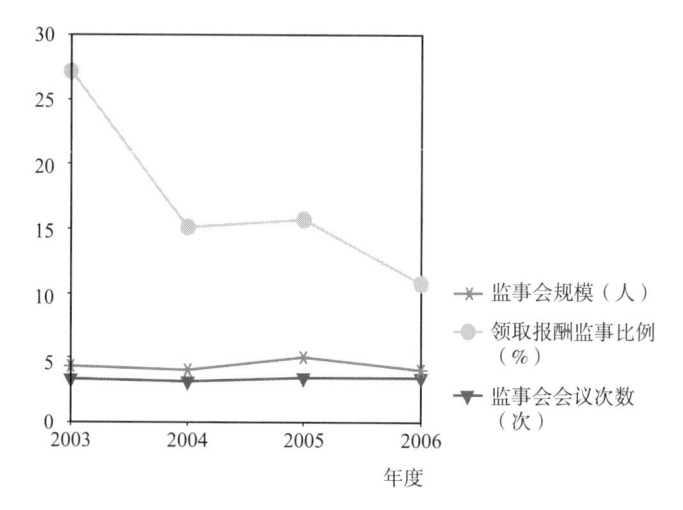

图 5-107　社团控股上市公司监事会特征变动

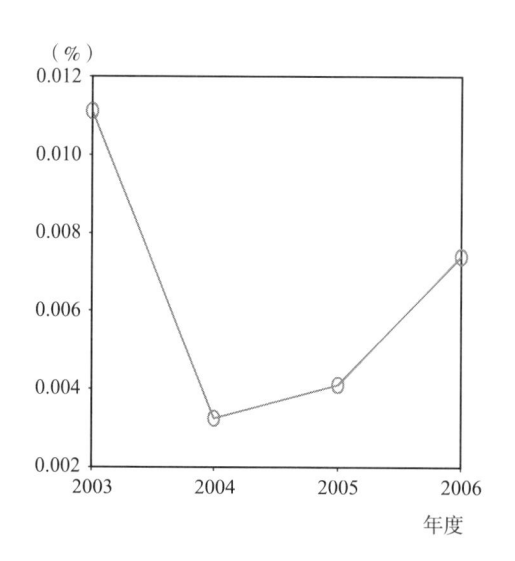

图 5-108　社团控股上市公司监事会持股比例变动

（6）职工持股会控股上市公司监事会特征及其变动分析。职工持股会控股上市公司监事会规模前三年呈缩小趋势，2006 年监事会规模有所增加，达到 3.25 人，各上市公司间的差异较小，2006 年规模最大的为 4 人，最小的为 3 人。监事会持股比例前三年未发生明显变化，2006 年略有提高，达到 0.0067%，各上市公司间差异不大。领取报酬监事比例前三年呈增加趋势，2006年略有回落，较2005年降低了5.21个百分点，上市公司间的差异较大。监事会会议次数前三年逐年减少，2006年恢复到2003年水平，会议次数为4次，2006年开会最多的为6次，最少的为2次（见表5-39及图5-109、图5-110）。

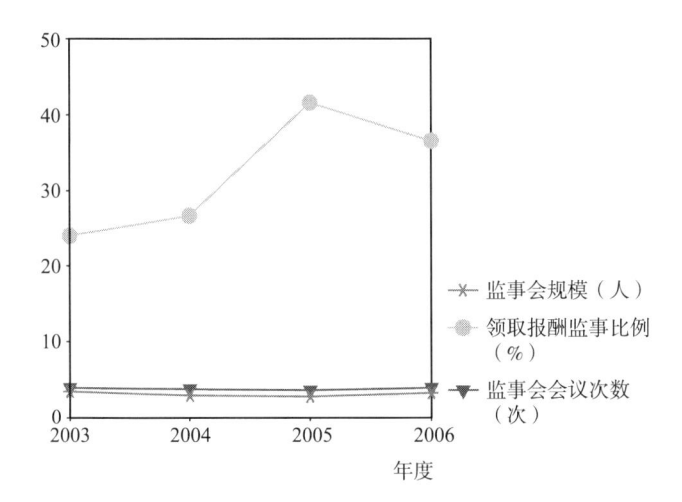

图5-109 职工持股会控股上市公司监事会特征变动

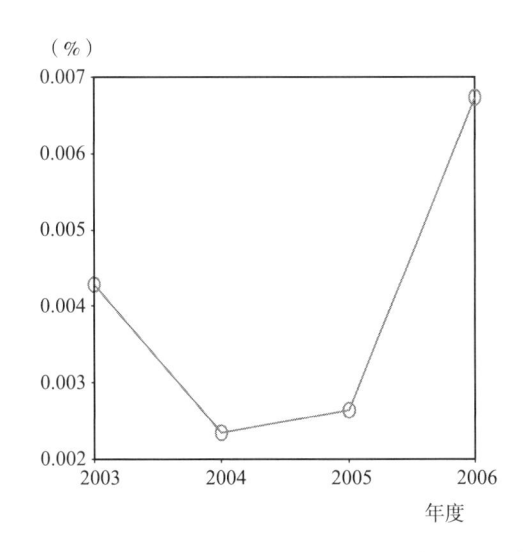

图5-110 职工持股会控股上市公司监事激励变动

总之，由于控股股东性质不同，对上市公司的监事会治理行为产生着不同的影响。公司领取报酬的监事比例较低，职工持股会控股上市公司最高，民营控股上市公司最低，由于不在公司领取报酬，其薪酬与监督效率无关，因此可能导致其监督效率下降；各类上市公司监事会持股比例普遍较低，相对其他控制性股东而言，民营控股上市公司较高；各类上市公司监事会会议次数均达到了监管部门的要求，合规性较好。

总之，控股股东性质对监事会治理行为产生着一定程度的影响，不同控制性股东上市公司在监事会规模、领取报酬监事比例以及监事会持股比例上存在差异。但在监事会会议次数上并未表现出明显差异，原因在于上市公司的监事会运作可能更多的是符合国家有关政策、法规的硬性规定，监事会会议强度的重要表征——监事会会议次数上也仅是略高于有关规定，监事会可能更多的是流于形式，并没有发挥实际的治理功能。样本上市公司监事会治理状况未发生明显的变化，这表明我国上市公司监事会建设与董事会类似，依然处于"合规"阶段，影响监事会治理状况的主要因素——监事激励始终没有得以改善，此外监事会运作的质量也有待提高。

5.3 不同控制性股东上市公司财务实力比较

5.3.1 不同控制性股东上市公司财务实力总体比较

1. 不同控股股东控制上市公司财务实力比较。

伯格等（Berger et al.，1997）、少特等（Short et al.，2002）、弗润德和朗（Friend and Lang，1988）、布雷斯弗德等（Brailsford et al.，2002）等的研究表明股权结构是影响企业资本结构的重要因素，Tsun-Siou Lee 和叶银华（Tsun-Siou Lee and Yin-Hua，Yeh，2002），法西·艾乐米和简·皮埃尔·谷耶（Fathi Elloumi and Jean-Pierre Gueyie，2001）、王震、刘丽和陈超（Zhen Wang，Li Liu and Chao Chen，2002）、姜秀华和孙铮（2001）、罗进辉等（2008）等的研究表明，公司治理是影响企业财务状况的重要因素。甚至有学者基于财务学中的资本结构对代理成本的直接影响认为资本结构是公司治理结构的重要方面（张兆国等，2008）。前面研究发现控股股东性质对股权结构有显著影响，因而其行为也进一步影响到财务状况，本部分主要考察上市公司控股股东类型对财务实力的影响。

总体而言，不同上市公司财务实力指数相差较大，最好为82.99，最差仅为22.54（见表5-41）。集体控股上市公司财务实力指数最高，职工持股会控股上市公司次之，社团控股上市公司财务实力指数最低。民营控股与外资控股类上市公司之间的财务实力相差较大（见图5-111）。与公司治理竞争力不同，国有、民营控股上市公司并没有表现出较高的财务实力，第一，可能与国有、民营控股上市公司由于存在的诸多治理和管理问题严重削弱了上市公司的财务实力有关；第二，反映了当前我国上市公司治理与财务实力的脱节，两者并没有形成良好的互动；第三，上市公司薄弱的治理环境和制度建设也制约了公司治理对企业财务实力的贡献。

表5-41　　　　不同控制性股东上市公司财务实力比较

指标	实际控制人类别	样本数	均值	标准差	显著性水平
财务实力指数	国有控股	2517	62.15	8.95	0.00
	民营控股	939	58.82	10.52	
	外资控股	20	59.19	10.66	
	集体控股	61	62.29	7.33	
	社团控股	29	57.35	10.42	
	职工持股会控股	24	62.16	9.37	
	合计	3590	61.22	9.50	
增长能力	国有控股	2517	58.20	10.02	0.00
	民营控股	939	56.51	12.31	
	外资控股	20	57.73	13.69	
	集体控股	61	59.09	8.84	
	社团控股	29	53.34	12.21	
	职工持股会控股	24	58.12	6.56	
	合计	3590	57.73	10.70	
偿债能力	国有控股	2517	68.22	16.23	0.00
	民营控股	939	65.90	19.37	
	外资控股	20	60.68	17.61	
	集体控股	61	71.66	14.92	
	社团控股	29	67.50	21.29	
	职工持股会控股	24	64.36	12.88	
	合计	3590	67.60	17.16	

续表

指标	实际控制人类别	样本数	均值	标准差	显著性水平
运营能力	国有控股	2517	66.53	19.95	0.00
	民营控股	939	60.67	20.21	
	外资控股	20	62.80	19.00	
	集体控股	61	64.23	17.67	
	社团控股	29	58.39	21.30	
	职工持股会控股	24	68.21	22.79	
	合计	3590	64.88	20.17	
盈利能力	国有控股	2517	52.66	7.10	0.00
	民营控股	939	50.55	6.86	
	外资控股	20	53.02	10.55	
	集体控股	61	52.42	5.41	
	社团控股	29	49.08	6.21	
	职工持股会控股	24	54.24	5.12	
	合计	3590	52.09	7.08	

要素指数中，由于股权融资使得上市公司具有较高的偿债能力，在四个要素指数中为最高；但上市公司的盈利状况较差，盈利能力指数最低（见表5-41及图5-111）。上市公司注重的主要是企业偿还债务的能力，主要原因是为了向外界释放良好的信号，以确保企业足够的偿债能力。同时上市公司作为一种优质的"壳"资源，银行等相关金融机构对上市公司较为信赖，因而融资难度相对非上市公司要好，信贷和资本市场的发展也促进了上市公司偿债能力的提高。盈利能力较低的现实反映了我国上市公司财务状况不理想，上市公司当前的盈利状况和未来的持续发展能力依然不容乐观。由于盈利能力和持续发展能力的缺乏将不利于证券市场的健康发展，也不利于维持投资者的信心。[1]

---

[1] 一份投资者对各种财务指标关注程度的调查报告显示，机构投资者（个人投资者）对财务指标的关注程度依次为成长性指标（2）、盈利质量指标（3）、盈利数量指标（1）、获现能力指标（4）、现金流量指标（5）、营运能力指标（7）、偿债能力指标（9）、资产状况指标（6）、发展能力指标（10）、利润分配指标（8）、财务弹性指标（11）（括号中为个人投资者对财务指标的关注排序）（引自边泓：《投资者在不同市场环境中的会计信息需求特征——基于前景理论和数据挖掘的实证研究》，载《南开管理评论》2007年第4期，第52~57页。转引自陈敏圭：《会计目标·财政部会计准则委员会课题报告》，大连出版社2005年版），这说明当前我国上市公司注重的财务指标和投资者关注的财务指标之间存在较大差异。

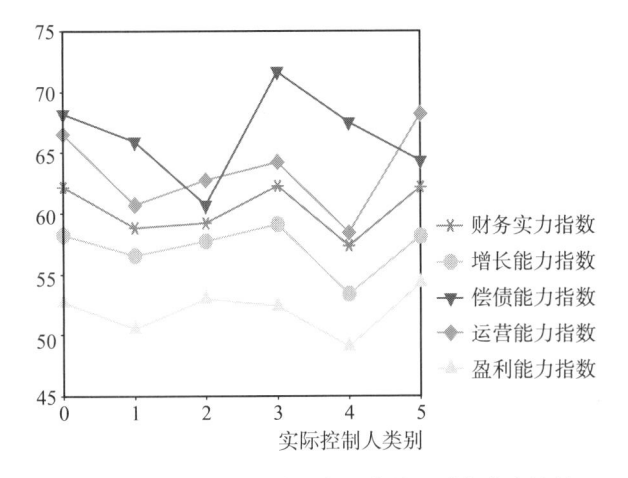

图 5-111 不同控制性股东上市公司财务实力比较

增长能力指数方面,集体控股上市公司最高,国有控股上市公司次之,社团控股上市公司最低。集体控股上市公司多由国有企业改制而来,与国有控股上市公司有诸多的相似之处,这些企业有着更多的关系资源和外部优惠政策,而且这些企业尤其是国有控股上市公司在国民经济发展中起着重要的作用,政府出于维护社会稳定、保持社会就业以及增加社会福利等的考虑,对这些企业会加以政策上的扶持,因此增长能力相对较高也就不足为奇。上市公司增长能力指数最高的为99.15,最低的仅为15.14,外资控股上市公司间增长能力指数差异最大,职工持股会控股上市公司间差异最小。

偿债能力指数方面,集体控股上市公司最高,国有控股上市公司次之,外资控股上市公司最低。集体和国有控股上市公司大多处于所有者虚置的状态,集体或者政府的代理人出于规避风险的考虑会维持公司较高的偿债能力,偿债能力较强还与这些企业的考评机制有关。外资控股上市公司偿债能力指数最低可能是由于该类上市公司主要将可用于偿还债务的现金、现金等价物等用于企业的发展上,更着眼于企业的长远发展,因此偿债水平较低。集体和国有控股上市公司间偿债能力差异较小,由于这些企业面临的外部经营环境和信贷条件较为相似,因此偿债能力普遍较强。

运营能力指数方面,职工持股会控股上市公司最高,国有控股上市公司次之,社团控股上市公司最低。样本中职工持股会控股上市公司有数家属于交通运输业和商业企业,这些公司的运营周期相对较短,获现能力较强,因而运营能力较高。国有控股上市公司运营能力较强与企业的经营环境有关。上市公司运营能力指数最高的为100,最低的仅为7.04,运营能力的差异在四类财务指数中最大。

盈利能力指数方面,职工持股会控股上市公司最高,外资控股上市公司次之,社团控股上市公司最低。样本中一些职工持股会控股上市公司所在行业获现能力较强,而且成本相对较低,因而该类上市公司盈利能力较强。上市公司盈利能力指数最高的为80.99,最低的仅为19.81,外资控股上市公司间盈利能力差异相对较大。

方差分析表明,不同控制性股东上市公司财务实力、增长能力、偿债能力、运营能力及盈利能力指数均存在显著差异。国有、集体控股上市公司财务实力指数较民营控股上市公司分别高出3.32个、3.47个百分点。国有控股上市公司增长能力、偿债能力、运营能力及盈利能力指数分别较民营控股上市公司高出1.70个、2.32个、5.86个、2.11个百分点。通常国有控股上市公司有着与政府之间的良好关系、多处于利润较高的垄断行业、拥有特殊的资源优势,因此,国有控股上市公司财务实力指数相比大部分由私人或者家族控股的民营上市公司要高。集体控股上市公司偿债能力指数较民营控股上市公司高出5.76个百分点,国有控股上市公司运营能力、盈利能力指数分别较社团控股上市公司高出8.14个、3.59个百分点,职工持股会控股上市公司运营能力指数较民营、社团控股上市公司分别高出7.54个、9.82个百分点,盈利能力指数较民营、社团控股上市公司分别高出3.69个、5.16个百分点,职工持股会控股上市公司运营能力、盈利能力指数高于民营和社团控股上市公司主要原因在于职工持股会控股上市公司应收账款周转率、每股收益、每股经营现金流等指标高于民营和社团控股上市公司(见表5-41、表5-42)。总体而言,上市公司注重的是偿债能力,忽视了未来发展能力,过于重视当前和保守的财务业绩将削弱上市公司的未来竞争力。

表5-42　　　不同控制性股东上市公司财务实力差异多重比较

指标	(I) 实际控制人类别	(J) 实际控制人类别	均值差 (I)-(J)	显著性水平
财务实力指数[b]	国有控股	民营控股	3.32	0.00
	民营控股	集体控股	-3.47	0.01
增长能力指数[b]	国有控股	民营控股	1.70	0.00
偿债能力指数[b]	国有控股	民营控股	2.32	0.02
	民营控股	集体控股	-5.76	0.08

续表

指标	(I) 实际控制人类别	(J) 实际控制人类别	均值差 (I) - (J)	显著性水平
运营能力指数[a]	国有控股	民营控股	5.86	0.00
	国有控股	社团控股	8.14	0.03
	民营控股	职工持股会控股	-7.54	0.07
	社团控股	职工持股会控股	-9.82	0.08
盈利能力指数[b]	国有控股	民营控股	2.11	0.00
	国有控股	社团控股	3.59	0.06
	民营控股	职工持股会控股	-3.69	0.03
	社团控股	职工持股会控股	-5.16	0.02

盈利能力指数在四类指数中变化较为平稳，大部分上市公司在盈利能力指数上呈现上升趋势，主要原因在于当前我国证券市场弱式有效以及公司治理中存在的许多问题使得投资者难以了解公司的真实经营状况，因而在投资决策时主要关注上市公司的盈利能力状况，这迫使上市公司不得不注意改善公司在盈利能力上的表现，甚至不惜通过盈余管理、粉饰或操纵财务报表、指标等行为来达到提高账面盈利的目的。此外，样本期间国家经济的快速、稳定发展也为上市公司财务实力的提高提供了良好的外部环境。

2. 各类控股股东控制上市公司财务实力变动分析。

（1）国有控股上市公司财务实力及其变动分析。国有控股上市公司增长能力、偿债能力、运营能力及盈利能力指数不同年份间存在显著差异。增长能力指数方面，2005年较2003年、2004年以及2006年较2004年均有所下降；偿债能力指数方面，2005年、2006年呈现不断下降趋势，2006年为66.27，较2003年、2004年分别降低了4.37、2.66；运营能力指数方面，2006年有所改善，为68.97，较2003年增加了5.00；盈利能力指数方面，2004年、2005年较2003年分别增加了1.12、1.46，2006年为53.63，较以前年份分别增加了2.15、1.03、0.68（见表5-43、表5-44以及图5-112）。总体来看，国有控股上市公司样本期间财务实力各分指数变化不大，偿债和运营能力好于增长及盈利能力，上市公司持续发展能力不足。

表 5-43　　不同控制性股东上市公司财务实力变动比较

年度	实际控制人类别		财务实力指数	增长能力指数	偿债能力指数	运营能力指数	盈利能力指数
2003	国有控股 （N=621）	均值	61.71	58.75	70.64	63.97	51.48
		标准差	8.98	9.66	16.07	20.53	6.76
	民营控股 （N=177）	均值	59.74	58.73	67.87	60.50	50.55
		标准差	10.52	12.06	19.46	21.04	6.73
	外资控股 （N=7）	均值	58.02	57.75	57.49	63.98	48.75
		标准差	11.33	15.99	17.16	20.03	6.54
	集体控股 （N=21）	均值	60.22	59.89	74.89	55.86	51.65
		标准差	9.30	10.49	17.20	19.63	5.94
	社团控股 （N=6）	均值	59.98	55.23	65.20	64.77	51.71
		标准差	15.55	18.47	21.02	28.50	8.44
	职工持股会控股 （N=5）	均值	66.77	66.75	70.75	71.68	54.00
		标准差	8.99	6.81	8.09	20.86	7.28
	合计 （N=837）	均值	61.24	58.79	70.01	63.09	51.28
		标准差	9.42	10.35	16.93	20.70	6.74
2004	国有控股 （N=638）	均值	62.67	59.40	68.93	66.78	52.60
		标准差	9.21	10.95	16.57	20.12	7.43
	民营控股 （N=220）	均值	60.31	57.34	68.43	63.16	50.03
		标准差	9.82	11.49	18.34	19.67	7.69
	外资控股 （N=6）	均值	63.27	63.28	64.99	66.64	55.48
		标准差	7.30	16.00	21.77	8.94	11.57
	集体控股 （N=19）	均值	62.85	60.13	70.16	66.05	52.51
		标准差	6.55	9.07	17.18	18.00	5.57
	社团控股 （N=15）	均值	59.19	55.51	75.71	56.84	49.29
		标准差	8.90	10.45	16.64	23.00	6.21
	职工持股会控股 （N=5）	均值	63.98	58.08	66.30	72.26	54.42
		标准差	7.73	3.88	6.86	25.28	2.14
	合计 （N=903）	均值	62.05	58.87	68.91	65.75	51.95
		标准差	9.34	11.08	17.02	20.04	7.53

续表

年度	实际控制人类别		财务实力指数	增长能力指数	偿债能力指数	运营能力指数	盈利能力指数
2005	国有控股 (N=653)	均值	61.61	56.94	67.04	66.45	52.95
		标准差	9.02	9.93	16.17	19.88	6.80
	民营控股 (N=238)	均值	57.42	53.77	64.93	59.09	50.59
		标准差	10.87	11.99	19.36	20.39	6.91
	外资控股 (N=4)	均值	55.91	53.18	54.48	55.68	60.81
		标准差	16.88	11.38	18.96	26.85	15.06
	集体控股 (N=12)	均值	65.04	58.10	70.56	72.90	53.91
		标准差	5.19	6.81	8.47	10.90	4.05
	社团控股 (N=4)	均值	57.63	51.91	69.42	59.71	47.90
		标准差	6.37	12.25	6.41	11.85	4.89
	职工持股会控股 (N=6)	均值	58.23	54.71	61.92	61.51	52.67
		标准差	10.97	5.95	13.36	27.23	3.04
	合计 (N=917)	均值	60.51	56.08	66.46	64.51	52.36
		标准差	9.71	10.54	16.98	20.22	6.92
2006	国有控股 (N=605)	均值	62.62	57.74	66.27	68.97	53.63
		标准差	8.51	9.26	15.75	18.98	7.24
	民营控股 (N=304)	均值	58.31	56.75	63.69	60.21	50.90
		标准差	10.59	12.96	19.84	19.88	6.23
	外资控股 (N=3)	均值	58.11	52.63	67.76	61.87	47.66
		标准差	7.52	2.54	9.76	28.15	2.67
	集体控股 (N=9)	均值	62.31	56.36	68.79	68.33	52.04
		标准差	5.51	6.96	11.05	12.73	5.79
	社团控股 (N=4)	均值	46.18	43.79	38.29	53.30	45.52
		标准差	1.78	2.84	25.92	11.93	2.06
	职工持股会控股 (N=8)	均值	61.10	55.29	61.00	68.53	55.45
		标准差	9.49	2.91	17.42	22.46	6.55
	合计 (N=933)	均值	61.12	57.30	65.29	66.01	52.69
		标准差	9.46	10.57	17.30	19.67	7.02

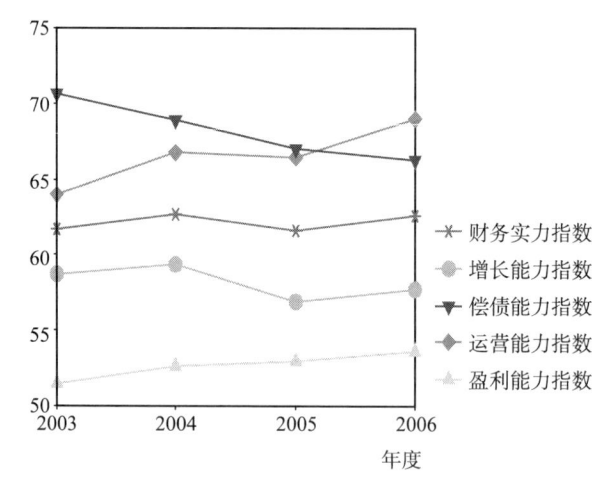

图 5-112　国有控股上市公司财务实力变动

表 5-44　　　　　国有与民营控股上市公司财务实力变动多重比较

控股股东	指标	（I）年度	（J）年度	均值差（I）-（J）	显著性水平
国有控股上市公司	增长能力指数[b]	2005	2003	-1.81	0.01
			2004	-2.46	0.00
		2006	2004	-1.66	0.02
	偿债能力指数[a]	2004	2003	-1.70	0.06
		2005	2003	-3.60	0.00
			2004	-1.89	0.04
		2006	2003	-4.37	0.00
			2004	-2.66	0.00
	运营能力指数[b]	2004	2003	2.81	0.08
		2006	2003	5.00	0.00
	盈利能力指数[a]	2004	2003	1.12	0.00
		2005	2003	1.46	0.00
		2006	2003	2.15	0.00
			2004	1.03	0.01
			2005	0.68	0.09
民营控股上市公司	增长能力指数[a]	2005	2003	-4.96	0.00
			2004	-3.57	0.00
		2006	2003	-1.98	0.09
			2005	2.99	0.00
	偿债能力指数[a]	2005	2004	-3.50	0.05
		2006	2003	-4.18	0.02
			2004	-4.74	0.01
	运营能力指数[a]	2005	2004	-4.07	0.03
		2006	2004	-2.95	0.10

(2) 民营控股上市公司财务实力及其变动分析。样本期间民营控股上市公司财务实力总体上呈下降趋势。民营控股上市公司增长能力和偿债能力指数不同年份间差异显著。除盈利能力指数外,民营控股上市公司其他几类财务实力分指数均发生了较大变化。增长能力指数 2003～2005 年呈逐年下降趋势,2006 年略有回升,2006 年较 2003 年降低了 1.98 个百分点,较 2005 年增加了 2.99 个百分点。偿债能力指数除 2004 年略有增加外,其他三年呈递减趋势,最高的 2004 年指数为 68.43,最低的 2006 年指数为 63.69,较 2003 年、2004 年有所降低。运营能力指数最高的 2004 年指数为 63.16,2005 年、2006 年较 2004 年分别降低了 4.07 个、2.95 个百分点。盈利能力指数四年间变化不大,最高的 2006 年指数为 50.90,最低的 2004 年指数为 50.03 (见表 5 - 43、表 5 - 44 以及图 5 - 113)。

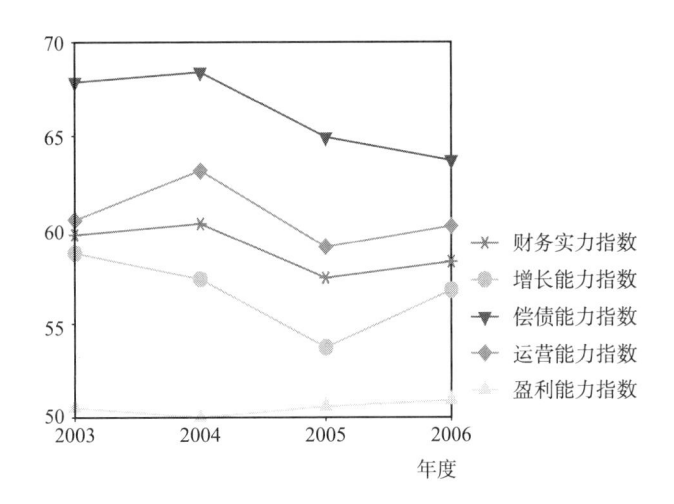

图 5 - 113　民营控股上市公司财务实力变动

(3) 外资控股上市公司财务实力及其变动分析。样本期间外资控股上市公司财务实力未发生显著变化。增长能力指数除 2004 年外其他三年呈现递减的趋势,最高的 2004 年指数为 63.28,最低的 2006 年指数为 52.63;偿债能力指数 2004 年、2006 年高于 2003 年、2005 年,最高的 2006 年指数为 67.76,最低的 2005 年指数为 54.48;运营能力指数最高的 2004 年为 66.64,最低的 2005 年为 55.68,2006 年运营能力指数最高的上市公司为 94.06,最低的为 41.91;盈利能力指数 2003～2005 年呈逐年上升趋势,2006 年大幅回落,最高的 2005 年指数为 60.81,最低的 2006

年指数为47.66（见表5-43及图5-114）。样本期间外资控股上市公司财务实力变化的原因可能在于：一方面，上市公司在样本期间的经营状况导致了财务状况的变化；另一方面，结论可能与样本数量较少有关。

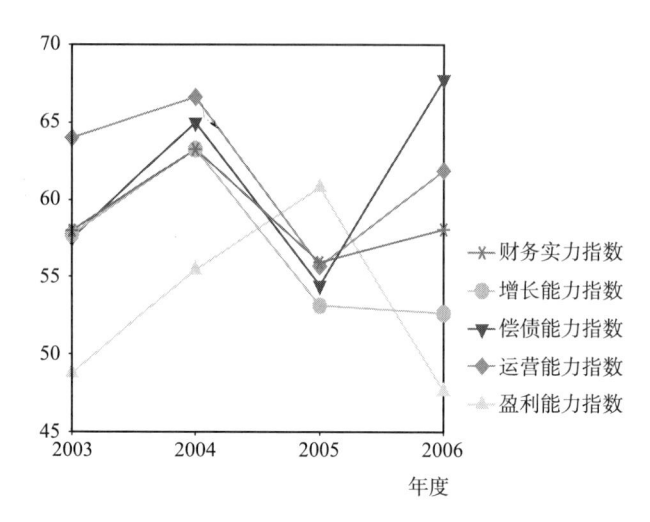

图5-114 外资控股上市公司财务实力变动

（4）集体控股上市公司财务实力及其变动分析。不同年份集体控股上市公司间各财务实力分指数差异相对较小，样本期间集体控股上市公司财务实力整体上呈下降趋势。增长能力指数除2004年外其他三年呈下降趋势，最高的2004年指数为60.13，最低的2006年指数为56.36；偿债能力指数整体上呈下降趋势，最高的2003年指数为74.89，最低的2006年指数为68.79；运营能力指数2003～2005年大幅增加，2006年较2005年略有回落，最高的2005年指数为72.90，最低的2003年指数为55.86，2004～2006年较2003年显著增加，分别增加了10.19个、17.04个、12.46个百分点[①]；盈利能力指数2003～2005年逐年略有上升，2006年略有回落，最高的2005年指数为53.91，最低的2003年指数为51.65（见表5-43及图5-115）。

---

① 各项指标中，只有运营能力在各年的差异显著，但为节省篇幅起见，在此不列示其方差分析结果。

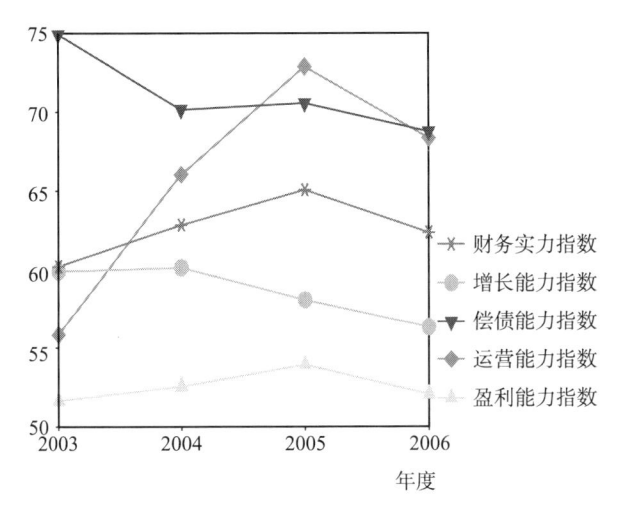

图 5-115 集体控股上市公司财务实力变动

（5）社团控股上市公司财务实力及其变动分析。2003~2006 年社团控股上市公司财务实力各分指数总体上均呈现下滑的趋势，上市公司财务状况每况愈下。增长能力指数总体上呈下降趋势，最高的 2004 年指数为 55.51，最低的 2006 年指数为 43.79，不同年份上市公司间的差异缩小。

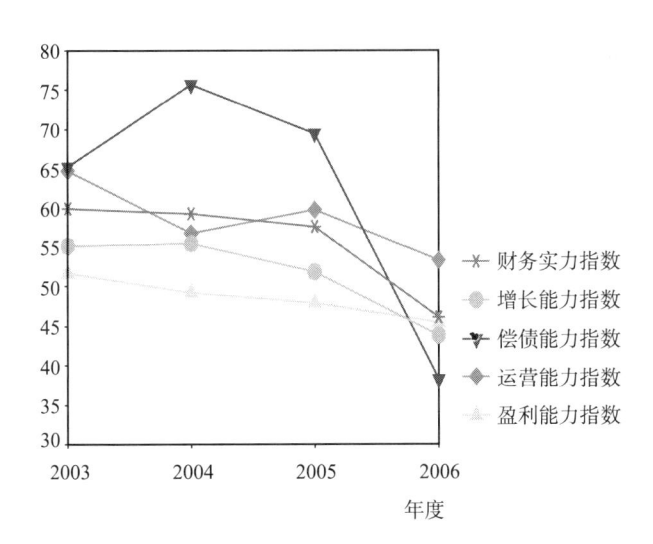

图 5-116 社团控股上市公司财务实力变动

偿债能力指数 2004～2006 年呈下降趋势，最高的 2004 年指数为 75.71，最低的 2006 年指数为 38.29，2006 年较以前年份明显下降，分别显著降低了 26.91 个、37.42 个、31.14 个百分点。① 运营能力指数总体上呈下降趋势，最高的 2003 年指数为 64.77，最低的 2006 年指数为 53.30，不同年份上市公司间运营能力指数差异缩小。盈利能力指数 2003～2006 年呈逐年下降的趋势，最高的 2003 年指数为 51.71，最低的 2006 年指数为 45.52，不同年份上市公司间盈利能力指数差异缩小（见表 5-43 及图 5-116）。

（6）职工持股会控股上市公司财务实力及其变动分析。样本期间职工持股会控股上市公司财务实力整体上呈下降趋势。增长能力指数 2003～2005 年逐年下降，2006 年略有回升，最高的 2003 年指数为 66.75，最低的 2005 年指数为 54.72，2004～2006 年较 2003 年均明显下降，分别显著降低了 8.67 个、12.03 个、11.46 个百分点②，不同年份各上市公司间差异缩小。偿债能力指数 2003～2006 年呈现逐年下降的趋势，最高的 2003 年指数为 70.75，最低的 2006 年指数为 61.00，2006 年偿债能力指数最高的上市公司为 86.74，最低的为 24.24。运营能力指数最高的 2004 年指数为 72.26，最低的 2005 年指数为 61.51。盈利能力指数除

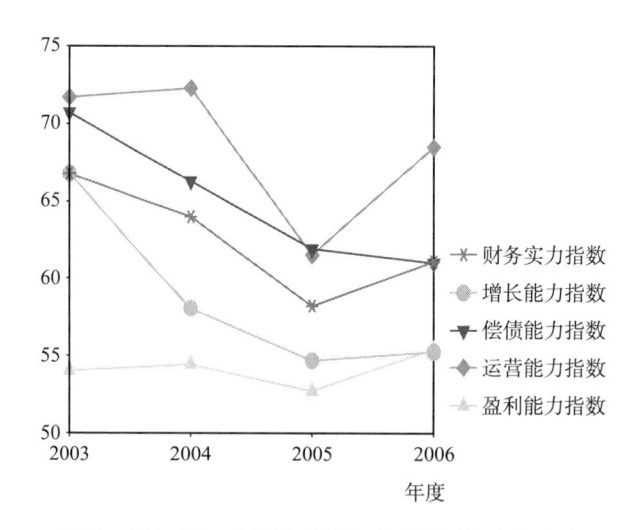

图 5-117　职工持股会控股上市公司财务实力变动

---

①②　各项指标中，只有偿债能力在各年的差异显著，但为节省篇幅起见，在此不列示其方差分析结果。

2005年外其他三年呈上升趋势，最高的2006年指数为55.45，最低的2005年指数为52.67，2006年盈利能力指数最高的上市公司为68.22，最低的为47.68，各上市公司间的差异有所扩大（见表5-43及图5-117）。

总之，2003~2006年样本上市公司财务实力整体上有所提高，但不同控制性股东上市公司表现不同，上市公司财务实力普遍表现并不理想：一方面，主要与各上市公司所处行业背景、外部经济环境、金融和证券市场的发展以及政策扶持等因素有关；另一方面，由于各上市公司自身经营状况较差，因而财务表现不佳。尽管上市公司财务实力要好于治理竞争力，但由于财务实力与上市公司在资本市场上的表现关系更为直接，财务实力是投资者对上市公司做出评价和投资决策的重要依据，因此上市公司要想在证券市场上获得发展所需的资本就必须提高财务实力，目前我国上市公司财务实力尚有较大提升空间。

5.3.2 不同控制性股东上市公司增长能力比较

表5-45及图5-118显示，不同控制性股东上市公司增长率呈现不同的波动。国有控股上市公司总资产规模较大，总资产增长率高于民营控股上市公司。但主营业务收入增长率高于资产增长率，说明资产规模的扩大对国有控股上市公司收入的增加起到了一定的作用，而主营业务收入增长率的变化与税后利润增长率的变化不一致，主营业务收入对利润的贡献并不明显；民营控股上市公司主营业务收入增长率差异较大，总资产增长率的增加对主营业务收入增长率的贡献不明显，规模扩张并未带来收入的增加，但主营收入增长率的提高与税后利润增长率的增加基本一致；外资控股上市公司总资产收入增长率与主营业务收入增长率近年来增速缓慢，与其他五类上市公司类似，税后利润下降，增长率为负值，主要可能受成本和经营环境变化的影响；集体控股上市公司主营业务收入增长率高于总资产增长率，2006年税后利润增长率高于主营业务收入增长率以及总资产增长率；社团控股上市公司税后利润增长率各年下降的幅度在六类上市公司中最大，2006年总资产增长率、主营业务收入增长率及税后利润增长率均为负值，可能原因是上市公司经营状况出现困难，导致资产及收入的萎缩；职工持股会控股上市公司主营业务收入的增长超过总资产增长，但在公司规模扩张、主营业务收入增长的情况下，同样出现了税后利润的下降，可能的原因是受外部经营环境的影响。

表 5-45　　　　　不同控制性股东上市公司增长能力比较

指标	实际控制人类别	样本数	均值	标准差	最小值	最大值	显著性水平
总资产 增长率 （%）	国有控股	2517	0.12	0.32	-0.76	5.23	0.06
	民营控股	939	0.09	0.34	-0.96	3.59	
	外资控股	20	0.21	0.52	-0.35	2.06	
	集体控股	61	0.14	0.21	-0.45	0.72	
	社团控股	29	0.03	0.18	-0.33	0.44	
	职工持股会控股	24	0.09	0.14	-0.19	0.38	
	合计	3590	0.11	0.32	-0.96	5.23	
主营业务 收入 增长率 （%）	国有控股	2517	0.26	1.36	-1.00	45.52	0.61
	民营控股	939	4.81	124.14	-1.00	3782.72	
	外资控股	20	0.58	2.17	-0.72	9.72	
	集体控股	61	0.20	0.37	-0.35	1.87	
	社团控股	29	0.12	0.58	-0.87	2.44	
	职工持股会控股	24	0.24	0.46	-0.25	2.19	
	合计	3590	1.45	63.51	-1.00	3782.72	
税后利润 增长率 （%）	国有控股	2517	-1.17	10.20	-295.35	74.74	0.00
	民营控股	939	-2.04	15.29	-242.00	56.57	
	外资控股	20	-5.95	24.06	-107.47	6.90	
	集体控股	61	-0.07	1.32	-5.79	6.67	
	社团控股	29	-11.29	39.44	-190.48	3.85	
	职工持股会控股	24	-0.14	0.68	-1.33	1.95	
	合计	3590	-1.48	12.26	-295.35	74.74	

从各项增长率指标来看，各类上市公司均呈现规模扩张的趋势。外资控股上市公司总资产增长率最高，为21%，集体控股上市公司次之，社团控股上市公司最低，仅为3%。外来资本的雄厚实力使得外资控股上市公司总资产得以较快增长。民营控股上市公司主营业务收入增长率远高于其他五类上市公司，高达4.81%，说明民营控股上市公司多处在成长期，未来增长能力可观，增长能力的提高主要来自于主营业务收入获得的收

益。社团控股上市公司最低,为12%。民营控股上市公司之间主营业务收入增长率差异远高于其他五类上市公司;税后利润增长率方面,六类上市公司均为负值,可能的原因是:首先,成本的上涨超过了税后利润的增长,使得税后利润增长率为负;其次,由于样本期间证券市场基本处于熊市,控制性股东出于股利、税收、再融资等的考虑可能进行盈余管理,调低利润。集体控股上市公司最高,为 -7%,职工持股会控股上市公司次之,最低的社团控股上市公司为 -11.29%,各类上市公司间税后利润增长率差异较大,尤其是国有、民营、外资和社团控股上市公司之间,上市公司税后利润增长率最高的为74.74%,最低的为 -295.35%(见表5-45、表5-46)。

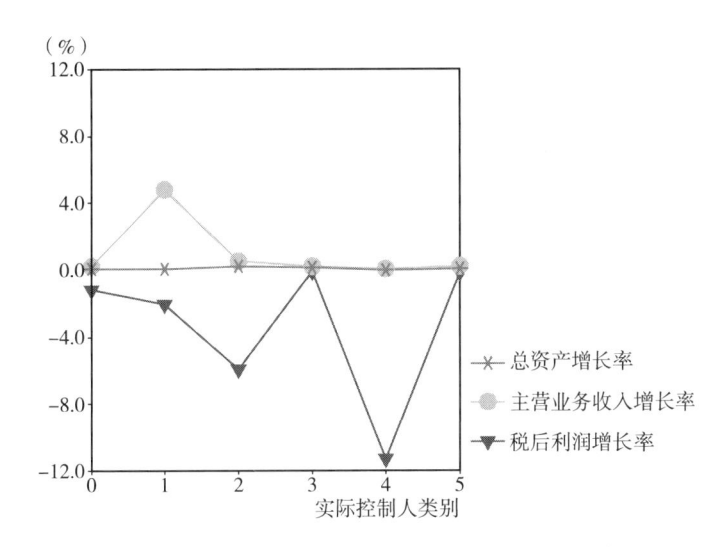

图5-118 不同控制性股东上市公司增长能力比较

表5-46 不同控制性股东上市公司增长能力差异多重比较

指标	(I) 实际控制人类别	(J) 实际控制人类别	均值差 (I)-(J)	显著性水平
税后利润增长率(%)[b]	国有控股	集体控股	-1.10	0.00
		职工持股会控股	-1.03	0.00
	民营控股	集体控股	-1.97	0.00
		职工持股会控股	-1.90	0.00

从各年变动来看，国有、民营、集体、职工持股会控股上市公司的总资产增长率2003~2005年逐年下降，2006年略有回升，外资控股上市公司自2004年起呈下降趋势；社团控股上市公司除2005年略有波动外其他三年呈下降趋势。主营业务收入增长率方面，国有控股上市公司除2004年外其他三年呈小幅下降趋势；民营控股上市公司2004年和2006年高于2003年和2005年；外资、集体、社团控股上市公司自2004年起逐年大幅下降；职工持股会控股上市公司2003~2005年呈逐年下滑的趋势，2006年略有回升。税后利润增长率方面，国有控股上市公司2004年起逐年略有提高；民营控股上市公司2003~2006年呈逐年增加的趋势；外资控股上市公司2003~2005年逐年大幅下滑，2006年略有回升；集体、职工持股会控股上市公司2004年和2006年高于2003年和2005年；社团控股上市公司2003~2006年大幅下降（见表5-47及图5-119、图5-120、图5-121、图5-122、图5-123、图5-124）。

表5-47　　　　不同控制性股东上市公司增长能力变动

年度	实际控制人类别		总资产增长率（%）	主营业务收入增长率（%）	税后利润增长率（%）
2003	国有控股（N=621）	均值	0.14	0.25	-0.67
		标准差	0.36	0.96	7.29
	民营控股（N=177）	均值	0.13	0.33	-2.87
		标准差	0.28	0.87	20.52
	外资控股（N=7）	均值	0.17	0.08	0.30
		标准差	0.47	0.39	4.36
	集体控股（N=21）	均值	0.19	0.19	-0.34
		标准差	0.26	0.37	1.38
	社团控股（N=6）	均值	0.11	0.07	-3.74
		标准差	0.26	0.56	11.13
	职工持股会控股（N=5）	均值	0.24	0.74	-0.33
		标准差	0.11	0.86	0.44
	合计（N=837）	均值	0.14	0.26	-1.14
		标准差	0.34	0.93	11.40

续表

年度	实际控制人类别		总资产增长率（%）	主营业务收入增长率（%）	税后利润增长率（%）
2004	国有控股（N=638）	均值	0.13	0.35	-1.82
		标准差	0.28	1.39	14.42
	民营控股（N=220）	均值	0.09	2.11	-2.75
		标准差	0.32	27.01	18.02
	外资控股（N=6）	均值	0.45	1.75	-1.20
		标准差	0.81	3.91	2.15
	集体控股（N=19）	均值	0.17	0.25	-0.02
		标准差	0.22	0.46	0.53
	社团控股（N=15）	均值	0.05	0.21	-0.84
		标准差	0.14	0.72	3.39
	职工持股会控股（N=5）	均值	0.07	0.18	0.02
		标准差	0.16	0.06	0.57
	合计（N=903）	均值	0.12	0.78	-1.98
		标准差	0.30	13.39	15.04
2005	国有控股（N=653）	均值	0.09	0.24	-1.73
		标准差	0.29	1.82	10.56
	民营控股（N=238）	均值	0.04	0.07	-2.02
		标准差	0.27	0.48	15.12
	外资控股（N=4）	均值	0.05	0.13	-27.81
		标准差	0.13	0.15	53.13
	集体控股（N=12）	均值	0.04	0.21	-0.05
		标准差	0.13	0.27	0.19
	社团控股（N=4）	均值	0.09	0.04	-25.21
		标准差	0.04	0.26	50.16
	职工持股会控股（N=6）	均值	0.04	0.06	-0.22
		标准差	0.11	0.19	0.45
	合计（N=917）	均值	0.07	0.19	-1.99
		标准差	0.28	1.55	12.71

续表

年度	实际控制人类别		总资产增长率（%）	主营业务收入增长率（%）	税后利润增长率（%）
2006	国有控股（N=605）	均值	0.11	0.22	-0.38
		标准差	0.33	1.08	6.14
	民营控股（N=304）	均值	0.10	13.09	-1.08
		标准差	0.41	216.97	7.98
	外资控股（N=3）	均值	0.05	-0.03	-0.92
		标准差	0.03	0.13	0.06
	集体控股（N=9）	均值	0.06	0.10	0.44
		标准差	0.09	0.25	2.67
	社团控股（N=4）	均值	-0.22	-0.06	-47.90
		标准差	0.06	0.16	95.05
	职工持股会控股（N=8）	均值	0.04	0.08	-0.06
		标准差	0.10	0.06	1.01
	合计（N=933）	均值	0.10	4.41	-0.80
		标准差	0.36	123.86	9.16

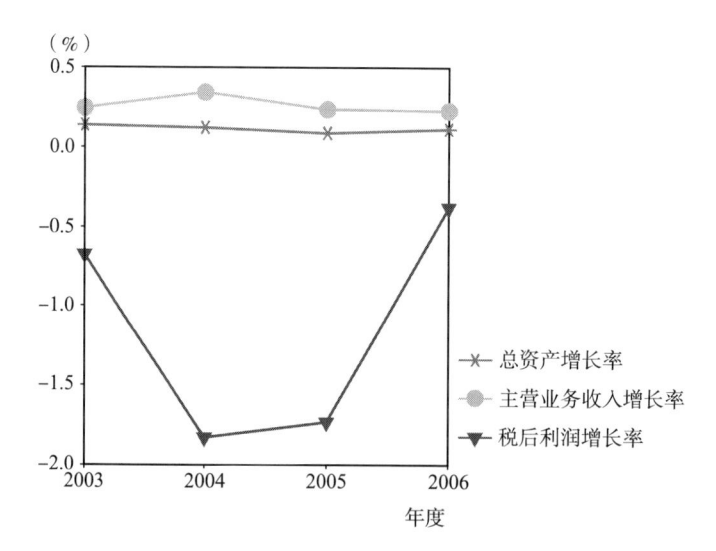

图5-119 国有控股上市公司增长能力变动

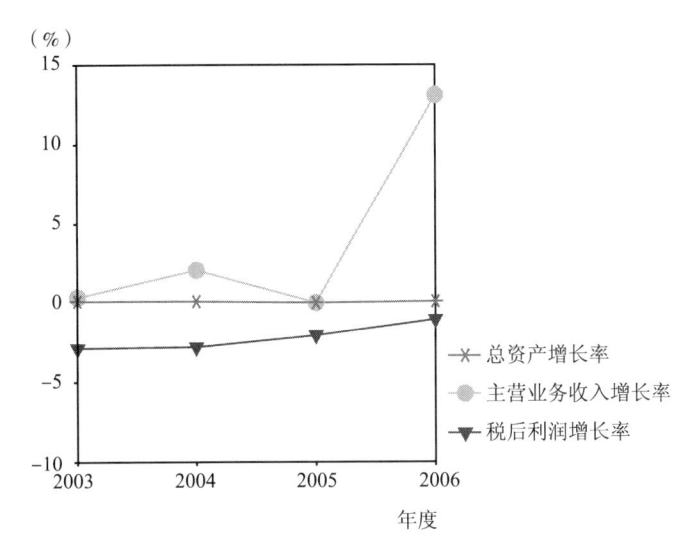

图 5-120 民营控股上市公司增长能力变动

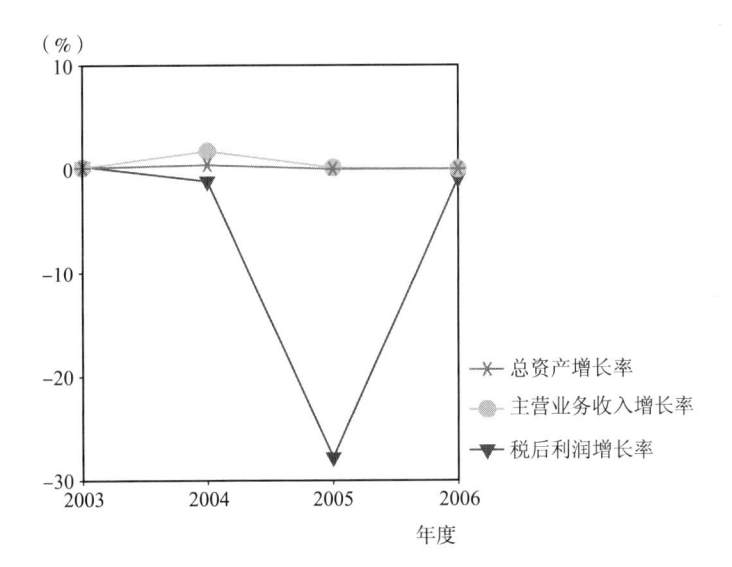

图 5-121 外资控股上市公司增长能力变动

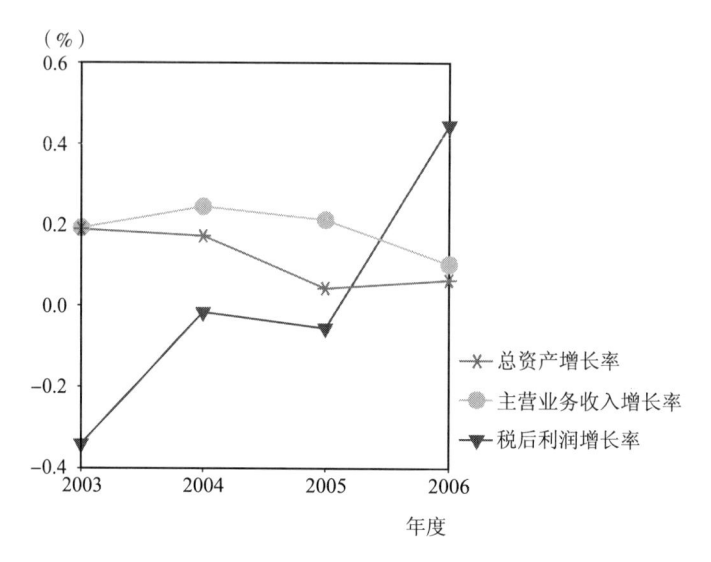

图 5-122　集体控股上市公司增长能力变动

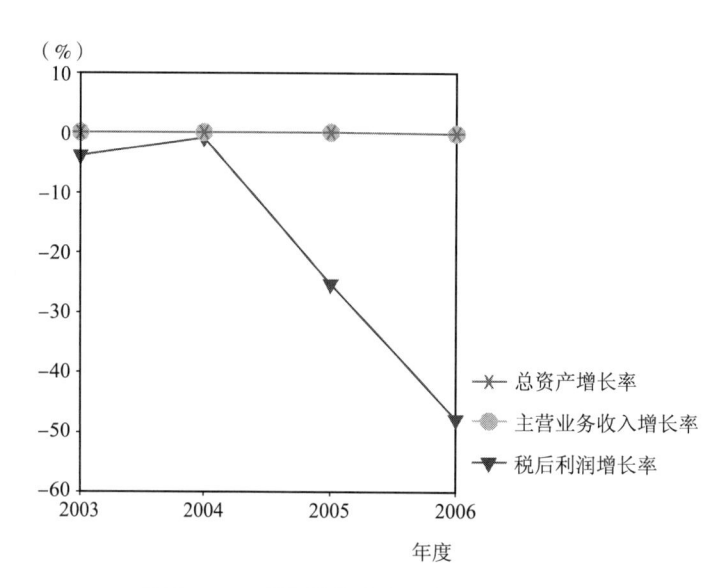

图 5-123　社团控股上市公司增长能力变动

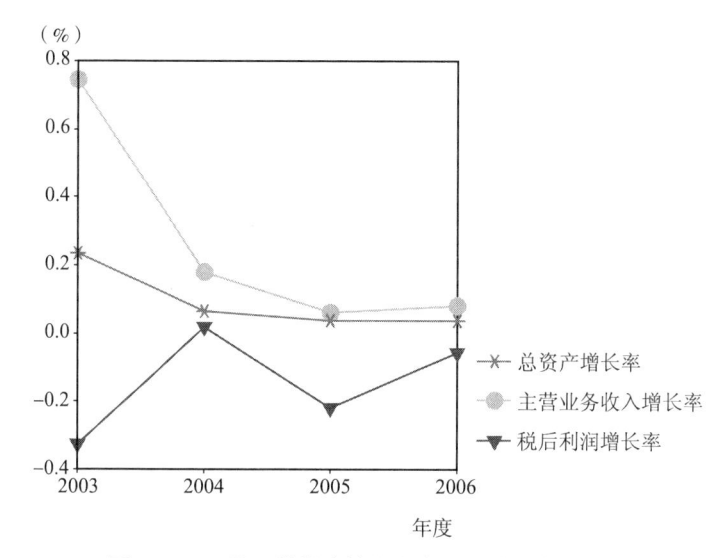

图 5-124 职工持股会控股上市公司增长能力变动

5.3.3 不同控制性股东上市公司偿债能力比较

表 5-48 及图 5-125、图 5-126 显示,不同控股股东控制上市公司偿债能力表现为不同的特点,国有控股上市公司偿债能力较强,无论短期偿债能力还是长期偿债能力指标均表现出较好水平,样本年度内短期偿债能力指标呈现改善趋势,但资产负债率有所上升,但仍然保持在相对合理的水平。部分上市公司偿债能力过强,公司保留了过多的资产、现金用于偿还债务,不利于上市公司提高流动资产的利用效率,可能导致投资机会的流失,造成投资不足。主要是由于从 2002 年开始我国股票市场进入较强力度的熊市调整,市场的不景气和资金供给的匮乏使得证监会不断提高上市公司再融资的门槛(张锦铭,2006),加上商业银行与上市公司大股东的国有同质性,在股权融资渠道受阻和债务的破产机制名存实亡的背景下,国有大股东会选择负债进行融资,公司的负债水平因而出现了上升(罗进辉等,2008)。民营控股上市公司样本期间偿债能力指标变化较小,但短期偿债能力指标呈现下降趋势,2005 年以及 2006 年的流动比以及速动比指标均低于 2003 年,但均维持在相对安全的区间 1 左右。与国有及其他四类控股上市公司相比,民营控股上市公司资产负债率各年始终较高,主要原因在于民营控股上市公司发展受资金需求的限制较大,负债对维系公司生存、发展有着重要意义,但是流动比率、速动比率和现金流动

负债比率并不比其他几类上市公司低很多，说明民营上市公司在保证偿债能力的同时，很好地维持了公司的发展所需要的资金。外资控股上市公司近年来流动比率、速动比率有所下降，资产负债率有所提高，上市公司的偿债能力略有下降，不同年份不同上市公司之间在偿债能力指标上的差异总体呈缩小的趋势。集体控股上市公司表现出较强的债务偿还能力，流动比以及速动比指标各年均维持在 1 左右，现金流动负债比各年在 2 左右，资产负债率各年均不及 50%。社团控股上市公司流动比率、速动比率及现金流动负债比率呈提高的趋势，而资产负债率呈下降趋势，与其他几类上市公司不同，不同年份各上市公司偿债能力各分指标的差异有增大的趋势。职工持股会控股上市公司流动比率、速动比率及现金流动负债比率 2006 年有所提高，但资产负债率却有所下降，整体偿债能力下降，不同年份各上市公司资产负债率差异在六类上市公司中相对较小。

表 5-48　　　　　不同控制性股东上市公司偿债能力比较

指标	实际控制人类别	样本数	均值	标准差	最小值	最大值	显著性水平
流动比率	国有控股	2517	1.55	1.99	0.02	55.74	0.02
	民营控股	939	1.46	1.36	0.00	17.68	
	外资控股	20	1.37	1.30	0.32	5.26	
	集体控股	61	1.57	0.89	0.27	5.05	
	社团控股	29	2.64	4.00	0.76	22.45	
	职工持股会控股	24	1.11	1.58	0.47	8.41	
	合计	3590	1.53	1.86	0.00	55.74	
速动比率	国有控股	2517	1.14	1.81	0.02	49.92	0.01
	民营控股	939	1.05	1.15	0.01	14.27	
	外资控股	20	1.07	1.15	0.13	4.50	
	集体控股	61	1.06	0.74	0.24	3.97	
	社团控股	29	2.27	3.84	0.24	21.30	
	职工持股会控股	24	0.87	1.54	0.23	8.06	
	合计	3590	1.13	1.67	0.01	49.92	
现金流动负债比率	国有控股	2517	2.02	2.40	0.00	57.99	0.00
	民营控股	939	1.47	2.44	0.00	63.55	
	外资控股	20	1.82	1.77	0.05	5.88	
	集体控股	61	2.14	2.60	0.07	19.53	
	社团控股	29	2.32	3.46	0.01	17.23	
	职工持股会控股	24	1.00	0.44	0.34	1.95	
	合计	3590	1.87	2.43	0.00	63.55	

续表

指标	实际控制人类别	样本数	均值	标准差	最小值	最大值	显著性水平
资产负债率（％）	国有控股	2517	52.45	37.41	2.07	797.90	0.00
	民营控股	939	76.08	152.75	3.97	2379.92	
	外资控股	20	54.73	26.46	11.00	91.95	
	集体控股	61	45.46	32.07	13.09	261.68	
	社团控股	29	45.56	23.74	5.12	90.58	
	职工持股会控股	24	54.36	16.96	10.84	113.00	
	合计	3590	58.48	84.95	2.07	2379.92	

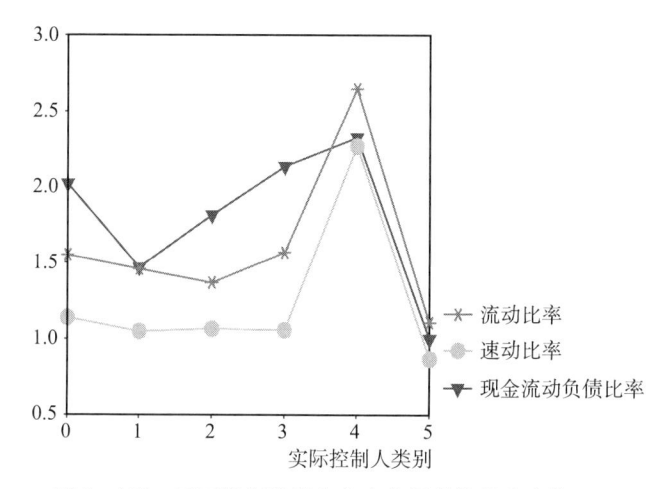

图 5-125 不同控制性股东上市公司偿债能力比较（1）

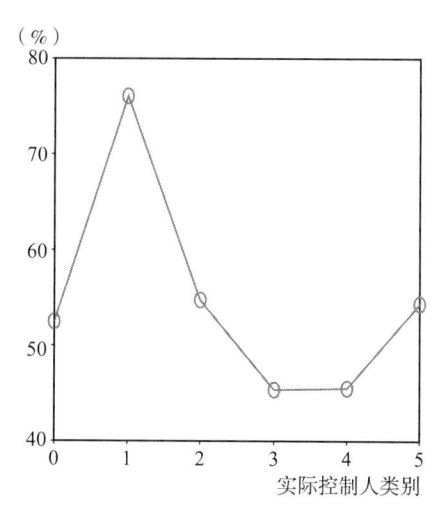

图 5-126 不同控制性股东上市公司偿债能力比较（2）

反映短期偿债能力的各项指标中，流动比率、速动比率以及现金流动负债比率均维持在 1 左右，个别控股股东控制的上市公司甚至达到了 2 左右。长期债务能力指标的资产负债率也在安全值区间内。这表明我国各类控股股东控制的上市公司均具有较强的债务偿还能力，同时也说明上市公司的资本结构呈现偏好短期债务的特征。[①] 但个别上市公司的偿债能力超强，意味着可能存在资金不能被充分利用的可能。

上市公司流动比率最高为 2.64，集体控股上市公司次之，职工持股会控股上市公司最低，仅为 1.11；速动比率方面，社团控股上市公司最高达到了 2.27，国有控股上市公司次之为 1.14，职工持股会控股上市公司最低，仅为 0.87；现金流动负债比率方面，社团控股上市公司最高，为 2.32，集体控股上市公司次之，职工持股会控股上市公司最低仅为 1.00；资产负债率方面，民营控股上市公司最高，为 76.08%，外资控股上市公司次之，集体控股上市公司最低，为 45.46%。个别上市公司的资产负债率畸高，达到了 2379.92%，也有个别公司很低，仅为 2.07%，财务安全性很差。民营控股上市公司在六类上市公司中表现相对较好，既保证了企业发展所需要的资金需要，又保持了一定的偿还债务的能力（见表 5-48）。

方差分析表明，不同控制性股东上市公司的现金流动负债比率、资产负债率存在显著差异（见表 5-48）。国有控股上市公司现金流动负债比率较民营控股上市公司高出 0.55 个百分点，一方面，国有控股上市公司经营活动产生现金对偿还企业债务的保障能力较强；另一方面，由于该指标过大意味着企业的流动资金利用不充分，保持了较高的自由现金流，可能导致投资不足，获利能力不强。国有、民营及集体控股上市公司现金流动负债比率较职工持股会控股上市公司分别高出 1.02 个、0.47 个、1.14 个百分点；民营控股上市公司资产负债率较国有、集体、社团以及职工持股会控股上市公司分别高出 23.63 个、30.63 个、30.53 个、21.72 个百分点，与夏新平等（2008）的结论基本一致，可能的原因是：一方面，由于证券市场设立的初衷是为国有企业服务，因此，国有企业可以获得成本相对较低的权益融资；另一方面，由于我国相关法律法规极不健全，破

---

① 肖作平和廖理（2007）认为中国资本市场发展的不平衡性（表现为企业债券市场发展缓慢，债券市场总量偏低，且企业债券规模小）是造成中国上市公司债务期限结构中长期债务比重偏低，短期债务比重偏高的原因之一。第一大股东持股比例高的公司具有相对高的短期债务水平以减缓控制股东和债权人之间的代理冲突，是对中国这样新兴市场较弱的债权人法律保护环境的一种自适应。文章见肖作平、廖理：《大股东、债权人保护和公司债务期限结构选择》，载《管理世界》2007 年第 10 期，第 99~113 页。

坏清算机制并不能有效实施，民营控股股东将债务融资视为一种集中投票权的手段，民营公司之所以采用更高的资产负债水平，目的在于利用负债的"股权非稀释效应"以保持对公司的控制权。[①] 不同控制性股东上市公司面临的行业环境和经营环境不同，业务范围也存在差异，因此对偿债能力的选择存在差异，资产负债率的显著差异则与公司的融资结构有关（见表5-49）。

表5-49　　不同控制性股东上市公司偿债能力差异多重比较

指标	(I) 实际控制人类别	(J) 实际控制人类别	均值差 (I)-(J)	显著性水平
现金流动负债比率(%)[b]	民营控股	国有控股	-0.55	0.00
		职工持股会控股	0.47	0.00
	集体控股	职工持股会控股	1.14	0.02
	国有控股	职工持股会控股	1.02	0.00
资产负债率(%)[b]	民营控股	国有控股	23.63	0.00
		集体控股	30.62	0.00
		社团控股	30.52	0.00
		职工持股会控股	21.72	0.01

流动比率和速动比率方面，国有、职工持股会控股上市公司2003～2006年呈逐年下降趋势；民营控股上市公司2003～2005年呈逐年下降趋势，2006年略有回升；外资、集体控股上市公司2003年和2004年高于2005年和2006年；社团控股上市公司2003年和2006年高于2004年和2005年。现金流动负债比率方面，国有控股上市公司2003～2006年整体上呈上升的趋势；民营、外资、社团控股上市公司2004年和2006年高于2003年和2005年；集体控股上市公司2004年和2005年高于2003年和2006年；职工持股会控股上市公司2003～2005年变化不大，2006年有所上升。资产负债率方面，国有控股上市公司2003～2006年呈逐年上升的趋势；民营控股上市公司除2004年外其他三年变化不大；外资控股上市公司2003年和2006年高于2004年和2005年；集体、社团控股上市公司2003年和2005年高于2004年和2006年；职工持股会控股上市公司除2005年有所增加外其他三年呈下降趋势。总体上，上市公司流动比率和速动比率呈下降趋势，而现金流动

---

① 夏新平、邹振松、余明桂：《控制权、破产风险与我国民营公司负债行为》，载《管理学报》2006年第6期，第683～691页。

负债比率和资产负债率呈上升趋势,上市公司总资产增长率总体呈下降趋势,因而流动比率和速动比率相对有所下降,资产负债率有所提高,现金及现金等价物等的增加使得现金流动负债比率也有所增加(见表5-50)。

表5-50　　　　　不同控制性股东上市公司偿债能力变动比较

年度	实际控制人类别		流动比率	速动比率	现金流动负债比率	资产负债率(%)
2003	国有控股 (N=621)	均值	1.66	1.25	1.84	48.68
		标准差	1.70	1.50	1.58	28.35
	民营控股 (N=177)	均值	1.66	1.30	1.39	75.04
		标准差	1.66	1.57	1.40	199.04
	外资控股 (N=7)	均值	1.47	1.18	1.78	57.70
		标准差	1.49	1.32	2.00	28.91
	集体控股 (N=21)	均值	1.63	1.11	1.76	49.90
		标准差	0.65	0.53	1.70	50.13
	社团控股 (N=6)	均值	2.34	2.15	1.59	48.15
		标准差	1.65	1.69	1.55	27.51
	职工持股会控股 (N=5)	均值	0.88	0.65	0.96	53.99
		标准差	0.28	0.22	0.58	6.87
	合计 (N=837)	均值	1.66	1.26	1.73	54.38
		标准差	1.66	1.50	1.55	95.51
2004	国有控股 (N=638)	均值	1.61	1.21	2.10	51.12
		标准差	1.94	1.78	2.82	31.17
	民营控股 (N=220)	均值	1.47	1.11	1.44	79.13
		标准差	1.16	0.98	1.29	190.01
	外资控股 (N=6)	均值	1.85	1.52	2.12	51.22
		标准差	1.72	1.51	1.90	31.13
	集体控股 (N=19)	均值	1.83	1.27	2.73	42.13
		标准差	1.26	1.06	4.18	18.31
	社团控股 (N=15)	均值	1.74	1.35	1.95	45.77
		标准差	1.04	0.83	2.35	19.02
	职工持股会控股 (N=5)	均值	0.76	0.54	0.96	52.97
		标准差	0.28	0.13	0.46	6.20
	合计 (N=903)	均值	1.58	1.18	1.94	57.68
		标准差	1.75	1.59	2.56	98.09

续表

年度	实际控制人类别		流动比率	速动比率	现金流动负债比率	资产负债率（%）
2005	国有控股（N=653）	均值	1.48	1.08	2.04	54.75
		标准差	1.62	1.50	2.15	47.65
	民营控股（N=238）	均值	1.35	0.93	1.38	75.39
		标准差	1.05	0.87	1.47	126.64
	外资控股（N=4）	均值	0.65	0.48	0.93	54.59
		标准差	0.33	0.29	0.67	25.63
	集体控股（N=12）	均值	1.19	0.76	2.09	45.71
		标准差	0.38	0.30	1.18	16.67
	社团控股（N=4）	均值	2.09	1.74	1.51	46.61
		标准差	1.23	1.14	1.14	26.52
	职工持股会控股（N=6）	均值	0.74	0.54	0.92	60.60
		标准差	0.38	0.31	0.47	27.91
	合计（N=917）	均值	1.44	1.03	1.85	59.99
		标准差	1.48	1.35	1.99	76.57
2006	国有控股（N=605）	均值	1.44	1.04	2.12	55.24
		标准差	2.60	2.36	2.84	38.71
	民营控股（N=304）	均值	1.43	0.97	1.60	75.03
		标准差	1.49	1.13	3.79	102.81
	外资控股（N=3）	均值	1.11	0.68	2.50	55.02
		标准差	0.23	0.18	2.34	25.89
	集体控股（N=9）	均值	1.41	0.90	1.84	41.76
		标准差	0.85	0.69	1.03	14.16
	社团控股（N=4）	均值	7.03	6.46	5.63	39.80
		标准差	10.38	10.03	7.96	39.35
	职工持股会控股（N=8）	均值	1.74	1.47	1.12	50.78
		标准差	2.71	2.67	0.39	17.04
	合计（N=933）	均值	1.46	1.04	1.96	61.45
		标准差	2.38	2.13	3.20	67.16

5.3.4 不同控制性股东上市公司运营能力比较

表5-51、表5-52及图5-127、图5-128显示，国有控股上市公司样本年度内运营能力呈现提高趋势，其存货周转率、应收账款周转率及

资产周转率有所上升。由于国有控股上市公司所处行业、业务范围以及经营状况的不同，存货周转率和应收账款周转率水平差异较大。与国有控股上市公司不同，民营控股上市公司存货周转率较低，但比其他几类上市公司要快。可能的原因是民营控股上市公司产品更多的是面向直接的消费者，政府客户相对较少。此外，民营控股上市公司无形资产比率在六类上市公司中最高，各年较为平稳，无形资产对上市公司运营能力的提高发挥了一定的作用。外资控股上市公司运营能力总体呈下降趋势，但存货周转率以及应收账款周转率呈略势增加。集体控股上市公司的存货周转率和应收账款周转率相对较高，但比国有、民营控股上市公司低很多，无形资产对运营能力的贡献增强。社团控股上市公司存货周转率和资产周转率呈下降趋势，应收账款周转率呈上升趋势，无形资产比率变化相对较小，存货周转率仅略高于民营、集体控股上市公司。职工持股会控股上市公司一个最为显著的特征是应收账款周转率在六类上市公司中最高，而且远高于其他几类上市公司，主要原因在于样本职工持股会控股上市公司中有一些处于交通和商业行业，这些行业应收账款较少，因而应收账款周转率较高。

表5-51　　　　　不同控制性股东上市公司运营能力比较

指标	实际控制人类别	样本数	均值	标准差	显著性水平
存货周转率（次）	国有控股	2517	15.82	168.40	0.60
	民营控股	939	5.99	14.71	
	外资控股	20	6.74	6.95	
	集体控股	61	4.70	4.07	
	社团控股	29	6.02	7.53	
	职工持股会控股	24	9.16	13.18	
	合计	3590	12.89	141.27	
应收账款周转率（次）	国有控股	2517	236.66	4654.85	0.00
	民营控股	939	44.67	457.53	
	外资控股	20	10.40	9.26	
	集体控股	61	12.04	10.54	
	社团控股	29	9.32	8.99	
	职工持股会控股	24	13984.27	49973.57	
	合计	3590	271.44	5702.85	

续表

指标	实际控制人类别	样本数	均值	标准差	显著性水平
资产周转率（次）	国有控股	2517	0.75	0.67	0.00
	民营控股	939	0.61	0.51	
	外资控股	20	0.68	0.94	
	集体控股	61	0.70	0.43	
	社团控股	29	0.56	0.39	
	职工持股会控股	24	0.49	0.23	
	合计	3590	0.71	0.63	
无形资产比率（%）	国有控股	2517	0.03	0.05	0.00
	民营控股	939	0.05	0.07	
	外资控股	20	0.03	0.05	
	集体控股	61	0.04	0.06	
	社团控股	29	0.03	0.04	
	职工持股会控股	24	0.04	0.04	
	合计	3590	0.04	0.06	

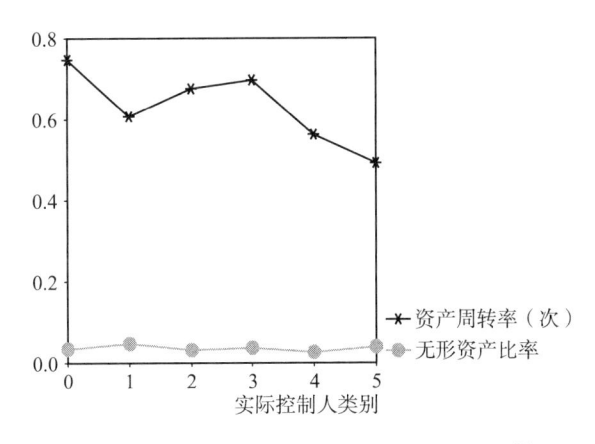

图5-127 不同控制性股东上市公司运营能力比较（1）

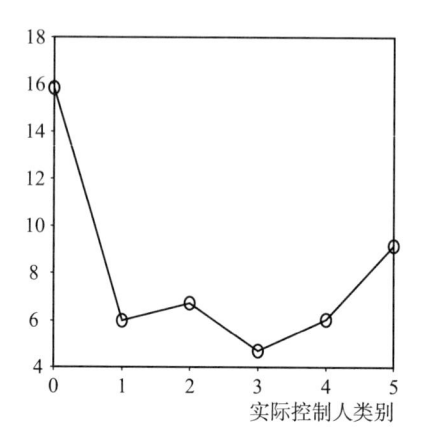

图 5-128　不同控制性股东上市公司存贷周转率比较（2）

表 5-52　不同控制性股东上市公司运营能力差异多重比较

指标	(I) 实际控制人类别	(J) 实际控制人类别	均值差	显著性水平
存货周转率（次）[a]	国有控股	民营控股	9.83	0.07
资产周转率（次）[b]	国有控股	民营控股	0.14	0.00
		职工持股会控股	0.26	0.00
	职工持股会控股	集体控股	-0.21	0.08
无形资产比率（%）[b]	国有控股	民营控股	-0.02	0.00
	民营控股	社团控股	0.02	0.07

各项运营能力指标中应收账款周转率最高，为 271.44 次/年，存货周转率次之。应收账款周转率方面，职工持股会控股上市公司最高，高达 13984.27 次/年，国有控股上市公司次之为 236.66 次/年；社团控股、外资控股以及集体控股上市公司较低，仅为 10 次/年左右（见表 5-51）。应收账款周转率较高一方面表明，这些上市公司收账速度快，坏账损失少，具有相对较小的财务风险，但另一方面，若应收账款周转速度太快，则表明公司奉行较紧的信用政策，有可能因此不适当地减少了部分营业收入。

一般而言，上市公司应该保持一定的存货水平，存货太少，会影响生产使用或脱销；存货太多，会影响企业资金周转。各类控股股东控制的上市公司中，国有控股上市公司存货周转速度最快，为 15.82 次/年，其次是集体控股最低为 4.70 次/年，但国有控股上市公司之间的资产周转率差异较大。

由于受流动资产周转率、应收账款周转率和存货周转率等指标的影响，国有控股上市公司的资产周转率略高于其他五类上市公司，为 0.75

次/年，资产周转速度较快，较民营控股上市公司显著高9.83次/年；其次是集体控股上市公司为0.7次/年；职工持股会控股上市公司最低仅为0.49次/年，并且该类上市公司的总资产周转率普遍比较低。

无形资产比率方面，各类上市公司相差不大，普遍较低，当前上市公司对维持良好的企业、产品形象，企业的声誉、专利、技术等无形资产依然没有引起足够的重视，公司未来的创新能力、持续发展能力不足。上市公司无形资产比率最高的仅为0.92%。民营控股上市公司最高，为0.05%，较国有、社团控股上市公司均高0.02%，主要原因是民营上市公司要在激烈的竞争中获得竞争优势就必须保持自身的良好信誉、品牌形象以及技术上的领先优势。国有控股、社团控股以及外资控股上市公司无形资产比例普遍较低，仅为0.03%。

从表5-53的变动趋势看，存货周转率方面，国有、外资控股上市公司2003~2005年呈逐年增加趋势，2006年较2005年有所回落；民营控股上市公司2003~2005年呈逐年下降趋势，2006年较2005年回升；集体控股上市公司2004~2006年呈逐年下降趋势；社团控股上市公司2003年、2005年高于2004年和2006年；职工持股会控股上市公司2003~2006年总体上呈下降趋势。

表5-53　　　　不同控制性股东上市公司运营能力变动比较

年度	实际控制人类别		存货周转率（%）	应收账款周转率（%）	资产周转率（%）	无形资产比率（%）
2003	国有控股（N=621）	均值	10.71	106.68	0.68	0.03
		标准差	43.15	1553.80	0.60	0.05
	民营控股（N=177）	均值	6.89	12.01	0.58	0.05
		标准差	13.72	19.61	0.52	0.07
	外资控股（N=7）	均值	4.25	9.34	0.47	0.05
		标准差	2.06	7.53	0.25	0.05
	集体控股（N=21）	均值	4.05	8.35	0.58	0.03
		标准差	4.45	7.11	0.41	0.05
	社团控股（N=6）	均值	12.01	10.90	0.56	0.02
		标准差	13.88	10.66	0.39	0.03
	职工持股会控股（N=5）	均值	12.25	13.19	0.51	0.06
		标准差	14.83	8.68	0.28	0.05
	合计（N=837）	均值	9.70	82.14	0.65	0.04
		标准差	37.77	1338.77	0.57	0.05

续表

年度	实际控制人类别		存货周转率（%）	应收账款周转率（%）	资产周转率（%）	无形资产比率（%）
2004	国有控股（N=638）	均值	11.18	245.44	0.75	0.03
		标准差	37.21	5275.10	0.64	0.05
	民营控股（N=220）	均值	5.71	17.57	0.68	0.05
		标准差	7.31	65.92	0.59	0.08
	外资控股（N=6）	均值	5.45	9.25	0.59	0.02
		标准差	2.04	9.18	0.14	0.03
	集体控股（N=19）	均值	5.29	14.48	0.79	0.04
		标准差	4.94	14.03	0.56	0.05
	社团控股（N=15）	均值	4.34	7.30	0.64	0.03
		标准差	3.73	5.93	0.47	0.04
	职工持股会控股（N=5）	均值	6.78	380.69	0.49	0.05
		标准差	5.76	821.45	0.18	0.05
	合计（N=903）	均值	9.55	180.29	0.73	0.04
		标准差	31.59	4434.69	0.62	0.06
2005	国有控股（N=653）	均值	22.27	266.87	0.75	0.03
		标准差	267.03	5765.62	0.70	0.05
	民营控股（N=238）	均值	4.53	65.17	0.57	0.05
		标准差	6.29	637.44	0.43	0.06
	外资控股（N=4）	均值	13.22	11.98	0.30	0.03
		标准差	13.53	11.11	0.18	0.07
	集体控股（N=12）	均值	5.07	13.21	0.76	0.03
		标准差	2.69	7.39	0.27	0.07
	社团控股（N=4）	均值	5.04	11.73	0.51	0.01
		标准差	5.52	10.97	0.16	0.01
	职工持股会控股（N=6）	均值	9.53	18289.51	0.46	0.02
		标准差	16.23	44782.28	0.24	0.02
	合计（N=917）	均值	17.24	326.90	0.70	0.04
		标准差	225.45	6070.38	0.64	0.05

续表

年度	实际控制人类别		存货周转率（%）	应收账款周转率（%）	资产周转率（%）	无形资产比率（%）
2006	国有控股（N=605）	均值	19.01	328.22	0.81	0.04
		标准差	194.11	4745.68	0.74	0.05
	民营控股（N=304）	均值	6.82	67.24	0.61	0.05
		标准差	22.10	569.96	0.48	0.06
	外资控股（N=3）	均值	6.47	13.05	1.83	0.02
		标准差	7.12	15.01	2.37	0.01
	集体控股（N=9）	均值	4.44	13.93	0.71	0.05
		标准差	2.80	11.52	0.37	0.07
	社团控股（N=4）	均值	4.33	12.11	0.34	0.03
		标准差	4.72	15.41	0.18	0.03
	职工持股会控股（N=8）	均值	8.42	27989.50	0.50	0.03
		标准差	15.05	79127.06	0.25	0.03
	合计（N=933）	均值	14.70	474.97	0.74	0.04
		标准差	156.88	8264.17	0.68	0.06

应收账款周转率方面，国有、民营、外资及职工持股会控股上市公司2003~2006年总体呈增加趋势；集体控股上市公司四年间波动较大；社团控股除2004年外其他三年呈增加趋势。

资产周转率方面，国有控股上市公司2003~2006年逐年增加；民营、外资控股上市公司2004年和2006年略高于2003年和2005年；集体控股上市公司2004~2006年呈逐年略有下降趋势；社团控股除2004年外其他三年呈下降趋势；职工持股会控股2003~2005年呈逐年下降趋势，2006年较2005年略有回升。

无形资产比率方面，国有、民营控股上市公司四年间变化不大；外资控股上市公司2003年和2005年略高于2004年和2006年；集体控股上市公司2003~2005年变化不大，2006年略有提高；社团控股上市公司除2005年外其他三年呈增加趋势；职工持股会控股上市公司2003~2005年呈逐年下降趋势，2006年较2005年略有回升。

5.3.5 不同控制性股东上市公司盈利能力比较

表5-54及图5-129、图5-130显示,不同控股股东控制上市公司的盈利能力差异较大。国有控股上市公司盈利能力指标呈提高的趋势,上市公司盈利能力增强,一方面,国有控股上市公司的行业环境及国家的政策性扶持起了重要作用;另一方面,近年来国有控股上市公司进行的一系列改革也推动了上市公司盈利能力的提升。民营控股上市公司盈利能力较低,并且样本年度内除每股收益外,各项指标均未显示有显著变化。个别年份部分民营控股上市公司无形资产收益率、净资产收益率、每股收益出现负值,个别年份部分上市公司在四个指标中均出现了负值。总体来看,外资控股上市公司2003~2005年盈利能力指标呈上升趋势,2006年出现下降,个别年份部分上市公司在四个指标中均出现了负值。集体控股上市公司盈利能力的各项指标以2005年为拐点,2005年之前总体呈上升趋势,2006年略有回落。整体上社团控股上市公司盈利能力指标呈下滑趋势,股东会回报率很低,净资产收益率各年均为负值。每股收益2004年最高除该年外,其余各年均为负值,现金流状况也比较差。职工持股会控股上市公司表出现较强的盈利能力,并且在样本年度内整体呈现较弱的上升趋势,2006年表现略好,其每股收益以及每股经营现金流均比较高。

盈利能力四项指标中各类控股股东控制的上市公司无形资产收益率均表现出较高水平,主要是由于上市公司无形资产规模较小所致。上市公司无形资产收益率最高的为9400000000000000,最低的为-794000000000000。国有控股以及集体控股类上市公司的无形资产收益率表现出较其他控股股东较高的无形资产收益率水平,民营控股则较差。其他三项指标中,国有控股净资产收益率最高,社团控股最低。国有控股、集体控股以及职工持股会上市公司具有较高的净资产收益率水平,而民营控股、外资控股以及社团控股上市公司的净资产收益率为负值,但各类控股股东控制的上市公司的净资产收益率的差异并不显著。不同上市公司之间的净资产收益率相差很大,最高为75.69,最低仅为-134.79。每股收益方面,国有控股上市公司高于其他五类上市公司,为0.14,民营、外资以及社团控股上市公司为负,社团控股上市公司最低,为-0.11。上市公司每股收益最高为5.32,最低仅为-14.08。每股经营现金流方面，外资控股上市公司表现出较高的现金流水平，每股现金流最高为0.63，而社团控股上市公司则很差，仅为0.11。各类上市公司中，每股经营现金流最高为11.54，最低仅为-8.18，国有、民营和外资控股上市公司间的差异相对要大。

表 5-54　　　　不同控制性股东上市公司盈利能力比较

指标	实际控制人类别	样本数	均值	标准差	最小值	最大值	显著性水平
无形资产收益率（%）	国有控股	2517	2.58E+13	2.90E+14	-6.35E+14	9.40E+15	0.10
	民营控股	939	-2.03E+12	5.85E+13	-7.94E+14	5.23E+14	
	外资控股	20	-9.00E+12	4.02E+13	-1.80E+14	4653	
	集体控股	61	1.92E+13	4.18E+13	-3.69E+13	1.73E+14	
	社团控股	29	2.14E+12	7.76E+12	-10035	3.96E+13	
	职工持股会控股	24	100.9031	105.508	3.754	386.5772	
	合计	3590	1.78E+13	2.45E+14	-7.94E+14	9.40E+15	
净资产收益率（%）	国有控股	2517	0.11	2.20	-12.43	75.69	0.20
	民营控股	939	-0.22	5.31	-134.79	28.98	
	外资控股	20	-0.17	0.66	-2.57	0.28	
	集体控股	61	0.05	0.21	-1.17	0.73	
	社团控股	29	-0.31	1.23	-6.30		
	职工持股会控股	24	0.04	0.03	-0.03	0.09	
	合计	3590	0.02	3.29	-134.79	75.69	
每股收益（元/股）	国有控股	2517	0.14	0.52	-14.08	5.32	0.00
	民营控股	939	-0.02	0.88	-13.11	1.53	
	外资控股	20	-0.02	0.71	-1.74	0.90	
	集体控股	61	0.14	0.57	-3.56	0.69	
	社团控股	29	-0.11	0.59	-2.21	0.43	
	职工持股会控股	24	0.12	0.10	0.00	0.39	
	合计	3590	0.09	0.64	-14.08	5.32	
每股经营现金流（元）	国有控股	2517	0.39	0.84	-8.18	11.54	0.00
	民营控股	939	0.22	0.68	-3.65	7.99	
	外资控股	20	0.63	1.35	-0.88	4.37	
	集体控股	61	0.34	0.46	-0.95	1.54	
	社团控股	29	0.11	0.53	-1.50	1.30	
	职工持股会控股	24	0.55	0.47	-0.31	1.84	
	合计	3590	0.34	0.80	-8.18	11.54	

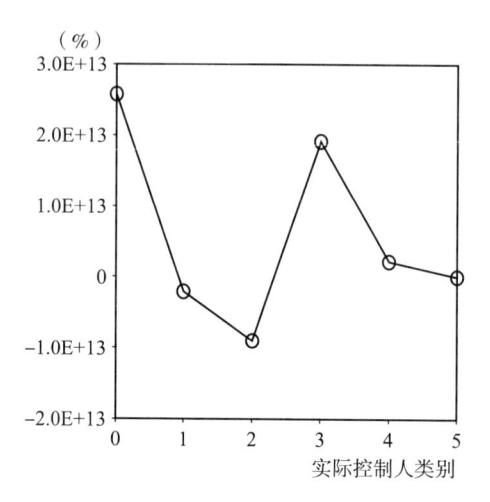

图 5-129　不同控制性股东上市公司盈利能力比较（1）

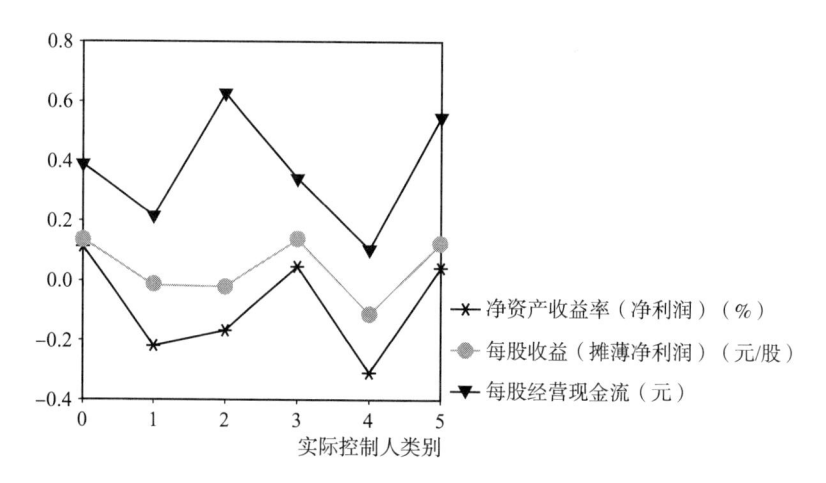

图 5-130　不同控制性股东上市公司盈利能力比较（2）

不同控制性股东上市公司的盈利能力存在显著差异（见表 5-54）。总体而言，国有控股较其他类上市公司表现出较高的盈利能力。国有控股上市公司无形资产收益率显著高于民营、外资、社团和职工持股会控股上市公司；国有控股上市公司的每股收益以及每股经营现金流也显著高于民营控股上市公司，同时民营控股上市公司的每股收益以及每股经营现金流也显著高于职工持股会控股上市公司。国有、职工持股会控股上市公司每股收益较民营控股上市公司分别高出 0.16、0.14；国有、职工持股会控股上市公司每股经营现金流较民营控股上市公司分别高出 0.17、0.33；职工持股会控股上市公司每股经营现金流较社团控股上市公司高出 0.44（见表 5 – 55）。

表 5 – 55　　不同控制性股东上市公司盈利能力差异多重比较

指标	(I) 实际控制人类别	(J) 实际控制人类别	均值差 (I) – (J)	显著性水平
无形资产收益率（%）	国有控股	民营控股	2.78E + 13	0.00
		外资控股	3.48E + 13	0.04
		社团控股	2.37E + 13	0.00
		职工持股会控股	2.58E + 13	0.00
	民营控股	集体控股	– 2.12E + 13	0.01
	集体控股	社团控股	1.70E + 13	0.05
		职工持股会控股	1.92E + 13	0.01
每股收益（元/股）[b]	国有控股	民营控股	0.16	0.00
	民营控股	职工持股会控股	– 0.14	0.00
每股经营现金流（元）[b]	国有控股	民营控股	0.17	0.00
	民营控股	职工持股会控股	– 0.33	0.04
	社团控股	职工持股会控股	– 0.44	0.04

从表 5 – 56 所示的各项指标的变动来看，受总体收益下降的影响，上市公司无形资产收益率 2005 年以及 2006 年呈现下降趋势低于 2003 年以及 2004 年。不同控股控制上市公司呈现不同的变动趋势，国有控股上市公司 2004 年和 2006 年高于 2003 年和 2005 年；民营控股上市公司 2004 年较 2003 年急剧下降，2004 ~ 2006 年呈现上升趋势，但均为负；外资控股上市公司 2003 ~ 2005 年逐年大幅下降各年均为负值，2006 年较 2005 年回升；集体控股上市公司 2003 ~ 2005 年逐年上升，2006 年较 2005 年略有回落；社团控股上市公司 2003 ~ 2005 年逐年大幅下降，2006 年较 2005 年略有回升；职工持股会控股上市公司除 2005 年外其他三年呈下降趋势。

表 5-56　　　不同控制性股东上市公司盈利能力变动比较

年度	实际控制人类别		无形资产收益率（%）	净资产收益率（%）	每股收益（元/股）	每股经营现金流（元）
2003	国有控股（N=621）	均值	2.35765E+13	0.13	0.14	0.28
		标准差	2.89245E+14	2.24	0.39	0.84
	民营控股（N=177）	均值	3.56433E+11	-0.36	0.11	0.19
		标准差	4.74187E+13	6.14	0.46	0.69
	外资控股（N=7）	均值	-920.2475	-0.57	-0.41	0.12
		标准差	2553.428	1.02	1.03	0.51
	集体控股（N=21）	均值	1.61016E+13	0.09	0.03	0.28
		标准差	3.86388E+13	0.16	0.85	0.52
	社团控股（N=6）	均值	6.5976E+12	-1.01	-0.05	0.41
		标准差	1.61607E+13	2.60	0.52	0.62
	职工持股会控股（N=5）	均值	102.0249	0.06	0.19	0.52
		标准差	102.7016	0.03	0.10	0.67
	合计（N=837）	均值	1.80189E+13	0.01	0.12	0.26
		标准差	2.50304E+14	3.43	0.44	0.80
2004	国有控股（N=638）	均值	3.49237E+13	0.02	0.12	0.39
		标准差	4.04905E+14	0.49	0.70	0.90
	民营控股（N=220）	均值	-9.99944E+11	-0.68	-0.06	0.17
		标准差	4.91207E+13	9.14	1.20	0.68
	外资控股（N=6）	均值	1201.7097	0.12	0.30	0.92
		标准差	1753.0028	0.12	0.31	1.73
	集体控股（N=19）	均值	1.65995E+13	0.04	0.21	0.35
		标准差	3.66182E+13	0.17	0.35	0.47
	社团控股（N=15）	均值	1.49159E+12	-0.02	0.01	0.09
		标准差	3.94816E+12	0.21	0.36	0.57
	职工持股会控股（N=5）	均值	90.2389	0.05	0.15	0.56
		标准差	119.5844	0.03	0.14	0.20
	合计（N=903）	均值	2.48052E+13	-0.15	0.07	0.34
		标准差	3.41536E+14	4.53	0.84	0.85

续表

年度	实际控制人类别		无形资产收益率（%）	净资产收益率（%）	每股收益（元/股）	每股经营现金流（元）
2005	国有控股（N=653）	均值	1.86212E+13	0.10	0.11	0.42
		标准差	2.0722E+14	2.14	0.43	0.76
	民营控股（N=238）	均值	-3.87519E+12	-0.06	-0.15	0.26
		标准差	7.163E+13	0.92	1.06	0.77
	外资控股（N=4）	均值	-4.49925E+13	0.00	0.15	1.59
		标准差	8.9985E+13	0.23	0.56	1.88
	集体控股（N=12）	均值	2.72128E+13	-0.03	0.21	0.47
		标准差	4.23985E+13	0.36	0.38	0.31
	社团控股（N=4）	均值	-1309.4317	-0.47	-0.47	0.03
		标准差	3347.1811	1.03	1.16	0.31
	职工持股会控股（N=6）	均值	127.9929	0.03	0.09	0.40
		标准差	138.3276	0.03	0.05	0.28
	合计（N=917）	均值	1.24143E+13	0.06	0.04	0.38
		标准差	1.7904E+14	1.87	0.67	0.77
2006	国有控股（N=605）	均值	2.61852E+13	0.20	0.19	0.47
		标准差	2.12263E+14	3.13	0.48	0.83
	民营控股（N=304）	均值	-2.70834E+12	0.07	0.05	0.24
		标准差	5.94676E+13	2.04	0.59	0.60
	外资控股（N=3）	均值	20.6132	0.00	0.01	-0.06
		标准差	30.2777	0.00	0.00	0.25
	集体控股（N=9）	均值	2.09493E+13	0.05	0.13	0.30
		标准差	6.13171E+13	0.07	0.26	0.50
	社团控股（N=4）	均值	193.2315	-0.21	-0.30	-0.22
		标准差	575.3616	0.50	0.72	0.16
	职工持股会控股（N=8）	均值	86.5497	0.04	0.09	0.66
		标准差	88.11	0.03	0.03	0.61
	合计（N=933）	均值	1.62993E+13	0.15	0.14	0.39
		标准差	1.74834E+14	2.77	0.52	0.77

净资产收益率方面，国有、民营控股上市公司2004～2006年呈逐年上升趋势；外资控股上市公司2004年和2006年高于2003年和2005年；集体、职工持股会控股上市公司2003～2005年逐年下降，2006年较2005年有所上升；社团控股上市公司2003～2006年总体上呈上升趋势但各年均

为负值。

每股收益方面，国有、民营、职工持股会控股上市公司 2003~2005 年呈逐年下降趋势，2006 年较 2005 年大幅回升；外资、集体控股上市公司 2004~2006 年呈逐年下降趋势；社团控股上市公司四年间波动较大。

每股经营现金流方面，国有控股上市公司 2003~2006 年呈逐年上升的趋势；民营控股上市公司 2005 年和 2006 年高于 2003 年和 2004 年；外资、集体控股上市公司 2003~2005 年逐年上升，2006 年有所回落，社团控股上市公司 2003~2006 年逐年下降；职工持股会控股上市公司除 2005 年外呈上升趋势。

本 章 小 结

本章从控股股东性质的角度，将样本上市公司分成国有、民营、外资、集体、社团以及职工持股会控股六类，对该六类上市公司总体竞争力、治理竞争力以及财务实力进行了对比，研究发现：

（1）上市公司普遍较为重视短期财务绩效的改善，各类控股股东控股的上市公司的财务实力指数均高于治理竞争力指数。但由于制度约束以及上市公司自发性要求，各类控股股东控制的上市公司均普遍重视潜在竞争优势的培育，其治理竞争力在样本年度内均有一定改善，尤其是国有控股与民营控股上市公司改进最为显著。但各类控股股东控制的上市公司的财务实力指数在样本年度内却呈现不同变动趋势，国有控股上市公司财务实力逐年增强；其他控股股东控制的上市公司则表现为不同程度的下滑趋势，民营控股上市公司财务业绩显著下滑。

（2）控股股东的性质对其治理行为有直接影响，不同控制性股东控制的上市公司治理竞争力表现各异。民营控股具有较强的潜在的竞争优势，其治理竞争力显著高于国有、集体、社团以及职工持股会控股上市公司，主要是由于该类上市公司具有较为合理的股权结构。虽然各类控股股东控制的上市公司均不同程度存在股东大会治理形式化、空壳化的现象，但民营控股上市公司表现了较职工持股会控股上市公司较好的股东大会规范性。这一研究与政策层面曾主张的"国退民进"相吻合并与 2005 年深交所研究报告结论有一定相似性，因而本书的研究结论从公司治理视角为国有公司民营化的行为提供了经验支持。股权分置改革的实施，使得国有股一股独大的局面得以改善，上市公司股权集中度逐步降低，而股权制衡程度逐步增强，国有控股上市公司的股权结构逐步趋向合理。各类上市公司均重视董事会这一关键制度的建立与完善，但国有控股上市公司董事会治理竞争力显著高于职工持股会上市公司，其股东大会规范性也明显好于职工持股会控股的上市公司。监事会治理仍然是治理结构中的薄弱环节，各类上市公司普遍重视不够，但国有企业监事会治理的竞争力明显好于集体控股上市公司。国有控股上市公司治理竞争力改善主要是外部制度约束与内部自发性要求的结果。由于职工持股会的内部人控制、角色混乱等问题，其在公司治理整体竞争力以及股权结构合理性、股东大会规范性、董事会治理以及监事会治理等方面显著低于其他类控股股东控股的上市公司。虽然其股权集中度相对较低，但第一大股东的超强控制力，使得股权制衡状况较差，并且董事会治理竞争力最低。

（3）不同控股股东治理行为对于财务绩效改善的贡献不同，国有控股上市公司的财务绩效随着治理竞争力的提升，而呈现上升趋势；但民营控股上市公司治理结构的完善并没使公司财务绩效有较大改善，财务实力指数出现了下降趋势。国有控股上市公司财务状况普遍好于民营控股，运营能力和盈利能力指数在样本年度内逐步改善，并且实现了规模与收入的同步增长，但主营业务收入增长率的变化与税后利润增长率的变化不一致。民营控股上市公司不仅财务状况差，而且呈现下滑趋势。公司规模的扩张并未带来主营业务收入的同步增长，但利润主要来源于公司主营业务。主要是与国有控股上市公司具有良好的社会关系、多处于利润较高的垄断行业、拥有特殊的资源优势等因素有关；而民营控股上市公司一方面没有国有控股上市公司优越的条件，另一方面甚至主要是由于频繁的控制权的争夺导致了民营控股上市公司财务绩效的下滑。

（4）股权结构是决定公司治理其他因素的基础要素，虽然既有研究与实践均证实，并不存在最优的股权结构，因此股权结构的选择不一而足；其次，近年来股权结构内生性的观点已为众多学者所接受，股权结构的选择受诸多因素的影响，呈现"路径依赖"的特征，因而股权结构在不同公司中也必然表现出不同的特征。但我们仍然认为股权适度集中并且形成几大股东持股比例大致相当的股权结构从长期而言，由于大股东的长期博弈与联盟意识的形成因而有助于公司治理竞争力的改善。今后对于国有控股上市公司而言，应坚定股权分置改革方向，进一步优化国有控股上市公司股权结构。而对于民营控股上市公司的大股东而言，培养理性的投资意识与联盟意识则至关重要。

第 6 章
不同交易状态上市公司竞争力比较

目前,我国证券市场主要存在三种形态的股票交易,即正常交易、ST 股交易、PT 股交易。① 现有公司治理、财务及经济学方面的经验研究在选择样本时,大多只针对正常交易上市公司,鲜有三种不同交易状态下公司治理、财务状况及公司竞争力差异的系统研究,主要原因在于:一方面,ST 股、PT 股上市公司占上市公司的比重不高,且由于数据收集等方面的限制可供选择的样本数量有限,部分学者分析了一些典型的 ST 股上市公司的治理情况;② 另一方面,ST、PT 制度为我国证券市场的特色,这些上市公司的治理和财务问题研究可供借鉴的国外研究经验匮乏。对不同交易状态下上市公司的竞争力进行评价,有助于发现三类上市公司在治理结构与机制、财务状况等方面的共性与特性,以便深入探讨如何通过公司治理竞争力及财务实力的提升,以提升上市公司总体竞争力,减少上市公司的 ST 与 PT 现象,更好地维护利益相关主体的利益。

---

① 1998 年 4 月 22 日,沪深证券交易所宣布将对财务状况和其他财务状况异常的上市公司的股票交易进行特别处理(英文为 Special Treatment,缩写为"ST")。PT 股是基于为暂停上市流通的股票提供流通渠道的特别转让服务所产生的股票品种(PT 是英文 Particular Transfer〈特别转让〉的缩写),根据《公司法》及《证券法》的有关规定,上市公司出现连续三年亏损等情况,其股票将暂停上市,沪深证交所从 1997 年 7 月 9 日起对这类暂停上市交易的股票实施"特别转让服务"。

② 沈艺峰和张俊生(2002)研究了 ST 公司董事会治理失败若干成因;李秉祥(2003)从战略重组的视角对我国上市 ST 公司财务危机进行了研究;姜国华和王汉生(2004)着重从财务报表角度研究了如何预测上市公司被 ST;张洪珍和丁荣清(2005)对 ST 公司资产重组总体规模效应进行分析并提出建议;唐跃军、李维安和谢仍明(2006)则探讨了大股东制衡、信息不对称与 ST 政策问题。

6.1 不同交易状态上市公司竞争力差异比较

6.1.1 不同交易状态上市公司总体竞争力比较

公司治理竞争力及财务实力的不同使得正常交易上市公司竞争力指数高于 ST 股上市公司，较 ST 股上市公司高出 2.46 个百分点（见表 6-1、图 6-1、表 6-2），主要是由于其公司治理状况和财务实力均好于 ST 股上市公司，ST 股上市公司之间竞争力良莠不齐，差异很大。PT 股上市公司的竞争力指数虽然与正常交易相近，但上市公司之间治理竞争力指数差异较大，并且财务实力指数低于公司治理指数，严重的财务异常削弱了企业的竞争力。要素指数中，正常交易和 ST 股上市公司的公司治理指数均比较低，两类上市公司在治理结构与机制的建设方面尚存较多问题，大部分尚处于合规阶段，离理想的要求相差甚远。公司治理竞争力指数方面，正常交易上市公司治理竞争力指数最高，略高于平均水平；其次为 PT 股，再次为 ST 股。ST 股与 PT 股上市公司的治理竞争力指数均低于全部样本平均水平，说明目前我国上市公司整体治理水平较低。财务实力指数方面，正常交易上市公司最高，其次为 ST 股，PT 股上市公司最差。正常交易、ST 股上市公司财务实力指数较 PT 股上市公司分别高出 19.15 个、8.6 个百分点（见表 6-1、表 6-2 及图 6-1）。ST 股与 PT 股上市公司的财务实力不但整体水平较低，而且不同上市公司间表现出很大的不稳定性。

表 6-1　　　　　　　　不同交易状态上市公司竞争力差异比较

指标	交易状态	样本数	均值	标准差	最小值	最大值	显著性水平
上市公司竞争力指数	正常交易	3242	55.40	5.68	35.84	71.01	0.00
	ST	333	52.94	6.84	32.17	66.93	
	PT	15	55.40	7.35	39.53	65.22	
	合计	3590	55.17	5.84	32.17	71.01	
公司治理竞争力指数	正常交易	3242	51.50	6.98	31.31	71.05	0.00
	ST	333	49.81	6.88	34.74	64.81	
	PT	15	51.21	7.28	40.86	61.62	
	合计	3590	51.34	6.99	31.31	71.05	

续表

指标	交易状态	样本数	均值	标准差	最小值	最大值	显著性水平
财务实力指数	正常交易	3242	62.28	8.53	23.66	82.99	0.00
	ST	333	51.73	12.06	22.54	82.14	
	PT	15	43.13	9.13	23.74	59.00	
	合计	3590	61.22	9.50	22.54	82.99	

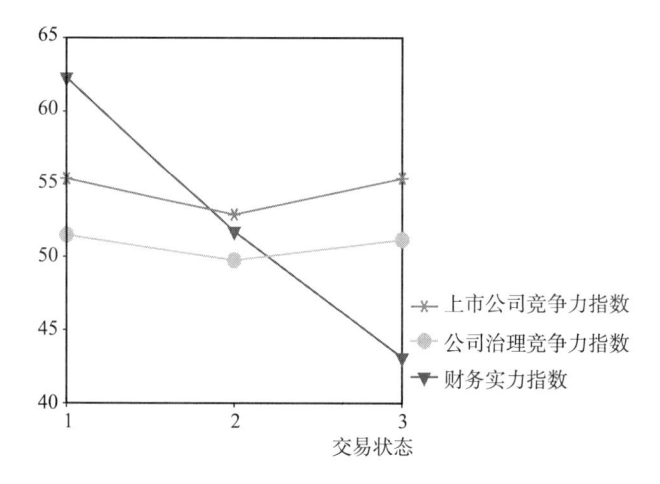

注：图中数字1代表正常交易上市公司，2代表ST股上市公司，3代表PT股上市公司。如非特殊说明，本章余下部分图中的数字均为此意。

图6-1 不同交易状态上市公司竞争力差异比较

表6-2 不同交易状态上市公司竞争力差异多重比较

指标	(I) 交易状态	(J) 交易状态	均值差 (I)-(J)	显著性水平
上市公司竞争力指数[b]	正常交易	ST	2.46	0.00
公司治理竞争力指数[a]	正常交易	ST	1.69	0.00
财务实力指数[b]	正常交易	ST	10.55	0.00
	正常交易	PT	19.15	0.00
	ST	PT	8.60	0.01

总之，公司治理状况的改善是上市公司竞争力提高的关键，财务状况的改善对于治理结构的完善也起着一定的作用。ST、PT股上市公司除完善治理结构之外，还应该强化管理，提升财务质量。正常交易上市公司的

财务实力波动较小,大部分上市公司平稳发展;而财务状况呈现异常的ST、PT类上市公司财务实力波动较大,可能是这些上市公司寻求"摘帽"过程中进行财务操纵、盈余管理等行为的一种反映。

6.1.2 各种交易状态上市公司竞争力变动分析

1. 正常交易上市公司竞争力变动分析。

正常交易上市公司竞争力指数和公司治理指数四年间整体上均呈上升趋势,并且两类指标2006年均显著高于以往各年(见表6-3、表6-4及图6-2)。在公司治理竞争力指数较以前各年分别提高4.10个、3.70个、2.46个百分点的带动下,竞争力指数分别提高了1.95个、1.58个、1.69个百分点。治理竞争力改善的主要原因有以下几点:首先,政府有关部门对上市公司监管逐步加强,相关的政策、措施相继出台,公司治理环境得以较大改善;其次,资本市场发展的里程碑——2005年4月29日开始的股权分置改革彻底改变了"二元"股权结构,一股独大的股权状况略有缓解,为公司治理结构的改善提供了契机;再其次,近年来上市公司频发的一系列事件迫使上市公司意识到公司治理对公司生存发展的重要意义,从而自发地进行公司治理结构的优化。在增长能力、偿债能力以及运营能力的综合作用下,财务实力指数略呈下降趋势,2005年比2004年低1.35个百分点。此外,上市公司之间财务实力的差异要大于公司治理竞争力的差异,主要原因可能是财务实力更多与企业的特征和经营环境有关,而上市公司治理状况大多基本"合规",差异性相对较小。

表6-3   不同交易状态上市公司竞争力变动比较

年度	交易状态		上市公司竞争力指数	公司治理竞争力指数	财务实力指数
2003	正常交易 (N=756)	均值	54.74	49.93	62.19
		标准差	5.42	6.86	8.41
	ST (N=81)	均值	49.38	47.98	52.35
		标准差	6.93	5.93	13.14
	合计 (N=837)	均值	54.22	49.74	61.24
		标准差	5.80	6.79	9.42

续表

年度	交易状态		上市公司竞争力指数	公司治理竞争力指数	财务实力指数
2004	正常交易（N=819）	均值	55.11	50.33	62.96
		标准差	5.51	6.91	8.45
	ST（N=83）	均值	51.58	48.45	53.26
		标准差	7.25	6.70	12.56
	PT（N=1）	均值	47.40	48.85	45.62
		标准差	—	—	—
	合计（N=903）	均值	54.78	50.16	62.05
		标准差	5.78	6.91	9.34
2005	正常交易（N=843）	均值	55.00	51.57	61.61
		标准差	5.72	6.57	8.76
	ST（N=73）	均值	54.02	49.02	48.08
		标准差	5.42	6.30	11.16
	PT（N=1）	均值	53.48	46.34	37.32
		标准差	—	—	—
	合计（N=917）	均值	54.92	51.36	60.51
		标准差	5.70	6.58	9.71
2006	正常交易（N=824）	均值	56.69	54.03	62.38
		标准差	5.83	6.87	8.45
	ST（N=96）	均值	56.31	53.15	52.68
		标准差	5.54	7.12	10.89
	PT（N=13）	均值	56.16	51.77	43.39
		标准差	7.54	7.68	9.69
	合计（N=933）	均值	56.65	53.91	61.12
		标准差	5.82	6.91	9.46

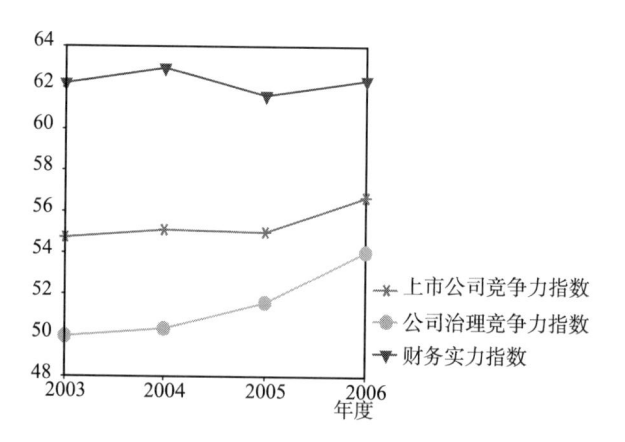

图6-2 正常交易上市公司竞争力变动比较

表6-4　　　　正常交易与 ST 股上市公司竞争力变动多重比较

交易状态	指标	(I) 年度	(J) 年度	均值差 (I)-(J)	显著性水平
正常交易上市公司	上市公司竞争力指数[a]	2006	2003	1.95	0.00
			2004	1.58	0.00
			2005	1.69	0.00
	公司治理竞争力指数[a]	2005	2003	1.64	0.00
			2004	1.23	0.00
		2006	2003	4.10	0.00
			2004	3.70	0.00
			2005	2.46	0.00
	财务实力指数[a]	2005	2004	-1.35	0.00
ST 股上市公司	上市公司竞争力指数[a]	2004	2003	2.20	0.03
		2005	2003	4.64	0.00
			2004	2.43	0.02
		2006	2003	6.93	0.00
			2004	4.73	0.00
			2005	2.29	0.02
	公司治理竞争力指数[a]	2006	2003	5.17	0.00
			2004	4.70	0.00
			2005	4.12	0.00
	财务实力指数[a]	2005	2003	-4.27	0.03
			2004	-5.18	0.01
		2006	2005	4.60	0.01

2. ST 股上市公司竞争力变动分析。

ST 股上市公司竞争力指数和公司治理竞争力指数的变化与正常交易类上市公司类似，2006 年较以前年份明显改善，竞争力指数分别比前三年高出 6.93 个、4.73 个和 2.29 个百分点；公司治理竞争力分别比前三年增加了 5.17 个、4.70 个和 4.13 个百分点，上市公司各治理要素均有所改善。财务实力指数方面，2005 年为四年中的最低，其他三年变化较小，2003 年、2004 年、2006 年较 2005 年分别高出 4.27 个、5.18 个、4.60 个百分点（见表 6-3、表 6-4 及图 6-3）。ST 股上市公司间财务实力的差异在三类上市公司中最大，可能是由于造成财务状况异常的原因存在差异，而且财务异常造成的财务业绩表现也不尽相同。与正常交易上市公司类似，2006 年 ST 股上市公司治理状况也有所改善，但 2005 年财务状况明显恶化，可能是由于环境变化（如原材料价格上涨）导致财务实力的下滑。

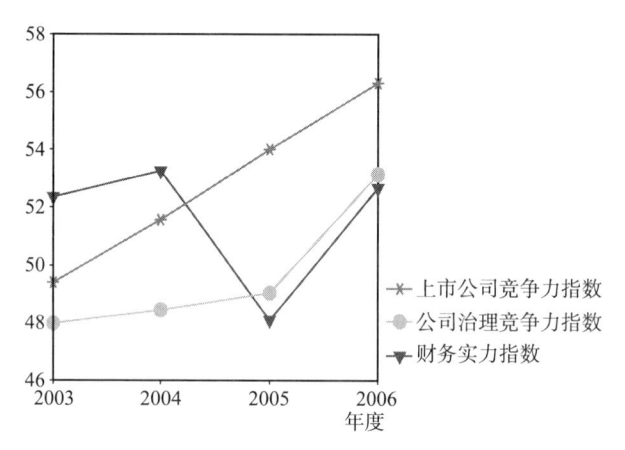

图 6-3　ST 股上市公司竞争力变动比较

3. PT 股上市公司竞争力及其变动分析。

表 6-3 及图 6-4 显示，竞争力指数方面，2004 年和 2005 年两家 PT 股上市公司的竞争力指数与同年度其他两类上市公司相比差异并不明显，2006 年 PT 股上市公司竞争力并不明显弱于其他两类上市公司。PT 股上市公司治理竞争力指数略低于同年度其他两类上市公司的水平，财务实力

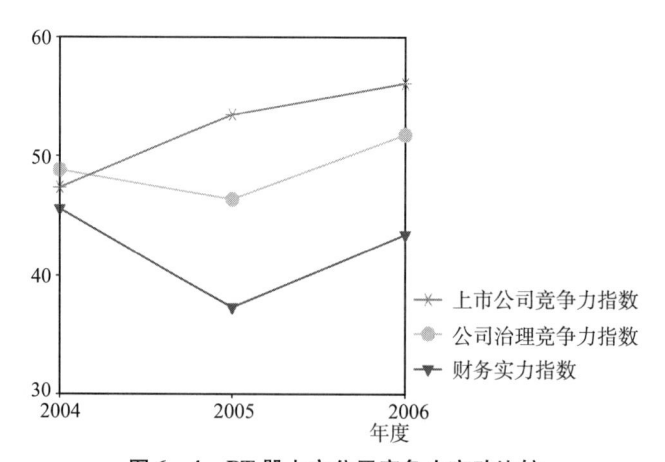

图 6-4　PT 股上市公司竞争力变动比较

指数低于公司治理指数；2006年PT股上市公司财务实力指数明显低于其他两类上市公司平均水平，但上市公司间的差异比ST股上市公司要小。总体来看，样本PT股上市公司治理较差，财务实力在三类上市公司中也较低。应当注意的是PT股上市公司的样本数量比较少，其结论的代表性需要慎重。

总之，样本期间大部分上市公司竞争力有所提高，主要原因在于：首先，国民经济的稳定、快速发展提供了良好的宏观经济环境；其次，国家相关部门对上市公司发展的重视及监管的加强，为上市公司的发展提供了良好的外部治理环境；再其次，治理水平的提高为上市公司竞争力的提升提供了"内功"；最后，上市公司自身的努力起到了重要作用。大部分上市公司财务实力指数仍然高于公司治理指数，可见上市公司注重的依然是当前的财务业绩，公司治理竞争力存在较大的提升空间。正常交易上市公司的财务实力明显优于财务出现问题的ST股、PT股上市公司，正常交易与ST股上市公司的治理竞争力指数高于财务实力指数，但PT股上市公司治理竞争力指数高于财务实力指数。ST与PT上市公司必须扭转局面，彻底清理不良资产，走良性发展道路，才能避免退市的危险。[①]

6.2 不同交易状态上市公司治理竞争力比较

6.2.1 不同交易状态上市公司治理竞争力与变动分析

不同交易状态上市公司治理竞争力指数、股权结构合理性、股东大会规范性以及董事会治理竞争力存在显著差异。正常交易上市公司治理竞争力指数略高于ST股上市公司，股东大会规范性和董事会治理竞争力均高于ST股上市公司，但股权结构合理性明显差于ST股上市公司（见表6-5、表6-6及图6-5）。尽管ST股、PT股上市公司大多由于财务异常而被冠之以"ST"、"PT"，但并不是ST股、PT股上市公司的所有治理因素均差于正常交易的上市公司，因而在进行公司治理研究时将ST股、PT股上市公司排除在研究样本之外缺乏可信的证据。

---

① 李芸达、王琴、张芳芳、陈玲：《ST上市公司财务指标的实证分析》，载《财会通讯》2005年第8期，第6~10页。

表 6-5　　　　　　不同交易状态上市公司治理竞争力差异比较

指标	交易状态	样本数	均值	标准差	最小值	最大值	显著性水平
公司治理竞争力指数	正常交易	3242	51.50	6.98	31.31	71.05	0.00
	ST	333	49.81	6.88	34.74	64.81	
	PT	15	51.21	7.28	40.86	61.62	
	合计	3590	51.34	6.99	31.31	71.05	
股权结构合理性	正常交易	3242	54.92	27.30	18.82	98.31	0.00
	ST	333	66.23	25.70	21.57	96.78	
	PT	15	62.78	26.90	23.88	90.78	
	Total	3590	56.00	27.35	18.82	98.31	
股东大会规范性	正常交易	3242	38.55	10.45	10.58	91.41	0.00
	ST	333	36.06	11.70	15.41	77.73	
	PT	15	40.29	12.96	23.29	62.92	
	合计	3590	38.33	10.61	10.58	91.41	
董事会治理竞争力	正常交易	3242	52.16	13.10	28.47	87.75	0.00
	ST	333	47.47	13.23	27.78	72.93	
	PT	15	50.87	14.24	30.37	69.31	
	合计	3590	51.72	13.19	27.78	87.75	
监事会治理竞争力	正常交易	3242	49.77	7.73	19.81	92.87	0.10
	ST	333	50.42	7.71	24.57	60.90	
	PT	15	46.63	10.27	30.31	60.90	
	合计	3590	49.82	7.75	19.81	92.87	

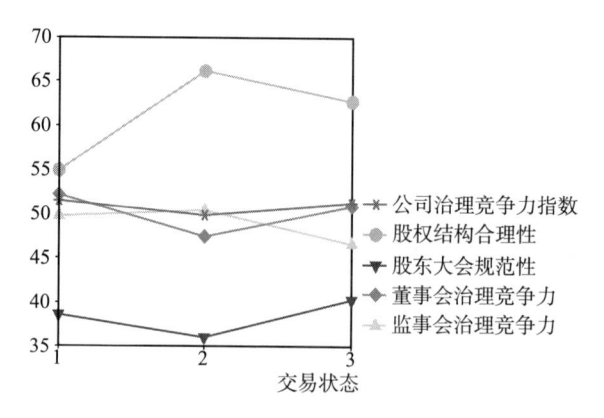

图 6-5　不同交易状态上市公司治理竞争力差异比较

表6-6　　　不同交易状态上市公司治理竞争力差异多重比较

指标	（I）交易状态	（J）交易状态	均值差（I）-（J）	显著性水平
公司治理竞争力指数[a]	正常交易	ST	1.69	0.00
股权结构合理性[b]	正常交易	ST	-11.31	0.00
股东大会规范性[b]	正常交易	ST	2.49	0.00
董事会治理竞争力[a]	正常交易	ST	4.69	0.00

各治理要素中，股东大会治理状况相对较差，股权结构相对较为合理，董事会与监事会治理水平较为接近。ST股上市公司在股权结构合理性和监事会治理指数在三类上市公司中较高（见表6-5、表6-6），PT股上市公司股东大会规范性指数最高，而正常交易上市公司在股东大会规范性以及董事会治理方面好于其他两类上市公司（见表6-6），一定程度上说明了规范的股东大会以及良好的董事会治理对于提升财务业绩以及规避财务风险起着积极的作用。

与通常的理解不同，ST股上市公司的股权结构状况明显好于正常交易上市公司（见表6-6），主要原因在于正常交易上市公司股权集中度高，股权制衡度较低。ST股公司股权结构较正常交易上市公司合理，股权相对集中且形成了较为制衡的股权结构。但却没有产生良好的财务绩效，我们认为这种股权结构的形成可能与ST股上市公司希望通过股权结构向市场传递积极信号有关，另一方面大股东之间频繁的控制权争夺导致了财务状况的恶化。上市公司间股权结构方面的差异在四个治理要素中最大，一方面，目前在我国上市公司中股权结构并不一定是决定上市公司财务状况的关键因素，适度集中的制衡股权结构并不必然有利于财务绩效的改善，这是因为我国上市公司大股东尚未形成一个以各方利益最大化的联盟，而是各自为政，制衡的股权结构更容易产生摩擦，从而导致了财务绩效的恶化;[①] 另一方面，上市公司并不存在最优的股权结构，股权结构的差异性还与上市公司自身的特征有关，股权结构的选择表现出明显的路径依赖特征，因而股权结构可能是制度变迁的结果。

6.2.2　各类交易状态上市公司治理竞争力变动分析

1. 正常交易上市公司治理竞争力变动分析。

由于法律、制度约束以及上市公司自身改善公司治理结构的自发性要

[①] 朱红军、汪辉：《股权制衡可以改善公司治理吗?》，载《管理世界》2004年第10期，第136~140页。

求，正常交易上市公司治理竞争力有显著提高。股权分置改革使得一股独大的股权结构得以优化，股东大会规范性在《上市公司股东大会规则》、《公司法》等颁布实施后有显著的改善。股权结构合理性四年内呈现上升趋势，2006年表现最好，较2003年显著改善（见表6-7、表6-8及图6-6）；2006年股东大会规范性、董事会治理竞争力、监事会治理竞争力较以前年度明显改善（见表6-8）。正常交易上市公司更加重视董事会制度建设，董事会治理水平显著提升。相比而言，监事会治理竞争力提升较为缓慢，监事会治理依然是上市公司治理中的薄弱环节，上市公司对改善监事会治理的意识比较淡薄，上市公司监事会的治理功能并没有充分体现。

表6-7　　　　不同交易状态上市公司治理竞争力变动比较

年度	交易状态		公司治理竞争力指数	股权结构合理性	股东大会规范性	董事会治理竞争力	监事会治理竞争力
2003	正常交易 (N=756)	均值	49.93	52.90	37.53	49.57	49.13
		标准差	6.86	27.49	10.00	12.77	7.70
	ST (N=81)	均值	47.98	65.25	32.98	44.24	50.94
		标准差	5.93	26.36	9.22	11.31	7.66
	合计 (N=837)	均值	49.74	54.10	37.09	49.05	49.31
		标准差	6.79	27.61	10.02	12.73	7.71
2004	正常交易 (N=819)	均值	50.33	54.61	37.31	51.18	48.60
		标准差	6.91	27.51	10.28	12.69	8.52
	ST (N=83)	均值	48.45	66.62	34.55	45.65	48.84
		标准差	6.70	25.61	10.61	12.82	8.32
	PT (N=1)	均值	48.85	24.67	29.13	42.00	60.90
		标准差	—	—	—	—	—
	合计 (N=903)	均值	50.16	55.68	37.05	50.66	48.63
		标准差	6.91	27.55	10.33	12.79	8.51
2005	正常交易 (N=843)	均值	51.57	55.48	37.57	51.82	50.93
		标准差	6.57	27.26	10.27	12.76	7.21
	ST (N=73)	均值	49.02	63.79	34.79	46.23	50.55
		标准差	6.30	26.58	10.50	12.78	6.95
	PT (N=1)	均值	46.34	90.78	23.47	40.58	50.10
		标准差	—	—	—	—	—
	合计 (N=917)	均值	51.36	56.18	37.33	51.36	50.90
		标准差	6.58	27.30	10.31	12.84	7.19

续表

年度	交易状态		公司治理竞争力指数	股权结构合理性	股东大会规范性	董事会治理竞争力	监事会治理竞争力
2006	正常交易（N=824）	均值	54.03	56.50	41.72	55.88	50.34
		标准差	6.87	26.89	10.59	13.38	7.23
	ST（N=96）	均值	53.15	68.57	40.95	52.70	51.26
		标准差	7.12	24.71	13.80	14.05	7.67
	PT（N=13）	均值	51.77	63.55	42.45	52.34	45.27
		标准差	7.68	25.64	12.53	14.79	10.16
	合计（N=933）	均值	53.91	57.84	41.66	55.50	50.36
		标准差	6.91	26.89	10.98	13.49	7.34

表6–8　正常交易与ST股上市公司治理竞争力变动多重比较

交易状态	指标	(I)年度	(J)年度	均值差(I)-(J)	显著性水平
正常交易上市公司	公司治理竞争力指数[a]	2006	2003	4.10	0.00
			2004	3.70	0.00
			2005	2.46	0.00
	股权结构合理性[a]	2006	2003	3.59	0.01
	股东大会规范性[a]	2006	2003	4.19	0.00
			2004	4.41	0.00
			2005	4.15	0.00
	董事会治理竞争力[b]	2006	2003	6.31	0.00
			2004	4.70	0.00
			2005	4.06	0.00
	监事会治理竞争力[b]	2005	2003	1.80	0.00
			2004	2.33	0.00
		2006	2003	1.21	0.01
			2004	1.74	0.00
ST股上市公司	公司治理竞争力指数[a]	2006	2003	5.17	0.00
			2004	4.70	0.00
			2005	4.13	0.00
	股东大会规范性[b]	2006	2003	7.97	0.00
			2004	6.40	0.00
			2005	6.16	0.01
	董事会治理竞争力[b]	2006	2003	8.46	0.00
			2004	7.05	0.00
			2005	6.47	0.01

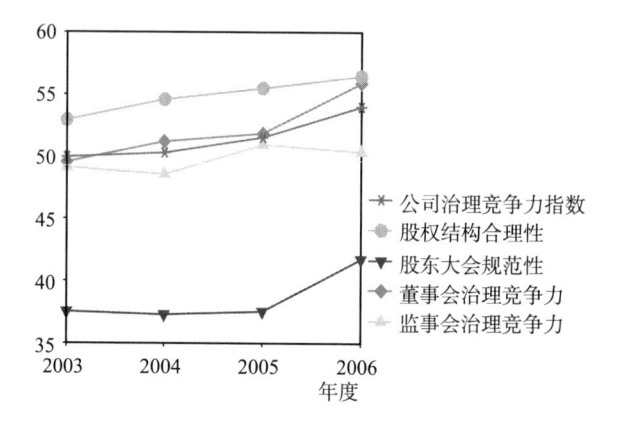

图 6-6　正常交易上市公司治理竞争力变动

2. ST 股上市公司治理竞争力及其变动分析。

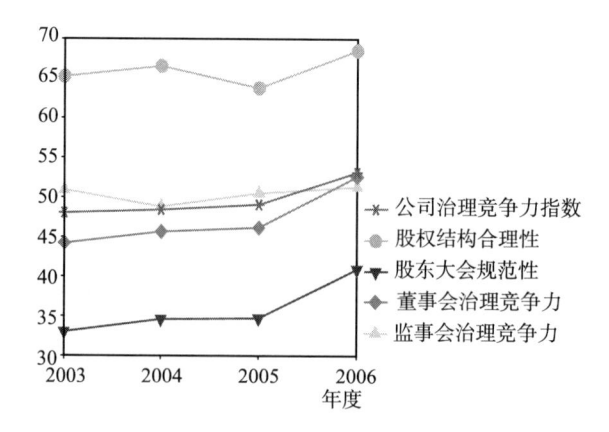

ST 股上市公司治理竞争力指数、股东大会规范性及董事会治理竞争力 2006 年较前三年有显著提升（见表 6-7、表 6-8 及图 6-7）。与正常交易上市公司类似，ST 股上市公司 2006 年公司治理竞争力指数及四个分指标相比前三年都有一定提升，主要原因可能与 2006 年 1 月 1 日生效的《公司法》和《证券法》有直接关系。这两部法律在培育成熟完善的市场主体，规范和促进公司发展，保护利益相关者合法权益以及推动资本市场稳定健康发展方面发挥了重要作用。尽管财务状况存在一些问题，但 ST 股上市公司治理结构同样在不断完善。股权结构合理性方面，前两年呈现上升趋势，股权制衡度的提高导致股权结构合理性 2005 年下滑明显，2006

图 6-7　ST 股上市公司治理竞争力变动

年大幅提升为四年最高水平,该年股权集中程度和股权制衡状况均比较好。股东大会规范性方面,四年内呈现上升趋势,2006年较以前年份显著增加;董事会治理竞争力2006年最高,比前三年也有显著改善;监事会治理竞争力方面,前三年呈现下滑趋势,2006年由于监事会运作的改善使监事会治理竞争力有所提升。

3. PT股上市公司治理竞争力及其变动分析。

PT股上市公司治理竞争力水平较同年度其他两类上市公司略低,并且在样本年度内没有显著改变,但样本期间公司治理竞争力四个分要素波动较大(见表6-7及图6-8)。2004年股权结构合理性的样本观测值接近于同年度正常交易和ST股上市公司的最低水平,而2005年后有一定改善;股东大会规范性方面,2004年和2005年的两个样本观测值低于同年度正常交易和ST股上市公司水平,股东大会会议出席率以及会议次数的增加使得2006年样本PT股上市公司股东大会规范性有所提高;董事会竞争力方面,2004年和2005年的两个样本观测值也低于同年度正常交易和ST股上市公司水平,2006年样本PT股上市公司董事会治理状况与其他两类上市公司相差不大;监事会竞争力方面,2006年样本PT股上市公司平均水平要低于其他两类上市公司。

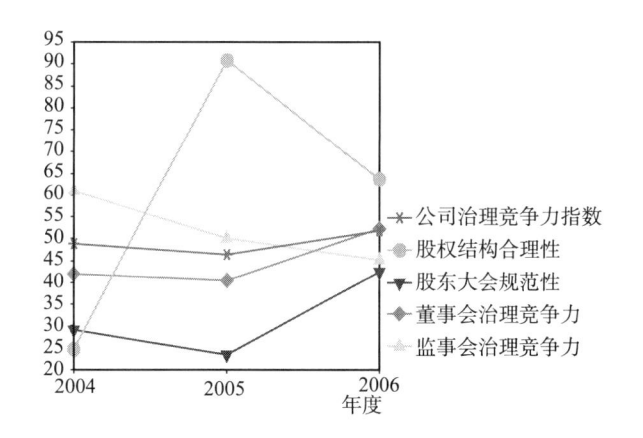

图6-8 PT股上市公司治理竞争力变动

6.2.3 不同交易状态上市公司股权结构及变动分析

1. 不同交易状态上市公司股权结构比较分析。

正常交易上市公司股权集中程度与股权制衡状况并没有ST、PT股上市公司理想，且正常交易上市公司间股权结构存在较大差异，ST股上市公司股权集中合理性及股权制衡合理性好于正常交易上市公司（见表6-9、表6-10及图6-9、图6-10、图6-11、图6-12）。正常交易上市公司前五大股东持股比例之和、第一大股东与第二到第五大股东持股比例和之比高于全部样本平均水平（见表6-11、表6-12及图6-13、图6-14），也远远高于ST股与PT股上市公司，正常交易上市公司呈现出集中程度较高、制衡度较差的股权结构形态，这也是正常交易上市公司股权结构差于ST股、PT股上市公司的重要原因。由于正常交易上市公司占上市公司的绝大部分，正常交易上市公司反映出的集中股权结构也是我国上市公司股权结构的缩影。尽管企业股改实行了很长的一段时间，相关的政策、措施也出台了不少，但仍然没有改变我国上市公司高度集中的股权结构，正常交易上市公司股权集中度高及股权制衡状况差的局面仍然存在。与人们的普遍认识相反，由于ST股上市公司股权集中度较低而大股东之间的制衡力较强，因而该类上市公司的股权结构相对更为符合理论上的合理性。但这种股权结构并没有带来财务状况的改观，一方面，制衡的股权结构更容易产生摩擦，大股东制衡机制的形成能否带来绩效的显著改善以及股权制衡状态下股权结构应如何分布等需进一步探索与证实；另一方面，股权制衡机制起作用的基础要件（如完善的证券市场、法律保护环境、政策制度等）在目前的形势下还并不完善；第三，上市公司治理和

表6-9　　　　不同交易状态上市公司股权结构合理性比较

指标	交易状态	样本数	均值	标准差	显著性水平
股权结构合理性	正常交易	3242	54.92	27.30	0.00
	ST	333	66.23	25.70	
	PT	15	62.78	26.90	
	合计	3590	56.00	27.35	
股权集中合理性	正常交易	3242	70.89	19.09	0.00
	ST	333	76.32	16.97	
	PT	15	81.61	13.55	
	合计	3590	71.44	18.96	
股权制衡合理性	正常交易	3242	53.14	30.21	0.00
	ST	333	65.11	28.45	
	PT	15	60.69	28.57	
	合计	3590	54.28	30.24	

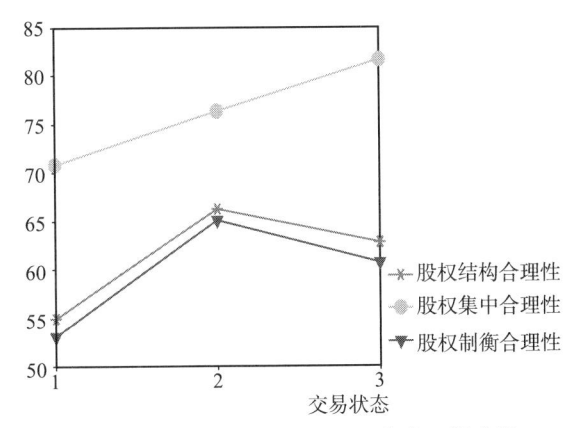

图 6-9　不同交易状态股权结构合理性比较

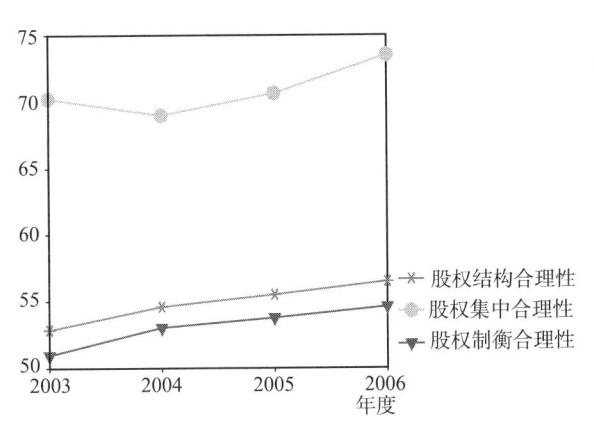

图 6-10　正常交易上市公司股权结构合理性变动

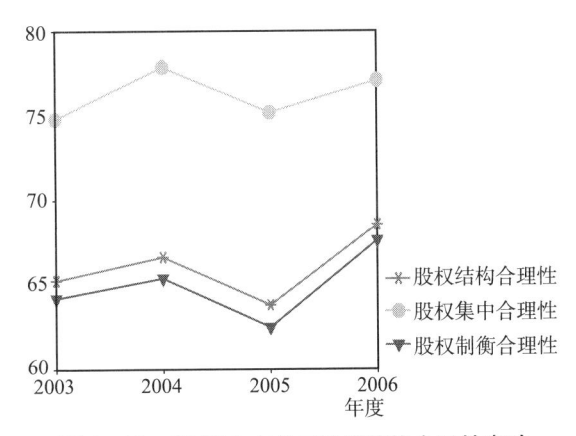

图 6-11　ST 股上市公司股权结构合理性变动

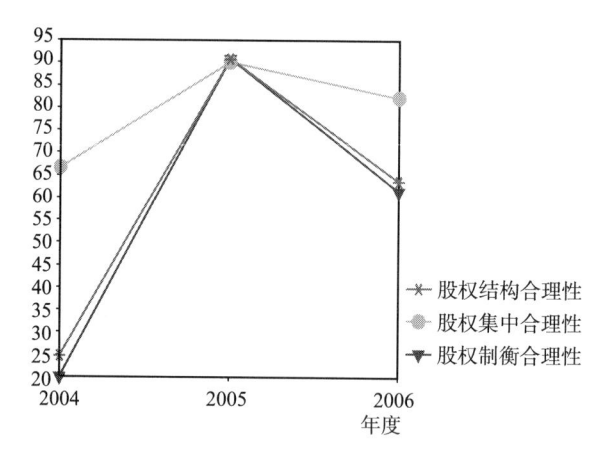

图 6–12　PT 股上市公司股权结构合理性变动

表 6–10　　　　不同交易状态上市公司股权结构合理性多重比较

指标	（I）交易状态	（J）交易状态	均值差（I）-（J）	显著性水平
股权结构合理性[b]	正常交易	ST	-11.31	0.00
股权集中合理性[a]	正常交易	ST	-5.43	0.00
股权制衡合理性[b]	正常交易	ST	-11.97	0.00

表 6–11　　　　不同交易状态上市公司股权结构特征比较

指标	交易状态	样本数	均值	标准差	最小值	最大值	显著性水平
股权集中度（%）	正常交易	3242	56.9	13.93	10.57	95.98	0.00
	ST	333	52.56	12.49	9.7	92.62	
	PT	15	51.56	10.04	36.59	68.96	
	合计	3590	56.48	13.85	9.7	95.98	
股权制衡度	正常交易	3242	12.26	29.81	0.26	341.7	0.01
	ST	333	6.85	18.81	0.38	143.21	
	PT	15	9.92	22.12	0.71	82.58	
	合计	3590	11.75	28.97	0.26	341.70	
国家股比例（%）	正常交易	3242	32.29	25.64	0.00	84.99	0.04
	ST	333	29.13	23.82	0.00	80.95	
	PT	15	22.6	18.84	0.00	54.3	
	合计	3590	31.96	25.47	0.00	84.99	

续表

指标	交易状态	样本数	均值	标准差	最小值	最大值	显著性水平
法人股比例（%）	正常交易	3242	23.79	24.63	0.00	84.97	0.73
	ST	333	24.86	23.01	0.00	76.64	
	PT	15	22.51	18.54	0.00	54.98	
	合计	3590	23.89	24.46	0.00	84.97	
流通股比例（%）	正常交易	3242	42.17	13.08	4.15	100.00	0.00
	ST	333	45.45	12.42	18.19	77.85	
	PT	15	54.47	9.08	41.37	74.96	
	合计	3590	42.52	13.06	4.15	100.00	
高管持股比例（%）	正常交易	3242	0.0507	1.29	0.00	64.29	0.83
	ST	333	0.0087	0.05	0.00	0.56	
	PT	15	0.0115	0.02	0.00	0.06	
	合计	3590	0.0466	1.23	0.00	64.29	

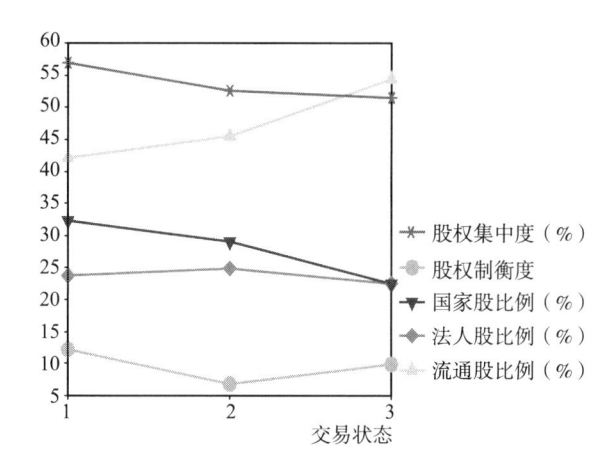

图6-13 不同交易状态股权结构特征比较

表6-12 不同交易状态上市公司股权结构特征差异多重比较

指标	（I）交易状态	（J）交易状态	均值差（I）-（J）	显著性水平
股权集中度（%）[b]	正常交易	ST	4.34	0.00
股权制衡度[b]	正常交易	ST	5.41	0.00
流通股比例（%）[a]	正常交易	ST	-3.28	0.00
	正常交易	PT	-12.30	0.00
	ST	PT	-9.02	0.02

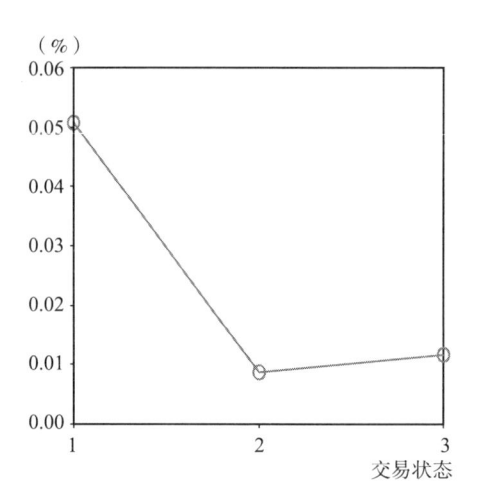

图 6-14　不同交易状态高管持股比例比较

财务表现可能存在脱节。①

　　股权构成方面，正常交易上市公司的国家股比例最高，而流通股比例最低，高管持股比例较高，PT 股上市公司国家股、法人股比例最低而流通股比例最高。方差分析以及多重比较进一步表明，除高管持股比例与法人股比例外，前五大股东持股比例之和、第一大股东持股比例与第二到五大股东持股比例之和之比及流通股比例存在显著差异。高管持股差异不显著原因在于，我国上市公司高管人员持股具有以下特征：（1）持股量少，持股比例极低，人均持股量较少；（2）持股比例分布平均，绝大多数公司的持股集中在较低水平的区间内。因此，建立以管理者持股为代表的长期激励机制，对于完善中国公司的治理结构，造就中国的企业家有重要意义。② 由于法人股在不同交易上市公司均衡分布，法人股比例在不同类型的上市公司之间差异并不显著（见表 6-11、表 6-12）。

　　正常交易上市公司的流通股比例最低，较 ST 股、PT 股上市公司分别低了 3.28 个、12.30 个百分点，而流通股比例较高的 ST 股、PT 股上市公司财务业绩却不够理想，说明即使股权分置改革强化了大股东之间的制

---

　　① 王奇波和曹洪（2006）认为股权制衡以及由此产生的最优股权结构需要在法制的保护下发挥作用。文章参阅王奇波、曹洪：《股权制衡与机构投资者参与的公司治理效应》，载《财贸研究》2006 年第 3 期，第 110～116 页。
　　② 王战强：《上市公司高管人员持股状况研究及政策建议》，载《证券市场报》1998 年第 9 期，第 42～48 页。

衡，增强了流通股股东的力量，但大股东之间的控制权争夺以及中小流通股股东的投机心理，使得上市公司并没有产生良好的财务业绩。因此，培育股东的联盟意识以及理性投资意识，对于后股权分置时代更加重要。

2. 各种交易状态上市公司股权结构合理性变动分析。

（1）正常交易上市公司股权结构变动分析。得益于2005年开始的股权分置改革，大部分正常交易上市公司"一股独大"现象有所缓解，上市公司股权集中度显著降低，2006年较以前各年股权集中合理性分别提高3.29个、4.53个以及2.88个百分点[1]，股权结构逐步走向合理，一定程度上表明我国股权分置改革已初见成效。股权集中程度方面，2006年前五大股东持股比例之和明显下降（见表6-13、表6-14及图6-10、图6-15、图6-16）。股权制衡状况方面，样本期间正常交易上市公司股权制衡状况逐年好转，大股东之间的制衡状况略有好转，"一股独大"的局面正在发生着变化。2003~2004年正常交易上市公司的股权结构特征基本上没有发生变化，前五大股东持股比例保持在59%左右，第一大股东与第二到五大股东持股比例之和之比在15以上，股权高度集中，股权制衡度差，流通股比例略高于国家股比例，法人股比例最低。在相关政策的约束下，[2] 国有股、法人股等非流通股由"依法转让"走向"渐进流通"[3]，非流通股和流通股分置的"二元"状态得以改变，2005~2006年正常交易上市公司股权结构发生了较大改变，前五大股东持股比例之和持续下降，第一大股东与第二到五大股东持股比例之和之比也随之大幅降低，股权分置改革的效果初步显现出来。股权构成方面，国家股以及法人股比例下降而流通股比例上升，2006年国家股比例较前三年分别下降了7.1%、6.32%和4.85%，法人股比例较前三年分别下降5.12%、5.3%和3.42%，流通股比例较前三年分别上升了10.14%、10.15%和7.79%，高管持股比例方面，2004年和2006年略高于2003年和2005年，2006年相对较高，流通股比例的增加方便了上市公司对股权激励的操作（见表6-14、表6-15）。

---

[1] 为节省篇幅，这里不列示方差分析的结果。
[2] 如2004年底出台的《上市公司非流通股股份转让业务办理规则》和《上市公司非流通股股份转让业务办理实施细则》、《关于上市公司股权分置改革试点有关问题的通知》、《关于上市公司股权分置改革试点有关问题的指导意见》、《上市公司股权分置改革管理办法》、《财政部 国家税务总局关于股权分置试点改革有关税收政策问题的通知》等。
[3] 股权分置改革研究小组：《股权分置改革的回顾与总结》，载《深圳证券交易所综合研究所第0147号》，2006年12月20日。

表 6-13　不同交易状态上市公司股权合理性变动比较

年度	交易状态		股权结构合理性	股权集中合理性	股权制衡合理性
2003	正常交易（N=756）	均值	52.90	70.27	50.97
		标准差	27.49	18.76	30.36
	ST（N=81）	均值	65.25	74.80	64.19
		标准差	26.36	16.81	29.06
	合计（N=837）	均值	54.10	70.70	52.25
		标准差	27.61	18.62	30.48
2004	正常交易（N=819）	均值	54.61	69.03	53.01
		标准差	27.51	19.19	30.39
	ST（N=83）	均值	66.62	77.89	65.37
		标准差	25.61	17.11	28.20
	PT（N=1）	均值	24.67	66.74	20.00
		标准差	—	—	—
	合计（N=903）	均值	55.68	69.84	54.11
		标准差	27.55	19.16	30.40
2005	正常交易（N=843）	均值	55.48	70.67	53.79
		标准差	27.26	18.68	30.19
	ST（N=73）	均值	63.79	75.21	62.52
		标准差	26.58	17.45	29.39
	PT（N=1）	均值	90.78	90.00	90.87
		标准差	—	—	—
	合计（N=917）	均值	56.18	71.05	54.53
		标准差	27.30	18.62	30.21
2006	正常交易（N=824）	均值	56.50	73.55	54.60
		标准差	26.89	19.45	29.84
	ST（N=96）	均值	68.57	77.08	67.62
		标准差	24.71	16.70	27.63
	PT（N=13）	均值	63.55	82.11	61.49
		标准差	25.64	13.77	27.16
	合计（N=933）	均值	57.84	74.04	56.04
		标准差	26.89	19.15	29.83

表6-14　　　　不同交易状态上市公司股权结构特征变动比较

年度	交易状态		股权集中度（%）	股权制衡度	国家股比例（%）	法人股比例（%）	流通股比例（%）	高管持股比例（%）
2003	正常交易（N=756）	均值	58.98	15.69	34.88	25.49	38.98	0.0026
		标准差	13.07	35.01	26.13	25.58	11.83	0.0198
	ST（N=81）	均值	53.79	8.61	30.24	26.80	42.77	0.0028
		标准差	12.92	25.16	25.80	23.89	11.70	0.0188
	合计（N=837）	均值	58.48	15.00	34.43	25.61	39.35	0.0026
		标准差	13.14	34.23	26.12	25.42	11.86	0.0197
2004	正常交易（N=819）	均值	59.22	15.23	34.10	25.67	38.97	0.0814
		标准差	13.58	37.53	26.35	25.83	11.91	2.2463
	ST（N=83）	均值	53.30	5.83	29.57	26.48	43.75	0.0101
		标准差	12.00	15.32	25.11	23.66	10.78	0.0636
	PT（N=1）	均值	36.59	4.53	24.00	29.57	46.38	0.0522
		标准差	—	—	—	—	—	—
	合计（N=903）	均值	58.65	14.35	33.67	25.75	39.42	0.0748
		标准差	13.56	36.14	26.24	25.62	11.88	2.1393
2005	正常交易（N=843）	均值	57.74	11.15	32.63	23.79	41.33	0.0040
		标准差	13.55	26.10	25.82	24.33	12.30	0.0212
	ST（N=73）	均值	53.74	9.63	30.73	25.49	43.69	0.0129
		标准差	12.80	23.73	23.21	23.38	11.42	0.0683
	PT（N=1）	均值	54.60	0.71	37.23	3.83	58.94	0
		标准差	—	—	—	—	—	—
	合计（N=917）	均值	57.42	11.02	32.48	23.90	41.53	0.0047
		标准差	13.52	25.90	25.60	24.24	12.25	0.0281
2006	正常交易（N=824）	均值	51.82	7.31	27.78	20.37	49.12	0.1122
		标准差	14.15	15.25	23.67	22.41	13.44	1.2409
	ST（N=96）	均值	49.98	4.13	26.58	21.35	50.52	0.0090
		标准差	12.11	7.58	21.45	21.29	13.69	0.0246
	PT（N=13）	均值	52.48	11.04	21.37	23.40	54.75	0.0093
		标准差	9.87	23.67	19.86	19.15	9.44	0.0174
	合计（N=933）	均值	51.64	7.04	27.57	20.51	49.34	0.1001
		标准差	13.90	14.82	23.40	22.24	13.43	1.1665

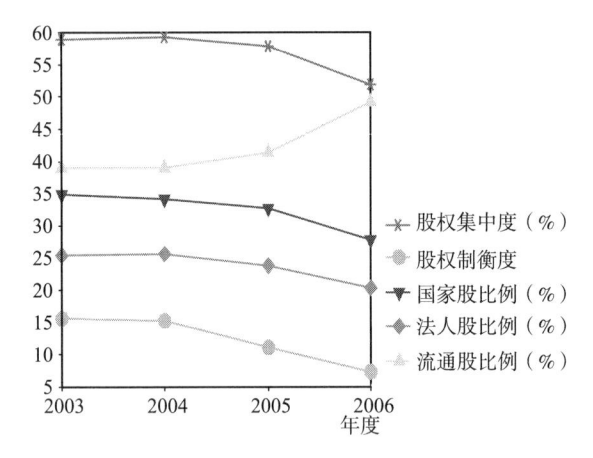

图 6-15 正常交易上市公司股权结构特征变动

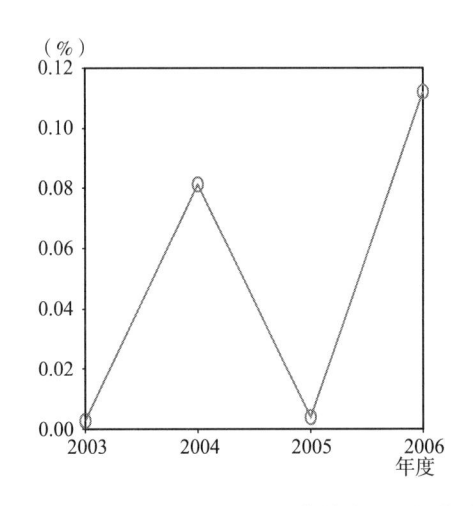

图 6-16 正常交易上市公司高管持股比例变动

表 6-15　　正常交易与 ST 股上市公司股权结构变动多重比较

交易状态	指标	(I) 年度	(J) 年度	均值差 (I) - (J)	显著性水平
正常交易上市公司	股权集中度[a]	2006	2003	-7.16	0.00
			2004	-7.40	0.00
			2005	-5.92	0.00
	股权制衡度[b]	2006	2003	-8.38	0.00
			2004	-7.92	0.00
			2005	-3.84	0.00

续表

交易状态	指标	(I) 年度	(J) 年度	均值差 (I) - (J)	显著性水平
正常交易上市公司	国家股比例 (%)b	2006	2003	-7.10	0.00
			2004	-6.32	0.00
			2005	-4.85	0.00
	法人股比例 (%)b	2006	2003	-5.12	0.00
			2004	-5.30	0.00
			2005	-3.42	0.02
	流通股比例 (%)b	2006	2003	10.14	0.00
			2004	10.15	0.00
			2005	7.79	0.00
ST股上市公司	流通股比例 (%)b	2006	2003	7.75	0.00
			2004	6.77	0.00
			2005	6.83	0.00

总之，股权分置改革的实施大大优化了正常交易上市公司的股权结构，股权结构有好转的迹象，但当前上市公司股权结构依然表现出相对集中、制衡度低的状态，国家股比例较高、流通股和法人股比例较低的问题。该类上市公司仍然存在大股东控制上市公司侵害中小股东利益的问题，因此，进一步完善股权结构、发挥法人股以及流通股股东的作用至关重要。

(2) ST股上市公司股权结构变动分析。ST上市公司样本年度内股权结构合理性有一定变化，但变化并不明显。两个要素指标中，股权集中合理性有所波动，2004年和2006年略好于2003年和2005年，但没有显著差异；大股东之间的股权制衡前两年上升明显，2005年有所下降，随后2006年大幅提升，但不同年份之间的差异并不明显。从各项股权结构指标变化来看，前五大股东持股比例之和2003～2005年基本维持在53%左右，2006年降至49.98%。2004年和2006年大股东制衡度有所提高（见表6-14、表6-15及图6-17、图6-18），股权制衡状况好于正常交易上市公司。2003～2005年，ST股上市公司流通股比例高于国家股比例，法人股比例最低，维持在26%左右，2006年国家股比例与法人股比例均有所下降，流通股比例较以前年份明显增加（见表6-15）；ST股上市公司2004年和2005年高管持股比例略高于2003年和2006年，2006年ST股上市公司高管持股比例低于同年度正常交易上市公司。

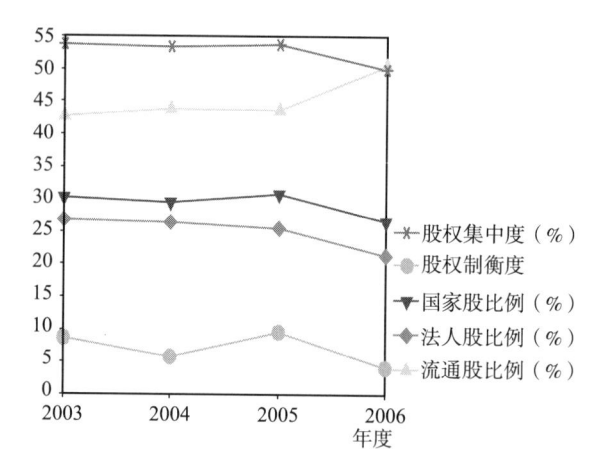

图 6-17　ST 股上市公司股权结构特征变动

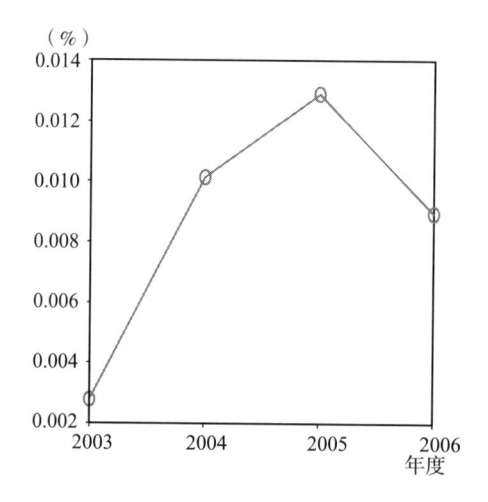

图 6-18　ST 股上市公司高管持股比例变动

总之，ST 股上市公司的股权结构并非如正常交易上市公司因置改革而产生明显的变化，大股东的制衡度一直高于正常交易上市公司。因此我们认为，在我国股东尚未形成理性投资意识的前提下，大股东之间的制衡力较强不是良好的选择。

（3）PT 股上市公司股权结构合理性及其变动分析。股权集中合理性方面，2006 年[①]的 13 个样本观测值高于同年度正常交易和 ST 股上市公司

---

① PT 股上市公司 2006 年之前的样本数为一家，不宜进行比较。

平均水平；股权制衡合理性方面，2006年13个样本观测值平均水平高于同年度正常交易上市公司平均水平但低于ST股上市公司平均水平（见表6-14及图6-19、图6-20）。股权构成方面，2006年PT股上市公司国家股比例低于其他两类上市公司，法人股比例略高于其他两类上市公司，流通股比例高于其他两类上市公司，高管持股比例低于同年度正常交易上市公司。受样本数量的限制，样本PT股上市公司与同年度其他两类上市公司进行的横向比较大致可以发现，该类上市公司股权结构特征表现与ST股上市公司较为接近。

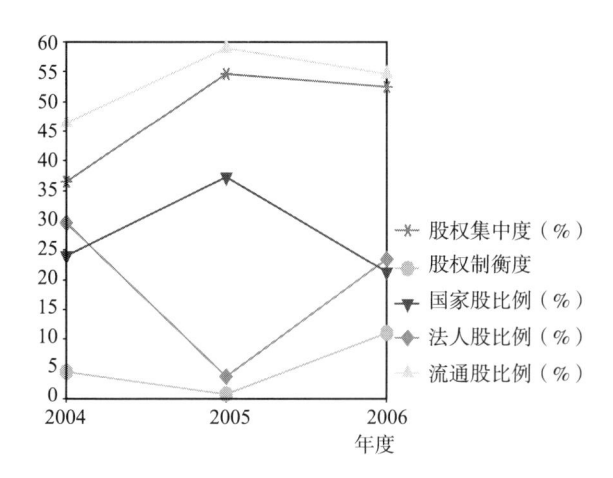

图6-19　PT股上市公司股权结构特征变动

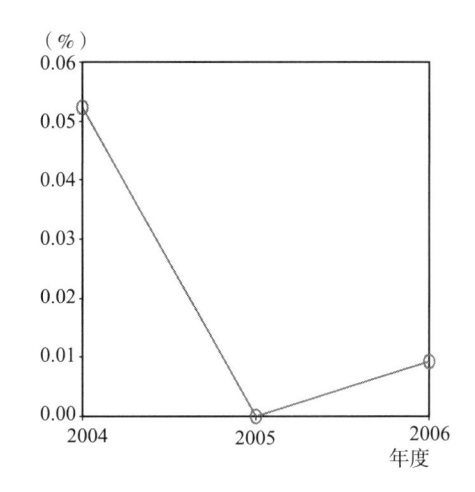

图6-20　PT股上市公司高管持股比例变动

总之，由于股权分置改革，上市公司的股权结构趋向股权适度集中、相互制衡的状况，但不同交易状态上市公司的股权状况差异较大。ST股上市公司股权集中合理性及股权制衡合理性好于正常交易上市公司，但这种股权结构并没有带来财务状况的改观，因此，大股东制衡机制的形成能否带来绩效的显著改善以及股权制衡状态下股权结构应如何分布等需进一步探索与证实。

6.2.4 不同交易状态上市公司股东大会规范性比较

1. 不同交易状态上市公司股东大会规范性比较分析。

正常交易上市公司好于ST股上市公司，股东大会会议出席率相对较高是主要原因（见表6-16、表6-17及图6-21）。股东大会会议出席率方面，上市公司股东大会会议出席率普遍较低，主要原因在于股权分置改革后流通股比例增加，出于参会成本以及投票、表决机制等的考虑，中小投资者出席股东大会的意愿不足，中小股东更关注的是投机收益而非企业长期发展，因此，多采用"用脚投票"而非"用手投票"。中小股东人数众多且持股比例较低，联合监管的成本高，加之信息不畅等使得有效监管

表6-16 不同交易状态上市公司股东大会规范性比较

指标	交易状态	样本数	均值	标准差	最小值	最大值	显著性水平
股东大会规范性	正常交易	3242	38.55	10.45	10.58	91.41	0.00
	ST	333	36.06	11.70	15.41	77.73	
	PT	15	40.29	12.96	23.29	62.92	
	合计	3590	38.33	10.61	10.58	91.41	
股东大会会议出席率（%）	正常交易	3242	57.28	15.44	1.45	100.00	0.00
	ST	333	48.65	14.07	9.13	95.58	
	PT	15	46.88	20.53	7.47	100.00	
	合计	3590	56.44	15.55	1.45	100.00	
股东大会会议次数（次）	正常交易	3242	2.26	1.13	1.00	8.00	0.04
	ST	333	2.33	1.28	1.00	7.00	
	PT	15	2.93	1.34	1.00	5.00	
	合计	3590	2.27	1.15	1.00	8.00	

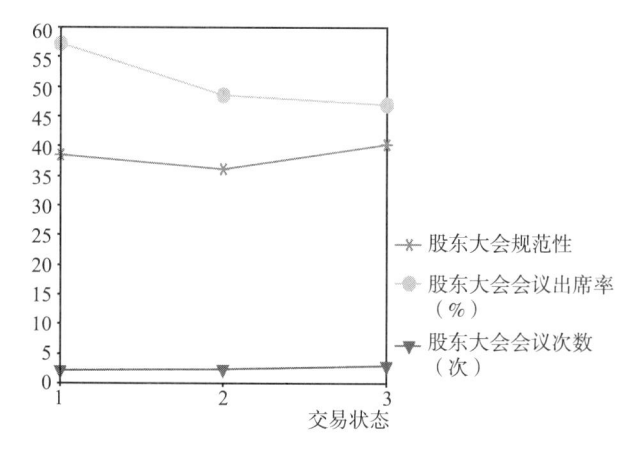

图 6-21　不同交易状态上市公司股东大会规范性比较

表 6-17　　　　不同交易状态上市公司股东大会规范性多重比较

指标	(I) 交易状态	(J) 交易状态	均值差 (I)-(J)	显著性水平
股东大会规范性[b]	正常交易	ST	2.49	0.00
股东大会会议出席率（%）[a]	正常交易	ST	8.63	0.00
		PT	10.40	0.01

比较困难,[①] 改善股东大会治理状况必须要从制度上保障中小股东参与股东大会的条件和方式,完善中小股东的提案权以及扩大中小股东知情权的范围,强化信息披露,鼓励中小股东通过多种方式参与股东大会决策。[②] PT 股上市公司股东大会次数略高于正常交易和 ST 股上市公司,各类上市公司股东大会会议次数有一定差异,但差异不大,最低也达到了《公司法》规定的水平,绝大部分上市公司年度股东大会会议次数在 3 次以下（包括 3 次）。

2. 各种交易状态上市公司股东大会治理变动分析。

（1）正常交易上市公司股东大会治理变动分析。2003~2005 年正常交易上市公司的股东大会规范性普遍较低并且变化不大,2006 年受外部

[①] 余晓东、杨治南:《股东积极主义:一个博弈论的解释》,载《外国经济与管理》2001 年第 3 期,第 30~34 页。

[②] 不少上市公司已经针对提高股东大会出席率低做出了相应的努力,如尖峰集团（600688）提出重大事项需采用网络投票方式;在召开股东大会以前应进行不少于两次关于召开股东大会催告,同时还要利用董事会征集投票权等方式,尽可能地提高股东大会出席比例。

监管的加强股东大会运作明显改善，但各公司的水平参差不齐。股东大会出席率前三年维持在 59% 左右，2006 年下降为 52.15%，可能的原因是随着流通股比例的增加，中小投资者参加股东大会的参会成本增加加之股东大会会议的表决机制等的考虑，导致其出席股东大会的意愿不强烈。股东大会次数均达到相关要求，且呈现出上升的趋势，最高的 2006 年达 2.88 次（见表 6－18、表 6－19 以及图 6－22）。因此，提高股东大会出席率仍是大部分上市公司改善股东大会治理急需解决的问题。

表 6－18　　不同交易状态上市公司股东大会规范性变动比较

年度	交易状态		股东大会规范性	股东大会会议出席率（%）	股东大会会议次数（次）
2003	正常交易（N=756）	均值	37.53	59.22	2.05
		标准差	10.00	15.76	1.02
	ST（N=81）	均值	32.98	49.42	1.91
		标准差	9.22	14.61	0.96
	合计（N=837）	均值	37.09	58.27	2.03
		标准差	10.02	15.91	1.01
2004	正常交易（N=819）	均值	37.31	59.91	1.99
		标准差	10.28	16.05	1.01
	ST（N=83）	均值	34.55	48.05	2.17
		标准差	10.61	13.30	1.11
	PT（N=1）	均值	29.13	36.62	2.00
		标准差	—	—	—
	合计（N=903）	均值	37.05	58.79	2.01
		标准差	10.33	16.19	1.02
2005	正常交易（N=843）	均值	37.57	58.01	2.10
		标准差	10.27	14.02	1.04
	ST（N=73）	均值	34.79	50.07	2.11
		标准差	10.50	14.86	1.06
	PT（N=1）	均值	23.47	43.38	1.00
		标准差	—	—	—
	合计（N=917）	均值	37.33	57.37	2.10
		标准差	10.31	14.25	1.04

续表

年度	交易状态		股东大会规范性	股东大会会议出席率（%）	股东大会会议次数（次）
2006	正常交易（N=824）	均值	41.73	52.15	2.88
		标准差	10.59	14.70	1.20
	ST（N=96）	均值	40.95	47.44	2.99
		标准差	13.80	13.71	1.53
	PT（N=13）	均值	42.45	47.93	3.15
		标准差	12.53	21.92	1.28
	合计（N=933）	均值	41.66	51.61	2.89
		标准差	10.98	14.78	1.24

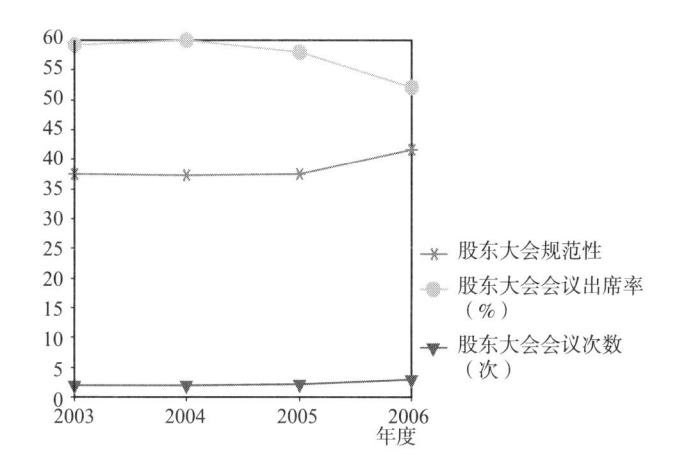

图 6-22　正常交易上市公司股东大会规范性变动

表 6-19　　　正常交易上市公司股东大会规范性变动多重比较

交易状态	指标	(I) 年度	(J) 年度	均值差 (I)-(J)	显著性水平
正常交易上市公司	股东大会规范性[a]	2006	2003	4.19	0.00
			2004	4.41	0.00
			2005	4.15	0.00
	股东大会出席率（%）[a]	2006	2003	-7.07	0.00
			2004	-7.76	0.00
			2005	-5.86	0.00
	股东大会会议次数（次）[b]	2006	2003	0.83	0.00
			2004	0.89	0.00
			2005	0.78	0.00

续表

交易状态	指标	(I) 年度	(J) 年度	均值差 (I)-(J)	显著性水平
ST股上市公司	股东大会规范性[b]	2006	2003	7.97	0.00
			2004	6.40	0.00
			2005	6.16	0.01
	股东大会会议次数（次）[b]	2006	2003	1.08	0.00
			2004	0.82	0.00
			2005	0.88	0.00

（2）ST股上市公司股东大会规范性及其变动分析。受相关政策影响，2006年ST股上市公司股东大会规范性和股东大会会议次数较以前三年明显改善。2003~2005年ST股上市公司股东大治理状况变化不大，2006年较前三年明显改善，主要得益于外部监管的加强。股东大会会议出席率小幅波动，最低的2006年为47.44%，较前三年有所下降。股东大会会议次数稳步提升，2006年达到2.99次，较前三年分别增加了1.08次、0.82次和0.88次（见表6-18、表6-19及图6-23）。

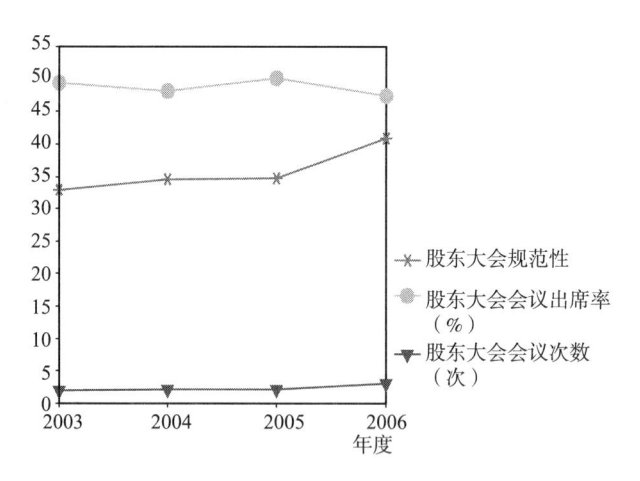

图6-23　ST股上市公司股东大会规范性变动

（3）PT股上市公司股东大会规范性及其变动分析。股东大会规范性方面，2004年和2005年的2个样本低于正常交易和ST股上市公司平均水平，而2006年样本PT股上市公司股东大会规范性好于正常交易和ST股上市公司。总体上，PT股上市公司股东大会出席率低于同年度正常交易和ST股上市公司平均水平，2006年样本PT股上市公司股东大会会议次数高于同年度正常交易和ST股上市公司水平，这可能是PT股上市公司应对经营管理中出现的重大问题的一种无奈之举（见表6-18及图6-24）。

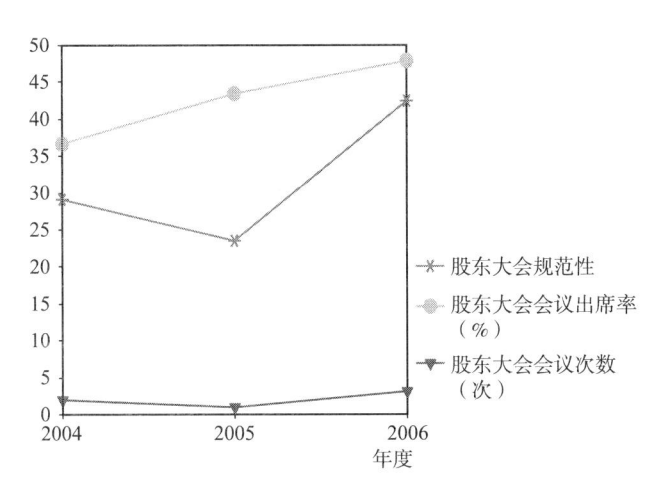

图6-24　PT股上市公司股东大会规范性变动

总之，由于外部监管的强化，上市公司股东大会的规范性均有所改善，但不同交易状态的上市公司存在较大差异，正常交易上市公司的股东大会会议出席率显著高于ST股与PT股上市公司，但仍然较低。影响股东大会会议质量的重要因素——股东大会会议出席率依然得不到保证，且大多呈现下降的趋势。尽管股东大会会议次数呈增加的趋势，股东大会行为强度有所提高，但这种次数的增加更可能是被动的反映或者是一种"灭火装置"。完善股东大会参会途径、表决程序、投票制度，增加股东大会会议出席率是当前提高上市公司股东大会智力水平的关键。

6.2.5　不同交易状态上市公司董事会治理竞争力及其变动比较

1. 不同交易状态董事会治理竞争力比较。

表6-20及图6-25显示，三类上市公司中，正常交易上市公司的董事会治理竞争力最高，该类上市公司董事激励状况和董事会运作较ST股、

PT股上市公司好。在公司治理各要素指数中，正常交易上市公司董事会治理状况较其他两类上市公司好，而股权结构、股东大会规范性以及监事会治理状况均不如其他两类上市公司，说明当前我国大部分上市公司在公司治理中重视的依然是董事会建设，这与董事会的重要性不无关系，也从侧面反映了当前"董事会中心主义"的倾向。ST股、PT股上市公司董事会治理情况较差一定程度上说明了董事会治理的失败可能是导致上市公司被ST、PT的重要原因。各董事会治理要素中，三类上市公司董事会规模均基本达到合规性的要求，三类上市公司之间没有明显的差异；正常交易上市公司董事会独立性、董事激励以及董事会运作均显著好于其他两类上市公司（见表6-21）。由于各上市公司董事会规模普遍较为合理而董事激励普遍不足，因此各上市公司董事会独立性及运作方面的差异远大于董事会规模和董事激励的差异。

表6-20   不同交易状态上市公司董事会治理竞争力比较

指标	交易状态	样本数	均值	标准差	显著性水平
董事会治理竞争力	正常交易	3242	52.16	13.10	0.00
	ST	333	47.47	13.23	
	PT	15	50.87	14.24	
	合计	3590	51.72	13.19	
董事会规模（人）合理性	正常交易	3242	98.51	2.73	0.09
	ST	333	98.59	2.71	
	PT	15	97.00	3.16	
	合计	3590	98.51	2.73	
董事会独立性	正常交易	3242	74.28	14.31	0.00
	ST	333	71.39	16.46	
	PT	15	76.75	13.67	
	合计	3590	74.02	14.54	
董事激励合理性	正常交易	3242	13.83	8.77	0.00
	ST	333	10.67	4.35	
	PT	15	9.92	5.21	
	合计	3590	13.52	8.50	
董事会运作	正常交易	3242	49.75	36.33	0.00
	ST	333	40.63	36.13	
	PT	15	47.93	39.79	
	合计	3590	48.89	36.41	

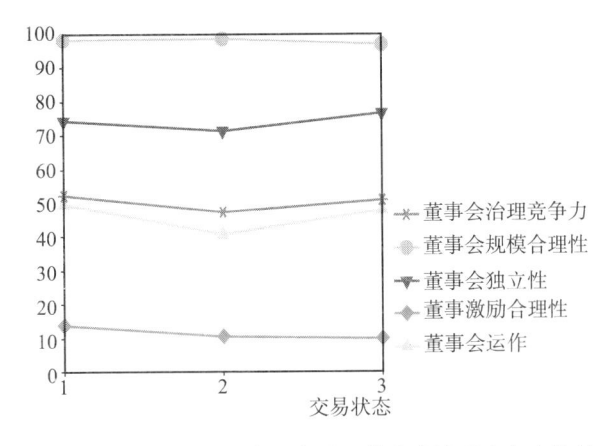

图 6-25　不同交易状态上市公司董事会治理竞争力比较

表 6-21　不同交易状态上市公司董事会治理竞争力差异多重比较

指标	(I) 交易状态	(J) 交易状态	均值差 (I) - (J)	显著性水平
董事会治理竞争力[a]	正常交易	ST	4.69	0.00
董事会独立性[b]	正常交易	ST	2.89	0.01
董事激励合理性[b]	正常交易	ST	3.16	0.00
		PT	3.91	0.04
董事会运作[a]	正常交易	ST	9.12	0.00

2. 各种交易状态上市公司董事会治理竞争力变动分析。

(1) 正常交易上市公司董事会治理竞争力变动分析。董事会治理竞争力总体上呈逐年上升趋势，2006年较前三年明显提高（见表6-22、表6-23及图6-26），主要原因在于董事会运作质量的改善显著。在四个分要素指标中，董事会规模合理性、独立性远好于董事会的运作和董事激励状况。样本期间董事会规模合理性略有变化，但董事会独立性未发生明显变化，说明大部分正常交易上市公司独立董事制度的建设只是满足了合规性的要求；董事激励样本年度内略有下降，但各年相差不大。由于上市公司对董事会建设的重视以及外部监管的加强使得2006年董事会运作较以前年份得以明显改善。2006年董事会竞争力、董事会运作较以前年份明显改善，董事会规模合理性略有下降。董事会治理状况直接关系到公司治理的效果，目前正常交易上市公司的董事会治理状况依然有较大的改进余地，尤其应改善董事会的运作以及对董事的激励。

表6-22　　不同交易状态上市公司董事会治理竞争力变动比较

年度	交易状态		董事会治理竞争力	董事会规模合理性	董事会独立性	董事会运作	董事激励合理性
2003	正常交易（N=756）	均值	49.57	98.72	74.14	42.36	13.56
		标准差	12.77	2.45	14.11	35.26	7.76
	ST（N=81）	均值	44.24	99.07	71.82	30.74	10.54
		标准差	11.31	2.25	16.34	31.12	4.52
	合计（N=837）	均值	49.05	98.76	73.91	41.23	13.26
		标准差	12.73	2.44	14.35	35.03	7.55
2004	正常交易（N=819）	均值	51.18	98.68	74.16	46.58	14.19
		标准差	12.69	2.62	14.20	35.45	9.64
	ST（N=83）	均值	45.65	98.73	71.84	34.99	10.56
		标准差	12.82	2.57	16.45	34.07	3.84
	PT（N=1）	均值	42.00	100.00	84.08	12.35	13.49
		标准差	—	—	—	—	—
	合计（N=903）	均值	50.66	98.69	73.96	45.47	13.86
		标准差	12.79	2.62	14.43	35.46	9.31
2005	正常交易（N=843）	均值	51.82	98.48	74.36	48.72	13.79
		标准差	12.76	2.70	14.28	35.26	8.61
	ST（N=73）	均值	46.23	98.56	71.26	37.05	10.75
		标准差	12.78	2.82	16.67	33.30	4.54
	PT（N=1）	均值	40.58	95.00	64.60	29.55	7.26
		标准差	—	—	—	—	—
	合计（N=917）	均值	51.36	98.48	74.10	47.77	13.54
		标准差	12.84	2.71	14.49	35.22	8.39
2006	正常交易（N=824）	均值	55.88	98.19	74.44	60.73	13.77
		标准差	13.38	3.04	14.66	36.79	8.92
	ST（N=96）	均值	52.70	98.07	70.75	56.56	10.82
		标准差	14.05	3.02	16.64	39.08	4.53
	PT（N=13）	均值	52.34	96.92	77.12	52.08	9.85
		标准差	14.79	3.25	14.18	41.16	5.48
	合计（N=933）	均值	55.50	98.16	74.10	60.18	13.41
		标准差	13.49	3.04	14.90	37.08	8.59

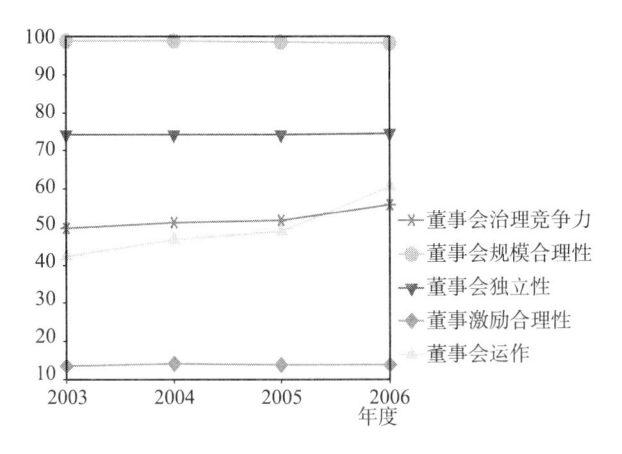

图 6-26　正常交易上市公司董事会治理竞争力变动

表 6-23　　　　正常交易上市公司董事会治理竞争力变动多重比较

交易状态	指标	(I) 年度	(J) 年度	均值差 (I)-(J)	显著性水平
正常交易上市公司	董事会治理竞争力[b]	2006	2003	6.31	0.00
			2004	4.70	0.00
			2005	4.06	0.00
	董事会规模合理性[b]	2006	2003	-0.53	0.00
			2004	-0.49	0.00
	董事会运作[b]	2006	2003	18.37	0.00
			2004	14.15	0.00
			2005	12.01	0.00
ST 股上市公司	董事会治理竞争力[b]	2006	2003	8.46	0.00
			2004	7.05	0.00
			2005	6.47	0.01
	董事会运作[b]	2006	2003	25.82	0.00
			2004	21.56	0.00
			2005	19.51	0.00

（2）ST 股上市公司董事会治理竞争力及其变动分析。ST 股上市公司 2006 年董事会竞争力、董事会运作较以前年份明显改善，董事会治理竞争力的提高主要得益于董事会运作水平的提高。2003~2006 年 ST 股上市公司董事会治理状况逐年好转，2006 年较以前各年明显改善，较以往各年有显著提高（见表 6-22、表 6-23 及图 6-27）。各治理要素中，董事

会规模合理性、董事会独立性以及董事激励略有波动，但各年差异不显著；董事会运作逐年改善，2006年董事会会议次数明显增加、委员会设置比率大幅提高，该年董事会运作较以前各年明显好转。与正常交易上市公司类似，董事会运作和董事激励水平依然是制约董事会治理竞争力提升的关键因素。

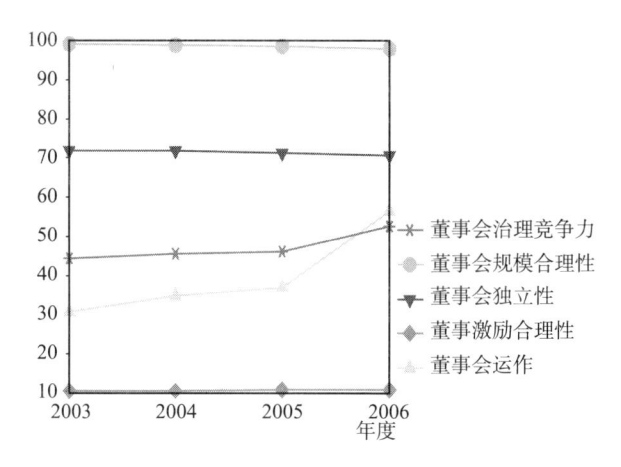

图6-27 ST股上市公司董事会治理竞争力变动

（3）PT股上市公司董事会治理竞争力及其变动分析。表6-22及图6-28显示，2004～2006年样本PT股上市公司董事会治理竞争力低于同

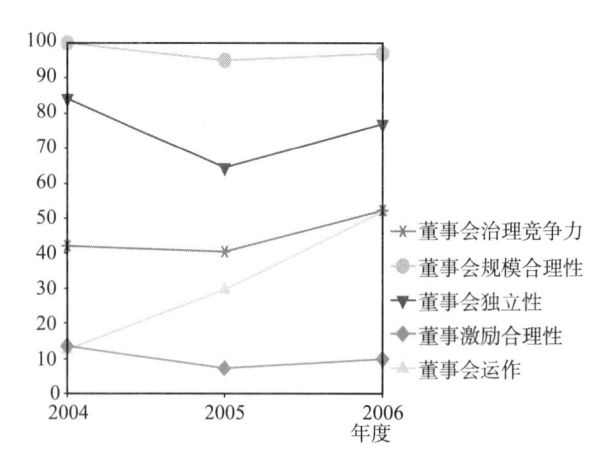

图6-28 PT股上市公司董事会治理竞争力变动

年度正常交易和 ST 股上市公司的平均水平。各治理要素中，2005 年和 2006 年样本 PT 股上市公司董事会规模合理性略低于正常交易和 ST 股上市公司水平；2004 年和 2006 年样本上市公司董事会独立性略高于同年度其他两类上市公司水平；董事会运作、董事激励状况差于同年度其他两类上市公司水平。与其他两类上市公司相似，PT 股上市公司也存在董事会运作水平不高及董事激励不合理的问题。

总之，我国上市公司的董事会治理水平已实现一定程度的提升。但当前我国上市公司的董事会治理处在被动的"合规"阶段，董事会治理结构主要为满足监管的需要，上市公司的自发性意识较弱。董事会作为公司治理核心的作用依然未得到充分的发挥，董事会运作、董事会独立性以及董事激励等方面仍然存在不足，制约着董事会治理竞争力的进一步提高。

3. 不同交易状态上市公司董事会规模与独立性比较。

董事会规模方面，正常交易、ST 股上市公司董事会规模平均在 9~10 人左右，正常交易上市公司董事会规模略大于 ST 股上市公司（见表 6 - 24、表 6 - 25 及图 6 - 29），样本年度内董事会规模有缩小的趋势，与沈艺峰和张俊生（2002）的研究结论不同，[①] 本书的样本数据并不支持董事会规模大是造成上市公司被 ST 的观点；独立董事的比例总体上较低，三类上市公司中，PT 股上市公司的独立董事比例略高，但其业绩却并不理想，从侧面反映了我国上市公司独立董事制度建设存在形式主义，独立董事在内部控制系统中的监督作用并没有充分发挥。由于政策因素的原因，上市公司的领导权结构倾向于两职部分或完全分离，两职合一的上市公司相对较少，[②] 正常交易上市公司董事长与总经理两职分设程度显著高于 ST 股上市公司（见表 6 - 24、表 6 - 25），需要强调的是领导权结构的选择必须依据企业的具体特征和面临的内外部环境做出针对性的安排。上市公司独立董事比例差异不显著的原因可能在于，一方面，独立董事制度的建设存在单纯地"合规"的问题，独立董事比例普遍略高于三分之一的政策性要求；另一方面，独立董事在公司治理和财务控制中作用发挥受到诸多限制，及时发现财务恶化或者财务异常相对较为困难，因此，独立董事可能更多的是作为摆设必须要有的"花瓶"。

[①] 他们的研究发现 ST 股公司的董事会规模偏大，文章参阅沈艺峰、张俊生：《ST 公司董事会治理失败若干成因分析》，载《证券市场导报》2002 年第 3 期，第 21~25 页。

[②] 谢永珍、王维祝：《中国上市公司两职设置与公司治理绩效关系的实证分析》，载《山东大学学报（哲社版）》2006 年第 1 期，第 115~125 页。

表 6-24　不同交易状态上市公司董事会规模与独立性差异比较

指标	交易状态	样本数	均值	标准差	最小值	最大值	显著性水平
董事会规模（人）	正常交易	3242	9.85	2.20	4.00	23.00	0.00
	ST	333	9.43	2.03	5.00	16.00	
	PT	15	9.07	1.91	5.00	13.00	
	合计	3590	9.81	2.18	4.00	23.00	
独立董事比例（%）	正常交易	3242	33.81	6.40	0.00	75.00	0.38
	ST	333	33.77	6.53	0.00	61.54	
	PT	15	36.10	4.65	25.00	45.45	
	合计	3590	33.82	6.41	0.00	75.00	
董事长与总经理两职设置（分）	正常交易	3242	2.45	0.75	1.00	3.00	0.00
	ST	333	2.28	0.88	1.00	3.00	
	PT	15	2.53	0.74	1.00	3.00	
	合计	3590	2.43	0.76	1.00	3.00	

表 6-25　不同交易状态上市公司董事会规模与独立性差异多重比较

指标	（I）交易状态	（J）交易状态	均值差（I）-（J）	显著性水平
董事会规模（人）[a]	正常交易	ST	0.42	0.00
董事长与总经理两职设置（分）[b]	正常交易	ST	0.17	0.00

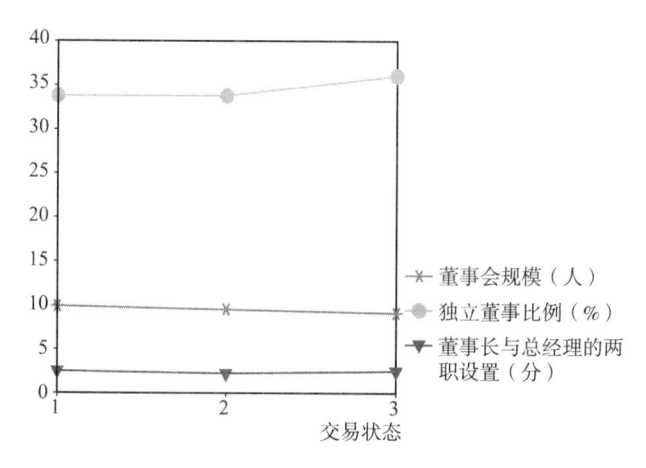

图 6-29　不同交易状态上市公司董事会规模与独立性比较

4. 各种交易状态上市公司董事会规模与独立性变动分析。

(1) 正常交易上市公司董事会规模与独立性及其变动分析。样本正常交易上市公司董事会规模2003~2006年间呈现缩小趋势，2006年平均为9.62人，较以前年份明显缩小（见表6-26、表6-27及图6-30），2006年规模最大的董事会多达23人，规模过于庞大容易导致决策效率下降，规模最小的董事会仅有4人且为偶数不利于董事会决策。独立董事比例逐年略有增加，2006年平均为34.71%，较2003年和2004年分别增加了2.45%和0.99%，大部分上市公司刚刚达到《公司法》要求的三分之一规定，在董事会次级委员会设置比率提高的情况下，当前的独立董事比例无法满足董事会次级委员会有效发挥作用的需要，此外独立董事比例较低也是上市公司独立董事制度效果不明显的重要原因，2006年比例最高的达75%，仍有部分上市公司没有按照《公司法》的要求引入独立董事。正常交易上市公司存在三种领导权结构，即董事长与总经理两职分任、董事长与总经理一人兼任、副董事长或者董事兼任总经理，两职分离程度较高，但2006年稍有下降。多重比较表明，董事会规模呈缩小的趋势，与世界范围内董事会规模缩减的潮流一致，董事会规模的缩小有助于决策效率的提高但也可能导致决策合理性的下降；独立董事比例逐年提升，有助于强化董事会的独立性，维护股东的利益，但独立董事的比例依然较低，不利于董事会下属委员会的运作。

表6-26　　不同交易状态上市公司董事会规模与独立性变动比较

年度	交易状态		董事会规模（人）	独立董事比例（%）	董事长与总经理两职设置（分）
2003	正常交易（N=756）	均值	10.09	32.26	2.47
		标准差	2.21	6.47	0.73
	ST（N=81）	均值	9.67	31.02	2.35
		标准差	1.88	6.91	0.88
	合计（N=837）	均值	10.05	32.14	2.46
		标准差	2.18	6.52	0.75
2004	正常交易（N=819）	均值	9.93	33.72	2.45
		标准差	2.19	5.68	0.74
	ST（N=83）	均值	9.42	33.41	2.30
		标准差	2.01	5.85	0.89
	PT（N=1）	均值	13.00	30.77	3.00
		标准差	—	—	—
	合计（N=903）	均值	9.88	33.69	2.44
		标准差	2.18	5.69	0.76

续表

年度	交易状态		董事会规模（人）	独立董事比例（%）	董事长与总经理两职设置（分）
2005	正常交易（N=843）	均值	9.79	34.41	2.44
		标准差	2.10	5.42	0.76
	ST（N=73）	均值	9.36	35.16	2.25
		标准差	1.91	5.10	0.88
	PT（N=1）	均值	8.00	37.50	2.00
		标准差	—	—	—
	合计（N=917）	均值	9.75	34.48	2.43
		标准差	2.09	5.39	0.77
2006	正常交易（N=824）	均值	9.62	34.71	2.44
		标准差	2.26	7.59	0.76
	ST（N=96）	均值	9.28	35.35	2.22
		标准差	2.26	6.98	0.87
	PT（N=13）	均值	8.85	36.40	2.54
		标准差	1.68	4.75	0.78
	合计（N=933）	均值	9.58	34.80	2.42
		标准差	2.26	7.49	0.78

表6-27 正常交易与ST股上市公司董事会规模与独立性变动多重比较

交易状态	指标	（I）年度	（J）年度	均值差（I）-（J）	显著性水平
正常交易上市公司	董事会规模（人）[a]	2005	2003	-0.30	0.01
		2006	2003	-0.47	0.00
			2004	-0.31	0.01
	独立董事比例（%）[b]	2004	2003	1.46	0.00
		2005	2003	2.15	0.00
		2006	2003	2.45	0.00
			2004	0.99	0.02
ST股上市公司	独立董事比例（%）[a]	2004	2003	2.39	0.02
		2005	2003	4.14	0.00
		2006	2003	4.33	0.00
			2004	1.94	0.04

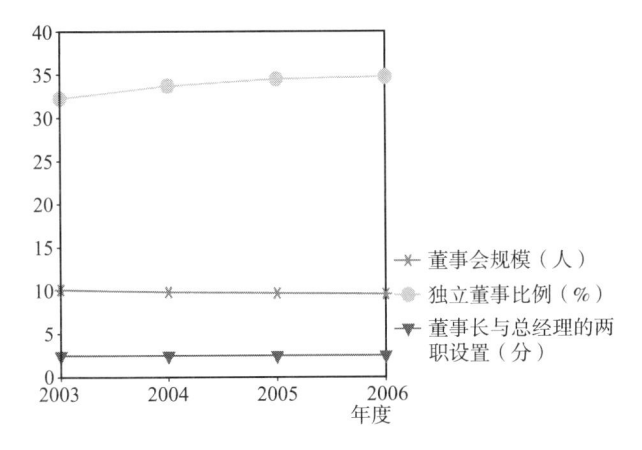

图 6-30　正常交易上市公司董事会规模与独立性变动

（2）ST 股上市公司董事会规模与独立性及其变动分析。董事会规模 2003~2006 年间呈现缩小趋势，2006 年为 9.28 人，较前三年有所降低，2006 年规模最大的董事会有 16 人，规模最小的董事会有 5 人。独立董事比例逐年增加，2006 年为 35.35%，较前三年分别显著增加 4.33%、1.94% 和 0.19%（见表 6-26、表 6-27 及图 6-31）。董事长与总经理两职分任、副董事长或董事兼任总经理、董事长兼任总经理三种情况在 ST 股上市公司均存在，董事长与总经理两职分设比率有所降低，可能是受财务业绩异常的影响，企业高层需要将权力集于一身，以便统一调配迅

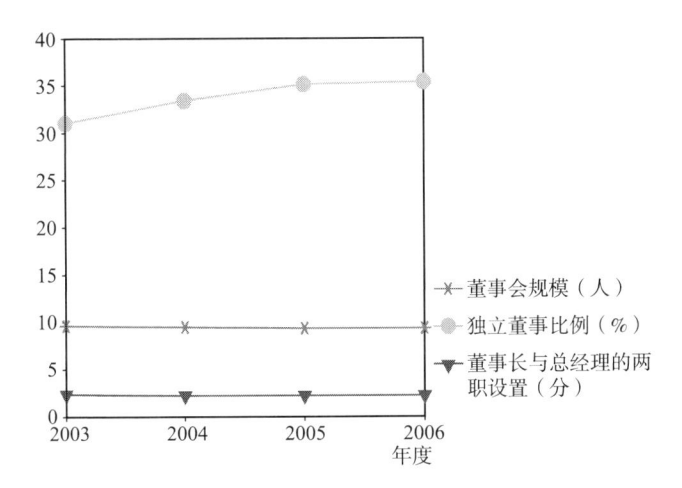

图 6-31　ST 股上市公司董事会规模与独立性变动

速应对内外部经营环境的变化,扭转局面。

(3) PT股上市公司董事会规模与独立性及其变动分析。表6-26及图6-32显示,2004年1个样本董事会规模高于其他两类上市公司平均水平,2005年和2006年则相反,PT股上市公司也没有因为财务异常表现出较大的董事会规模。2005年和2006年PT股上市公司独立董事比例略高于其他两类上市公司,但仍有公司未达到三分之一的制度性要求,同样,PT股上市公司董事长与总经理倾向于两职分设。

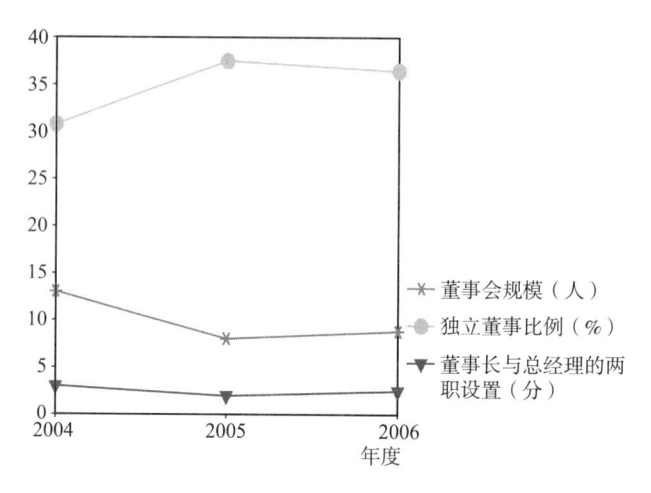

图6-32　PT股上市公司董事会规模与独立性变动

总之,不同交易状态上市公司董事会规模与独立性存在一定差异,但总体上我国上市公司的董事会规模呈现缩小的趋势,大部分上市公司独立董事比例没有发生显著的变化,董事长与总经理倾向于两职分设。董事会规模的缩小有助于减少董事会成员的"搭便车"现象,降低董事会成员之间的代理成本,有利于提高决策效率;但董事会规模过小不利于保持董事会的独立性,造成可以利用的董事经验、关系资源等的缺乏,进而影响到决策效果,在董事会规模的选择上需要企业进行权衡。独立董事制度存在一些缺陷:第一,独立董事设立目的不明确;第二,独立董事与监事会的职能定位不清楚;第三,既有的关于独立董事制度的法律、法规不健全[①]。为了让独立董事发挥其应有的作用,首先,要确保其独立性,对独

---

① 高明华、马守莉:《独立董事制度与公司绩效关系的实证分析——兼论中国独立董事有效行权的制度环境》,载《南开经济研究》2002年第2期,第64~68页。

立董事制度而言，其保持旺盛生命力和有效发挥作用的核心是"独立性"，独立性是独立董事和独立董事制度的灵魂，实践中，世界各国也都一直在探讨如何保证独立董事的独立性的问题，摸索各种做法；其次，要通过激励和约束独立董事提高工作效率，探索多样化的独立董事激励策略，如法律保证、声誉保证、经济激励等。①

5. 不同交易状态上市公司董事激励比较。

正常交易上市公司持有本公司股份董事比例、董事会持股比例、领取报酬的董事比例、董事长持股比例、金额最高前三名董事的报酬总额等董事激励指标均显著高于 ST 股上市公司，ST 股与 PT 股上市公司董事激励没有显著差异（见表 6 - 28、表 6 - 29 及图 6 - 33、图 6 - 34、图 6 - 35），一定程度上反映了因董事激励不足可能是导致 ST 股、PT 股上市公司董事会不能很好发挥作用的重要原因。②

对于外部董事尤其是独立董事是否应领取报酬存在较大争议：一种观点认为，除了领取少量的车马费外，外部董事不应当从公司领取报酬，这也是传统的公司法理论追求的；另一种观点认为，独立董事也需要有激励机制，为促使独立董事积极履行职责，必须要向独立董事支付报酬。董事

表 6 - 28　　　　　　　不同交易状态上市公司董事激励比较

指标	交易状态	样本数	均值	标准差	最小值	最大值	显著性水平
持有本公司股份董事比例（%）	正常交易	3242	17.89	20.58	0.00	100.00	0.00
	ST	333	8.37	12.75	0.00	62.50	
	PT	15	9.88	12.62	0.00	37.50	
	合计	3590	16.97	20.15	0.00	100.00	
董事会持股比例（%）	正常交易	3242	0.9764	5.9426	0.0000	74.8051	0.01
	ST	333	0.0071	0.0244	0.0000	0.2949	
	PT	15	0.0023	0.0050	0.0000	0.0189	
	合计	3590	0.8824	5.6545	0.0000	74.8051	
领取报酬董事比例（%）	正常交易	3242	70.55	22.62	0.00	100.00	0.00
	ST	333	66.01	24.85	0.00	100.00	
	PT	15	59.09	33.23	0.00	100.00	
	合计	3590	70.08	22.93	0.00	100.00	

---

① 谭劲松：《独立董事"独立性"研究》，载《中国工业经济》2003 年第 10 期，第 64～73 页。
② 沈艺峰、张俊生：《ST 公司董事会治理失败若干成因分析》，载《证券市场导报》2002 年第 3 期，第 21～25 页。

续表

指标	交易状态	样本数	均值	标准差	最小值	最大值	显著性水平
董事长持股比例（%）	正常交易	3242	0.004486	0.031852	0.000000	0.449676	0.03
	ST	333	0.000020	0.000168	0.000000	0.002911	
	PT	15	0.000002	0.000006	0.000000	0.000018	
	合计	3590	0.004486	0.031852	0.000000	0.449676	
金额最高前三名董事报酬总额（元）	正常交易	3242	521616.35	547763.58	15000.00	10201920.00	0.00
	ST	333	303917.68	182137.82	7200.00	1350000.00	
	PT	15	352786.40	81827.99	149000.00	383792.00	
	合计	3590	500717.71	527376.63	7200.00	10201920.00	

表6-29　　　不同交易状态上市公司董事激励差异多重比较

指标	（I）交易状态	（J）交易状态	均值差（I）-（J）	显著性水平
持有本公司股份的董事比例（%）[b]	正常交易	ST	9.52	0.00
董事会持股比例（%）[b]	正常交易	ST	0.9693	0.01
领取报酬的董事比例（%）[b]	正常交易	ST	4.54	0.00
董事长持股比例（%）[b]	正常交易	ST	0.0045	0.03
金额最高的前三名董事的报酬总额（元）[b]	正常交易	ST	217698.67	0.00

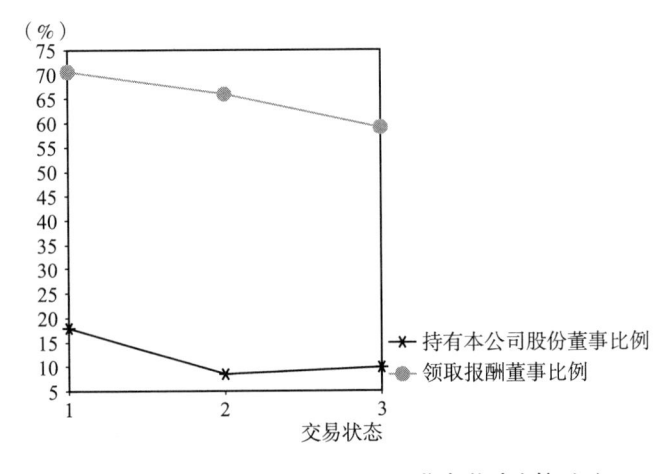

图6-33　　不同交易状态上市公司董事激励比较（1）

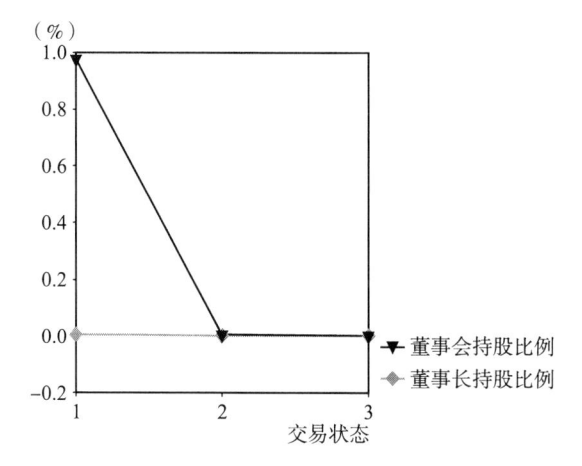

图 6-34　不同交易状态上市公司董事激励比较（2）

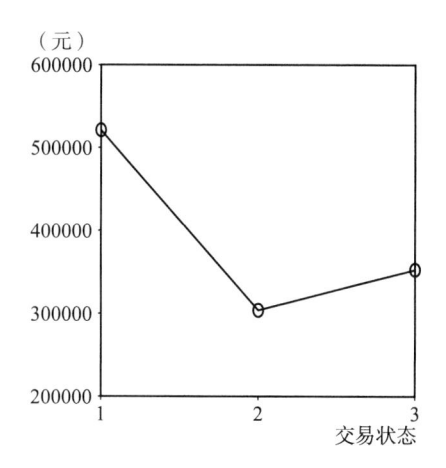

图 6-35　不同交易状态上市公司董事激励比较（3）

报酬设计存在一个两难的局面，即保持独立性和激励之间的博弈，本书的研究表明，正常交易上市公司领取报酬的董事比例高于 ST 股、PT 股上市公司，在经理市场不发达的环境下，仅仅依靠微弱的声誉激励，外部董事是不会尽职的，给予外部董事一定的报酬是必要的，事实上世界上很多国家均规定外部董事有权获取报酬。[1]

三种交易状态上市公司董事长持股比例平均不足 1%，董事长几乎不

---

[1] 李明辉：《独立董事报酬机制》，载《证券市场导报》2004 年第 8 期，第 23~26 页。

持有上市公司的股份，虽然股权激励的呼声很高，但是股票期权制度还存在诸多问题没有解决，很多企业不愿甚至不明确如何操作，仍处于观望阶段，导致了近似"零持股"的比例很高。当前我国经营者持有企业股票期权的增长契机在于，股票期权的激励作用逐渐受到企业及政府有关部门的重视。①

6. 各种交易状态上市公司董事激励变动分析。

（1）正常交易上市公司董事激励及其变动分析。样本期间正常交易上市公司董事激励状况有下滑的趋势。持有公司股份董事比例呈逐年下降趋势，最低的 2006 年为 15.99%，较 2003 年以及 2005 年有显著下降；董事会持股比例方面，2004 年增加至 1.2032%，随后略有下降，2006 年为 1.0450%；领取报酬的董事比例样本期间逐年小幅增加，2006 年平均为 71.63%，较前三年分别提升了 2.51%、1.13% 和 0.8%；董事长持股比例也呈增加的趋势，但各年差异不明显，仍有部分公司董事长不持有本公司股份。金额最高的前三名董事报酬总额 2003～2005 年呈增加趋势，2006 年大幅回落，平均报酬总额为 383346.99 元，较前三年分别减少了 92067.67 元、205246.73 元、249785.32 元（见表 6-30、表 6-31 及图 6-36、图 6-37、图 6-38）。

表 6-30　　　　不同交易状态上市公司董事激励变动比较

年度	交易状态		持有本公司股份董事比例（%）	董事会持股比例（%）	领取报酬董事比例（%）	董事长持股比例（%）	金额最高的前三名董事报酬总额（元）
2003	正常交易（N=756）	均值	19.95	0.6133	69.12	0.002273	475414.66
		标准差	21.87	4.9906	21.64	0.020372	549842.31
	ST（N=81）	均值	10.87	0.0084	62.34	0.000022	270009.98
		标准差	14.71	0.0223	24.82	0.000074	204642.17
	合计（N=837）	均值	19.07	0.5547	68.46	0.002055	455536.79
		标准差	21.44	4.7460	22.04	0.019371	529843.33
2004	正常交易（N=819）	均值	18.70	1.2032	70.50	0.005018	588593.72
		标准差	21.20	6.7986	21.44	0.034130	681279.04
	ST（N=83）	均值	8.43	0.0066	65.17	0.000016	259486.90
		标准差	13.37	0.0211	20.61	0.000069	190727.43

---

① 林晓婉、牛宏生、朱敏：《关于中国上市公司经营者持股情况的研究》，载《南开管理评论》2002 年第 4 期，第 23~27 页。

续表

年度	交易状态		持有本公司股份董事比例（%）	董事会持股比例（%）	领取报酬董事比例（%）	董事长持股比例（%）	金额最高的前三名董事报酬总额（元）
2004	PT（N=1）	均值	30.77	0.0019	61.54	0.000001	153500.00
		标准差	—	—	—	—	—
	合计（N=903）	均值	17.77	1.0919	70.00	0.004552	557861.76
		标准差	20.80	6.4836	21.40	0.032535	658373.21
2005	正常交易（N=843）	均值	17.11	1.0148	70.83	0.005159	633132.31
		标准差	19.85	5.7005	23.78	0.034725	628747.78
	ST（N=73）	均值	7.08	0.0032	68.00	0.000006	285700.37
		标准差	11.64	0.0077	27.43	0.000025	228593.08
	PT（N=1）	均值	12.50	0.0066	37.50	0.000000	149000.00
		标准差	—	—	—	—	—
	合计（N=917）	均值	16.31	0.9331	70.57	0.004743	604946.20
		标准差	19.50	5.4724	24.10	0.033322	613656.96
2006	正常交易（N=824）	均值	15.99	1.0450	71.63	0.005301	383346.99
		标准差	19.24	6.0711	23.39	0.034888	12774.32
	ST（N=96）	均值	7.20	0.0095	68.31	0.000035	384794.17
		标准差	11.00	0.0349	26.11	0.000298	9819.19
	PT（N=13）	均值	8.08	0.0020	60.56	0.000003	383792.00
		标准差	12.05	0.0052	35.30	0.000006	0.00
	合计（N=933）	均值	14.98	0.9239	71.14	0.004685	383502.09
		标准差	18.68	5.7147	23.90	0.032828	12414.54

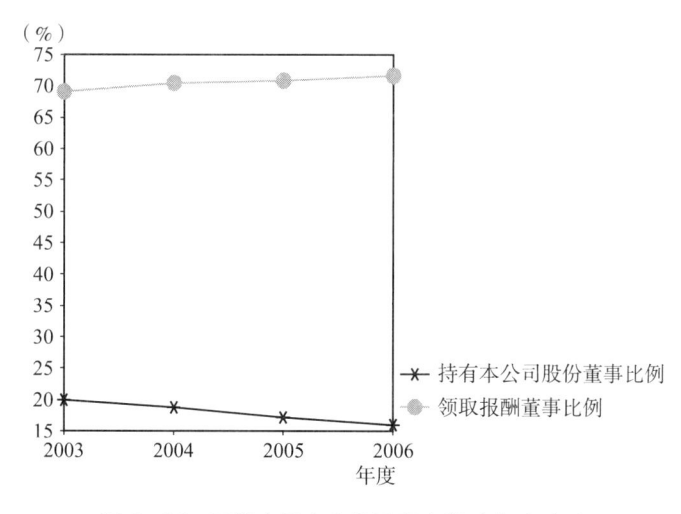

图6-36 正常交易上市公司董事激励变动（1）

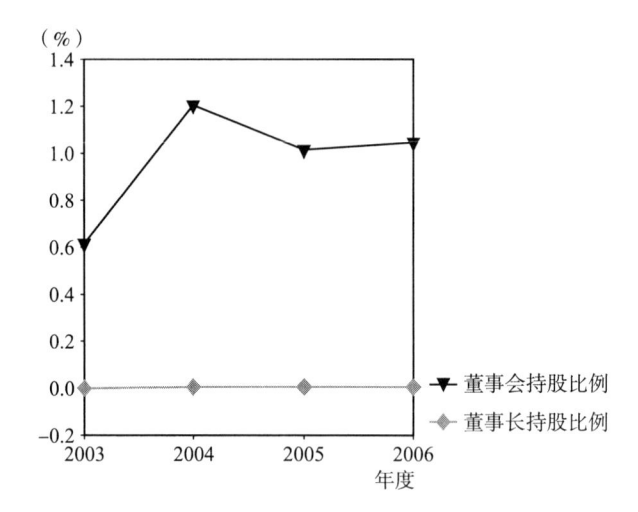

图 6-37　正常交易上市公司董事激励变动（2）

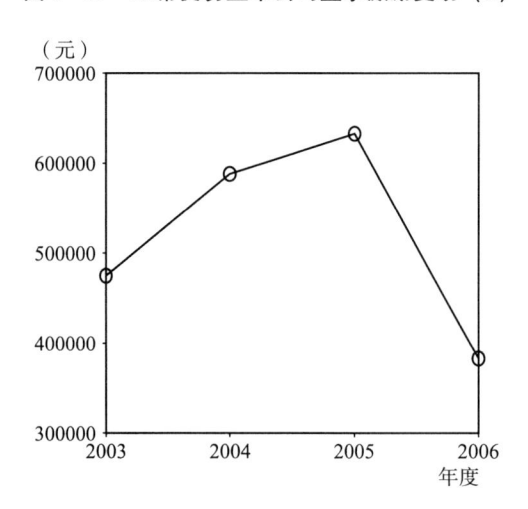

图 6-38　正常交易上市公司董事激励变动（3）

（2）ST 股上市公司董事激励及其变动分析。ST 股上市公司董事激励各指标较同年度正常交易上市公司低，董事激励状况相对较差。持有本公司股份董事比例 2003～2005 年呈逐年下降的趋势，2006 年小幅回升，平均为 7.20%，各上市公司间的差异较大；董事会持股比例方面，2003～2005年呈下降趋势，2006 年提高到 0.009461%；领取报酬的董事比例样本期间略有增加，2006 年为 68.31%，较前三年有所提高，但上市公司间差异较大；董事长持股比例 2006 年略高，部分 ST 股上市公司董事长几乎不持有本公司股份。金额最高前三名董事的报酬总额2004年最低,2006年为384794.17元,较前三年分别增加了114784.19元、125307.27元和99093.8元(见表6-30、表6-31及图6-39、图6-40、图6-41)。

表6-31　　　正常交易与ST股上市公司董事激励变动多重比较

交易状态	指标	(I) 年度	(J) 年度	均值差 (I) - (J)	显著性水平
正常交易上市公司	持有本公司股份董事比例 (%)[b]	2005	2003	-2.84	0.04
		2006	2003	-3.96	0.00
			2004	-2.71	0.04
	金额最高前三名董事报酬总额 (元)[b]	2006	2003	-92067.67	0.00
			2004	-205246.73	0.00
			2005	-249785.32	0.00
ST股上市公司	金额最高前三名董事报酬总额 (元)[b]	2006	2003	114784.19	0.00
			2004	125307.27	0.00
			2005	99093.80	0.00

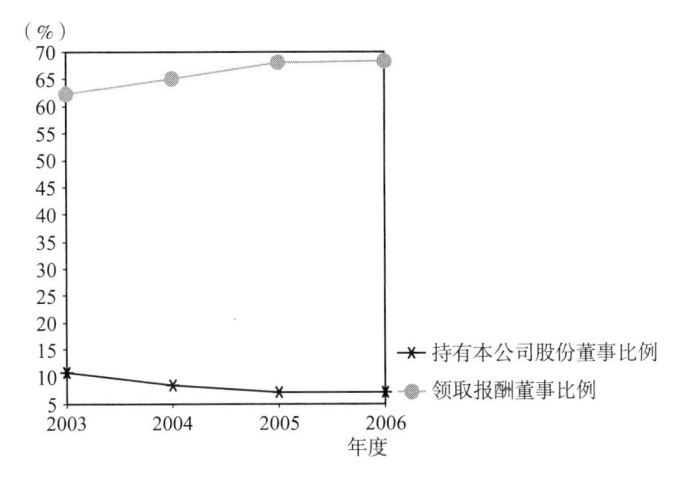

图6-39　ST股上市公司董事激励变动(1)

(3) PT股上市公司董事激励及其变动分析。表6-30及图6-42、图6-43、图6-44显示,PT股上市公司持有公司股份的董事比例低于同年度正常交易类上市公司水平略高于ST股上市公司平均水平,但没有显著差异。与其他两类上市公司类似,PT股上市公司董事会持股比例、董事长持股比例也比较低。PT股上市公司领取报酬的董事比例、金额最高的前三名董事的报酬总额明显低于同年度其他两类上市公司平均水平。

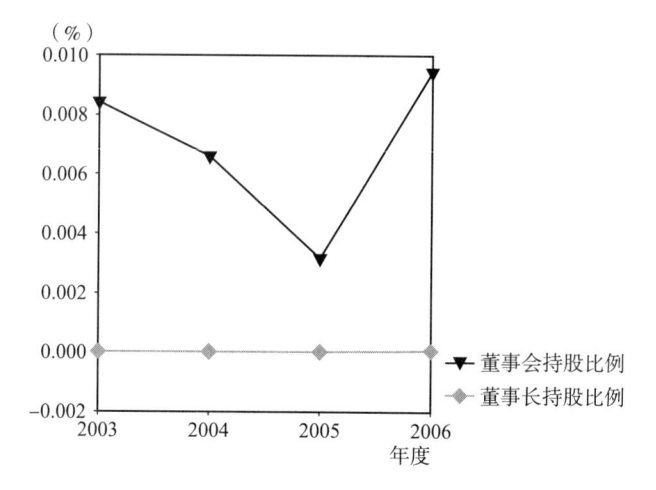

图 6-40 ST 股上市公司董事激励变动（2）

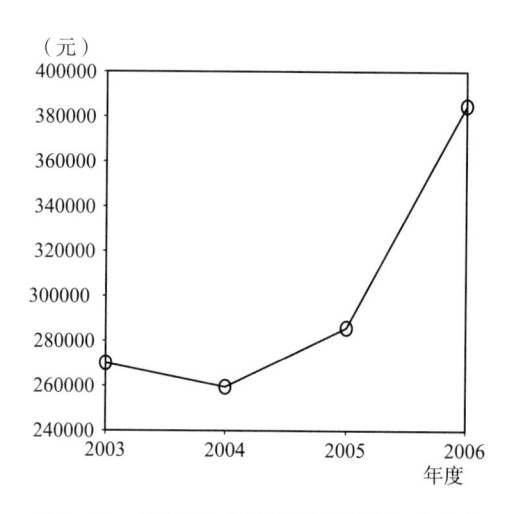

图 6-41 ST 股上市公司董事激励变动（3）

总之，目前我国上市公司董事激励状况较差，严重制约董事会治理竞争力的提高，同时影响上市公司业绩表现。[①] 上市公司董事激励大多还停留在传统的激励模式下，仅限于货币等实物激励层次，股权激励尚未在我国上市公司董事激励中得到广泛运用，董事持股比例普遍偏低，难以产生

---

① 刘国亮和王加胜（2000），于东智（2003），宋增基和蒲海泉（2003），姚琼（2004），吴淑琨（2004）等的研究表明管理层持股与经营绩效正相关。

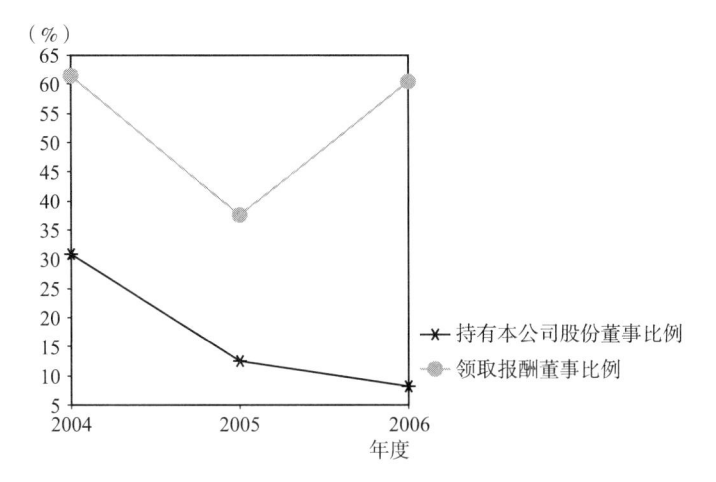

图 6-42　PT 股上市公司董事激励变动（1）

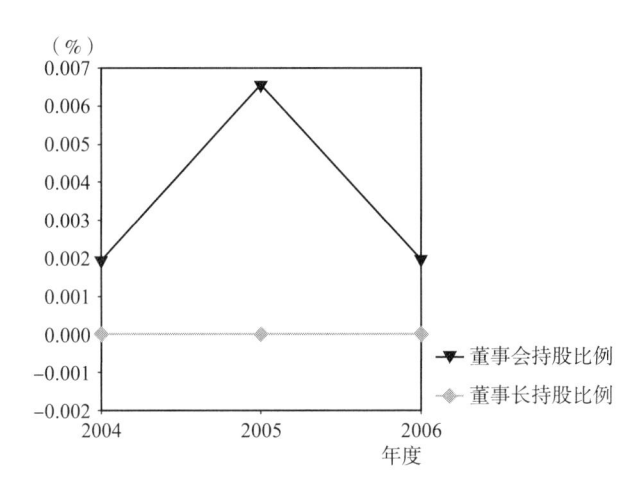

图 6-43　PT 股上市公司董事激励变动（2）

较大的作用,[1] 一定程度上增加了董事会治理风险，不利于上市公司竞争力的提高。

7. 不同交易状态上市公司董事会运作比较。

《上市公司治理准则》指出，上市公司董事会可以按照股东大会的有关决议建立审计委员会、薪酬考核委员会、战略发展委员会、提名委员四

---

[1] 夏宁：《高管人员股权激励与上市公司业绩的实证研究》，载《统计研究》2008 年第 9 期，第 106~109 页。

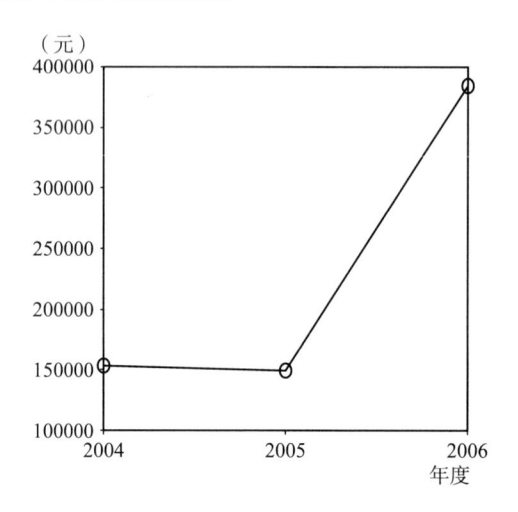

图 6-44　PT 股上市公司董事激励变动（3）

个专门委员会，审计委员会中至少应有一名独立董事是会计专业人士。2005 年 11 月《国务院转发证监会关于提高上市公司质量的意见》中更进一步提出完善法人治理结构，设立以独立董事为主的审计委员会并充分发挥其作用，一系列制度的出台为上市公司建立审计委员会制度提供了指引和依据。正常交易上市公司审计委员会、薪酬与考核委员会以及战略委员会的设置比率均显著高于 ST 股上市公司，但正常交易上市公司董事会会议次数却明显低于 ST 股上市公司（见表 6-32、表 6-33 及图 6-45、图 6-46），不同上市公司之间专业委员会的设置差异很大，部分上市公司四个专业委员会全部设置，但仍有部分上市公司尚未设置重要的专业委员会。完善的董事会专业委员会以及适度的会议次数是董事会有效运作的保障，但过多的会议次数，可能是董事会运作低效的表现。同时，ST 股、PT 股上市公司董事会会议次数较多可能是应对公司财务异常的被动反应。专业委员会的设置更多也是制度约束的结果，因此，审计等次级委员会并没有发挥应有的作用，尚存一些问题。①

根据《上市公司治理准则》，薪酬与考核委员会负责研究和审查董事、高级管理人员的薪酬政策与方案，主要目标是制定一个合适的行政人员酬金标准，以吸引并保留合格的高级管理人员，其工作原则是保证公平

---

① 管亚：《提升上市公司审计委员会治理绩效的策略思考》，载《财会月刊》2007 年第 12 期，第 63~64 页。

表 6-32　　　　　不同交易状态上市公司董事会运作比较

指标	交易状态	样本数	均值	标准差	最小值	最大值	显著性水平
董事会会议次数（次）	正常交易	3242	7.57	3.10	2	32	0.00
	ST	333	8.10	3.24	3	23	
	PT	15	8.73	3.83	3	17	
	合计	3590	7.62	3.12	2	32	
审计委员会设置（%）	正常交易	3242	50.06	50.01	0	100	0.00
	ST	333	38.14	48.65	0	100	
	PT	15	40.00	50.71	0	100	
	合计	3590	48.91	50.00	0	100	
薪酬与考核委员会设置（%）	正常交易	3242	52.10	49.96	0	100	0.00
	ST	333	39.04	48.86	0	100	
	PT	15	53.33	51.64	0	100	
	合计	3590	50.89	50.00	0	100	
战略委员会设置（%）	正常交易	3242	38.37	48.64	0	100	0.00
	ST	333	29.13	45.50	0	100	
	PT	15	46.67	51.64	0	100	
	合计	3590	37.55	48.43	0	100	
提名委员会设置（%）	正常交易	3242	38.40	48.64	0	100	0.08
	ST	333	32.13	46.77	0	100	
	PT	15	33.33	48.80	0	100	
	合计	3590	37.80	48.50	0	100	

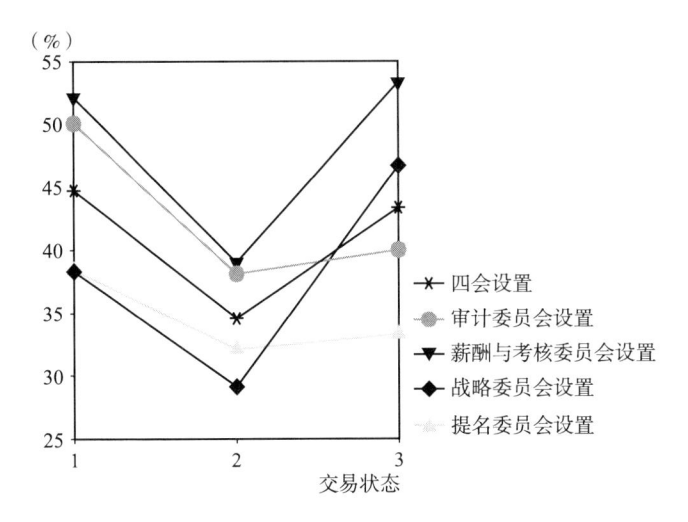

图 6-45　不同交易状态上市公司董事会运作比较

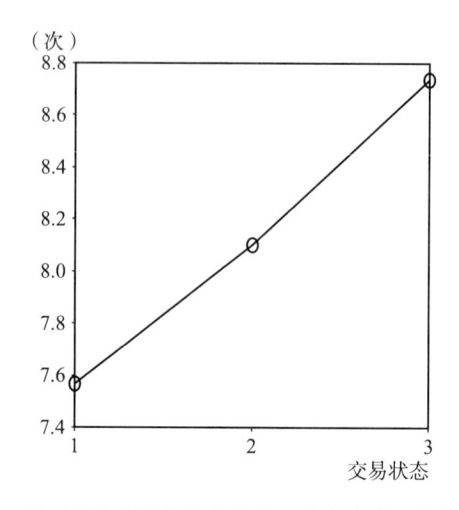

图 6-46　不同交易状态上市公司董事会会议次数比较

表 6-33　　　不同交易状态上市公司董事会运作差异多重比较

指标	(I) 交易状态	(J) 交易状态	均值差 (I)-(J)	显著性水平
董事会会议次数（次）[a]	正常交易	ST	-0.53	0.00
四会设置（%）[a]	正常交易	ST	10.12	0.00
审计委员会设置（%）[b]	正常交易	ST	11.92	0.00
薪酬与考核委员会设置（%）[b]	正常交易	ST	13.06	0.00
战略委员会设置（%）[b]	正常交易	ST	9.24	0.00
提名委员会设置（%）[b]	正常交易	ST	6.27	0.06

对待每一个股东和公司管理人员，使公司管理人员薪酬水平与其在增加股东资产方面的贡献直接挂钩。① 随着薪酬委员会在美英等发达国家公司的普遍设立，薪酬委员会制度已成为西方公司治理机制不可缺少的一部分。PT 股上市公司薪酬与考核委员会设置比率最高，ST 股上市公司设置比率较低。

董事会战略委员会是董事会按照股东大会决议设立的专门工作机构，其主要权力来源于董事会的委托，向董事会负责。战略委员会的人员组成可根据公司董事会规模来设定，一般成员由 3~7 名董事组成，其中应至少包括一名独立董事，由董事长、二分之一以上独立董事或者全体董事的

---

① 王宏：《薪酬委员会的职能及设立》，载《企业改革与管理》2002 年第 3 期，第 14~15 页。

三分之一提名，并由董事会选举产生。① 正常交易上市公司战略委员会设置比率为 38.37%，显著高于 ST 股上市公司。不同交易状态上市公司的提名委员会设置比率均比较低，提名委员会不能很好地发挥作用是造成高管选聘错位的重要原因。

公司董事会每年召开会议的次数可以被看作是董事会活跃程度的一个变量，我国《公司法》第 116 条规定，股份有限公司董事会每年至少要召开两次会议。样本数据显示：ST 股、PT 股上市公司的董事会会议次数显著高于正常交易上市公司，这在一定程度上证实了瓦弗斯（Vafeas）、谷祺和于东智以及沈艺峰和张俊生的研究结论。②

8. 各种交易状态上市公司董事会运作变动分析。

（1）正常交易上市公司董事会运作及其变动分析。正常交易上市公司审计委员会、薪酬与考核委员会、战略委员会以及提名委员会设置，样本年度内呈现逐年上升的趋势，2006 年较以前年份明显增加（见表 6-34、表 6-35 及图 6-47）；董事会会议次数在三类上市公司中相对较少，样本年度内，会议次数也呈现增加趋势，但幅度不大（见表 6-34、表 6-35 及图 6-48）。2006 年会议次数最高，达 7.99 次，较以前年份有显著增加（见表 6-34、表 6-35）。外部制度性约束的强化及上市公司对改善董事会治理状况的内在需要是董事会运作质量改善的主要原因。

表 6-34　　　不同交易状态上市公司董事会运作变动比较

年度	交易状态		董事会会议次数（次）	审计委员会设置（%）	薪酬与考核委员会设置（%）	战略委员会设置（%）	提名委员会设置（%）
2003	正常交易（N=756）	均值	7.58	40.74	43.39	29.50	31.35
		标准差	3.14	49.17	49.59	45.63	46.42
	ST（N=81）	均值	7.90	27.16	25.93	19.75	19.75
		标准差	3.24	44.76	44.10	40.06	40.06
	合计（N=837）	均值	7.61	39.43	41.70	28.55	30.23
		标准差	3.15	48.90	49.34	45.19	45.95

---

① 魏云芳：《董事会的智囊团——筹建战略委员会》，载《董事会》2007 年第 3 期，第 100~101 页。

② 瓦弗斯（Vafeas, 1999）认为董事会开会更像是一个灭火装置而不是一个预防装置，较高的董事会会议频率可能是公司业绩较差的反映，谷祺和于东智（2001）的实证研究也表明，在业绩下降之后，上市公司董事会的活动通常都会增加。沈艺峰和张俊生（2002）认为 ST 股、PT 上市公司较高的董事会会议频率可能是董事会治理失败的体现。

续表

年度	交易状态		董事会会议次数（次）	审计委员会设置（%）	薪酬与考核委员会设置（%）	战略委员会设置（%）	提名委员会设置（%）
2004	正常交易（N=819）	均值	7.31	46.64	47.99	33.70	35.41
		标准差	2.93	49.92	49.99	47.30	47.85
	ST（N=83）	均值	8.51	31.33	32.53	21.69	27.71
		标准差	3.62	46.66	47.13	41.46	45.03
	PT（N=1）	均值	5.00	0.00	0.00	0.00	0.00
		标准差	—	—	—	—	—
	合计（N=903）	均值	7.41	45.18	46.51	32.56	34.66
		标准差	3.02	49.79	49.91	46.89	47.62
2005	正常交易（N=843）	均值	7.39	49.58	51.84	35.23	37.13
		标准差	3.01	50.03	50.00	47.80	48.34
	ST（N=73）	均值	7.63	34.25	34.25	20.55	31.51
		标准差	3.29	47.78	47.78	40.68	46.78
	PT（N=1）	均值	12.00	0.00	0.00	0.00	0.00
		标准差	—	—	—	—	—
	合计（N=917）	均值	7.42	48.31	50.49	34.02	36.64
		标准差	3.03	50.00	50.02	47.40	48.21
2006	正常交易（N=824）	均值	7.99	62.50	64.44	54.37	49.15
		标准差	3.26	48.44	47.90	49.84	50.02
	ST（N=96）	均值	8.28	56.25	59.38	50.00	46.88
		标准差	2.81	49.87	49.37	50.26	50.16
	PT（N=13）	均值	8.77	46.15	53.85	53.85	38.46
		标准差	3.88	51.89	51.89	51.89	50.64
	合计（N=933）	均值	8.03	61.63	63.77	53.91	48.77
		标准差	3.23	48.65	48.09	49.87	50.01

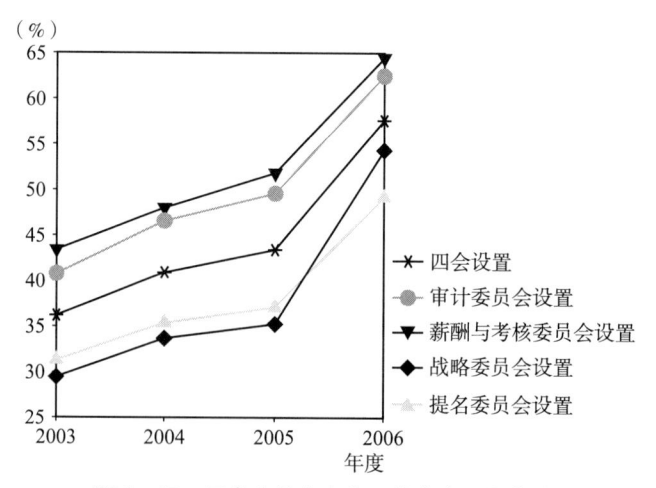

图 6-47　正常交易上市公司董事会运作变动

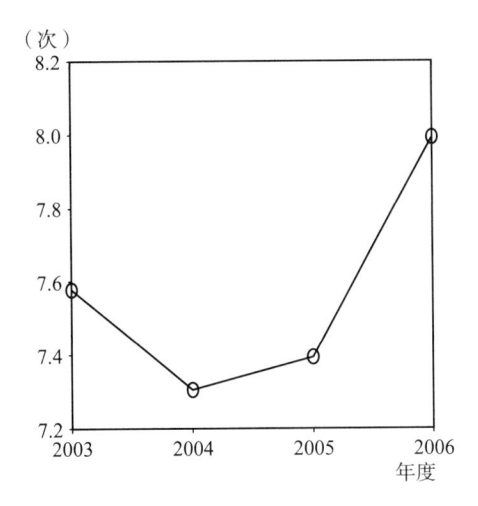

图 6-48　正常交易上市公司董事会会议次数变动

表 6-35　　正常交易与 ST 股上市公司董事会运作变动多重比较

交易状态	指标	（I）年度	（J）年度	均值差（I）-（J）	显著性水平
正常交易上市公司	董事会会议次数（次）[b]	2006	2004	0.68	0.00
			2005	0.60	0.00
	审计委员会设置（%）[b]	2006	2003	21.76	0.00
			2004	15.86	0.00
			2005	12.92	0.00
	薪酬与考核委员会设置（%）[b]	2006	2003	21.05	0.00
			2004	16.45	0.00
			2005	12.60	0.00
	战略委员会设置（%）[b]	2006	2003	24.87	0.00
			2004	20.67	0.00
			2005	19.14	0.00
	提名委员会设置（%）[b]	2006	2003	17.80	0.00
			2004	13.74	0.00
			2005	12.02	0.00
ST 股上市公司	审计委员会设置（%）[b]	2006	2003	29.09	0.00
			2004	24.92	0.00
			2005	22.00	0.02
	薪酬与考核委员会设置（%）[b]	2006	2003	33.45	0.00
			2004	26.85	0.00
			2005	25.13	0.01
	战略委员会设置（%）[b]	2006	2003	30.25	0.00
			2004	28.31	0.00
			2005	29.45	0.00
	提名委员会设置（%）[b]	2006	2003	27.13	0.00
			2004	19.17	0.05

(2) ST股上市公司董事会运作及其变动分析。与正常交易上市公司相似，ST股上市公司对"四会"的重视程度明显提高，股东希望通过加强董事会运作来保护自身的利益，达到提高董事会的运作效率，规避董事会治理风险的目的。审计委员会、薪酬与考核委员会、战略委员会以及提名委员会的设置程度呈现逐年上升趋势，2006年较以前年份明显增加（见表6-34、表6-35及图6-49），但设置程度仍然较低。四年董事会次数平均为8次，2006年较以前年度有所增加，但未呈现显著差异（见表6-34、表6-35及图6-50）。

(3) PT股上市公司董事会运作及其变动分析。表6-34及图6-51、图6-52显示，2006年样本PT股上市公司董事会会议次数为同年度三类上市公司中最高，较高的董事会会议次数可能是董事会对财务业绩异常的反应。样本PT股上市公司2006年审计委员会、薪酬与考核委员会、战略委员会以及提名委员会设置比率总体上低于同年度其他两类上市公司，尤其是审计委员会和薪酬与考核委员会设置比率（需要注意的是PT股上市公司的样本较少，其结论的代表性需要谨慎对待），因此企业内部控制系统运行不畅可能是导致该类上市公司出现财务异常的重要原因。

总之，在制度约束与上市公司自发性需求的驱动下，上市公司董事会规模、独立性、董事激励以及董事会运作等均有显著改善，随着证券市场的发展和公司治理改革的深入，董事会运作正在经历从单纯的结构和制度

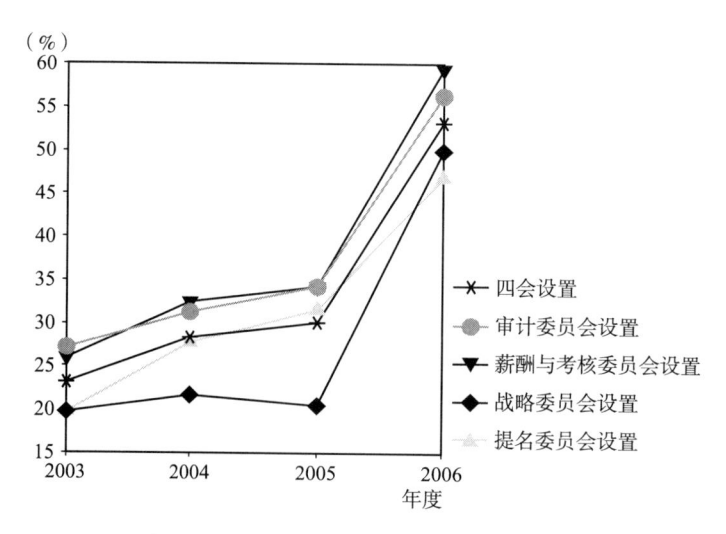

图6-49 ST股上市公司董事会运作变动

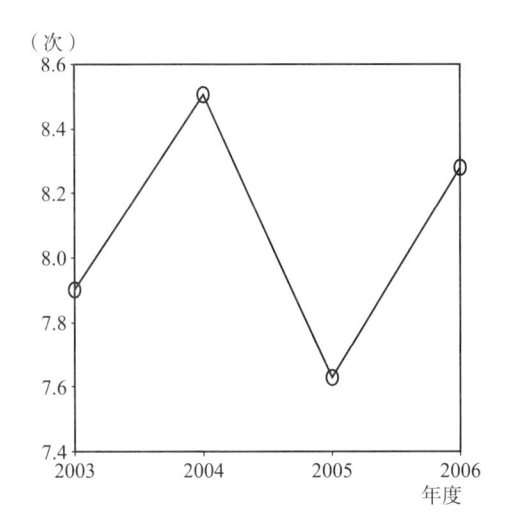

图 6-50　ST 股上市公司董事会会议次数变动

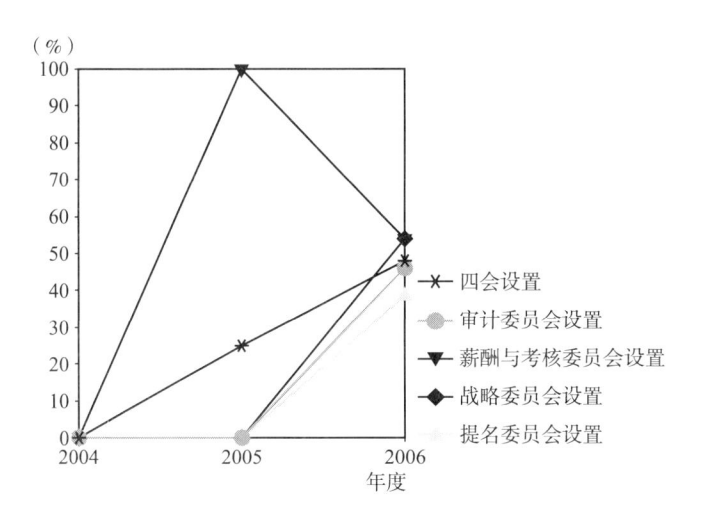

图 6-51　PT 股上市公司董事会运作变动

合规向更高层次的自主治理转变,以提高董事会治理效率,[①] 正常交易上市公司的董事会治理竞争力最高,该类上市公司董事激励状况和董事会运作较 ST 股、PT 股上市公司好,一定程度上说明了董事会治理的失败可能是

---

① 张耀伟:《董事会治理评价、治理指数与公司绩效实证研究》,载《管理科学》2008 年第 5 期,第 11~18 页。

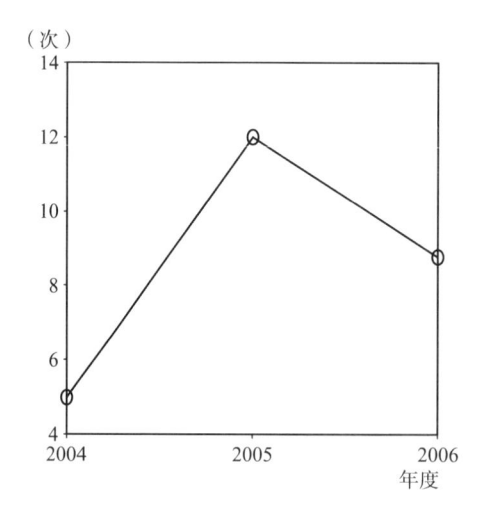

图 6-52　PT 股上市公司董事会会议次数变动

导致上市公司被 ST、PT 的重要原因。当前董事会治理水平的提升主要受制于董事激励状况和董事会运作状况的不佳，克服董事会治理中存在的"天花板"和"地板"效应，实现董事会治理由"行政型治理"向"经济型治理"的转变是董事会建设的发展趋势。

6.2.6　不同交易状态上市公司监事会治理竞争力比较

1. 不同交易状态上市公司监事会治理竞争力比较分析。

监事会是我国独特的"二元"公司治理模式的产物，其设置是为了保证公司正常有序有规则地进行经营，保证公司决策正确和领导层正确履行职责，防止职权的滥用。样本数据表明，不同交易状态上市公司监事会治理竞争力略有差异，但差异并不显著。从要素指数看，各交易状态上市公司监事会规模均能基本满足监管的要求，正常交易以及 ST 股上市公司的监事会运作显著好于 PT 股上市公司；各类上市公司监事激励水平普遍不高，ST 股上市公司建立激励合理性好于正常交易上市公司（见表 6-36、表 6-37 及图 6-53）。目前各类上市公司均应进一步强化监事的激励，以降低董事、经理们的违规概率和提高监督效益（刘银国，2004 年）。

2. 各种交易状态上市公司监事会竞争力变动分析。

（1）正常交易上市公司监事会治理竞争力及其变动分析。样本期间上市公司监事会治理竞争力呈现逐步改善趋势，得益于监事会运作质量的

表6-36　　　　　不同交易状态上市公司监事会治理竞争力比较

指标	交易状态	样本数	均值	标准差	最小值	最大值	显著性水平
监事会治理竞争力	正常交易	3242	49.77	7.73	19.81	92.87	0.10
	ST	333	50.42	7.71	24.57	60.90	
	PT	15	46.63	10.27	30.31	60.90	
	合计	3590	49.82	7.75	19.81	92.87	
监事会规模合理性	正常交易	3242	88.64	10.28	50.00	100.00	0.49
	ST	333	88.08	9.67	60.00	100.00	
	PT	15	86.67	9.76	80.00	100.00	
	合计	3590	88.58	10.22	50.00	100.00	
监事会运作	正常交易	3242	77.99	20.32	0.00	100.00	0.20
	ST	333	78.62	21.24	0.00	100.00	
	PT	15	69.00	24.51	30.00	100.00	
	合计	3590	78.01	20.43	0.00	100.00	
监事激励合理性	正常交易	3242	12.25	4.99	0.01	99.71	0.00
	ST	333	13.42	2.87	0.06	15.00	
	PT	15	13.08	3.14	5.02	15.00	
	合计	3590	12.36	4.84	0.01	99.71	

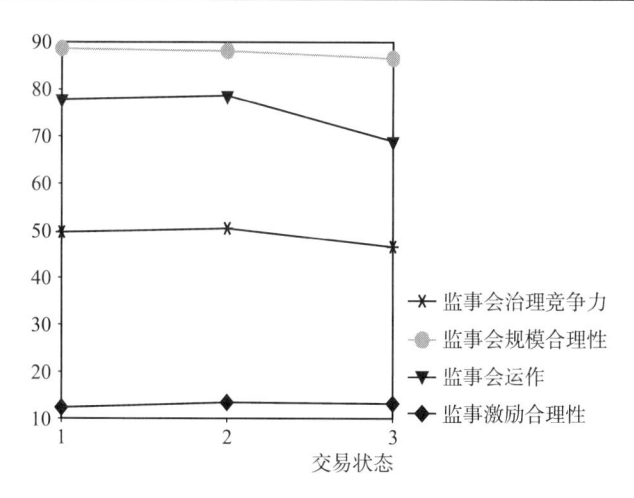

图6-53　不同交易状态上市公司监事会治理竞争力比较

表6-37　　　　不同交易状态上市公司监事会治理竞争力差异多重比较

指标	(I) 交易状态	(J) 交易状态	均值差 (I)-(J)	标准差	显著性水平
监事会运作	正常交易	PT	8.99	5.29	0.09
	ST	PT	9.62	5.39	0.07
监事激励合理性	正常交易	ST	-1.17	0.18	0.00

改善，2005年以及2006年监事会治理竞争力显著高于2003年、2004年（见表6-38、表6-39及图6-54）。各治理要素中，监事会规模合理性各年变化不大，略呈逐年下降趋势，2003年好于以往各年；监事激励略有改善，监事激励合理性逐年提高，2005年、2006年显著好于2003年；由于监事会次数的增加，监事会运作呈改善趋势，2006年较2003年、2004年均有显著改善（见表6-38、表6-39）。相对于董事激励状况，正常交易上市公司监事激励状况略差，说明上市公司更加重视董事会制度建设。目前强化对监事会监督重要性的认识，落实监事履行职能的权力保障以及完善监事的激励是提升监事会治理竞争力的重要任务。

表6-38　　不同交易状态上市公司监事会治理竞争力及各要素变动比较

年度	交易状态		监事会治理竞争力	监事会规模合理性	监事激励合理性	监事会运作
2003	正常交易（N=756）	均值	49.13	89.60	11.79	76.24
		标准差	7.70	9.87	5.38	20.43
	ST（N=81）	均值	50.94	89.57	13.45	79.26
		标准差	7.66	9.49	2.61	20.74
	合计（N=837）	均值	49.31	89.59	11.95	76.54
		标准差	7.71	9.83	5.20	20.47
2004	正常交易（N=819）	均值	48.60	88.72	12.20	74.65
		标准差	8.52	10.35	5.87	22.44
	ST（N=83）	均值	48.84	89.28	13.38	73.49
		标准差	8.32	9.57	3.08	23.12
	PT（N=1）	均值	60.90	100.00	15.00	100.00
		标准差	—	—	—	—
	合计（N=903）	均值	48.63	88.79	12.31	74.57
		标准差	8.51	10.27	5.67	22.50
2005	正常交易（N=843）	均值	50.93	88.29	12.47	81.21
		标准差	7.21	10.17	4.59	18.64
	ST（N=73）	均值	50.55	88.08	13.42	78.97
		标准差	6.95	9.56	3.01	19.95
	PT（N=1）	均值	50.10	80.00	15.00	80.00
		标准差	—	—	—	—
	合计（N=917）	均值	50.90	88.27	12.55	81.03
		标准差	7.19	10.12	4.49	18.73

续表

年度	交易状态		监事会治理竞争力	监事会规模合理性	监事激励合理性	监事会运作
2006	正常交易 （N=824）	均值	50.34	88.03	12.50	79.61
		标准差	7.23	10.64	3.95	18.99
	ST（N=96）	均值	51.26	85.78	13.42	82.24
		标准差	7.67	9.69	2.82	20.38
	PT（N=13）	均值	45.27	86.15	12.78	65.77
		标准差	10.16	9.61	3.28	24.48
	合计（N=933）	均值	50.36	87.78	12.59	79.69
		标准差	7.34	10.55	3.85	19.28

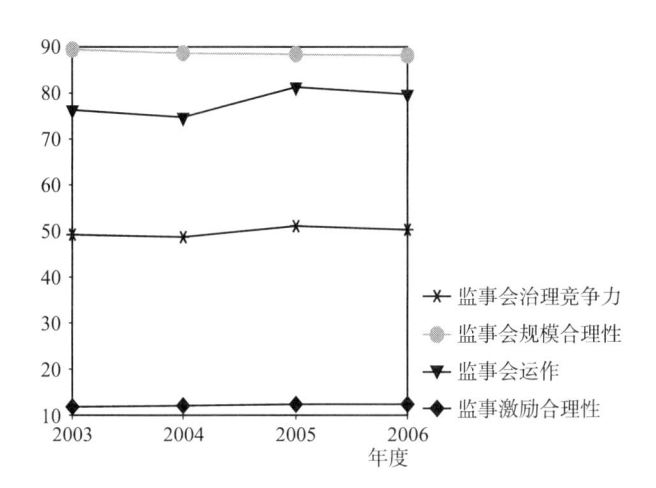

图 6-54 正常交易上市公司监事会治理竞争力变动

表 6-39　正常交易与 ST 股上市公司监事会治理竞争力变动多重比较

交易状态	指标	（I）年度	（J）年度	均值差（I）-（J）	显著性水平
正常交易 上市公司	监事会治理竞争力[b]	2005	2003	1.80	0.00
			2004	2.33	0.00
		2006	2003	1.21	0.01
			2004	1.74	0.00
	监事会规模合理性[a]	2004	2003	-0.87	0.09
		2005	2003	-1.31	0.01
		2006	2003	-1.57	0.00

续表

交易状态	指标	(I) 年度	(J) 年度	均值差 (I)-(J)	显著性水平
正常交易上市公司	监事会运作[b]	2005	2003	4.97	0.00
			2004	6.56	0.00
		2006	2003	3.37	0.00
			2004	4.96	0.00
	监事激励合理性[b]	2005	2003	0.68	0.04
		2006	2003	0.71	0.02
ST股上市公司	监事会规模合理性[a]	2006	2003	-3.79	0.01
			2004	-3.50	0.02
			2005	-2.30	0.12
	监事会运作[a]	2004	2003	-5.77	0.08
		2005	2004	5.48	0.11
		2006	2004	8.75	0.01

（2）ST股上市公司监事会治理竞争力及其变动分析。ST股上市公司自2004年后监事会运作质量有显著改善，2005年、2006年监事会运作显著好于2004年；与正常交易上市公司类似，样本期间ST股上市公司监事会规模合理性有呈逐年下降的趋势，主要是监事会规模的缩小；样本期间ST股上市公司监事激励状况没有明显变化（见表6-38、表6-39及图6-55）。

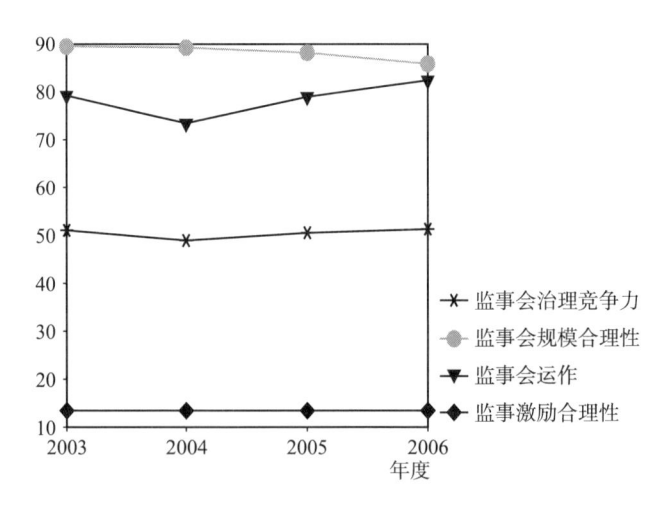

图6-55　ST股上市公司监事会治理竞争力变动

(3) PT股上市公司监事会治理竞争力及其变动分析。表6-38及图6-56显示，2006年样本PT股上市公司，监事会规模合理性高于同年度ST股上市公司，但低于正常交易上市公司；监事会运作水平较同年度其他两类上市公司差；监事激励状况差于同年度ST股上市公司。

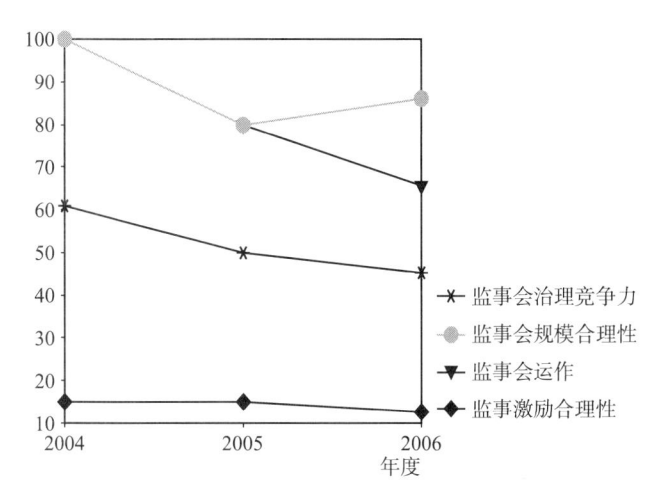

图6-56 PT股上市公司监事会治理竞争力变动

总之，不同交易状态上市公司监事会规模、监事会运作基本达到了制度监管的要求，监事会运作水平有所改善，正常交易上市公司监事会运作好于ST股以及PT股上市公司，ST股激励状况略好于正常交易上市公司。尽管2006年修订的《公司法》强调了监事会的作用，强化了监事会的监督职能，但监事会有效发挥作用的机制尚不健全，部分上市公司监事会形同虚设。

3. 各种交易状态上市公司监事会治理要素比较。

上市公司监事会规模总体上达到了《公司法》规定的要求，基本可以满足监事会正常运作的需要。上市公司监事会规模平均为4.24人，正常交易上市公司监事会规模最大，PT股上市公司最小（见表6-40及图6-57），不利于充分发挥监事会的监督职能。《公司法》赋予监事会的职能包括：检查监督权、提议权、诉讼权、质询或者建议权以及调查权，高质量地完成工作需要监事会成员拥有财务、法律、管理、经济等方面的知识与专长，但部分上市公司监事会规模过小只有1人，造成监事会难以满足有效监督的要求，部分上市公司的监事会规模过大，可能会增加监事会监督成本并降低监督效率。

表6-40、表6-41及图6-57、图6-58显示，各交易状态上市公司领取报酬的监事比例均较低，正常交易上市公司略高于ST股上市公司，ST股、PT股上市公司领取报酬的监事比例低容易造成监事没有动力履行监督职责；各上市公司监事会持股比例均比较低，一方面，使得监事能够保持一定的独立性；另一方面，可能降低监事履职的积极性和动力。与董事会相比，领取报酬的监事比例低于领取报酬的董事比例，董事会持股比例高于监事会持股比例，说明上市公司对董事的激励程度要强于对监事的激励。

表6-40　　　　不同交易状态上市公司监事会特征比较

指标	交易状态	样本数	均值	标准差	最小值	最大值	显著性水平
监事会规模（人）	正常交易	3242	4.26	1.53	1.00	14.00	0.01
	ST	333	4.03	1.26	2.00	11.00	
	PT	15	3.67	0.98	3.00	5.00	
	合计	3590	4.24	1.51	1.00	14.00	
领取报酬监事比例（%）	正常交易	3242	20.66	27.28	0.00	100.00	0.00
	ST	333	10.64	19.26	0.00	100.00	
	PT	15	12.89	21.00	0.00	66.67	
	合计	3590	19.70	26.77	0.00	100.00	
监事会持股比例（%）	正常交易	3242	0.0456	0.4417	0.0000	11.6642	0.18
	ST	333	0.0016	0.0039	0.0000	0.0270	
	PT	15	0.0012	0.0020	0.0000	0.0062	
	合计	3590	0.0413	0.4199	0.0000	11.6642	
监事会会议次数（次）	正常交易	3242	3.49	1.68	0.00	16.00	0.04
	ST	333	3.51	1.71	0.00	11.00	
	PT	15	4.60	1.55	2.00	7.00	
	合计	3590	3.49	1.68	0.00	16.00	

表6-41　　　　不同交易状态上市公司监事会特征多重比较

指标	(I) 交易状态	(J) 交易状态	均值差 (I)-(J)	标准差	显著性水平
监事会规模（人）[b]	正常交易	ST	0.23	0.07	0.01
领取报酬监事比例[b]	正常交易	ST	10.02	1.16	0.00
监事会会议次数（次）[a]	正常交易	PT	-1.11	0.44	0.03
	ST	PT	-1.09	0.44	0.04

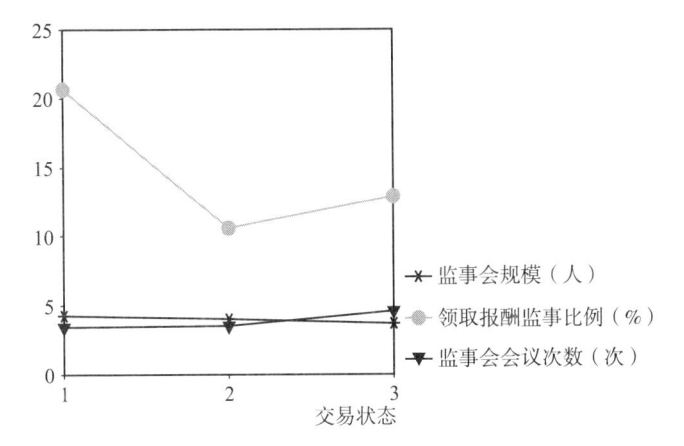

图 6-57　不同交易状态上市公司监事会治理特征比较

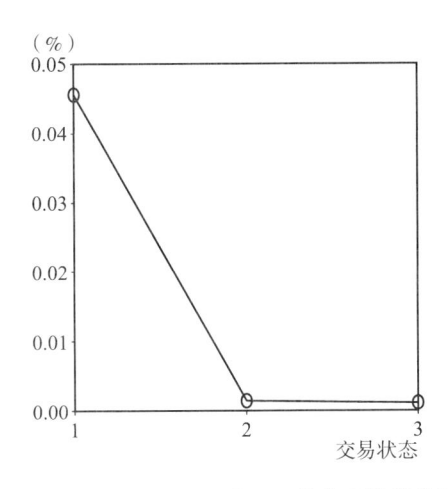

图 6-58　不同交易状态上市公司监事会持股比例比较

各上市公司年度监事会会议次数平均在 4 次左右，基本满足监事会正常运作的需要，但部分上市公司监事会没有召开过会议，监事会形同虚设，监督乏力。同样，部分上市公司监事会会议次数过多，可能是监事会过多行使了本应属于独立董事的职责所致，也可能是公司业绩异常的反映，ST 股、PT 股上市公司监事会会议次数较高，可能正是如此。

4. 各类交易状态上市公司监事会治理要素变动分析。

（1）正常交易上市公司监事会治理要素变动分析。监事会规模四年间未发生明显变化，大部分上市公司均达到了合规性的要求，但部分上市公司存在监事会规模过大（2006 年规模最大的为 12 人）或者规模过小的现象（2006年规模最低上市公司仅有1人）；样本期间领取报酬监事比例呈逐年减少的趋势，2006年较2003年、2004年显著降低（见表6-42、表6-43），主要可能是国有控股上市公司引进外部监事所致；2004年监事会持股比例高于其他三年，2006年最低，平均持股比例为0.0269%（见图6-59），有的公司监事会不持股；监事会会议次数方面，2003~2005年呈现减少趋势，2006年明显增多平均为4.09次，较前三年明显增加（见表6-42、表6-43及图6-60），部分上市公司监事会会议次数较多，2006年开会次数最多的达13次，部分上市公司年度内并没有召开监事会，监事会完全成了摆设。

表6-42　　　　不同交易状态上市公司监事会特征变动比较

年度	交易状态		监事会规模（人）	领取报酬监事比例（%）	监事会持股比例（%）	监事会会议次数（次）
2003	正常交易（N=756）	均值	4.34	23.50	0.0408	3.49
		标准差	1.50	28.76	0.4851	1.76
	ST（N=81）	均值	4.26	10.44	0.0018	3.72
		标准差	1.31	17.55	0.0041	1.98
	合计（N=837）	均值	4.33	22.23	0.0371	3.51
		标准差	1.48	28.13	0.4612	1.79
2004	正常交易（N=819）	均值	4.26	22.05	0.0669	3.23
		标准差	1.51	27.59	0.5948	1.56
	ST（N=83）	均值	4.14	10.90	0.0016	3.45
		标准差	1.24	20.69	0.0038	1.84
	PT（N=1）	均值	5	0	0.0000	2
		标准差	—	—	—	—
	合计（N=903）	均值	4.25	21.00	0.0608	3.25
		标准差	1.49	27.20	0.5667	1.59
2005	正常交易（N=843）	均值	4.27	19.31	0.0476	3.14
		标准差	1.58	26.46	0.3922	1.66
	ST（N=73）	均值	3.93	10.60	0.0010	3.19
		标准差	1.12	20.15	0.0024	1.54
	PT（N=1）	均值	3	0	0.0000	4
		标准差	—	—	—	—
	合计（N=917）	均值	4.24	18.59	0.0438	3.14
		标准差	1.55	26.11	0.3763	1.65

第6章 不同交易状态上市公司竞争力比较

续表

年度	交易状态		监事会规模（人）	领取报酬监事比例（%）	监事会持股比例（%）	监事会会议次数（次）
2006	正常交易（N=824）	均值	4.18	18.07	0.0269	4.09
		标准差	1.52	26.11	0.2060	1.58
	ST（N=96）	均值	3.81	10.61	0.0018	3.63
		标准差	1.31	18.94	0.0046	1.45
	PT（N=13）	均值	3.62	14.87	0.0014	4.85
		标准差	0.96	21.97	0.0021	1.46
	合计（N=933）	均值	4.14	17.25	0.0239	4.06
		标准差	1.50	25.49	0.1938	1.57

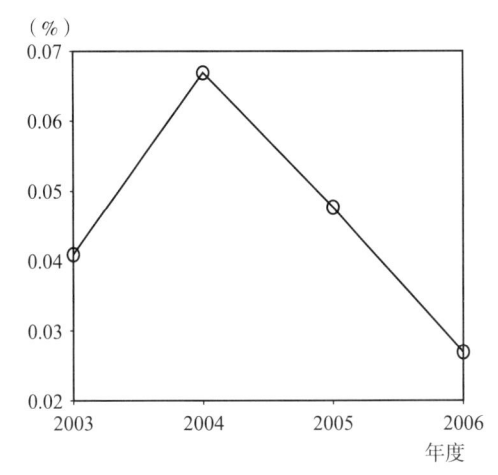

图6-59 正常交易上市公司监事会持股比例变动

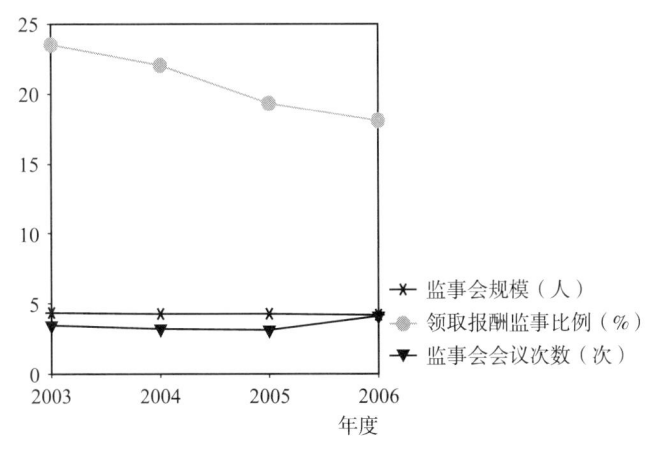

图6-60 正常交易上市公司监事会特征变动

表6-43　　　　正常交易上市公司监事会特征变动多重比较

指标	（I）年度	（J）年度	均值差（I）-（J）	标准差	显著性水平
领取报酬监事比例（%）[b]	2005	2003	-4.19	1.39	0.02
	2006	2003	-5.43	1.39	0.00
		2004	-3.98	1.33	0.02
监事会会议次数（次）[b]	2006	2003	0.60	0.08	0.00
		2004	0.86	0.08	0.00
		2005	0.95	0.08	0.00

（2）ST股上市公司监事会治理要素变动分析。表6-42、表6-43及图6-61、图6-62显示，监事会规模呈现逐年缩小趋势，但基本都达到监管制度的要求，部分上市公司监事会规模过大或者过小（2006年规模最大的为11人，最小的仅为2人）；2003~2006年领取报酬的监事比例没有明显变化，最高的2004年平均为10.90%，有的公司所有监事均领取报酬，有的没有一名监事从公司领取报酬；监事会持股比例低于同年度正常交易上市公司，并且样本年度内变化不大；监事会会议次数方面，前三年呈减少趋势，2006年略有上升。除监事会会议次数外，ST股上市公司监事会各治理特征表现均差于同年度正常交易上市公司，监事激励状况更差，较多的监事会会议次数可能是财务业绩异常的反映。

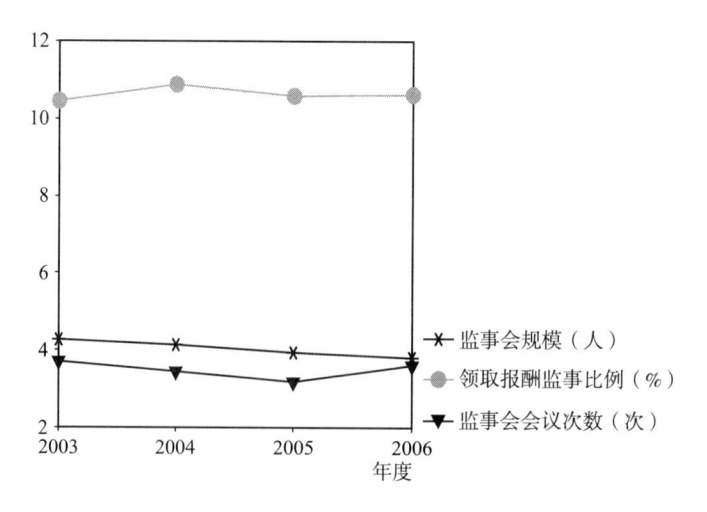

图6-61　ST股上市公司监事会特征变动

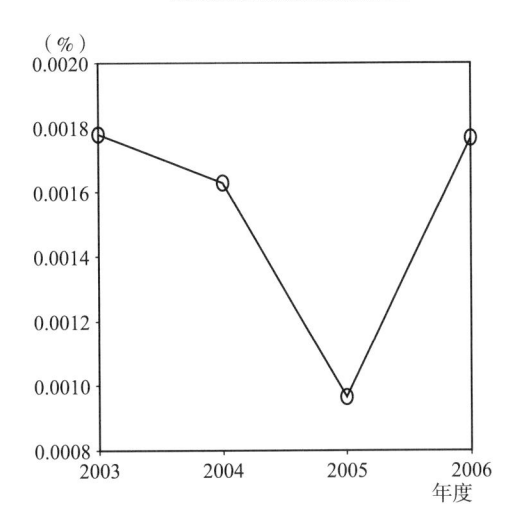

图 6-62 ST 上市公司监事会持股比例变动

（3）PT 上市公司监事会特征要素变动分析。由于该类上市公司 2003～2005 年样本较少，故只根据 2006 年相关特征进行比较。表 6-42 及图 6-63、图 6-64 显示，PT 股上市公司监事会治理的各项特征指标均比较低，监事会规模、监事会持股比例均低于同年度其他两类上市公司平均水平，领取报酬监事比例低于同年度正常交易上市公司但高于 ST 股上市公司水平。但监事会会议次数高于同年度其他两类上市公司平均水平，这一定程度上也可以验证过高的监事会会议次数是对不良业绩的反映。

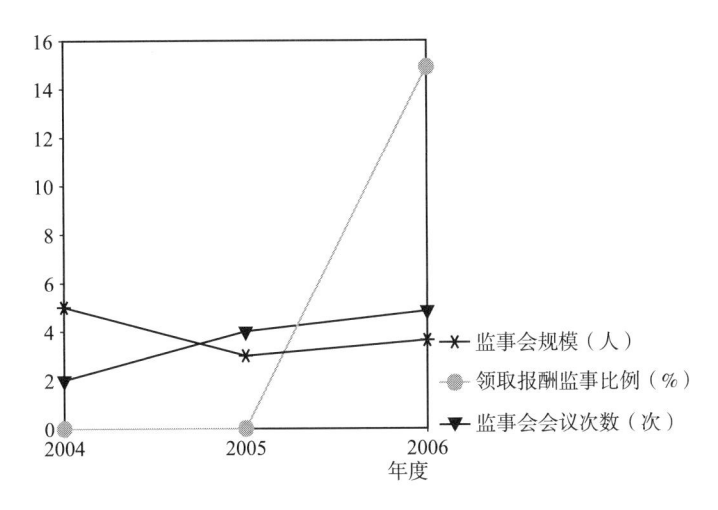

图 6-63 PT 股上市公司监事会特征变动

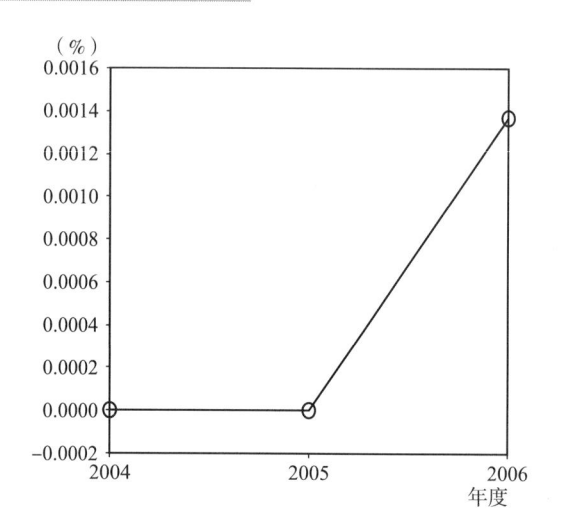

图 6-64　PT 上市公司监事会持股比例变动

总之，我国大部分上市公司治理状况略有改善，不同交易状态上市公司治理竞争力及各要素指标表现存在差异，正常交易上市公司治理状况好于 ST 股、PT 股上市公司。但 ST 股、PT 股上市公司也表现出了自身的一些治理特征，如股权结构相对更为合理；董事会、监事会会议次数更多；四会设置比率较低；等等。本书的研究丰富了有关 ST 股、PT 股上市公司治理状况的现有研究，一定程度上也证实了 ST 股、PT 股上市公司作为公司治理经验研究的可行性，如何对 ST 股、PT 股上市公司治理状况及相关问题做出适当的评价和解释还有待于进一步探索。

6.3　不同交易状态上市公司财务实力差异比较

6.3.1　不同交易状态上市公司总体财务实力比较

财务实力是投资者对上市公司做出评价和投资决策的重要依据。表 6-44 及图 6-65 的样本数据表明，正常交易上市公司财务实力最高，ST 股上市公司次之，PT 股上市公司最低，正常交易上市公司的财务状况显著好于其他两类上市公司，正是由于财务出现异常，部分上市公司才被 ST、

表6-44　　　　　不同交易状态上市公司财务实力比较

指标	交易状态	样本数	均值	标准差	显著性水平
财务实力指数	正常交易	3242	62.28	8.53	0.00
	ST	333	51.73	12.06	
	PT	15	43.13	9.13	
	合计	3590	61.22	9.50	
增长能力指数	正常交易	3242	58.45	9.88	0.00
	ST	333	51.43	14.92	
	PT	15	42.57	12.98	
	合计	3590	57.73	10.70	
偿债能力指数	正常交易	3242	69.29	15.59	0.00
	ST	333	52.55	22.28	
	PT	15	37.40	20.49	
	合计	3590	67.60	17.16	
运营能力指数	正常交易	3242	66.22	19.55	0.00
	ST	333	52.87	21.47	
	PT	15	41.85	22.30	
	合计	3590	64.88	20.17	
盈利能力指数	正常交易	3242	52.40	7.15	0.00
	ST	333	49.06	5.58	
	PT	15	51.95	6.68	
	合计	3590	52.09	7.08	

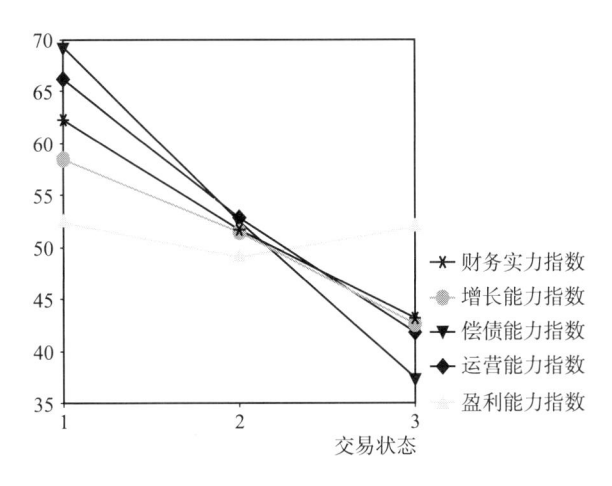

图6-65　不同交易状态上市公司财务实力比较

PT。增长能力指数、偿债能力及运营能力方面,正常交易上市公司最高,ST股上市公司次之,PT股上市公司最低,且正常交易上市公司之间的差异相对较小;盈利能力指数方面,正常交易上市公司最高,PT股上市公司次之,ST股上市公司最低。四个财务实力指标中,偿债能力指数最高。上市公司当前的盈利能力不容乐观,一方面,可能是企业经营出现问题;另一方面,可能是受到外部经济环境的影响。

方差分析表明,不同交易状态上市公司增长能力指数、偿债能力指数、运营能力指数及盈利能力指数均存在显著差异(见表6-44)。多重比较显示,正常交易上市公司增长能力指数分别比ST股、PT股上市公司高出7.02和15.88;正常交易上市公司偿债能力指数分别比ST股、PT股上市公司高出16.74和31.89,ST股上市公司比PT股上市公司高出15.15;正常交易上市公司运营能力指数分别比ST股、PT股上市公司高出13.35和24.37,ST股上市公司比PT股上市公司高出11.02;正常交易上市公司盈利能力指数比ST股上市公司高出3.34。总体而言,正常交易上市公司的财务实力明显高于其他两类上市公司(见表6-45)。

表6-45　　　　不同交易状态上市公司财务实力差异多重比较

指标	(I)交易状态	(J)交易状态	均值差(I)-(J)	标准差	显著性水平
财务实力指数[b]	正常交易	ST	10.55	0.68	0.00
	正常交易	PT	19.15	2.36	0.00
	ST	PT	8.60	2.45	0.01
增长能力指数[b]	正常交易	ST	7.02	0.84	0.00
	正常交易	PT	15.88	3.36	0.00
偿债能力指数[b]	正常交易	ST	16.74	1.25	0.00
	正常交易	PT	31.89	5.30	0.00
	ST	PT	15.15	5.43	0.04
运营能力指数[a]	正常交易	ST	13.35	1.14	0.00
	正常交易	PT	24.37	5.11	0.00
	ST	PT	11.02	5.21	0.03
盈利能力指数[b]	正常交易	ST	3.34	0.33	0.00

从表6-46显示的变动趋势看,增长能力指数方面,正常交易上市公司前三年呈现下滑趋势,2006年略有提升;ST股上市公司2004年和

2006年高于2003年和2005年，2004年最高，2005年最低。偿债能力指数方面，正常交易上市公司四年内呈现明显的下滑趋势，2006年最低；ST股上市公司，前两年呈现上升趋势，2005年大幅下降，2006年略有回升。运营能力指数方面，正常交易上市公司总体呈上升趋势；ST股上市公司2004年和2006年高于2003年和2005年。盈利能力指数方面，正常交易上市公司样本期间平稳上升；ST股上市公司前三年呈下滑趋势，2006年为四年中最高。2006年PT股上市公司财务实力、增长能力、偿债能力及运营能力指数均低于同年度正常交易和ST股上市公司平均水平，盈利能力指数相差不大。

表6-46　　　　不同交易状态上市公司财务实力变动比较

年度	交易状态		财务实力指数	增长能力指数	偿债能力指数	运营能力指数	盈利能力指数
2003	正常交易（N=756）	均值	62.19	59.59	71.54	64.25	51.44
		标准差	8.41	9.53	15.48	20.06	6.78
	ST（N=81）	均值	52.35	51.34	55.76	52.21	49.81
		标准差	13.14	14.09	22.53	23.39	6.21
	合计（N=837）	均值	61.24	58.79	70.01	63.09	51.28
		标准差	9.42	10.35	16.93	20.70	6.74
2004	正常交易（N=819）	均值	62.96	59.52	70.27	66.88	52.31
		标准差	8.45	10.25	15.77	19.50	7.53
	ST（N=83）	均值	53.26	52.62	56.05	54.63	48.45
		标准差	12.56	15.93	22.22	22.03	6.71
	PT（N=1）	均值	45.62	43.91	22.84	59.93	48.34
		标准差	—	—	—	—	—
	合计（N=903）	均值	62.05	58.87	68.91	65.75	51.95
		标准差	9.34	11.08	17.02	20.04	7.53
2005	正常交易（N=843）	均值	61.61	56.74	68.13	65.99	52.75
		标准差	8.76	9.78	15.45	19.56	6.95
	ST（N=73）	均值	48.08	48.80	47.30	48.09	47.82
		标准差	11.16	15.09	21.67	19.97	4.55
	PT（N=1）	均值	37.32	31.11	56.97	18.71	54.13
		标准差	—	—	—	—	—
	合计（N=917）	均值	60.51	56.08	66.46	64.51	52.36
		标准差	9.71	10.54	16.98	20.22	6.92

续表

年度	交易状态		财务实力指数	增长能力指数	偿债能力指数	运营能力指数	盈利能力指数
2006	正常交易（N=824）	均值	62.38	58.09	67.43	67.61	53.02
		标准差	8.45	9.65	15.33	18.98	7.20
	ST（N=96）	均值	52.68	52.50	50.80	55.55	49.89
		标准差	10.89	14.53	21.96	20.01	4.38
	PT（N=13）	均值	43.39	43.35	37.01	42.24	52.06
		标准差	9.69	13.59	20.98	22.54	7.12
	合计（N=933）	均值	61.12	57.30	65.29	66.01	52.69
		标准差	9.46	10.57	17.30	19.67	7.02

总体而言，大部分上市公司的盈利能力指数呈现上升趋势，偿债能力指数呈现下滑趋势，上市公司的盈利能力略有增强，偿债能力有所下降。如果上市公司创造的盈利不能通过销售收入的回收及时到账，现金流不足，就会严重影响企业的偿债能力。上市公司盈利能力的提升可能与样本期间我国经济快速、稳定发展等良好的外部环境密切相关，但不乏有些上市公司通过盈余管理，粉饰或操纵财务报表、指标等行为来提升财务业绩，规避 ST、PT。

1. 正常交易上市公司财务实力及其变动分析。

增长能力指数方面，2003~2005年呈现下滑趋势，2006年略有回升，其中，2005年较2003年和2004年分别下降了2.85和2.78，2006年比2005年显著上升了1.34，同年度各上市公司之间的差异相对较小。偿债能力指数方面，四年内呈现明显下滑趋势，2006年平均为67.43，较前三年分别降低了4.11、2.84和0.7，且同年度各上市公司间的差异较大。运营能力指数方面，2004年和2006年高于2003年和2005年，最高的2006年为67.61，较前三年分别增加了3.36、0.73和1.62，各上市公司间运营能力差异在四个要素中最大。盈利能力指数方面，四年内呈现上升趋势，最高的2006年平均为53.02，较前三年分别增加了1.58、0.71和0.27（见表6-47、表6-48及图6-66）。总体来看，正常交易上市公司财务实力的四个指标基本稳定，偿债能力下滑趋势明显，上市公司应合理安排债务，实现财务杠杆收益，减少风险。

表 6-47　　　　　　　　正常交易上市公司财务实力变动

指标	年度	样本数	均值	标准差	显著性水平
财务实力指数	2003	756	62.19	8.41	0.01
	2004	819	62.96	8.45	
	2005	843	61.61	8.76	
	2006	824	62.38	8.45	
增长能力指数	2003	756	59.59	9.53	0.00
	2004	819	59.52	10.25	
	2005	843	56.74	9.78	
	2006	824	58.09	9.65	
偿债能力指数	2003	756	71.54	15.48	0.00
	2004	819	70.27	15.77	
	2005	843	68.13	15.45	
	2006	824	67.43	15.33	
运营能力指数	2003	756	64.25	20.06	0.01
	2004	819	66.88	19.50	
	2005	843	65.99	19.56	
	2006	824	67.61	18.98	
盈利能力指数	2003	756	51.44	6.78	0.00
	2004	819	52.31	7.53	
	2005	843	52.75	6.95	
	2006	824	53.02	7.20	

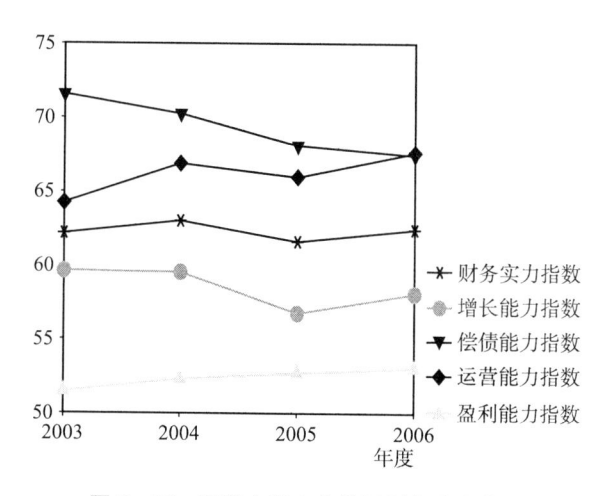

图 6-66　正常交易上市公司财务实力变动

表6-48　　　　　　正常交易上市公司财务实力变动多重比较

指标	(I) 年度	(J) 年度	均值差 (I)-(J)	标准差	显著性水平
财务实力指数[a]	2005	2004	-1.35	0.42	0.00
增长能力指数[b]	2005	2003	-2.85	0.48	0.00
		2004	-2.78	0.49	0.00
	2006	2003	-1.50	0.48	0.01
		2004	-1.43	0.49	0.02
		2005	1.34	0.48	0.03
偿债能力指数[a]	2005	2003	-3.40	0.78	0.00
		2004	-2.14	0.76	0.01
	2006	2003	-4.11	0.78	0.00
		2004	-2.84	0.77	0.00
运营能力指数[a]	2004	2003	2.63	0.98	0.01
	2006	2003	3.36	0.98	0.00
盈利能力指数[a]	2004	2003	0.87	0.36	0.02
	2005	2003	1.31	0.36	0.00
	2006	2003	1.58	0.36	0.00
		2004	0.71	0.35	0.04

2. ST股上市公司财务实力及其变动分析。

样本数据显示，ST股上市公司财务实力的四个分指标波动较大。增长能力指数方面，2004年和2006年高于2003年和2005年，2005年较2003年和2004年分别下降了2.54和3.82，2006年较2005年提高了3.70。偿债能力指数方面，2003年和2004年高于2005年和2006年，2005年较2003年和2004年分别下降了8.46和8.75。运营能力指数方面，最高的2006年为55.55，较前三年分别增加了3.34、0.92和7.46。盈利能力指数方面，前三年呈现明显下滑趋势，最低的2005年平均为47.82，最高的2006年为49.89，较前三年分别增加了0.08、1.44和2.07（见表6-49、表6-50及图6-67）。

表6-49　　　　　　ST股上市公司财务实力变动

指标	年度	样本数	均值	标准差	显著性水平
财务实力指数	2003	81	52.35	13.14	0.03
	2004	83	53.26	12.56	
	2005	73	48.08	11.16	
	2006	96	52.68	10.89	

续表

指标	年度	样本数	均值	标准差	显著性水平
增长能力指数	2003	81	51.34	14.09	0.35
	2004	83	52.62	15.93	
	2005	73	48.80	15.09	
	2006	96	52.50	14.53	
偿债能力指数	2003	81	55.76	22.53	0.04
	2004	83	56.05	22.22	
	2005	73	47.30	21.67	
	2006	96	50.80	21.96	
运营能力指数	2003	81	52.21	23.39	0.12
	2004	83	54.63	22.03	
	2005	73	48.09	19.97	
	2006	96	55.55	20.01	
盈利能力指数	2003	81	49.81	6.21	0.04
	2004	83	48.45	6.71	
	2005	73	47.82	4.55	
	2006	96	49.89	4.38	

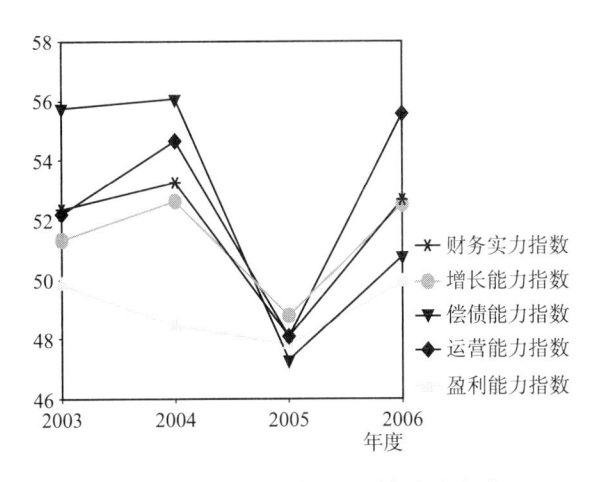

图 6-67 ST 股上市公司财务实力变动

表6-50　　　　ST股上市公司财务实力变动多重比较

指标	(I)年度	(J)年度	均值差(I)-(J)	标准差	显著性水平
财务实力指数[a]	2005	2003	-4.27	1.93	0.03
		2004	-5.18	1.92	0.01
	2006	2005	4.60	1.86	0.01
偿债能力指数[a]	2005	2003	-8.46	3.57	0.02
		2004	-8.75	3.55	0.01
盈利能力指数[a]	2005	2003	-1.99	0.89	0.03
	2006	2005	2.07	0.86	0.02

3. PT股上市公司财务实力及其变动分析。

表6-51及图6-68显示，样本PT股上市公司增长能力指数、偿债能力指数及运营能力指数总体上远低于同年度其他两类上市公司的平均水平。盈利能力指数方面，PT股上市公司与其他两类上市公司没有明显的差别，反映了我国上市公司整体盈利能力不佳。

表6-51　　　　　　PT股上市公司财务实力变动

指标	年度	样本数	均值	标准差	显著性水平
财务实力指数	2004	1	45.62	—	
	2005	1	37.32	—	0.81
	2006	13	43.39	9.69	
增长能力指数	2004	1	43.91	—	
	2005	1	31.11	—	0.69
	2006	13	43.35	13.59	
偿债能力指数	2004	1	22.84	—	
	2005	1	56.97	—	0.53
	2006	13	37.01	20.98	
运营能力指数	2004	1	59.93	—	
	2005	1	18.71	—	0.45
	2006	13	42.24	22.54	
盈利能力指数	2004	1	48.34	—	
	2005	1	54.13	—	0.84
	2006	13	52.06	7.12	

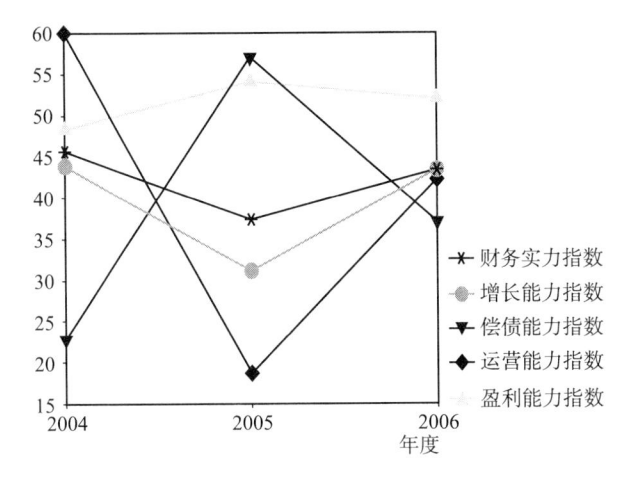

图 6-68　PT 股上市公司财务实力变动

财务实力反映了上市公司的财务状况和经营状况，是投资者对上市公司做出评价和投资决策的重要依据。样本期间，正常交易上市公司财务实力明显好于 ST 股和 PT 股上市公司，ST 股和 PT 股上市公司财务实力的四个指标波动较大，正是因为财务状况出现异常，有些公司才会被 ST 和 PT，ST 股、PT 股上市公司盈利能力与正常交易上市公司相差不大，还可能是两类上市公司为寻求"摘帽"进行了财务操纵或盈余管理。正常交易上市公司财务实力四年内并无明显改善，上市公司需要从自身寻找解决之道。

6.3.2　不同交易状态上市公司增长能力比较

不同交易状态上市公司的增长能力具有不同表现。表 6-52 及图 6-69 显示，正常交易上市公司主营业务收入增长率高于总资产增长率，主营业务收入增长率的变化与税后利润增长率的变化不一致。2004 年主营业务收入增长，却出现了税后利润的大幅下降，可能与当年上市公司的经营环境发生重大变化有关。总资产增长率 2003～2005 年呈现明显下滑趋势，2006 年比 2005 年提升了 0.04 个百分点。主营业务收入增长率，2006 年较以往各年有所下降。税后利润增长率四年内均为负值，2003 年和 2006 年平均为 -0.75%，2004 年和 2005 年明显降低，较 2003 年分别下降了 1.2 和 1 个百分点。

表 6-52　　　　　不同交易状态上市公司增长能力比较

指标	交易状态	样本数	均值	标准差	最小值	最大值	显著性水平
总资产增长率（%）	正常交易	3242	0.12	0.29	-0.90	5.23	0.00
	ST	333	-0.04	0.49	-0.96	4.66	
	PT	15	-0.05	0.82	-0.77	2.83	
	合计	3590	0.11	0.32	-0.96	5.23	
主营业务收入增长率（%）	正常交易	3242	0.37	7.18	-0.96	400.68	0.01
	ST	333	12.06	207.29	-1.00	3782.72	
	PT	15	1.02	5.18	-1.00	19.69	
	合计	3590	1.45	63.51	-1.00	3782.72	
税后利润增长率（%）	正常交易	3242	-1.32	11.54	-295.35	74.74	0.05
	ST	333	-2.98	17.83	-242.00	38.09	
	PT	15	-3.90	11.08	-43.94	-0.54	
	合计	3590	-1.48	12.26	-295.35	74.74	

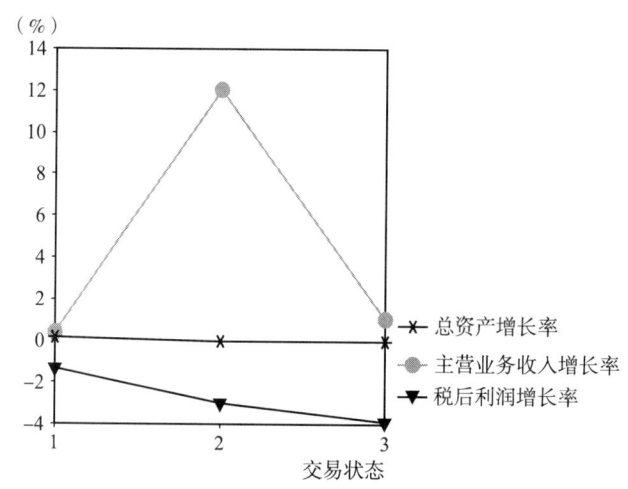

图 6-69　不同交易状态上市公司增长能力比较

与正常交易上市公司相似，ST 股上市公司的主营业务收入增长率高于总资产增长率，主营业务收入增长率的变化与税后利润增长率的变化不一致，主营业务收入对利润的贡献并不明显。除 2004 年外，总资产增长率其他各年均为负值；主营业务收入增长率方面，前三年均不足 1%，2006 年上市公司最高达到了 3782.72%，也有公司为负值；税后利润增长率四年内均为负值且呈现波动趋势，2006 年最高为 -0.75%。

PT 股上市公司由于样本数较少，可能影响其代表性。2006 年 PT 股上市公司总资产增长率与同年度 ST 股上市公司并无明显的差别,均低于同年度正常交易上市公司的平均水平。2006 年 PT 股上市公司主营业务收入增长率总体上略高于同年度正常交易上市公司但低于 ST 股上市公司平均水平。2006 年 PT 股上市公司税后利润增长率低于同年度其他两类上市公司的平均水平。

就各项指标来看,正常交易上市公司总资产增长率平均为 0.12%,较 ST 股上市公司显著高出 0.16%[1], ST 股、PT 股上市公司总资产增长率为负值。ST 股上市公司的主营业务收入增长率最高,为 12.06%,[2] PT 股上市公司次之,正常交易上市公司最低为 0.37%。上市公司主营业务收入增长率均较低,说明部分公司产品已进入衰退期,保持市场份额已经很困难,主营业务利润开始滑坡,因此,上市公司必须不断开发新产品,实现生命周期的再循环。三类上市公司的税后利润增长率均为负数,正常交易上市公司最高, ST 股上市公司次之, PT 股上市公司最低,出现这种情况的主要原因可能是成本的上涨超过了税后利润的增长。

从表 6-53、表 6-56 及图 6-70、图 6-71、图 6-72 显示的变动趋势看,总资产增长率方面,正常交易上市公司前三年呈现明显下滑趋势,2006 年有所提升;ST 股上市公司除 2004 年外均为负值。主营业务增长率方面,正常交易上市公司 2004 年最高;ST 股上市公司前三年变动不大,2003 年最低,2006 年高于前三年。税后利润增长率方面,正常交易上市公司四年内平均为负值,2004 年和 2005 年低于 2003 年和 2006 年;ST 股上市公司四年内均为负值且呈现波动趋势,2006 年最高,2005 年最低。2006 年 PT 股上市公司与其他两类上市公司的相比,主营业务收入增长率及税后利润增长率较低。

表 6-53　　　　　不同交易状态上市公司增长能力变动比较

年度	交易状态		总资产增长率（%）	主营业务收入增长率（%）	税后利润增长率（%）
2003	正常交易（N=756）	均值	0.16	0.25	-0.75
		标准差	0.34	0.87	7.81
	ST（N=81）	均值	-0.07	0.39	-4.73
		标准差	0.31	1.35	27.70
	合计（N=837）	均值	0.14	0.26	-1.14
		标准差	0.34	0.93	11.40

---

[1] 各项增长率指标中,只有正常交易上市公司的总资产增长率与 ST 股差异显著,为节省空间,不列示方差分析的结果。

[2] ST 环球的主营业务收入增长率高达 3782.72%,提高了 ST 股上市公司的平均水平。

续表

年度	交易状态		总资产增长率（%）	主营业务收入增长率（%）	税后利润增长率（%）
2004	正常交易（N=819）	均值	0.13	0.79	-1.95
		标准差	0.26	14.01	15.37
	ST（N=83）	均值	0.00	0.71	-2.30
		标准差	0.51	3.56	11.46
	PT（N=1）	均值	-0.09	-0.29	-1.05
		标准差	—	—	—
	合计（N=903）	均值	0.12	0.78	-1.98
		标准差	0.30	13.39	15.04
2005	正常交易（N=843）	均值	0.08	0.15	-1.75
		标准差	0.23	0.37	11.76
	ST（N=73）	均值	-0.04	0.66	-4.74
		标准差	0.61	5.37	20.66
	PT（N=1）	均值	-0.22	-0.74	-1.01
		标准差	—	—	—
	合计（N=917）	均值	0.07	0.19	-1.99
		标准差	0.28	1.55	12.71
2006	正常交易（N=824）	均值	0.12	0.27	-0.75
		标准差	0.32	2.61	9.53
	ST（N=96）	均值	-0.04	40.39	-0.75
		标准差	0.50	385.99	4.13
	PT（N=13）	均值	-0.04	1.25	-4.35
		标准差	0.88	5.56	11.90
	合计（N=933）	均值	0.10	4.41	-0.80
		标准差	0.36	123.86	9.16

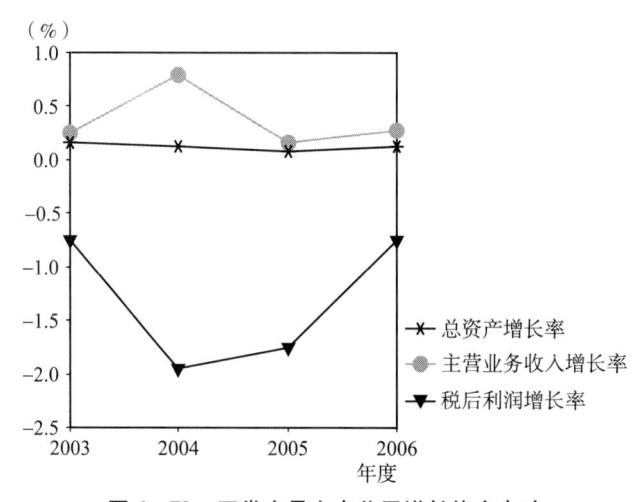

图 6-70　正常交易上市公司增长能力变动

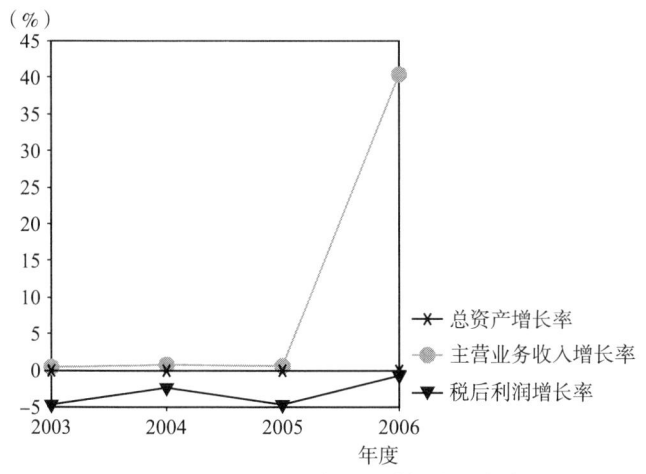

图 6-71　ST 股上市公司增长能力变动

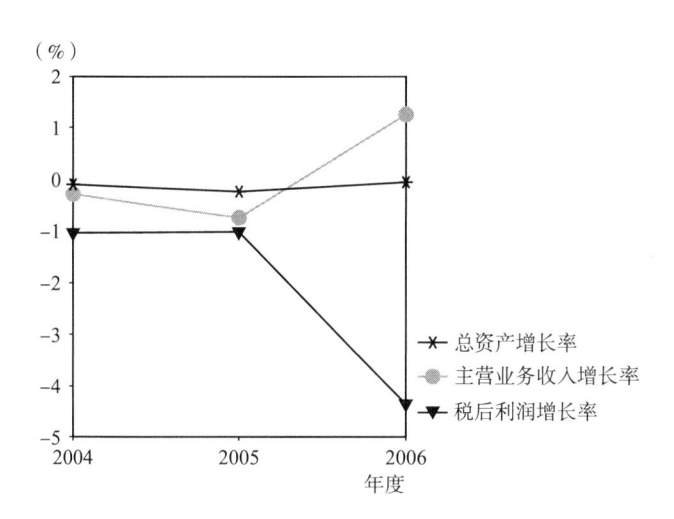

图 6-72　PT 股上市公司增长能力变动

6.3.3　不同交易状态上市公司偿债能力比较

表 6-54、表 6-55、表 6-56 及图 6-73、图 6-74 显示，大部分正常交易上市公司维持了较为合理的资产负债率水平，既达到了利用财务杠杆获得收益的能力，又保证了一定的偿债能力。各年流动比率均维持在 1 左右，速动比率虽然呈现下降趋势，但各年也维持在 1 左右，2006 年较

2003 年显著降低 -0.20，现金流动负债比率维持在 2 左右，资产负债率维持在 50%，2003~2005 年呈增长趋势，2006 年略有回落。

表 6-54　　　　　　　不同交易状态上市公司偿债能力比较

指标	交易状态	样本数	均值	标准差	最小值	最大值	显著性水平
流动比率	正常交易	3242	1.61	1.92	0.03	55.74	0.00
	ST	333	0.85	0.88	0.00	7.16	
	PT	15	0.48	0.53	0.11	1.82	
	合计	3590	1.53	1.86	0.00	55.74	
速动比率	正常交易	3242	1.18	1.74	0.03	49.92	0.00
	ST	333	0.62	0.68	0.01	6.18	
	PT	15	0.39	0.36	0.08	1.02	
	合计	3590	1.13	1.67	0.01	49.92	
现金流动负债比率	正常交易	3242	1.99	2.51	0.01	63.55	0.00
	ST	333	0.80	0.95	0.00	9.62	
	PT	15	0.27	0.27	0.00	1.00	
	合计	3590	1.87	2.43	0.00	63.55	
资产负债率（%）	正常交易	3242	49.40	26.43	2.07	969.88	0.00
	ST	333	141.60	247.95	5.50	2379.92	
	PT	15	176.87	179.38	28.34	758.26	
	合计	3590	58.48	84.95	2.07	2379.92	

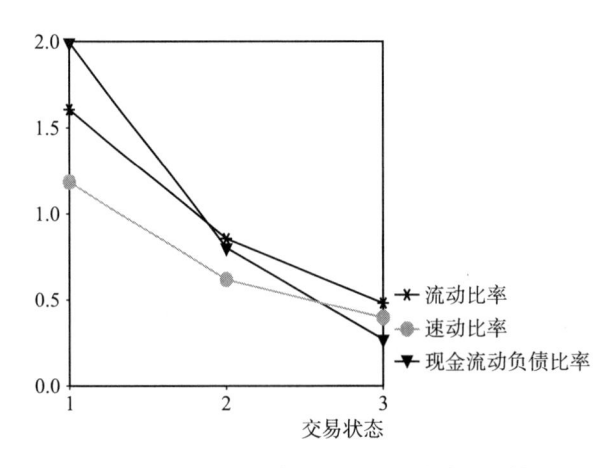

图 6-73　不同交易状态上市公司偿债能力比较（1）

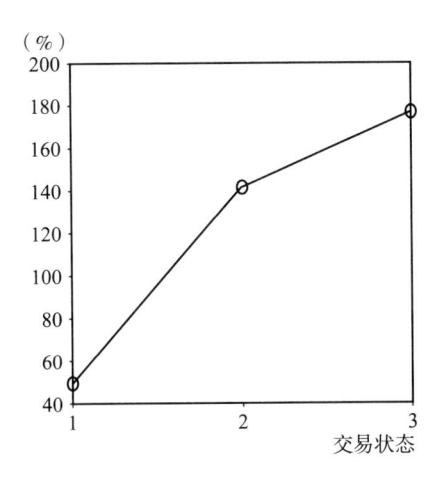

图 6-74　不同交易状态上市公司偿债能力比较（2）

表 6-55　　　　　不同交易状态上市公司偿债能力多重比较

指标	（I）交易状态	（J）交易状态	均值差（I）-（J）	显著性水平
流动比率[b]	正常交易	ST	0.76	0.00
		PT	1.13	0.00
速动比率[b]	正常交易	ST	0.56	0.00
		PT	0.79	0.00
现金流动负债比率[b]	正常交易	ST	1.19	0.00
		PT	1.72	0.00
	ST	PT	0.53	0.00
资产负债率（%）[b]	正常交易	ST	-92.20	0.00
		PT	-127.47	0.05

表 6-56　　　　　不同交易状态上市公司偿债能力变动比较

年度	交易状态		流动比率	速动比率	现金流动负债比率	资产负债率（%）
2003	正常交易（N=756）	均值	1.72	1.31	1.82	46.23
		标准差	1.69	1.53	1.57	18.80
	ST（N=81）	均值	1.08	0.81	0.95	130.50
		标准差	1.28	1.00	1.01	292.41
	合计（N=837）	均值	1.66	1.26	1.73	54.38
		标准差	1.66	1.50	1.55	95.51

续表

年度	交易状态		流动比率	速动比率	现金流动负债比率	资产负债率（%）
2004	正常交易（N=819）	均值	1.65	1.24	2.05	48.23
		标准差	1.80	1.65	2.64	21.15
	ST（N=83）	均值	0.86	0.64	0.93	149.34
		标准差	0.73	0.57	1.20	302.90
	PT（N=1）	均值	0.18	0.08	0.26	192.16
		标准差	—	—	—	—
	合计（N=903）	均值	1.58	1.18	1.94	57.68
		标准差	1.75	1.59	2.56	98.09
2005	正常交易（N=843）	均值	1.50	1.08	1.97	51.86
		标准差	1.51	1.39	2.03	38.98
	ST（N=73）	均值	0.69	0.44	0.52	153.56
		标准差	0.62	0.32	0.55	217.17
	PT（N=1）	均值	0.94	0.89	0.03	85.94
		标准差	—	—	—	—
	合计（N=917）	均值	1.44	1.03	1.85	59.99
		标准差	1.48	1.35	1.99	76.57
2006	正常交易（N=824）	均值	1.56	1.11	2.12	50.95
		标准差	2.50	2.25	3.36	20.21
	ST（N=96）	均值	0.79	0.57	0.78	135.17
		标准差	0.73	0.60	0.85	166.14
	PT（N=13）	均值	0.47	0.38	0.29	182.68
		标准差	0.55	0.35	0.29	191.82
	合计（N=933）	均值	1.46	1.04	1.96	61.45
		标准差	2.38	2.13	3.20	67.16

ST 股上市公司无论是短期偿债能力还是长期偿债能力均呈现下降趋势，2003~2005 年流动比率呈现明显下滑趋势，2006 年有所回升；与流动比率类似，2003~2005 年速动比率呈现下滑趋势，2006 年比 2005 年有所上升；现金流动负债比率方面，2003 年和 2004 年明显高于 2005 年和 2006 年，最高的 2003 年平均为 0.95，2005 年最低；资产负债率方面，前三年呈现明显上升趋势，2005 年高达 153.56%，2006 年比 2005 年下降了 18.39 个百分点，平均为 135.17%，呈现出较高负债水平，上市公司面临着偿债压力和财务风险。

PT股上市公司偿债能力为三类上市公司中最差，面临较大的财务和破产风险。2006年样本PT股上市公司流动比率、速动比率、现金流动负债比率低于同年度其他两类上市公司平均水平，资产负债率高于同年度其他两类上市公司的平均水平，且各公司间差异较大。

各项偿债能力指标在不同交易状况上市公司的比较发现：正常交易上市公司流动比率均值最高为1.61，ST股、PT股上市公司均不足1；正常交易上市公司速动比率最高为1.18，ST股、PT股上市公司分别为0.62和0.39；正常交易上市公司现金流动负债比率为1.99，显著高于ST股、PT股上市公司；正常交易上市公司资产负债率平均为49.40%，显著低于其他两类上市公司，ST股、PT股上市公司面临着较大的财务风险。

多重比较显示，正常交易上市公司的流动比率比ST股、PT股上市公司分别高出0.76和1.13，速动比率比ST股、PT股上市公司分别高出0.56和0.79，现金流动负债比率比ST股、PT股上市公司分别高出1.19和1.72。ST股上市公司现金流动负债率比PT股上市公司高出0.53，正常交易上市公司资产负债率比ST股、PT股上市公司低了92.20和127.47个百分点（见表6-55）。

6.3.4 不同交易状态上市公司运营能力比较

表6-57、表6-58及图6-75、图6-76显示，正常交易上市公司运营能力有所提升，但不同年份上市公司间存货周转率、应收账款周转率及资产周转率差异有所扩大，原因可能是正常交易上市公司的数量庞大，所处行业、业务范围以及经营状况存在差异。存货周转率2005年最高，较2003年、2004年、2006年分别高出0.39、0.43和0.11；应收账款周转率2003~2006年呈现明显上升趋势，2006年达到410.17，较前三年分别高出321.44、213.54和66.59；资产周转率2006年最高为0.78，较前三年分别高出0.11、0.03和0.05。无形资产比率方面，各年变化不大，2006年略高为0.04%。ST股上市公司存货周转率、应收账款周转率有所上升，资产周转率和无形资产比率变化不大。ST股上市公司的存货周转率四年内波动较大，2005年最高，2006年较2005年下降了41.89；2005年、2006年ST股上市公司应收账款周转率大幅提高，2006年高达1094.83，较前三年均由所增加；资产周转率方面，2006年最高，2005年最低；无形资产比率四年内变动不大，2003年和2005年基本维持在

0.06%，其余两年在0.07%。样本PT股上市公司存货周转率、应收账款周转率、资产周转率远低于同年度其他两类上市公司平均水平，无形资产比率总体上略高于同年度其他两类上市公司平均水平。

表6-57　　　　　　　不同交易状态上市公司运营能力比较

指标	交易状态	样本数	均值	标准差	显著性水平
存货周转率（次）	正常交易	3242	10.31	37.25	0.00
	ST	333	38.44	448.87	
	PT	15	2.45	2.72	
	合计	3590	12.89	141.27	
应收账款周转率（次）	正常交易	3242	263.95	5784.04	0.95
	ST	333	356.31	4997.45	
	PT	15	4.25	5.03	
	合计	3590	271.44	5702.85	
资产周转率（次）	正常交易	3242	0.73	0.65	0.00
	ST	333	0.47	0.40	
	PT	15	0.27	0.27	
	合计	3590	0.71	0.63	
无形资产比率（%）	正常交易	3242	0.03	0.05	0.00
	ST	333	0.07	0.10	
	PT	15	0.11	0.13	
	合计	3590	0.04	0.06	

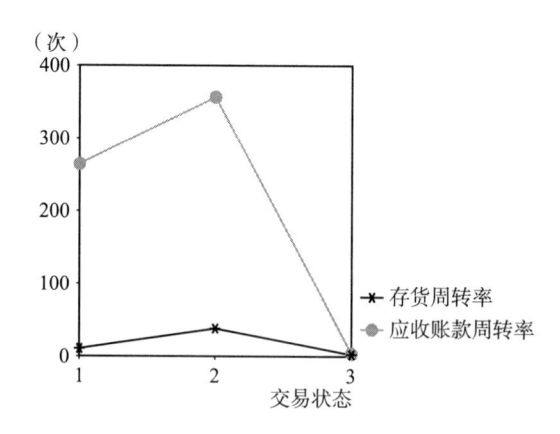

图6-75　不同交易状态上市公司运营能力比较（1）

表6-58　　　　　不同交易状态上市公司运营能力变动比较

年度	交易状态		存货周转率（次）	应收账款周转率（次）	资产周转率（次）	无形资产比率（%）
2003	正常交易（N=756)	均值	10.15	88.73	0.67	0.03
		标准差	39.61	1408.30	0.58	0.05
	ST（N=81）	均值	5.49	20.55	0.48	0.06
		标准差	9.12	89.97	0.44	0.09
	合计（N=837）	均值	9.70	82.14	0.65	0.04
		标准差	37.77	1338.77	0.57	0.05
2004	正常交易（N=819）	均值	10.11	196.63	0.75	0.03
		标准差	33.09	4656.41	0.63	0.05
	ST（N=83）	均值	4.10	21.13	0.55	0.07
		标准差	4.84	100.38	0.47	0.12
	PT（N=1）	均值	1.88	8.02	0.46	0.14
		标准差	—	—	—	—
	合计（N=903）	均值	9.55	180.29	0.73	0.04
		标准差	31.59	4434.69	0.62	0.06
2005	正常交易（N=843）	均值	10.54	343.58	0.73	0.03
		标准差	43.57	6322.62	0.65	0.05
	ST（N=73）	均值	94.89	138.76	0.38	0.06
		标准差	786.02	1129.77	0.32	0.08
	PT（N=1）	均值	1.18	0.20	0.02	0.02
		标准差	—	—	—	—
	合计（N=917）	均值	17.24	326.90	0.70	0.04
		标准差	225.45	6070.38	0.64	0.05
2006	正常交易（N=824）	均值	10.43	410.17	0.78	0.04
		标准差	31.55	8210.87	0.70	0.05
	ST（N=96）	均值	53.00	1094.83	0.47	0.07
		标准差	480.81	9247.41	0.34	0.09
	PT（N=13）	均值	2.59	4.27	0.27	0.11
		标准差	2.90	5.19	0.28	0.14
	合计（N=933）	均值	14.70	474.97	0.74	0.04
		标准差	156.88	8264.17	0.68	0.06

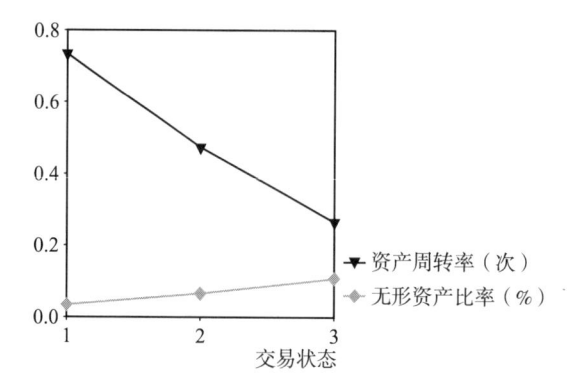

图 6-76 不同交易状态上市公司运营能力比较（2）

各类偿债能力的比较显示，ST 股上市公司存货周转率最高为 38.44，正常交易上市公司次之为 10.31，PT 股上市公司最低仅为 2.45；ST 股上市公司应收账款周转率在三类上市公司中最高，为 356.31，正常交易上市公司为 263.95，PT 股上市公司仅为 4.25；正常交易上市公司资产周转率最高为 0.73，较 ST、PT 股上市公司分别高出 0.26 和 0.46 次；上市公司无形资产比率总体水平较低，PT 股上市公司最高为 0.11%，较 ST 股上市公司和正常交易上市公司分别高出 0.04 和 0.08 个百分点。[①] ST 股、PT 股上市公司无形资产比率相对较高，但该两类上市公司并没有产生较高的无形资产收益率（见不同交易状态上市公司盈利能力比较）。

6.3.5 不同交易状态上市公司盈利能力比较

表 6-59 及图 6-77、图 6-78 显示，正常交易上市公司无形资产收益率显著高于其他两类上市公司，ST 股、PT 股上市公司均为负数。净资产收益率反映了上市公司自有资金的投资收益水平，净资产收益率越高，上市公司自有资本获取收益的能力越强，运营效益越好，但与普遍的观点不同，PT 股上市公司最高均值为 2.03%，其次为正常交易上市公司，ST 股上市公司最低。PT 股上市公司样本数目过少是主要原因，最高值为 28.98%，使平均水平提升，此外，由于净资产收益率作为财务指标，容易受上市公司的操纵，较高的净资产收益率可能是这些企业为摆脱财务异常进行财务操纵的结果。每股收益反映上市公司普通股股东持有每一股份

---

① 正常交易上市公司在存货周转率、资产周转率以及无形资产比率与 ST 股或者 PT 股上市公司相比存在显著差异，为节省篇幅，上述各项指标的多种比较表予省略。

所能享有企业利润或承担企业亏损的业绩评价指标,每股收益越高,表明公司的获利能力越强,正常交易上市公司最高为 0.14,获利能力相对较好,较 ST 股、PT 股上市公司分别高出 0.5 和 0.17,ST 股、PT 股上市公司均为负值。每股经营现金流主要反映平均每股所获得的现金流量,隐含了

表 6-59　　　　　不同交易状态上市公司盈利能力差异比较

指标	交易状态	样本数	均值	标准差	最小值	最大值	显著性水平
无形资产收益率（%）	正常交易	3242	2.07652E+13	2.56403E+14	−6.3586E+14	9.3952E+15	0.09
	ST	333	−9.3027E+12	7.94794E+13	−7.9444E+14	5.2472E+14	
	PT	15	−1.0056E+13	6.72589E+13	−2.3893E+14	8.8093E+13	
	合计	3590	1.78474E+13	2.45049E+14	−7.9444E+14	9.3952E+15	
净资产收益率（%）	正常交易	3242	0.01	2.76	−134.79	55.53	0.06
	ST	333	0.00	6.33	−81.41	75.69	
	PT	15	2.03	7.46	−0.19	28.98	
	合计	3590	0.02	3.29	−134.79	75.69	
每股收益（元/股）	正常交易	3242	0.14	0.53	−13.11	5.32	0.00
	ST	333	−0.36	1.20	−14.08	0.79	
	PT	15	−0.03	0.46	−1.03	0.65	
	合计	3590	0.09	0.64	−14.08	5.32	
每股经营现金流（元）	正常交易	3242	0.37	0.80	−8.18	11.54	0.00
	ST	333	0.11	0.76	−5.89	10.13	
	PT	15	0.30	0.40	−0.01	1.18	
	合计	3590	0.34	0.80	−8.18	11.54	

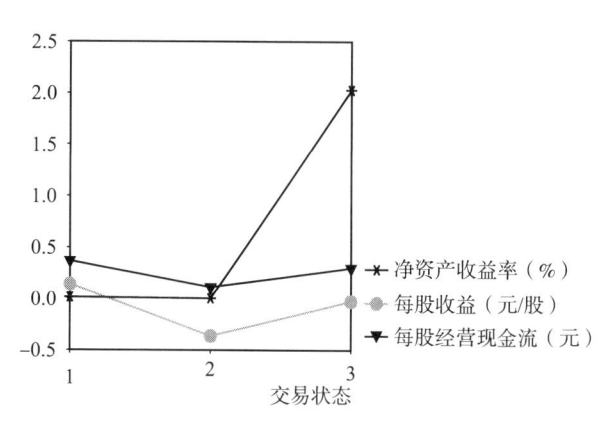

图 6-77　不同交易状态上市公司盈利能力比较（1）

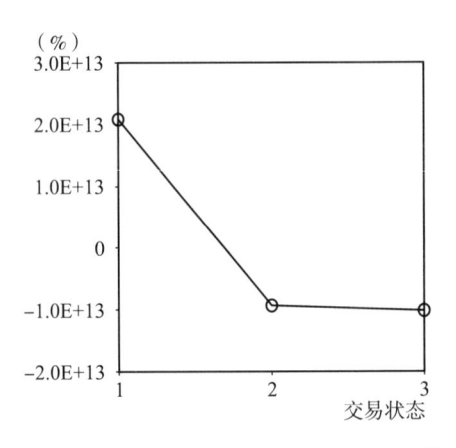

图 6-78　不同交易状态上市公司盈利能力比较（2）

上市公司在维持期初现金流量情况下，有能力发给股东的最高现金股利金额，正常交易上市公司最高为 0.37，较 ST 股、PT 股上市公司分别高出 0.26 和 0.07。正常交易上市公司盈利能力指标好于其他两类上市公司。

无形资产收益率方面，正常交易上市公司 2003 年和 2004 年明显高于 2005 年和 2006 年；ST 股上市公司四年内均为负值，2003 年和 2006 年显著高于 2004 年和 2005 年，2003 年最高，2004 年最低。净资产收益率方面，正常交易上市公司 2003 年最高，2004 年最低；相反 ST 股上市公司均由负转正，呈现明显的上升趋势。每股收益方面，正常交易上市公司前三年呈现明显下滑趋势，2006 年显著提升为四年最高；ST 股上市公司始终为负值，前三年同样呈现下滑趋势，2006 年上升为四年最高。每股经营现金流方面，正常交易上市公司呈现逐年上升趋势；ST 股上市公司前三年呈现明显下滑趋势，2006 年略有回升（见表 6-60）。

表 6-60　　不同交易状态上市公司盈利能力变动比较

年度	交易状态		无形资产收益率（％）	净资产收益率（％）	每股收益（元/股）	每股经营现金流（元）
2003	正常交易（N=756）	均值	2.05016E+13	0.12	0.16	0.26
		标准差	2.621E+14	2.03	0.37	0.75
	ST（N=81）	均值	-5.1528E+12	-1.00	-0.26	0.26
		标准差	7.6086E+13	9.10	0.74	1.19
	合计（N=837）	均值	1.80189E+13	0.01	0.12	0.26
		标准差	2.50304E+14	3.43	0.44	0.80

续表

年度	交易状态		无形资产收益率（%）	净资产收益率（%）	每股收益（元/股）	每股经营现金流（元）
2004	正常交易（N=819）	均值	2.8747E+13	-0.15	0.13	0.37
		标准差	3.5755E+14	4.74	0.64	0.84
	ST（N=83）	均值	-1.3792E+13	-0.13	-0.49	0.03
		标准差	7.83842E+13	1.41	1.81	0.85
	PT（N=1）	均值	23.83	-0.03	0.05	0.01
		标准差	—	—	—	—
	合计（N=903）	均值	2.48052E+13	-0.15	0.07	0.34
		标准差	3.41536E+14	4.53	0.84	0.85
2005	正常交易（N=843）	均值	1.45788E+13	0.06	0.09	0.41
		标准差	1.85027E+14	1.80	0.58	0.79
	ST（N=73）	均值	-1.2412E+13	0.01	-0.51	0.00
		标准差	8.22986E+13	2.60	1.19	0.33
	PT（N=1）	均值	38.13	0.05	0.01	0.54
		标准差	—	—	—	—
	合计（N=917）	均值	1.24143E+13	0.06	0.04	0.38
		标准差	1.7904E+14	1.87	0.67	0.77
2006	正常交易（N=824）	均值	1.94026E+13	0.02	0.19	0.42
		标准差	1.83522E+14	0.71	0.47	0.80
	ST（N=96）	均值	-6.5588E+12	0.96	-0.21	0.14
		标准差	8.19587E+13	7.85	0.76	0.33
	PT（N=13）	均值	-1.1603E+13	2.34	-0.03	0.30
		标准差	7.2514E+13	8.01	0.49	0.42
	合计（N=933）	均值	1.62993E+13	0.15	0.14	0.39
		标准差	1.74834E+14	2.77	0.52	0.77

本 章 小 结

由于 ST 制度、PT 制度为我国证券市场的特色，这类上市公司的治理和财务问题研究可供借鉴的国外研究经验匮乏，因此现有公司治理、财务及经济学方面的经验研究在选择样本时，大多只针对正常交易上市公司，只有部分学者分析了一些典型的ST股上市公司的治理状况，但鲜有三种不同交易状态下公司治理、财务状况及公司竞争力差异的系统研究。对不同交易状态下上市公司的竞争力进行评价，有助于发现三类上市公司在治理结构与机制、财务状况等方面的共性与特性，以探讨如何通过改善治理结构与增强财务实力，从根本上提升上市公司总体竞争力，减少上市公司的ST与PT现象，更好地维护利益相关主体的利益。

通过本章对不同交易状态下上市公司整体竞争力、治理竞争力以及财务实力差异的研究，得到了以下重要发现：

1. 各种交易状态上市公司治理竞争力指数均不高，维持在50~55之间，这表明我国上市公司治理结构与治理机制的建设仍然处于较低层次的合规性阶段。正常交易以及ST股上市公司的财务实力指数均高于治理竞争力指数，但PT股上市公司的财务实力指数低于治理竞争力指数，这并不意味着PT上市公司的治理状况较好，而是该类上市公司的经营管理不善导致了更加糟糕的财务状况。

2. 三类上市公司相比较而言，正常交易上市公司整体竞争力指数、治理竞争力指数以及财务实力指数均显著高于ST股上市公司，财务实力指数显著高于PT股上市公司。ST股与PT股上市公司的治理状况较差，其治理竞争力指数均低于全部样本平均水平。ST股与PT股上市公司的财务实力不但整体水平较低，而且不同上市公司间表现出很大的不稳定性。

3. 各类上市公司竞争力指数在样本年度内均呈现上升趋势，主要得益于外部制度监管强化下的公司治理状况的改善，正常交易以及ST股上市公司整体竞争力、公司治理竞争力有显著改善，财务实力指数却没有呈现同步的变化趋势，甚至出现个别年份的下降。PT股上市公司较同年度其他两类上市公司的财务实力明显很差。

4. 与通常的理解不同，ST股上市公司的股权结构合理性程度明显高于正常交易上市公司，PT股上市公司的股权结构状况也好于正常交易上市公司，主要原因在于正常交易上市公司股权集中度高，股权制衡度较低，而ST股与PT股上市公司的股权集中程度较低，大股东之间的制衡程度较高。这表明目前在我国上市公司中股权结构并不一定是决定上市公司财务状况的关键因素，适度集中、相互制衡的股权结构并不必然有利于财务绩效的改善，主要是由于我国上市公司大股东尚未形成理性的联盟意识，而是各自为政，制衡的股权结构更容易产生摩擦，从而导致了财务状况的恶化。

5. 当前"董事会中心主义"倾向明显，三会制度建设中，各类上市公司的董事会运作状况最好。正常交易上市公司的董事会治理竞争力最高，该类上市公司董事激励状况和董事会运作较ST股、PT股上市公司好。ST股、PT股上市公司董事会治理状况相对较差，尤其是董事的激励严重不足，持有本公司股份的董事比例、董事持股比例、董事长持股比例以及金额最高的前三名董事持股比例方面，ST股上市公司显著差于正常交易上市公司。这表明由于董事激励不足，董事会治理的失败一定程度上导致了上市公司被ST、PT。

第 7 章

不同板块上市公司竞争力比较

7.1 中小企业板的设立及其演变

7.1.1 中小企业板设置的理论依据

根据资本结构与市场竞争力的关系理论，市场竞争使得财务杠杆高的企业陷入财务危机，并且高财务杠杆降低了企业为增强竞争地位所必需的投资力度和价格战的财务承受能力，增加了企业持续发展的风险。[①] 为了确保中小企业的可持续发展，必须改善企业的资本结构，降低债务融资比例，增加股

[①] 如马克西姆和提曼（Maksimovc and Titman, 1991）通过实证研究发现, 由于价格战或营销战, 导致利润与现金流下降, 财务杠杆高的企业容易最先陷入财务危机, 并因此而引起客户、供应商、债权人等利益相关者为了规避风险而对企业经营雪上加霜的行动, 从而给企业持续经营带来更大的风险; 欧普乐和提曼（Opler and Titman, 1994）的研究发现在行业不景气时, 高负债公司的市场份额将流向财务杠杆较低的竞争对手, 使得高负债公司的对外融资能力进一步减弱, 并最终退出市场; 卡夫诺克和菲利普斯（Kovernock and Phillips, 1997）等的研究发现, 在集中度高的行业, 财务杠杆低、现金充裕的竞争对手往往主动发动价格战或营销战, 降低产品利润和经营现金流入, 逼迫财务杠杆高的企业陷入财务危机; 津加莱斯（Zingales, 1999）对美国 1980 年解除运输公司管制时各企业财务杠杆水平对管制解除后的竞争地位和生存能力影响的考察发现, 高财务杠杆降低了企业为增强竞争地位所必需的投资力度和价格战的财务承受能力, 破产企业大多数是管制解除前财务杠杆高的企业。

权融资比例。资本结构与企业成长关系的相关理论认为，企业的融资方式取决于企业自身的成长特性。风险较低的业务适合债务融资；而风险较高业务适合采用股权融资方式。如梅耶斯（Myers，1977）认为，债权人往往在合约中严格约束企业投资高风险的项目，从而与股东产生利益冲突。因此，财务杠杆高不利于企业对增长机会的投资；[1] 霍瓦基米安、欧普乐和提曼（Hovakimian，Opler and Titman，2001）对资本结构与企业增长关系的研究认为企业应当以债务融资支持当前业务，而以股权融资支持增长机会。[2]

伴随着中国资本市场的发展，已经有越来越多的企业通过上市来筹资以满足企业不断发展对资本的需求。截至2008年7月，在沪深两市的主板市场共有1588家上市公司、2088只上市证券，主板市场总市值已达189331亿元。目前主板市场的上市公司绝大部分为大中型企业，而对于那些规模较小、成长性好并且市场竞争激烈的中小企业来说，由于无法在主板上市，而被迫主要以融入短期债务资金的方式来维持企业经营、保证企业盈利，从而加大了企业的财务风险，制约了中小企业的发展。

7.1.2 我国中小企业板的发展

为了支持中小企业的发展，1999年12月第九届全国人大第十三次会议通过的《公司法》修正案中，对高新技术企业技术出资及发行上市做出特别规定，为创业板市场建设提供了法律基础；2000年5月，国务院决定设立创业板市场，重点支持具有高新技术含量以及成长型中小企业，特别是民营企业发行股票及上市；2000年8月中国证监会决定由深交所承担创业板市场筹备任务，申请主板上市的企业统一到上交所上市；2001年开始，全球创业板市场相继出现变局，发生重大调整，创业板市场的设立被暂时搁置；2002年6月，国家颁布了《中小企业促进法》，强调"国家采取措施拓宽中小企业的直接融资渠道，积极引导中小企业创造条件，通过法律、行政法规允许的各种方式直接融资"；2002年11月28日，深圳证券交易所在给中国证监会《关于当前推进创业板市场建设的思考与建议》的报告中，建议采取分步实施的方式推进创业板建设；2004年1月，国务院《关于推

---

[1] Myers, S. C., Determinants of Corporate Borrowing. *Journal of Financial Economic*, 1977 (5), pp. 147 – 175.

[2] Hovakimian A., Opler T., Titman S., The Debt-equity Choice. *Journal of Financial and Quantitative Analysis*, 2001 (1), pp. 1 – 24.

进资本市场改革开放和稳定发展的若干意见》，提出"建立多层次股票市场体系"、"分步推进创业板市场建设，完善风险投资机制，拓展中小企业融资渠道"的思想；2004年5月17日，经国务院同意，中国证监会批准在深圳证券交易所设立中小企业板，并核准了中小企业板实施方案。这标志着中国资本市场从单一层次市场向多层次市场体系迈出了第一步。2004年6月25日，我国证券市场的深圳中小企业板块正式运营，首批八家中小企业在深交所挂牌上市，2007年12月26日中小企业板的总市值突破了万亿元大关，截至2008年7月，中小企业板已有257家上市公司。

有效样本中，2004年我国中小企业板上市公司为19家，2005年为28家，2006年为30家。[1] 各年中小企业板中均以民营控股为主，其所占比重分别为68.42%、71.43%以及73.33%；从区域来看，中小企业板上市公司集中于沿海地区，广东与浙江两省占全部中小企业板上市公司的比例达50%以上，其中浙江略高于广东；从行业构成来看主要集中于制造业，约占全部中小板上市公司的85%以上。在制造业中，机器设备与仪表、医药生物制品、石油化学与塑胶、电子以及纺织服装与皮毛为主，约占70%。表7-1显示，中小企业板上市公司的总资产、总股本以及主营业务收入均呈现逐年增长的趋势，净利润2006年较2005年略有下降。单位业务收入盈利率由2004年的11.5%下降到2005年的9.34%和2006年的7.45%。[2]

表7-1　　　　　　　　中小企业板上市公司主要指标

指标	描述性统计指标	2004年	2005年	2006年
总资产	均值	572995135	7.32E+08	8.4E+08
	中位数	479962407	5.65E+08	6.88E+08
	M-Estimators	485355857	6.19E+08	7.39E+08
	标准差	327877792	4.56E+08	4.84E+08
	最小值	312965686	2.97E+08	3.01E+08
	最大值	1.526E+09	2.43E+09	2.65E+09
	偏度	2.2498938	2.385287	2.038994
	峰度	4.6428673	6.72101	5.817173

---

[1]　此处数据并非我国全部中小企业板企业数，而是本书中所选有效样本中的数据，下同。
[2]　根据各年利润的M-Estimators与主营业务收入的M-Estimators比较而得，这一计算方法较之直接采用spss计算均值准确。

续表

指标	描述性统计指标	2004年	2005年	2006年
股本	均值	82082860	1.02E+08	1.28E+08
	中位数	80000000	94700000	1.2E+08
	M-Estimators	80283469	96426324	1.22E+08
	标准差	22075922	32476183	44488901
	最小值	50320000	50320000	63290367
	最大值	135400000	1.83E+08	2.41E+08
	偏度	0.6223935	1.032915	0.790403
	峰度	0.3399316	0.840441	0.297087
主营业务收入	均值	411655289	4.93E+08	6.05E+08
	中位数	294452010	3.84E+08	4.42E+08
	M-Estimators	303917612	4.09E+08	5.04E+08
	标准差	373844418	4.2E+08	4.97E+08
	最小值	93051499	88553707	67460514
	最大值	1.596E+09	2.07E+09	2.08E+09
	偏度	2.1950176	2.475546	1.605977
	峰度	5.0764398	7.362438	2.39246
净利润	均值	35819667	41728142	41529697
	中位数	32515892	35510601	32319264
	M-Estimators	34959391	38212388	37554976
	标准差	11088843	24927498	38600089
	最小值	18345358	6129720	−4E+07
	最大值	63148819	1.14E+08	1.43E+08
	偏度	0.6575908	1.087122	0.629109
	峰度	0.446142	1.515211	0.75626

中小企业板上市公司的设立，使得这些企业的资本结构以及股权结构发生了根本性的改变，并因此而引起了企业内部治理以及管理的巨大变革。作为决定上市公司长期竞争力优势的公司治理成为中小企业板上市成功的关键因素。专门对中小企业板上市公司进行研究的文献较少，并且以规范研究为主，[1] 郝臣等（2005）对中小企业板上市公司的特征进行了实

---

[1] 如吕达成：《中小企业治理结构的变迁及其发展》，载《理论导刊》2003年第12期；王玉海：《中小治理结构的选择》，载《江苏商论》2005年第2期；陈晓红：《中小企业董事会治理水平与成长性关系之研究》，载《华东师范大学学报（哲学社会科学版）》2007年第5期；陈斌等：《中小企业上市公司业绩评价研究》，载《深交所研究报告》，2005年12月。

证分析,[1] 但鲜有对主板以及中小企业板上市公司的治理竞争力以及财务实力进行比较研究。而对于两类板块上市公司竞争力的比较研究,对于发现两类上市公司的共性以及个性特征,股权结构、董事会运作等的差异对于提高两类上市公司的竞争优势均具有一定指导价值。

7.2 不同板块上市公司竞争力差异及其变动比较

7.2.1 不同板块上市公司竞争力比较分析

表7-2及图7-1样本数据显示,两类不同板块上市公司的财务实力指数均高于公司治理指数,中小企业板上市公司竞争力指数和公司治理竞争力指数明显高于主板上市公司和有效样本平均水平。中小企业板上市公司由于具有较强的治理竞争力而使得其比主板上市公司具有较强的总体竞争力优势,主要是由于中小企业板上市公司多为具有高成长性的高新技术企业,且中小企业板70%左右的企业是民营企业,较为严格的外部监管制度,使得这些上市公司具有较为完善的治理结构与治理机制,呈现出较强的公司治理竞争力。虽然大量的研究显示,公司治理对于财务业绩的积极作用,[2] 但本书的分类研究显示,具有相对合理的治理结构与治理机制的中小企业板上市公司,并没有显示出较强的财务实力,中小企业板上市公司治理结构与机制的相对完善并没有对公司的财务业绩产生直接的传递效应。由于公司治理竞争力对上市公司竞争力的显著决定作用,意味着今后主板上市公司在提升上市公司竞争力方面应进一步关注治理竞争力的提升,并且这一方面上具有较大的改善空间。

---

[1] 郝臣、徐伟、李礼:《中小企业板上市公司治理若干特征分析——基于2004年38家中小企业板上市公司的实证研究》,载《管理现代化》2005年第5期,第62~64页。
[2] 雷曼和韦根(Lehman and Weigand, 2000)、贝希特等(Becht et al., 2002)以及古铁雷斯和蒂博(Gutierrez and Ttibo, 2004)、莫里和帕尤斯特(Maury and Pajuste, 2005)等的研究证实股权结构安排对上市公司业绩具有显著影响;什图鲁等(Chtourou et al., 2001)、金扬民(Yangmin Kim, 2005)、阿尔弗雷德·约森(Alfred Yawson, 2006)等认为董事会规模大有助于公司治理效率的改善;清摩·戈什和锡尔曼斯(Chinmoy Ghosh and C. F. Sirmans, 2003)、杰伊财等(Jongmoo Jay Choi, etc., 2004)、王跃堂(2006)、魏刚(2007)等认为独立董事对公司价值具有积极的影响;Lipton and Lorch (1992)、Xie (2001)、于东智(2003)等认为董事会会议次数对公司治理有积极影响;李维安、谢永珍等(2004)、孙兆斌(2006)等的研究均显示公司治理对于上市公司的财务业绩具有一定的积极效用。

表7-2 不同板块上市公司总体竞争力比较

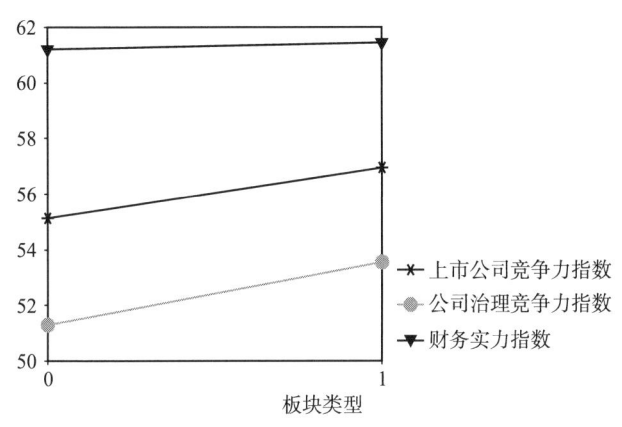

指标	板块类型	样本数	均值	标准差	最小值	最大值	显著性水平
上市公司竞争力指数	主板	3513	55.13	5.86	32.17	71.01	0.01
	中小企业板	77	56.96	4.64	42.53	66.63	
	合计	3590	55.17	5.84	32.17	71.01	
公司治理竞争力指数	主板	3513	51.29	7.00	31.31	71.05	0.01
	中小企业板	77	53.57	5.99	39.07	68.03	
	合计	3590	51.34	6.99	31.31	71.05	
财务实力指数	主板	3513	61.22	9.52	22.54	82.99	0.84
	中小企业板	77	61.44	8.69	40.75	76.75	
	合计	3590	61.22	9.50	22.54	82.99	

注：图中数字0代表主板上市公司，1代表中小企业板上市公司。如非特殊说明，本章余下部分图中的数字均为此意。

图7-1 不同板块上市公司总体竞争力比较

两类板块上市公司竞争力指数各年度的比较表明，样本年度内各年中小企业板上市公司的总体竞争力指数以及公司治理竞争力指数均高于主板上市公司，但财务实力指数却没有产生相同趋势的变动。主板上市公司总体竞争力指数在2003~2005年期间变化非常小，2006年呈现明显的上升趋势；中小企业板上市公司竞争力指数2004~2006年变化不大；主板上市公司的治理竞争力指数在2003~2006年呈明显的上升趋势，尤其是2006年明显高于前三年；中小企业板上市公司治理竞争力指数2004~2006年呈逐年上升趋势；主板上市公司的财务实力指数样本期间变化不大；中小企业板财务实力指数出现了一定程度的业绩变脸现象（见表7-3、图7-2、图7-3）。

表7-3　　　　　　　不同板块上市公司竞争力变动比较

年度	板块类型		上市公司竞争力指数	公司治理竞争力指数	财务实力指数
2003	主板（N=837）	均值	54.22	49.74	61.24
		标准差	5.80	6.79	9.42
	合计（N=837）	均值	54.22	49.74	61.24
		标准差	5.80	6.79	9.42
2004	主板（N=884）	均值	54.73	50.12	62.01
		标准差	5.80	6.92	9.36
	中小企业板（N=19）	均值	57.01	52.18	63.98
		标准差	4.87	5.73	8.04
	合计（N=903）	均值	54.78	50.16	62.05
		标准差	5.78	6.91	9.34
2005	主板（N=889）	均值	54.87	51.31	60.51
		标准差	5.74	6.62	9.75
	中小企业板（N=28）	均值	56.37	53.06	60.54
		标准差	4.09	5.10	8.61
	合计（N=917）	均值	54.92	51.36	60.51
		标准差	5.70	6.58	9.71
2006	主板（N=903）	均值	56.62	53.88	61.13
		标准差	5.84	6.92	9.48
	中小企业板（N=30）	均值	57.49	54.92	60.65
		标准差	5.06	6.78	9.13
	合计（N=933）	均值	56.65	53.91	61.12
		标准差	5.82	6.91	9.46

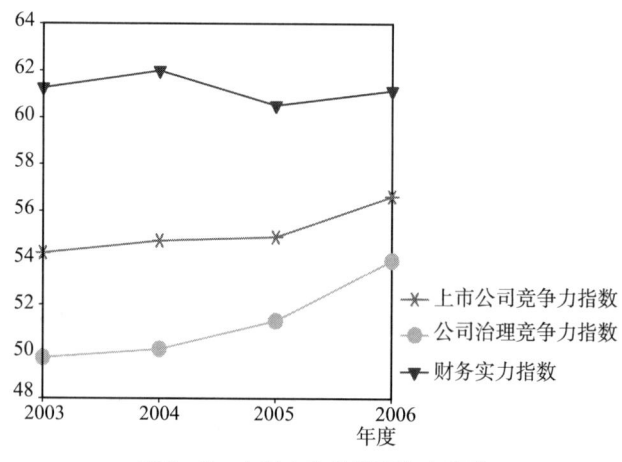

图7-2　主板上市公司竞争力变动

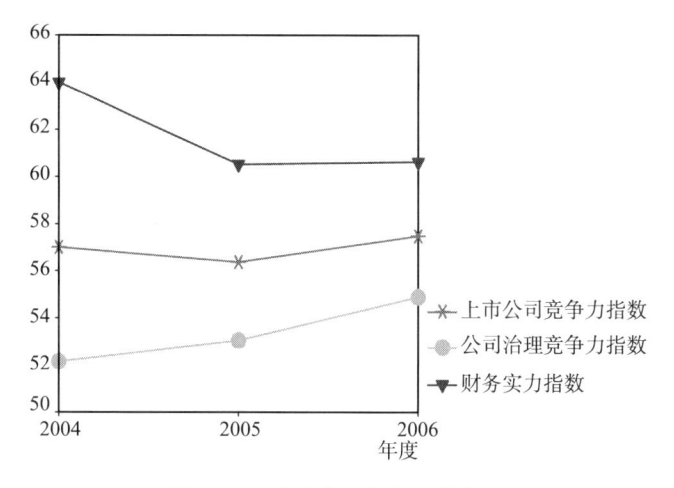

图7-3 中小企业板竞争力变动

7.2.2 各类板块上市公司竞争力变动比较

1. 主板上市公司竞争力变动分析。

表7-4及图7-2显示,主板上市公司2003~2005年竞争力变化不大,2006年上市公司竞争力明显提高,较2003年、2004年、2005年均有显著提高,公司治理状况的明显改善是主要原因,2006年上市公司治理竞争力指数较2003年、2004年、2005年也均有显著改善。财务实力指数方面,2005年略低,其余三年变化不大。主板上市公司竞争力指数不同年份存在显著差异,其原因主要是竞争力环境的改变以及制度、法律约束的结果。财务实力的小幅下滑,可能是受外部经营环境的影响。

表7-4 主板上市公司竞争力变动多重比较

指标	(I) 年度	(J) 年度	均值差 (I)-(J)	标准差	显著性水平
上市公司竞争力指数[a]	2004	2003	0.51	0.28	0.07
	2005	2003	0.65	0.28	0.02
	2006	2003	2.40	0.28	0.00
		2004	1.89	0.27	0.00
		2005	1.75	0.27	0.00

续表

指标	(I) 年度	(J) 年度	均值差 (I) - (J)	标准差	显著性水平
公司治理竞争力指数[a]	2005	2003	1.57	0.33	0.00
		2004	1.19	0.32	0.00
	2006	2003	4.14	0.33	0.00
		2004	3.76	0.32	0.00
		2005	2.57	0.32	0.00
财务实力指数[a]	2004	2003	0.77	0.46	0.09
	2005	2003	-0.73	0.46	0.11
		2004	-1.50	0.45	0.00
	2006	2004	-0.88	0.45	0.05

2. 中小企业板上市公司竞争力变动分析。

表7-3及图7-3显示，样本期间中小企业板上市公司竞争力指数变化不大，公司治理竞争力指数呈逐年提升的趋势，而财务实力指数2004年表现最好，之后出现了一定程度的财务变脸现象。但方差分析的结果显示，中小企业板上市公司业绩变脸并非普遍，财务业绩各年并不存在显著差异，一定程度上说明中小企业板开始设立的三年期间内，表现出了良好的运行趋势，并未出现较大波动。

总之，我国上市公司中的中小企业板上市公司竞争力高于主板上市公司，中小企业板上市公司相对于主板上市公司治理水平更高，而财务实力两者并没有表现出明显的差异。但由于公司治理是未来财务业绩的决定性因素，有理由相信中小企业板上市公司未来的财务业绩表现会好于主板上市公司。由于竞争环境、法律以及制度等外部环境因素对主板上市公司的约束作用，该类上市公司的竞争力呈现显著提高趋势；上市公司总体竞争力的提高，主要是由于公司治理结构与机制的完善，提升主板上市公司竞争力主要应着力于其治理竞争力，并强化管理，从而提升财务实力；相对于主板上市公司，中小企业板上市公司具有较为严厉的外部约束，一直具有良好的治理结构和财务业绩，但该类板块上市公司的竞争力并没有随着时间的推移而产生明显的改善，并且其财务实力也没有明显的改善，但许多人所认为的中小企业板上市公司业绩变脸的普遍现象也未得到实证数据的支持。对于两类上市公司而言，应进一步完善治理结构，提高公司治理水平，并在此基础上增强财务实力。

7.3 不同板块上市公司治理竞争力比较

7.3.1 两类板块上市公司治理竞争力比较及其变动分析

实证数据显示：中小企业板上市公司治理状况显著好于主板上市公司（见表7-5及图7-4）。中小企业板上市公司具有更为合理的股权结构、相对更高效的股东大会以及监事会治理水平，各治理要素中主板上市公司仅在董事会治理竞争力表现上略高于中小企业板上市公司。中小企业板上市公司主要为高成长性、高科技型企业，该类企业主要为民营企业，少数为国有控股企业。民营企业相对其他企业来说股权结构比较合理、股权制衡状况较好；而大部分主板上市公司多为国有控股或间接国有控股企业，"一股独大"现象比较严重，加之所有者缺失问题突出，使得该类上市公司股东大会和监事会治理水平不如中小企业板块上市公司。董事会治理竞争力的差异不显著的主要原因在于各类上市公司均将董事会的制度建设作为完善治理结构的关键，均给予了较大的重视，而且监管部门对上市公司董事会治理做出了较多的硬性规定，方便了上市公司董事会建设的"合规"，因而其竞争力差异并不显著。

表7-5　　　　不同板块公司治理竞争力差异比较

指标	板块类型	样本数	均值	标准差	最小值	最大值	显著性水平
公司治理竞争力指数	主板	3513	51.29	7.00	31.31	71.05	0.01
	中小企业板	77	53.57	5.99	39.07	68.03	
	合计	3590	51.34	6.99	31.31	71.05	
股权结构合理性	主板	3513	55.56	27.36	18.82	98.31	0.00
	中小企业板	77	75.88	17.87	27.31	96.88	
	合计	3590	56.00	27.35	18.82	98.31	
股东大会规范性	主板	3513	38.10	10.47	10.58	91.41	0.00
	中小企业板	77	48.55	12.00	25.84	75.82	
	合计	3590	38.33	10.61	10.58	91.41	

续表

指标	板块类型	样本数	均值	标准差	最小值	最大值	显著性水平
董事会治理竞争力	主板	3513	51.75	13.23	27.78	87.75	
	中小企业板	77	50.48	10.84	31.79	82.71	0.41
	合计	3590	51.72	13.19	27.78	87.75	
监事会治理竞争力	主板	3513	49.75	7.70	19.81	86.35	
	中小企业板	77	53.10	9.14	25.90	92.87	0.00
	合计	3590	49.82	7.75	19.81	92.87	

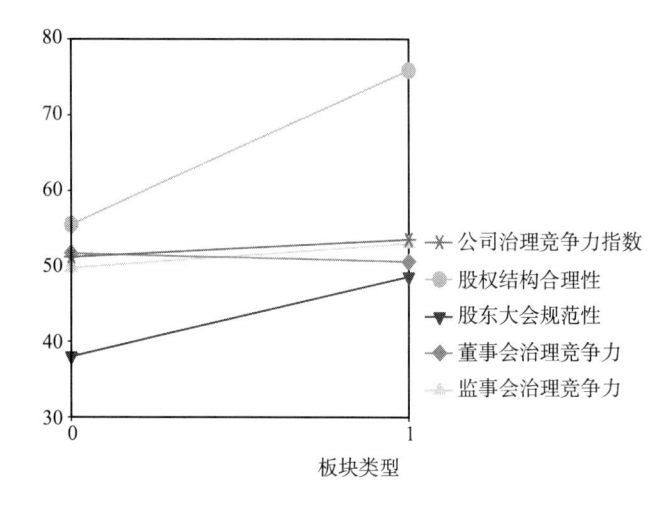

图 7-4 不同板块上市公司治理竞争力比较

1. 主板上市公司治理竞争力及其变动分析。

主板上市公司治理总体竞争力 2003～2006 年呈逐年稳步上升态势，主要是由于股权分置改革使得股权结构逐步合理，股东大会以及董事会治理状况的进一步改善所致。股权结构合理性 2003～2006 年同样呈逐渐上升态势，前三年变化不大，2006 年股权分置改革的进行以及公司治理环境的改善，推动了主板上市公司股权结构的改善。股权结构合理性方面，2006 年显著高于 2003 年与 2004 年，股权高度集中的状况有所缓解，大股东之间的制衡程度提高。股东大会规范性前三年没有明显变化，各年都较低，2006 年股东大会规范性程度好于前三年，主要得益于新《公司法》等对上市公司股东大会运作要求的强化使得股东大会会议次数明显增多。董事会治理竞争力 2003～2006 年表现出逐年上升的趋势，

2006年明显提高，董事会运作质量的改善是主要原因。主板上市公司监事会建设虽出现了一定的波动，但总体上略有好转，2005年以及2006年监事会治理竞争力显著好于2003年与2004年（见表7-6、表7-7及图7-5）。

表7-6　　　　　不同板块上市公司治理竞争力变动比较

年度	板块类型		公司治理竞争力指数	股权结构合理性	股东大会规范性	董事会治理竞争力	监事会治理竞争力
2003	主板（N=837）	均值	49.74	54.10	37.09	49.05	49.31
		标准差	6.79	27.61	10.02	12.73	7.71
	合计（N=837）	均值	49.74	54.10	37.09	49.05	49.31
		标准差	6.79	27.61	10.02	12.73	7.71
2004	主板（N=884）	均值	50.12	55.22	36.53	50.75	48.55
		标准差	6.92	27.55	9.76	12.88	8.35
	中小企业板（N=19）	均值	52.18	76.88	60.95	46.65	52.39
		标准差	5.73	17.89	8.16	6.10	13.75
	合计（N=903）	均值	50.16	55.68	37.05	50.66	48.63
		标准差	6.91	27.55	10.33	12.79	8.51
2005	主板（N=889）	均值	51.31	55.54	36.95	51.51	50.76
		标准差	6.62	27.30	10.16	12.93	7.16
	中小企业板（N=28）	均值	53.06	76.42	49.56	46.72	55.50
		标准差	5.10	18.26	7.08	8.69	6.41
	合计（N=917）	均值	51.36	56.18	37.33	51.36	50.90
		标准差	6.58	27.30	10.31	12.84	7.19
2006	主板（N=903）	均值	53.88	57.28	41.72	55.47	50.33
		标准差	6.92	26.96	11.00	13.53	7.34
	中小企业板（N=30）	均值	54.92	74.74	39.74	56.42	51.30
		标准差	6.78	18.05	10.37	12.43	7.36
	合计（N=933）	均值	53.91	57.84	41.66	55.50	50.36
		标准差	6.91	26.89	10.98	13.49	7.34

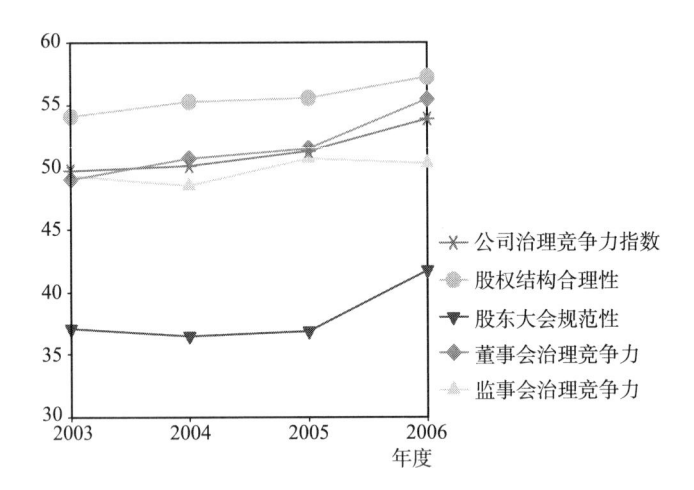

图 7-5　主板上市公司治理竞争力比较

表 7-7　主板与中小企业板上市公司治理竞争力变动多重比较

板块	指标	(I) 年度	(J) 年度	均值差 (I) - (J)	显著性水平
主板上市公司	公司治理竞争力指数[a]	2005	2003	1.57	0.00
			2004	1.19	0.00
		2006	2003	4.14	0.00
			2004	3.76	0.00
			2005	2.57	0.00
	股权结构合理性[a]	2006	2003	3.18	0.02
			2004	2.06	0.11
	股东大会规范性[b]	2006	2003	4.63	0.00
			2004	5.19	0.00
			2005	4.77	0.00
	董事会治理竞争力[b]	2004	2003	1.70	0.04
		2005	2003	2.46	0.00
		2006	2003	6.42	0.00
			2004	4.72	0.00
			2005	3.96	0.00
	监事会治理竞争力[b]	2005	2003	1.45	0.00
			2004	2.21	0.00
		2006	2003	1.02	0.03
			2004	1.78	0.00

续表

板块	指标	(I) 年度	(J) 年度	均值差 (I)-(J)	显著性水平
中小企业板上市公司	股东大会规范性[a]	2005	2004	-11.39	0.00
		2006	2004	-21.21	0.00
			2005	-9.82	0.00
	董事会治理竞争力[b]	2006	2004	9.77	0.00
			2005	9.70	0.00
	监事会治理竞争力[b]	2006	2005	-4.20	0.07

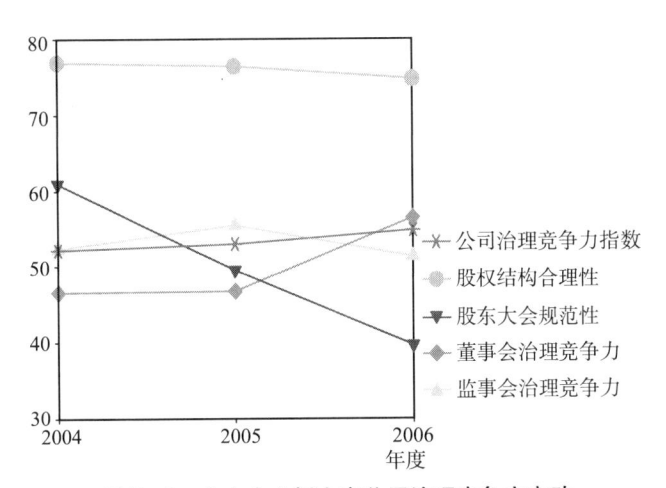

2. 中小企业板上市公司治理竞争力及其变动分析。

中小企业板上市公司治理总体竞争力2004～2006年呈上升趋势，主要得益于样本期间董事会治理状况和外部治理环境的改善。股权结构合理性2004～2006年略有下降，前五大股东持股比例之和呈下降趋势，而第一大股东与第二到五大股东持股比例之和之比呈上升趋势，大股东的控制力有所增强。与主板上市公司不同，样本期间中小企业板上市公司股东大会规范性降幅较大，股东大会会议出席率以及会议次数均表现出明显的下降趋势。董事会治理竞争力2004年、2005年变化不大，但2006年董事会治理状况明显好转，董事会运作质量的提高是主要原因。监事会治理竞争力2005年略高，各年相差不大。多重比较显示，2006年股东大会规范性相对较差。董事会治理竞争力方面，2006年较2004年、2005年均有显著提高（见表7-6、表7-7及图7-6）。

图7-6 中小企业板上市公司治理竞争力变动

7.3.2 不同板块上市公司股权结构及各要素比较

通过一系列改革和各种法律、法规的完善与修正，我国的证券市场正逐步走向正轨。2004年6月25日，深圳证券交易所设立了中小企业板，开启了中国证券市场的新篇章。2008年全国两会又提出要尽快设立创业板，进一步完善中国的证券市场。针对不同交易板块对它们的股权结构进行比较分析，对于提高不同交易板块的公司治理质量、促进中国证券市场的发展将具有一定的指导意义。目前国内还鲜有这个角度的研究。

从公司治理的层面上讲，外部市场治理和内部基于股权结构而形成的三会及其运作机制构成一个完整的治理系统，尤其在中国经济转型时期，在外部市场机制还难以有效发挥作用的情况下，建立在股权结构基础上的内部治理机制就显得特别重要（吴淑琨和席酉民，1998）。近些年来，关于股权结构的研究已成为公司治理研究的热点之一。许多专家学者从不同角度，通过不同的分析方法对这一问题展开了研究。由于选取指标和研究方法的不同，各位专家学者得出了一些不相一致甚至截然相反的结论，至今也没有形成权威和统一的意见。但这正可以使我们从不同角度、利用不同方法对股权结构的问题展开广泛的研究，且有利于理论的创新。股权结构是公司治理的基础与起点，有关公司治理的许多争论，其实都直接或间接反映了股权结构的作用与影响。

相比主板上市公司，77家中小企业板上市公司的股权结构相对合理，各上市公司的股权集中程度均较低，同时各大股东之间也形成了相互制衡的股权结构。中小企业板上市公司与主板上市公司的股权合理性相差20.32个百分点，主要是由于两类上市公司的股权制衡状况的差异而引起的，两类上市公司股权制衡合理性相差22.11个百分点，股权集中合理性相差4.11个百分点（见表7-8及图7-7）。中小企业板上市公司第一大股东之间较强的控制造成了两类上市公司股权结构的合理性差异较大。中小企业板上市公司的股权结构优于主板上市公司的原因主要有：一方面，中小企业板的推出期间，正值我国政策关注于上市公司股权结构的优化时期，中小企业板上市之初，股权结构的安排上就关注了股权高度集中以及"一股独大"有可能产生的弊端；另一方面，多数中小企业板上市公司为民营控股，上市公司内部的各大股东基于对公司权力控制的需要，形成了相互制衡的股权结构，股权制衡度比较高，形成了理论上较为合理的股权结构。理论上，相互制衡的股权结构应有利于实现公司治理效率的改善，但我国上市公司现实中由于大股东之间的权力争夺，这种股权结构并未产生良好的财务绩效，反而导致了公司效率的下降，因此，相互制衡的股权结构能否改善中小企业板上市公司财务绩效、提高公司效率还有待于进一步研究。主板上市公司多为大中型国有企业或国有控股企业，由于国家对一些产业的控制以及这些公司上市之初的特殊背景，主板上市公司的股权集中程度较高而制衡度较差。

表7-8　　　　　　　不同板块上市公司股权结构差异比较

指标	板块类型	样本数	均值	标准差	显著性水平
股权结构合理性	主板	3513	55.56	27.36	0.00
	中小企业板	77	75.88	17.87	
	合计	3590	56.00	27.35	
股权集中合理性	主板	3513	71.35	19.04	0.06
	中小企业板	77	75.46	14.36	
	合计	3590	71.44	18.96	
股权制衡合理性	主板	3513	53.81	30.25	0.00
	中小企业板	77	75.92	19.97	
	合计	3590	54.28	30.24	

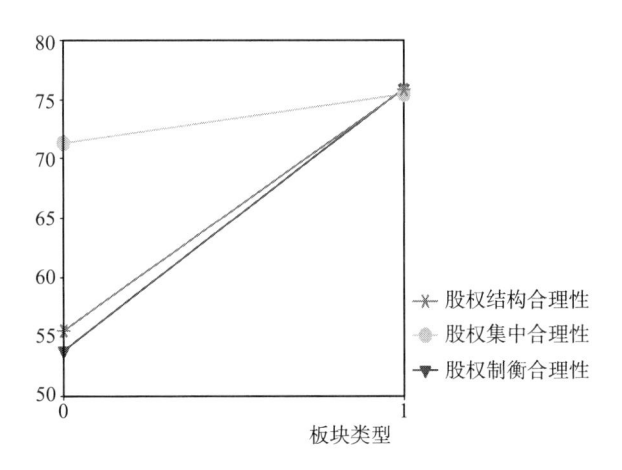

注：表中数字0代表主板上市公司，1代表中小企业板上市公司。如非特殊说明，本章余下部分图中的数字均为此意。

图7-7　不同板块上市公司股权结构合理性比较

1. 不同板块上市公司股权结构合理性及其变动分析。

（1）主板上市公司股权结构及其变动分析。主板上市公司股权结构合理性、股权集中程度以及股权制衡状况2003～2006年总体呈改善的趋势，股权分置改革的效果初步显现。股权集中程度得分方面，2005年和2006年略高于2003年和2004年，其中，2006年得分较2003年、2004年、2005年分别提高了3.16个、3.92个、3.04个百分点，2006年主板上市公司前五大股东持股比例之和较以前年份明显下降；股权制衡状况方面，2003～2005年变化不大，2006年得分略有提高，第一大股东持股比例与第二到第五大股东持股比例之和之比略有下降，股东之间的制衡有所增强（见表7-9、表7-10及图7-8）。

表7-9　　　　不同板块上市公司股权结构合理性变动比较

年度	板块类型		股权结构合理性	股权集中合理性	股权制衡合理性
2003	主板（N=837）	均值	54.10	70.70	52.25
		标准差	27.61	18.62	30.48
	合计（N=837）	均值	54.10	70.70	52.25
		标准差	27.61	18.62	30.48
2004	主板（N=884）	均值	55.22	69.94	53.59
		标准差	27.55	19.24	30.38
	中小企业板（N=19）	均值	76.88	65.02	78.19
		标准差	17.89	14.85	19.81
	合计（N=903）	均值	55.68	69.84	54.11
		标准差	27.55	19.16	30.40
2005	主板（N=889）	均值	55.54	70.82	53.84
		标准差	27.30	18.76	30.22
	中小企业板（N=28）	均值	76.42	78.31	76.21
		标准差	18.26	11.42	20.45
	合计（N=917）	均值	56.18	71.05	54.53
		标准差	27.30	18.62	30.21
2006	主板（N=903）	均值	57.28	73.86	55.44
		标准差	26.96	19.29	29.92
	中小企业板（N=30）	均值	74.74	79.42	74.22
		标准差	18.05	13.66	20.15
	合计（N=933）	均值	57.84	74.04	56.04
		标准差	26.89	19.15	29.83

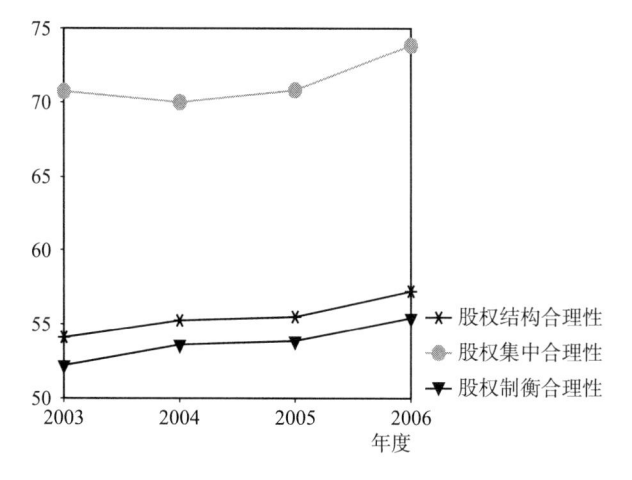

图 7-8　主板上市公司股权结构合理性变动

表 7-10　主板上市公司股权结构合理性变动多重比较

板块	指标	（I）年度	（J）年度	均值差（I）-（J）	显著性水平
主板上市公司	股权结构合理性[a]	2006	2003	3.18	0.02
			2004	2.06	0.11
	股权集中合理性[a]	2006	2003	3.16	0.00
			2004	3.92	0.00
			2005	3.04	0.00
	股权制衡合理性[a]	2006	2003	3.19	0.03
中小企业板上市公司	股权集中合理性[a]	2005	2004	13.29	0.00
		2006	2004	14.40	0.00

（2）中小企业板上市公司股权结构及其变动分析。中小企业板上市公司股权结构合理性 2004～2006 年呈现逐年下降趋势，主要受股权制衡状况下滑的影响。股权集中程度方面，2004～2006 年样本上市公司得分呈逐年增加的趋势，2005 年、2006 年较 2004 年分别提高了 13.29 个、14.40 个百分点，主要原因在于上市公司前五大股东持股比例之和下降明显（2006 年较 2004 年下降了 9.03%）。股权制衡状况方面，样本上市公司股权制衡状况呈下降的趋势，股权集中程度的下降并没有削弱第一大股东的控制力，第一大股东持股比例与第二到第五大股东持股比例之和之比呈增加趋势（见表 7-9、表 7-10 及图 7-9）。

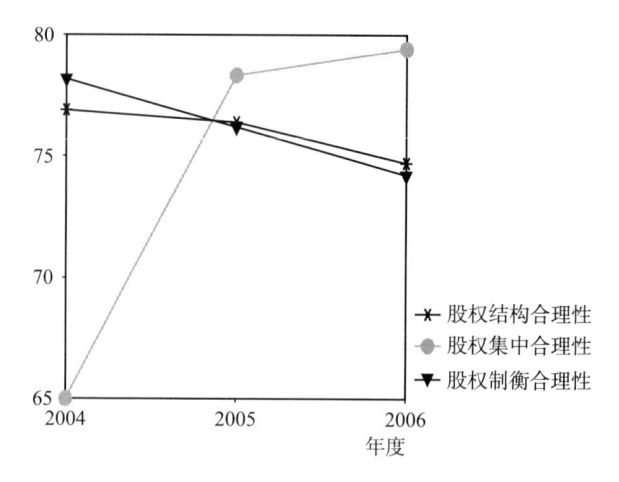

图 7-9　中小企业板上市公司股权结构合理性变动

2. 不同板块股权结构特征及其变动比较。

样本数据显示，中小企业板上市公司股权较为集中但形成了相互制衡的股权结构。前五大股东持股比例之和略高于主板上市公司，并且各上市公司间的差异较小；第一大股东与第二到第五大股东持股比例和之比显著低于主板上市公司（见表 7-11 及图 7-10）。股权结构方面，中小企业板上市公司的国家股比例显著低于主板上市公司，法人股比例以及高管持股比例则显著高于主板上市公司，两类上市公司的流通股比例相差不大。

表 7-11　不同板块上市公司股权结构特征差异比较

指标	板块类型	样本数	均值	标准差	最小值	最大值	显著性水平
股权集中度（％）	主板	3513	56.44	13.92	9.70	95.98	0.24
	中小企业板	77	58.32	9.82	30.05	75.50	
	合计	3590	56.48	13.85	9.70	95.98	
股权制衡度	主板	3513	11.98	29.25	0.26	341.70	0.00
	中小企业板	77	1.47	1.08	0.30	5.68	
	合计	3590	11.75	28.97	0.26	341.70	
国家股比例（％）	主板	3513	32.37	25.41	0.00	84.99	0.00
	中小企业板	77	13.05	20.75	0.00	67.43	
	合计	3590	31.96	25.47	0.00	84.99	
法人股比例（％）	主板	3513	23.76	24.42	0.00	84.97	0.04
	中小企业板	77	29.59	25.63	0.00	75.00	
	合计	3590	23.89	24.46	0.00	84.97	

续表

指标	板块类型	样本数	均值	标准差	最小值	最大值	显著性水平
流通股比例（%）	主板	3513	42.53	13.08	4.15	100.00	0.77
	中小企业板	77	42.10	12.08	25.00	74.24	
	合计	3590	42.52	13.06	4.15	100.00	
高管持股比例（%）	主板	3513	0.0230	1.0849	0.0000	64.2857	0.00
	中小企业板	77	1.1251	3.9387	0.0000	27.2508	
	合计	3590	0.0466	1.2271	0.0000	64.2857	

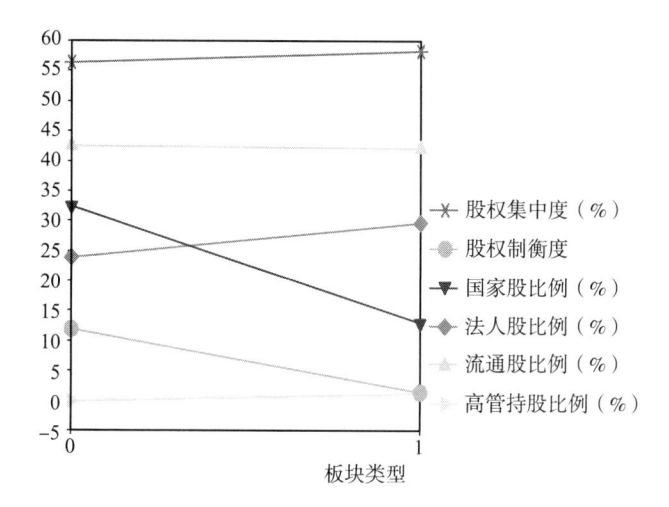

图 7-10 不同板块上市公司股权结构特征比较

两类上市公司前五大股东持股比例之和与流通股比例差异不显著符合我国的具体国情，也与我国经济、法律、政策环境相协调。目前，我国证券市场建设并不完善，法律体系也不健全，相对集中的股权结构更能够实现股东对管理者的监督，有利于公司治理质量的改善（张红军[1]；徐二明和王智慧[2]；葛蓉蓉[3]）。流通股比例对上市公司业绩的影响，一般是通过股票市场的外部监控功能来实现的，但是在我国目前不成熟的证券市场

---

[1] 张红军（2000）对1998年的385家上市公司的实证分析认为，前5大股东与公司价值有显著的正相关关系，而且法人股的存在也有利于公司价值的增加。

[2] 徐二明和王智慧（2000）通过对1998年的105家上市公司的分析认为，大股东的存在以及股权的集中与公司的价值成长能力也具有显著的正相关关系。

[3] 简单地认为股权分散或股权集中更优都是片面的，适合外部环境的股权结构才可能对公司治理产生良好的效果。在我国现阶段，股权集中是基于股东保护缺失的一种代偿性安排，人为地盲目分散股权，会引发严重的内部人控制以及控制权的持续争夺与变动。

中，由于存在股票价格失真、小股东搭便车以及追求短期价差等因素，导致这种外部监控功能难以实现（孔爱国和王淑庆，2003）。特别是我国政策规定任何个人不得持有一个上市公司5‰的发行在外的普通股，使得个人股东绝大部分是小股东，在"搭便车"心理作用下，他们很难通过股东大会发挥公司治理作用。对于中国上市公司来说，更大的问题不是股权分散，而是股权过于集中（吴淑琨，2002），随着中国证券市场的不断发展，上市公司应致力于建立适度集中而非高度分散或高度集中的股权结构。提高流通股比例的同时，致力于外部资本市场的完善，提升流通股东的理性投资意识，使流通股股东真正发挥其外部监督作用。

两类上市公司第一大股东与第二到第五大股东持股比例之和之比差异显著（见表7-11），符合两类上市公司在中国的现实状况。中小企业板上市公司主要为高成长性、高科技型企业，该类企业主要为民营企业和私营企业，股权集中度较低，股东之间的制衡较强，股权结构比较合理。而主板上市公司大多为国有控股或国家股比例比较高，国有股"一股独大"，大股东之间的制衡力较弱。在股权高度集中、一股独大的股权结构安排下，第一大股东往往会利用其控制权将上市公司"掏空"，其他股东很难对这种行为实施有效监督。如果公司具有一个较有影响力的第二大股东，可能会使这种代理成本有所减轻（陈信元和汪辉，2004），公司存在多个大股东好于只有一个控股股东或多个无控制权的小股东。①

两类上市公司国家股比例、法人股比例以及高管持股比例差异显著（见表7-11），不仅同目前我国证券市场的实际情况相符合，同时也验证了国内外专家的理论与实证研究成果。中小企业板上市公司与主板上市公司在国家股、法人股、高管持股等方面的差异是同我国经济发展的特殊历史阶段相联系的。作为转轨经济过程中引入的制度安排，中国上市公司的出现不是古典企业制度发展的自然结果，而主要是在否定、改造计划经济企业制度的过程中被嫁接到企业制度中去，并被赋予改革国有企业的使命，为了不动摇公有制的主导地位，在股权结构安排上引入了国有股、国有法人股的股权结构，并且国有股、国有法人股在多数情形下处于绝对控股的地位（高学哲，2006）。国有股持股主体的行政化因素使其有可能以政治功利和行政目标的混合物来代替股东目标，国有资本人格化代表的缺位加大

---

① 潘家诺和罗尔（Pagano and Roell，1999），班尼得森和沃尔芬森（Bennedsen and Wolfenzon，2000）的研究表明，公司存在多个大股东的好处有两方面：第一是能够对经理形成有效的监督，第二是股东间的相互监督可以内部化控制权私人收益。

了"内部人控制"带来的代理问题，使作为代理人的经理行为表现为政治上的机会主义和经济上的道德风险。由于国有股权人格化代表的缺位和不可流通性，其持股比例越高可能越不利于公司绩效的改善而法人股东具有的"经济人"的人格化特征使其具有较强的监控动力，其持股越多越有助于公司绩效的提升。[①] 而中小企业板上市公司中多数为成长性高科技民营企业，这些企业上市的主要原因是由于其市场前景不确定，因而造成盈利能力的不稳定，存在一定的市场风险，银行不愿意为其贷款，而我国主板市场因为进入门槛过高也将它们拒之门外，因而出现了有别于主板市场的资本市场为它们提供融资渠道。因此，中小企业板的国家股比例比较低、法人股比例比较合适，这样的股权结构安排与中小企业自身特征密切相关。

两类上市公司高管持股比例具有显著差异（见表7-11），其可能原因有二：一是制度约束。按照相关制度规定，为了保持公司成长的连续性，应将创业股东和管理层股东的利益与公司的经营业绩有机地结合在一起，这些股东在公司上市时所持有的股本至少占已发行股本的35%。为了确保公司管理层的稳定性，公司上市后，这些主要股东必须接受出售若干股份的限制。而民营企业的高管多数也是公司发起人或者主要控股股东，这是导致中小板上市公司高管持股比例较高的主要原因。二是高管持股有助于实现剩余索取权和剩余控制权的匹配，减少了委托代理关系中的代理成本和道德风险问题，高级管理人员的利益变成公司价值的增函数，促进了经营者和股东利益实现渠道的一致性。

（1）主板上市公司股权结构特征及其变动分析。主板上市公司在样本年度内股权结构明显优化，股权集中度显著下降，大股东制衡力显著改善，前五大股东持股比例之和前三年没有明显的差异，国家股比例、法人股比例显著下降。在国有股、法人股等非流通股由"依法转让"走向"渐进流通"的同时，流通股比例显著提高，2006年高管持股比例也显著高于2003年（见表7-12、表7-13及图7-11），股权分置改革的效果逐渐显现。

[①] 许小年（1997，1999）、杜莹和刘立国（2002）、孙菊生和李小俊（2006）的经验研究结果表明，国有股比例越高的公司，绩效越差；法人股比例越高的公司，绩效越好；陈晓和江东（2000）在考虑了行业因素后，得出股权比例与公司绩效关系为，在竞争性强的行业，国有股比例与公司业绩负相关，否则负相关不成立；陈小悦和徐晓东的研究结论为，国有股比例、法人股比例与公司绩效均没有显著的相关性。周业安的研究结果认为，国有股对ROE有显著的正面影响，法人股与公司绩效显著正相关；施东晖（2000）认为，法人股股东对企业经理人进行监督的积极性要高于国有股股东，监控效率要明显高于国有股股东；吴淑琨（2002）、徐炜和胡道勇（2006）认为，国有股比例变化对公司绩效的影响呈"U"型区间效应；法人股比例变化对公司绩效的影响也呈"U"型区间效应。

表7-12　　　　　不同板块上市公司股权结构特征变动比较

年度	板块类型		股权集中度（%）	股权制衡度	国家股比例（%）	法人股比例（%）	流通股比例（%）	高管持股比例（%）
2003	主板 （N=837）	均值	58.48	15.00	34.43	25.61	39.35	0.0026
		标准差	13.14	34.23	26.12	25.42	11.86	0.0197
	合计 （N=837）	均值	58.48	15.00	34.43	25.61	39.35	0.0026
		标准差	13.14	34.23	26.12	25.42	11.86	0.0197
2004	主板 （N=884）	均值	58.52	14.63	34.08	25.21	39.63	0.0764
		标准差	13.61	36.47	26.16	25.32	11.90	2.1622
	中小企业板 （N=19）	均值	64.94	1.33	14.42	50.92	29.44	0
		标准差	9.07	0.98	23.04	27.46	4.56	0
	合计 （N=903）	均值	58.65	14.35	33.67	25.75	39.42	0.0748
		标准差	13.56	36.14	26.24	25.62	11.88	2.1393
2005	主板 （N=889）	均值	57.45	11.32	33.09	23.86	41.56	0.0048
		标准差	13.64	26.25	25.50	24.34	12.36	0.0285
	中小企业板 （N=28）	均值	56.42	1.48	13.26	25.27	40.77	0.0018
		标准差	8.98	1.18	21.27	21.39	7.62	0.0053
	合计 （N=917）	均值	57.42	11.02	32.48	23.90	41.53	0.0047
		标准差	13.52	25.90	25.60	24.24	12.25	0.0281
2006	主板 （N=903）	均值	51.50	7.22	28.08	20.53	49.28	0.0075
		标准差	14.01	15.03	23.35	22.31	13.50	0.0348
	中小企业板 （N=30）	均值	55.91	1.55	12.00	20.10	51.36	2.8862
		标准差	9.39	1.08	19.37	20.44	10.96	5.9498
	合计 （N=933）	均值	51.64	7.04	27.57	20.51	49.34	0.1001
		标准差	13.90	14.82	23.40	22.24	13.43	1.1665

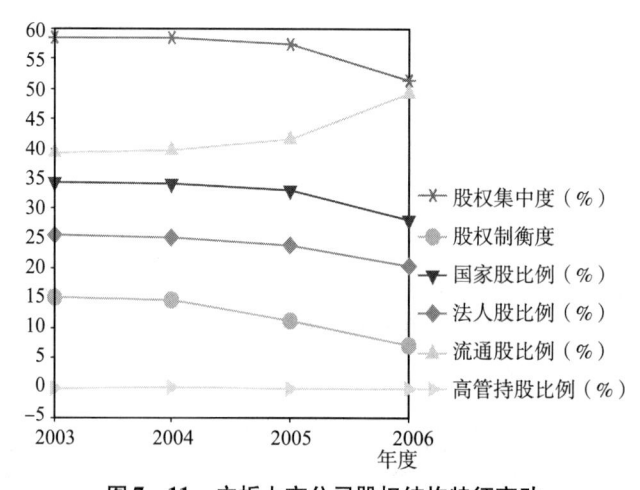

图7-11　主板上市公司股权结构特征变动

表7-13　　　　　主板上市公司股权结构特征变动多重比较

板块	指标	（I）年度	（J）年度	均值差（I）-（J）	显著性水平
主板上市公司	股权集中度（%）[a]	2006	2003	-6.98	0.00
			2004	-7.02	0.00
			2005	-5.95	0.00
	股权制衡度[b]	2006	2003	-7.78	0.00
			2004	-7.41	0.00
			2005	-4.10	0.00
	国家股比例（%）[b]	2006	2003	-6.35	0.00
			2004	-6.00	0.00
			2005	-5.01	0.00
	法人股比例（%）[b]	2006	2003	-5.08	0.00
			2004	-4.68	0.00
			2005	-3.33	0.02
	流通股比例（%）[b]	2006	2003	9.93	0.00
			2004	9.65	0.00
			2005	7.72	0.00
	高管持股比例（%）[b]	2006	2003	0.0049	0.00
中小企业板上市公司	股权集中度（%）[a]	2005	2004	-8.52	0.00
		2006	2004	-9.03	0.00
	法人股比例（%）[a]	2005	2004	-25.65	0.00
		2006	2004	-30.82	0.00
	流通股比例（%）[b]	2005	2004	11.33	0.00
		2006	2004	21.92	0.00
	高管持股比例（%）[b]	2006	2005	10.59	0.00
			2004	2.8862	0.04
			2005	2.8844	0.04

（2）中小企业板上市公司股权结构特征及其变动分析。中小企业板块上市公司前五大股东持股比例之和样本期间表现出明显的下降趋势，尤其是2005年降幅明显。股权制衡度在2004～2006年无明显变化，但与主板上市公司相比，中小企业板上市公司股权制衡度非常高，股权制衡状况相对较好。中小企业板上市公司国家股比例远低于同年度主板上市公司，样本期间略有下降。法人股比例2005年和2006年较2004年下降明显。与之相对应，2005年和2006年流通股比例明显增加，说明中小企业板上

市公司流通股比例的提高主要来自于法人股比例的减少。高管持股比例前两年比较低，2006年明显高于其他两年，也远高于同年度主板上市公司（见表7-12、表7-13及图7-12）。与主板上市公司相比，中小企业板上市公司更加注重对高管人员的股权激励。

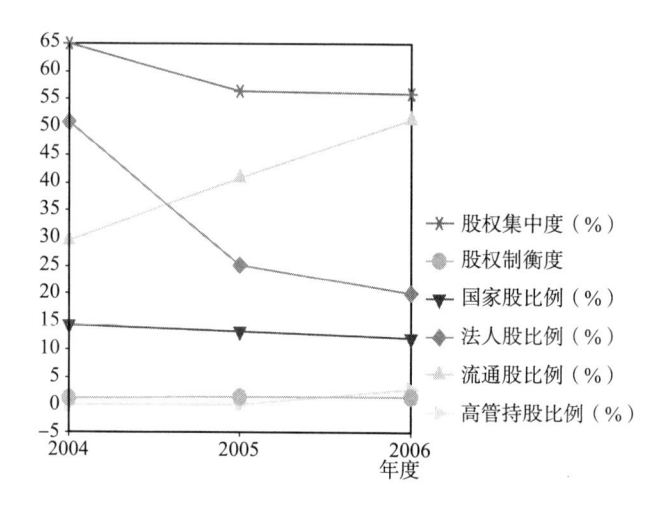

图7-12 中小企业板上市公司股权结构特征变动

总之，由于2005年开始的股权分置改革，使得不同交易板块上市公司股权结构特征出现了相同的变化趋势：股权集中度、国家股比例、法人股比例均有所下降而流通股比例明显上升。目前两类板块的股权集中程度依然相对较高，本书认为这种股权结构的安排是中国上市公司目前外部环境约束的结果[1]。相对于主板上市公司，中小企业板上市公司大股东基于控制权的争夺，大股东之间的制衡程度较高，其积极性在于大股东的制衡有助于抑制资产掏空等侵害行为的作用，多个大股东的存在可以互相监督、制衡，能够有效地限制控股股东的掠夺行为，减少"隧道行为"，如潘家诺、潘内达和津加莱斯[2]（Pagano, Panetta and Zingales, 1996）、班

---

[1] 波巴克利和柯赛特（Boubakri and Cosset, 2005）调查发现，在法律制度对投资者权益保护比较弱的国家，股权相对集中对公司业绩、保护中小股东的利益有着非常重要的意义；我国谢军（2006）研究发现股权越集中，大股东参与管理改善的动机和能力越强，较高程度的集中控股是一个有效的公司治理结构。

[2] Marco Pagano, Fabio Panetta, Luigi Zingales, The Stock Market as A Source of Capital: Some Lessons from Initial Public Offerings in Italy. *European Economic Review*, 1996 (40), pp. 1057-1069.

尼得森和沃尔芬森[①]（Bennedsen and Wolfenzon，2000）、亨利克·克隆维斯特和尼尔森[②]（Henrik Cronqvist and Nilsson，2005）的研究认为多个大股东的存在有助于产生抑制资产掏空等侵害行为的作用，减少"隧道行为"。但制衡的股权结构由于存在多个大股东，大股东对投资项目的前景、回报率、各自所承担的成本与享受的收益看法的不一致，通过谈判形成一致意见的难度会增加，从而使得一些具有正的净现值的投资项目被放弃，最终造成投资不足以及大股东间搭便车的动机，最终造成监督不力，而一股独大在解决此类问题时可能更有效（Shleifer and Vishny，1986）。还可能出现大股东之间频繁的控制股权争夺而导致公司治理效率的降低与财务状况的恶化。因此，在承认中小企业板上市公司具有更为合理的股权结构的同时，还要注意其有可能出现的负面效果。较高的高管持股比例是中小企业板块上市公司股权结构的另一个优势，有助于公司长期价值的提升，但特别需要注意高管套现有可能带来的严重后果。

7.3.3 不同板块上市公司股东大会规范性比较

作为公司利益最终所有者的股东组成的股东大会是公司的最高权力机关，而董事会只是公司的代理人，并受股东大会的控制。股东大会处于公司治理结构的最初环节，股东大会是否能够发挥实际功能决定了整个公司治理结构的成功（夏冬林，2000）。一般来说，股东对公司控制力的大小通过其持有表决权的数量予以体现，股东在股东会或股东大会上遵循"一股一票"的原则进行表决。"一股一票"原则充分考虑了公司资合的性质，是股东平等原则重要的表现形式。但股份的分散，使得中小股东拥有的股份数越来越少，少量的股份根本无法对股东大会决议产生实质性影响。

由于上市时严格的条件约束，使得中小企业板上市公司无论在股东大会出席率还是股东大会会议次数都显著高于主板上市公司。在我国，由于证券市场存在体制缺陷和制度不健全，"一股独大"现象严重，股东大会完全被大股东所操纵和控制，导致股东大会变成了"大股东会"，出现了

[①] Morten Bennedsen, Daniel Wolfenzon, The Balance of Power in Closely Held Corporations. *Journal of Financial Economics*, 2000 (58), pp. 113–139.

[②] Henrik Cronqvist, Mattias Nilsson, The Choice between Rights Offerings and Private Equity Placements. *Journal of Financial Economics*, 2005 (78), pp. 375–407.

股东大会的形式化现象。中小股东尚不能通过这些机制为自己争得发言权。因而就导致了股东大会会议出席率低的现象。相对而言，中小企业板上市公司在股东大会会议出席率以及股东大会会议次数方面均高于主板上市公司（见表7-14及图7-13）。

表7-14　　不同板块上市公司股东大会规范性差异比较

指标	板块类型	样本	均值	标准差	最小值	最大值	显著性水平
股东大会规范性	主板	3513	38.10	10.47	10.58	91.41	0.00
	中小企业板	77	48.55	12.00	25.84	75.82	
	合计	3590	38.33	10.61	10.58	91.41	
股东会议出席率（%）	主板	3513	56.07	15.27	1.45	100.00	0.00
	中小企业板	77	73.31	18.77	27.35	100.00	
	合计	3590	56.44	15.55	1.45	100.00	
股东大会会议次数（次）	主板	3513	2.26	1.14	1	8.00	0.00
	中小企业板	77	2.79	1.09	1	5.00	
	合计	3590	2.27	1.15	1	8.00	

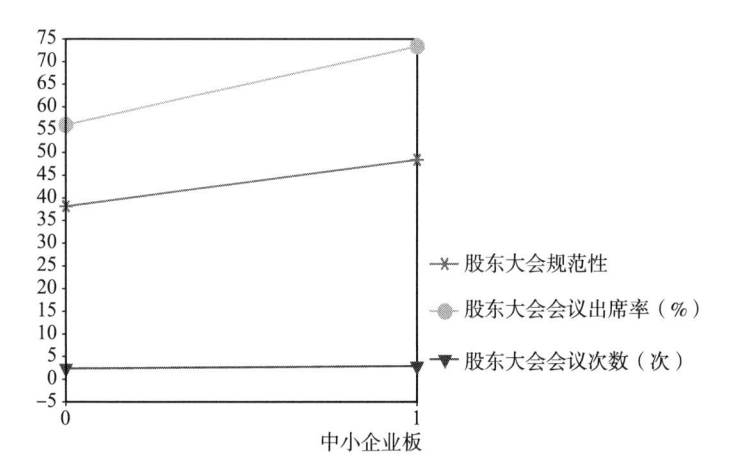

图7-13　不同板块上市公司股东大会规范性比较

1. 主板上市公司股东大会规范性及其变动分析。

主板上市公司受外部监管加强的影响较大，股东大会规范性2003~2005年没有发生明显变化，2006年股东大会治理状况明显改善，股东大会会议次数明显增加（见表7-15、表7-16及图7-14），主要原因在于

2006年《上市公司股东大会规则》以及《公司法》等的出台强化了股东大会的治理功能。股东大会会议出席率2003~2006年呈现不断降低的趋势，2006年较以前各年均有显著下降（见表7-16），原因可能是股权分置改革后流通股比例增加，股权的分散使得中小股东出于参会成本等的考虑，选择不出席股东大会。

表7-15　　不同板块上市公司股东大会规范性变动比较

年度	板块类型		股东大会规范性	股东大会会议出席率（%）	股东大会会议次数（次）
2003	主板（N=837）	均值	37.09	58.27	2.03
		标准差	10.02	15.91	1.01
	合计（N=837）	均值	37.09	58.27	2.03
		标准差	10.02	15.91	1.01
2004	主板（N=884）	均值	36.53	57.91	1.98
		标准差	9.76	15.18	1.00
	中小企业板（N=19）	均值	60.95	99.94	3.16
		标准差	8.16	0.26	1.01
	合计（N=903）	均值	37.05	58.79	2.01
		标准差	10.33	16.19	1.02
2005	主板（N=889）	均值	36.95	56.92	2.08
		标准差	10.16	14.07	1.03
	中小企业板（N=28）	均值	49.56	71.46	3.00
		标准差	7.08	12.66	0.77
	合计（N=917）	均值	37.33	57.37	2.10
		标准差	10.31	14.25	1.04
2006	主板（N=903）	均值	41.72	51.39	2.91
		标准差	11.00	14.90	1.23
	中小企业板（N=30）	均值	39.74	58.18	2.37
		标准差	10.37	8.35	1.27
	合计（N=933）	均值	41.66	51.61	2.89
		标准差	10.98	14.78	1.24

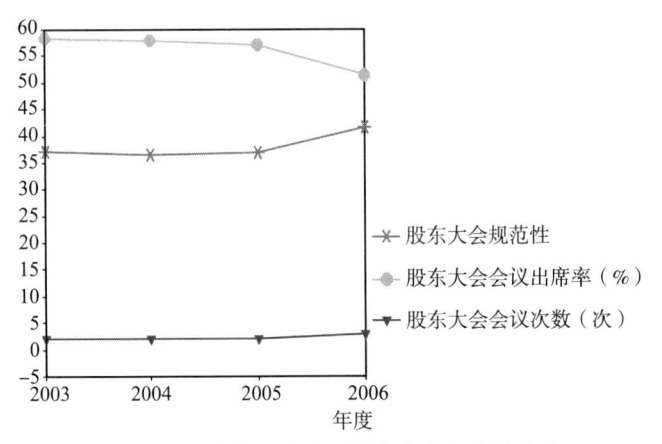

图 7-14　主板上市公司股东大会规范性变动

表 7-16　主板与中小企业板上市公司股东大会规范性变动多重比较

板块	指标	(I) 年度	(J) 年度	均值差 (I)-(J)	显著性水平
主板上市公司	股东大会规范性[b]	2006	2003	4.63	0.00
			2004	5.19	0.00
			2005	4.77	0.00
	股东大会会议出席率(%)[a]	2005	2003	-1.35	0.06
		2006	2003	-6.88	0.00
			2004	-6.52	0.00
			2005	-5.53	0.00
	股东大会会议次数(次)[b]	2006	2003	0.88	0.00
			2004	0.93	0.00
			2005	0.83	0.00
中小企业板上市公司	股东大会规范性[a]	2005	2004	-11.39	0.00
		2006	2004	-21.21	0.00
			2005	-9.82	0.00
	股东大会会议出席率(%)[b]	2005	2004	-28.48	0.00
		2006	2004	-41.76	0.00
			2005	-13.28	0.00
	股东大会会议次数(次)[b]	2006	2004	-0.79	0.06
			2005	-0.63	0.07

2. 中小企业板上市公司股东大会规范性及其变动分析。

与主板上市公司形成了明显的反差，中小企业板上市公司股东大会规范性呈现明显的下降趋势，且下降幅度比较大，其中2006年较2004年和2005年均有显著下降，但中小企业板上市公司股东大会规范性依然较主板上市公司略好（见表7-15、表7-16及图7-15）。股东大会会议出席率2004~2006年呈现不断降低的趋势，2006年较2004年和2005年分别降低了41.76个、13.28个百分点，但明显高于同年度主板上市公司股东大会出席率，股东大会会议出席率的下降可能与流通股比例的增加带来的中小投资者增多有关。年度股东大会会议次数也呈现不断下降的趋势，2006年较2004年和2005年分别降低了0.79次、0.63次。

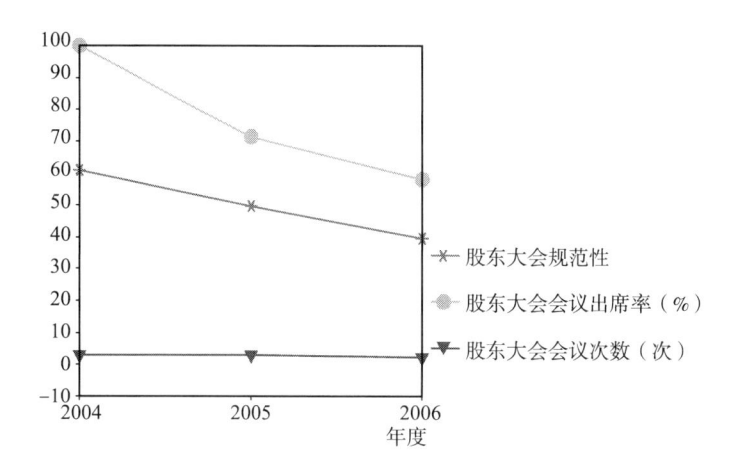

图7-15 中小企业板上市公司股东大会规范性变动

股权分置改革完成后，上市公司流通股比例增加，中小股东数量有所增加，这些投资者选择是否参加股东大会主要出于参会收益和成本的衡量。股东大会表决机制导致中小股东的话语权相对较弱，而这些股东的参会成本可能相对较高，因此不出席股东大会可能是其理性的选择，但这种选择可能导致全体股东的利益得不到维护的后果，因此，提高股东大会会议出席率对于上市公司尤其是中小企业板上市公司具有重要意义。

7.3.4 不同板块上市公司董事会治理竞争力及其变动比较

1. 不同板块上市公司董事会治理竞争力比较。

董事会是公司最重要的内部监督机制，对公司的运作负有最终责任。董事会作为代表公司行使其法人财产权的必要会议机关，处于公司内部治理结构的核心。一个运行良好的董事会，不仅能够提高公司的治理效率，还能在一定程度上提升公司绩效并确保公司具有长期竞争优势。关注公司董事会制度建设，并提高董事会治理效率，一直是理论界和实务界关注的热点。目前，在理论界对于董事会的研究主要集中在董事会的规模、董事会独立性、董事激励、董事会运作、董事会次级委员会设置等董事会特征及其对公司绩效的影响、董事会治理质量的评价等方面，但是目前少有对于不同交易板块上市公司董事会规模、董事会独立性、董事激励等方面的比较研究。

　　本书的研究显示，主板上市公司的董事会治理竞争力略高于中小企业板上市公司，但差异并不显著（见表7-17及图7-16）。要素指数中，两个板块的董事会规模合理性均比较高，基本达到了相关法律与制度的要求。[①] 主板上市公司董事会独立性和董事会运作明显优于中小企业板上市公司（见表7-17），主板上市公司大部分是国有或国有控股企业，董事的配置比较合理并聘用了一定比例的外部董事，因此能够在一定程度上实现董事会的独立性和董事会运作的规范性。而中小企业板上市公司多为民营企业，且大部分为家族制企业或家族占有大部分股份的企业，由于上市时间较短，董事会制度尚存较多问题，董事会独立性和董事会运作规范性较差。中小企业板上市公司董事激励合理性明显优于主板上市公司，可能是由于三方面原因造成的：一是，主板上市公司多为国有控股企业且规模较大，本身存在高管激励问题；二是，中小企业板上市的制度要求，即为了保持公司成长的连续性和确保公司管理层的稳定性，公司上市后对于管理层与主要股东出售若干股份做出一定的限制，客观上起到了提高董事激励水平的结果；三是，中小企业板上市公司多为民营控股，其制度相对灵活，为了发挥董事致力于公司价值最大化的积极性而给予了董事相对较多的股票期权激励。

---

　　① 理论研究对于董事会规模与公司治理效率的关系，学者们的意见不一，常安提等（Changanti et al., 1985）认为规模较小的董事会更能实施有效的控制；利普顿和洛尔施（Lipton and Lorsch, 1992）认为即使董事会的监控能力会随着董事会规模的增大而增加，但是由此带来的成本也将超过其收益；亚历山大等（Alexander et al., 1993）认为，CEO可以通过结盟、提供有选择性的信息渠道、分化和"征服"等策略在与规模较大的董事会成员的交往中获取权力优势；艾森伯格等（Eisenberg, Sundrgen and Wells, 1998）认为董事会规模大一点有利于降低公司的风险；什图鲁等（Chtourou, Bedard and Courteau, 2001）认为董事会规模大有助于减少盈余管理的程度；埃里克和迈克（Eric Helland and Michael Sykuta, 2005）的研究认为，董事会规模较小的公司容易招致股东诉讼，规模较大的董事会有助于监督管理层。蔡宁和梁丽珍（2003）的研究也证实董事会规模与财务舞弊存在正相关关系；而詹森（1990, 1993）认为适当的董事会规模有助于治理效率的改善，并认为董事会人数若超过7到8人，将会因为易于受到CEO的操纵而不可能很好地发挥作用。

表7-17　　不同板块上市公司董事会治理竞争力差异比较

指标	板块类型	样本数	均值	标准差	显著性水平
董事会治理竞争力	主板	3513	51.75	13.23	0.40
	中小企业板	77	50.48	10.84	
	合计	3590	51.72	13.19	
董事会规模合理性	主板	3513	98.51	2.72	0.98
	中小企业板	77	98.51	2.93	
	合计	3590	98.51	2.73	
董事会独立性	主板	3513	74.15	14.48	0.00
	中小企业板	77	68.09	16.02	
	合计	3590	74.02	14.54	
董事激励合理性	主板	3513	13.20	7.72	0.00
	中小企业板	77	28.00	20.97	
	合计	3590	13.52	8.50	
董事会运作	主板	3513	49.14	36.54	0.01
	中小企业板	77	37.69	27.58	
	合计	3590	48.89	36.41	

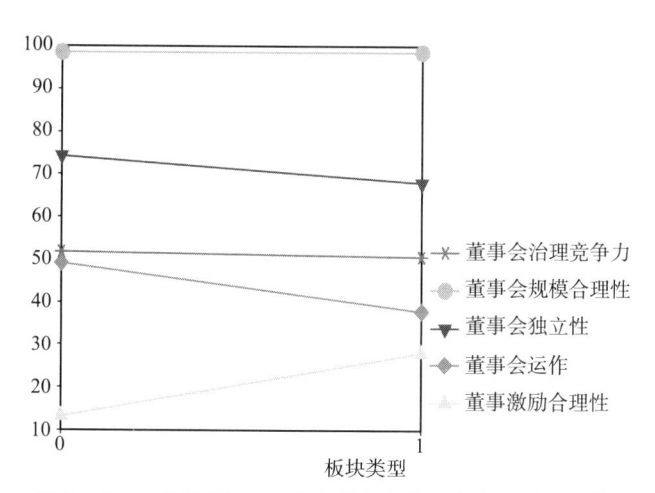

图7-16　不同板块上市公司董事会治理竞争力差异比较

2. 各类板块上市公司董事会治理竞争力变动分析。

（1）主板上市公司董事会治理竞争力及其变动分析。主板上市公司董事会治理竞争力2003~2006年逐年提升，2006年改善明显。董事会规模合理性没有明显的变化，各年均比较高，2006年董事会规模有所缩小，大部分上市公司达到了合规性的要求。主要是由于《公司法》、《上市公司治理准则》等规定了董事会规模的范围，为上市公司选择董事会规模提供了参考。样本期间上市公司董事会独立性变化不大，独立董事比例和领导权结构没有发生明显的变化，这进一步说明主板上市公司独立董事制度建设更多的是制度约束的结果。董事激励合理性2003~2006年也没有明显变化，董事激励水平普遍较差。董事会运作2003~2006年逐年改善，2006年明显好转，较2003年、2004年、2005年均有显著改善，董事会下属次级委员会设置比率的提高以及董事会会议次数增加是重要原因（见表7-18、表7-19及图7-17）。

表7-18　　不同板块上市公司董事会治理竞争力变动比较

年度	板块类型		董事会治理竞争力	董事会规模合理性	董事会独立性	董事激励合理性	董事会运作
2003	主板（N=837）	均值	49.05	98.76	73.91	13.26	41.23
		标准差	12.73	2.44	14.35	7.55	35.03
	合计（N=837）	均值	49.05	98.76	73.91	13.26	41.23
		标准差	12.73	2.44	14.35	7.55	35.03
2004	主板（N=884）	均值	50.75	98.69	74.07	13.46	45.97
		标准差	12.88	2.61	14.37	8.36	35.62
	中小企业板（N=19）	均值	46.65	98.68	68.62	32.15	22.53
		标准差	6.10	2.81	16.54	23.49	13.60
	合计（N=903）	均值	50.66	98.69	73.96	13.86	45.47
		标准差	12.79	2.62	14.43	9.31	35.46
2005	主板（N=889）	均值	51.51	98.49	74.29	13.07	48.45
		标准差	12.93	2.70	14.42	7.35	35.45
	中小企业板（N=28）	均值	46.72	98.39	67.96	28.66	26.21
		标准差	8.69	3.06	15.52	19.15	15.91
	合计（N=917）	均值	51.36	98.48	74.10	13.54	47.77
		标准差	12.84	2.71	14.49	8.39	35.22
2006	主板（N=903）	均值	55.47	98.15	74.30	13.03	60.25
		标准差	13.53	3.05	14.80	7.58	37.29
	中小企业板（N=30）	均值	56.42	98.50	67.87	24.75	58.00
		标准差	12.43	2.98	16.69	21.12	30.64
	合计（N=933）	均值	55.50	98.16	74.10	13.41	60.18
		标准差	13.49	3.04	14.90	8.59	37.08

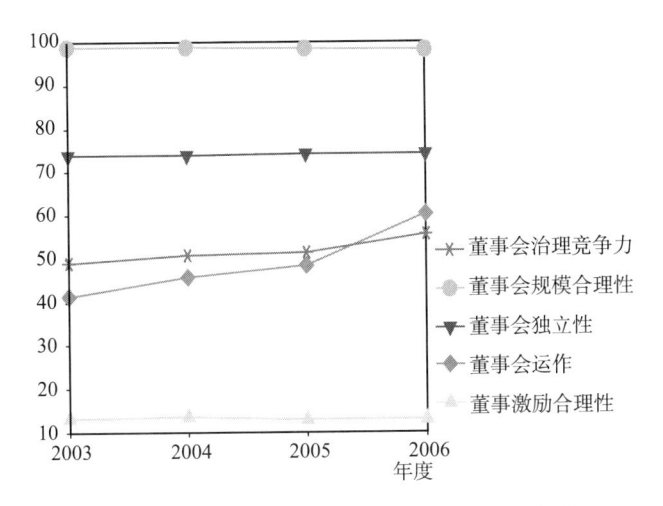

图 7-17　主板上市公司董事会治理竞争力变动

表 7-19　　　主板与中小企业板上市公司董事会治理
竞争力变动多重比较

板块	指标	(I) 年度	(J) 年度	均值差 (I)-(J)	显著性水平
主板上市公司	董事会治理竞争力[b]	2004	2003	1.70	0.04
		2005	2003	2.46	0.00
		2006	2003	6.42	0.00
			2004	4.72	0.00
			2005	3.96	0.00
	董事会规模合理性[b]	2006	2003	-0.61	0.00
			2004	-0.54	0.00
			2005	-0.34	0.07
	董事会运作[b]	2004	2003	4.74	0.03
		2005	2003	7.22	0.00
		2006	2003	19.02	0.00
			2004	14.28	0.00
			2005	11.80	0.00
中小企业板上市公司	董事会治理竞争力[b]	2006	2004	9.77	0.00
			2005	9.70	0.00
	董事会运作[b]	2006	2004	35.47	0.00
			2005	31.79	0.00

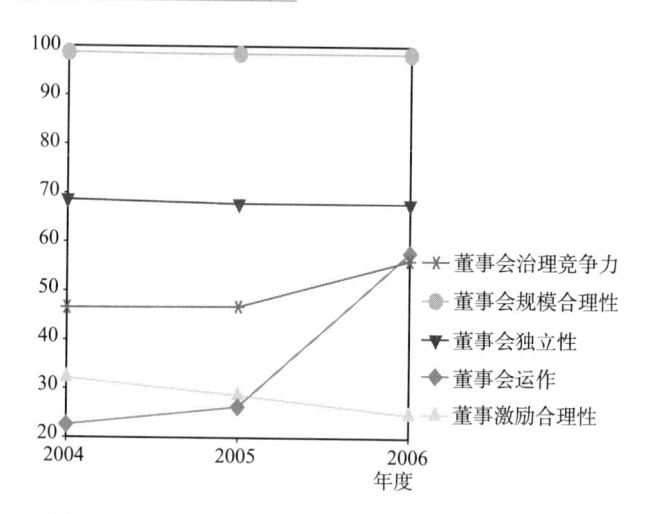

图 7-18　中小企业板上市公司董事会治理竞争力变动

（2）中小企业板上市公司董事会治理竞争力及其变动分析。样本期间中小企业板块上市公司董事会治理竞争力呈上升趋势，其中，2006 年明显高于前两年（见表 7-18、表 7-19 及图 7-18）。董事会规模合理性未发生显著的变化，董事会独立性略有下降，但没有显著变化。董事激励合理性虽然略有下降，但远高于同年度主板上市公司。董事会运作有效性从总体上看呈上升趋势，2006 年改善明显，较 2004 年和 2005 年均有显著提高（见表 7-19）。

总之，由于董事激励不足及董事会运作质量较差，导致董事会治理竞争力不高。样本期间上市公司董事会治理竞争力各要素表现出了不同的变动趋势，但是两类上市公司均普遍存在单纯的"合规"现象。主板上市公司董事会独立性和董事会运作明显优于中小企业板上市公司，中小企业板上市公司董事会激励合理性明显优于主板上市公司。

3. 不同板块上市公司董事会治理特征比较。

主板上市公司董事会规模、董事长与总经理两职设置、董事会会议次数、薪酬与考核委员会设置、战略委员会设置以及提名委员会设置等方面均显著高于中小企业板上市公司；而中小企业板上市公司则在持有本公司股份董事比例、董事会持股比例、领取报酬董事比例、董事长持股比例等方面显著高于主板上市公司（见表 7-20 及图 7-19、图 7-20、图 7-21、图 7-22）；独立董事比例、审计委员会设置以及金额最高的前三名高管持股比例方面两类上市公司没有显著差异。

表 7-20　不同板块上市公司董事会治理特征差异比较

指标	板块类型	样本数	均值	标准差	最小值	最大值	显著性水平
董事会规模（人）	主板	3513	9.83	2.19	4	23	0.00
	中小企业板	77	9.03	1.62	5	15	
	合计	3590	9.81	2.18	4	23	
独立董事比例（%）	主板	3513	33.79	6.38	0	75	0.17
	中小企业板	77	34.82	7.65	0	60	
	合计	3590	33.82	6.41	0	75	
董事长与总经理两职设置（分）	主板	3513	2.44	0.76	1	3	0.00
	中小企业板	77	2.10	0.84	1	3	
	合计	3590	2.43	0.76	1	3	
董事会持股比例（%）	主板	3513	0.6160	4.8760	0	74.8051	0.00
	中小企业板	77	13.0382	16.0688	0	67.2752	
	合计	3590	0.8824	5.6545	0	74.8051	
持有本公司股份董事比例（%）	主板	3513	16.89	20.15	0	100	0.09
	中小企业板	77	20.87	19.86	0	58.33	
	合计	3590	16.97	20.15	0	100	
领取报酬董事比例（%）	主板	3513	69.96	22.95	0	100	0.03
	中小企业板	77	75.83	21.47	0	100	
	合计	3590	70.08	22.93	0	100	
董事长持股比例（%）	主板	3513	0.0025	0.0230	0	0.4497	0.00
	中小企业板	77	0.0764	0.1163	0	0.4263	
	合计	3590	0.0041	0.0303	0	0.4497	
金额最高的前三名董事报酬总额（元）	主板	3513	500979	531343	7200	10201920	0.84
	中小企业板	77	488778	295959	52700	1594000	
	合计	3590	500718	527377	7200	10201920	
董事会会议次数（次）	主板	3513	7.63	3.14	2	32	0.40
	中小企业板	77	7.32	2.12	4	14	
	合计	3590	7.62	3.12	2	32	
审计委员会设置（%）	主板	3513	48.70	49.99	0	100	0.09
	中小企业板	77	58.44	49.61	0	100	
	合计	3590	48.91	50.00	0	100	
薪酬与考核委员会设置（%）	主板	3513	51.24	49.99	0	100	0.00
	中小企业板	77	35.06	48.03	0	100	
	合计	3590	50.89	50.00	0	100	

续表

指标	板块类型	样本数	均值	标准差	最小值	最大值	显著性水平
战略委员会设置（%）	主板	3513	38.00	48.55	0	100	0.00
	中小企业板	77	16.88	37.71	0	100	
	合计	3590	37.55	48.43	0	100	
提名委员会设置（%）	主板	3513	38.34	48.63	0	100	0.00
	中小企业板	77	12.99	33.84	0	100	
	合计	3590	37.80	48.50	0	100	

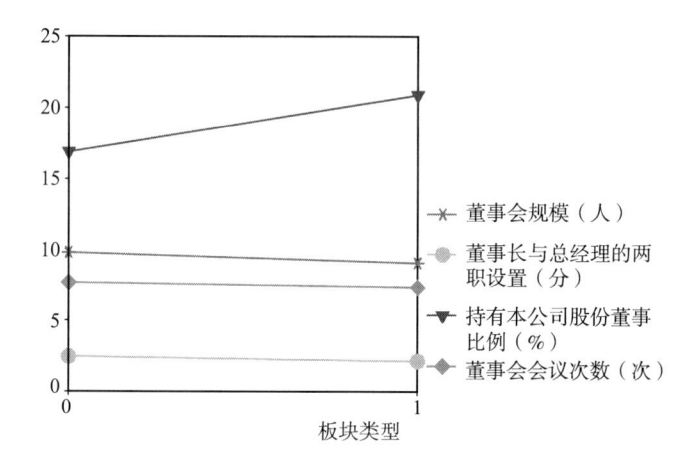

图 7-19 不同板块上市公司董事会治理特征比较（1）

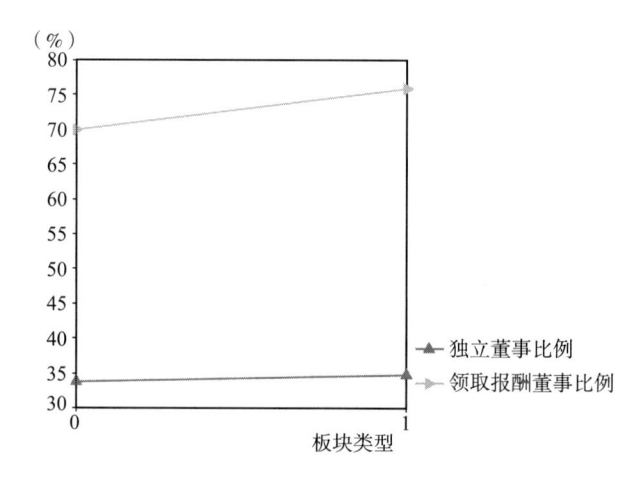

图 7-20 不同板块上市公司董事会治理特征比较（2）

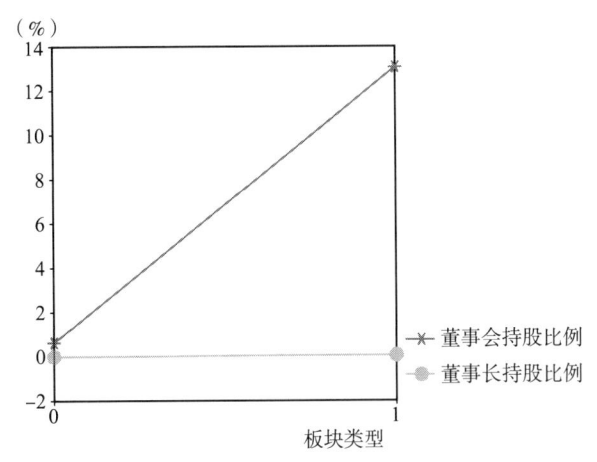

图 7-21　不同板块上市公司董事会治理特征比较（3）

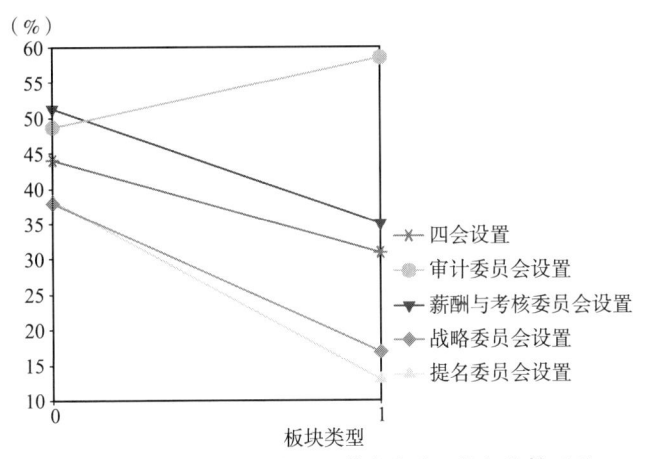

图 7-22　不同板块上市公司董事会治理特征比较（4）

合理的董事会的规模应使董事会以较低的监督决策成本，获取较高的监督决策收益。国外实证研究证实影响董事会规模的因素有很多，如公司规模、行业性质、兼并、CEO 的偏好、外部压力、公司资本结构、地方性或者全球性以及董事会内部结构等。[①] 规模大的上市公司，由于其业务

[①] 朱兰和劳登（Juran and Louden，1966）、昆茨（Koontz，1967）、菲尔（Pfeefer，1972）等的研究认为基于管理需求及合作需求，使公司之间互派董事或一些利害相关者向公司派出董事，因此大公司董事会人数较多。随着公司规模增长，公司战略决策所需的专业知识增加，决策任务变得复杂也使董事会次级委员会的设置成为必要的选择，因此董事会规模与公司规模有正向关系。

复杂性程度高，相应的决策所需知识以及信息量较大，因而董事会规模相对较大。主板上市公司董事会平均人数为9.83人，中小企业板块为9.03人，两个板块上市公司董事会规模差异显著。主板上市公司多为大中型企业，规模较大，因而董事会人数较多；中小企业板上市公司多为高科技型的民营企业，企业规模较小，相对较小的董事会既有助于快速决策又有利于治理成本的控制。因此，中小企业板上市公司董事会规模的选择考虑了公司规模的大小以及决策任务复杂性对董事会规模的影响，是一种比较理性的选择。

主板上市公司的董事会中独立董事比例为33.79%，中小企业板上市公司董事会中独立董事比例为34.82%，两个板块上市公司相差不大，各类上市公司独立董事制度更多是制度约束的结果而非上市公司自我发展的需要。[①] 要使独立董事制度能够真正发挥作用必须实现独立董事制度建设有被动的"合规"转化为自发的主动建设，提高独立董事在董事会成员中的比重。

主板上市公司董事会持股比例为0.6160%，而中小企业板上市公司董事会持股比例为13.0382%，两个板块上市公司存在显著差异。主板上市公司多为大中型企业，公司总股本规模较大，公司董事会持股不可能占有比较大的比例；而中小企业板上市公司多为民营上市公司，公司总股本规模较小，且这部分企业有相当大一部分为家族制企业，加上制度的约束，董事会持股比例比较高。董事会持有公司一定比例的股份有利于促进公司董事将个人利益与公司利益统一起来，实现公司的长远发展。

主板上市公司领取报酬董事比例为69.96%，中小企业板上市公司领取报酬董事比例为75.83%。现代企业的一个最重要特征就是所有权和经营权的分离。所有权和经营权的分离产生了委托代理关系，代理人对个人效用的追求以及委托人与代理人之间的信息不对称导致代理成本的产生。为了降低代理成本，矫正经营者行为，激励经营者最大限度地努力工作，减小经营者与所有者之间行为目标的差异，理论上的解决办法是将经营者利益尽可能地整合到所有者利益中去，并在两者之间建立敏感的正相关关系。现有的理论研究和实践也证明经营者报酬和公司绩效有着显著的正相

---

① 独立董事最早发端于美国，目前很多国家都实施了独立董事制度。据经合组织（OECD）1999年世界主要企业统计指标的资料显示：在美国企业中，独立董事占董事会成员的比例为62%，其中英国为34%，法国为29%。2001年8月，我国证监会颁布了《关于在上市公司设立独立董事的指导意见》，正式开始了在境内上市公司设立独立董事的实践。

关关系。① 中小企业板上市公司在激励方面相比主板上市公司具有更大的灵活性，更能够激励公司董事参与公司治理。主板上市公司领取报酬董事比例低于中小企业板上市公司，其原因在于：其一，高管人员多由上级主管部门任命，不从公司领取报酬；其二，董事仅在上市公司挂职，其报酬从母公司或集团公司或关联公司领取，降低了报酬对于绩效的效用。

主板上市公司董事长持股比例为 0.0025%，中小企业板上市公司董事长持股比例为 0.0764%，两个板块上市公司董事长持股比例差异显著。由于各方面的原因，我国上市公司的董事长和总经理对公司的战略决策和经营决策大都可以实行绝对的影响，因此董事长和总经理的行为将对公司业绩产生举足轻重的作用。从代理角度来看，董事长和总经理与其他高级管理人员也构成一级委托—代理关系，董事长和总经理是委托人，其他高级管理人员是代理人。但这一级代理问题相对于股东与董事长和总经理之间的代理问题稍显简单（因为董事长和总经理相对于股东拥有更多的有关代理人行为的信息），并且股东与董事长和总经理之间的代理问题对于公司内部治理机构的完善更为关键。② 主板市场上的上市公司绝大部分为国有控股公司，董事长一般都是由政府任命的方式产生，由于这种制度上的缺陷，导致主板市场上市公司董事长持股比例极低。中小企业板上市公司董事长持股比例较高是中小企业板上市公司自身的特点。

主板上市公司金额最高前三名董事报酬总额平均为 50 多万元，中小企业板块上市公司金额最高前三名董事报酬总额平均为 48 万多元，相差不大。高管薪酬问题已经受到了理论界和实务界的广泛关注，高管薪酬问题在社会上也引起了巨大的反响。目前，国资委限定国企高管薪酬不得超出职工平均工资 14 倍，间接涉及大部分主板上市公司高管的薪酬问题。事实上，与非国有企业高管相比，大多数国企高管的薪酬仍处于较低水平，要想解决这个问题，增加主板上市公司的高管尤其是国有企业的高管薪酬，激励他们更好地投入公司管理，还要突破许多体制上的问题。中小企业板上市公司的金额最高前三名董事报酬总额略低，一方面，可以增加董事报酬，只有这样才能不断提高公司高管参与公司管理的积极性；另一

---

① 霍尔和利伯曼（Hall and Liebman，1998）利用美国上百家公众持股的最大商业公司近 15 年的数据，对其经营者报酬和相应的公司业绩之间的关系进行了实证研究，他们认为，经营者报酬和企业业绩强相关。陈志广（2002）的研究发现，在我国 2000 年沪市的上市公司中，高管薪金报酬与企业绩效存在显著的正相关关系。

② 李增泉：《激励机制与企业绩效——一项基于上市公司的实证研究》，载《会计研究》2000 年第 1 期。

方面，较低的货币报酬可能与该类上市公司较高的股权激励有关。

董事会会议是董事履行义务以及各相关者利益发生冲突与妥协的主要场所。在董事会中，来自不同方面、具有不同利益取向和文化背景的利益相关者代表通过参与董事会会议，实现对各方利益的保护，因此，董事会会议质量对董事会运作效率起着关键的作用。学术界关于董事会会议多少更有利于提高董事会治理效率的研究形成了两种截然相反的观点。一是以利普顿和洛尔施（Lipton and Lorch）为代表的一派，他们认为董事会会议次数越多，董事越积极有效。因为经常的会面可以使董事们更好地履行其勤勉职责，因此他们建议董事们每两个月至少应该开一次会，每次会议应该要有一整天；[①] 谢等（Xie et al.，2001）研究发现董事会的会议次数越多，盈余管理程度越轻。但以詹森（Jensen）为首的另一派则认为，董事会会议往往只是走走形式，不是确实需要的。詹森（Jesen，1993）等认为董事会更像一个灭火器装置而不是一个预防装置，董事会会议的大部分时间往往被用来讨论公司的日常事务，董事们实际上没有较多的时间用于董事们之间或与公司管理当局之间进行有意义的交流。因此，董事会会议还不如少开为好。[②] 瓦弗斯（Vafeas，1999）就董事会会议频率与公司业绩表现关系的实证分析显示，董事会会议频率与公司价值成反比关系。[③] 虽然董事会会议次数对公司治理效率的影响方向尚未得到一致的意见，但董事会会议次数对公司治理效率具有一定的影响毋庸置疑。主板上市公司董事会会议次数为7.63次，中小企业板上市公司董事会会议次数为7.32次，两类不同板块上市公司的董事会会议次数均达到并超过了《公司法》的要求。但两类上市公司中均有部分上市公司的董事会会议次数过高，主板上市公司最高达32次，中小企业板上市公司最高达14次，过高的董事会会议次数非但不利于公司治理效率的改善，反而增加了董事会治理的成本。

主板上市公司、薪酬与考核委员会、战略委员会设置、提名委员会设

[①] Lipton, Lorsch, A Model of Proposal for Improving Corporate Governance. *Business*, *Lawyer*, 1992, pp. 57-77.

[②] Jensen, M., Meckling W., Modern Industrial Revolution, Exit and the Failure of Internal Control Systems. *Journal of Finance*, 1993 (48), pp. 831-880.

[③] Vafeas, Nikos, Board meeting frequency and firm performance. *JournaL of Financial Economics*, 1999 (53): 113-142. 唐清泉（2005）认为，董事会会议次数与公司绩效有负相关关系，且具有显著性。牛建波和李胜楠（2007）研究发现，在通过家族控股上市而形成的民营上市公司中，年度内董事会会议次数对企业的市场价值有显著的正向影响，而在通过兼并重组取得控股地位的民营上市公司中，这种影响并不显著。

置等方面显著好于中小企业板上市公司。董事会作为会议体机关存在其内生性缺陷：一方面，其功能的发挥主要表现为对已经形成的议案进行讨论和表决，而专业有效的议案的形成和提出往往需要进行广泛调查和深入研究；另一方面，部分董事会职能的履行，如财务审计和业绩评估等，需要监督主体在被监督对象日常履行职务的过程中对其加以考察和评估，这些都是每年仅仅数次的董事会议力所不能及的（谢增毅，2005）。而董事会专业委员会的设立可以弥补董事会的缺陷，并有利于独立董事作用的发挥。作为董事会常设机构的专业委员会，基于专业化和分工协作的组织理念，有利于同时兼顾董事会成员间的制衡与协调，既承担委托代理意义上的监督激励职能，以实现股东与经理层利益一致的激励相容，又要承担战略决策意义上的信息提供与咨询顾问职能，以实现基于公司核心竞争能力培养和利益体系的构建。[1] 主板上市公司相对于中小企业板上市公司在组织制度建设和执行国家的法律政策方面更积极和迅速，另外主板市场上的上市公司多为大中型企业，对于健全董事会建设的需求更迫切，导致在董事会专门委员会的设置比例上远高于中小企业板上市公司。

学者们关于审计委员会治理效果的研究得出了两种不同的结论：一是，认为审计委员会在提高财务报告的质量、降低财务舞弊现象等方面发挥着积极的作用。如扎拉和皮尔斯（Zahra and Pearce，1989），威尔德（Wild，1994）[2]，比斯利（Beasly，1995），麦克·穆伦（McMullen，1996），德肖等（Dechow et al.，1996）[3]，科里尔和格里托利（Collier and Gretory，1996）[4]，陈和加里（Chen and Jaggi，2000）[5]，宋和温德姆（Song and Windram，2000），杨乔恩和贾根·克里斯南（Joon S. Yang and Jagan Krishnan，2005）[6]等。二是，认为审计委员会并没有有效发挥作用。如博克特（Birkett，1986），弗斯霍尔（Verschoor，1989，1990），弗

---

[1] 牛建波、刘绪光：《董事会委员会有效性与治理溢价——基于中国上市公司的经验研究》，载《证券市场导报》2008 年第 1 期。

[2] Wild, The Audit Committee and Earnings Quality. *Journal of Accounting, Auditing and Finance*, 1994 (9), pp. 247–276.

[3] Dechow, P. W., Sloan R. G., Sweeney A. P., Causes and Consequences of Earnings Manipulation: An Analysis of Firms Subject to Enforcement Actions by the SEC. *Contemporary Accounting Research*, 1996 (10), pp. 1–13.

[4] Paul Collier, Alan Gregory, Audit Committee Activity and Agency Costs. *Journal of Accounting and Public Policy*, 1999 (18), pp. 311–332.

[5] Charles J. P. Chen, Bikki Jaggi, Association between Independent Non-executive Directors, Family Control and Financial Disclosures in Hong Kong. *Journal of Accounting and Public Policy*, 2000.

[6] Joon S. Yang, Jagan Krishnan, Audit Committees and Quarterly Earnings Management. *International Journal of Auditing*, 2005 (3), pp. 201–219.

科（Forker，1992）[1]、林塞尔（Linsell，1992），麦侬和威廉姆斯（Menon and Williams，1994），卡尔波斯和弗佳迪（Kalbers and Fogarty，1993），科里尔（Collier，1996），科里尔和格里托利（Collier and Gregory，1996），皮斯尼尔等（K. V. Peasnell et al.，2005）[2]。尽管理论研究并未形成一致的意见，但各国公司实践还是特别强调涉及委员会制度的建设，据统计当前在纽约证券交易所上市的公司中，100%有审计委员会，80%有薪酬委员会，50%有提名委员会[3]。美国注册会计师协会（AICPA）早在1968年就提出上市公司应成立全部由非执行董事组成的审计委员会；美国纽约证券交易所要求所有挂牌的国内公司拥有全部由独立董事组成的审计委员会；纳斯达克1989年也开始要求挂牌的国内公司拥有一个多数成员为独立董事的审计委员会；TSE规定上市公司必须设置审计委员会。我国2002年颁布的《上市公司治理准则》，上市公司董事会可以按照股东大会的有关决议设立审计委员会，如果设置审计委员会，独立董事在审计委员会中应占主导地位，审计委员会的主席应当由独立董事担任。但样本数据却显示我国不同类上市公司审计委员会的设置程度比较低，主板上市公司审计委员会设置比例为49%，中小企业板块上市公司审计委员会设置比例为58%，因此相对于主板上市公司，中小企业板更加重视审计委员会制度的建设。但与国外相比则相差太大，较低的审计委员会设置比率以及独立董事比例，难以确保我国上市公司信息披露的质量。

样本期间主板上市公司董事会规模总体上呈下降趋势，向小规模发展，2006年较以前年份缩小明显；中小企业板上市公司董事会规模呈扩大的趋势，但较同年度主板上市公司董事会规模小。独立董事比例方面，主板上市公司略有提高，而中小企业板上市公司各年变化不大，两类上市公司独立董事比例均维持在略高于1/3的水平上；主板和中小企业板上市公司董事长与总经理两职设置各年变化不大，主板上市公司倾向于董事长与总经理的两职分设，而中小企业板上市公司其分设程度略低（见表7-21）。

---

[1] Forker, J. J., Corporate Governance and Disclosure Quality. *Accounting and Business Research*, 1992 (86), pp. 111-125.

[2] K. V. Peasnell, P. F. Pope, S. Young, Board Monitoring and Earnings Management: Do Outside Directors Influence Abnormal Accruals? *Journal of Business Finance & Accounting*, 2005 (32), pp. 1311.

[3] Analysis of Results of 1980 Proxy Statement Re-lease, Disclosure, Securities and Exchange Commission. No. 34-36, February 5, 1997, 转引自《公司治理》（李维安等，2001）。

第7章 不同板块上市公司竞争力比较

表7－21　不同板块上市公司董事会治理特征变动比较

年度	板块类型		董事会规模（人）	独立董事比例（%）	董事长与总经理两职设置（分）	持有本公司股份董事比例（%）	董事会持股比例（%）	领取报酬董事比例（%）	董事长持股比例（%）	金额最高前三名董事报酬总额（元）	董事会会议次数（次）	审计委员会设置（%）	薪酬与考核委员会设置（%）	战略委员会设置（%）	提名委员会设置（%）	四会设置（%）
2003	主板（N=837）	均值	10.05	32.14	2.46	19.07	0.5547	68.46	0.0021	455537	7.61	39.43	41.70	28.55	30.23	34.98
		标准差	2.18	6.52	0.75	21.44	4.7460	22.04	0.0194	529843	3.15	48.90	49.34	45.19	45.95	40.36
	合计（N=837）	均值	10.05	32.14	2.46	19.07	0.5547	68.46	0.0021	455537	7.61	39.43	41.70	28.55	30.23	34.98
		标准差	2.18	6.52	0.75	21.44	4.7460	22.04	0.0194	529843	3.15	48.90	49.34	45.19	45.95	40.36
2004	主板（N=884）	均值	9.91	33.69	2.44	17.60	0.7529	69.98	0.0028	559340	7.42	45.36	47.17	33.26	35.41	40.30
		标准差	2.19	5.60	0.76	20.77	5.5541	21.32	0.0254	663112	3.05	49.81	49.95	47.14	47.85	40.99
	中小企业板（N=19）	均值	8.79	33.72	2.16	25.60	16.8616	71.01	0.0841	489074	6.95	36.84	15.79	0.00	0.00	13.16
		标准差	1.13	9.11	0.83	21.51	18.0321	25.13	0.1202	381132	1.35	49.56	37.46	0.00	0.00	15.29
	合计（N=903）	均值	9.88	33.69	2.44	17.77	1.0919	70.00	0.0046	557862	7.41	45.18	46.51	32.56	34.66	39.73
		标准差	2.18	5.69	0.76	20.80	6.4836	21.40	0.0325	658373	3.02	49.79	49.91	46.89	47.62	40.80
2005	主板（N=889）	均值	9.77	34.43	2.44	16.13	0.5485	70.32	0.0023	605069	7.41	48.26	51.52	34.98	37.80	43.14
		标准差	2.10	5.35	0.76	19.48	4.4330	24.21	0.0225	620215	3.06	50.00	50.01	47.72	48.51	40.76
	中小企业板（N=28）	均值	9.07	35.98	2.07	21.98	13.1456	78.46	0.0827	601062	7.57	50.00	17.86	3.57	0.00	17.86
		标准差	1.70	6.41	0.86	19.68	14.4958	18.64	0.1202	352692	2.12	50.92	39.00	18.90	0.00	17.82
	合计（N=917）	均值	9.75	34.48	2.43	16.31	0.9331	70.57	0.0047	604946	7.42	48.31	50.49	34.02	36.64	42.37
		标准差	2.09	5.39	0.77	19.50	5.4724	24.10	0.0333	613657	3.03	50.00	50.02	47.40	48.21	40.49
2006	主板（N=903）	均值	9.59	34.81	2.43	14.92	0.6052	70.96	0.0027	383492	8.06	61.02	63.79	54.37	49.28	57.12
		标准差	2.27	7.49	0.77	18.68	4.7037	23.96	0.0240	383492	3.25	48.80	48.09	49.84	50.02	42.88
	中小企业板（N=30）	均值	9.13	34.42	2.10	16.85	10.5164	76.43	0.0655	12619	7.33	80.00	63.33	40.00	33.33	54.17
		标准差	1.83	7.83	0.84	18.80	16.2188	21.69	0.1131	0	2.51	40.68	49.01	49.83	47.95	35.41
	合计（N=933）	均值	9.58	34.80	2.42	14.98	0.9239	71.14	0.0047	383502	8.03	61.63	63.77	53.91	48.77	57.02
		标准差	2.25	7.49	0.78	18.68	5.7147	23.90	0.0328	12415	3.23	48.65	48.09	49.87	50.01	42.65

持有本公司股份董事比例方面，两类上市公司总体上均呈下降趋势。董事会持股比例方面，主板上市公司各年变化不大，中小企业板上市公司呈下降趋势。领取报酬董事比例方面，主板上市公司各年变化不大，中小企业板上市公司呈增加趋势。董事长持股比例方面，主板上市公司各年变化不大，中小企业板上市公司略有下降。金额最高前三名董事报酬总额方面，两类上市公司2006年均有所降低。董事会会议次数方面，两类上市公司总体上呈增加趋势。四会设置比率以及各委员会设置比率方面，两类上市公司均表现出上升的趋势，尤其是2006年表现最为明显（见表7-21）。

4. 各类板块上市公司董事会治理特征变动分析。

（1）主板上市公司董事会治理特征变动分析。样本期间主板上市公司董事会规模总体上呈下降趋势，2006年较以前年份缩小明显，我国《公司法》第一百零九条规定：股份有限公司设董事会，其成员为5~19人，绝大多数主板上市公司董事会规模都符合公司法的规定。独立董事比例2005年和2006年明显提高，"行政型治理"模式下被动"合规"现象明显。董事长与总经理两职设置各年变化不大，上市公司倾向于董事长与总经理的两职分设（见表7-21、表7-22及图7-23）。

持有本公司股份董事比例总体上呈下降趋势，目前我国上市公司对董事的激励主要方式为货币型激励，股权激励形式还比较少，持有本公司股份董事比例低容易使董事会集体和个人产生败德风险等不利于公司利益的行为。董事会持股比例各年变化不大，2004年和2006年略高于2003年和2005年，但水平较低。领取报酬董事比例各年变化不大，2005年和2006年相对较高（见表7-21、表7-22及图7-24）。董事长持股比例各年普遍较低，变化不大（见图7-25）。董事长作为董事会的领导者在整个董事会中起着至关重要的作用，董事长积极参与公司治理能带动董事会整体积极参与公司治理，从而提高公司整体价值。主板上市公司多为国有或国有控股公司，公司的董事长多为上级政府或管理部门委派或任命，他们只是国有资产的代理人，不持有公司股份使他们没有足够的激励去关心公司的绩效。金额最高前三名董事报酬总额前三年呈现明显的增长趋势，2006年有所降低，绝大多数上市公司在给予董事货币薪酬的同时，还给予一定的股票期权激励。

样本期间，主板上市公司董事会会议次数呈现明显的上升趋势，2006年较以前年份明显增加，董事会行为强度增强，外部监管要求的强化是主要原因。主板上市公司审计委员会、薪酬与考核委员会、战略委员会、提名委员会设置比例2003~2006年均呈现明显的上升趋势，尤其是2006年明显高于前三年（见表7-22及图7-26），原因在于2006年1月1日我国开始实行新的《公司法》，对董事会次级委员会的设置做出了明确的规定。

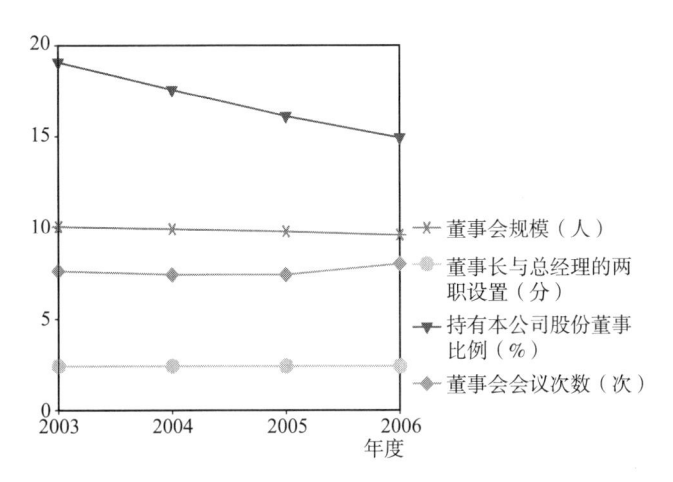

图7-23 主板上市公司董事会治理特征变动（1）

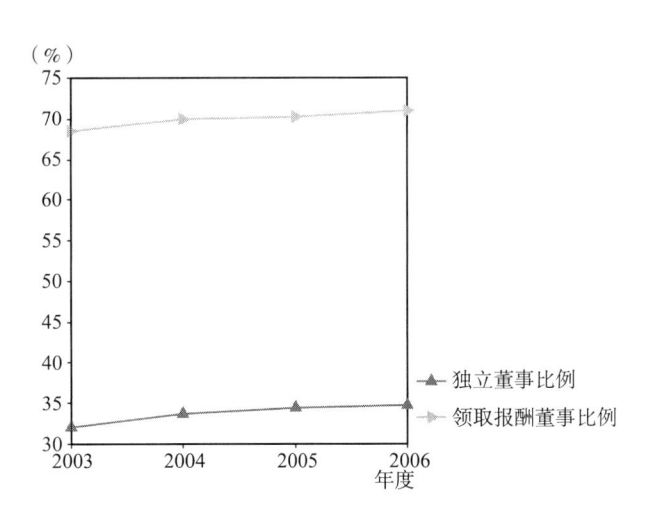

图7-24 主板上市公司董事会治理特征变动（2）

表7-22　主板上市公司董事会治理特征变动多重比较

板块	指标	(I) 年度	(J) 年度	均值差 (I) - (J)	显著性水平
主板上市公司	董事会规模（人）[a]	2005	2003	-0.28	0.01
		2006	2003	-0.46	0.00
			2004	-0.32	0.00
			2005	-0.18	0.08
	独立董事比例（%）[b]	2004	2003	1.55	0.00
		2005	2003	2.29	0.00
			2004	0.74	0.03
		2006	2003	2.67	0.00
			2004	1.12	0.00
	持有本公司股份董事比例（%）[b]	2005	2003	-2.94	0.02
		2006	2003	-4.15	0.00
			2004	-2.68	0.02
	董事会会议次数（次）[a]	2006	2003	0.45	0.00
			2004	0.64	0.00
			2005	0.65	0.00
	审计委员会设置（%）[b]	2004	2003	5.93	0.07
		2005	2003	8.83	0.00
		2006	2003	21.59	0.00
			2004	15.66	0.00
			2005	12.76	0.00
	薪酬与考核委员会设置（%）[b]	2005	2003	9.82	0.00
		2006	2003	22.09	0.00
			2004	16.62	0.00
			2005	12.27	0.00
	战略委员会设置（%）[b]	2005	2003	6.43	0.02
		2006	2003	25.82	0.00
			2004	21.11	0.00
			2005	19.39	0.00
	提名委员会设置（%）[b]	2005	2003	7.57	0.01
		2006	2003	19.05	0.00
			2004	13.87	0.00
			2005	11.48	0.00
中小企业板上市公司	金额最高前三名董事报酬总额（元）[b]	2006	2005	-217270	0.01
	审计委员会设置（%）[b]	2006	2004	43.16	0.01
			2005	30.00	0.05
	薪酬与考核委员会设置（%）[b]	2006	2004	47.54	0.00
			2005	45.47	0.00
	战略委员会设置（%）[b]	2006	2004	40.00	0.00
			2005	36.43	0.00
	提名委员会设置（%）[b]	2006	2004	33.33	0.00
			2005	33.33	0.00

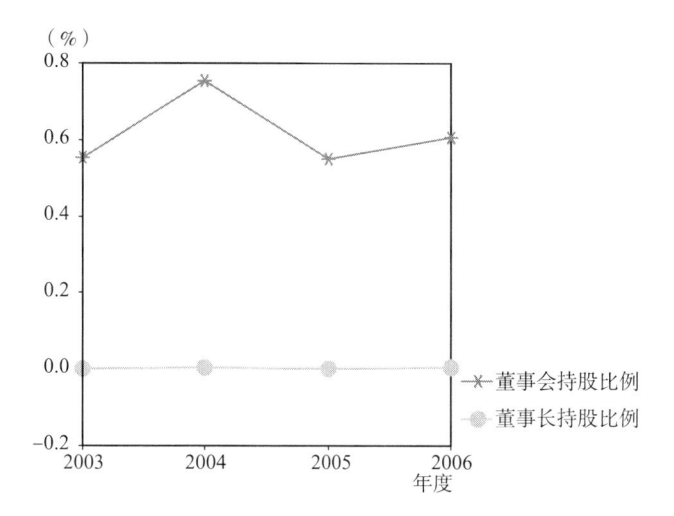

图 7-25　主板上市公司董事会治理特征变动（3）

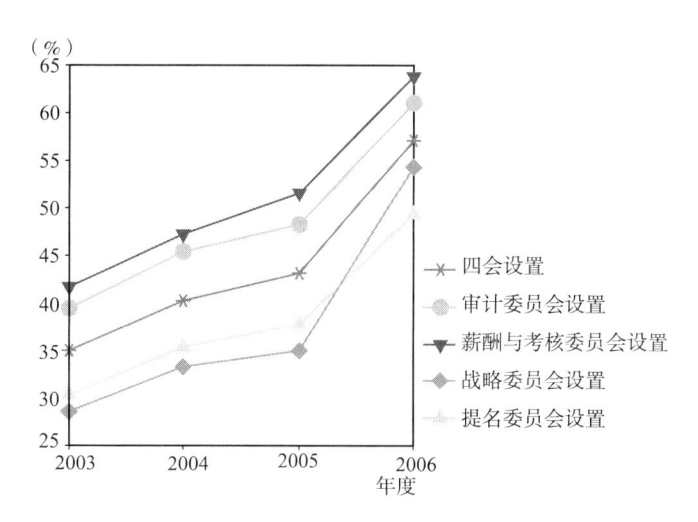

图 7-26　主板上市公司董事会治理特征变动（4）

（2）中小企业板上市公司董事会治理特征变动分析。与主板上市公司不同，中小企业板上市公司董事会规模样本期间呈扩大的趋势，但较同年度主板上市公司董事会规模小，可能的原因是该类上市公司意识到过小的董事会规模不利于董事社会资源的利用以及保证决策的科学性。独立董事比例样本期间变化不大，基本维持在略高于 1/3 的水平上，中小企业板上市公司董事会建设同样存在被动"合规"现象。

与主板上市公司不同,中小企业板上市公司两职兼任程度较高,可能是为应对复杂多变的经营环境的需要(见表 7-21、表 7-22 及图 7-27)。

董事会持股、持有本公司股份董事比例样本期间呈下降趋势,但远高于同年度主板上市公司。领取报酬董事比例总体上呈增加的趋势,2005年最高,也高于同年度主板上市公司。董事长持股比例样本期间略有下降,但明显高于主板上市公司董事长持股比例,原因可能在于中小企业板块 70% 为民营企业,民营企业董事长多为第一大股东或股东代表,而主板上市公司多为国有或国有控股企业,董事长多为政府委派。金额最高的前三名董事报酬总额 2005 年最高,2006 年也有所降低(见表 7-21、表 7-22、表 7-23 及图 7-28、图 7-29)。

中小企业板上市公司董事会会议次数总体上呈增加趋势。董事会下属四个次级委员会设置情况转好。审计委员会设置、薪酬与考核委员会设置、战略委员会设置、提名委员会设置比例 2004~2006 年均呈现明显的上升趋势,尤其是 2006 年明显高于前两年(见表 7-21、表 7-23 及图 7-30)。

表 7-23　　中小企业板上市公司董事会治理特征变动多重比较

指标	(I) 年度	(J) 年度	均值差 (I) - (J)	显著性水平
金额最高前三名董事报酬总额(元)[b]	2006	2005	-217270	0.01
审计委员会设置(%)[b]	2006	2004	43.16	0.01
		2005	30.00	0.05
薪酬与考核委员会设置(%)[b]	2006	2004	47.54	0.00
		2005	45.47	0.00
战略委员会设置(%)[b]	2006	2004	40.00	0.00
		2005	36.43	0.00
提名委员会设置(%)[b]	2006	2004	33.33	0.00
		2005	33.33	0.00

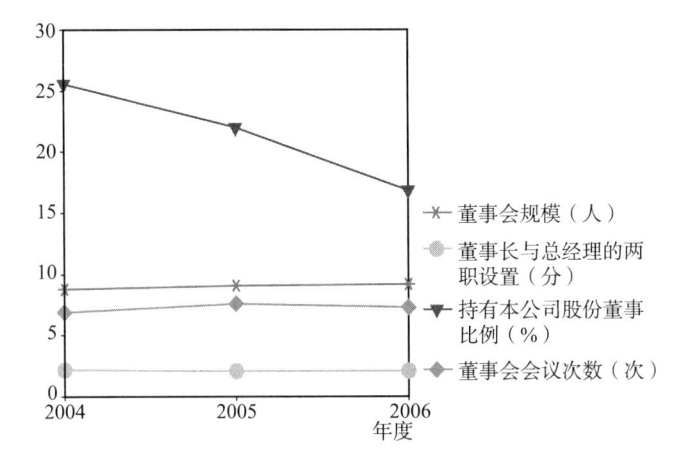

图7-27　中小企业板上市公司董事会治理特征变动（1）

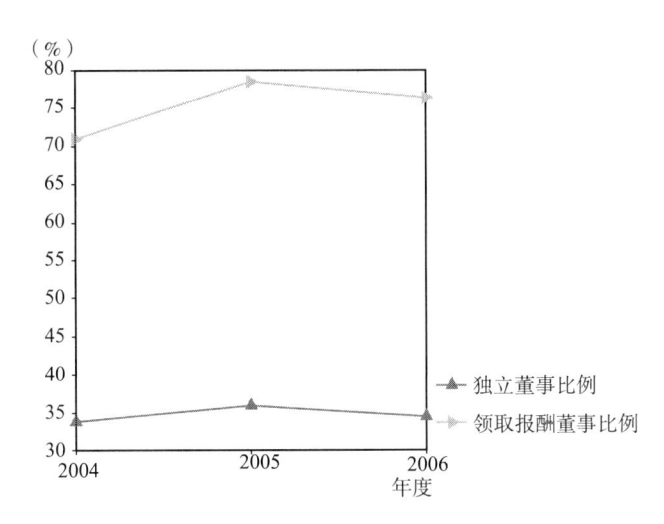

图7-28　中小企业板上市公司董事会治理特征变动（2）

总之，实证数据显示：董事会治理受外部治理环境变化的影响相对较大，"行政型治理"模式下被动"合规"现象明显，多数上市公司董事会规模与独立性合规性较好，但董事激励较差。两类上市公司董事会总体竞争力没有显著差异，董事会治理的特征要素，则表现各有不同。中小企业板块上市公司董事会规模的选择考虑了公司规模对董事会规模的影响，设置了轻巧型的董事会，有助于董事会治理成本的降低与治理效率的改善；由于中小企业板块上市的制度要求以及自身的特点，中小企业板上市公司

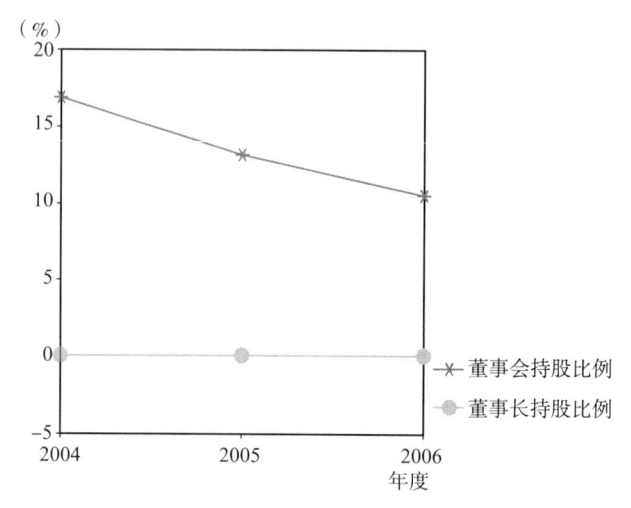

图7-29 中小企业板上市公司董事会治理特征变动（3）

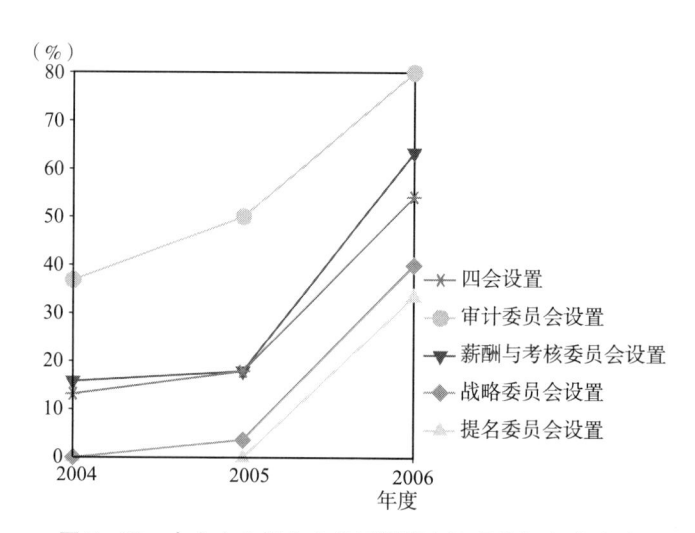

图7-30 中小企业板上市公司董事会治理特征变动（4）

较主板上市公司具有较高的董事持股比例、董事长持股比例以及领取报酬的董事比例，有助于实现剩余控制权与剩余索取权的匹配以及企业长期价值的培育，但两类上市公司在董事会专业委员会的设置程度还比较低，并且中小企业板块上市公司在董事会专业委员会的设置尚存在诸多不完善的地方，因此，中小企业板上市公司应致力于董事会专业委员会制度的建设，充分发挥专业委员会的作用，以提高董事会的监督与决策效率。

7.3.5 不同板块上市公司监事会治理竞争力比较与变动分析

1. 不同板块上市公司监事会治理竞争力比较。

监事会治理是监事会借助于公司内外部控制机制，通过对公司董事会和管理层的监督行为，以确保公司利益相关者价值的最大化。我国的监事会是由股东选举产生的，监督董事会领导下的公司管理机构经营绩效及管理机构是否履行了相关职责的机构。通过检查公司的财务，检查企业贯彻执行有关法律、行政法规和规章制度的情况，向股东会会议提出提案等手段，对董事、总经理和其他高级管理人员履职行为进行监督，监事会有效地尽职监督、财务监督、内部控制监督将会对我国上市公司的规范运作起到重要的促进作用。

虽然监事会制度得到了我国《公司法》的确认并且在新修订的公司法中特别强调了监事会的职能与作用，但在实践中多数公司的监事会并没有发挥应有的作用。除股东大会之外，监事会治理是治理结构较为薄弱的环节，监事会治理的竞争力低于董事会治理竞争力以及股权结构合理性。主板上市公司监事会治理竞争力仅为49.75，中小企业板上市公司监事会治理竞争力达到了53.10，显著高于主板上市公司，监事会激励状况较好是主要原因；两类上市公司监事会的规模均比较合理，绝大部分上市公司符合我国公司法的规定。适度的激励是确保监事有效发挥作用的前提，两类上市公司监事激励合理性均比较差，中小企业板上市公司监事激励状况显著好于主板上市公司（见表7-24及图7-31）。两类板块上市公司的监事会运作差异不大，基本达到监管部门的要求。主板上市公司监事会运作有效性略低于中小企业板上市公司，但两类上市公司差异不大。

2. 不同板块上市公司监事会治理竞争力变动分析。

（1）主板上市公司监事会治理竞争力变动分析。主板上市公司监事会治理竞争力总体上呈小幅上升趋势，2005年和2006年明显高于2003年和2004年。监事会规模合理性2003~2006年有所下降，2006年明显低于2003年和2004年，主要原因在于监事会规模减小。监事激励合理性样本期间略有下降，监事激励水平较低。监事会运作总体上呈改善的趋势，2005年和2006年明显高于2003年和2004年（见表7-25、表7-26及图7-32）。

表7-24　　不同板块上市公司监事会治理竞争力差异比较

指标	板块类型	样本数	均值	标准差	最小值	最大值	Sig
监事会治理竞争力	主板	3513	49.75	7.70	19.81	86.35	
	中小企业板	77	53.10	9.14	25.9	92.87	0.00
	合计	3590	49.82	7.75	19.81	92.87	
监事会规模合理性	主板	3513	88.62	10.22	50	100	
	中小企业板	77	86.75	10.25	60	100	0.11
	合计	3590	88.58	10.22	50	100	
监事激励合理性	主板	3513	12.23	4.36	0.01	90.00	
	中小企业板	77	18.18	13.83	5.17	99.71	0.00
	合计	3590	12.36	4.84	0.01	99.71	
监事会运作	主板	3513	77.95	20.46	0	100	
	中小企业板	77	80.71	18.91	0	100	0.24
	合计	3590	78.01	20.43	0	100	

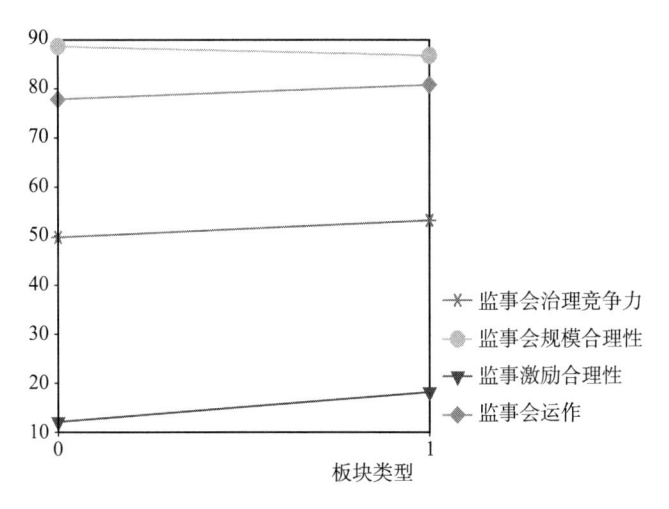

图7-31　　不同板块上市公司监事会治理竞争力比较

（2）中小企业板上市公司监事会治理竞争力及其变动分析。中小企业板块上市公司监事会治理竞争力2005年略高，主要原因是该年监事会运作质量较高，但2006年出现了下滑。大部分上市公司监事会规模符合《公司法》等的规定，样本期间未发生明显变化。监事激励合理性呈下降趋势，但高于同年度主板上市公司。监事会运作质量总体上有所改善，尤其2005年明显好于2004年和2006年（见表7-25、表7-26及图7-33）。

表 7 – 25　　不同板块上市公司监事会治理竞争力变动比较

年度	板块类型		监事会治理竞争力	监事会规模合理性	监事激励合理性	监事会运作
2003	主板 (N=837)	均值	49.31	89.59	11.95	76.54
		标准差	7.71	9.83	5.20	20.47
	合计 (N=837)	均值	49.31	89.59	11.95	76.54
		标准差	7.71	9.83	5.20	20.47
2004	主板 (N=884)	均值	48.55	88.82	12.08	74.63
		标准差	8.35	10.28	4.33	22.44
	中小企业板 (N=19)	均值	52.39	87.37	23.34	71.58
		标准差	13.75	9.91	23.75	25.39
	合计 (N=903)	均值	48.63	88.79	12.31	74.57
		标准差	8.51	10.27	5.67	22.49
2005	主板 (N=889)	均值	50.76	88.32	12.39	80.79
		标准差	7.16	10.10	4.09	18.87
	中小企业板 (N=28)	均值	55.50	86.43	17.42	88.75
		标准差	6.41	10.53	10.39	11.11
	合计 (N=917)	均值	50.90	88.27	12.54	81.03
		标准差	7.19	10.12	4.49	18.73
2006	主板 (N=903)	均值	50.33	87.81	12.49	79.71
		标准差	7.34	10.55	3.76	19.35
	中小企业板 (N=30)	均值	51.30	86.67	15.63	79.00
		标准差	7.36	10.53	5.07	17.39
	合计 (N=933)	均值	50.36	87.78	12.59	79.69
		标准差	7.34	10.55	3.85	19.28

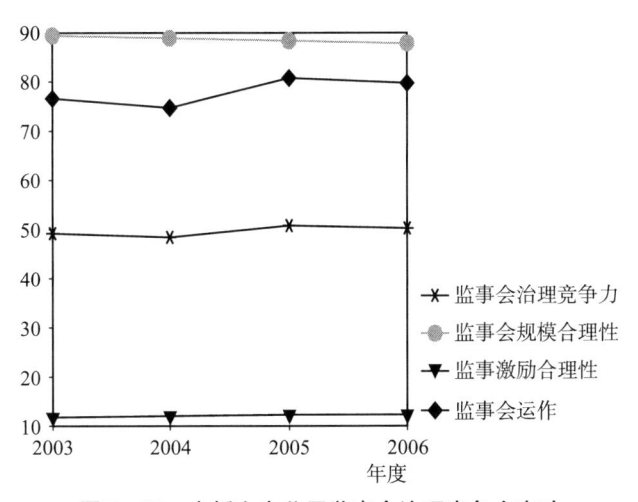

图 7 – 32　主板上市公司监事会治理竞争力变动

表7-26　主板与中小企业板上市公司监事会治理竞争力变动多重比较

板块	指标	(I) 年度	(J) 年度	均值差 (I)-(J)	显著性水平
主板上市公司	监事会治理竞争力[b]	2005	2003	1.45	0.00
			2004	2.21	0.00
		2006	2003	1.02	0.03
			2004	1.78	0.00
	监事会规模合理性[a]	2005	2003	-1.27	0.01
		2006	2003	-1.78	0.00
			2004	-1.01	0.04
	监事激励合理性[b]	2006	2003	0.54	0.07
	监事会运作[b]	2005	2003	4.25	0.00
			2004	6.16	0.00
		2006	2003	3.17	0.01
			2004	5.08	0.00
中小企业板上市公司	监事会运作[b]	2005	2004	17.17	0.03
		2006	2005	-9.75	0.04

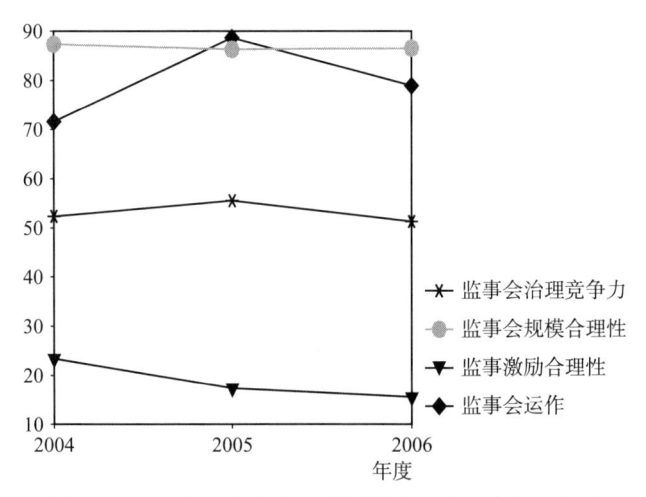

图7-33　中小企业板上市公司监事会治理竞争力变动

3. 不同板块上市公司监事会特征比较。

适度的监事会规模是确保监事会有效履行职能的前提，规模太小使得有效履行职能的知识与能力不足，而规模过大则可能导致监督成本的增加以及监督效率的低下。样本数据显示两类板块上市公司监事会规模均比较小，主板上市公司略高于中小企业板上市公司。不同板块上市公司领取报酬监事比例存在差异,主板上市公司略高于中小企业板上市公司,领取报酬的监事比率一定程度上反映了上市公司监事会的独立性,领取报酬监事比例越低,监事的独立性程度越高,如母公司向上市公司委派监事以及国资委向国有控股上市公司委派的外部监事等,均不在上市公司中领取报酬,有助于强化监事的独立性,提高其监督效果,但也可能造成监事不愿冒风险勤勉履职。监事会监督职能的有效发挥与对监事的激励密切相关。拉丰和马赫蒂摩(Laffont and Martimort,2002)的研究表明,避免管理层合谋的方法之一就是提高对监督者的激励;国内学者刘银国的博弈模型也证实提高对监事的激励可以降低董事、经理们的违规概率和提高监督效益。我国上市公司领取报酬监事比例低于20%,一定程度上会影响监事进行监督的积极性(见表7-27及图7-34、图7-35)。

不同板块上市公司监事会持股比例差异比较大,中小企业板上市公司监事会持股比例明显高于主板上市公司。监事会成员的持股数量越多,其与上市公司其他股东的利益就越容易趋向一致,有利于提高上市公司的经营绩效。监事会成员持股比例与董事会成员持股比例相比,差异明显。不同板块上市公司监事会会议次数差异较小,薛祖云和黄彤(2004)的经验分析表明,我国的监事会制度在监督公司财务方面发挥了一定作用,其中监事会会议频率与公司会计信息质量呈显著相关。每

表7-27　　　　　不同板块上市公司监事会特征差异比较

指标	板块类型	N	均值	标准差	最小值	最大值	显著性水平
监事会规模（人）	主板	3513	4.24	1.51	1	14	0.07
	中小企业板	77	3.94	1.41	2	9	
	合计	3590	4.24	1.51	1	14	
领取报酬监事比例（%）	主板	3513	19.78	26.83	0	100	0.19
	中小企业板	77	15.78	23.92	0	100	
	合计	3590	19.70	26.77	0	100	
监事会持股比例（%）	主板	3513	0.0263	0.3006	0	11.1394	0.00
	中小企业板	77	0.7272	1.9141	0	11.6642	
	合计	3590	0.0413	0.4199	0	11.6642	
监事会会议次数（次）	主板	3513	3.50	1.69	0	16	0.31
	中小企业板	77	3.30	1.54	1	8	
	合计	3590	3.49	1.68	0	16	

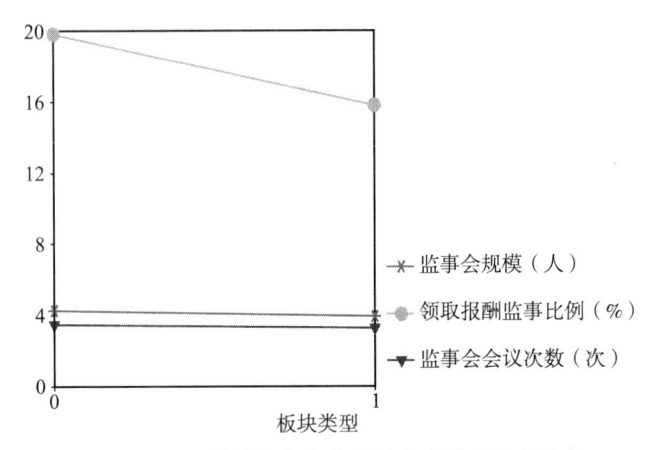

图 7-34　不同板块上市公司监事会治理特征比较

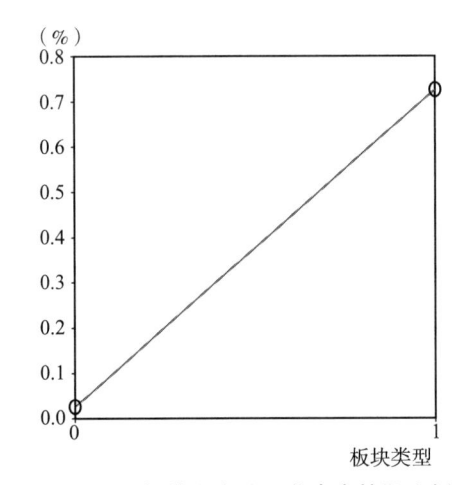

图 7-35　不同板块上市公司监事会持股比例比较

年监事会的召开次数显示了监事会成员对公司的重视。一般来说，监事会的召开次数越多，与上市公司其他股东的利益就越容易趋向一致，将导致监事加强上市公司财务状况的检查，加强对董事和经理经营决策行为的监督。从总体上看，我国上市公司每年监事会会议次数还比较少。

样本数据显示，主板上市公司监事会规模总体上略有缩小而中小企业板上市公司监事会规模有所扩大。两类上市公司样本期间领取报酬监事比例和监事会持股比例总体呈下降趋势，不利于监事积极性的发挥。两类上市公司监事会会议次数 2006 年比较高，监事会会议次数能够满足监管的要求。

4. 不同板块上市公司监事会特征变动分析。

(1) 主板上市公司监事会特征及其变动分析。主板上市公司监事会规模总体上略有缩小。2006年新《公司法》规定，股份有限公司设立监事会，其成员不得少于3人，其中职工代表的比例不得低于1/3。绝大多数主板上市公司符合规定，设立了足够数量的监事。领取报酬监事比例总体上也呈下降趋势，但且远低于领取报酬董事比例，监事激励水平相对董事激励水平更差。监事会持股比例总体上也呈下降趋势，但持股比例比较低。监事会直接对股东大会负责，监督董事会和管理层履行职责的情况，只有充分的激励才能激发监事会成员有效行使其监督职能，因此目前不合理的监事激励也是导致监事会不能有效行职的原因之一。主板上市公司监事会会议次数2003~2005年呈下降趋势，2006年略有提高，明显高于其他三年，绝大多数主板上市公司符合《公司法》的规定，召开了足够的监事会会议（见表7-28、表7-29及图7-36、图7-37）。

表7-28　　　　不同板块上市公司监事会特征变动比较

年度	板块类型		监事会规模（人）	领取报酬监事比例（%）	监事会持股比例（%）	监事会会议次数（次）
2003	主板（N=837）	均值	4.33	22.23	0.0371	3.51
		标准差	1.48	28.13	0.4612	1.79
	合计（N=837）	均值	4.33	22.23	0.0371	3.51
		标准差	1.48	28.13	0.4612	1.79
2004	主板（N=884）	均值	4.26	20.95	0.0288	3.25
		标准差	1.49	27.23	0.2751	1.59
	中小企业板（N=19）	均值	3.84	23.26	1.5505	3.11
		标准差	1.21	26.81	3.1609	1.10
	合计（N=903）	均值	4.25	21.00	0.0608	3.25
		标准差	1.49	27.27	0.5667	1.59
2005	主板（N=889）	均值	4.25	18.64	0.0246	3.16
		标准差	1.56	26.14	0.2550	1.66
	中小企业板（N=28）	均值	3.96	17.20	0.6549	2.5
		标准差	1.50	25.50	1.5048	1.11
	合计（N=917）	均值	4.24	18.59	0.0438	3.14
		标准差	1.55	26.11	0.3763	1.65

续表

年度	板块类型		监事会规模（人）	领取报酬监事比例（%）	监事会持股比例（%）	监事会会议次数（次）
2006	主板 （N=903）	均值	4.14	17.50	0.0157	4.05
		标准差	1.50	25.65	0.1281	1.57
	中小企业板 （N=30）	均值	3.97	9.72	0.2732	4.17
		标准差	1.47	19.27	0.7936	1.70
	合计 （N=933）	均值	4.14	17.25	0.0239	4.06
		标准差	1.50	25.49	0.1938	1.57

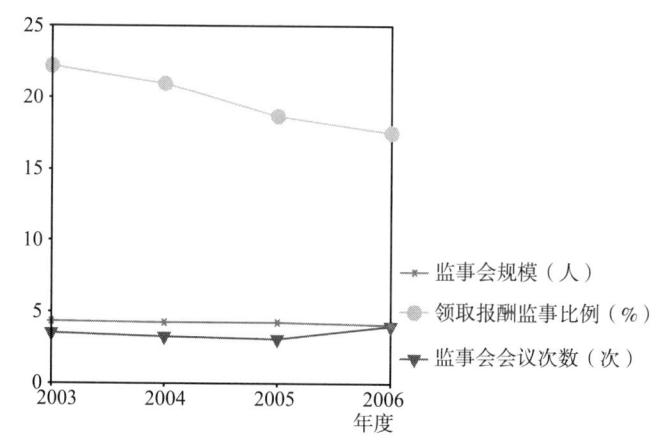

图 7-36 主板上市公司监事会治理特征比较

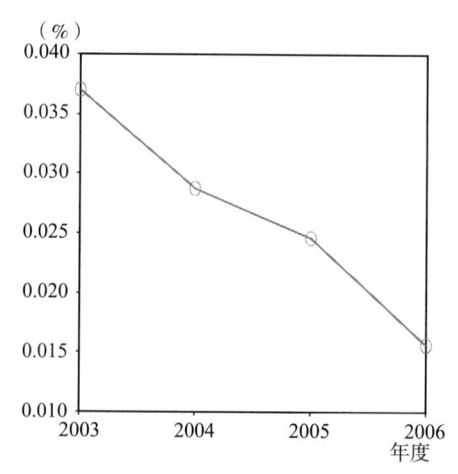

图 7-37 主板上市公司监事会持股比例比较

表7-29　　主板与中小企业板上市公司监事会特征变动多重比较

板块	指标	（I）年度	（J）年度	均值差（I）-（J）	显著性水平
主板上市公司	监事会规模（人）[a]	2006	2003	-0.19	0.01
			2004	-0.12	0.09
	领取报酬监事比例（%）[b]	2005	2003	-3.59	0.04
		2006	2003	-4.73	0.00
			2004	-3.45	0.04
	监事会会议次数（次）[b]	2004	2003	-0.26	0.01
		2005	2003	-0.35	0.00
		2006	2003	0.54	0.00
			2004	0.80	0.00
			2005	0.89	0.00
	监事会会议次数（次）[b]	2006	2004	1.06	0.03
			2005	1.67	0.00
中小企业板上市公司	监事会规模（人）[a]	2006	2003	-0.19	0.01
			2004	-0.12	0.09

（2）中小企业板上市公司监事会特征及其变动分析。中小企业板上市公司监事会规模样本期间逐年增加，但明显低于同年度主板上市公司的监事会规模，不利于监事会治理功能的发挥。领取报酬监事比例也呈下降的趋势，中小企业板上市公司监事在公司中领取报酬的比例更低，可能的原因是一些监事因为股权激励的缘故放弃了实物报酬。监事会持股比例总体上也呈下降趋势，但显著高于同年度主板上市公司。中小企业板上市公司监事会会议次数2006年明显高于其他两年，也高于同年度主板上市公司，表明我国中小企业板上市公司监事会参与公司治理的积极性有所提高（见表7-28、表7-29及图7-38、图7-39）。

不同交易板块上市公司的监事会规模基本达到了相关制度的要求，但由于激励不足使得监事会治理的竞争力普遍比较弱，主要与多年来监事会制度的变迁有关，尽管2006年修订的《公司法》特别强调了监事会的作用，并强化了监事会的监督职能，但监事会有效发挥作用的机制尚不健全，上市公司普遍存在着监事会激励不足以及监督效率低下的问题。中小企业板上市公司监事会治理竞争力高于主板上市公司可能是由于中小企业板上市时较为严厉的制度约束所致。中小企业板上市公司在非职工代表监事候选人提名、外部监事在本公司工作时间保证以及外部监事薪酬水平等方面较主板上市公司更具有竞争力,因而监事会治理竞争力较强。主板上市公司大多为国有或国有控股企业,在所有者缺位情况下,因各级政府不适当参与导致的"行政干预下的内部人控制"现象比较普遍,监事会运行效率较差。处于转型时期的我国上市公司,外部监督环境极为弱化,强化内部监督是目前我国上市公司的必然选择。为有效发挥监事会的监督作用,应该特别强化监事激励制度的建设,在赋予监事会职能的同时,还应该给予其有效履行职能的权利保障。

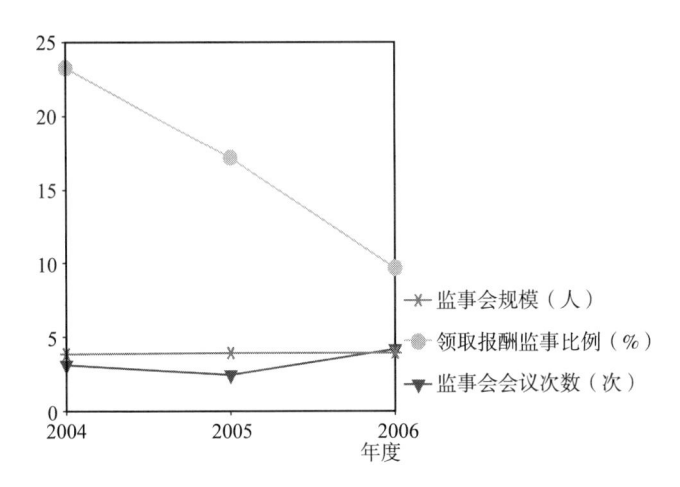

图7-38 中小企业板上市公司监事会治理特征比较

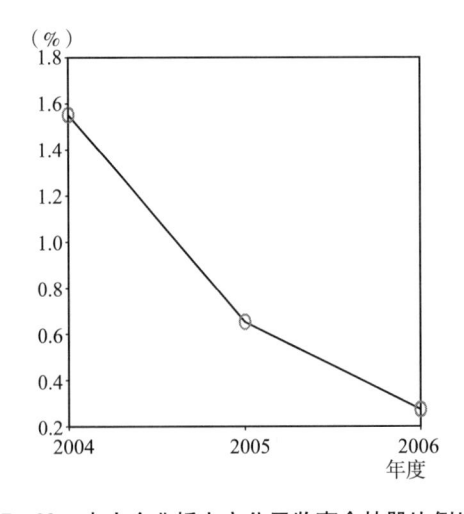

图7-39 中小企业板上市公司监事会持股比例比较

不同板块上市公司治理竞争力及各要素指标表现存在差异，中小企业板上市公司股权结构较主板上市公司更为合理，股东大会以及监事会治理状况也好于主板上市公司，主板上市公司仅在董事会治理状况方面略好于中小企业上市公司。中小企业板上市公司表现出了更高的治理水平，而作为上市公司主体的主板上市公司治理状况并不理想，说明当前我国大部分上市公司治理状况急需改善，外部监管的强化是重要动力。对样本期间上市公司治理及各要素的分析表明，主板上市公司以及中小企业板上市公司各治理特征表现出了不同的变动趋势，总体上呈现出好转的迹象，但公司治理结构建设中存在被动的"合规"现象，"行政型治理"模式盛行，如何实现上市公司治理模式向"经济型治理"的转变，成为理论和实践界迫切需要解决的问题。

7.4 不同板块上市公司财务实力差异比较

7.4.1 不同板块上市公司总体财务实力比较

表7-30及图7-40的样本数据显示，中小企业板上市公司并没有表现出明显的财务优势，财务实力仅略高于主板上市公司，一是，主板上市公司发展较为成熟，财务运作较为健全；二是，中小企业板上市公司财务实力受公司规模、经营环境等的限制；三是，可能是样本期间经济环境作用的结果。两类上市公司增长能力相差不大，增长能力普遍不强。主板上市公司偿债能力明显优于中小企业板上市公司，原因可能主要在于：主板上市公司多为国有或国有控股企业，可以获得银行等金融机构的融资，偿债能力比较强；而中小企业板上市公司多为民营企业或家族制企业，在中国的大经济环境下很难获得银行等金融机构贷款，从而导致其偿债能力相对低于主板上市公司。中小企业板上市公司运营能力和盈利能力略高于主板上市公司，这与中小企业板上市公司自身的特点有关。尽管中小企业板上市公司表现出了相对较高的盈利能力，但并没有显示出强劲的增长势头。

表 7 – 30　　　　　不同交易板块上市公司财务实力差异比较

指标	板块类型	样本数	均值	标准差	最小值	最大值	显著性水平
财务实力指数	主板	3513	61.22	9.52	22.54	82.99	0.84
	中小企业板	77	61.44	8.69	40.75	76.75	
	合计	3590	61.22	9.50	22.54	82.99	
增长能力指数	主板	3513	57.74	10.76	15.14	99.15	0.88
	中小企业板	77	57.55	7.16	46.82	78.82	
	合计	3590	57.73	10.70	15.14	99.15	
偿债能力指数	主板	3513	67.73	16.95	0.00	94.89	0.00
	中小企业板	77	61.70	24.18	2.99	89.73	
	合计	3590	67.60	17.16	0.00	94.89	
运营能力指数	主板	3513	64.80	20.22	7.04	100.00	0.08
	中小企业板	77	68.82	17.18	30.56	100.00	
	合计	3590	64.88	20.17	7.04	100.00	
盈利能力指数	主板	3513	52.07	7.11	19.81	80.99	0.16
	中小企业板	77	53.20	5.53	38.95	69.46	
	合计	3590	52.09	7.08	19.81	80.99	

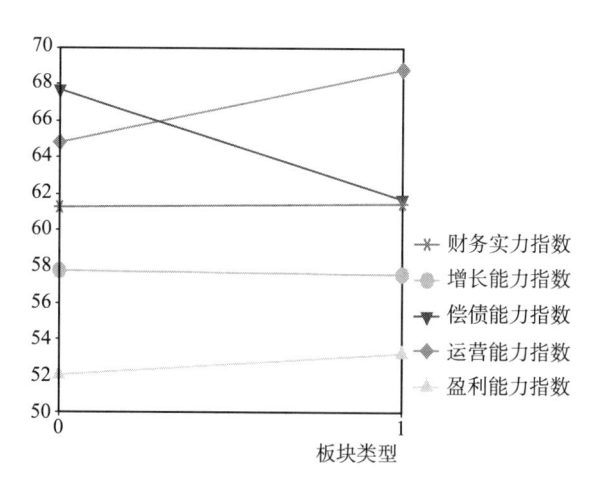

图 7 – 40　不同板块上市公司财务实力比较

样本数据显示，不同板块上市公司财务实力指数及各指数表现出了不同的变动趋势。增长能力指数、偿债能力指数方面，主板上市公司 2003 年和 2004 年高于 2005 年和 2006 年，而中小企业板上市公司总体呈增强的趋势；运营能力指数方面，主板上市公司各年相差不大，而中小企业板上市公司运营能力指数样本期间呈下降趋势；盈利能力指数方面，主板上市公司四年期间盈利能力指数逐年略有改善，中小企业板上市公司样本期间盈利能力则稍有下降（见表7-31及图7-41、图7-42）。

表7-31　　　　　　　不同板块上市公司财务实力变动比较

年度	板块类型		增长能力指数	偿债能力指数	运营能力指数	盈利能力指数
2003	主板（N=837）	均值	58.79	70.01	63.09	51.28
		标准差	10.35	16.93	20.7	6.74
	合计（N=837）	均值	58.79	70.01	63.09	51.28
		标准差	10.35	16.93	20.7	6.74
2004	主板（N=884）	均值	59	69.14	65.4	51.92
		标准差	11.16	16.7	20.02	7.58
	中小企业板（N=19）	均值	52.68	58	82.11	53.47
		标准差	0	26.63	13.51	4.49
	合计（N=903）	均值	58.87	68.91	65.75	51.95
		标准差	11.08	17.02	20.04	7.53
2005	主板（N=889）	均值	55.98	66.63	64.49	52.33
		标准差	10.62	16.63	20.36	6.95
	中小企业板（N=28）	均值	59.38	60.91	65.31	53.33
		标准差	7.27	25.52	15.55	5.9
	合计（N=917）	均值	56.08	66.46	64.51	52.36
		标准差	10.54	16.98	20.22	6.92
2006	主板（N=903）	均值	57.25	65.31	66.09	52.68
		标准差	10.64	17.15	19.76	7.05
	中小企业板（N=30）	均值	58.93	64.79	63.67	52.91
		标准差	8.03	21.59	16.74	5.91
	合计（N=933）	均值	57.3	65.29	66.01	52.69
		标准差	10.57	17.3	19.67	7.02

1. 主板上市公司财务实力及其变动分析。

表7-31、表7-32及图7-41显示，主板上市公司增长能力、偿债能力指数2003年和2004年高于2005年和2006年，大部分上市公司增长能力指数和偿债能力指数有所下降，上市公司增长能力指数的下降可能与外部经营环境的变化有关，还可能是上市公司自身创造利润增长点的能力有所

下降，偿债能力指数的下降可能是由于企业需要通过融资来获得发展所需要的资金。运营能力指数方面，主板上市公司各年相差不大，2006 年表现略好，样本期间上市公司运营能力并没有发生明显的改善，也是造成上市公司发展能力不足的重要原因。盈利能力指数方面，主板上市公司四年期间盈利能力指数逐年略有增加，主板上市公司依然存在盈利能力不强的问题。

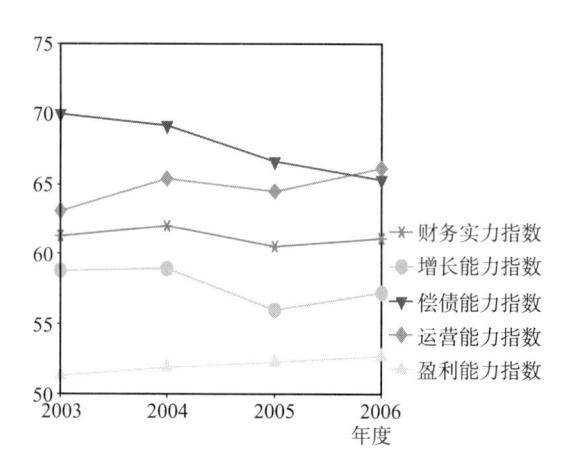

图 7-41　主板上市公司财务实力变动

表 7-32　　主板与中小企业板上市公司财务实力变动多重比较

板块	指标	(I) 年度	(J) 年度	均值差 (I)-(J)	显著性水平
主板上市公司	财务实力指数[b]	2004	2003	0.77	0.09
		2005	2003	-0.73	0.11
			2004	-1.50	0.00
		2006	2004	-0.88	0.05
	增长能力指数[b]	2005	2003	-2.81	0.00
			2004	-3.02	0.00
		2006	2003	-1.54	0.00
			2004	-1.75	0.00
			2005	1.27	0.01
	偿债能力指数[b]	2005	2003	-3.38	0.00
			2004	-2.51	0.00
		2006	2003	-4.70	0.00
			2004	-3.83	0.00
			2005	-1.32	0.10

续表

板块	指标	(I) 年度	(J) 年度	均值差 (I) - (J)	显著性水平
中小企业板上市公司	运营能力指数[a]	2004	2003	2.31	0.02
		2006	2003	3.00	0.00
			2005	1.60	0.09
	盈利能力指数[a]	2004	2003	0.63	0.07
		2005	2003	1.05	0.00
		2006	2003	1.40	0.00
			2004	0.76	0.02
	增长能力指数[b]	2005	2004	6.70	0.00
		2006	2004	6.25	0.00
	运营能力指数[a]	2005	2004	-16.80	0.00
		2006	2004	-18.44	0.00

2. 中小企业板上市公司财务实力及其变动分析。

表7-31、表7-32及图7-42显示，中小企业板上市公司增长能力总体呈增强的趋势，其中，2005年和2006年较2004年明显提高，原因可能是有更多的公司在中小企业板上市，带动了中小企业板上市公司整体增长能力的提高。中小企业板上市公司偿债能力呈增强的趋势，可能是该类上市公司发展逐渐转好，企业可以偿还债务能力明显增强。中小企业板上市公司运营能力指数样本期间呈下降趋势，尤其是2004年明显高于2005年和2006年，原因可能是最早在中小企业板上市的公司多为绩优公司，而随着更多的公司在中小企业板上市，公司的运营能力可能参差不齐，导致中小企业板上市公司运营能力下降。中小企业板上市公司样本期间盈利能力稍有下降，出现了一定程度上的"财务变脸"现象。

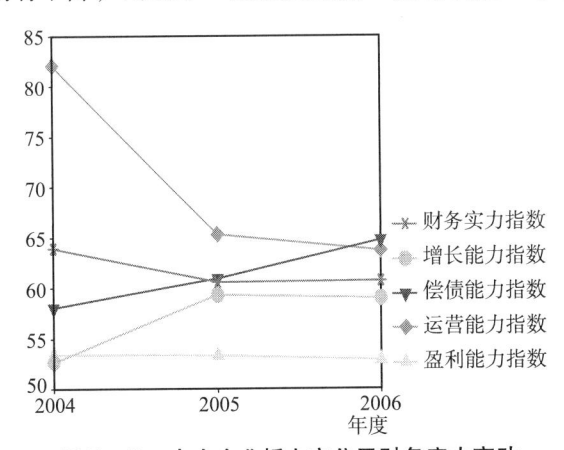

图7-42 中小企业板上市公司财务实力变动

7.4.2 不同板块上市公司增长能力比较

表7-33及图7-43显示,不同板块上市公司总资产增长率差异较小,主板上市公司稍高于中小企业板块上市公司;表7-34及图7-44显示,主板上市公司总资产增长率总体呈下降趋势,2005年较2003年和2004年明显下降;主营业务收入增长率样本期间变动较大,2006年高于其他几年;主板上市公司税后利润增长率均为负数,2006年略高于以前年份,主板上市公司应不断加强经营管理,提高税后利润增长率。

表7-34及图7-45显示,中小企业板上市公司总资产增长率2006年略高于2005年;主营业务收入增长率方面,主板上市公司变动较大,2006年略高,中小企业板上市公司主营业务收入增长率2006年较2005年有所下降;税后利润增长率方面,2006年略高于以前年份,而中小企业板上市公司税后利润增长率呈现下降趋势,且下降幅度比较大。但中小企业板上市公司税后利润增长率高于主板上市公司。

表7-33 不同板块上市公司增长能力差异比较

指标	板块类型	样本数	均值	标准差	最小值	最大值	显著性水平
总资产增长率(%)	主板	3513	0.11	0.32	-1.00	5.00	0.75
	中小企业板	77	0.10	0.15	0.00	1.00	
	合计	3590	0.11	0.32	-1.00	5.00	
主营业务收入增长率(%)	主板	3513	1.48	64.20	-1.00	3782.72	0.86
	中小企业板	77	0.15	0.29	-0.31	1.78	
	合计	3590	1.45	63.51	-1.00	3782.72	
税后利润增长率(%)	主板	3513	-1.51	12.39	-295.00	75.00	0.28
	中小企业板	77	0.01	0.47	-2.00	2.00	
	合计	3590	-1.48	12.26	-295.00	75.00	

第7章 不同板块上市公司竞争力比较

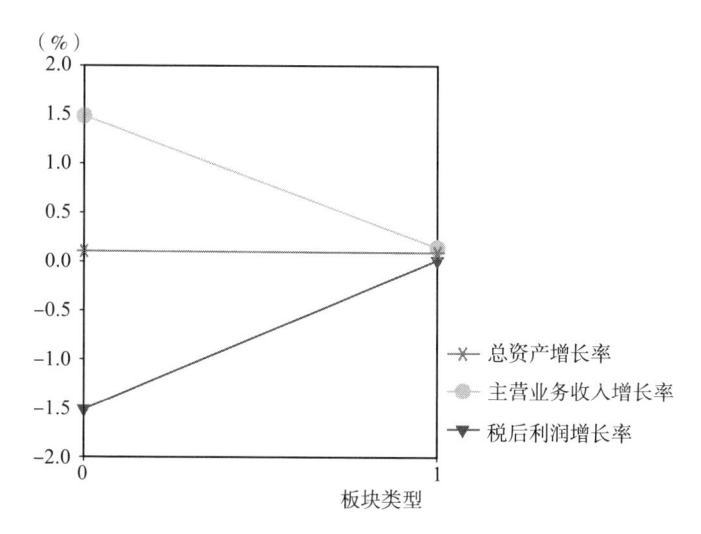

图7-43 不同板块上市公司增长能力比较

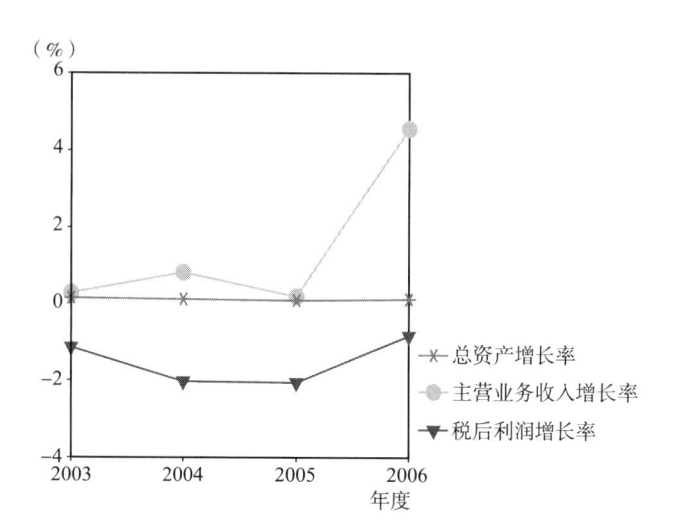

图7-44 主板上市公司增长能力变动

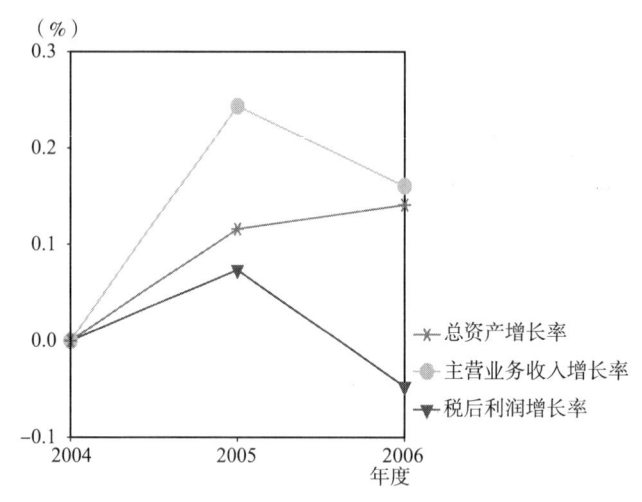

图 7-45　中小企业板上市公司增长能力变动

表 7-34　　　　　不同板块上市公司增长能力变动比较

年度	板块类型		总资产增长率（%）	主营业务收入增长率（%）	税后利润增长率（%）
2003	主板（N=837）	均值	0.14	0.26	-1.14
		标准差	0.34	0.93	11.40
	合计（N=837）	均值	0.14	0.26	-1.14
		标准差	0.34	0.93	11.40
2004	主板（N=884）	均值	0.12	0.80	-2.02
		标准差	0.30	13.53	15.20
	中小企业板（N=19）	均值	0	0	0
		标准差	0	0	0
	合计（N=903）	均值	0.12	0.78	-1.98
		标准差	0.30	13.39	15.04
2005	主板（N=889）	均值	0.07	0.19	-2.05
		标准差	0.29	1.58	12.90
	中小企业板（N=28）	均值	0.12	0.24	0.07
		标准差	0.16	0.38	0.47
	合计（N=917）	均值	0.07	0.19	-1.99
		标准差	0.28	1.55	12.70
2006	主板（N=903）	均值	0.10	4.55	-0.83
		标准差	0.36	125.90	9.31
	中小企业板（N=30）	均值	0.14	0.16	-0.05
		标准差	0.17	0.24	0.61
	合计（N=933）	均值	0.10	4.41	-0.80
		标准差	0.36	123.86	9.16

7.4.3 不同板块上市公司偿债能力比较

表7-35显示，两类上市公司的资产负债率均呈逐年上升趋势，中小企业板上市公司偿债能力尽管有所下降但高于主板上市公司。中小企业板上市公司流动比率呈逐年降低趋势，但远高于主板上市公司的流动比率，平均为3.26。中小企业板上市公司流动比率明显高于主板上市公司，表明中小企业板上市公司有着比较强的短期偿债能力（见图7-46），财务风险比较小。两个板块上市公司流动比率差异比较大，原因可能在于中小企业板上市公司多为高科技企业，流动资产占企业资产的比例比较高，且由于良好的财务状况，流动负债比较少，导致流动比率比较高；而主板上市公司多为大中型企业，且行业多为制造业，固定资产等长期资产占总资产的比例比较高，流动资产比例比较低，导致流动比率比较低。

与流动比率类似，速动比率也呈逐年降低趋势，但也远高于主板上市公司，说明中小企业板上市公司短期偿债能力相对于主板上市公司比较强。中小企业板上市公司现金流动负债比率明显高于主板上市公司，表明中小企业板上市公司可直接用于偿还流动负债的现金资产比较多，财务风险比较小。两个板块上市公司现金流动负债比率差异比较大，原因可能在于中小企业板上市公司现金资产相对来说比较充足，而主板上市公司现金资产在总资产中的比例比较低，导致两个板块上市公司现金流动负债比率的差异比较大。

中小企业板上市公司资产负债率呈逐年上升趋势，但远低于主板上市公司的资产负债率，两个板块相差接近26%（见图7-47），主板上市公司明显高于中小企业板上市公司，说明主板上市公司在经营过程中，债务融资的比重更大一些，从而企业经营的财务风险更大一些，原因可能在于，主板上市公司多为国有或国有控股企业，相对于中小企业板上市公司，更容易采用债务融资来满足企业经营对于资金的需要，而中小企业板上市公司债务融资难度相对较大，故而权益融资比率相对较高，导致两个板块上市公司资产负债率差异比较大。

表7-35　　　　　　　不同板块上市公司偿债能力变动比较

年度	板块类型		流动比率	速动比率	现金流动负债比率	资产负债率（%）
2003	主板（N=837）	均值	1.66	1.26	1.73	54.38
		标准差	1.66	1.50	1.55	95.51
	合计（N=837）	均值	1.66	1.26	1.73	54.38
		标准差	1.66	1.50	1.55	95.51
2004	主板（N=884）	均值	1.53	1.14	1.92	58.33
		标准差	1.69	1.52	2.58	99.01
	中小企业板（N=19）	均值	3.89	3.39	3.01	27.50
		标准差	2.78	2.77	1.22	13.87
	合计（N=903）	均值	1.58	1.18	1.94	57.68
		标准差	1.75	1.59	2.56	98.09
2005	主板（N=889）	均值	1.37	0.97	1.82	60.83
		标准差	1.28	1.13	1.98	77.55
	中小企业板（N=28）	均值	3.50	2.97	2.94	33.30
		标准差	3.99	3.92	2.30	17.92
	合计（N=917）	均值	1.44	1.03	1.85	59.99
		标准差	1.48	1.35	1.99	76.57
2006	主板（N=903）	均值	1.43	1.01	1.93	62.30
		标准差	2.36	2.10	3.24	68.03
	中小企业板（N=30）	均值	2.64	2.15	2.58	35.96
		标准差	2.57	2.52	1.53	17.80
	合计（N=933）	均值	1.46	1.04	1.96	61.45
		标准差	2.38	2.13	3.20	67.16

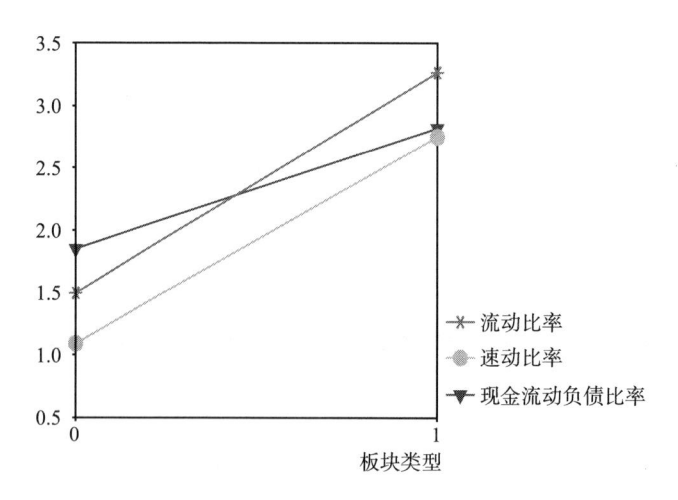

图7-46　不同板块上市公司偿债能力比较

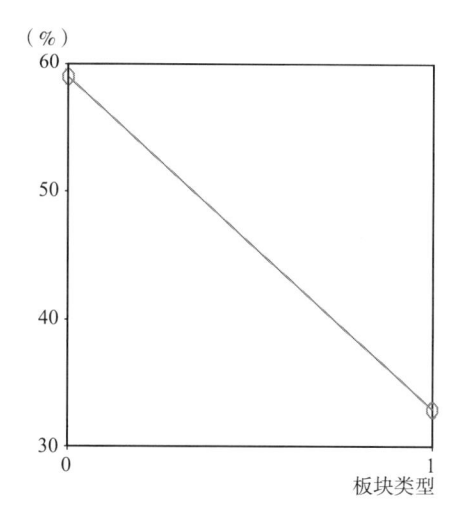

图 7-47 不同板块上市公司资产负债率比较

7.4.4 不同板块上市公司运营能力及其比较

表 7-36 及图 7-48、图 7-49 显示，不同板块上市公司存货周转率差异较大，主板上市公司明显高于中小企业板上市公司，原因可能在于，主板上市公司所处行业多为制造业，制造业的存货周转率相对于其他行业来说，存货周转率比较高，而中小企业板上市公司多为高科技企业，生产的高新技术产品工艺比较复杂，导致主板上市公司存货周转率高于中小企业板上市公司。不同板块上市公司应收账款周转率差异较大，其中，主板上市公司应收账款周转率为 277.16 次，中小企业板上市公司为 10.48 次，主板上市公司应收账款周转率大的原因可能在于，主板上市公司中存在着一部分销售状况不稳定的企业，从而导致应收账款周转率过高，而中小企业板上市公司应收账款周转率就比较合理。

中小企业板上市公司资产周转率明显高于主板上市公司，其原因可能在于，中小企业板上市公司所从事的行业多为高新技术产业，产品附加值比较高，而主板上市公司多从事传统产业，产品附加值比较低，导致两个板块上市公司资产周转率差异比较大，中小企业板上市公司并没有表现出较高的无形资产比率。

表7-36　　　　　不同板块上市公司运营能力差异比较

指标	板块类型	样本数	均值	标准差	显著性水平
存货周转率（次）	主板	3513	13.04	142.81	0.65
	中小企业板	77	5.68	3.98	
	合计	3590	12.89	141.27	
应收账款周转率（次）	主板	3513	277.16	5764.89	0.69
	中小企业板	77	10.48	8.59	
	合计	3590	271.44	5702.85	
资产周转率（次）	主板	3513	0.70	0.63	0.01
	中小企业板	77	0.90	0.50	
	合计	3590	0.71	0.63	
无形资产比率（%）	主板	3513	0.04	0.06	0.05
	中小企业板	77	0.03	0.04	
	合计	3590	0.04	0.06	

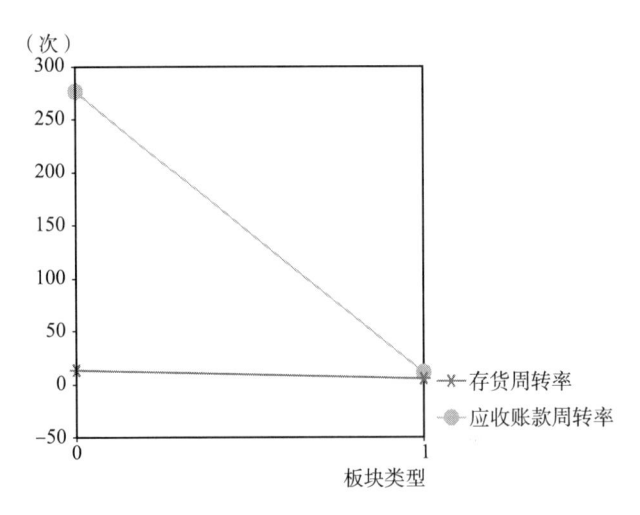

图7-48　不同板块上市公司运营能力比较（1）

表7-37不同年份的比较显示：样本期间不同板块上市公司运营能力表现出了不同的变动趋势。存货周转率方面，主板上市公司总体上呈增加的趋势，而中小企业板上市公司则呈降低的趋势；应收账款周转率方面，主板上市公司逐年增加，而中小企业板上市公司逐年下降；资产周转率方面，主板上市公司总体呈增加的趋势，而中小企业板上市公司表现则相反；无形资产比率方面，两类上市公司均变化不大，无形资产比重普遍较低。

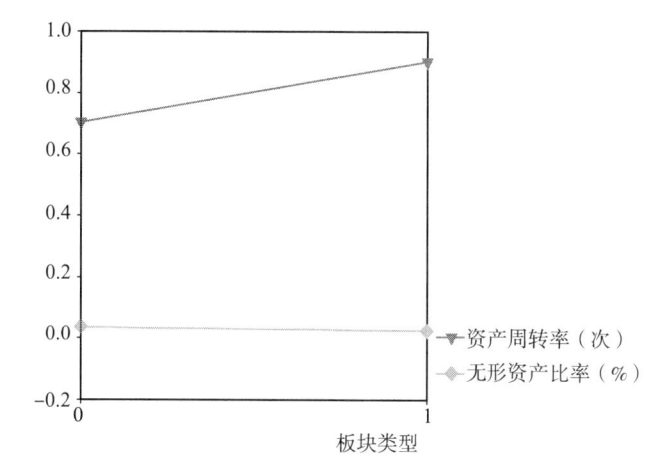

图 7-49　不同板块上市公司运营能力比较（2）

表 7-37　　　　　　　不同板块上市公司运营能力变动

年度	板块类型		存货周转率（次）	应收账款周转率（次）	资产周转率（次）	无形资产比率（%）
2003	主板（N=837）	均值	9.70	82.14	0.65	0.0361
		标准差	37.77	1338.77	0.57	0.0532
	合计（N=837）	均值	9.70	82.14	0.65	0.0361
		标准差	37.77	1338.77	0.57	0.0532
2004	主板（N=884）	均值	9.57	183.82	0.72	0.0373
		标准差	31.92	4482.08	0.62	0.0590
	中小企业板（N=19）	均值	8.51	15.83	1.32	0.0304
		标准差	5.11	11.88	0.54	0.0425
	合计（N=903）	均值	9.55	180.29	0.73	0.0371
		标准差	31.59	4434.69	0.62	0.0587
2005	主板（N=889）	均值	17.64	336.90	0.70	0.0367
		标准差	228.97	6165.08	0.64	0.0540
	中小企业板（N=28）	均值	4.53	9.32	0.77	0.0227
		标准差	2.58	6.30	0.41	0.0348
	合计（N=917）	均值	17.24	326.90	0.70	0.0363
		标准差	225.45	6070.38	0.64	0.0535
2006	主板（N=903）	均值	15.02	490.47	0.74	0.0399
		标准差	159.46	8400.04	0.68	0.0575
	中小企业板（N=30）	均值	4.96	8.17	0.76	0.0240
		标准差	3.47	6.58	0.41	0.0389
	合计（N=933）	均值	14.70	474.97	0.74	0.0394
		标准差	156.88	8264.17	0.68	0.0571

7.4.5 不同板块上市公司盈利能力比较

表 7-38 及图 7-50、图 7-51 显示，两个板块上市公司无形资产收益率都比较大，主板上市公司无形资产收益率远高于中小企业板上市公司。一方面说明，无形资产运作能力强，无形资产收益水平高；另一方面，大部分上市公司无形资产规模较小，导致无形资产收益率比较高。

主板上市公司净资产收益率为 0.02，中小企业板上市公司净资产收益率为 0.10。中小企业板上市公司净资产收益率远高于主板上市公司，原因可能在于，中小企业板上市公司总资产报酬率高，资产负债率高，且总资产报酬率大于债务资本成本。不同板块上市公司每股收益差异较大，中小企业板上市公司远高于主板上市公司，原因可能在于中小企业板上市公司多为中小企业，企业股本规模相对主板上市公司来说比较小，而盈利能力又比较好。中小企业板上市公司每股经营现金流略高于主板上市公司，原因可能是中小企业板上市公司多为中小企业，企业股本规模相对主板上市公司来说比较小，创造现金收益的水平较高。

表 7-38　　　　　　　不同板块上市公司盈利能力比较

指标	板块类型	样本数	均值	标准差	最小值	最大值	显著性水平
无形资产收益率（%）	主板	3513	1.82E+13	2.477E+14	-7.94E+14	9.39523E+15	0.57
	中小企业板	77	2.2E+12	8.674E+12	-392.3029	4.41122E+13	
	合计	3590	1.78E+13	2.45E+14	-7.94E+14	9.39523E+15	
净资产收益率（%）	主板	3513	0.02	3.32	-134.79	75.69	0.83
	中小企业板	77	0.10	0.06	-0.08	0.31	
	合计	3590	0.02	3.29	-134.79	75.69	
每股收益（元/股）	主板	3513	0.09	0.64	-14.08	5.32	0.00
	中小企业板	77	0.39	0.26	-0.28	1.35	
	合计	3590	0.09	0.64	-14.08	5.32	
每股经营现金流（元）	主板	3513	0.34	0.80	-8.18	11.54	0.34
	中小企业板	77	0.43	0.51	-0.90	1.93	
	合计	3590	0.34	0.80	-8.18	11.54	

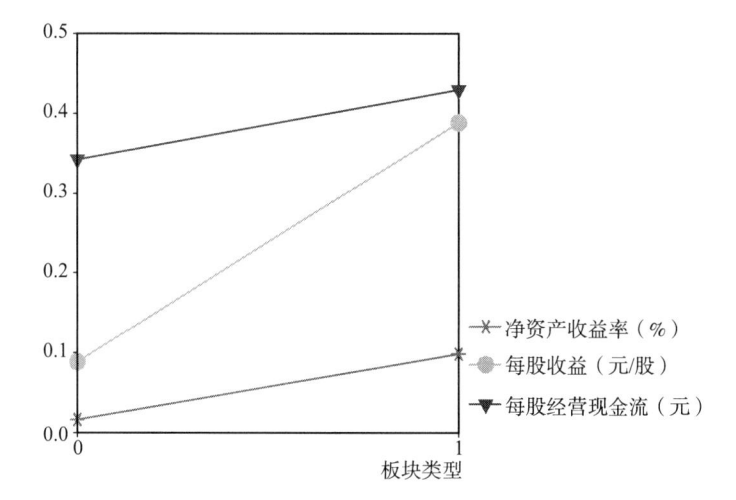

图 7-50 不同板块上市公司盈利能力比较

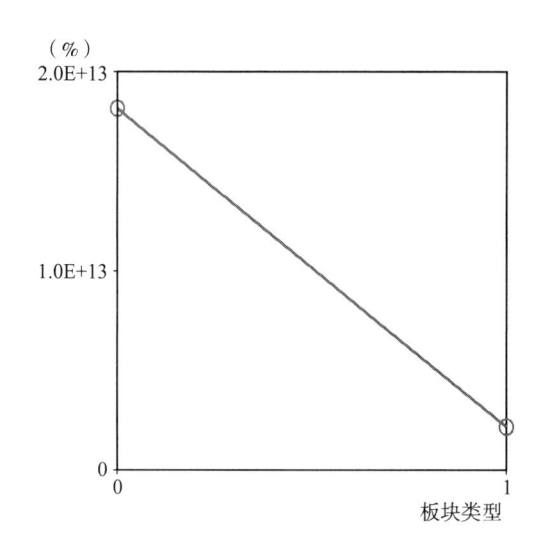

图 7-51 不同板块上市公司无形资产收益率比较

表7-39各年变动比较显示：主板上市公司无形资产收益率各年变化不大，而中小企业板上市公司无形资产收益率呈下降趋势；主板上市公司净资产收益率总体上呈上升趋势，中小企业板上市公司净资产收益率未发生明显变化；每股收益方面，主板上市公司2003~2005年呈下降趋势，2006年明显回升，中小企业板上市公司则呈现逐年下降的趋势；每股经

营现金流方面，主板上市公司呈逐年增加的趋势，而中小企业板上市公司表现则相反。

表7-39　　　　　　不同板块上市公司盈利能力变动比较

年度	板块类型		无形资产收益率（%）	净资产收益率（%）	每股收益（元/股）	每股经营现金流（元）
2003	主板（N=837）	均值	1.8E+13	0.01	0.12	0.26
		标准差	2.5E+14	3.43	0.44	0.80
	合计（N=837）	均值	1.8E+13	0.01	0.12	0.26
		标准差	2.5E+14	3.43	0.44	0.80
2004	主板（N=884）	均值	2.53E+13	-0.15	0.07	0.33
		标准差	3.45E+14	4.58	0.85	0.86
	中小企业板（N=19）	均值	3.63E+12	0.10	0.45	0.45
		标准差	1.13E+13	0.02	0.16	0.42
	合计（N=903）	均值	2.48E+13	-0.15	0.07	0.34
		标准差	3.42E+14	4.53	0.84	0.85
2005	主板（N=889）	均值	1.27E+13	0.06	0.03	0.38
		标准差	1.82E+14	1.90	0.67	0.78
	中小企业板（N=28）	均值	3.59E+12	0.10	0.41	0.44
		标准差	1.09E+13	0.05	0.24	0.55
	合计（N=917）	均值	1.24E+13	0.06	0.04	0.38
		标准差	1.79E+14	1.87	0.67	0.77
2006	主板（N=903）	均值	1.68E+13	0.15	0.14	0.39
		标准差	1.78E+14	2.82	0.53	0.77
	中小企业板（N=30）	均值	1309.756	0.09	0.33	0.41
		标准差	2043.843	0.08	0.31	0.54
	合计（N=933）	均值	1.63E+13	0.15	0.14	0.39
		标准差	1.75E+14	2.77	0.52	0.77

本 章 小 结

我国中小企业在发展过程中面临的外部问题如与外资合作难、融资难、战略投资者进入难、社会公信力不足等严重制约了中小企业的成长，因此制度创新成为中小企业可持续发展的关键。我国资本市场的不断发展为中小企业通过外部融资实现增长提供了可能，同时政策层面也给予了极大的关注与支持。2002年6月国家颁布了《中小企业促进法》；2002年11月28日，深圳证券交易所在给中国证监会《关于当前推进创业板市场建设的思考与建议》的报告以及2004年1月国务院《关于推进资本市场改革开放和稳定发展的若干意见》等为中小企业的成长提供了政策支持。2004年5月17日，经国务院同意，中国证监会批准在深圳证券交易所设立中小企业板块，并核准了中小企业板实施方案。2004年6月25日，首批八家中小企业在深交所挂牌上市。截至2008年7月，中小企业板块已有257家上市公司。中小企业板上市公司的设立，使得这些企业的资本结构以及股权结构发生了根本性的改变，并因此而引起了企业内部治理以及管理的巨大变革。本书通过实证研究得到了以下重要发现：

1. 中小企业板上市公司竞争力指数和公司治理竞争力指数明显高于主板上市公司。主要是由于中小企业板上市公司多为具有高成长性的高新技术企业，且大部分为民营企业，较为严格的外部监管制度，使得这些上市公司具有较为完善的治理结构与治理机制，呈现出较强的公司治理竞争力。但中小企业板上市公司相对完善的治理结构与治理机制并没有对公司的财务业绩产生直接的传递效应。由于公司治理竞争力对上市公司竞争力的显著决定作用，意味着今后主板上市公司在提升上市公司竞争力方面应进一步关注治理竞争力的提升，并且这一方面上具有较大的改善空间。

2. 主板上市公司总体竞争力指数在2003~2005年期间变化非常小，2006年呈现明显的上升趋势；中小企业板上市公司竞争力指数2004~2006年变化不大。主板上市公司的公司治理竞争力在样本年度内呈现明显的上升趋势，尤其是2006年明显高于前三年；中小企业板上市公司治理竞争力指数2004~2006年也呈逐年上升趋势。财务实力指数方面，主板上市公司的财务实力在样本期间变化不大；中小企业板财务实力却出现了一定的业绩变脸现象。

3. 由于中小企业板上市公司上市之初，股权结构的安排上就关注了股权高度集中以及"一股独大"有可能产生的弊端以及该类板块上市公司多为民营控股，各大股东基于对公司权力控制的需要，股权制衡度比较高。因此相对主板上市公司，中小企业板上市公司形成了股权适度集中，大股东之间具有较强制衡的理论上较为合理的股权结构。中小企业板上市公司的国家股比例显著低于主板上市公司，法人股比例以及高管持股比例则显著高于主板上市公司,两类上市公司的流通股比例相差不大。

4. 由于上市时严格的条件约束,使得中小企业板上市公司无论在股东大会出席率还是股东大会会议次数都显著高于主板上市公司,严格的制度约束对于完善上市公司治理结构具有显著作用。

5. 中小企业板上市公司设置了轻巧型的董事会,因而有助于减低代理成本;由于制度约束中小企业板上市公司董事长效激励好于主板上市公司,有助于实现剩余控制权与剩余索取权的匹配以及企业长期价值的培育;与中小企业板上市公司多数为民营企业有关,独立性较差,董事长与总经理两职兼任程度较高,这有助于快速决策,但不利于制衡;中小企业板上市公司更加重视审计委员会制度的建设,但其他专业委员会的建设则不如主板上市公司。

6. 中小企业板上市公司监事会治理竞争力显著高于主板上市公司,监事会激励状况较好是主要原因。样本期间两类上市公司监事激励状况均比较差,且总体上均呈下滑趋势,而监事会运作则呈改善趋势。

7. 中小企业板上市公司较主板上市公司并没有表现出明显的财务优势,一方面,可能是这些上市公司发展时间较短,发展尚不成熟;另一方面,该类上市公司自身存在一定的特点,限制了上市公司财务实力的提升。两类上市公司增长能力普遍不强;主板上市公司偿债能力明显优于中小企业板块上市公司;中小企业板上市公司运营能力和盈利能力略高于主板上市公司,这与中小企业板上市公司自身的特点有关。尽管中小企业板上市公司表现出了相对较高的盈利能力,但并没有显示出强劲的增长势头,样本期间盈利能力则稍有下降;而主板上市公司样本年度内逐年略有改善。

第 8 章

培育上市公司竞争力途径

上市公司作为国民经济的基础,其竞争力直接关系到国家的经济实力和国际竞争力。由于企业上市面临严格的监管,能上市的企业多为业绩优良企业,上市公司通常作为优质的"壳资源"为投资者追捧,因而上市公司与非上市公司相比理应具有相对较高的竞争力,然而相关部门的报告、学者的研究却屡屡显示上市公司的竞争力总体不如非上市企业,部分学者的研究也证实了上市公司业绩不如非上市企业理想,不少上市公司陷入财务困境,其中的缘由值得深思。中国社会科学院工业经济研究所发布的 2005 年中国企业竞争力监测报告认为,尽管上市公司自身的竞争力有所提高,但总体上不如非上市企业。我国资本市场共识之一是上市公司质量不高,不能为股东创造价值,若把中国上市公司视为一个整体,则几乎每年都处于损害股东价值的状态![1]

本书对 2003~2006 年我国上市公司竞争力进行的评价表明,尽管近年来上市公司竞争力有所提升,但整体竞争力依然不高:从控制人类型来看,国有和民营控股上市公司竞争力相对较好;从交易状态而言,正常交易上市公司竞争力相对较高;从所属板块看,中小企业板上市公司竞争力相对较强。从公司治理和财务实力两个维度看,总体上上市公司财务实力指数远高于公司治理竞争力指数,由于公司治理整体水平相对较差,导致

---

[1] 吴超鹏、吴世农:《基于价值创造和公司治理的财务状态分析与预测模型研究》,载《经济研究》2005 年第 11 期,第 99 页。

了上市公司整体竞争力不够理想。由此，本书认为上市公司竞争力不强的关键制约因素在于公司治理水平的低下。

无论是从获得和维持企业的竞争优势以实现企业长远发展还是从推动国民经济整体提升考虑，提升上市公司的竞争力无疑是当务之急。亚当·斯密在18世纪提出"劳动分工"理论时就提到了竞争力的思想，国内外学者们对竞争力的决定要素以及竞争力评价进行了较为系统的研究。[1] 关于竞争力决定要素的研究主要集中于技术、管理、文化与治理四个维度，人们对竞争力的认识表现出明显的历史性路径依赖和情境相关的特征。

企业竞争力的影响因素涉及组织内外的各个层面，其中，内部因素主要包括治理、管理、企业文化以及技术；外部因素主要包括国家的经济、法律、制度环境、政府监管以及社会文化环境，等等。企业作为物质资本和非物质资本的联合体，是一个复杂的组织。公司治理、管理、文化和技术等因素相互交织在一起，共同作用，决定着一个企业的竞争力。公司治理、管理和文化之间的关系已为学者广泛讨论并取得了丰富的富有建设性的结论，[2] 管理、文化和技术创新之间关系的研究也呈上升趋势，公司治理和技术创新之间关系的研究尚处于相对薄弱的领域。[3] 提升上市公司竞争力是一项系统工程，需要企业内部各因素的共同作用。上市公司竞争力主要取决于治理、管理、技术与文化四个因素，而技术与文化的效果最终通过治理与管理而显现。因此本书主要从上市公司治理和管理两个维度阐述提升上市公司竞争力的途径。

8.1 提升公司治理竞争力

公司治理机制主要包括内部和外部治理机制。白等（Bai et al., 2004）认为公司治理内部机制包括股权结构、高管报酬、董事会、财务

---

[1] 王维祝：《基于公司治理和管理相匹配的上市公司竞争力评价研究》，载《南开学报》2008年第6期。该文较为详细地回顾了治理、管理、文化及技术与竞争力关系的研究，构建了基于治理和管理相匹配的上市公司竞争力理论模型。

[2] 相对而言，治理和管理关系认识比较混乱，但治理效果的衡量通常采用一些绩效指标尤其是财务指标，有关治理要素的大量研究也直接与财务指标相关。此外治理结构本身涉及了组织结构，治理的监督和控制也可以理解为管理职能的一种，这些客观上已经将治理和管理联系了起来。尽管尚有许多理论和实证的空白，但这些并不影响研究的进行。

[3] 为数不多的研究涉及了这一领域，如斯滕（Stein, 1988），崔贝尔（Zwiebel, 1995），伯克阿特等（Burkart et al., 1997），阿尔钦等（Aghion et al., 2002），梅森（Manson, 2007），阿尔钦等（Aghion et al., 2008），海里士等（Haresh Sapara et al., 2008），冯根福和温军（2008）等。

信息披露等，外部治理机制包括接管市场、法律基础、产品市场竞争等，尽管这种划分不尽科学，但可以看出外部治理机制主要涉及企业外部的政府和市场等的行为。内部治理机制本质是一个关于所有权的契约，关键在于如何通过各种制度安排、权力配置、机制构建维护资产所有权及其他利益相关者的利益（张立民和唐松华，2008）。因此，本节主要从股权结构、"三会"建设以及外部治理环境建设等角度阐述如何提升公司治理竞争力。

8.1.1 内部治理机制建设

1. 进一步优化后股权分置改革时代股权结构。

股权结构是公司治理的基础，是决定公司治理机制有效性的最重要因素（吴敬琏，2001），决定公司的控制权分布和公司治理中委托代理关系的性质，决定了股东大会、董事会、监事会及高管层的治理竞争力并从根本上决定了公司治理竞争力，股权结构状况也直接关系到上市公司股东的财务行为，影响到公司的财务实力，也将影响到上市公司的组织机构设置和公司的经营管理，影响到公司的创新行为。[①] 因此，合理的股权结构成为上市公司治理水平乃至上市公司竞争力的关键因素。

最优的股权结构是权衡股权集中与分散的成本与收益的产物。在股份过于分散的状态下，由于监督的费用大大高于监督对个人的回报，使得股东没有监督经营者的积极性。在提供"监督"这一"公共物品"的博弈中，股东之间"搭便车"的行为将广泛存在，均衡的监督服务提供量将小于帕累托最优状态下需要的数量，因而，集中式的股权结构有助于形成大股东的强势局面，股东更有能力和动力监督经理人的行为，有助于减少经理人的"内部控制"、腐败等治理风险，有助于公司治理效率的改善与治理风险的规避以及公司价值（绩效）的提高。[②] 但是股权的高度集中又

[①] 冯根福和温军（2008）的研究探讨了股权结构与技术创新之间的关系。默克等（Morck, Wolfenzon and Yeung, 2005）详细回顾了有关金字塔和集中的控股结构对公司创新的影响的研究成果。文章参阅：Morck, Wolfenzon, Yeung, Corporate Governance, Economic Entrenchment, and Growth. *Journal of Economic Literature*, 2005, 43（3），pp. 655 – 720.

[②] 徐莉萍等（2006）的研究发现股权集中度高的大股东对公司经营绩效的影响更多地是正向的激励效应（incentive effect），而不是负向的侵害效应（entrenchment effect）。原因在于，股权集中度越高，对控股股东基于控制的公共利益（public benefits of control）所产生的正向激励也就越高，控股股东就越有可能保持对公司经理层的有效控制；相应的，控股股东"掏空"上市公司的边际成本也就越高，这在很大程度上限制了控股股东为追求控制的私有利益（private benefits of control）而使全体中小股东的利益遭受损害的能力。文章参阅徐莉萍、辛宇、陈工孟：《股权集中度和股权制衡及其对公司经营绩效的影响》，载《经济研究》2006年第1期，第90~100页。

极易引发新兴市场经济体公司治理中更为严重的大股东侵害小股东、利益侵占、掏空等损害上市公司利益的行为。当侵占成本小于可获得的收益时,控股股东可能以牺牲其他股东的利益为代价来追求自身私利,通过追求自身效用最大化而不是公司价值目标来实现自身福利最大化,谋取控制权私有收益(private benefits of control)。①

我国上市公司股权结构呈现高度集中的现象,加之外部治理机制的不健全,上市公司因广为诟病的股权结构而产生的问题比比皆是,大量的理论研究和实践经验均表明我国上市公司普遍存在着大股东侵害中小股东的利益以及损害上市公司价值等问题。我国证券市场发展的里程碑——2005年4月29日开始的股权分置改革,主要解决的就是长期以来的股权分置、股权过于集中、一股绝对独大等股权结构问题,股权分置改革不仅在宏观上涉及资本市场配置资源的效率和公司治理外部环境的改善,对于中国资本市场的健康良性发展意义深远,而且在微观上将对流通和非流通股股东的利益分配产生直接影响,成为中国资本市场发展史上绝无仅有的公司治理事件(郑志刚等,2007)。本书的研究显示,股权分置改革的基本完成一定程度上降低了股权集中程度,缓解了由于股权过度集中而带来的种种弊端,为公司治理质量的改善创造了条件,为公司治理机制作用的有效发挥创造了条件。但后股权分置改革时代,上市公司股权结构依然还存在诸多问题,如原来的限售股(通常称之为"大小非")解禁流通、一股独大的结构仍将继续存在、股权分置改革短期效果不明显、股权激励不合理、外部机制建设步伐缓慢等问题,这些问题的解决仍将是上市公司和监管层面临的重大问题。②

尽管股权结构的研究见仁见智,悖论俯拾皆是,但大部分学者的研究证实了股权制衡在监督和制约大股东及经理层、规避治理风险中的重

---

① 克莱森斯等(Claessens et al.,2000)的实证研究表明,东亚国家公司治理的主要问题正是控股股东对小股东的"利益侵占"问题,近年来国内外学者对这一问题给予了极大的关注,如约翰森(Johnson,2000),拉波塔等(La Porta,2002),克莱森斯等(Claessens et al.,2002),张等(Cheung et al.,2004),Morck et al.(2005),Woochan Kim(2008),翁淑育(2000),苏启林(2003),余明桂和夏新平(2003),陈晓和王琨(2005),张祥建和徐晋(2005),李增泉(2006),王明琳和周生春(2006),陈晓红等(2007),刘启亮等(2007),易颜新等(2008)等。

② 周县华和吕长江(2008)认为尽管股权分置改革的目的是希望从公司治理角度切入,促成这类股东的共同利益基础,但并不能在根本上解决股权集中和弱投资者法律保护并存的局面,股权集中将使得控股股东天然拥有对中小股东进行利益侵占的动机和需求,而较弱的投资者法律保护都不能提高控股股东的侵占成本。文章参阅周县华、吕长江:《股权分置改革、高股利分配与投资者法律保护》,载《会计研究》2008年第8期,第67页。

要作用。[①] 股权制衡既有助于股东对经理的监督同时股东间的相互监督又可以内部化控制权私人收益，规避公司治理风险，改善公司业绩。本书的研究及徐莉萍等（2006）等表明，我国上市公司的股权制衡程度总体上来看是比较弱的，此时控股股东（即第一大股东）的激励和尽职程度就成为上市公司能否成功的关键，但单纯地期盼大股东在无人制衡和法律并不足以施加足够监管的情形下能够不追求自身的私利，不出现逆向选择和道德风险是不现实的。当然，股权制衡程度过高又会带来诸如控股股东没有足够的动力监督经理层、大股东之间相互争夺控制权导致经理人的可乘之机等新的问题。本书的实证数据还显示，由于大股东的非理性行为，股权相对分散的公司并没形成真正意义上的相互制衡的股权结构（如 ST 股公司），几个持股比例相当的大股东往往因为控制权的争夺而影响了上市公司的财务绩效，并给上市公司的持续经营带来了很不利的影响。因此如何增强股东之间的联盟意识、合理分配收益以最大化全体股东的利益便成为问题的关键。本书的研究还显示，政策层面实施的股权分置改革，使得国家股与法人股的股份显著下降，而流通股比例则显著增加。2006 年上市公司三类股东中，流通股比例最高，其次为国家股，法人股比例最低。但实证的数据进一步显示流通股比例几乎与上市公司业绩没有直接关系，原因一方面可能是由于流通股的持有者的短期投机意识过于强烈；另一方面可能与股权分置的痼疾有关。随着股权分置改革的逐步完成，股权分置问题逐渐将成为历史，此时，培育理性的投资者便显得至关重要，唯有如此才能在提高上市公司治理竞争力的过程中充分发挥流通股股东的重要作用。国家股由于其所有者缺位问题难以从根本上解决，如何降低其代理成本仍然是公司治理实务中亟待解决的问题；本书认为培育积极的法人股东，充分发挥法人股东在改善公司治理方面的作用，对于上市公司提高治理竞争力、改善公司业绩同样具有重要意义。除关键性行业国家股应保持较高持股比例之外，由于法人股的监督优势与监督积极性，一般竞争性行业，应增加法人股比例，强化法人股股东的治理。

就大股东之间的制衡以及股权集中程度而言，上市公司可以寻求建立相对制衡的股权结构，形成对控股股东之间以及控股股东对经理层的约

[①] 如潘家诺和罗尔（Pagano and Roell，1998），沃尔芬森等（Wolfenzon et al.，2000），班尼得森等（Bennedsen et al.，2003），戈麦斯和诺瓦伊斯（Gomes and Novaes，2005），古纳塞卡拉里等（Gunasekarage et al.，2007），古铁雷斯和庞博（Gutierrez and Pombo，2008），黄渝祥等（2003），同济大学和上海证券联合课题组（2002），陈晓和王琨（2005），修宗峰（2008），洪剑峭和薛皓（2008）等。

束，同时避免控制权争夺的"内耗"。但上市公司还需要根据自身特征和外部治理环境，合理地决定股权分散还是集中，选择最优、次优甚至是第三优的股权结构，而不能贸然地一味追求所谓股权分散化。上市公司应该借股权分置改革的"东风"，利用这一契机。股东大会通过决议形成适度集中的制衡股权结构，提高其他大股东的持股比例，在保证对经理人行为有效监督的同时规避大股东对中小股东的利益侵害行为，[①] 提高公司绩效和上市公司的竞争力。此外，上市公司建立合理的股权结构还需要从股权结构的构成入手，如引入机构投资者、战略投资者等，引导上市公司自发增（减）持股份等，鼓励外部股东积极参与公司的经营决策，充分鼓励流通股股东和战略投资者、机构投资者在公司治理中"用手投票"等。

2. 完善股东大会制度建设，提高股东大会的效率。

股东大会作为公司的最高权力机构，负有对公司的重大事项做出决策的职责。本书的研究表明，2003～2006年我国上市公司股东大会运作水平在"三会"中最差，股东大会呈现弱化的趋势，突出表现为股东大会会议出席率相对较低。尽管股东会中心主义有所弱化，股东大会往往成为大股东会。但股东大会是股东积极主义的重要实施载体，良好的股东大会治理状况对于保护中小投资者的利益起着重要的作用。因此，加强股东大会建设也是提高上市公司治理水平和竞争力的重要途径。

提高股东大会治理水平具体可以从股东大会参会程序、方式、表决方式等方面着手。通过公司章程的制定，在制度上方便股东特别是广大中小股东参与公司事务以增加股东大会会议的出席率，提高中小投资者参与公司事务的积极性，规避大股东控制股东大会侵害公司价值的行为，在保证股东权利的同时能够最大化股东利益。首先，确保股东大会的程序公正。在不违反《公司法》、《上市公司股东大会规则》等法律、法规的前提下，公司章程要制定股东大会的会议程序，股东大会按照既定程序进行各项议程。其次，积极探索多元化的投票、表决机制，为广大中小股东节约参会成本，切实反映中小股东的意愿。同时，在一些重大问题上可以适当提高

---

① 施莱弗和维施尼（Shleifer and Vishney，1986）认为，外部大股东在公司治理中发挥着向内部大股东（即控股股东）和管理层提供监督的职能。徐莉萍等（2006）认为中国上市公司的外部大股东并没有发挥向控股股东和管理层提供有效监督进而改善公司经营绩效的职能，原因主要有三：(1) 外部大股东的持股比例过低。(2) 在中国特殊的制度背景之下，外部大股东与第一大股东之间存在着争夺控制权的现象，而这种争夺往往会导致公司价值下降，也会给公司经理层造成一定的可乘之机，产生更大的代理矛盾。(3) 股权制衡的程度过高，削弱控股股东对公司的影响能力，增加代理成本，最终导致公司经营绩效下降。

表决通过的条件，以尽可能维护最大多数股东的利益。再其次，在表决方式上实行累积投票制，以应对"资本多数决"滥用造成的大股东控制股东大会的现象。最后，完善股东委托出席、表决及股东诉讼、法律救济制度等。

3. 董事会建设由合规转入自发性建设阶段。

董事会是上市公司竞争优势的核心。公司的首要目标在于其能够为股东及其他利益相关者持续不断地创造价值，在复杂环境条件下，公司的成功依赖于其对所在市场环境产生的创造性毁灭以及持续不断的重组所提出的挑战的能力。推动公司不断地由一种竞争优势向另一竞争优势演化的关键力量是各种革新如新制度、新组织、新产品、新技术、新服务等，作为公司决策中心的董事会在这一过程中起着决定性作用。

董事会制度是以个人负责为基础的集体决策，董事会通过其具有各种知识与能力的内外部董事的组合与有效运作，能够正确识别公司的内外部环境，从而发现外部环境为公司发展带来的有利机会，做出有关公司重大事项的决策。更为重要的是董事会通过其对经理层的选任与激励，达到对经理层的合理选聘、有效监控以及实现公司利益相关者利益的目的。同时董事会的事前与事中监督相对监事会的事后监督，更有利于风险的规避、代理成本的降低以及公司价值的创造。本书对上市公司董事会治理竞争力的评价表明，当前我国上市公司董事会建设仍然处于低层次的合规阶段，表现为上市公司普遍被动地适应制度性约束的需要，自发性需求不足，因此，未来上市公司的董事会建设应该内化为自身提高竞争力的需要。国内外学者的研究证实了董事会及其治理要素对公司竞争力、业绩（绩效、价值）的重要作用。为了提高上市公司董事会的竞争力，董事会制度的建设与完善应重点从以下几个方面入手：

一是完善董事会规模与结构。董事会规模是决定董事会治理成本高低与治理绩效优劣的关键因素。董事会规模较小时，董事会有效运转的可变成本较低，董事间相互"搭便车"的可能性较小，相互监督的成本也比较低，并且成员间的沟通速度快，协调成本较低，容易解雇不合格的经理人。但若董事会规模过小，会造成公司复杂问题决策所需的知识不充分、公司识别变迁机会的能力较差、董事会控制风险的能力较低等问题，极易造成决策失误，加大决策风险，还可能造成企业发展所需外部资源的匮乏以及董事会对经理层的监督能力降低等。

董事会规模的增加，使董事会有效运转的可变成本提高，董事间的沟通协调成本以及监督成本增加，但由于公司战略决策所需的专业知识充足，公司获取外部资源的成本较低；同时由于拥有充足的董事会规模，公司将会拥有一个功能健全的次级委员会，有利于提高公司战略决策的科学性，降低公司决策的风险。共同智慧的力量将使公司的经营建立在科学的决策机制之上，并获取较强的竞争优势，最终获得较高的治理效果。但董事会规模的进一步增大使董事会运转的可变成本不断增加，董事之间的沟通变得更加困难。同时董事之间的"搭便车"行为也不断增加，董事会可能变得更加没有凝聚力，这时CEO可能通过一些策略在与董事会成员的交往中获取权力优势，比如结盟、提供有选择性的信息渠道、分化和"征服"等，使对经理层的监督效率下降，决策的迟缓会使公司失去好的战机，使得董事会竞争力降低。因此应该使董事会规模在一个较为合理的范围内。本书的实证数据显示样本上市公司的董事会规模基本达到了法律的要求，并且具有小型化的趋势，这与全球范围内董事会规模变小的趋势相一致。根据相关理论研究的成果并考虑董事会次级委员的建设，我国上市公司董事会规模应以9~15人为宜，个别业务范围很广、规模很大的公司董事会规模可以大一些。目前《公司法》规定的最低人数为5人，难以满足董事会专业委员会建设的需要。此外，为保证决策效率，降低决定成本，董事会规模应以奇数为宜。

　　若执行董事占董事会比重较大时，经理层很容易控制董事会，董事会难以对经理层的道德风险进行有效控制，造成治理成本增高，董事会治理绩效降低；执行董事多还会导致独立董事比例太低，这可能会造成独立董事的群体效应难以有效发挥，同时还可能造成董事会审计委员会、提名委员会以及报酬委员会的设置不健全或者运作效率的低下。在我国目前公司外部监控机制尚未健全的情况下，独立的董事会及其有效监督是制约公司高管人员，防止"败德行为"的关键，为了确保董事会的有效监督，董事会必须具有一定的独立性。我国上市公司的董事会基本是控股股东控制的董事会，董事会成员中中小股东利益的代表极少，样本数据表明我国上市公司董事会中独立董事比例普遍略高于1/3的强制性要求，上市公司自发提高独立董事比例等的愿望不足，因此要提高上市公司的治理竞争力必须加强独立董事制度建设。董事会建设过程中，要提高能够真正代表公司股东尤其是广大中小股东而非控制性股东利益的独立董事比例，使之真正地发挥独立作用，[①] 要限制独立董事过多地兼职，从制度上保证独立董事按要求参加会议、行使自身的权力，减少"只拿工资不管事"的现象；在法律制度、公司章程等方面要保证形成两职之间的真正制约，形成董事会的均衡状态，此外还需要改变"一股独大"的股权结构，形成市场化的董事任免机制，完善董事声誉机制建设等。

具体来说，首先，应完善独立董事的选聘制度。一方面，在选择独立董事时严格考察独立董事的背景使之真正独立于大股东，代表公司最大多数股东的利益，进而维护上市公司的整体利益。这里应该注意的是过分强调独立董事的独立性可能会导致独立董事治理成本的上升，因此应权衡独立董事独立性的收益与监督成本的关系。另一方面，对不合格的独立董事要及时辞退，重新选聘德才兼备的人员予以补充。为避免独立董事提名被大股东控制的局面，应该强制实施累积投票制，提高董事会中由中小股东提名的独立董事比例。其次，实现董事长与总经理的两职分设。针对我国上市公司独立董事比例普遍偏低的现实，上市公司需要提高独立董事的数量，最好使其在董事会中的占比达到2/3以上。为了强化董事会对经理层的约束，避免"内部人控制"，以防止董事会与经理层的串谋行为，应实施董事长与总经理的两职分设，同时在强调董事长与总经理两职分设的前提下，还要明确董事会和经理层的权限，防止董事会的"空壳化"，等。[②] 再其次，为摆脱"花瓶"的尴尬角色，独立董事的引入不能仅仅考虑独立董事的数量，还需要引进那些与公司不存在联系的、有着财务、法律等专业知识背景、有良好声誉的人选，保证董事团队知识平衡性，同时形成外在压力，建立起风险、责任承担机制。最后，要通过良好的制度设计，

[①] 正如于东智（2003）所言，独立董事能否真正发挥作用最终将取决于其能否对大股东（通常代表的是国家利益或地方利益）形成真正的监督和制衡，而在大股东控股以及缺乏独立董事市场的情况下，又有谁愿意将自己置于巨大的治理风险之下。于东智：《董事会、公司治理与绩效——对中国上市公司的经验分析》，载《中国社会科学》2003年第3期。叶康涛等（2007）的研究表明，独立董事能够抑制大股东的"掏空"行为。现行的《关于在上市公司建立独立董事制度的指导意见》中有"上市公司董事会、监事会、单独或者合并持有上市公司已发行股份1%以上的股东可以提出独立董事候选人，并经股东大会选举决定"的规定，较之以前的"持有已发行股份5%以上的股东可以提出独立董事候选人"是实现独立董事独立于大股东的一个巨大进步。

[②] 尽管学者们基于不同的理论对两职设置得出了不同的结论，如基于代理理论的"两职分任"假说认为两职分任会大大提高董事会的独立性，强化总经理对相关利益主体尤其是股东利益的关注；基于现代管家理论的"两职兼任"则认为两职兼任有利于提高企业的创新自由度，从而有利于提高企业的经营绩效；而基于资源依赖理论一个有效的董事会的作用是随着环境的改变而改变的，应根据企业具体面对的环境的不确定性高低来定。但根据我国上市公司诸多的高管事件说明，目前尚不健全的外部监督市场很难有效发挥其监督作用，因此上市公司的内部监督尤为重要。

确保独立董事在公司重大投资、财产处置、关联交易、对外担保事项、利润分配等问题上发挥其作用。因此，必须确保独立董事对公司运作情况一定的质询、知情权，以便其履行自己的职责。上市公司需要从公司章程、制度上赋予独立董事行使这些权力的便利。除此之外，独立董事还要有充足的时间和精力行使自身的职责，减少公司交叉独立董事数量。①

　　二是完善董事会下属次级委员会建设，将董事会从琐事中解放出来使之专注于公司重大事项的决策。专业委员会的设立有助于实现董事会的合理分工和高效率，同时独立董事只有通过专业委员会才能有效发挥作用。目前公司治理实践及各国公司治理准则（原则）对董事会内部委员会的设置有不同的规定，如审计委员会、薪酬委员会、提名委员会、投资委员会或战略发展委员会、环境委员会以及财务委员会等，但审计委员会、提名委员会以及薪酬委员会是各国上市公司普遍设置的三个主要的专业委员会。本书的研究表明，目前我国上市公司董事会专业委员会的设置体现了政策层面的要求，设置程度较高的依次是薪酬与考核委员会、审计委员会、战略委员会与提名委员会，部分上市公司甚至尚未设置专业委员会。大部分上市公司设置专业委员会是制度约束的结果而非自发性选择，因此，尽管上市公司设置了相应的专业委员会，但其成员构成、作用的有效发挥等存在诸多问题。因此，上市公司还需要健全董事会次级委员会建设，除了健全上述四会之外，还应设置社会责任委员会、风险控制委员会以及创新委员会等，并使得这些董事会次级委员会能够切实履行职责。在建设董事会下属次级委员会的过程中：第一，要明确各委员会的主要职责，防止权力上的冲突和"真空"；第二，要积极吸收董事会中有着相关背景的董事尤其是独立董事和外部董事加入其中，使各委员能够真正独立地各司其职；第三，要在制度上和运作中保障次级委员会能够真正履行自己的职责。完善独立董事的业绩考核与激励制度也是提升独立董事参与治理积极性的关键。笔者认为，对于独立董事的业绩考核应根据独立董事的职责予以界定，按照目前相关法律制度的规定独立董事应主要履行监督职能，因此对于独立董事的业绩考核应以其监督效果为主要考核指标。其薪酬应由两个部分构成，一部分为现金，其比例应较低；另一部分为持股激励，为了调动独立董事监督的积极性，应采用独立董事出资购买的方式，

---

① 施瓦达萨尼和耶梅克（Shivdasani and Yermack，1999）认为有多重董事身份的独立董事会使他们像"小蜜蜂"一样，疲于奔命，致使他们不能有效地完成使命，这就是著名的"小蜜蜂"假说。

以增加其股权约束。独立董事声誉激励机制的约束也是今后完善独立董事制度建设的重要一环，通过独立董事的声誉激励与约束，形成对独立董事人力资本的客观、公正的评价。

三是强化对董事的激励，实现个人利益和公司利益的高度统一。本书的研究表明，2003～2006年我国上市公司董事激励状况极为糟糕，严重制约了董事会治理竞争力的改善。健全董事激励机制可以从以下几方面着手：首先，建立公正透明的董事和董事会绩效评价体系，由薪酬与考核委员会对董事及董事会绩效进行考核，主要是考核董事在履行公司重大事项决策和监督职能发挥等方面达到的状况，而非传统的财务指标，更不要将董事会治理行为指标作为业绩指标予以考核。有关公司长期发展的指标应纳入到董事会的业绩考核指标体系中，如董事会在履行对企业重大事项决策、确保关联交易的规范性、维护信息披露的质量、规避财务舞弊行为以及规避上市公司风险等方面的效果等。通过考评可以了解董事会议及董事履行职责的程度和职位的胜任能力，向董事们提供有关他们工作绩效的反馈，传达好的董事的绩效表现的认可准则。其次，董事会向股东大会报告董事履行职责的情况、绩效评价结果及其薪酬情况，并及时予以披露，以便作为公司评价董事任职情况以及是否续聘的重要参考。最后，在激励结构的设计上，要注意强化长期激励的作用，给予董事适当的持股，以促使其为股东价值最大化而努力。目前我国上市公司董事激励状况普遍不理想，表现最为明显的就是董事持股比例严重不足，不利于董事真正履行监督和建议的职责。因此，上市公司需要加强对董事及董事会的业绩考核与激励，实施合理的股权激励计划，刺激董事履行职责的动力。

四是构建参与型治理的董事会文化，鼓励董事会成员尤其是代表中小股东的董事会成员和独立董事在董事会运作中发挥积极作用。公司治理的核心不是权力制衡，而是科学决策，决策本身就是一种事前监督。因此，为了确保公司战略的科学与准确，董事会应充分履行其对公司重大事项的战略决策职能。而为了确保董事会科学决策机制的建立，必须建立参与型治理的董事会文化。董事会应专注于战略性方向如产业发展方向、新产品开发、行业发展趋势预测以及公司财务结构与投资决策等事项，而非日常经营决策。董事会通过与管理层之间的互动，掌握对公司重大事项决策的相关信息。为了建立参与型的董事会文化，应做到以下几点：首先，树立董事会成员之间的信任意识。董事会是一个管理团队，团队成员之间的信任，是确保董事会成员之间分享信息、有效沟通与交流的基础。因此董事会成员应该在共同价值观的基础上，以公司价值最大化为目标，建立相互信任的沟通机制。其次，处理好董事成员与管理层之间的关系，明确董事会成员的角色。传统观念认为，董事会成员与管理层之间要么是争权夺利的零和博弈，要么是董事会成为橡皮图章，任凭管理层摆布。参与型的董事会治理文化要求董事会与经营者进行有效沟通和真诚合作。再其次，董事会成员应该成为公司的咨询专家、战略顾问、长期规划者、投资者关系协调者及薪酬顾问的角色。董事会成员应该是专业知识结构合理的高素质工作团队。

五是强化董事责任制度与完善董事保险制度。维护股东资产是对董事最基本的要求，董事在其行为中应确保公司财产的安全。董事应做到：不得挪用公司资金或者将公司资金借贷给他人；不得将公司资产以其个人名义或者以其他个人名义开立账户存储；不得以公司资产为本公司的股东或者其他个人债务提供担保。除此之外董事还应该履行善管义务，董事与公司之间的关系属委任关系。董事作为受任人，在执行职务中应尽善良管理人的注意义务。董事应谨慎行使决议权，董事要承担因违反义务而应负的责任。为此应将董事注意义务法定化、明确化，同时增加董事对第三方民事责任的规定，要求滥用职权有违义务时，董事对第三人产生的损害与公司一同承担赔偿责任；强化董事所承担的民事责任并加大对董事的刑事处罚力度，严格处罚董事和高管滥用公司财产、转移股东财富等行为。设立董事会秘书制度，一方面有助于董事会的日常事务；另一方面，是明确公司董事会责任的需要。董事会秘书由董事会聘任，对董事会负责。为了切实保护股东的利益，上市公司应设立股东代表诉讼制度，规定公司董事在执行其职务中，对公司造成损害，而公司又怠于起诉追究其责任时，公司股东为了公司的利益，有权向法院起诉，追究该董事的损害赔偿责任。

为了确保董事尽职尽责，应为董事履行职责提供制度保障。在发达国家，公司董事会成员为了减少自己因为工作上的意外疏忽面临的巨额民事赔偿，通常都会比较积极地购买民事责任保险。投保董事责任险有助于增强企业抵御风险的能力和提高企业的公信力，同时相关董事权益侵害的当事人可以从董事责任险中受益。在没有董事责任险的情况下，如果有当事人被某公司董事的错误或疏忽行为侵犯了权益，即便打赢民事诉讼官司，也可能因为被告没有赔偿能力而难以执行。有了董事责任险，赔偿问题就能够在一定程度上迎刃而解。在我国《上市公司独立董事制度指导意见》以及《上市公司治理准则》均指出上市公司应该为董事购买责任保险，以规避董事正常履行职责可能引致的风险。为了防止道德风险，保费分担应采用企业和董事双方支付的方式,而不仅仅由企业支付。由董事支付保费越多,其实施道德风险的可能性越小。

六是强化董事会培训,提高董事履行职责的素质与能力。董事培训是对即将成为或继续做一名有效董事所必需的经验、态度和技能进行开发的过程。培训内容依据董事一般资质要求和公司董事会具体情况而定,主要包括:(1)公司治理基础知识。包括公司治理理论与实践发展历程、公司治理模式、董事会原理与运行模式等。(2)董事会运作与董事职责知识。包括董事的任职条件、权利与义务、工作成果及考评、董事激励与约束机制等。(3)董事决策分析与高级财务知识。包括决策理论与决策工具、财务分析工具、公司价值分析、经理层激励等。(4)董事及高管人员责任保险实务。包括董事及高管人员可能遭受诉讼的来源与原因、董事及高管人员责任保险投保方式与服务内容等。

4. 强化上市公司监事会治理,提升其监督效率。

在我国经济转型和公司治理复杂性日益增强的情况下,监事会仍应作为法定的公司监督机构发挥其不可替代的监督作用。近年来上市公司不断爆发的治理风险与危机事件,很多都是由于公司内部监督不力造成的,为了在经营中维护投资者的利益,监事会作为一种监督制衡机制得以产生(王世权,2007)。实践中,上市公司监事会治理水平不高并不是监事会制度本身存在着问题,而是由于运行过程中存在着诸多不足,使其不能充分发挥应有的作用。[①] 本书的样本数据表明,我国上市公司监事会治理状况不够理想。为了提升监事会治理竞争力,应从以下几方面着手:

一是强化监事会的职能以及履职条件。我国二元制模式与传统二元制模式的根本区别在于我国监事会与董事会是平行关系,共同向股东大会负责并报告工作,监事会没有对董事会成员的提名权与罢免权,而只拥有罢免建议权,这使得监事会难以有效履行其监督职责。新的《公司法》虽然赋予监事会较多的权利,但监事会仍然如形同虚设。其关键在于其行职条件的约束,这一点如果不能从根本上予以改变,监事会难以摆脱其

[①] 郑海航(2008)提出的内外主体平衡论认为,董事会的监督权重在科学决策和防范风险,而监事会则重在对包括董事们在内的所有经营者进行财务监督和经营监督,监事会在国有企业中发挥重要作用,国有企业监事会在国有资产监管体制中现在和将来仍然会发挥重要作用,而且随着监事会制度的不断完善,国有企业监事会制度在监管国有企业确保国有资产保值增值方面所起的作用在相当长的时期内将是不可替代的。文章参阅:郑海航:《内外主体平衡论——国有独资公司治理理论讨论》,载《中国工业经济》2008年第7期,第5~15页。我们认为,广为诟病的董事会和监事会的权力和职责的重叠实质上是公司自身未能进行明确的区分,而不是监事会是否应该存在的问题。

"花瓶"形象,因此如何从制度上为监事会行权提供保障是公司治理面临的主要问题。二是提升监事会素质结构。为保证监事能够胜任监督职能,从法律、制度上确定监事的任职资格,监事会成员必须具备法律、财务、会计等专业知识,监事会团队成员之间能够形成知识结构和经验上的互补。三是保证监事会的独立性。监事会成员的选聘由股东大会负责,特别是监事的选聘要能够反映中小股东的意愿;职工监事由职工代表大会提名、选举,按照《上市公司章程指引》的要求确保职工监事在监事会中的比例不低于1/3;引入独立监事和外部监事等。四是完善对监事会以及监事的监督与责任追究制度,形成权责的统一,对于不能有效履行监督职能的监事会以及监事实施相应的惩罚制度。五是强化对监事的激励。监事报酬由股东大会根据监事会及监事的履职情况进行评价后决定;创新监事报酬机制,将监事报酬与公司业绩以及监督效率挂钩;实行监事长、监事持股等。六是界定清楚独立董事与监事会监督的界限,厘清独立董事与监事会的职责,做到各司其职。

5. 建立科学的经理层选任机制,强化对经理层的激励。

经理层是受董事会委托负责企业日常经营管理的组织机构,负责执行董事会的决策,是执行机构。中国当前"行政型"治理向"经济型"治理转换过程中形成的治理失控是中国上市公司高管人员频频违规的根本原因,"问题高管"凸显公司治理风险,经理层治理问题成为中国上市公司治理症结的显著表征。中国上市公司经理层治理实质上要解决两方面的问题:一是,要使经营层有意愿、有动机、积极地通过自身利益的实现来最大化股东利益,防止经理层有意侵害各方利益相关者的利益,从而解决管理无力和管理腐败的问题,这可以通过良好的激励与约束机制实现。二是,要尽可能使有能力的经理层做出有利于公司长远发展的科学决策,这主要可以通过恰当的任免机制和执行保障机制实现(李维安和张国萍,2005)。经理层治理水平的高低主要取决于经理(高管)层的选任及其激励状况,由于目前我国经理人市场尚不健全,经理人激励尤其是关系到公司和个人长期利益的激励措施并没有被充分的实施,[①] 加强经理层治理,

---

① 我国上市公司中国有控股上市公司占大部分,而国有企业经营管理者的薪酬问题尤为突出,陈冬华等(2005)分析了我国国有企业经营者的薪酬现状及薪酬管制问题。参阅陈冬华、陈信元、万华林:《国有企业中的薪酬管制与在职消费》,载《经济研究》2005年第2期,第92~101页。此外,李维安和张国萍(2005)也认为中国上市公司激励约束机制严重不足,股权激励约束最为弱化。参阅李维安、张国萍:《经理层治理评价指数与相关绩效的实证研究——基于中国上市公司治理评价的研究》,载《经济研究》2005年第11期,第87~98页。

提高经理层治理竞争力也是提高上市公司竞争力的重要途径。

提高经理层治理竞争力，具体而言，可以从以下几方面着手：首先，在经理层选任问题上，由董事会下属提名委员会负责，制定经营团队的选任计划和程序，减少公司上任的经理人员与公司股东尤其是大股东之间的关联，使之能够独立地行使权利。其次，选聘的经理人员需要德才兼备，有领导力和凝聚力，拥有的专业知识和经验能够做好自己的本职工作，不合格的经理人员及时罢免。再其次，董事会和监事会要加强对经理人员的监督和考核，确保经理人员不以权谋私，规避内部人控制的风险。最后，加强对经理人员的激励，将经理人员的个人利益与公司利益有机结合，实施股权激励计划，激励经理人员为提高公司价值努力。

8.1.2 外部治理环境建设

制度的存在是经济增长的先决条件（North and Thomas，1996），法律、法规、财务等的健全对于经济增长同样功不可没。金碚认为，中国的上市公司制度和股票市场制度还需进行重大改革，上市公司不应该仅仅成为享有融资特权的企业，公司股票上市成功是一种负债和责任；如果不能够树立这样的理念，并且有相应的制度保证，就难以从根本上扭转目前这种上市公司消失企业竞争力的局面。[①] 从实践来看，我国国有企业和上市公司所表现出来的企业效率低下以及种种财务问题，根本原因在于制度安排上的缺陷以及与此相关的法律政策和具体财务规范的缺失（宋丽梦，2008）。新兴加转型的双重特征导致在中国证券市场上政府行为对资源配置具有重要影响，上市公司主要由政府控制，投资者法律保护水平低下。拉波特等（La Porta et al.，1998）认为，一个国家法律对投资者权利保护的程度是这个国家公司融资市场和公司治理水平发展的决定性因素，白重恩等（2005）也认为外部法律体系及市场环境对市场价值起着非常重要的作用，但是中国的法律环境是低效的（Liu，2006）。因此，提高上市公司治理竞争力需要政府及社会为上市公司的发展营造一个良好的外部环境。

1. 政府角色。

由于金融市场具有"内在的不稳定性"，在目前中国证券市场仍处于

[①] http://news.xinhuanet.com/fortune/2005-11/08/content_3749977.htm.

"新兴加转轨"的阶段，基础制度不健全、风险对冲机制不完善，机构投资者发展不充分和投资理念不成熟尚普遍存在的条件下，政府对资本市场的管理和适当干预是正常的，但是政府的行为往往表现为对经营活动的过度干预，曾庆生和陈信元（2006）认为在国有股仍然占据半壁江山的中国股票市场中，作为终极控制人的政府，如果不克制对上市公司行政干预的冲动，不致力于培养真正的市场主体、建立一个良好的外部治理环境，那么上市公司治理机制的建立和完善将无从谈起。目前，我国上市公司治理环境的最重要特点就是政府对上市公司的控制力，很多治理机制失效的原因也在于此。公司治理问题很大程度上属于政府治理问题，公司治理的完善首先需要的是政府治理的完善。只有政府治理完善，对上市公司的干预减少，董事会、经理人市场和控制权市场才会发挥其相应的作用（俞鸿琳，2006），政府在市场经济中要做的是服务企业而不是计划经济下的干预企业生产经营活动。

2. 机制建设。

第一，加强对会计、审计的监管，严格上市公司信息披露制度。

作为财务管理中的一项重要制度，信息披露在规范上市公司的财务行为、促进上市公司发展方面起着不可替代的作用，严格的信息披露制度是政策性监管，维护股东和利益相关者利益的重要机制，姜国华和王汉生（2005）认为证券市场有效监管的核心是对证券市场信用水平的监管，监管者的信用监管手段有两个：一是对强制信息披露范围的要求；二是对信息披露准确性的维护，即对虚假披露的惩罚。

近年来上市公司频频发生的一系列丑闻、危机事件，很重要的原因在于关键人操纵了会计信息，而独立性的弱化使得会计、审计在规避风险方面的作用下降，甚至出现会计、审计人员与公司内部人串谋的现象。因此，必须加强对会计和审计部门、人员的监管，严格上市公司信息披露制度，进一步规范一些关系到投资者和股东切身利益的必要项目如关联交易、资金占用、关联担保等，加大对会计、审计人员财务造假行为的惩罚力度，严惩操纵会计信息的行为。此外，还需要按照《公司法》、《上市公司治理准则》等的要求严格披露上市公司股权结构、董事会结构、公司控制权分布等涉及股东和投资者利益的重要信息。

第二，完善外部治理机制，改善治理环境。

公司治理结构在很大程度上内生于公司所处的制度环境。公司治理系统最重要的基础是那些为股东提供有关公司活动和经营状况信息的机制以及那些建立起管理层和董事会职责、惩罚不负责行为的法律规则（Riccardo Tiscini and Francesca di Donato，2008）。产权经济学强调，当国家和法律制度不能有效的保护和执行产权时，对产权的私人执行就显得非常重要，集中的所有权结构是对弱法律制度的一种自适应和权衡结果，因此我国独特的股权结构特征也是对弱法律保护的一种自适应。但是从长远来看，这种过度集中的股权结构极易引发一系列"掏空"、"掘隧"、"堑壕"问题，法律制度环境的强化也是缓解股权过于集中的重要途径。

有效的治理环境是投资者利益得以保护的重要前提，夏立军和方轶强（2005）认为解决中国上市公司的公司治理问题，需要从根本上改善公司治理环境，公司治理环境至少包括产权保护、政府治理、法治水平、市场竞争、信用体系、契约文化等方面，这些公司治理环境是相对公司治理机制更为基础性的层面，政府和法律的因素交织在一起构成了中国上市公司所处治理环境的主要特征。我国是一个转型经济中的弱法律环境国家，好的治理环境还可以显著缓解机构投资者和非流通股股东"合谋"侵害中小投资者利益等代理问题的发生，向中小投资者提供更高程度的利益保护。治理环境的改善对中小投资者的利益保护起着至关重要的作用，好的治理环境可以明显地降低改革成本，并有效缓解改革过程中可能发生的各种代理问题的负面影响。[①]

我国是一个新兴加转型的市场经济国家，有着独特的制度环境。国内外的经验证实，法律、文化、信用、税收等正式和非正式制度对上市公司治理有着重要影响。当前我国产品市场竞争状况已有很大改观，但资本市场、经理人市场、声誉市场、信用市场、控制权时市场等的建设较为滞后，上市公司即使经营状况恶化也不会立即引发控制权变更、购并、经理人替换等现象，导致杠杆治理、声誉约束、控制权约束等西方成熟的经验在我国公司治理中的失效，这也是西方发达国家公司治理经验在中国难以得到有效检验的重要原因。只有公司治理内外部机制的共同作用才能提高上市公司治理竞争力，进而提升上市公司竞争力，因此，完善外部治理机制、加强公司治理环境建设同样刻不容缓。

在适当加强政府对证券市场和上市公司监管、规范市场交易秩序的同时，注重发挥服务的角色，以市场机制的自发作用为主，引导、促进经理人、声誉市场等的建设，建立起较为完整的市场约束体系，同时，加强公

[①] 辛宇、徐莉萍：《投资者保护视角下治理环境与股改对价之间的关系研究》，载《经济研究》2007年第9期，第121~133页。

司治理环境如诚信、法律、文化等的同步配套建设，充分发挥税收、媒体、社会规范等对公司治理的正面效应，完善整个金融市场体系等等，为上市公司竞争力的提升创造良好的外部环境。目前亟待完善的措施包括：

首先，继续完善法律体系，强化法律的执行。我国对中小投资者的法律保护经历了一个由弱到强，逐步健全的历史实践过程（沈艺峰，2004）。长期以来，由于缺乏严格执行的司法体系，特别是证券民事赔偿制度，中小投资者的权益依然无法通过国家层面上的治理机制得到切实有效的保护（李增泉等，2004）。我国股市不管是纸面上的法律质量，还是实际执法质量与国际水平对比都非常低（Allen et al., 2005；成九雁和朱武祥，2006），艾伦等（Allen et al., 2005）指出中国投资者保护程度低，不仅仅在于法律制度的建设方面，也在于法律制度的执行层面。几乎所有国家证券市场立法的一个核心，都旨在保护投资者尤其是中小投资者的利益，证券的价值由它们所隐含的法律权利和保障这些权利的司法体系共同决定，在某种情况下可能更多地是依赖于法律体系对投资者权利的保护程度和这种保护的有效性（易宪容，2003）。[①] 因此，政府需要完善立法体系，加大执法力度，具体而言：在现有《公司法》、《证券法》等的基础上，进一步完善相关条款，保护中小投资者的利益；在法律的执行上，加大处罚力度，形成民事责任赔偿制度和刑事犯罪制度。

其次，加强经理人市场建设。自20世纪80年代以来，政府开始致力于经理人市场的建立和完善，试验性地推行企业高层管理权改革。经过一段长时间的苦心经营，我国的经理人市场正在逐步形成，但是，我国经理人市场尤其是国有企业的经理人市场仍在一定程度上受到管制（Grove et al., 1995；Qian, 1995；刘小玄，2001；陈冬华，2003）[②]。我国经理人市场是失灵的（李新春，2003），经理人市场失灵会对经理人行为产生重大影响，进而影响上市公司财务行为：能力低下的经理人将不会被优秀的经理人所替代，造成经理人市场声誉机制失效，公司不得不承受更高的代理成本；舞弊给经理人带来的高额收益与舞弊行为被发现后较低的机会成本将促使经理人舞弊而不顾及将来在劳动力市场的就业与收入，这是我国上市公司舞弊行为盛行的主要原因之一。只有在一个竞争比较完全的经理

[①] 刘少波：《控制权收益悖论与超控制权收益——对大股东侵害小股东利益的一个新的理论解释》，载《经济研究》2007年第2期，第89页。
[②] 陈冬华、陈信元、万华林：《国有企业中的薪酬管制与在职消费》，载《经济研究》2005年第2期，第92页。

人市场，经理人才会关注自身市场声誉而不从事舞弊，声誉对职业经理人的激励约束作用和经理人市场竞争选聘机制紧密联系在一起（黄群慧和李春琦，2001）。袁春生等（2008）的研究表明，目前我国经理人市场并没有为年轻经理人向市场显示其优秀经营才能和抑制舞弊提供足够激励，经理人市场竞争与经理人合同报酬是两种相互替代的经理人市场治理机制。为抑制上市公司舞弊行为，促使经理人努力工作并保持良好的市场声誉，甚至改善公司治理以提高企业经营绩效的更好路径是建立一个竞争有效的经理人市场，而不仅仅是片面强调提高经理人现期的报酬激励。[①] 经理人市场可以使企业通过市场机制选拔到更优秀、更适合本企业需要的经营管理者；经理人市场可以约束经营管理者的行为；经理人市场可以通过供求机制和竞争机制的作用推动经营管理人才的合理流动。经理人市场能否有效运行，真正实现经理人资源的合理配置，主要取决于信息因素、信任因素、评价因素、流动性因素和组织因素的作用（黄速建等，2008）。

因此，为促进经理人市场的发展，政府和有关部门可以探索建立职业经理人人才库；对经理人进行职业操守、业务技能等的培训，提高其业务素质和道德修养；建立经理人信息系统以降低信息不对称性导致的交易成本，促进优胜劣汰，形成对经理人的外在压力；鼓励经理人在企业和地域之间的自由、合理流动；可以探索由非官方组织而不是由企业或者政府发放经理人的工资等。

3. 软环境建设。

第一，引导上市公司履行企业公民应当承担的社会责任。

新《公司法》第五条规定，"公司从事经营活动，必须遵守法律、行政法规，遵守社会公德、商业道德，诚实守信，接受政府和社会公众的监督，承担社会责任。"宏观层面上，社会责任建设是当前落实科学发展观、构建和谐社会的迫切要求，是创造良好的公司治理环境的应有之意；微观层面上，在激烈竞争的时代，企业社会责任问题已成为关系企业生死存亡的重大问题，成为叩问企业道德行为的重要标准，成为消费者对企业认可的重要参考。近期沸沸扬扬的"三鹿奶粉"事件以及随之而来的众多乳制品企业"毒奶粉"事件，凸显了企业社会责任的重要性，企业社会责任已演变成衡量整个社会诚信的重要尺度。

引导企业承担社会责任，具体而言可以从以下几方面着手：第一，完

[①] 袁春生、吴永明、韩洪灵：《职业经理人会关注他们的市场声誉吗？——来自中国资本市场舞弊行为的经验透视》，载《中国工业经济》2008年第7期，第151~160页。

善现有相关准则、法律、制度对企业社会责任的要求，制定披露社会责任的标准。第二，强制上市公司披露企业履行社会责任的信息，实行定期和重大事项临时披露相结合的方法，要求上市公司严格按标准披露相关信息。第三，监管机构设立专门的上市公司社会责任推行委员会，监督上市公司履行社会责任的行为。第四，提高现有社会责任报告的质量，降低报喜不报忧的主观成分，提高社会责任信息的客观性。第五，考虑将社会责任引入对上市公司的评价中，引导投资者关注企业社会责任问题等。

第二，引导上市公司创新公司治理结构。

我国的企业改革进程与政府行为息息相关。上市公司从诞生、发展到治理水平的逐步提升，充分反映了政府在由计划经济向市场经济转型进程中角色的转变，突出表现在上市公司的治理大多只是单纯的"合规"，满足政策性监管的需要。而要真正提高上市公司的治理水平，以提升企业未来财务表现和竞争力，主要靠企业自身对公司治理的重视，意味着上市公司治理需要从"合规"转向"创新"（李维安，2007）。从以往的经验看，政府在这一过程中并不是也不应当是简单的"看客"，除了以上阐述的政府职责外，还需要政府从政策上引导上市公司根据自身的状况创新公司治理结构，为公司治理水平和财务实力的提升提供支持性服务。

公司治理近年来成为学界及各方关注的热点和焦点，公司治理在决定企业竞争力方面的重要作用已渐为人们所认识。中国上市公司面临的很多问题很大程度上与公司治理直接相关，白重恩等（2005）的研究表明，改善治理结构是上市公司提升其股票价值的根本途径，刘（Liu，2006）也认为公司治理是中国当前环境下突出的问题，公司治理大多是以控制为基础而非以市场为导向的行政型治理模式，提高上市公司治理水平是当前恢复股票市场最为紧迫的问题。本书的研究表明，近年来我国上市公司治理竞争力总体上呈提高的趋势，但水平依然较低。除了一些制度性因素之外，上市公司的治理状况尤其是董事会治理状况是产生这一问题的主要原因。当然，公司治理本身是一项系统性工程，各治理要素之间存在错综复杂的相关关系（李善民等，2006；周建等，2008），提高上市公司的治理竞争力必须要从公司治理的各要素入手，借鉴发达国家的一些成熟经验，探索适合于我国独特的制度环境和经济背景的治理措施。从根本上改善上市公司的治理状况，提高上市公司治理水平和治理竞争力，才能为股东和利益相关者的利益最大化，为上市公司管理竞争力、创新能力和财务实力的提升，为上市公司的健康发展做出贡献。

8.2 提高管理竞争力

与公司治理一样，管理也是一个综合性的概念，涉及组织的人力资源、生产运作、财务、营销、战略、组织结构等，超级竞争环境下企业面临的管理更多地体现一种系统的全面管理，[①] 提升管理竞争力也是一个系统工程。本节对提升管理竞争力的建议主要从公司财务管理的角度进行，这是因为企业所有权的核心体现在企业财权，从《公司法》和公司章程规定的许多战略性决策的内容来看，基本上都是财务性的或与财务控制直接相关（李心合，2001），基于价值的管理 VBM 中，公司管理的中心是财务管理（张先治，2008）。企业之间的竞争归根到底是财务实力之间的比拼，而诸如公司治理、技术、文化等"软优势"最终也将归结到财务实力的表现上来，因此，提升上市公司的财务实力是提高管理竞争力和企业竞争力的重要途径。

提升上市公司的财务实力首先要明确的是财务管理的目标，财务管理目标基于企业理论，而企业理论的核心是产权问题（刘晓明和张亚博，2006），从本质上讲，企业财务本身就是产权价值交易过程与结果的体现（宋丽梦，2008）。从产权理论角度可以推导出企业财务管理的目标应该是股东主导下的利益相关者权力最大化，[②] 如果说公司治理关注的是未来公司价值的来源，那么，财务管理的目标是为了使现有股票的每股当前价值最大化。这样说是因为，企业里的股东是剩余所有者，这就意味着只有在偿付了职工、供应商、债权人及其他任何具有法定索取权的人应得之后，剩余的才属于他们。因此，如果股东成功能够获得剩余，而且其获得的绝对量和相对量均在增长，公司的其他利益相关者的利益才能得以保证。由于财务管理的目标是股票价值的最大化，就需要学会如何分辨那些对股票的价格产生正面影响的投资和筹资安排及日常的营运资本管理。具体而言可从以下几个方面着手：

一是做好资本预算。资本预算即企业长期投资的计划和管理过程。在

---

① 对这一问题的阐述可参阅肖海林、闻学：《超级竞争条件下企业整体管理的基本维度与共生型控制模式》，载《管理世界》2006 年第 12 期，第 131~141 页。
② 刘晓明、张亚博：《从产权角度对企业财务管理目标的思考》，载《经济社会体制比较》2006 年第 5 期，第 130~133 页。

资及资本利用的内部控制，规避财务风险。

样本数据表明，当前我国上市公司偿债能力维持了相对较高的水平，更多的并不是还不起债而是不能有效利用公司的资产尤其是流动资产获利。因此，公司在积极寻求适合于自身最优资本结构的同时，应该保持合理的短期、长期偿债能力，在规避信用风险的同时，选择合适的投资机会和项目，扩大无形资产的投资，提高资产的获利能力和盈利水平。只有这样公司才能实现持续经营，才能充分发挥债权的"相机治理"功能，形成对上市公司经营和治理的外在压力。

上市公司还应该建立严格的财务控制制度。王亚平、吴联生和白云霞（2005）对我国上市公司盈余管理程度进行了整体估计，发现我国上市公司普遍存在着为避免亏损而进行的盈余管理，这将不利于投资者对上市公司做出正确的判断，最终必将导致投资者信心的散失和上市公司竞争力的下降。在公司财务管理中要严格按照会计准则和相关的法律、准则，保证上市公司财务、会计信息的准确性、客观性与有效性，减少人为的盈余操纵、盈余管理行为。形成相互制衡的财务会计组织结构，严格财务风险控制制度，将公司财务风险控制纳入公司风险管理的系统工程中。

第三，加强营运资本管理，提高企业的运营能力。

资本运营包括实体资本和虚拟资本的运作。金碚（2005）在解释上市公司为何竞争力低下时，认为中国上市公司并没有将提升自身竞争力的努力放在提高资金的利用效率上；在中国，企业上市实际上是一种融资特权，当企业获得这个特权后，有效利用资金的压力将大大减弱，因为它觉得可以融到更多的资金；很多企业一旦上市成功，就把融资当成收入，这是一种严重损害企业竞争力的错误观念。目前我国上市公司资本运营存在不少问题，如观念扭曲，将资本筹集当作是资本运营的主要目的，把上市融资当成是"圈钱"的主要手段；片面追求企业规模的扩大，盲目并购、重组，忽视了经济效益和企业的消化吸收能力；资本运营脱离生产运营，唯资本运营、财务运作是举；资本运营人才匮乏；等等。因此，在当前激烈的竞争环境和购并愈演愈烈的情形下，提高公司的资本运营能力成为衡量公司竞争力的重要标志，对上市公司获得和保持竞争优势有着重要意义。

首先，合理利用现有资本，提高资本（产）利用率。核心是要解决资本的闲置和资本利用率低的问题。[①] 由于存货积压会提高企业资金占用

---

① 张先治：《基于价值的管理与公司理财创新》，载《会计研究》2008 年第 8 期，第 36～37 页。

水平，造成企业资金流转不畅或资金短缺，因此加强对存货的分析与管理，加速存货的流转十分重要；企业应尽可能压缩过时的库存物资，避免资金呆滞，并以科学的方法来确保存货资金的最佳结构；进行有效的应收应付管理，大量应收款项的难以回收会导致资金的大量占用，不利于资金链的维持。应收款项的核算和管理方面，对每一笔大额款项都应严密监督，特别是对其中的预期款项设定专人负责催收，并按照惯例对可能的损失计提严格的坏账准备。对应收款项的管理，特别是欠款的催收，应给予重点关注。在欠款的催收方式上可尝试一些新的思路，如为鼓励客户提前或尽早还款，提供现金折扣；为调动收款人员的工作积极性，实行工资奖金水平与回款挂钩的政策等。强化知识资产的积累与应用，进一步发挥知识、专利技术、品牌形象等无形资产对提高资产的利用效率也发挥着重要作用。

其次，加强资本配置管理，处理好资本收益。管理者进行资本配置时，从宏观上综合考虑企业内部外的环境及可用的资本，选择合理的投资方式和策略，提高资本的利用效率。同时，处置好资本的收益，进行合理的再融资、再投资、收益分配，既保证企业未来发展所需要的资本，又能够提升广大员工和管理层的积极性。

综合而言，要提高上市公司竞争力就要不断提高企业财务管理目标指标体系中的运营能力、盈利能力和偿债能力。企业根据外部市场环境的变化，合理配置各项生产要素，在进行有效的筹资管理的情况下，既保证企业发展所需要的资本又能利用好现有的资本最大化收益。此外，还有一些因素在提高企业财务实力方面也起到很大的作用，需要引起足够的重视：

一是提升经营者的专业能力，强化激励机制。

经营者财务管理方面的主要职能是通过设置公司内部财务部门，明确分工和职责，配备合格的财务人员，制定财务管理制度和决策程序，提高资本的经营效益。无论是在投资、筹资还是日常经营的决策过程中，经营者都要具备很高的专业能力。在投资时，能力强的经营者经过调查、分析，更容易在诸多的项目中发现那些投资时间短、风险小但投资回报率高的项目，并组织人员制定投资计划和程序，使企业获得最大的利益。筹资时，能力强的经营者又可以在不同的投资途径中分辨出哪一种融资方式与资本结构更加合理。

预算信息在组织中的管理绩效评估与经营者薪酬激励具有重要作用。为了能够有效地激励经营者努力工作，企业通常采用预算式的激励契约，将经理人的劳动报酬与某个具体的预算目标相挂钩。[①] 因此，合理有效的预算目标将有助于提高对企业经理人的激励作用。此外，与上市公司业绩挂钩的股票期权激励机制，制定较长期的经理人经营绩效考评体系，使经营者的目标函数与所有者的目标函数趋于一致，也有助于代理风险的降低。

二是强化对企业上下游关系的管理，构建信息化合作平台。

当代经济是知识经济、信息经济、一体化经济的融合，企业间的竞争更多体现"竞合"的特征，任何企业都无法独善其身。从企业的运作来看，企业充当是将购进的原材料生产出产品并将其出售给消费者的转换器，因此，企业在此过程中必然与上下游发生关系，针对供应商和消费者的 SCM、CRM 管理也成为企业获得竞争力必须解决好的重要问题，同时 SCM、CRM 管理也是企业财务管理的重要对象。

供应链管理旨在从系统的观点出发，以集成思想对供应链中的物流、资金流、信息流进行设计、规划和控制，以最大限度地减少供应链中各成员的内耗和浪费，通过整体最优来提高全体成员的竞争力或福利水平，实现全体成员的共赢，其本质就是以顾客需要为出发点，整合各个节点企业的核心竞争力，以形成优势互补，从而更好地实现顾客价值（刘刚和李峰，2008）。企业在发展过程中，要以消费者为中心，以市场为导向，在 ERP 的基础上搭建从消费者到供应商的信息共享平台，快速反应市场，降低企业的库存成本和信息交易成本，实现利益共享。在与供应商合作过程中，要维持信任关系、商业信用和商誉，实现互惠共赢。

客户关系管理强调以消费者为中心，通过客户关怀实现客户满意。要做到及时准确地反映客户需求，需要：（1）有效地利用企业现有资源，实现组织、人员、信息的系统整合；（2）搭建信息技术平台，拓展客户介入方式；（3）建立完善的服务监督管理机制，提高服务质量；（4）加强对客户数据挖掘，寻找核心客户，进行重点管理；（5）积极开发客户的潜在需求等。

如果说外部宏观经济环境是企业提升竞争力的温床，企业内部的管理就是竞争力的孵化器。如果说公司治理主要涉及的是企业的战略层面，管理则主要针对企业的业务层面。在信息技术日益成熟、市场需求多元化、竞争激烈化的经济背景下，上市公司只有练好"内功"才能在竞争中获

[①] Merchant, K., Budgeting and the Propensity to Create Budgetary Slack. *Accounting, Organizations and Society*, 1985, 10 (2), pp. 201–210.

得优势，而管理竞争力最终体现在财务实力上。本书的研究表明，上市公司的财务实力尽管稳中有升，这种提升更多受经济环境的影响，与人们的期望相差甚远，因此，上市公司迫切需要通过积极有效的财务管理、供应链管理、客户关系管理，各部门整合资源、通力合作，提高自身的增长和盈利能力。

参 考 文 献

中文部分

[1] 白重恩、刘俏、陆洲、宋敏、张俊喜：《中国上市公司治理结构的实证研究》，载《经济研究》2005年第2期。

[2] 边泓：《投资者在不同市场环境中的会计信息需求特征——基于前景理论和数据挖掘的实证研究》，载《南开管理评论》2007年第4期。

[3] 蔡吉甫：《公司治理、审计风险与审计费用关系研究》，载《审计研究》2007年第3期。

[4] 蔡志岳、吴世农：《董事会特征影响上市公司违规行为的实证研究》，载《南开管理评论》2007年第6期。

[5] 陈冬华、陈信元、万华林：《国有企业中的薪酬管制与在职消费》，载《经济研究》2005年第2期。

[6] 陈继勇、胡艺：《美国的技术创新与贸易竞争力之关系——一项基于实证的研究》，载《经济管理》2006年第15期。

[7] 陈蔓生、张正堂：《企业竞争力的模糊综合评价探析》，载《数量经济技术经济研究》1999年第1期。

[8] 陈炜、孔翔、许年行：《我国的法律制度能有效保护中小投资者利益吗？》，载《深圳证券交易所综合研究所第0113号》，2005年8月26日。

[9] 陈晓、王琨：《关联交易、公司治理与国有股改革——来自我国资本市场的实证证据》，载《经济研究》2005年第4期。

[10] 戴强：《强化技术创新，提升企业核心竞争力》，载《财贸研究》2003年第2期。

[11] 邓德军、周仁俊：《公司最终所有权结构与绩效关系研究综述》，载《外国经济与管理》2007年第4期。

[12] 邓蓉晖、王要武：《基于神经网络的建筑企业竞争力评估方法研究》，载《哈尔滨工业大学学报》2006年第3期。

[13] 第一证券有限公司课题组:《上市公司董事会制度和立法对策研究——董事会治理视角》,载《上证联合研究计划第十五期课题报告》2006年10月。

[14] 傅贤治:《公司治理泛化与企业竞争力衰退》,载《管理世界》2006年第4期。

[15] 高明华、马守莉:《独立董事制度与公司绩效关系的实证分析——兼论中国独立董事有效行权的制度环境》,载《南开经济研究》2002年第2期。

[16] 谷祺,于东智:《公司治理、董事会行为与经营绩效》,载《财经问题研究》2001年第1期。

[17] 谷书堂、李维安、高明华:《中国上市公司内部治理的实证分析:中国上市公司内部治理问卷调查报告》,载《管理世界》1999年第6期。

[18] 股权分置改革研究小组:《股权分置改革的回顾与总结》,载《深圳证券交易所综合研究所第0147号》2006年12月20日。

[19] 郝臣、徐伟、李礼:《中小企业板上市公司治理若干特征分析——基于2004年38家中小企业板上市公司的实证研究》,载《管理现代化》2005年第5期。

[20] 胡一帆、宋敏、张俊喜:《竞争、产权、公司治理三大理论的相对重要性及交互关系》,载《经济研究》2005年第9期。

[21] 黄速建、王钦、贺俊:《制度约束、需求驱动和适应性选择——中国民营企业治理演进的分析》,载《中国工业经济》2008年第6期。

[22] 黄张凯、徐信忠、岳云霞:《中国上市公司董事会结构分析》,载《管理世界》2006年第11期。

[23] 李强、蔡根女:《企业竞争力测评的多元统计分析》,载《统计与决策》2006年第6期。

[24] 李维安,谢永珍等:《公司治理评价系统设计》,载《南开管理评论》2003年第3期。

[25] 李维安、李汉军:《股权结构、高管持股与公司绩效——来自民营上市公司的证据》,载《南开管理评论》2006年第5期。

[26] 李维安、张国萍:《经理层治理评价指数与相关绩效的实证研究——基于中国上市公司治理评价的研究》,载《经济研究》2005年第11期。

［27］李维安、张耀伟：《中国上市公司董事会治理评价实证研究》，载《当代经济科学》2005年第1期。

［28］李增泉：《激励机制与企业绩效——一项基于上市公司的实证研究》，载《会计研究》2000年第1期。

［29］林汉川、管鸿禧：《我国东中西部中小企业竞争力实证比较研究》，载《经济研究》2004年第12期。

［30］林晓婉、牛宏生、朱敏：《关于中国上市公司经营者持股情况的研究》，载《南开管理评论》2002年第4期。

［31］刘平：《企业竞争力的影响因素与决定因素》，载《科学学与科学技术管理》2007年第5期。

［32］刘少波：《控制权收益悖论与超控制权收益——对大股东侵害小股东利益的一个新的理论解释》，载《经济研究》2007年第2期。

［33］刘伟、刘星：《公司治理机制对信息技术投入的影响研究》，载《科技进步与对策》2007年第2期。

［34］刘元芳：《核心竞争力：技术创新与企业文化的耦合》，载《科学学与科学技术管理》2006年第4期。

［35］刘志远、毛淑珍：《我国上市公司股权集中度影响因素分析》，载《证券市场导报》2007年第11期。

［36］马俊如：《核心技术与核心竞争力——探讨企业为核心的产学研结合》，载《中国软科学》2005年第7期。

［37］南开大学公司治理研究中心公司治理评价课题组：《中国上市公司治理指数与公司绩效的实证分析——基于中国1149家上市公司的研究》，载《管理世界》2006年第3期。

［38］牛建波、刘旭光：《董事会委员会有效性与治理溢价——基于中国上市公司的经验研究》，载《证券市场导报》2008年第1期。

［39］齐二石等：《企业管理竞争力及其评价体系研究》，载《天津大学学报（社会科学版）》2004年第1期。

［40］上海上市公司董事会秘书协会、金信证券研究所：《69家上市公司独立董事调查——独董不能中看不中用》，载《上海证券报》，2003年8月7日。

［41］上海证券交易所研究中心：《中国公司治理报告：董事会独立性和有效性》，复旦大学出版社2004年版。

［42］沈艺峰、张俊生：《ST公司董事会治理失败若干成因分析》，

载《证券市场导报》2002年第3期。

[43] 师萍、刘小康：《企业竞争力评价的指标体系法》，载《西北大学学报（哲社版）》2004年第2期。

[44] 谭劲松：《独立董事"独立性"研究》，载《中国工业经济》2003年第10期。

[45] 唐清泉：《我国独立董事制度的动机与作用——基于深圳股票市场的实证研究》，载《改革》2005年第6期。

[46] 陶正、华中生：《企业科技竞争力的因子分析模型及其应用》，载《科学学与科学技术管理》2006年第5期。

[47] 王斌：《论董事会独立性：对中国实践的思考》，载《会计研究》2006年第5期。

[48] 王奇波、曹洪：《股权制衡与机构投资者参与的公司治理效应》，载《财贸研究》2006年第3期。

[49] 王世权、刘金岩：《控制权市场、独立董事制度与监事会治理——基于比较制度分析的视角》，载《山西财经大学学报》2007年第4期。

[50] 王维祝：《我国上市公司竞争力决定因素及其变动实证研究》，载《南开学报——哲社版》2008年第6期。

[51] 王晓莉、仲维清：《DEA方法在企业供应链竞争力评价中的应用》，载《科技进步与对策》2004年第12期。

[52] 王战强：《上市公司高管人员持股状况研究及政策建议》，载《证券市场报》1998年第9期。

[53] 魏云芳：《董事会的智囊团——筹建战略委员会》，载《董事会》2007年第3期。

[54] 吴沧澜、邵少敏、林伟：《独立董事和投资者利益保护的实证研究——以浙江省上市公司为例》，浙江大学Working Paper，2004年。

[55] 吴超鹏、吴世农：《基于价值创造和公司治理的财务状态分析与预测模型研究》，载《经济研究》2005年第11期。

[56] 吴林祥：《股份全流通后上市公司高管行为变化及监管》，载《深圳证券交易所综合研究所研究报告》，2007年11月12日。

[57] 吴寿康：《上市公司大股东控股比例对企业价值影响研究》，载《生产力研究》2007年第13期。

[58] 吴叔琨：《董事长和总经理两职状态的实证检验》，载《证券市场导报》2002年第3期。

[59] 吴晓伟、吴伟超、徐福缘：《基于神经网络的企业竞争力综合评价方法》，载《工业技术经济》2004年第2期。

[60] 徐向艺：《公司治理制度安排与组织设计》，经济科学出版社2005年版。

[61] 夏宁：《高管人员股权激励与上市公司业绩的实证研究》，载《统计研究》2008年第9期。

[62] 夏新平、邹振松、余明桂：《控制权、破产风险与我国民营公司负债行为》，载《管理学报》2006年第6期。

[63] 肖海林、闻学：《超级竞争条件下企业整体管理的基本维度与共生型控制模式》，载《管理世界》2006年第12期。

[64] 肖惠、包钢：《企业核心竞争力的 AHP – GRAP – PPM 评价》，载《科技进步与对策》2005年第3期。

[65] 肖艳芳：《企业文化与核心竞争力培育之关系研究》，载《现代财经》2003年第23卷第10期。

[66] 肖作平、廖理：《大股东、债权人保护和公司债务期限结构选择》，载《管理世界》2007年第10期。

[67] 谢军：《董事会制度、管理质量和公司价值：基于上市公司成长性的实证分析》，载《华南师范大学学报》2007年第5期。

[68] 谢永珍、王维祝：《中国上市公司两职设置与公司治理绩效关系的实证分析》，载《山东大学学报（哲社版）》2006年第1期。

[69] 谢永珍：《董事会治理评价研究》，高等教育出版社2006年版。

[70] 辛宇、徐莉萍：《投资者保护视角下治理环境与股改对价之间的关系研究》，载《经济研究》2007年第9期。

[71] 徐洪涛：《控股股东诚信义务研究》，载《深圳证券交易所综合研究所第0126号》，2006年3月16日。

[72] 徐莉萍、辛宇、陈工孟：《股权集中度和股权制衡及其对公司经营绩效的影响》，载《经济研究》2006年第1期。

[73] 杨蓉：《公司治理与企业竞争力的关系研究》，载《华东师范大学学报（哲社版）》2007年第1期。

[74] 杨善星：《如何打造企业的核心竞争力》，载《管理现代化》2003年第6期。

[75] 叶勇、刘波、黄雷：《终极控制权、现金流量权与企业价值——基于隐性终极控制论的中国上市公司治理实证研究》，载《管理科学学报》

2007年第2期。

[76] 尹子民、刘文昌:《因子分析在企业竞争力评价中的应用》,载《数理统计与管理》2004年第3期。

[77] 于东智:《董事会、公司治理与绩效——对中国上市公司的经验分析》,载《中国社会科学》2003年第3期。

[78] 余晓东、杨治南:《股东积极主义:一个博弈论的解释》,载《外国经济与管理》2001年第3期。

[79] 袁春生、吴永明、韩洪灵:《职业经理人会关注他们的市场声誉吗?——来自中国资本市场舞弊行为的经验透视》,载《中国工业经济》2008年第7期。

[80] 张光荣、曾勇、邓建平:《大股东治理及股东之间的代理问题研究综述》,载《管理学报》2007年第3期。

[81] 张绮、西村昂:《提高层次分析法评价精度的几种方法》,载《系统工程理论与实践》1997年第11期。

[82] 张先治:《基于价值的管理与公司理财创新》,载《会计研究》2008年第8期。

[83] 张耀伟:《董事会治理评价、治理指数与公司绩效实证研究》,载《管理科学》2008年第5期。

[84] 张翼、马光:《法律、公司治理与公司丑闻》,载《管理世界》2005年第10期。

[85] 张宗益:《关于高新技术企业公司治理与R&D投资行为的实证研究》,载《科学学与科学技术管理》2007年第5期。

[86] 郑海航:《内外主体平衡论——国有独资公司治理理论探讨》,载《中国工业经济》2008年第7期。

[87] 周县华、吕长江:《股权分置改革、高股利分配与投资者法律保护》,载《会计研究》2008年第8期。

[88] 朱红军、汪辉:《股权制衡可以改善公司治理吗?》,载《管理世界》2004第10期。

[89] 朱顺泉:《我国各省市区中小企业竞争力评价与分析研究》,载《生产力研究》2006年第9期。

[90]《中国公司治理报告(2005):民营上市公司治理》,http://www.sse.com.cn/sseportal/webapp/datapresent/ SSEDisquisitionAnd PublicationAct? REPORTTYPE =特别报告。

[91] http://finance.ifeng.com/stock/zjdp/20090412/532613.shtml.

[92] http://news.xinhuanet.com/fortune/2005-11/08/content_3749977.htm.

英文部分

[1] Analysis of Results of 1980 Proxy Statement Re-lease, Disciosure, Securities and Exchange Commission. No. 34-36, February 5, 1997.

[2] Andreas Charitou, Christodoulos Louca, Nikos Vafeas, Boards, Ownership Structure, and Involuntary Delisting from the New York Stock Exchange. Journal of Accounting and Public Policy, 2007, 26 (2).

[3] Banwet, D. K., Kirankumar Momaya, Himanshu Kumar Shee, Competitiveness through Technology Management: An Empirical Study of the Indian Software Industry. *International Journal of Services Technology and Management*, 2003, 4 (2).

[4] Bao, G. M., Yang, J., *D*ynamic Competences and Technological Innovation in Chinese Enterprises. *Engineering Management Conference*, 2004, (1).

[5] Charles J. P. Chen, Bikki Jaggi, Association between Independent Non-executive Directors, Family Control and Financial Disclosures in Hong Kong. *Journal of Accounting and Public Policy*, 2000.

[6] Chi-Kun Ho, Corporate Governance and Corporate Competitiveness: An International Analysis. Corporate Governance, 2005, 13 (2).

[7] Coconete, D. E., Moguilnaia, N. A., Cross, R. B. M., De Souza, P. E., Sankara Narayanan, E. M., Creativity-A Catalyst for Technological Innovation. *Engineering Management Conference*, 2003.

[8] Dahya, Dimitrov, McConnell, Dominant Shareholders, Corporate Boards, and Corporate Value: A Cross-country Analysis. *Journal of Financial Economics*, 2008 (87).

[9] Dechow, P. W, Sloan R. G., Sweeney A. P., Causes and Consequences of Earnings Manipulation: An Analysis of Firms Subject to Enforcement Actions by the SEC. *Contemporary Accounting Research*, 1996 (10).

[10] Elias G. Carayannis, Robie I. Samanta Roy, Davids vs Goliaths in the Small Satellite Industry: The Role of Technological Innovation Dynamics in Firm Competitiveness. *Technovation*, 2000, 20 (6).

[11] Erik Lehmann, Jürgen Weigand, Does the Governed Corporation Perform Better? Governance Structures and Corporate Performance in Germa-

ny. *European Finance Review*, 2000, 4 (2).

[12] Ernst, H., Corporate Culture and Innovative Performance of the Firm. *Management of Engineering and Technology*, 2001.

[13] Eugene Kang, Asghar Zardkooh, Board Leadership Structure and Firm Performance. *Corporate Governance: An International Review*, 2005, 13 (6).

[14] Forker, J. J., Corporate Governance and Disclosure Quality. *Accounting and Business Research*, 1992 (86).

[15] Fulvio Castellacci, Innovation and the Competitiveness of Industries: Comparing the Mainstream and the Evolutionary Approaches. *Technological Forecasting & Social Change*, 2008, 75 (7).

[16] Gunasekarage, Hess, Hu, The Influence of the Degree of State Ownership and the Ownership Concentration on the Performance of Listed Chinese Companies. *Research in International Business and Finance*, 2007, 21 (3).

[17] Gutierrez, Pombo, Corporate Ownership and Contestability in Emerging Markets: The Case of Colombia. *Journal of Economics and Business*. jeconbus, 2008, 01, 002.

[18] Henrik Cronqvist, Mattias Nilsson, The Choice between Rights Offerings and Private Equity Placements. *Journal of Financial Economics*, 2005 (78).

[19] Hovakimian A., Opler T., Titman S., The Debt-equity Choice. *Journal of Financial and Quantitative Analysis*, 2001 (1).

[20] Huang Yuanyuan, Li Na, The Management Innovation in the Era of Knowledge Economy. *International Conference on Innovation & Management*, 2005.

[21] James S. Linck, Jeffry M., Netter, Tina Yang, The Determinants of Board Structure. Journal of Financial Economics, 2008 (87).

[22] Jensen, M., Meckling W., Modern Industrial Revolution, Exit and the Failure of Internal Control Systems. *Journal of Finance*, 1993 (48).

[23] Jiancheng Guan, Jianyan Liu, Product Competitiveness and Integrated Innovation between Technology and Organization: Some Evidences in China. *Portland International Conference on Management of Engineering and Technology (PICMET'05)*, 2005.

[24] Joon S. Yang, Jagan Krishnan, Audit Committees and Quarterly

Earnings Management. *International Journal of Auditing*, 2005 (3).

[25] K. N. Dayton, Corporate Governance: the Other Side of the Coin, *Harvard Bussiness Review*, 1984, (1).

[26] K. V. Peasnell, P. F. Pope, S. Young, Board Monitoring and Earnings Management: Do Outside Directors Influence Abnormal Accruals? *Journal of Business Finance & Accounting*, 2005 (32).

[27] Kirsten Labuske, Jochen Streb, Technological Creativity and Cheap Labor? Explaining the Growing International Competitiveness of German Mechanical Engineering before World War I. *German Economic Review*, 2008, 9 (1).

[28] Lipton, Lorsch, A Model of Proposal for Improving Corporate Governance. *Business*, *Lawyer*, 1992.

[29] Liu Aiguo, Zhao Shengren, Management Innovation-The Cradinal Way of Enterprise Development. *The International Symposium on Steel Industry Development and Management (ISIDM'97)*, 1997.

[30] Marco Pagano, Fabio Panetta, Luigi Zingales, The Stock Market as A Source of Capital: Some Lessons from Initial Public Offerings in Italy. *European Economic Review*, 1996 (40).

[31] Merchant, K. , Budgeting and the Propensity to Create Budgetary Slack. *Accounting*, *Organizations and Society*, 1985, 10 (2).

[32] Morck, Wolfenzon, Yeung, Corporate Governance, Economic Entrenchment, and Growth. *Journal of Economic Literature*, 2005, 43 (3).

[33] Morten Bennedsen, Daniel Wolfenzon, The Balance of Power in Closely Held Corporations. *Journal of Financial Economics*, 2000 (58).

[34] Myers, S. C. , Determinants of Corporate Borrowing. *Journal of Financial Economic*, 1977 (5).

[35] Nikos Vafeas, Board Meeting Frequency and Firm Performance. *Journal of Financial Economics*, 1999 (53).

[36] Patrik Gustavsson, Par Hansson, Lars Lundberg, Technology, Resource Endowments and International Competitiveness. *European Economic Review*, 1999, 43 (8).

[37] Paul Collier, Alan Gregory, Audit Committee Activity and Agency Costs. *Journal of Accounting and Public Policy*, 1999 (18).

[38] Ross, S. C. , Targeting Growth through Technological Innovation.

Technology Management: *The New International Language*, 1991.

[39] S. K. Herath, Anushaka Herath, Athambawa Abdul Azeez, Family Firms and Corporate Culture: A Case Study from A Less Developed Country (LDC). *International Journal of Management and Enterprise Development*, 2006, 3 (3).

[40] Silke I. Januszewski, Jens Köke, Joachim K. Winter, Product Market Competition, Corporate Governance and Firm Performance: An Empirical Analysis for Germany. Research in Economics, 2002, 56 (3).

[41] Suhong Li, Bhanu Ragu-Nathan, T. S., Ragu-Nathan, S., Subba Rao, The Impact of Supply Chain Management Practices on Competitive Advantage and Organizational Performance. Omega, 2006, (34).

[42] Wai Hung Ng, SAE 8C Corporate Culture Model for Business Competitiveness. *Integrated Manufacturing Systems*, 2002, 13 (6).

[43] Wild, The Audit Committee and Earnings Quality. *Journal of Accounting, Auditing and Finance*, 1994 (9).

[44] Zabid Abdul Rashid, Murali Sambasivan, Juliana Johari, The Influence of Corporate Culture and Organizational Commitment on Performance. *The Journal of Management Development*, 2003, 22 (7/8).

[45] Zahir Irani, John M. Sharp, Mike Kagioglou, Improving Business Performance through Developing A Corporate Culture. *The TQM Magazine*, 1997, 9 (3).